宁夏大学民族学一流学科建设经费资助出版

宁夏大学中国阿拉伯国家研究院

China Institute for Arab Studies of Ningxia University

# 全球恐怖活动与反恐怖斗争研究报告

*No.3* (2021~2022)

REPORT ON GLOBAL TERRORIST ACTIVITIES AND COUNTER-TERRORISM NO. 3 (2021-2022)

阿拉伯国家研究省部共建协同创新中心（宁夏大学）

主编／郭北宁 李绍先 李伟

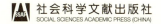

社会科学文献出版社
SOCIAL SCIENCES ACADEMIC PRESS (CHINA)

# 《全球恐怖活动与反恐怖斗争研究报告》
# 编　委　会

# 目 录 ↖↘

# 第三部分　热点追踪

# 前　言

在国际社会的共同努力下，活动猖獗的国际恐怖主义遭到重击。伊拉克和叙利亚相继收复被"伊斯兰国"占领和控制的众多城镇与大片土地；中国和上合组织其他各成员国反恐怖斗争成效显著，区域内十分活跃的恐怖主义活动受到极大遏制；国际反恐合作也不同程度地取得一些进展。但是，从全球来看，恐怖主义仍是威胁国际社会和平与稳定的重大因素之一。

在新冠疫情持续流行的同时，恐怖主义的肆虐势头仍在持续。一是"伊斯兰国""死而未僵"。据联合国估计，该组织残余成员有 2 万~3 万人，威胁与危害仍在。二是"基地"组织不断"积蓄力量"。特别是在叙利亚、也门、北非、东非及南亚的分支机构活跃程度不减。三是国际恐怖主义借助新冠疫情大肆宣扬极端主义。一些地区与国家的恐怖袭击活动大幅增加。四是一些打着分裂旗号的恐怖主义组织危害加剧，成为一些国家安全、稳定与发展所面临的主要威胁。五是随着极右民粹主义的泛起，白人至上极端种族主义的恐怖活动明显增多，发生在新西兰基督城和美国得克萨斯州的针对移民和难民的恐怖袭击便是明证。

与此同时，网络恐怖主义更是助长了全球恐怖主义的蔓延。一方面，网络成为恐怖主义传授恐怖袭击的方式、方法，以及招募成员、募集资金的平台与工具，通过网络传播极端主义思想，引发了众多"独狼"式恐怖袭击事件；另一方面，恐怖主义未来更有可能将现代社会越来越依赖的网络作为袭击的目标，制造更大的危害与恐慌。值得高度警惕的是，大规模杀伤性恐怖袭击的苗头已经显现。使用化学武器进行恐怖袭击的事件时有发生，不排除更具杀伤性的核与生物恐怖袭击的出现。此外，恐怖主义也借助新冠疫情的肆虐在网上加大极端主义的宣扬与传播。

国际恐怖主义之所以仍很猖獗，核心问题主要是极端主义的广泛传播。打着宗教旗号，或打着民族主义旗号，或直接宣扬"白人至上"的种族主义，是很多恐怖主义组织生存蔓延的根本。恐怖主义本质上是以极端暴力为少数人谋取政治利益，但在形式上则是利用政治、经济、社会、宗教、民族等历史和现实矛盾、问题和冲突，煽动制造仇恨，以此蛊惑和吸引支持者和追随者。特别是打着宗教旗号的恐怖主义，对《古兰经》和《先知圣训》进行歪曲和断章取义，向儿童及青少年灌输极端主义思想，让他们充当恐怖主义的炮灰。如国际恐怖主义以"圣战"为旗帜，进行恐怖袭击。对中国构成威胁的恐怖主义就是以"圣战、殉教、进天堂"为口号，驱使青少年发动恐怖袭击。

虽然国际社会在反恐怖斗争中不断取得进展，但仍存在一些制约国际反恐合作的重大问题。首先，美国等西方国家只打击对本国构成威胁的"恐怖主义"，这种反恐的"双重标准"是阻碍国际反恐合作的主要因素；其次，美国等少数国家利用反恐谋取私利的"工具主义"做法，在很大程度上助长了恐怖主义，特别是美国借反恐搞霸权主义更是反恐合作的主要障碍；再次，单纯的军事反恐带来更大的负面作用，导致更多滋生蔓延恐怖主义的矛盾与冲突；最后，国际反恐未能充分地与打击极端主义相结合，难以遏制极端意识形态的泛滥。特别值得注意的是，美国将伊朗国家军队定义为"恐怖主义"，并采取军事手段进行"定点清除"，有可能将国际反恐引上邪路，并引发战争，后患无穷。

由此可见，未来国际反恐怖斗争的道路依然艰巨、复杂、漫长。为进一步加强对国际恐怖主义的研究和资料搜集的工作，我们组织力量对国际恐怖主义进行系统梳理，记录国际社会的反恐措施与政策，跟踪国际恐怖主义与反恐怖斗争的发展态势。以期为国家相关部门、机构开展国际恐怖主义与反恐怖斗争的工作提供参考借鉴；为学者、专家和研究者提供国际恐怖主义与反恐怖斗争领域的扎实基础材料；对普通读者深入了解国际恐怖主义与反恐怖斗争亦有所帮助。

未来如何找到国际反恐的正确道路，全球治理中具有东方智慧的中国方案指明了方向。在以习近平同志为核心的党中央坚强领导下，在国内，反恐、去极端化斗争取得突出成效，为其他国家提供了可借鉴的经验。在国际上，中国倡导"一带一路"建设，走共同繁荣发展富裕之路，从根本上解决贫困与贫富差距问题，是铲除恐怖主义生存土壤的必要之举；中国提出"构建人类命运共同体"理念，不分种族、民族、宗教和文化的休戚与共，共同应对人类社会所面临的敌人——恐怖主义——是真正能够解决恐怖主义问题的必由之路。

从 2019 年开始，《全球恐怖活动与反恐怖斗争研究报告》作为年度研究报告，每年出版一本，最终形成系统性综合性的研究成果和资料数据。《全球恐怖活动与反恐怖斗争研究报告》分为四个主要部分：第一部分是对当年国际恐怖主义与反恐怖斗争总体形势的综述，研究分析国际恐怖主义活动的动态、特点和规律，国际反恐怖斗争进展与存在问题；第二部分是对一些地区与国家面临的恐怖威胁和反恐情况进行梳理，寻找其中出现的新的特点规律；第三部分对当年发生的国际重大恐怖事件进行分析研究，为各方面研究恐怖主义问题和制定打击恐怖主义方针提供借鉴；附录部分全面跟踪记录国际恐怖主义与反恐大事，以期呈现国际恐怖主义与反恐怖斗争的全貌。

作为记录、研究和分析国际恐怖主义与反恐怖斗争的年度出版物，由于时间紧、任务重，虽是长期跟踪、积累的结果，但仍难免挂一漏万，出现一些瑕疵。因此，希望读者不吝指教，予以斧正，以使我们能够做得更好。

《全球恐怖活动与反恐怖斗争研究报告》课题组
2022 年 6 月于北京

# 第一部分 总报告

## 第一章 全球恐怖主义与反恐怖斗争态势[*]

当前，国际恐怖主义活动态势更趋严峻复杂。在新冠疫情持续肆虐的大背景下，国际恐怖势力并未偃旗息鼓，而是加紧招兵买马、煽动蛊惑，谋求借疫生乱。国际恐怖势力与一些国家本土恐怖组织勾连力度加大，致使南亚恐怖活动加速恶化，东南亚恐怖活动危机四伏，非洲沦为恐怖势力的"角斗场"，中亚恐怖活动蔓延，欧美恐怖活动有所反弹。鉴于此，联合国不断呼吁国际社会提高警惕，继续关注恐怖主义的切实威胁，主张各国合理调配资源有效应对恐怖主义。区域国家深化内部合作，极大地遏制了恐怖主义的蔓延与渗透。巴基斯坦、阿富汗、马里、莫桑比克等反恐前沿国家着力提升自身反恐能力建设。中国积极参加联合国、上海合作组织等国际与地区的反恐合作，为维护地区稳定做出了应有贡献。

### 第一节 国际恐怖活动进入新一轮回潮期

2021 年以来，"伊斯兰国"与"基地"组织继续积蓄力量，尤其是

---

[*] 作者：范娟荣，中国社会科学院世界经济与政治研究所博士后工作人员、博士，研究方向：国际安全与反恐。

"伊斯兰国"出现明显复苏迹象。与此同时，极右种族主义构成的恐怖主义威胁成为欧美等国的"心腹大患"。

## 一 "伊斯兰国"伺机反扑

目前，"伊斯兰国"在伊拉克、叙利亚核心地区拥有 6000~10000 名武装分子，活动资金 2500 万~5000 万美元，高层头目主要藏身并活跃在叙利亚。该组织不断在伊叙两国组建恐怖团伙、训练成员，保持发动致命恐怖袭击的能力。"伊斯兰国"还利用伊叙之间管理松懈的边界，继续在农村地区负隅顽抗，并在城市地区发展秘密网络。

在伊拉克，"伊斯兰国"主要采取"打了就跑"的游击战、伏击战、经济战等，袭击主要集中在"死亡三角"地区（基尔库克省、迪亚拉省和萨拉赫丁省）。一是持续袭击军警和平民，制造恐慌情绪，增大政府压力。2021 年 1 月，"伊斯兰国"在伊拉克首都巴格达发动"1·21"两起自杀式炸弹袭击事件，造成至少 32 人死亡、100 多人受伤。7 月，伊斯兰教宰牲节前，该组织再次在什叶派民众聚集的萨德尔市乌海拉特（Al-Wuhailat）市场，发动"7·19"自杀式炸弹袭击，造成至少 30 人死亡、数十人受伤。这是巴格达半年来最致命的爆炸事件。① 9 月，"伊斯兰国"在伊拉克北部基尔库克省发动"9·4"恐怖袭击，造成 13 名伊拉克警察死亡、5 人受伤。二是发动经济战，破坏输电线路、石油和天然气管道等基础设施。2021 年 6 月 6 日，"伊斯兰国"宣布对输电线路实施为期 35 天的破坏行动，每周至少摧毁 15 座电塔。7 月，"伊斯兰国"在自己的媒体 al-Nabaa 宣称，已对伊拉克电网发动数十次袭击，摧毁了伊拉克各地城市的 68 座电塔（包括铁塔、输电线路、发电机、电压互感器等），导致该国中部和南部的数百万人在夏季高温之际遭遇断电，严重影响居民正常生活。② 7 月 12 日，"伊斯兰

---

① 《伊拉克：宰牲节前夕发生炸弹袭击，秘书长称"恐怖主义分子肆无忌惮"》，联合国官方网站，2021 年 7 月 20 日，https：//news. un. org/zh/story/2021/07/1088372。

② Layal Shakir，"ISIS Claims Attacks on 68 Electricity Towers in Iraq，" July 9，2021，https：//www. rudaw. net/english/middleeast/iraq/09072021。

国”对伊拉克东部迪亚拉省首府巴古拜两处高压输电线路实施爆炸袭击，造成该省从伊朗进口电力暂时中断，停电导致该省部分民众上街抗议。① “伊斯兰国”还扩大袭击范围，将石油部门等其他重要基础设施纳入袭击目标。“伊斯兰国”多次袭击基尔库克省的油田区，企图掠夺伊北部石油资源，恢复北部势力范围。2021 年以来，伊拉克政府军加大对北部库尔德人的打压力度，“伊斯兰国”利用双方矛盾激化，挑动伊拉克北部民众极端反抗情绪，多次袭击北部基尔库克省的油田区，大肆对该地军警机构和安全人员发动袭击，造成严重的人员伤亡。② 2021 年 8 月，“伊斯兰国”武装分子使用爆炸装置袭击了伊拉克北部基尔库克省的一个油田。三是招募儿童作战。联合国报告显示，2021 年，伊拉克当局以危害国家安全罪为名拘留 1000 多名儿童，其中一些儿童年仅 9 岁，主要是因为他们涉嫌与“伊斯兰国”有联系。③

在叙利亚，“伊斯兰国”的行动主要集中在幼发拉底河东侧，并扩大至霍姆斯省和哈马省，同时在德拉、苏韦达、哈塞克、拉卡和大马士革也很活跃。一是连番发动恐怖袭击，造成大量军方人员与平民死亡。据叙利亚人权观察站（SOHR）统计，2021 年，“伊斯兰国”在叙北部代尔祖尔、哈塞克、拉卡和阿勒颇发动至少 342 次武装袭击，造成 228 人死亡，其中包括 5 名儿童、9 名妇女和 135 名安全人员。④ 2022 年 3 月 6 日，“伊斯兰国”在巴尔米拉沙漠袭击一辆军用巴士，造成 15 名士兵死亡、18 人受伤。⑤ 二是破坏能源设施，阻碍政治和解进程。2021 年 12 月 2 日，“伊斯兰国”在代尔祖尔省对两辆搭载油田工人的小巴车发动袭击，造成 10 人死亡、多人受

---

① 《“伊斯兰国”武装分子破坏伊拉克东部地区输电线路》，新华网，2021 年 7 月 12 日，http：//www.xinhuanet.com/2021-07/12/c_ 1127648174. htm。

② 中国现代国际关系研究院：《国际战略与安全形势评估（2021/2022）》，时事出版社，2021，第 350~351 页。

③ Jo Becker, "Iraq Detains More than 1, 000 Children as ISIS Suspects," February 17, 2022, https：//www. hrw. org/news/2022/02/17/iraq-detains-more-1000-children-isis-suspects.

④ Layal Shakir, "342 ISIS Attacks Reported in Northern Syria in 2021," December 26, 2021, https：//www. rudaw. net/english/middleeast/syria/26122021.

⑤ "15 Soldiers Dead in Syria Attack on Military Bus：Monitor," March 6, 2022, https：//english. alarabiya. net/News/middle-east/2022/03/06/15-soldiers-dead-in-Syria-attack-on-military-bus-Monitor-.

伤。该省省长法德尔·纳贾尔表示，恐怖分子的袭击意在破坏代尔祖尔地区的工农业生产，以及正在推进的政治和解进程。① 三是采取"打破狱墙"行动，通过突袭"解救"成员。2022年1月20日，"伊斯兰国"在伊拉克发起攻击②前一天，对叙东北部哈塞克省格韦兰监狱发动协同袭击，导致数十名囚犯逃脱，其中许多可能是"伊斯兰国"武装分子。这场劫狱引发"伊斯兰国"与"叙利亚民主军"（SDF）的冲突，并殃及居民区。这是2019年"伊斯兰国"在叙利亚被宣布击败以来最大规模的攻击行动。③ 联合国叙利亚问题特使裴凯儒表示，以军事手段解决叙利亚问题仍然是"一种幻想"。

除中东外，"伊斯兰国"及其分支机构继续在南亚、东南亚、非洲及中亚等地渗透转移。在南亚，"伊斯兰国"南亚分支"呼罗珊省"利用美国从阿富汗撤军之机，不断升级恐怖袭击烈度。在东南亚，"伊斯兰国"附属组织"邦萨摩洛伊斯兰自由战士"效仿马拉维之战，短暂占领菲律宾棉兰老岛的一个城镇。在非洲，"伊斯兰国"巩固分支机构、扩张势力范围、伺机占领地盘，试图打造一个新"哈里发国"。④ 在中亚，近一年来，"伊斯兰国"不少成员从伊叙等中东地区转入阿富汗，继而回流至中亚，致使极端主义在中亚不断扩散。⑤

## 二 "基地"组织谋求重塑"圣战"核心地位

近年来，"基地"组织在"圣战"圈内面临"伊斯兰国"的有力竞争。2014年，"伊斯兰国"占领伊拉克、叙利亚大片地区，宣布成立"大哈里发

① 《"伊斯兰国"在叙利亚东部袭击油田工人致10人死亡》，新华网，2021年12月3日，http：//www.news.cn/world/2021-12/03/c_ 1128125807.htm。
② 2022年1月，该组织在伊东部迪亚拉省对一个军事基地发动恐怖袭击，导致至少11人死亡。参见《联合国高度关注伊黎伊斯兰国接连在叙利亚和伊拉克发起攻击》，2022年1月25日，https：//news.un.org/zh/story/2022/01/1098212。
③ Tessa Fox，"Syria Prison Attack Shows ISIL 'Absolutely' Growing Stronger," Aljazeera, January 24，2022，https：//www.aljazeera.com/news/2022/1/24/syria-prison-attack-shows-isil-absolutely-growing-stronger.
④ 巴里·阿拉姆丁：《伊斯兰国犹如恶魔般卷土重来……比以前任何时候都要强大吗？》，《阿拉伯新闻》2019年6月9日。
⑤ 周翰博：《中亚国家积极应对安全挑战》，《人民日报》2020年2月26日，第16版。

国"，并将附属机构扩展到多个国家，从此声名大噪。在以美、俄为首的国际反恐联盟打击下，"伊斯兰国"于2019年3月失去了在叙利亚的最后一个军事据点。"基地"组织借"伊斯兰国"受挫之机转变战略，采取隐蔽秘密、悄然复兴的策略，旨在重塑其国际"圣战"的中心主导地位。"基地"组织还在控制区域建立"影子政府"，承担政府的社会职能，提供公共卫生服务，改善与当地居民的关系，试图与当地政府"争夺民心"。

"基地"组织大本营固守阿富汗，高层活跃在阿富汗与巴基斯坦边境地区。2021年6月，根据联合国报告，"基地"组织大部分高层头目与印度次大陆"基地"分支一起，分布在阿巴边境区。① 印度次大陆"基地"分支拥有200~400名武装分子，主要来自阿富汗、孟加拉国和印度等国，分布在阿富汗的加兹尼、赫尔曼德和坎大哈等地。② 2021年11月，"基地"现任最高头目扎瓦希里抨击联合国敌视伊斯兰教，称"联合国由二战中的胜利国创建，旨在将政治制度和理论强加于全世界"。2022年2月4日，扎瓦希里发布"世纪十字军东征"的视频，敦促"圣战"分子支持穆斯林起义，支持被压迫者。③ 2月8日，扎瓦希里在"反无神论系列第三集"中，再次呼吁穆斯林支持"被压迫"人民的事业。④ 赛特情报集团表示，扎瓦希里在

---

① United Nations Security Council, "Twelfth report of the Analytical Support and Sanctions Monitoring Team submitted pursuant to resolution 2557 (2020) concerning the Taliban and other associated individuals and entities constituting a threat to the peace stability and security of Afghanistan," S/2021/486, June 1, 2021, https：//www. undocs. org/S/2021/486.

② United Nations Security Council, "Twenty-ninth report of the Analytical Support and Sanctions Monitoring Team submitted pursuant to resolution 2368 (2017) concerning ISIL (Da'esh), Al-Qaida and associated individuals and entities," S/2022/83, February 3, 2022, https：//undocs. org/en/S/2022/83.

③ "AQ Leader Zawahiri Urges Jihadists Champion Muslim Uprisings, Take Stand in Favor of Oppressed," *Site Intelligence Group*, February 3, 2022, https：//ent. siteintelgroup. com/Jihadist-Threat-Multimedia/aq-leader-zawahiri-urges-jihadists-champion-muslim-uprisings-take-stand-in-favor-of-oppressed. html.

④ "AQ Leader Zawahiri Again Calls on Muslims to Champion Causes of 'Oppressed' Peoples in 3rd Episode of Anti-Atheism Series," February 8, 2022, https：//ent. siteintelgroup. com/Jihadist-Threat-Multimedia/aq-leader-zawahiri-again-calls-on-muslims-to-champion-causes-of-oppressed-peoples-in-3rd-episode-of-anti-atheism-series. html.

不到 3 周时间内，已经 4 次出现在视频中。①

"基地"组织分支在全球肆虐势头不减，尤其是活跃在叙利亚的分支机构甚至发生激烈内斗。2022 年 2 月，联合国报告显示，"沙姆解放组织"仍是叙利亚西北部最主要的恐怖主义组织，控制着伊德利卜地区。该组织拥有武装分子 6000~15000 人，主要通过收税筹集资金。该组织还对在其控制区开展活动的慈善和救济组织施加限制，强迫它们提交每月救济物资的一部分，否则可能被禁止提供服务。② 该组织为全面控制伊德利卜地区，还与"基地"组织附属组织"宗教捍卫军"发生激烈争斗，使"宗教捍卫军"损失惨重。"宗教捍卫军"拥有 1000~3000 名武装分子，在伊德利卜受到行动压力后，许多作战人员转移到南部，在德拉和苏韦达组成小组。鉴于被杀的中层头目人数多，该附属团体的长期生存能力受到质疑。③

阿富汗塔利班（简称"阿塔"）重新问鼎政权后，"基地"组织也借机大肆宣扬所谓"圣战"的"胜利"。2021 年 8 月，美军撤离喀布尔仅数小时后，"基地"组织就发表书面声明，祝贺"阿塔"和整个伊斯兰世界取得"历史性胜利"，称只有武装"圣战"才是正确的道路。"阿拉伯半岛'基地'组织"赞扬"阿塔"坚持"圣战"道路、拒绝妥协，扬言这是"世界关键转变的开始"。"伊斯兰马格里布'基地'组织"鼓吹"阿塔"的成功"证明了'圣战'是恢复乌玛荣耀的唯一途径"。"沙姆解放组织"宣称"'阿塔'的胜利是逊尼派的胜利以及所有被压迫者的胜利"。④ "基

---

① "Weekly in SITE on Al-Qaeda for February 10-23, 2022," https：//ent. siteintelgroup. com/inSITE-on-Al-Qaeda/weekly-insite-on-al-qaeda-for-february-10-23-2022. html.

② United Nations Security Council, "Twenty-ninth report of the Analytical Support and Sanctions Monitoring Team submitted pursuant to resolution 2368 (2017) concerning ISIL (Da'esh), Al-Qaida and associated individuals and entities," S/2022/83, February 3, 2022, https：//undocs. org/en/S/2022/83.

③ United Nations Security Council, "Twenty-ninth report of the Analytical Support and Sanctions Monitoring Team submitted pursuant to resolution 2368 (2017) concerning ISIL (Da'esh), Al-Qaida and associated individuals and entities," S/2022/83, February 3, 2022, https：//undocs. org/en/S/2022/83.

④ 中国现代国际关系研究院：《国际战略与安全形势评估（2021/2022）》，时事出版社，2021。

地"马里分支"支持伊斯兰和穆斯林"组织对比了法国的军事失败和"阿塔"的成功，呼吁以"独狼"式袭击打击"敌人"。[1]"9·11"事件20周年之际，"基地"组织发布一段视频，最高头目扎瓦希里表示，"耶路撒冷永远不会犹太化"，并称美国经过20年战争最终从阿撤军是胜利的标志。[2]不过，"阿塔"已启动了一个登记系统，来监控该组织的外国战斗人员在阿富汗的存在。

"伊斯兰国"与"基地"组织之间的紧张关系在东南亚重演。如，印度尼西亚"伊斯兰祈祷团"认为，"阿塔"回归证明"战略耐心"的长期战略是正确的，即逐步建立稳固的社会支持基础，并积极准备最终以武力建立一个伊斯兰国家。相反，印尼的"伊斯兰国"支持者对此反应消极，认为"阿塔"的胜利不太可能激励"伊斯兰祈祷团"或"伊斯兰国"支持者在印度尼西亚策动恐怖袭击。"摩洛伊斯兰解放阵线"祝贺"阿塔"的胜利，但"誓言要维护棉兰老岛人民来之不易的和平"。在评估"来自伊斯兰极端主义和恐怖主义的威胁"时，新加坡将"伊斯兰国"及附属组织认定为"对国家和更广泛地区的主要威胁者"。[3]

## 三　极右恐怖主义冒升威胁欧美安全

近年来，极右翼恐怖的"幽灵"再次浮现。2019年3月，新西兰基督城爆发"3·15"恐袭事件，奉行白人至上主义的极右恐怖分子布伦顿·塔兰特（Brenton Tarrant）持枪横扫清真寺，致使51人死亡；他还在社交网络平台上直播枪击事件，影响极其恶劣。袭击前，塔兰特在极右网站发

---

[1]　"JNIM Leader Discusses Perceived French Military Failure and Taliban Success, Calls on Lone Wolves to Strike Enemies," Site Intelligence Group, August 10, 2021, https://ent.siteintelgroup.com/Multimedia/jnim-leader-discusses-perceived-french-military-failure-and-taliban-success-calls-on-lone-wolves-to-strike-enemies.html.

[2]　"Al-Qaida Leader Says 'Jerusalem Will Never Be Judaized' in Video Marking 9/11 Anniversary," Sep. 12, 2021, https://www.haaretz.com/middle-east-news/al-qaida-leader-j-lem-will-never-be-judaized-in-video-marking-9-11-anniversary-1.10202423.

[3]　Kumar Ramakrishna, "Global Threat Assessment 2021," *Counter Terrorist Trends and Analyses*, January 2022, Vol. 14, No. 1 (January 2022), pp. 1–10.

布题为"伟大替代者"的宣言，妄称"大规模移民造成严重危机，如果欧洲人不战斗，其种族与文化将被完全取代"。[①]2019 年 10 月 9 日（犹太教赎罪日），德国极右恐怖分子试图闯入犹太教堂作案未遂后，在教堂附近开枪打死 2 人、打伤 2 人。他效仿新西兰"3·15"案犯的做法，使用头盔摄像头录制袭击过程，并发到网上鼓舞"后继者"。2020 年 2 月，德国小城哈瑙再次爆发恐袭事件，极右恐怖分子托比亚斯·拉特金（Tobias Rathjen）持枪袭击水烟吧，导致 10 人死亡。2021 年 1 月 6 日，美国示威者冲击国会大厦造成 5 人死亡。冲击者包括阴谋论团体"匿名者 Q"、极右组织"骄傲男孩"（Proud Boys）等成员。这一系列事件意味着西方极右恐怖势力已泛滥到一个新高度。

事实上，近年来欧美白人至上极右恐怖主义威胁呈直线上升态势。2014 年以来，极右恐怖势力在北美、西欧和大洋洲等西方国家策动袭击的次数激增 250%，致死人数增加 709%。在美国，极右恐怖主义已超过其他类型的恐怖主义成为美本土最大的恐怖主义威胁。2020 年 10 月，美国土安全部发布首份《国土安全威胁评估报告》（Homeland Threat Assessment），指出"受意识形态驱动的'独狼'和小团体，尤其是'白人至上种族主义者'是美最持久和致命的威胁"。2020 年 1 月至 8 月，美国共发生恐怖袭击 61 起，其中奉行白人至上的极右恐怖分子及其"志同道合"者实施了 67% 的恐怖袭击和图谋。《2019 年欧盟恐怖主义形势和趋势报告》指出，2015~2018 年，欧盟逮捕的极右恐怖分子从 11 名增至 44 名。[②] 在德国，极右恐怖主义威胁不断升高，被德联邦刑事局列为"危险分子"的大约有 60 人，2012 年以来，这一数字增加了 4 倍。2020 年 2 月，德国将极右恐怖主义列为德面临

---

① Seth G. Jones, Catrina Doxsee and Nicholas Harrington, "The Right-wing Terrorism Threat in Europe," CSIS, March 24, 2020, https://csis-website-prod. s3. amazonaws. com/s3fs-public/publication/Jones_ EuropeTerrorism_ WEB%20FINAL. pdf.

② Security Council Counter-Terrorism Committee, "Member States Concerned by the Growing and Increasingly Transnational Threat of Extreme Right-Wing Terrorism," April 1, 2020, https://www. un. org/sc/ctc/news/2020/04/01/cted-launches-trends-alert-extreme-right-wing-terrorism/.

的"首要安全威胁"。目前，英国极右恐袭威胁正以惊人速度增长，2020年官方数据显示，需要采取去极端化措施的人员中，约1/4与极右意识形态有关，比具有其他极端宗教倾向的人高出10%。①

2020年以来，极右恐怖组织将疫情作为传播仇恨的沃土，借机兴风作浪。一方面，炮制与疫情相关的阴谋论、煽动种族主义情绪、鼓动成员从事恐怖袭击。2020年3月，美国36岁极右恐怖分子蒂莫西·R. 威尔逊（Timothy R. Wilson）企图以汽车炸弹攻击一家医院，后被击毙。另一方面，极右恐怖分子在各种加密频道呼吁成员将病毒当作生物武器，传播给执法人员和非白人。如，Telegram上一篇发布在"生态法西斯中心"频道的帖子怂恿成员针对犹太社区，向当地犹太教堂的门把手咳嗽；再如，另一篇帖子呼吁对关键基础设施采用相同战术，并怂恿道，"冲你本地的交通设施咳嗽"。②

四 "东伊运"威胁不可小觑

当前，"东伊运"仍在不断开展军事训练，并策划针对中国利益的恐怖袭击。"东伊运"成员经常前往瓦罕走廊，并叫嚣"返回新疆进行圣战"。目前，"东伊运"与"伊斯兰国"和"基地"组织加大勾连力度，严重威胁中国的和平与稳定。

一方面，"东伊运"与"基地"组织加强勾连。在阿富汗，"东伊运"拥有200~700名武装分子，主要活跃在与中国接壤的巴达赫尚省附近。"阿塔"掌权后，"东伊运"武装分子从巴达赫尚省的传统据点转移到巴格兰、塔哈尔和其他省份。该组织与"基地"组织、巴基斯坦塔利班（简称"巴塔"）和"真主辅士团"密切合作，策划对中国在巴基斯坦、塔吉克斯坦等国的利益实施恐怖袭击。2021年10月8日，"伊斯兰国"南亚分支"呼

① Alasdair Lane (UK), "UK: Fears of Resurgent Terrorism as COVID-19 Lockdown Ends," July 12, 2020, https://m.dw.com/en/uk-fears-of-resurgent-terrorism-as-covid-19-lockdown-ends/a-54124486.

② Kyler Ong and Nur Aziemah Azman, "Distinguishing Between the Extreme Farright and Islamic State's (IS) Calls to Exploit COVID-19", *Counter Terrorist Trends and Analyses*, Vol. 12, No. 3 (April 2020), pp. 18-21.

罗珊省"炸毁昆都士 Gozar-e-Sayed Abad 清真寺。据称，该实施爆炸行动的恐怖分子为来自中国新疆的一名作战人员。在叙利亚，"东伊运"拥有 1000~3000 名武装分子，主要分布在伊德利卜、阿勒颇、拉塔基亚和哈马各省。"东伊运"继续在"沙姆解放组织"框架下行动，还与"宗教捍卫军"和"真主唯一圣战组织"合作，联合袭击叙利亚武装部队，并试图招募和派遣武装分子赴中国和中亚国家开展恐怖主义袭击。"东伊运"在叙利亚境内建立数个训练营地，招募和培训外国"圣战"分子以及"东伊运"成员的子女。据称，"东伊运"设立中转站，为作战人员提供过境、资金支持、招募等后勤服务。①

另一方面，"东伊运"与"伊斯兰国"加强合作。目前，"伊斯兰国"持续从"东伊运"中招募人员。"东伊运"仍在组织恐怖分子进行训练，定期发布暴恐音视频。② 2022 年 2 月 9 日，中国常驻联合国代表张军呼吁安理会和国际社会密切关注"东伊运"这一持续活跃和不断发展的恐怖主义威胁，切断其同"伊斯兰国"的联结，铲除其滋生祸患的空间。

## 第二节　地区恐怖主义形势复杂生变

2021 年以来，打着"伊斯兰"旗号的恐怖组织在南亚、东南亚、非洲等地加大活动力度，意图利用混乱局势制造恐慌，扩张影响力。欧美等西方国家主要面临"圣战"分子与极右恐怖分子的双重威胁。

### 一　南亚恐怖形势恶化

#### （一）阿富汗安全局势剧变

2021 年 8 月 30 日，美国彻底从阿富汗撤军，"阿塔"再次问鼎政权具

---

① United Nations Security Council, "Twenty-ninth report of the Analytical Support and Sanctions Monitoring Team submitted pursuant to resolution 2368（2017）concerning ISIL（Da'esh）, Al-Qaida and associated individuals and entities," S/2022/83, February 3, 2022, https：//undocs. org/en/S/2022/83.

② 《中国常驻联合国副代表敦促有关国家纠正在"东伊运"问题上的错误做法》，新华网，2021 年 10 月 7 日，http：//www. news. cn/world/2021-10-07/c_ 1127934220. htm。

有重要的里程碑式意义。美国在阿富汗的失败不仅是军事上的失败、植入式民主的破产，还标志着其单极世界梦想的终结。[①] 美国撤军在阿富汗留下真空地带，给恐怖势力以可乘之机。当前，"伊斯兰国"南亚分支"呼罗珊省"恐怖活动再次升级。"呼罗珊省"在阿富汗拥有兵力近 4000 人，已成为"阿塔"头号敌人。

首先，双方意识形态完全不同。尽管"阿塔"与"伊斯兰国"都信奉伊斯兰原教旨主义，但"伊斯兰国"信奉极端萨拉菲派，塔利班则是伊斯兰教哈纳菲派追随者，信奉迪奥班迪派。

其次，双方战略目标完全不同。"伊斯兰国"终极目标是建立一个全球性"伊斯兰哈里发国"，为此与外部异教徒和内部"叛教者"进行不可调和的斗争。"呼罗珊省"总体战略是为"伊斯兰国"建立一个前沿阵地，将所谓"哈里发国"扩张至中亚和南亚。而"阿塔"致力建立一个局限于阿富汗边界内的政府，这与"伊斯兰国"旨在建立全球"哈里发国"的战略目标相矛盾。"伊斯兰国"南亚分支"呼罗珊省"将"阿塔"视为战略对手，称其为"肮脏的民族主义者"（filthy nationalists）和叛徒，因为"阿塔"仅仅是建立一个"阿富汗伊斯兰酋长国"，并且还与美国合作并进行政治谈判。

最后，双方身份和地位完全不同。"阿塔"执政前，虽与"伊斯兰国"激烈争夺地盘，但双方具有共同的身份特征，即都与阿富汗前政府为敌。"阿塔"执政后，身份地位发生重大转变，已然从阿富汗国家利益的袭击者变成保护者。"伊斯兰国"身份并未变化，依然是袭击者，破坏阿富汗和平稳定前景的意图明显，因此其南亚分支"呼罗珊省"加大对"阿塔"的攻击频率。2021 年 9 月 18 日至 11 月 30 日，"呼罗珊省"对"阿塔"发动 76 次袭击，而 2020 年全年只有 8 次。[②] 2021 年 11 月 2 日，该组织通过爆炸、

---

① 奥古斯托·萨莫拉：《阿富汗和帝国主义时代的终结》，西班牙《公众》日报 2021 年 8 月 24 日。

② Tom Hussain, "Isis-K escalates terror attacks in Afghanistan and Pakistan in show of resistance against Taliban," December 8, 2021, https://www.scmp.com/week-asia/article/3158929/isis-k-escalates-terror-attacks-afghanistan-and-pakistan-show-resistance.

枪击袭击阿富汗最大军事医院，导致至少 19 名"阿塔"安全人员死亡（包括塔利班高级别指挥官、副国防部长哈姆杜拉·莫赫利斯），43 人受伤。①

此外，"呼罗珊省"还加大对美军、什叶派以及平民的袭击力度。2021 年 8 月，美国撤军期间，该组织在喀布尔机场策动"8·26"自杀式炸弹袭击，造成至少 182 人死亡（包括 13 名美军、3 名英国公民和 60 名阿富汗平民），② 这是近 10 年来，驻阿美军伤亡最大的事件。2020 年，"呼罗珊省"在阿富汗发动袭击 84 次，2021 年前 11 个月为 304 次，同比增长 303%。③ 2021 年 10 月 8 日，一名"呼罗珊省"武装分子在昆都士市一座什叶派清真寺制造自杀式炸弹袭击，炸死 46 人，另有 143 人受伤。10 月 15 日，两名"呼罗珊省"自杀式炸弹袭击者在坎大哈的比比法蒂玛清真寺（Bibi Fatima mosque）开火并引爆自己身上的炸药，导致至少 47 人死亡、90 多人受伤。

（二）巴基斯坦安全形势异常严峻

一是恐怖势力对中国在巴基斯坦人员、机构与项目的袭击频率和强度都有所上升，幕后黑手主要是"巴塔"和俾路支省分裂势力。2021 年 4 月，"巴塔"对俾路支省首府奎达市一家豪华酒店发动"4·21"自杀式炸弹袭击，导致 4 人死亡、11 人受伤。中国大使因入住同家酒店险些受伤。④ 7 月，"巴塔"斯瓦特分支对巴基斯坦开普省达苏水电站项目中方通勤班车制造"7·14"恐怖袭击，造成 13 人死亡，其中包括 9 名中国公民。⑤ "巴塔"

① "Afghanistan：Deadly blasts, gunfire hit Kabul military hospital," November 2, 2021, https：//www.aljazeera.com/news/2021/11/2/two-large-blasts-in-afghanistans-capital-kabul-at-waz.

② "Kabul Bombings：13 US Army Personnel Killed in Attacks at Airport," August 26, 2021, https：//www.aljazeera.com/news/2021/8/26/us－military－personnel－in－bomb－attacks－at－kabul-airport.

③ Tom Hussain, "Isis-K escalates terror attacks in Afghanistan and Pakistan in show of resistance against Taliban," December 8, 2021, https：//www.scmp.com/week－asia/article/3158929/isis-k-escalates-terror-attacks-afghanistan-and-pakistan-show-resistance.

④ "Deadly car bombing in Pakistan targets hotel hosting Chinese ambassador," April 22, 2021, https：//www.france24.com/en/asia-pacific/20210421－deadly－car－bombing－in－pakistan－targets-hotel-hosting-chinese-ambassador.

⑤ 《外交部发言人华春莹就巴基斯坦政府公布达苏恐袭事件调查进展答记者问》，2021 年 8 月 12 日，https：//www.fmprc.gov.cn/fyrbt_673021/dhdw_673027/202108/t20210812_9171366.shtml。

是巴基斯坦最致命的恐怖组织，始终与"基地"组织和"呼罗珊省"保持一定距离，致力于将巴基斯坦前联邦直辖部落区（FATA）打造成"自封的神权国家"，而不是将巴基斯坦转变为"伊斯兰教法国家"。[①] 从组织形态和活动方式上来说，"巴塔"是一个由不同巴基斯坦部落武装组成的松散的联合体，各个武装之间实际上没有隶属关系，以各自的部落为活动中枢。他们只是为了显示自己并非单独与巴基斯坦政府对抗，所以统一自称为"巴塔"。开普省是"巴塔"活跃的大本营，巴政府对开普省的管控能力较弱。斯瓦特分支就是其中一个反对巴基斯坦政府的部落武装。"巴塔"擅长使用的三种袭击手段是简易爆炸装置、枪械袭击以及自杀式炸弹袭击。袭击中国主要是为了阻碍巴中央政府的有效治理。

除"巴塔"外，"俾路支解放军"（BLA）等俾路支分裂势力则将矛头对准中国。2021年6月26日，"俾路支解放军"声称放火烧毁了中国电信公司在俾路支省奎达的设施，并"拘留"了6名参与这些项目的巴方官员。[②] 其发言人阿扎德称，该组织释放了其中3人，但继续拘留其余的人。8月，"俾路支解放军"针对巴基斯坦瓜达尔东湾快速路项目人员车队（载有中国公民）实施"8·20"自杀式炸弹袭击，导致2名巴基斯坦儿童死亡、3人受伤（包括1名中国公民），"俾路支解放军"叫嚣"对中国工程师车队进行了一次'自我牺牲'的袭击"[③]，并威胁道，如果中国继续支持"巴基斯坦占领国"，不将其国民从该地区撤出，将对俾路支省的中国公民和项目发动更加猛烈的攻击。[④] 巴基斯坦俾路支分裂势力将矛头对准中国，

---

① Kumar Ramakrishna, "Global Threat Assessment 2021," *Counter Terrorist Trends and Analyses*, January 2022, Vol. 14, No. 1 (January 2022), pp. 1-10.

② "BLA sets afire installations of Chinese telcos in Pak's Quetta: Report," https://www.hindustantimes.com/world-news/bla-sets-afire-installations-of-chinese-telcos-in-pak-s-quetta-report-101625326464556.html.

③ "At least two killed in suicide bombing in southwest Pakistan," August 20, 2021, https://www.aljazeera.com/news/2021/8/20/at-least-two-killed-in-suicide-bombing-in-southwest-pakistan.

④ "BLA warns China against exploiting resources of Balochistan," August 21, 2021 https://newsvibesofindia.com/bla-warns-china-against-exploiting-resources-of-balochistan/.

一是认为中国借"中巴经济走廊"之名，"掠夺"俾路支省和信德省的资源和土地；二是意图通过恐怖袭击阻碍政府的有效治理。目前，俾路支分裂势力与巴基斯坦军队之间的冲突仍在继续。

二是活跃在阿富汗的恐怖分子向巴基斯坦流窜。2020 年 7 月以来，10个反巴基斯坦的激进组织与"巴塔"合并，"巴塔"实力进一步增强，更加频繁地策动暴力恐怖袭击事件。[①] 2021 年，巴基斯坦发生 5 起自杀式袭击事件，其中"巴塔"实施了 4 起，表明这种几乎处于休眠状态的趋势可能会复苏。[②] 与此同时，"伊斯兰国"分支也将恐怖触角伸向巴基斯坦。2021 年中以来，"呼罗珊省"将巴基斯坦开普省纳入活动范围，近期在巴基斯坦策动的恐怖袭击事件较 2021 年上半年有所增加。[③] 2022 年 3 月 4 日，巴基斯坦西北部开伯尔·普赫图赫瓦省首府白沙瓦市一座什叶派清真寺发生自杀式炸弹袭击事件，导致至少 56 人死亡、195 人受伤。"伊斯兰国"随后宣布对袭击负责。[④] 3 月 8 日，一名自杀式炸弹袭击者在俾路支省西南部袭击一个备受瞩目的政府车队，造成至少 5 名安全部队成员丧生、30 多人受伤，"伊斯兰国"宣称对此负责。[⑤] 这是该恐怖组织在一周内进行的第二次自杀式炸弹袭击，巴基斯坦总统阿里夫·阿尔维可能是袭击的目标。

（三）孟加拉国受国际恐怖势力影响持续

在孟加拉国，效忠"伊斯兰国"的"孟加拉圣战者组织"（Neo-JMB）

---

① Abdul Sayed, "The Evolution and Future of Tehrik-e-Taliban Pakistan," December 21, 2021, https://carnegieendowment.org/2021/12/21/evolution-and-future-of-tehrik-e-taliban-pakistan-pub-86051.

② ShanthieMariet D'Souza, Iftekharul Bashar, Sudha Ramachandran, Abdul BasitandAmresh Gunasingham, "South Asia," *Counter Terrorist Trends and Analyses*, January 2022, Vol. 14, No. 1, pp. 55-89.

③ Riccardo Valle, "Pro-Islamic State Pakistan Province Media Network Publishes Long-Awaited Magazine Issue," December 7, 2021, https://www.militantwire.com/p/pro-islamic-state-pakistan-province.

④ "Dozens Killed as Mosque Bombed in Northwest Pakistan," March 4, 2022, https://www.aljazeera.com/news/2022/3/4/at-least-30-killed-as-mosque-bombed-in-northwest.

⑤ "IS Takes Credit for Suicide Bombing at Annual Cultural Show in Balochistan," https://ent.siteintelgroup.com/Jihadist-Threat-Statements/is-takes-credit-for-suicide-bombing-at-annual-cultural-show-in-balochistan.html.

的袭击目标主要是执法机构、印度教教徒、佛教徒以及非政府组织的工作人员。"孟加拉圣战者组织"试图培训所有成员制造简易爆炸装置，并将氯仿炸弹瞄准公共汽车、教堂和公共场所，以实现"无声杀戮"。2021年，恐怖势力在查谟和克什米尔更新袭击方式，即部署无人机"攻击军事设施"。由于无人机价格低廉、难以探测且拦截成本高昂，它们可能成为反印激进组织的首选策略。"孟加拉圣战者组织"还招募儿童和青少年加入队伍，他们大部分来自极端萨拉菲派主导的艾尔·哈迪斯（Ahle Hadis）村庄。2021年9月，支持"基地"组织的"伊斯兰辅助者"（AAI）"独狼"恐怖分子针对一辆属于一所私立大学的汽车发动了炸弹袭击。该组织"自2019年以来一直试图在孟加拉国推广'独狼'式恐怖袭击"。①

## 二　东南亚恐怖势力受挫

2022年1月，新加坡智库发布"年度威胁评估报告"显示，2021年东南亚国家的恐怖主义威胁有所下降，印度尼西亚、马来西亚、菲律宾等地的恐怖事件有所减少。一方面，新冠疫情限制措施"拉平了恐怖主义的曲线"；另一方面，相关国家采取强势反恐举措，对本地区恐怖势力造成重大打击。不过，菲律宾南部、泰国南部以及缅甸若开邦地区长期经济落后、社会动荡，为恐怖主义滋生与蔓延提供了有利温床。菲律宾南部棉兰老岛多年战乱，政府管控力薄弱，成为国际恐怖势力活动的中心地带之一。

（一）菲律宾仍是暴恐策源地

近年来，菲律宾致人死伤的恐怖袭击数量不断下降，从2019年的134起降至2020年的59起，再到2021年的17起。在菲律宾，"伊斯兰国"与4个本土恐怖组织（"阿布沙耶夫"、"穆特组织"、"邦萨摩洛伊斯兰自由战士"和"摩洛伊斯兰解放阵线"）相勾连，妄图仿照伊、叙模式建立一个"哈里发国"。2021年，"邦萨摩洛伊斯兰自由战士"异常活跃。

① Kumar Ramakrishna, "Global Threat Assessment 2021," *Counter Terrorist Trends and Analyses*, January 2022, Vol. 14, No. 1 (January 2022), pp. 1-10.

该组织约 100 名武装分子于 2021 年 5 月效仿马拉维之战，占领棉兰老岛马京达瑙省的达图·帕格拉斯镇的镇中心，并与军方发生交火，① 成为继 2020 年 8 月 24 日"阿布沙耶夫"在苏禄省和乐市发动的两起恐怖袭击后的最新袭击。

"伊斯兰国"附属组织中，"阿布沙耶夫"是最大分支。2021 年 2 月，菲律宾军方在霍洛岛突袭逮捕 9 名妇女（其中包括"阿布沙耶夫"前高层头目的 3 个女儿），没收了其武器和制造炸弹的材料，据称其正谋划对士兵发动自杀式炸弹袭击。② 2021 年 10 月，菲律宾安全部队在南部马京达瑙省击毙了"伊斯兰国"当地附属组织头目萨拉赫丁·哈桑（Salahuddin Hassan）。

（二）印度尼西亚暴恐势力作恶不断

在印尼，有组织恐怖网络袭击的首要目标是警察，其次是平民、基督徒以及中国人。③ 目前，印尼恐怖主义威胁主要有两大类，均与国际恐怖势力相关。

一是宣布效忠"伊斯兰国"的本土恐怖组织"神权游击队"和"东印尼圣战者组织"（MIT）。2021 年，"伊斯兰国"附属组织的首选作案手法是爆炸袭击，这与前几年有所不同，当时刺伤和枪击是首选的袭击方式。印尼近三年的大多数恐怖袭击由"神权游击队"实施。如，望加锡爆炸案、泗水袭击案等。2021 年，"神权游击队"制造了 9 起恐怖袭击事件，其中 5 起使用爆炸物，包括 2 起自杀式炸弹袭击和 1 起自杀式炸弹图谋，而 2020 年为 11 起。该组织的袭击呈现出以家庭为单位、以自杀式爆炸为手段、以祈祷场所为攻击目标的特点。2021 年，印尼"3·28"恐怖袭击中，"神权游击队"的一对新婚夫妇在望加锡一座教堂策动自杀式爆炸袭击，造

---

① 《菲律宾军方与武装分子发生交火　大批居民撤离》，新华网，2021 年 5 月 8 日，http：//www. xinhuanet. com/mil/2021-05/08/c_ 1211146497. htm。

② "Women linked to Abu Sayyaf suicide bombings arrested in Sulu," February 23, 2021, https：//www. aljazeera. com/news/2021/2/23/nine-suspected-female-suicide-bombers-arrested-in-sulu.

③ "Terror Threat in Asian Countries Declined in 2021, Singapore Think-Tank Reports," https：//www. benarnews. org/english/news/indonesian/terror-threats-01062022161603. html.

成 20 人受伤。① "东印尼圣战者组织"则活跃在印尼中苏拉威西省，2020 年 11 月 27 日，他们在该地区将一家四口斩首，烧毁 6 所房屋和 1 个礼拜场所。② 该组织还认为波索县（Poso）的农民是政府的间谍，因此经常袭击他们。

二是与"基地"组织有关联的"伊斯兰祈祷团"。2021 年 8 月，印尼警方逮捕了该组织涉嫌在印尼独立日发动恐袭的 58 名成员，查获该组织囤积的大量弹药。"伊斯兰祈祷团"在印尼拥有成员约 6400 名，具有实施大规模袭击的能力。2021 年 1 月，该组织精神领袖阿布·巴卡尔·巴希尔（Abu Bakar Bashir）获释，或将再次激发恐怖分子的"斗志"。此外，阿富汗喀布尔机场发生"8·26"致命袭击后，印度尼西亚、菲律宾和马来西亚等东南亚国家对此高度警惕，担心阿富汗的不稳定会产生"溢出"效应。③

（三）马来西亚恐怖主义威胁仍存

一方面，多个因素表明，"阿布沙耶夫"可能会在马来西亚婆罗洲东部的沙巴再次组织行动。近期，马来西亚政府派遣陆军特别行动分队、增加机场和港口管控措施，以预防恐怖主义事件的发生。另一方面，恐怖主义转移到网络。政府实施的封锁迫使人们用在互联网上的时间增多，从而提高弱势群体接触网络领域激进意识形态的可能性。在该地区，"伊斯兰国"附属组织在疫情期间持续通过社交媒体招募成员、传播极端思想。

三　非洲沦为恐怖势力"角斗场"

非洲已成为"伊斯兰国"和"基地"组织的活动"重心"，随着双方

---

① "Suicide Attack Rocks Indonesia Church, Several Wounded," March 8, 2021, https://www. aljazeera. com/news/2021/3/28/suspected-suicide-attack-rocks-indonesia-church-many-wounded.

② "International Virtual Seminar 2020 on Joint Response to Terrorism under the New Circumstances," December 2020, https://www. ciis. org. cn/english/NEWS _ 183/202101/W02021012963612 1107496. pdf.

③ KoyaJibiki and Yuichi Shiga, "Southeast Asia on alert for al-Qaida and ISIS links after Kabul attack Indonesia, Philippines and Malaysia face risk of emboldened extremist groups at home," NIKKEI Asia, August 31, 2021, https://asia. nikkei. com/Politics/Terrorism/Southeast-Asia-on-alert-for-al-Qaida-and-ISIS-links-after-Kabul-attack.

支持者的对抗日趋激烈，未来非洲或将取代中东成为恐怖主义的主战场，尤其是撒哈拉以南地区遭外溢暴恐"流毒"和本土恐患双重冲击，安全形势急剧恶化，在恐怖袭击增加最多的 10 个国家中，有 7 个位于该地区。

首先，西非萨赫勒与乍得湖地区仍为恐怖主义"重灾区"。"伊斯兰国"西非分支主要通过"大撒哈拉伊斯兰国"（ISGS）、"伊斯兰国西非省"（ISCAP）和"博科圣地"开展活动。在萨赫勒地区，"大撒哈拉伊斯兰国"与"基地"马里分支"支持伊斯兰和穆斯林"组织（JNIM）的争夺加剧。2022 年 3 月，"伊斯兰国"披露过去 5 个月在萨赫勒地区的军事活动，声称造成"支持伊斯兰和穆斯林"组织 204 人伤亡。[①] 在乍得湖地区，"伊斯兰国西非省"和"博科圣地"继续祸害地区安全。"伊斯兰国西非省"已成为最强大的分支之一，拥有成员 4000~5000 人。喀麦隆和尼日尔的袭击事件日增，凸显出"伊斯兰国西非省"有能力将势力范围扩展至尼日利亚之外。该分支因"博科圣地"头目阿布巴卡尔·谢考于 2021 年 5 月死亡而得到加强，其还试图整合"博科圣地"的作战人员。2021 年 7 月 24 日，"博科圣地"袭击喀麦隆极北大区一军事基地，造成 8 名士兵死亡。7 月 26 日，"博科圣地"驾车对喀麦隆极北大区靠近尼日利亚边界的泽戈军事基地发动袭击，造成 5 名士兵和 1 名平民死亡、3 名士兵和 1 名平民受伤。8 月 25 日，"博科圣地"袭击尼日尔东南部迪法省一处军事据点，造成 16 名士兵死亡。据评估，"伊斯兰国西非省"因与"伊斯兰国"核心层联系紧密而受益。

除"伊斯兰国"外，"基地"组织策动的恐怖袭击持续增加。2019 年前四个月，布基纳法索、马里和尼日尔每月平均发生 32 起"支持伊斯兰和穆斯林"制造的暴力事件；2020 年同期平均每月增至 41 起；2021 年增至 59 起，比 2019 年增长 84%。[②]

---

① "IS Reveals Military Activity in Sahel Over Past 5 Months, Claims 204 Casualties Among JNIM Fighters and Enemy Troops," https：//ent. siteintelgroup. com/Jihadist - Threat - Statements/is - reveals-military-activity-in-sahel-over-past-5-months-claims-204-casualties-among-jnim-fighters-and-enemy-troops. html.

② "Examining Extremism: Jama'at Nasr al-Islam walMuslimin," July 15, 2021, https：//www. csis. org/ blogs/examining-extremism/examining-extremism-jamaat-nasr-al-islam-wal-muslimin.

其次，刚果（金）与莫桑比克一带渐成恐怖活动中心地带。"伊斯兰国"和"基地"组织加速与本土恐怖组织勾连，导致该地区恐怖袭击事件频发。在莫桑比克，"伊斯兰国中非省"附属组织"先知的信徒"拥有成员600~1200人，其在德尔加杜角发动进一步袭击，于2021年3月短暂占领德尔加杜角省的帕尔马镇（Palma），表明其在非洲影响力再次扩大。① 自2020年8月以来，莫辛比瓦港口（Mocimboa de Praia）已被"伊斯兰国"控制。"伊斯兰国中非省"还在该国附近海域实施绑架和敲诈勒索等恐怖活动，并从该地区的银行抢劫了200万美元。在刚果（金），"伊斯兰国"与本土恐怖组织"乌干达民主同盟军"相勾连，将行动区域扩大至北基伍省贝尼之外和伊图里省南部地区，② 制造多起针对平民和安全部队的袭击事件。"乌干达民主同盟军"的成员多为乌干达人和刚果（金）人，外国"圣战"分子主要来自坦桑尼亚与肯尼亚。在乌干达，受"伊斯兰国"影响，该国"乌干达民主同盟军"连续在国内发动恐怖袭击。2021年10~11月，乌干达发生了4次致命爆炸。11月16日，3名自杀式炸弹手在坎帕拉袭击中央警察局和议会区。反恐人员打死5名嫌疑人，逮捕21人，其中包括在当地负责招募"乌干达民主同盟军"的所谓"伊斯兰领袖"谢赫·穆罕默德·基列武（Sheikh Muhamed Kirevu）。③ 在卢旺达，2021年10月，政府宣布逮捕了13个计划在基加利发动恐怖袭击的人员。西点军校反恐中心发文警告称，"伊斯兰国"分支在非洲已不是"低程度叛乱行动"，而是占领地盘并实施"伪政府"统治。

---

① "Mozambique Military Launches Offensive After Palma Attack," Aljazeera, March 25, 2021, https：//www. aljazeera. com/news/2021/3/25/fighting－in－town－near－mozambique－gas－hub－continues－for－second－day.

② "Thirteenth report of the Secretary－General on the threat posed by ISIL（Da'esh）to international peace and security and the range of United Nations efforts in support of Member States in countering the threat," S/2021/682, July 27, 2021, https：//www. undocs. org/en/S/2021/682.

③ United Nations Security Council, "Twenty－ninth report of the Analytical Support and Sanctions Monitoring Team submitted pursuant to resolution 2368（2017）concerning ISIL（Da'esh）, Al－Qaida and associated individuals and entities," S/2022/83, February 3, 2022, https：//undocs. org/en/S/2022/83.

再次，北非恐怖主义威胁仍存。在利比亚，"伊斯兰国"未能吸引新兵并控制地盘，恐怖主义活动有所减少，但仍努力在该国坚守阵地。① "基地"组织在利比亚的据点在西南部的奥巴里和盖特，只有 50 名战斗人员，分布在几个城镇。在摩洛哥，政府反恐行动遏制了恐怖组织的活动势头。2021年 6~10 月，一些受"伊斯兰国"鼓动的"独狼"恐怖分子被逮捕，3 个"伊斯兰国"小团伙巢穴被捣毁。②

最后，索马里仍是东非恐怖活动的"震中"。一方面，"基地"分支索马里"青年党"依旧活跃。目前，该组织拥有武装分子 7000~12000 人，主要利用爆炸装置、自杀式炸弹和汽车炸弹对索马里政府、军方、非洲联盟驻索马里特派团和平民发动袭击。索马里"青年党"增加在埃塞俄比亚边境的活动。该组织还通过全面非法征税制度向公民勒索钱财，减少"青年党"对外部资金的依赖。③ 该分支具有在索马里首都摩加迪沙大规模发动爆炸袭击，以及越过肯尼亚和乌干达界线实施打击的能力，是非洲最危险的恐怖组织之一。另一方面，"伊斯兰国"索马里分支接连受损。该分支目前拥有兵力 260~300 人，主要活跃在邦特兰地区。该分支是"伊斯兰国中非省"的后勤中心，主要任务是招募成员并训练新兵，并向"伊斯兰国中非省"提供意识形态指导和指挥。④

---

① "Thirteenth report of the Secretary-General on the threat posed by ISIL（Da'esh）to international peace and security and the range of United Nations efforts in support of Member States in countering the threat," S/2021/682, July 27, 2021, https：//www. undocs. org/en/S/2021/682.

② United Nations Security Council, "Twenty-ninth report of the Analytical Support and Sanctions Monitoring Team submitted pursuant to resolution 2368（2017）concerning ISIL（Da'esh）, Al-Qaida and associated individuals and entities," S/2022/83, February 3, 2022, https：//undocs. org/en/S/2022/83.

③ United Nations Security Council, "Twenty-ninth report of the Analytical Support and Sanctions Monitoring Team submitted pursuant to resolution 2368（2017）concerning ISIL（Da'esh）, Al-Qaida and associated individuals and entities," S/2022/83, February 3, 2022, https：//undocs. org/en/S/2022/83.

④ "Twelfth report of the Secretary-General on the threat posed by ISIL（Da'esh）to international peace and security and the range of United Nations efforts in support of Member States in countering the threat（S/2021/98）," January 29, 2021, https：//undocs. org/S/2021/98.

### 四　中亚恐怖活动蔓延

目前，中亚面临阿富汗安全威胁外溢、网络恐怖主义及外籍"圣战"分子回流等多重问题。疫情期间，中亚的安全威胁发生了变化。

**（一）阿富汗局势直接影响中亚安全**

2021 年，由于实施边境管控措施并加强对境内的控制，中亚恐怖袭击事件明显减少，但阿富汗局势是地区安全中的最大变量。2021 年 8 月，俄罗斯总统普京对中亚领导人说，"阿塔"掌权后，必须阻止"极端分子"外溢，避免任何"激进伊斯兰分子"从阿富汗溢出到该地区至关重要。[①] 上合组织秘书长表示，上合组织优先关注的焦点是制止和遏制来自阿富汗边境地区恐怖主义和极端主义团体的威胁。[②] 目前，主要有以下比较活跃的中亚恐怖组织：一是"伊斯兰圣战组织"。据联合国报告，"伊斯兰圣战组织"在阿富汗仍十分活跃。驻阿富汗的中亚各国大使馆注意到，这些团体的一些头目可以自由前往喀布尔。"伊斯兰圣战组织"由吉尔吉斯斯坦人伊利姆别克·马马托夫（Ilimbek Mamatov）及其塔吉克斯坦副手阿萨托·阿塔巴耶夫（Amsattor Atabaev）领导，被认为是阿富汗最有战斗力的中亚团体。该团体主要在巴达赫尚、巴格兰和昆都士各省开展活动。二是"伊玛目布哈里战斗营"。该组织由塔吉克斯坦国民迪尔肖德·杰汉诺夫（Dilshod Dekhanov）领导，目前驻扎在巴德吉斯省巴拉穆尔加布县。该组织招募了一些阿富汗当地人，增强了实力。据称，"阿塔"倾向于将这些组织作为单独军事单位纳入新成立的塔利班军队。[③] 叙利亚境内的"伊玛目布哈里

---

① "Putin Warns Against 'Radical Islam' Spillover from Afghanistan," *Aljazeera*, August 23, 2021, https://www.aljazeera.com/news/2021/8/23/putin-warns-against-spillover-of-radical-islam-from-afghanistan.

② 《上合组织秘书长出席欧安组织"阿富汗安全挑战及对中亚国际伙伴的影响"区域会议》，http://chn.sectsco.org/news/20210709/767574.html。

③ United Nations Security Council, "Twenty-ninth report of the Analytical Support and Sanctions Monitoring Team submitted pursuant to resolution 2368 (2017) concerning ISIL (Da'esh), Al-Qaida and associated individuals and entities," S/2022/83, February 3, 2022, https://undocs.org/en/S/2022/83.

战斗营"拥有 110 名武装分子，主要在拉塔基亚省活动。该组织由塔吉克人拉玛赞·努尔玛诺夫（Ramazan Nurmanov）领导，他生于 1991 年，是第二代外国"圣战"分子的代表。其父也是一名武装分子，20 世纪 90 年代离开塔吉克斯坦到阿富汗，后来转移到叙利亚冲突区。"伊玛目布哈里战斗营"仍遵守效忠于"阿塔"的誓言。三是"真主唯一圣战组织"。该组织还与"伊玛目布哈里战斗营"共同在"沙姆解放组织"框架内活动，主要活跃在叙利亚伊德利卜地区，最高头目为伊尔穆拉德·希克马托夫（Ilmurad Hikmatov）。"真主唯一圣战组织"的能力，因希克马托夫与该团体前头目西拉朱丁·穆赫塔罗夫（Sirajuddin Mukhtarov）之间的冲突而受到影响。①

（二）恐怖组织在互联网领域更加活跃

"圣战"组织的网络战已深入中亚地区，在 Telegram、VKontakte、Facebook、Instagram、Twitter、Youtube 等社交媒体上，近 500 个极端组织的独立频道在中亚进行宣传蛊惑，其中大多与"伊斯兰国"有关。② 这些恐怖组织利用互联网与社交媒体"招兵买马"，大肆传播恐怖主义和极端主义意识形态。疫情导致民众失业率及生活压力上升，恐怖分子招募新成员变得越发容易。

（三）"伊斯兰国"中亚籍"圣战"分子正从中东回流中亚，谋求建立新的恐怖组织基地

扼守东南要道的塔吉克斯坦正面临着来自"阿塔"和"伊斯兰国"的双重威胁。2021 年 8 月，塔内务部长在新闻发布会上公布，2021 年上半年，塔国执法者在境内阻止了 3 起恐怖袭击，制止了 2 起实施未遂的恐袭，还有 1 起针对警方的袭击。据悉，这些恐怖袭击是"伊斯兰复兴党"和"伊斯

---

① United Nations Security Council, "Twenty-ninth report of the Analytical Support and Sanctions Monitoring Team submitted pursuant to resolution 2368（2017）concerning ISIL（Da'esh），Al-Qaida and associated individuals and entities," S/2022/83, February 3, 2022, https://undocs.org/en/S/2022/83.

② Kumar Bekbolotov, Robert Muggah, Rafal Rohozinski, "Jihadist Networks Dig In on Social Media Across Central Asia: Almost 500 extremist channels on Telegram, VKontakte, and other networks spread propaganda and vie for recruits. Most of them have ties to the Islamic State," *Foreign Policy*, November 11, 2020, https://foreignpolicy.com/2020/11/11/online-extremism-central-asia-islamic-state-terrorism/.

兰国"策动的，有 2 起计划在南部实施，1 起在北部。此外，内务部登记了
526 起恐怖极端犯罪，还有 143 人因涉嫌参与被禁的、恐怖的极端组织而被
拘留。[①] 2022 年 1 月 10 日，塔吉克斯坦总统拉赫蒙在集体安全条约组织
集体安全理事会临时会议上称，"我们各国存在着沉寂隐蔽的国际恐怖
主义、极端主义和宗教激进主义的分支。他们对集体安全条约组织成员
国公民的招募宣传活动至今没有停止"。[②]

## 五 欧洲恐怖活动持续

### （一）欧洲深受"独狼"或小规模恐怖袭击之害

2021 年 10 月 15 日，69 岁的英国国会议员大卫·阿默斯（David
Amess）在埃塞克斯一座教堂门口与选民见面时，被一名男子连刺 7 刀后身
亡。[③] 11 月 14 日，英国利物浦一家医院外发生汽车爆炸，袭击者丧生，3
名男子被捕。袭击者原本计划袭击英国国殇星期日的教堂活动，但一名出租
车司机挫败了他的计划。[④] 此外，自 2020 年 9 月《查理周刊》讽刺先知穆
罕默德的漫画重新出版、2021 年 9 月 8 日开庭审理 2015 年巴黎袭击案以来，
"基地"组织在宣传中越来越多地将法国确定为袭击目标，这也影响到其他
欧洲国家的安全。

### （二）青年成为欧洲本土恐怖主义事件袭击的主体

数位欧洲反恐检察官指出，相关国家对本土恐怖主义案件的调查中发
现，心理脆弱的年轻人时常参与最近或被挫败的袭击活动，他们将对极端暴
力的迷恋与个人不满结合在一起，更容易接受"基地"组织和"伊斯兰国"

---

① 《塔吉克斯坦挫败三起恐怖袭击》，丝路新观察网，2021 年 8 月 9 日，http：//siluxgc.com/
tjk/20210809/27254.html。
② 《塔吉克斯坦总统称中亚存在沉寂隐蔽的恐怖组织分支》，俄罗斯卫星通讯社，2022 年 1 月
10 日，https：//sputniknews.cn/20220110/1037017818.html。
③ "British Lawmaker Stabbed to Death in 'Terrorist Incident'," https：//www.reuters.com/world/
uk/british-lawmaker-amess-stabbed-multiple-times-sky-2021-10-15/.
④ "Liverpool Women's Hospital explosion：Terror threat level raised to 'severe'," November 15,
2021, https：//www.bbc.com/news/uk-england-merseyside-59291095.

的宣传。大多数人与招募者没有个人联系，而是在受蛊惑、煽动后实现了自我激进化。数位检察官报告说，近期恐怖袭击的实施者经常单独行动，尽管他们可能通过社交媒体与一系列极端分子有联系。

（三）恐怖分子混入移民返回欧洲犯案

移民返回路线受到欧洲反恐当局的严密监控。如，2021 年 11 月 10 日，一名从土耳其返回比利时的外国"圣战"分子在保加利亚被捕，此人曾是2015 年巴黎袭击事件主谋阿卜杜勒哈米德·阿巴乌德（Abdelhamid Abaaoud）的同伙。数个欧盟国家还提到来自伊拉克的非法移民的案件，这些非法移民后来根据战场证据被确认为是在核心冲突区实施袭击的"伊斯兰国"恐怖分子。

# 第三节　国际社会多措并举积极反恐

面对疫情背景下不断发展变化的恐怖主义威胁，国际社会在抗击疫情的同时，从国际、区域等多个层面发力，着力打击并降低恐怖主义威胁。

## 一　联合国敦促各国警惕持续存在的恐怖主义威胁

疫情期间，联合国多次召集线上和线下会议，强调恐怖主义威胁的严峻性，呼吁各国继续积极关注并团结以制止恐怖主义。2021 年 6 月，联合国秘书长古特雷斯指出，未来全球反恐合作有三项战略要务：第一，应对恐怖分子使用新技术，并保持领先地位，确保我们负责任地利用这些技术来保护社会并将恐怖分子绳之以法。第二，投资预防和复原力，以解决刺激滋生恐怖主义的冲突、偏见、侵犯人权和发展挫折。第三，以人权、性别平等和法治为基础开展反恐努力。[①]

（一）召开首届全球议会反恐峰会，强调议员在反恐中的重要作用

由各国议会联盟、联合国反恐怖主义办公室（UNOCT）、联合国毒品和

---

① 《联合国秘书长强调在反恐中负责任地使用新技术》，2021 年 6 月 30 日，https：//news.un.org/zh/story/2021/06/1087202。

犯罪问题办公室共同组织的首次峰会，是根据三个机构于 2019 年 5 月签署的三方谅解备忘录的精神举行。各国议会联盟主席杜阿尔特·帕切科强调，议会必须采取强有力的行动，找到持久的解决办法，从而应对恐怖主义和暴力极端主义日益加剧的威胁。联合国毒品和犯罪问题办公室执行主任加达·瓦利女士强调，"保护社会免受恐怖主义伤害的法律框架必须对恐怖主义的实施者、合作者和资助者予以问责，并支持恐怖主义的受害者。在反恐方面，毒品和犯罪问题办公室可以向各国议会提供立法和技术援助"。联合国反恐怖主义办公室负责人、副秘书长沃龙科夫指出，议员在打击恐怖主义和暴力极端主义方面发挥着至关重要的作用。联合国反恐办公室于 2021 年 6 月设立了议会参与预防和打击恐怖主义方案办公室。他指出，"我们依靠议员与政府携手努力，通过强有力、稳健和透明的法律、预算和政策，为打击恐怖主义的国际法律框架提供资金并加以实施"。[①]

（二）继续实行旅行禁令措施，防止名单所列的恐怖分子自由越境

新冠疫情对限制国际行动产生了重大影响。在许多情况下，会员国对旅行施加了前所未有的限制，并随着新变异毒株的出现加强了这些限制措施。虽然仍存在前往冲突区的风险，特别是在新冠疫情管控相对薄弱的地方，但没有看到外国"圣战"分子大批流动的情况。在这种情况下，大多数名单所列人员可能仍待在原来的地点。

（三）采取武器禁运措施，严防武器装备落入恐怖分子之手

当前，国际社会对中东、非洲和阿富汗存在大量武器特别是小型武器感到关切。阿富汗面临严重的经济、金融和人道主义危机，武器和有关物资等可交易商品更易获得，它们可能被阿富汗境内的有组织犯罪分子和恐怖主义分子获得，甚至可能流入邻国。据称，"阿塔"习惯于向支持者提供小型武器，其中可能包括第 1267（1999）号决议和其他相关决议所制裁的团体。这种风险目前没有扩大到比自动步枪更大型的武器，但这种转让可能加强有

---

① 《首届全球议会反恐峰会强调议员在反恐中的重要作用》，联合国网站，2021 年 9 月 9 日，https：//news. un. org/zh/story/2021/09/1090722。

关团体的进攻能力。鉴于"阿塔"与"基地"组织之间存在特别密切的关系，必须监测"阿塔"今后是否决定向"基地"组织提供其现在控制的国家军事装备库存中的物品。

（四）敦促对恐怖势力觊觎网络游戏空间采取反制行动

随着网络游戏技术的快速发展，游戏用户可以沉浸在数字世界，身临其境般体验精彩叙事、参与在线竞赛。然而，一些关注网络世界的国际组织和研究机构发现，恐怖分子也在利用网络游戏空间，通过创造新的游戏或改变现有游戏，嵌入暴力极端主义内容，进行招募宣传。联合国反恐怖主义办公室对此极为关注，并于2021年12月组织多领域、跨学科的专家进行研究讨论，共商对策。

## 二 区域组织在反恐进程中发挥了至关重要的作用

除联合国外，上合组织、东盟、欧盟、非盟等区域组织高度重视本地区恐怖主义威胁，加强务实合作，不断推进反恐与去极端化进程。

（一）上合组织强化反恐职能

2021年是上合组织成立20周年。20年来，中国与其他各成员国在"上海精神"有力指引下，始终将维护地区安全置于优先地位，并在上合组织框架下制定了《上海合作组织反恐怖主义公约》《上海合作组织反极端主义公约》等法律文件，加强地区反恐怖机构及主管部门各层级会议等机制建设，建立打击"三股势力"务实合作机制，使安全合作的"四梁八柱"更加稳固，能够共同应对威胁和挑战。2020年，上合组织成员国主管机关就捣毁了50余个恐怖团伙，阻止了40多起恐怖袭击，有力打击了"三股势力"、毒品走私和跨国有组织犯罪。[1] 上合组织安全和防务部门还深入开展情报交流、人员培训等方面的合作，定期举行联合反恐演习、禁毒及边防联合行动，维稳处突能力得到大幅提升。

---

① 王毅：《砥砺前行二十载，继往开来谱新篇——纪念上海合作组织成立20周年》，《人民日报》2021年9月16日，第6版。

目前，上合组织成员国主管机关联合反恐演习已实现机制化，每年轮流举行。2021年9月11日，参加"和平使命—2021"上海合作组织联合反恐军事演习的8国总计约4000兵力，抵达演习地域——俄罗斯奥伦堡州俄国防部第三中央科学研究所防空科学试验场（简称东古兹靶场）。此次演习于9月11日至25日举行，分为兵力集结部署、受领作战任务、反恐战役筹划、反恐战役实施、兵力回撤归建五个阶段。其中，中方参演兵力558人。① 这次演习是上合组织框架内的例行性演习，旨在深化各成员国防务安全合作，提高应对新挑战、新威胁的能力，共同维护地区和平与安全。根据上海合作组织地区反恐怖机构第三十六次理事会决议，2021年9月21日至10月4日，代号为"帕比-反恐-2021"的上合组织成员国主管机关联合反恐演习在巴基斯坦帕比市举行。演习由巴基斯坦主办，上合组织成员国主管机关派反恐执法力量参加。这是中方反恐执法力量首次实警实枪实弹出境参加上合组织成员国主管机关联合反恐演习，对中方力量参与国际执法合作积累经验意义重大。演习旨在应对"三股势力"在热点地区活动并向上合组织地区渗透破坏，完善合作机制，提升各方主管机关情报交流和行动协调水平，增强联合反恐能力，展示合作打击"三股势力"的坚定决心，共同维护地区安全。②

（二）欧盟反恐力度升级

2021年4月29日，欧盟委员会发表声明称，欧洲议会于28日投票表决之后，由欧委会提出的防止网络恐怖主义内容传播的新规得以正式通过。欧盟委员会表示，新规将要求网络平台主动打击滥用其服务来发布恐怖主义内容的行为。在欧盟成员国主管部门发出警报之后，恐怖主义相关内容须在一小时之内删除。此外，新规也有助于打击极端主义思想在网络中的传播。③

---

① 《参加"和平使命—2021"上合组织联合军演8国兵力抵达演习地域》，《人民日报》2021年9月12日，第3版。

② 《上合组织成员国主管机关举行联合反恐演习》，《人民日报》2021年10月5日，第3版。

③ "New Rules Adopted for Quick and Smooth Removal of Terrorist Content Online," European Parliament, April 28, 2021, https：//www.europarl.europa.eu/news/en/press-room/20210422IPR02621/new-rules-adopted-for-quick-and-smooth-removal-of-terrorist-content-online.

2020 年 12 月，欧盟发布《欧盟反恐议程》，不断强化边境管控，加强打击网络恐怖主义，积极推进跨境反恐合作。《欧盟反恐议程》是在 2020 年 7 月出台的《欧盟安全联盟战略 2020—2025》基础上，对现有反恐政策的补充和升级。分析人士认为，《欧盟反恐议程》结合安全、教育、社会、文化、反歧视等各个方面，提出了更全面的举措，涉及更多的利益相关方，有助于促进形成反恐合力。①

（三）东盟推进反恐进程

在区域层面，东盟以《东盟预防和打击激进主义和暴力极端主义抬头行动计划（2018-2025 年）》为指导，旨在进一步加强东盟成员国及东盟各部门之间的密切合作，以应对本地区及其他地区的极端化。2021 年 8 月，第 28 届东盟地区论坛（ARF）外长会议以视频方式举行，会议决定，要加大力度以战略性和整体性的方式应对地区共同挑战，特别是在救灾、反恐和跨国犯罪、海上安全、防扩散与裁军、维和行动、防务合作、信息及通信技术等领域。会议决定将《东盟地区论坛反恐和打击跨国犯罪工作计划》的实施期限延长至 2022 年。② 中国国务委员兼外交部长王毅在会上强调，要加强多边合作，共同应对非传统安全挑战。要合力应对本地区极端气候、恐怖主义、跨国犯罪、网络安全等问题。阿富汗局势的变化让本地区的恐怖主义风险急剧上升，各方都应对此予以高度重视，采取有力措施加以防范。③

（四）金砖国家凸显合作反恐作用

2021 年 9 月，巴西、俄罗斯、印度、中国、南非举行金砖国家领导人第十三次会晤，主题是"金砖 15 周年：开展金砖合作，促进延续、巩固与共识"。在《金砖国家领导人第十三次会晤新德里宣言》中，各方赞赏就《金砖

---

① 《欧盟不断强化打击恐怖主义力度》，《人民日报》2021 年 1 月 20 日，第 16 版。

② "Chairman's Statement of the 28th ASEAN Regional Forum 6 August 2021 via videoconference," August 6, 2021, https：//www. mofa. go. jp/files/100220807. pdf.

③ 《王毅国务委员兼外长在第 28 届东盟地区论坛外长会上的发言》，外交部网，2021 年 8 月 6 日，https：//www. fmprc. gov. cn/nanhai/chn/wjbxw/202108/t20210806_ 9071861. htm.

国家反恐行动计划》达成共识，对于通过《金砖国家反恐行动计划》表示欢迎，呼吁尽快在联合国框架下完成和通过《全面反恐公约》，并在裁军谈判会议上发起多边谈判，制定遏制化学和生物恐怖主义行为的国际公约，核准金砖国家安全事务高级代表通过的《金砖国家反恐行动计划》。这将有助于补充和加强金砖国家之间现有的双多边合作，在打击极端化和恐怖主义、利用互联网从事恐怖活动、恐怖分子跨境流动，以及加强软目标保护、情报共享和反恐能力建设等方面为全球防范和打击恐怖主义威胁做出实质性贡献。[①]

（五）非盟加大反恐力度

非洲联盟反恐研究中心代主任伊德里斯·拉拉利指出，当前恐怖主义威胁正以非常可怕的速度在非洲蔓延。尤其是疫情加剧社会动荡，恐怖组织绑架人质、贩卖人口、大肆招募成员，并通过网络肆意开展恐怖主义和极端主义宣传，一些恐怖组织甚至成为当地的"实际领导者"。[②] 2022 年 2 月 5 日至 6 日，第 35 届非盟峰会在埃塞俄比亚首都亚的斯亚贝巴非盟总部举行，聚焦发展与安全问题。非盟委员会主席法基表示，非洲国家在加强和维护多边主义的同时，需要继续共同努力以应对新冠疫情、恐怖主义带来的挑战，加快非洲大陆经济社会发展。非盟轮值主席国刚果（金）总统齐塞克迪强调，恐怖主义和极端主义仍在威胁非洲的和平与安全架构，应在非洲大陆消除枪支泛滥的威胁，并呼吁各方共同努力，实现非盟《2063 年议程》。[③]

三　各国积极应对境内恐怖主义威胁

首先，欧美反恐焦点向内转移。一方面，欧洲反恐通常是受重大暴力恐怖袭击事件的驱动。2020 年下半年，法国、奥地利等国连续爆发数起恐怖袭击，引发整个欧洲的担忧。在英、法、意等国提高恐袭警戒级别后，欧洲国

---

[①] 《金砖国家领导人第十三次会晤新德里宣言》，中国政府网，2021 年 9 月 10 日，http：//www. gov. cn/xinwen/2021-09/10/content_ 5636528. htm。

[②] 《警惕反恐政治化工具化合力应对国际反恐新挑战——来自第二届反恐国际研讨会的声音》，新华网，http://www. news. cn/world/2021-12/23/c_ 1128194219. htm。

[③] 《非盟峰会聚焦发展与安全问题》，《人民日报》2022 年 2 月 9 日，第 17 版。

家 2021 年爆发的恐怖袭击事件有所减少。《2021 年欧盟恐怖主义形势和趋势报告》显示，2020 年，欧盟成员国共报告了 57 起已发生以及被挫败的恐怖袭击事件；英国报告了 62 起；瑞士报告了两起"圣战"恐怖袭击事件。2020 年欧盟成员国发生的恐怖袭击数量与 2019 年（119 起，其中 64 起在英国）相当，但与 2018 年（129 起，其中 60 起在英国）相比有所下降。2020 年，欧盟共 21 人在恐怖袭击中丧生；英国 3 人死亡；瑞士 1 人死亡。① 另一方面，美国持续收缩反恐战略。目前，美已撤走驻阿富汗的全部兵力，并宣称结束在伊拉克的作战任务，此后将转为顾问角色，继续向伊拉克军队提供援助、建议和培训。② 在利比亚，2018~2019 年美国针对"伊斯兰国"利比亚分支与"基地"分支发动了 10 次空袭，2020 年却未发动一次空袭。③ 与此同时，由于本土极右恐怖主义威胁日趋严峻，美反恐重心进一步转向国内，并将反恐资源向应对极右恐怖主义威胁调整。再一方面，新西兰加强反恐立法。该国《反恐法案》于 2021 年 9 月 30 日在国会通过三读成为正式法律，该法把策划或准备展开恐怖袭击入刑，并赋予执法机构更大的搜查和监视权力。④

其次，发展中国家加强反恐能力建设。发展中国家囿于实力，加之新冠疫情的影响，打击恐怖主义主要采取"斩首行动"。在中东，2022 年 2 月 3 日，美国特种部队在叙利亚西北部发动突袭，杀死"伊斯兰国"前任最高头目阿布·易卜拉欣·哈希米·库莱希。⑤ 在东南亚，2021 年 10 月，菲律宾安全部队在马京达瑙省杀死"伊斯兰国"的头目萨拉赫丁·哈桑。印尼"伊斯兰祈祷团"头目阿布·鲁斯丹于 9 月被捕，进一步削弱了该团体。在非洲，

---

① "European Union Terrorism Situationand Trend Report 2021", June 2021, Europol.
② "US-led Combat Mission in Lraq Ends, Shifting to Advisory Role," *Aljazeera*, December 9, 2021, https://www.aljazeera.com/news/2021/12/9/iraq-official-says-us-combat-mission-in-the-country-has-ended.
③ David Sterman, Peter Bergen and Melissa Salyk-Virk, "Terrorism in America 19 Years After 9/11: ISIS and the U.S. Counterterrorism Wars Abroad," New America (2020).
④ 《新西兰通过新反恐法》，新华网，http://www.news.cn/world/2021-09/30/c_1127921757.htm。
⑤ "ISIL Confirms Leader Killed in US Raid in Syria," https://www.aljazeera.com/news/2022/3/10/isil-confirms-leader-killed-in-syria.

"大撒哈拉伊斯兰国"的头目阿德南·阿布·瓦利德·萨赫拉维在布基纳法索、马里和尼日尔三国交界地带被打死。"博科圣地"头目阿布巴卡尔·穆罕默德·谢考于2021年5月被杀。然而，新冠疫情背景下，世界经济复苏进程放缓，贫困和社会问题加剧，南北差距拉大，极端主义思想蔓延，进一步助长恐怖主义滋生。发展中国家应采取各种举措提高治国理政能力，发展经济，消除贫困，加强团结，防止内部分裂，进一步提升反恐能力和水平。

再次，中国积极推进多双边反恐进程。中国一直主张遵循《联合国宪章》宗旨和原则，发挥联合国及安理会在反恐领域的中心协调作用。在区域合作层面，中国始终致力于为非洲反恐前沿国家的能力建设提供支持，这是中国-联合国和平与发展基金的重点资助领域。中方已资助联合国反恐办公室、安理会反恐执行局实施多个项目，为非洲相关国家进行反恐培训，提供反恐教材和特殊反恐设备，举办跨境反恐合作研讨会等。[1] 在双边层面，2021年8月9日至13日，中俄在陆军青铜峡合同战术训练基地开展"西部·联合—2021"演习。中国国务委员兼国防部长魏凤和表示，"在大变局大疫情背景下，两军将深入贯彻元首共识，加强战略协作和全面务实合作，为构建人类命运共同体、维护世界和平稳定作出更大贡献"。[2] 为维护中国和塔吉克斯坦国家安全，应对两国面临的恐怖主义和极端主义威胁，进一步提升两国安全执法合作水平，中塔于2021年8月18日至19日在塔吉克斯坦杜尚别市举行"反恐协作—2021"联合反恐演习。此次演习采取联演联训的方式进行，双方近百名特警队员参加了无人机在反恐行动中的应用、多种武器应用射击、搜查清除爆炸装置等课目，演练了战术指挥与协同，达到了预期目标。[3] 中国常驻联合国副代表耿爽大使在第76届联大六委"消除国际恐怖主义的措施"议题下的发言中指出，中国主张践行真正的多边主

---

[1] 《中国代表就反恐问题阐述四点意见》，中国新闻网，2022年2月10日，https：//www.chinanews.com.cn/gj/2022/02-10/9672559.shtml。

[2] 《"西部·联合—2021"演习结束》，《人民日报》2021年8月14日，第3版。

[3] 《中国公安部和塔吉克斯坦内务部举行"反恐协作-2021"联合反恐演习》，新华网，2021年8月19日，http：//www.xinhuanet.com/2021-08/19/c_1127777849.htm。

义，强化国际反恐法治，摒弃反恐"双重标准"，消除恐怖主义根源，着力解决新兴问题。①

# 结　语

在新冠疫情蔓延、经济持续衰退、地缘政治格局调整、大国博弈加剧的背景下，恐怖组织趁机加大蛊惑力度，加紧"招兵买马"，频繁发动恐怖袭击。中东、南亚、东南亚、非洲等地区的一些国家，如伊拉克、叙利亚、阿富汗、菲律宾、马里、布基纳法索等已成为国际反恐的前沿阵地。"伊斯兰国"和"基地"组织还试图在控制区域行使政府职能、实行伊斯兰教法、提供公共服务、征收税款、建立"伪国家"，并破坏民众对政府的信任，试图与当地政府"争夺民心"。"东伊运"加紧与国际恐怖势力勾连，并叫嚣"返回新疆进行圣战"。

国际恐怖势力从2019年的低潮期逐渐走向新一轮扩张期，对国际社会的威胁再度凸显。以"伊斯兰国"为首的国际恐怖势力伺机反扑，呈现死灰复燃之势。打着"伊斯兰"旗号的恐怖主义与白人至上极右恐怖主义相互影响，使国际恐情更趋复杂难测。2021年以来，联合国敦促各国继续保持警惕，应对持续存在的"切实"威胁。上合组织、欧盟、东盟、非盟等区域组织深化反恐合作，凝聚反恐合力，推进反恐和去极端化成效显著。未来一段时期，恐怖主义对国际安全的挑战重新进入上升期，国际社会需加强协调合作，坚决摒弃"双重标准"，弘扬多边主义，齐心协力应对恐怖主义威胁。

① 《中国常驻联合国副代表耿爽大使在第76届联大六委"消除国际恐怖主义的措施"议题下的发言》，2021年10月6日，https：//www.un.org/en/ga/sixth/76/pdfs/statements/int_terrorism/02mtg_china.pdf。

# 第二部分　分报告

## 第二章　欧美地区恐怖主义
## 与反恐怖斗争态势[*]

2021 年，"圣战"型、白人至上种族主义以及无政府主义三类恐怖主义威胁仍在欧美地区肆虐。为了应对日趋复杂的恐怖主义形势，欧美国家在战略战术层面制定了一系列反恐和去极端化措施，旨在全方位打击恐怖分子的嚣张气焰、遏制恐怖主义的发展蔓延。然而，欧美地区恐怖袭击仍然多发频发，主要有内外两方面原因。一方面，西方国家治理失灵导致政治整体"右转"、社会两极分化、族群矛盾加剧，成为恐怖主义多发的主要诱因；加之其对外长年实施霸权主义政策，使其沦为打着"伊斯兰"旗号的"圣战"恐怖组织的"眼中钉"。另一方面，新冠疫情蔓延全球之际，各类恐怖势力纷纷借疫生乱，伺机反扑；互联网与社交媒体的全球普及，使其成为恐怖势力加以利用的重要工具。

### 第一节　欧美地区恐怖主义威胁持续上升

欧美地区主要面临的三种恐怖主义类型在意识形态、组织架构及对西方

---

[*] 作者：范娟荣，中国社会科学院世界经济与政治研究所博士后工作人员、博士，研究方向：国际安全与反恐。

国家的威胁程度上各不相同，但在袭击手段及利用互联网与社交媒体进行沟通交流、筹集资金、蛊惑宣传及协调袭击等方面具有共性。

## 一 美国恐怖主义态势

据美国战略与国际研究中心（CSIS）统计，自 1994 年初至 2021 年底，美国共发生 1040 起恐怖袭击和恐袭图谋。其中，2020 年、2021 年美国国内恐怖袭击和恐袭图谋的数量达到近年来峰值。2021 年，美国发生 73 起恐怖袭击和恐袭图谋，死亡人数从 2020 年的 5 人激增至 2021 年的 30 人。这一水平与 2019 年相当。[①] 2020 年美国爆发 110 起恐怖袭击事件，比 2019 年增长 45 起，比 2017 年增长 40 起。不过，2020 年致死人数是 2013 年以来最低水平，致死 5 人，比 2019 年的 35 人下降 85.7%。[②]

2014 年以来，美国内恐怖主义活动上升态势明显。2014~2021 年，平均每年有 31 人因恐怖袭击而死亡，2021 年恐怖袭击致死 30 人是这一时期的典型。2014~2021 年的致死人数远超 1994~2013 年，当时美国只有 3 年的恐怖袭击致死人数超过 8 人。2021 年死亡人数恢复到更高水平，这表明，2020 年死亡人数减少是反常现象。这可能是政府因新冠疫情实行相关封锁政策，扰乱了日常生活并减少了大规模集会。[③]

2021 年，美国的恐怖袭击和图谋遍及 18 个州和华盛顿特区。其中，恐怖袭击最集中的地方是俄勒冈州波特兰市及其周边地区，其次是纽约市。2021 年，以上两地分别爆发了 18 起和 7 起恐怖袭击和恐袭图谋。过去几年，美国恐怖分子的战术和武器发生一定变化。2021 年，美国共发生 11 起

---

① Seth G. Jones, "The Evolution of Domestic Terrorism," Center for Strategic and International Studies（CSIS）（2022），February 17, 2022, https：//www.csis.org/analysis/evolution - domestic-terrorism.

② Seth G. Jones, "Domestic Terrorist Tactics and Targets," CSIS, August 3, 2021, https：// www.csis.org/analysis/domestic-terrorist-tactics-and-targets.

③ Seth G. Jones, "The Evolution of Domestic Terrorism," Center for Strategic and International Studies（CSIS）（2022），February 17, 2022, https：//www.csis.org/analysis/evolution - domestic-terrorism.

致命恐怖袭击，导致 30 人死亡。其中，有 9 起事件中袭击者使用枪支，致死 26 人，占比 86.7%。[①]

不管恐怖袭击的肇事者持有何种意识形态，政府、军队和警方无疑成为美国内恐怖袭击的首要袭击目标。2021 年发生的 73 起恐怖袭击和恐袭图谋中，有 29 起针对政府、军队和警察。[②] 2020 年的 89 起袭击中，有 34 起属于此类，其中针对政府的为 19 起，针对执法机构的 15 起，针对军方的 1 起。这些肇事者包括"匿名者 Q"（QAnon）、"主权公民运动"、民兵组织、无政府主义者、反法西斯主义者等，其主张的意识形态主要分为白人至上种族主义与无政府主义两类。

（一）白人至上种族主义威胁加剧

第一，白人至上种族主义成为美本土最大的恐怖主义威胁。2020 年 10 月，美国土安全部发布首份《国土安全威胁评估报告》，指出受意识形态驱使的"独狼"和小团体最有可能对美国本土构成恐怖主义威胁。报告强调，"在国内暴力极端分子中，具有种族和民族动机的暴力极端分子——特别是白人至上种族主义者（WSEs）仍将是美国最持久、最致命的威胁"。[③] 2020 年 5 月，美战略与国际研究中心发布报告分析美国近 26 年以来的恐袭事件，认为美国当前最严重的威胁来自白人至上种族主义者。据不完全统计，1994 年 1 月至 2020 年 5 月，美国共发生 893 起恐怖袭击（包括已实施及被挫败的），其中与白人至上种族主义相关的恐怖袭击和恐袭图谋占比最多，高达 57%。此类恐怖主义威胁在过去 6 年中大幅增长。[④] 2020 年 1 月至 8 月，美国共发生 61 起恐怖袭击。其中，奉行白人至上的极右恐怖分子实施了 67%

① Seth G. Jones, "The Evolution of Domestic Terrorism," Center for Strategic and International Studies（CSIS）（2022），February 17, 2022, https：//www.csis.org/analysis/evolution – domestic-terrorism.

② Seth G. Jones, "The Evolution of Domestic Terrorism," Center for Strategic and International Studies（CSIS）（2022），February 17, 2022, https：//www.csis.org/analysis/evolution – domestic-terrorism.

③ Homeland Security, "Homeland Threat Assessment," October, 2020.

④ Seth G. Jones, Catrina Doxsee and Nicholas Harrington, "The Escalating Terrorism Problem in the United States," CSIS, June 17, 2020.

的恐怖袭击和阴谋。① 2021 年 1 月 6 日，美示威者冲击国会大厦造成 5 人死亡。冲击者包括"匿名者 Q"和极右组织"骄傲男孩"等，这些组织认为，政府主要安全部门和执法部门是非法的，一些人还在国会大厦的台阶上高呼"叛徒！叛徒！叛徒！"② 2020 年 3 月，美国 36 岁的白人至上极右恐怖分子蒂莫西·R. 威尔逊企图以汽车炸弹攻击一家医院，后被联邦调查局击毙。他在密谋期考虑了一系列袭击目标，最终计划利用新冠疫情袭击医院，以扩大影响力。2021 年 3 月，极右聊天用户敦促民兵对美国政府采取行动。③

第二，恐怖袭击方式由使用爆炸和燃烧弹袭击向使用枪支转变。2021 年，白人至上种族主义者和志同道合者共策动了 38 起恐怖袭击和恐袭图谋。其中，16 起使用枪支，9 起涉及爆炸物和燃烧弹，4 起采用刀具、钝器等冷兵器，2 起车辆袭击。如，3 月 16 日，美国佐治亚州亚特兰大地区爆发一起连环枪击案，肇事者罗伯特·亚伦·朗（Robert Aaron Long）在三个水疗中心持枪疯狂射击，造成包括 6 名亚裔女性在内的 8 人死亡，1 人受伤。此案发生在亚裔经营的按摩院和水疗中心，引发亚裔美国人的深切担忧和美国朝野对新冠疫情中反亚裔仇恨犯罪激增现象的关注。7 月 27 日，罗伯特·亚伦·朗认罪，被判终身监禁，不得假释。④

2020 年之前，白人至上种族主义者和志同道合者更擅长使用爆炸物和燃烧弹进行袭击，其次是枪支，再次是冷兵器。1994~2020 年，其发动的所有袭击中，50% 使用爆炸和燃烧弹，包括针对堕胎诊所、政府设施和礼拜场所等实施的纵火和燃烧弹袭击；27% 的袭击使用枪支。不过，在 66% 的致命

① "The War Comes Home: The Evolution of Domestic Terrorism in the United States," October 22, 2020, https://www.csis.org/analysis/war-comes-home-evolution-domestic-terrorism-united-states.
② Seth G. Jones, "Domestic Terrorist Tactics and Targets," CSIS, August 3, 2021, https://www.csis.org/analysis/domestic-terrorist-tactics-and-targets.
③ "Far-Right Chat User Urges Militias, Military To Take Action Against US Government," March 4, 2021, https://ent.siteintelgroup.com/Far-Right-/-Far-Left-Threat/far-right-chat-user-urges-militias-military-to-take-action-against-us-government.html.
④ 《美国亚特兰大枪击案凶手认罪　被判终身监禁》，新华网，2021 年 7 月 28 日，http://www.xinhuanet.com/world/2021-07/28/c_1127703248.htm.

袭击事件中，枪支是最常用的武器。枪支的使用近年来越发普遍，2015～2020年，肇事者在73%的致命袭击事件中使用枪支。2015年以来，冷兵器——主要是刀具——是20%的白人至上种族主义者和志同道合者发动致命袭击的主要武器。[①]

第三，袭击目标多样化。白人至上种族主义者和志同道合者除将矛头指向政府执法机构外，还将目标对准种族、族裔、宗教或政治构成不同的个体。如，非裔美国人、移民、穆斯林和犹太人。[②]2022年1月15日，美国得克萨斯州一所犹太教堂发生人质劫持事件。马利克·费萨尔·阿克拉姆（Malik Faisal Akram）袭击沃思堡郊区科利维尔的一座犹太教堂，并绑架数名人质。劫持者要求美国政府释放巴基斯坦神经学家阿菲娅·西迪基（Aafia Siddiqui）。美方声称西迪基试图袭击驻阿美军，于2010年判处西迪基86年监禁。西迪基被关押在沃思堡一所联邦监狱里。[③]2018年10月27日，美国宾夕法尼亚州匹兹堡发生一起大规模枪击事件，罗伯特·鲍尔斯携带了1支突击步枪和3把手枪，在匹兹堡的"生命之树"犹太教堂制造了血腥惨案，导致11人死亡，他在袭击过程中还高喊"所有犹太人都得死"。[④]2019年8月3日，美国白人至上种族主义者帕特里克·克鲁修斯在得克萨斯州埃尔帕索一家沃尔玛商店发动大规模枪击事件，导致22人死亡。案发地埃尔帕索的居民80%是拉丁裔，枪手宣称想要尽可能造成最多墨西哥人的伤亡。2019年4月27日，美国加利福尼亚州南部城镇波韦一座犹太会堂发生枪击事件，一名男子朝参加宗教仪式的人群开枪，导致2人死亡、3人受伤。

---

① Seth G. Jones, "Domestic Terrorist Tactics and Targets," CSIS, August 3, 2021, https：//www. csis. org/analysis/domestic-terrorist-tactics-and-targets.

② "The War Comes Home：The Evolution of Domestic Terrorism in the United States," October 22, 2020, https：//www. csis. org/analysis/war-comes-home-evolution-domestic-terrorism-united-states.

③ 《美国得州发生人质劫持事件　一人质已获释》，新华网，2022年1月15日，http：//www. news. cn/world/2022-01/16/c_ 1128267426. htm。

④ "Gunman targeting Jews kills 11 in Pittsburgh synagogue," Reuters, October 27, 2018, https：//www. reuters. com/article/us-pennsylvania-shooting-idUSKCN1N10J6.

（二）无政府主义威胁上升

一是袭击方式主要由使用爆炸和燃烧弹向使用冷兵器袭击转变。2021年，无政府主义者、反法西斯主义者和志同道合者共发动31起恐怖袭击和恐袭图谋。其中，19起是使用刀具、棍棒等冷兵器的袭击，3起主要使用爆炸物或燃烧弹，2起使用枪支，1起是车辆袭击。大量的近战攻击是其长期对爆炸物和燃烧弹传统依赖的一种转移。这些冷兵器袭击大多涉及蓄意财产损失，有些还包括使用燃烧弹作为辅助武器。[①]

2020年之前，无政府主义者、反法西斯主义者和志同道合者最常用的武器是炸药和燃烧弹，其次是冷兵器，再次是枪支。1994~2019年，其发动的所有恐怖袭击中，有81%使用了炸药和燃烧弹，例如，2018年12月，伊丽莎白·勒克朗（Elizabeth Lecron）购买黑色火药和螺丝，企图炸毁她认为正在污染当地河流的管道；使用刀、斧头和锤子等冷兵器的攻击占7%；使用枪支的袭击占6%。2015~2019年，25%的袭击事件使用枪支，说明枪支的作用更为普遍。例如，2017年6月，詹姆斯·霍奇金森公开向国会共和党棒球练习场开火，导致6人受伤，其中包括众议院多数党的史蒂夫·斯卡利斯和众议员罗杰·威廉姆斯。随后，警方开枪将霍奇金森击毙。

二是袭击目标。2020年，无政府主义者、反法西斯主义者和志同道合者发动的恐怖袭击和恐袭阴谋的数量有所增加。截至8月底，其策动的恐怖袭击在所有袭击中占比20%（2019年仅占8%）。无政府主义极端分子袭击的目标主要有执法、军事和政府人员和设施（占比58%），以及示威者（占比42%，包括支持警察和美国前任总统特朗普的人群，以及反对堕胎的抗议者）。对于无政府主义者、反法西斯主义者和志同道合者而言，警察是专制国家的典型象征。此类势力在大多数袭击中擅长使用爆炸物、火药以及枪支。2020年，美国共发生5起致命恐怖袭击，造成5人死亡，其中与无政

---

[①] Seth G. Jones, "The Evolution of Domestic Terrorism," Center for Strategic and International Studies（CSIS）（2022），February 17, 2022, https：//www.csis.org/analysis/evolution-domestic-terrorism.

府主义相关的有2起。8月29日，"安提法"（Antifa）① 极端分子迈克尔·里诺尔（Michael Reinoehl）在俄勒冈州波特兰地区开枪，打死支持特朗普的右翼组织"爱国者祈祷"的一名成员阿伦·J. 丹尼尔森（Aaron Jay Danielson，又名杰伊·毕晓普）。7月19日，新泽西州北布伦斯威克地区法官埃丝特·萨拉斯在家门口遭遇反女权主义者罗伊·丹·霍兰德（Roy Den Hollander）持枪袭击，导致其儿子死亡、丈夫受伤。

值得注意的是，大多数国内恐怖分子对杀死大量美国人并不感兴趣，这与支持"基地"组织或"伊斯兰国"的"圣战"分子的目标有所不同。

**（三）"圣战"恐怖主义威胁降低**

"9·11"事件后，美国在境内外打击恐怖主义过程中始终聚焦"圣战"恐怖主义。随着国际恐怖势力"基地"组织与"伊斯兰国"实力相继遭受重创，以及美多年反恐重压的影响，打着"伊斯兰"旗号的极端分子对美构成的威胁正在降低。目前，"圣战"恐怖势力虽将矛头对准美国，但其在美发动大规模恐怖袭击的概率较低，美国亦希望通过持续的反恐压力将恐怖主义威胁控制在美国本土之外。"圣战"恐怖主义对美国的主要威胁体现为"煽动性"攻击，即通过社交媒体和其他在线平台煽动美国本土暴力极端分子（Homegrown Violent Extremists，HVE），鼓动支持者对美发动袭击。②

"基地"组织分支针对美国本土发动恐怖袭击的风险仍然存在。2019年12月6日，"阿拉伯半岛基地组织"在美国佛罗里达彭萨科拉海军基地发动一起致命恐怖袭击，21岁的沙特皇家空军防卫部队中尉穆罕默德·阿尔沙姆拉尼持枪袭击，导致3名海军军人死亡、8人受伤，当时阿尔沙姆拉尼正

---

① Antifa 是 Anti-Fascist 的简称，意为反法西斯主义者，系左翼极端分子。拜登就职典礼当日，"安提法"在许多州发起了暴力抗议活动。在西雅图，他们封锁了交通，烧毁了美国国旗，并严重破坏了当地的联邦法院和民主党总部。他们还对民主党的大楼发表了侮辱性的言论。美国总统特朗普2020年5月31日发布推文称，美国政府将把反法西斯运动"安提法"团体定为恐怖组织。

② Homeland Security, "Homeland Threat Assessment," October, 2020.

在该基地接受航空训练。①

欧美的"圣战"恐怖袭击有所减少，但联合国专家预计，这只是暂时现象，因为在新冠疫情期间，恐怖暴力"因旅行、会议、筹款和确定可行目标的限制而人为地受到压制"。同时，他们认为网络极端化的风险在封锁期间有所增加。联合国监测小组协调员埃德蒙·菲顿-布朗强调，"放松封锁意味着一些预先计划好的攻击可能会发生"。②

## 二 欧洲恐怖主义态势

如同美国一样，欧洲地区主要面临"圣战"型、白人至上种族主义以及无政府主义等三类恐怖主义威胁。2020 年，欧盟成员国记录了恐怖袭击和恐袭图谋 57 起（包括已实施与被挫败的），欧盟逮捕从事恐怖活动的嫌疑人 449 名。③

### （一）"圣战"恐怖主义肆虐不止

打着"伊斯兰"旗号的"圣战"恐怖主义仍然严重威胁欧洲的和平与安全。2014~2019 年，"伊斯兰国"在西方国家策动或煽动至少 78 起恐怖袭击，导致 471 人死伤。其中，法国是死亡人数最多的国家，英国、比利时紧随其后。④ 2020 年，有 254 人因涉嫌犯下与"圣战"有关的罪行而被捕。其中，加入恐怖组织是最常见的犯罪行为，其次是宣传、传播恐怖思想并策划恐袭图谋，以及为恐怖主义提供便利和资助。"圣战"分子嫌疑人主要是男性（87%），平均年龄在 31~32 岁。超过一半（64%）在被捕时年龄介于19 岁和 35 岁。⑤

---

① "US Terrorist Attacks Fast Facts", CNN News, October 4, 2020, https：//edition. cnn. com/2013/04/18/us/u-s-terrorist-attacks-fast-facts/index. html.

② "As the West Winds Down Its 'War on Terror,' Jihadists Are Filling the Vacuum, UN warns," July 22, 2021, https：//edition. cnn. com/2021/07/22/world/un-report-global-terror-threat-intl-cmd/index. html.

③ "European Union Terrorism Situation and Trend report 2021," Europol, June, 2021.

④ "Global Terrorism Index 2020," Institute for Economics & Peace, 2020.

⑤ "European Union Terrorism Situation and Trend report 2021," Europol, June, 2021.

　　欧洲"圣战"恐怖主义威胁的来源主要有三类。第一类是互联网驱动的本土恐怖主义激进化。[①]受"伊斯兰国"和"基地"组织的蛊惑，欧美不少本土人员蜕变为"圣战"恐怖分子。2019年，欧盟国家挫败2起本土人员试图出境加入"圣战"组织的行为。同年，法国巴黎警察总局发生"10·3"恐袭案件，袭击者迈克尔·哈彭（Mickaël Harpon）系潜在"独狼"加"内部作案"，令人防不胜防。2020年以来，"伊斯兰国"将新冠疫情视为削弱敌人、提升影响的良机，并加大力度鼓动追随者采取一切措施杀死"异教徒"和"不信教者"，[②] 将使欧洲更多人沦为"圣战"恐怖主义的"战斗机器"。第二类是外籍"圣战"分子回流作案。曾有超过5900名欧洲公民赴伊拉克和叙利亚加入"伊斯兰国"，[③] 其中约1/3已返回欧洲，存活并滞留伊拉克和叙利亚的数百人正伺机回流本土策动恐怖袭击。美欧在"圣战"分子遣返问题上存在较大分歧，美希望将其直接遣返回原籍国，但欧洲为保障本土安全，不愿接收这些"定时炸弹"。第三类是因犯下恐怖主义罪行而被监禁者，在其被监禁期间和获释后均构成严重威胁。2020年，欧洲（奥地利、德国和英国）至少发生5起获释成员策动的"圣战"恐怖袭击；[④] 欧洲监狱释放约1000名"伊斯兰国"的回流人员。[⑤]未来几年，还有大批极端分子将被释放，这很可能是欧洲的重大安全隐患。

　　欧洲本土"圣战"分子的恐怖袭击很多不再保持隐蔽性，反而高调行动，显示出造势意图。2020年11月2日，奥地利首都维也纳圣母大教堂附近6处地点发生恐怖袭击，袭击者库吉姆·费祖莱（Kujtim Fejzulai）当场

---

① UNDOCS, S/2020/836, United Nations Security Council, August 27, 2020.

② Bridget Johnson, "ISIS 'lockdown' Magazine Urges Using Kids to Spread COVID-19, Attacks with Scissors," *Homeland Security Today*, June 23, 2020; Arvind Ojha, "Islamic State tells Indian Muslims to Be Coronavirus Carriers," *India Today*, July 26, 2020.

③ Simon Osborne, "EU Terror Threat: US Demands Europe Allows 600 ISIS Widows to Return – 'Take Them Back!'," *Express*, November 1, 2018.

④ "European Union Terrorism Situation and Trend report 2021," Europol, June, 2021.

⑤ Damien McElroy and Nicky Harley, "European Prisons Releasing 1,000 Returned ISIS Fighters in 2020 Poses New Security Challenge," https://www.thenationalnews.com/world/european-prisons-releasing-1-000-returned-isis-fighters-in-2020-poses-new-security-challenge-1.1015907.

被击毙，他是"伊斯兰国"的支持者，2019 年因试图前往叙利亚加入"伊斯兰国"被判处 22 个月监禁。[1] 10 月 16 日，法国巴黎大区伊夫林省一所中学附近发生袭击案，18 岁的凶手阿卜杜拉·安佐罗夫（Abdullakh Anzorov）（车臣裔移民）手持厨刀将历史课教师塞缪尔·帕蒂（Samuel Paty）当街斩首，袭击者被警方击毙前还高呼"真主至大"口号。[2] "伊斯兰国"对袭击者大加赞赏，并呼吁追随者发动更多袭击，杀死那些"亵渎先知的人"（blasphemers）；[3] "基地"组织支持者还对这一惨案进行庆祝。[4]

近年来欧洲"圣战"分子的恐袭事件大多发生在英、法等国，袭击地点既涉及西方标志性建筑及生活方式的象征（如，法国《查理周刊》旧址及斯特拉斯堡著名的圣诞市场），也涵盖教堂、剧院、机场、车站、公园等人流量大且防范困难的公共场所。"圣战"分子的袭击手段包括用刀砍杀、持枪射击、驾车撞击、爆炸及自杀式炸弹袭击等，袭击目标通常是手无寸铁的民众，因而屡屡使袭击变成不分青红皂白的杀戮，恐怖效应很大。如，法国尼斯 2016 年"7·14"血案的袭击者驾驶卡车冲撞庆祝"巴士底日"（Bastille Day）的人群，造成 86 人死亡。[5] 此外，欧洲驻海外人员、机构也未能幸免于难。如法国 2013 年在马里开展反恐行动以来，至少有 50 名士兵在马里身亡。[6] 2020 年 8 月，"伊斯兰国"在西非国家尼日尔首都尼亚美附近一处野生动物公园发动袭击，导致 8 人死亡，包括 6 名法国人。[7] 对这些

① Katrin Bennhold, et al., "Vienna Reels from a Rare Terrorist Attack," *The New York Times*, November 3, 2020.

② Lisa Bryant, "France Reels From Latest Terror Attack," *VOA News*, October 17, 2020.

③ Bridget Johnson, "ISIS Magazine Publishes Photo of French Teacher's Head, Calls for More Attacks on Free Expression", October 19, 2020, https://www.hstoday.us/subject - matter - areas/counterterrorism/isis - magazine - publishes - photo - of - french - teachers - head - calls - for - more - attacks-on-free-expression/.

④ "Supporters and linked groups celebrate the gruesome knife attack against a schoolteacher in France," Site Intelligence Group, October 23, 2020.

⑤ "Nice attack: What we know about the Bastille Day killings," *BBC News*, August 19, 2016.

⑥ Two French soldiers killed during operation in Mali, *France 24*, January 2, 2021.

⑦ Baba Ahmed and Carley Petesch, "Islamic State Claims Niger Killings of French Aid Workers", September 18, 2020, https://abcnews.go.com/International/wireStory/islamic - state - claims - niger-killings-french-aid-workers-73074739.

恐怖组织而言，在法国本土策动大规模恐袭比较困难，而在非洲对法国军队或其他目标进行打击报复则更为容易。

（二）白人至上种族主义的恐怖袭击威胁急剧上升

近年来，右翼极端恐怖主义的幽灵再次在全球冒升。2019 年，除新西兰克赖斯特彻奇、美国埃尔帕索等地外，欧洲的德国哈雷、挪威拜鲁姆和英国萨里等地，也发生了白人至上种族主义者制造的恐怖袭击事件。2014 年以来，此类恐怖势力在北美、西欧和大洋洲等西方国家策动袭击的次数激增250%，致死人数增加 709%。过去 5 年，西方国家每年发生至少 35 起极右恐袭事件。此类恐怖袭击虽不如打着"伊斯兰"旗号的恐怖主义致命，但往往比无政府主义恐怖袭击更具杀伤力。①

目前，德、英等国极右恐怖主义威胁不断升高。2020 年 2 月，德国将极右恐怖主义列为"首要安全威胁"。英国需要采取去极端化措施的人员中，约 1/4 与右翼极端主义意识形态有关，比具有其他极端宗教倾向的人高出 10%。② 此外，西方国家极右恐怖势力还相互勾结、狼狈为奸，美、德、澳、加等国右翼极端分子纷纷通过互联网，共享宣传、招募、筹资和训练经验，并到彼此国家参加活动，互为支持。值得注意的是，极右恐怖势力正在欧美地区积极招募警察和士兵。③ 2020 年，德联邦宪法保卫局首次对德安全系统进行排查发现，近 3 年至少有 350 人因存在极右思想或从事相关活动受到处分。美英媒体也透露，右翼极端恐怖分子已渗透至美英各地执法机构，警察在社交媒体上发布极端言论的现象愈发常见。④

---

① "Global Terrorism Index 2020," Institute for Economics & Peace, 2020.

② Alasdair Lane (UK), "UK: Fears of resurgent terrorism as COVID-19 lockdown ends," July 12, 2020, https://m.dw.com/en/uk-fears-of-resurgent-terrorism-as-covid-19-lockdown-ends/a-54124486.

③ Seth G. Jones, Catrina Doxsee and Nicholas Harrington, "The Right-wing Terrorism Threat in Europe: The Contours of European Terrorism", Center for Strategic and International Studies, March 2020.

④ 中国现代国际关系研究院：《国际战略与安全形势评估 2020/2021》，时事出版社，2021，第 337 页。

2017~2020 年，欧盟逮捕的极右恐怖分子计有 119 人。[①] 2020 年，德国、比利时、法国经历了 4 起极右恐怖袭击和恐袭阴谋。2020 年 2 月，德国小城哈瑙爆发恐袭事件，极右恐怖分子托比亚斯·拉特金持枪袭击水烟吧，导致 10 人死亡。德国、比利时、法国各挫败 1 次恐怖袭击阴谋。4 名肇事者中至少有 3 名是袭击发生或计划袭击的国家的国民，其中 1 名是女性。2020 年，欧盟有 34 人因涉嫌参与极右恐怖活动被捕。其中，最常见的罪行是加入恐怖组织以及策划和准备袭击，通常伴随着拥有武器。嫌疑人主要是男性，平均年龄为 38 岁，是他们被捕国家的国民。[②]

欧洲极右恐怖主义网络不断扩大，目前主要有英国的"血与荣誉"（Blood & Honour）、"第 18 号战斗"（Combat 18），丹麦、挪威、瑞典及芬兰的"北欧抵抗运动"（Nordic Resistance Movement，NRM），德国的"德国统一运动"（Identitarian Movement Germany）等右翼极端恐怖组织。其成员具有明显的多样性，大致可分为三类。第一类人，受夸大或虚假言论影响，严厉抨击穆斯林和移民。如，2019 年新西兰基督城"3·15"惨案罪魁祸首布伦顿·塔兰特（Brenton Tarrant）袭击前妄称，"大规模移民造成了严重危机，如果欧洲人不战斗，其种族与文化将被完全取代"。[③] 2020 年 2 月，德国哈瑙极右恐袭事件的案犯托比亚斯·拉特金同样在事前发布个人宣言指责移民、外国人和少数民族。[④] 第二类人，大肆鼓吹白人优越性，攻击非白人和犹太人，主张通过发动"种族战争"建立纯粹的白人国家。如，"第 18 号战斗"谋求杀死"所有同性恋者"和"混血白人"，清除"政府、媒体、艺术甚至各种行业内的犹太人"，处决"积极帮助破坏白人种族的犹太人"，

---

① "CTED Trend ALert，" United Nations Security Council Counter-Terrorism Committee Executive Directorate，April 2020；"European Union Terrorism Situation and Trend report 2021，" Europol，June，2021.

② "European Union Terrorism Situation and Trend report 2021，" Europol，June，2021.

③ Seth G. Jones，et al.，"The Right-wing Terrorism Threat in Europe：The Contours of European Terrorism，" CSIS，March 2020.

④ Philip Oltermann，"Hanau Attack Gunman Railed Against Ethnic Minorities Online，" *The Guardian*，February 20，2020.

企图"将所有非白人送回亚非、阿拉伯",最终建立纯白人国家。①第三类人,谋求构建跨国极右恐怖势力。欧洲极右恐怖分子越来越多地与美国、澳大利亚等其他国家的极端分子相互呼应和勾连,狼狈为奸。如,总部设在美国的"阿托姆瓦芬分部"(Atomwaffen Division)在英国、德国和波罗的海国家都设有分支机构;总部设在美国的"崛起运动"(Rise Above Movement)成员曾前往德国、乌克兰和意大利等国勾连其他极端分子。②

2020年以来,极右恐怖势力兴风作浪,趁新冠肺炎疫情暴发之机炮制阴谋论、煽动种族主义情绪、鼓动成员发起恐怖袭击。它们还在网络加密频道呼吁成员将病毒用作生物武器,传播给执法人员和非白人。③ 如,在社交媒体Telegram的"生态法西斯中心"频道,一个帖子鼓动成员针对犹太社区,向当地犹太教堂的门把手咳嗽;另一个帖子呼吁对关键基础设施采用相同的病毒传播战术。2020年5月,欧洲委员会专家称,新冠疫情期间,恐怖分子使用生物武器发动恐怖袭击的风险在上升。④

**（三）无政府主义的恐怖袭击威胁仍存**

在欧洲,无政府主义者以希腊、意大利和西班牙为"根据地",主要通过简易爆炸装置等手段,袭击政府部门、基础设施和私营企业等目标。2020年,欧盟发生24起由无政府主义者实施的恐怖袭击,全部在意大利。2020年,涉嫌无政府主义恐怖袭击的被捕人数为52人,比2019年的111人减少一半以上,这主要是由于意大利的逮捕人数下降(2020年为24人,而2019年为98人)。此外,土耳其恐怖组织"革命人民解放党阵线"(Devrimci

---

① Seth G. Jones, et al. , "The Right-wing Terrorism Threat in Europe: The Contours of European Terrorism," CSIS, March 2020.

② Seth G. Jones, et al. , "The Right-wing Terrorism Threat in Europe: The Contours of European Terrorism," CSIS, March 2020.

③ Kyler Ong and Nur Aziemah Azman, "Distinguishing Between the Extreme Farright and Islamic State's (IS) Calls to Exploit COVID-19," *Counter Terrorist Trends and Analyses*, Vol. 12, No. 3, April 2020, pp. 18-21.

④ Alexandra Brzozowski, "Has COVID-19 increased the threat of bioterrorism in Europe?" https://www. euractiv. com/section/defence-and-security/news/has-covid-19-increased-the-threat-of-bioterrorism-in-europe/.

Halk Kurtuluş Partisi-Cephesi，DHKP-C）的 12 名成员在希腊被捕。无政府主义者主要针对私人和公共财产（如金融机构和政府大楼）等实施纵火，或发动其他类型的武力攻击。在大多数情况下，这些袭击的肇事者在网上宣称对事件负责。2020 年，无政府主义者除关注反法西斯主义、反种族主义等长期存在的问题外，还聚焦对高新技术（如 5G）、新冠疫情限制措施的质疑等新问题。[①] 2020 年 9 月，意大利发生一起复杂袭击事件，此次袭击是邮寄给布雷西亚雇主工会主席的，由受害者使用简易爆炸装置（VOIED）操作的"包裹炸弹"。该包裹于 9 月 21 日以邮寄方式送达，但并未爆炸。几天后，肇事者以"Nucleo Mikhail Zhlobitsky -非正式无政府主义联合会/国际革命阵线"的名义签署了一份公报，声称发动了这次袭击，该公报发布在无政府主义网站 roundrobin. info 上。

三 加拿大恐怖主义态势

在加拿大，暴力极端主义意识形态也在肆虐。许多极端活动的拥护者居住在加拿大，因此一直有发生恐怖袭击事件的风险。如，美极右恐怖组织"骄傲男孩"在澳大利亚、德国和英国等美国海外盟友间的招募正在急剧增加。专家和前官员警告称，如果诸如白人至上种族主义等仇恨意识形态继续发展，美国本身或将助长第二波全球恐怖主义浪潮。[②]

## 第二节 欧美多措并举应对恐怖主义威胁

近年来，美国在反恐进程中更加聚焦国内恐怖主义尤其是极右恐怖分子，欧洲国家面临恐怖袭击"反弹"，也密集出台系列措施打击恐怖主义。

---

① "European Union Terrorism Situation and Trend report 2021，" EUROPOl，June，2021.
② 《美国白人种族主义问题或将助长下一波全球恐怖主义浪潮》，2021 年 2 月 26 日，https：//chinese. aljazeera. net/news/2021/2/26/%E7%BE%8E%E5%9B%BD%E7%99%BD%E4%BA%BA%E7%A7%8D%E6%97%8F%E4%B8%BB%E4%B9%89%E9%97%AE%E9%A2%98%E6%88%96%E5%B0%86%E5%8A%A9%E9%95%BF%E4%B8%8B%E4%B8%80%E6%B3%A2%E5%85%A8%E7%90%83%E6%81%90%E6%80%96%E4%B8%BB。

## 一　美国聚焦国内反恐

2021 年以来，美愈发注重本土恐怖主义威胁。一是首次颁布针对国内恐怖主义的法案。2021 年 1 月，美国《防止国内恐怖主义法案》（Domestic Terrorism Prevention Act，DTPA）正式颁布。[①] 该法案要求美国土安全部、司法部（DOJ）和联邦调查局（FBI）评估国内恐怖主义威胁，并特别关注白人至上种族主义者，定期向国会提交半年度联合报告。该法案还指导上述三个机构合作建立一个机构间工作队，以打击白人至上种族主义者对美国军方和联邦执法部门的渗透。二是发布打击国内恐怖主义的国家战略。受 2021 年 1 月 6 日暴力极端分子冲击国会大厦的影响，拜登政府表示将采取全面措施打击国内暴力极端主义。2021 年 6 月 15 日，美国白宫发布打击国内恐怖主义国家战略，旨在采取一系列措施提高联邦政府应急能力，遏制国内恐怖主义的上升势头。拜登表示，这一反恐战略旨在以综合手段预防、打击和威慑美国国内恐怖主义。根据这份战略文件，美国各地联邦检察官办公室和联邦调查局分支机构已正式将打击国内恐怖主义列为首要任务，全面追踪相关案件，并为此重新分配资金和资源。联邦、州和地方执法部门将采取措施加强相关协调和信息共享；国防部、司法部和国土安全部将改进筛选和审查程序，以防止国内恐怖分子出现在军队或执法队伍中。在 2022 财年预算中为司法部、联邦调查局和国土安全部提供逾 1 亿美元的额外资源，用于打击国内恐怖主义。此外，美国司法部正在评估联邦政府应否建议国会制定具体的国内反恐法律；打击国内暴力极端主义首次被列为国土安全部优先拨款领域，国土安全部将向州、地方相关机构拨款逾 7700 万美元，以预防和应对国内暴力极端主义；五角大楼将为退伍军人提供相关培训，防止其成为暴力极端团体的动员对象；联邦政府将与社交媒体和科技公司

---

① Josh Paciorek，"Upton helps introduce Domestic Terrorism Prevention Act of 2021,"，January 21, 2021，https：//upton. house. gov/news/documentsingle. aspx？DocumentID＝401703.

合作，打击网络虚假信息，清除网络恐怖主义和暴力极端内容，以缓解美国社会的两极分化。①

　　在国际上，美国反恐战略发生显著变化，由打击恐怖主义转向大国竞争，并加速实行反恐战略收缩。近年来，美国不断减少驻南亚、中东与非洲的反恐兵力。在南亚，2021 年 8 月，美从阿富汗撤走全部驻阿美军，标志着武力"改造他国时代结束"。② 美国从阿撤军标志着 20 年反恐政策的彻底失败，原因主要是美强硬输出西方意识形态模式、军事行动扩大化以及战略惨败。20 年来，美深陷战争泥潭难以自拔，导致大量人员伤亡和巨大的经济损失。美军参谋长联席会议主席米利 2021 年 8 月指出，已有 2448 名美军在阿富汗战争中身亡，20722 人受伤，还有更多美军留下了战争的心理创伤。美国布朗大学发布研究报告指出，美国在阿富汗战争中共投入约 2.26万亿美元，相当于每天花费超过 3 亿美元。③ 即使在撤军期间遭遇"8·26"恐怖袭击导致 11 名美军死亡的情况下，美军依然"初心不改"，毅然决然撤离阿富汗。在中东，美国 2021 年 12 月正式结束在伊拉克境内的作战行动，打击"伊斯兰国"的主责已从美国及其盟国，转移至伊拉克安全部队。目前约有 2500 名美军驻扎在伊拉克，将继续为伊拉克安全部队提供咨询和培训。④ 西方军队不再发挥战斗作用，只保留适当规模以备关键时刻所需，这是为了适应世界权力的重新分配和技术格局的快速演变。⑤ 在非洲，美国针对"基地"组织分支索马里"青年党"的空袭频率也有所下降。截至

---

① 《白宫发布美国国内反恐战略》，新华网，2021 年 6 月 16 日，http：//www. xinhuanet. com/world/2021-06/16/c_ 1127565691. htm。
② 《拜登：美国从阿富汗撤军标志着武力"改造他国时代结束"》，2021 年 9 月 1 日，https：//www. bbc. com/zhongwen/simp/chinese-news-58406406。
③ 《"9·11" 20 年，美国的霸权梦该醒醒了!》，新华网，2021 年 9 月 11 日，http：//www. news. cn/world/2021-09/11/c_ 1211365874. htm。
④ Samya Kullab, "US-led Combat Mission in Iraq Ends, Shifting to Advisory Role," The Associated Press December 9, 2021, https：//www. aljazeera. com/news/2021/12/9/iraq-official-says-us-combat-mission-in-the-country-has-ended.
⑤ 《军事干预行动的未来》，西班牙《对外政策》2021 年 7 月 15 日。

2020 年 9 月 4 日，美国在索马里共开展 47 次打击行动，[①] 比 2019 年下降
26%。2020 年 2 月，出席北约防长会议的美防长埃斯珀敦促欧洲国家弥补
美国下一步军力部署调整带来的空缺，认为欧洲盟友有"进入非洲和发挥
更大作为"的空间；欧洲国家可承担美军在西非萨赫勒承担的反恐任务，
包括空中运输和为法军战机提供空中加油等。[②]

## 二　欧洲完善境内外反恐合作机制

在欧盟层面，近年来欧盟不仅出台具有"阻止、保护、追踪、应对"
四大反恐支柱的《欧盟反恐战略》，设立欧盟反恐协调员，还不断强化欧洲
刑警组织、欧洲检察官组织的反恐职能，打造泛欧反恐的专业平台——欧洲
反恐中心，使欧盟反恐组织架构得以完善。2020 年 7 月，欧盟委员会公布
新的欧盟内部安全战略《欧盟安全联盟战略 2020—2025》。新战略的 4 个优
先事项之一，即为保护欧洲民众免受恐怖主义和有组织犯罪的危害。[③] 2020
年 12 月，欧盟委员会发布《欧盟反恐议程》，在反恐战略方面更加注重识
别漏洞、预测风险以及开展更严格的边境管控。此次反恐议程是根据《欧
盟安全联盟战略 2020—2025》制定的，是对欧盟现有反恐政策的补充和升
级。[④] 2021 年 1 月，欧盟委员会公布《数字服务法》和《数字市场法》草
案，这是欧盟 20 年来对数字服务法规的最大幅度修改，旨在遏制科技巨头
的不正当竞争行为。新法案强制要求网络平台为用户发布的内容承担责任；
如果大型社交媒体不按照要求删除宣扬恐怖主义或其他非法内容的网帖，面
临的罚款可能高达其全球营收的 6%，意味着欧盟通过改革数字市场给在欧

---

① David Sterman, Peter Bergen and Melissa Salyk-Virk, "Terrorism in America 19 years After 9/11: ISIS and the U.S. Counterterrorism Wars Abroad," New America (2020).

② 中国现代国际关系研究院，《国际战略与安全形势评估 2020/2021》，时事出版社，2021，第 331~346 页。

③ "EU Security Union Strategy: Connecting the Dots in A New Security Ecosystem," European Commission, July 24, 2020.

④ 《欧盟不断强化打击恐怖主义力度》，《人民日报》2021 年 1 月 20 日，第 16 版。

洲经营的大型技术企业戴上"金箍"。① 2021 年 4 月 29 日，欧盟委员会发表声明称，欧洲议会于 28 日投票表决之后，由欧委会提出的防止网络恐怖主义内容传播的新规得以正式通过。欧委会表示，新规将要求网络平台主动打击滥用其服务来发布恐怖主义相关内容的行为。在欧盟成员国主管部门发出警报之后，相关内容须在一小时之内删除。此外，新规也将有助于打击极端主义思想在网络中的传播。②

在国家层面，欧洲多国采取强硬措施打击恐怖主义。第一，重拳出击打击"圣战"恐怖主义。由于国内相继发生 2 起"伊斯兰国"获释成员策动的恐怖袭击，英国于 2020 年 2 月通过紧急立法程序出台法令，限制恐怖分子提前获释。2020 年下半年，法国、奥地利等国发生数起恐袭后，欧洲国家加大打击恐怖主义力度。2021 年 2 月 16 日，法国国民议会通过"支持共和原则"法案（"反分裂主义"法案），旨在打击宗教极端势力和宗教分裂主义。③ 2021 年 4 月 28 日，法国政府在部长会议上提出一项新反恐法案，新法案旨在通过加强情报工作和网络监控等应对恐怖主义新威胁。法国内政部长达尔马宁表示，法国面临的主要恐怖主义威胁由"外生威胁"转为"内生威胁"，并且更加难以追踪。④ 2021 年 7 月 8 日，奥地利议会通过备受争议的反恐法，成为第一个禁止"穆斯林兄弟会"的欧洲国家。⑤ 2021 年 11 月，利物浦爆炸案后，英国宣布将恐怖主义威胁等级从第三等级"高"上调至第二等级"严重"，这意味着英国发生恐怖袭击的可能性极高。此外，2020 年 12 月 16 日，巴黎重罪法庭对 2015 年法国《查理周刊》恐怖袭击案进行宣判，14 名涉案被告被判刑，其中阿里·里萨·博拉特（Ali Riza

---

① 《欧盟立法强化数字监管》，《人民日报》2021 年 1 月 5 日，第 17 版。

② "New rules adopted for quick and smooth removal of terrorist content online," April 28, 2021, https：//www. europarl. europa. eu/news/en/press － room/20210422IPR02621/new － rules － adopted-for-quick-and-smooth-removal-of-terrorist-content-online.

③ 《法国国民议会通过相关法案打击宗教极端势力》，《人民日报》2021 年 2 月 18 日，第 17 版。

④ 《法国政府拟出台新反恐法案》，新华网，2021 年 4 月 29 日，http：//www. xinhuanet. com/world/2021-04/29/c_ 1127388863. htm。

⑤ "Anti － terror Law in Austria," 20 July 2021, European Parliament, https：//www. europarl. europa. eu/doceo/document/E-9-2021-003663_ EN. html.

Polat）被判 30 年有期徒刑。第二，各国纷纷出手对极右恐怖组织予以重击。2020 年 1 月，德国取缔极右组织"第 18 号战斗"，并在全国各地突袭进行打击。这一决定是在 2019 年 6 月亲移民主张的德国政治家沃尔特·卢克被谋杀、10 月德国哈雷犹太教堂爆发极右恐袭后做出的。① 德国内政部表示，"右翼极端主义和反犹太主义在我们社会中没有立足之地"。随后，德国又取缔了"北方贵族"、"帝国公民"以及"狼旅 44"等右翼极端恐怖组织。② 2020 年 7 月，德国还解散了联邦国防军 KSK 特种部队第二联队，原因是其遭到右翼极端主义思想渗透。2020 年 11 月 12 日，德国联邦检察官起诉 12 名右翼极端恐怖分子，他们涉嫌谋划对特定政治人物及穆斯林发动"恐怖袭击"。2020 年 7 月，英国取缔右翼极端恐怖组织"费格里格分部"（Feuerkrieg Division）③，该组织成立于 2018 年底，在北美和欧洲各地都有活动，提倡使用暴力和大规模屠杀发动一场毁灭性的"种族战争"。④ 2020 年 10 月，希腊法院裁定"金色黎明党"为犯罪组织，该组织多年来系统性攻击移民和政治上的反对派别。2021 年 4 月 1 日，一名 22 岁的警察因担任被禁止的新纳粹恐怖组织的招募人员而被定罪，成为英国首个因涉嫌参与右翼极端恐怖主义活动而被定罪的警察。

　　在国际反恐层面，法国加速从非洲撤军。2021 年 7 月 9 日，法国总统马克龙表示，未来 6 个月内，法国将从非洲萨赫勒地区撤军 2000 余人，并关闭法国位于马里北部廷巴克图、泰萨利特和基达尔的"新月形沙丘行动"（Barkhane）军事基地。巴黎政治分析家、国际关系教授法拉吉·马图克认为，这是一次战术撤退和战略上的重新部署，尤其是在部队遭受人员损失后，且

---

① "Germany bans Combat 18 as police raid neo - Nazi group," January 23, 2020, https：//www. bbc. com/news/world-europe-51219274.

② 《德国查禁极右组织"狼旅 44"》，新华网，2020 年 12 月 1 日，http：//www. xinhuanet. com/2020-12/01/c_ 1126809393. htm。

③ 系"阿托姆瓦芬分部"在英国的分支机构。

④ Home Office and The Rt Hon Priti Patel MP, "Priti Patel proscribes far-right terrorist group: Government takes action to proscribe Feuerkrieg Division," July 13, 2020, https：//www. gov. uk/government/news/priti-patel-proscribes-right-wing-terrorist-group.

法国与马里新政府之间缺乏信任。① 2022 年 2 月 17 日，法国总统马克龙宣布将从西非国家马里撤军。他强调，法国将继续支持非洲国家反恐。②

三 加拿大加大本土反恐力度

2021 年 2 月，加拿大政府宣布将 13 个团体列入恐怖组织名单，立即没收其资产，并对相关人员实施刑事制裁。这些团体包括在 2021 年 1 月初美国国会骚乱事件中起"关键作用"的"骄傲男孩"、5 个"伊斯兰国"分支和 3 个"基地"组织分支等。此外，加拿大还将"第 18 号战斗"和"血与荣誉"列为极右恐怖组织。目前，加拿大确认的恐怖组织数量已增至 73 个。加拿大公共安全和应急部长布莱尔表示，白人至上种族主义和反犹种族主义等助长了恐怖组织的暴力行为和言论，加拿大将打击一切形式的暴力极端主义和恐怖主义。加拿大反恐专家认为，极端主义和恐怖主义组织的威胁和暴力言行有扩散趋势，严重威胁加拿大国家安全和社会稳定。③

## 第三节 恐怖主义肆虐的深层次原因分析

欧美地区近年来面临的恐怖主义威胁，主要与其内部治理与对外政策紧密相关。同时，新冠疫情与互联网被恐怖势力作为重要工具加以利用，谋求影响力的扩张。

---

① 阿卜杜勒-马吉德·达克尼什，《法国从马里撤军：战略上的重新部署还是非公开的失败？》，2021 年 12 月 17 日，https：//chinese. aljazeera. net/africa/2021/12/17/% E6% B3% 95%E5%9B%BD% E4% BB% 8E% E9% A9% AC% E9% 87% 8C% E6% 92% A4% E5% 86% 9B% E6%88%98%E7%95%A5%E4% B8% 8A% E7% 9A% 84% E9% 87% 8D% E6% 96% B0% E9% 83% A8%E7%BD% B2%E8% BF% 98% E6% 98% AF% E9% 9D% 9E% E5% 85% AC% E5% BC% 80% E7%9A%84%E5%A4%B1。

② "Macron announces French troop withdrawal from Mali," *The Guardian*, February 17, 2021, https：//www. france24. com/en/france/20220217 - live - macron - holds - conference - on - sahel - engagement-as-france-poised-to-withdraw-troops-from-mali.

③ 《加拿大将 13 个组织列为恐怖组织》，新华网，2021 年 2 月 4 日，http：//www. xinhuanet. com/2021-02/04/c_ 1127062942. htm。

## 一　对内治理失灵作茧自缚

首先，政治整体右转态势明显。近年来，西方国家尤其是美国奉行单边主义、孤立主义、民粹主义，推行白人至上、反移民、反难民的排外政策，极大刺激了极右恐怖势力的坐大，致使欧美极右恐怖主义威胁直线上升。在美国，2020 年，极右翼分子日渐猖獗之际，特朗普却聚焦左翼组织，一度宣称要将"安提法"列为恐怖组织。《芝加哥论坛报》评论道："特朗普团队对左翼组织的聚焦，其实是为了分散民众对更加危险的极右翼分子的注意力。"① 有观点认为，由于特朗普支持者中不乏极右分子，美国政府因此不愿积极处理极右翼势力抬头的问题。极右组织"骄傲男孩"的头目还被曝出曾担任联邦调查局的线人。在欧洲，近年来民族主义意识形态上升，欧洲整体"右转"势头扩大。意大利、瑞典、丹麦、匈牙利和波兰等国极右翼政党获得显著支持，右翼势力日渐成为更具影响力的政治力量。欧洲极右翼政党与民粹主义、排外、反移民和反伊斯兰等极端思潮紧密结合，成为极右恐怖袭击频发的重要诱因。此外，西方国家的极右恐怖势力相互影响、相互作用，助长了其他国家极右恐怖主义的气焰。

其次，社会两极分化严重。恐怖袭击折射出欧美社会、宗教、文化等方面的多重危机，难以在短期内予以解决。一方面，美国政党极化、种族隔阂、警民对抗、贫富极端分化等社会撕裂与两极对抗的问题愈演愈烈，而美国执政者通常不是尝试去弥合裂痕，而是有意火上浇油。根据美联社的一项民意调查，针对 2021 年 1 月 6 日的暴力冲击国会事件，只有约 4/10 的共和党人认为这一事件非常或极其暴力；约 6/10 的共和党人认为这一事件并不暴力或只是有点暴力。然而，总体而言，2/3 的被调查者认为这一事件非常或极其暴力，其中约 9/10 的民主党人持这一观点。② 皮尤研究中心的一份

---

① 《美极右势力趁乱蹿升　政府应对消极引质疑》，央视网，2020 年 6 月 19 日，http：//m. news. cctv. com/2020/06/19/ARTIyDd9EYxZRnUCvkrsKL91200619. shtml。

② 《美媒民意调查：美国政治两极分化仍然难以弥合》，央视新闻网，2022 年 1 月 5 日，https：//content－static. cctvnews. cctv. com/snow－book/index. html？item_id＝15989336 423200179735&toc_style_id＝feeds_default。

调查显示，共和与民主两党各有超过 81% 的成员对另一党派持负面看法。① 极化的政党培育极化的国民。美国社会安全正面临越来越活跃的极右与极左组织的威胁。另一方面，两极分化事件，如校园枪击或种族仇恨杀戮事件，可能会引发抗议活动，而极端分子经常钻抗议活动的空子。事实上，2020年 5~6 月，美国抗议活动期间，极右与极左恐怖分子均借机实施恐怖袭击，并使用暴力互相攻击。他们宣扬仇恨、鼓吹暴力，在抗议和骚乱中，双方武装分子相互攻击，各方致力于自我保护并获得武器的努力普遍威胁到另一方，造成典型的"安全困境"。②

再次，族群矛盾加剧。西方尤其是欧洲治理族群问题的失败，为恐怖主义滋生提供了社会土壤。欧洲许多国家对穆斯林群体与主流族群不能一视同仁，加深了穆斯林的失望与怨恨情绪，导致穆斯林和难民等少数族群融入欧洲社会困难重重。纵观近年来欧洲发生的"圣战"型恐袭事件，袭击者大多是欧洲公民。这类成员虽然拥有欧洲身份，但大多是移民到欧洲的穆斯林后裔或难民，严重缺乏民族认同和身份认同，贫穷、孤立、被歧视与被边缘化，致使其对现实生活极度不满和绝望，因而强烈排斥欧洲文化，融入主流社会异常艰难，极易受极端思想蛊惑而演变成散布在欧洲各地的"独狼"，有些人甚至通过网络自我激进化走上恐怖主义的不归路。欧洲刑警组织指出，袭击者常在短时间内极端化，成为恐怖主义的共犯，而在欧洲出生或成长的背景给他们罩上了一层保护色，更加危险。③ 与此同时，少数极端分子策动的恐怖袭击使得欧洲"伊斯兰恐惧症"不断升级，法国利用恐袭事件分散其对法国穆斯林公民失败政策的注意力，从而导致穆斯林整个社区被边缘化和疏远。法国打击恐怖主义和极端主义的关键在于，是否能够在融合其少数族裔以及处理种族歧视的问题上做得更好，包括减少就业和住房市场的

---

① 《新华国际时评：美大选凸显社会撕裂顽疾之重》，新华网，2020 年 12 月 1 日，http：// www. xinhuanet. com/world/2020-12/01/c_ 1126808832. htm。

② "The War Comes Home：The Evolution of Domestic Terrorism in the United States，" https：// www. csis. org/analysis/war-comes-home-evolution-domestic-terrorism-united-states.

③ 《热点问答：欧洲防恐袭难在何处》，新华网，2017 年 8 月 18 日，http：//www. xinhuanet. com/world/2017-08/18/c_ 1121507664. htm。

歧视，以及针对穆斯林的仇恨言论，这些社会问题现在成了滋养最激进的伊斯兰分离主义的温床。此外，极右恐怖主义与打着"伊斯兰"旗号的恐怖主义激烈碰撞形成恶性循环，使国际恐情更趋复杂难测。

## 二 对外实行霸权自食其果

首先，美国"独霸天下"酿苦酒。一方面，西方尤其是美国实施霸权主义政策，强行在中东地区推行美式民主，不仅未旗开得胜，反而败兴而归。冷战时期，美基于国家利益考量数次介入中东战争、插手中东事务、扶持以色列打压"两伊"（伊朗、伊拉克）。冷战结束后，美西方意图确立世界新秩序、推动中东民主化进程，尤其是美借"反恐战争"干预他国内政，强行在中东推行"植入式民主"。然而事与愿违，作为西方民主试验田的伊拉克未被打造成"民主样板"，利比亚也未实现"民主自由"，反而成为恐怖主义的策源地。"基地"组织和"伊斯兰国"粉墨登场，先后占据国际"圣战"舞台，扛起反美大旗，拉拢反美力量，至今仍将攻击美西方国家作为重中之重。当前，"基地"组织虽然已不再拥有"9·11"事件前策动各种大型跨国恐怖袭击的能力，但其在叙利亚和也门的分支机构仍集中精力攻击美国。

另一方面，美在中东"遏伊扶以"的政策加剧了地区局势紧张。2020年初，美军击毙伊朗头号军事指挥官苏莱曼尼，打压伊朗进一步升级。地区分析人士普遍认为，这是近30年来美对伊最沉重的打击，意味着华盛顿与德黑兰的长期角力骤然升级。2020年1月底，美公布所谓"中东和平新计划"，在耶路撒冷归属、犹太人定居点合法性等重大问题上无视巴勒斯坦利益，无所顾忌地偏袒以色列一方。2020年下半年，在特朗普"撮合"下，阿联酋、巴林、苏丹、摩洛哥相继与以色列建交，引发巴勒斯坦和不少伊斯兰国家的强烈抗议，也让美国的中东政策与西方其他国家拉开距离。2020年5月，巴勒斯坦宣布停止履行与美国和以色列达成的所有协议，巴以安全部队在巴控制的约旦河西岸地区有长期合作，维持当地治安，巴勒斯坦也与美国中央情报局有情报合作协议，共享反恐情报。一旦巴方停止履行"安全义务"，这意味着约旦河西岸将出现安全真空。①

再一方面，美军事力量投送反复无常使恐怖势力有机可乘。2019 年 10 月，美宣布从叙利亚北部撤军，将兵力部署至代尔祖尔产油区，旨在使中东利益（石油美元）最大化。美撤军后，导致的直接后果就是土耳其对看管"伊斯兰国"上万名武装分子的库尔德武装进行打击，这无疑为"伊斯兰国"伺机反扑制造了可乘之机。拜登上台后，美五角大楼宣布驻叙兵力不再负责保护石油，职责是与"伊斯兰国"作战，这反映了美在中东军事力量的反复无常。2021 年 2 月 25 日，拜登下令美军对叙东部边境地区实施轰炸，导致地区局势升级。叙利亚明确要求美国政府改变其侵略性作风，停止向各种形式的恐怖组织提供支持。② 此次空袭是拜登就任美国总统后首次经其确认的军事行动，目标是叙利亚境内亲伊朗的武装民兵设施，而这些民兵组织向来是打击"伊斯兰国"的中坚力量。

其次，欧洲唯美国马首是瞻使其成为恐怖组织的重点攻击目标。"9·11"事件以来，欧洲一些国家追随美国主导的中东政策，尤其是在"反恐战争"中紧紧跟随美国，是欧洲本土恐怖袭击难消的重要因素。2004 年，"基地"组织在新德里发动"3·11"恐怖袭击，就是因为西班牙坚定支持美国"打伊倒萨"，直接派兵伊拉克支持驻伊美军。此次恐袭给欧洲带来最大的政治冲击就是直接导致西班牙执政党落马，反对派登台掌权。2014 年 6 月，"伊斯兰国"异军突起，占领伊叙各 1/3 的领土，建"国"设"都"，俨然一个新兴的"恐怖主义王国"，标志着恐怖主义对全球威胁达到新高度，开启国际反恐新时代。随着美国呼吁在全球范围建立打击"伊斯兰国"的国际同盟，包括欧洲和阿拉伯国家在内的 81 个国家和组织加入。③ 欧洲

---

① 《巴勒斯坦宣布停止履行与美以达成的所有协议》，新华网，2020 年 5 月 20 日，http://www.xinhuanet.com/world/2020-05/20/c_1126008182.htm。

② 《叙利亚外交部强烈谴责美对叙实施空袭》，新华网，2021 年 2 月 27 日，http://www.xinhuanet.com/world/2021-02/27/c_1127145963.htm。

③ "On fifth anniversary of Global Coalition to Defeat ISIS, former leaders reflect on successes and future challenges," Brookings, September 16, 2019, https://www.brookings.edu/blog/brookings-now/2019/09/16/on-fifth-anniversary-of-global-coalition-to-defeat-isis-former-leaders-reflect-on-successes-and-future-challenges/.

在中东投入大量精力，给予相关国家或组织巨额资金，旨在改变中东政治格局，推翻阿萨德政府，遏制伊朗在中东势力的扩张。然而事与愿违，由于地缘位置接近局势动荡的中东，加之欧盟边境管理长期处于宽松状态，欧洲国家反而成为"伊斯兰国"报复的核心目标，变成"伊斯兰国"在域外发动"圣战"搅动新一轮国际恐怖"恶浪"的主战场。此后，欧盟"为求自保"，已放弃原有的政经方案，专心防守边境，不再介入叙利亚和谈以及巴以和平进程。

### 三 新冠疫情叠加互联网双重影响

首先，恐怖势力借疫作乱。疫情导致欧美地区经济持续低迷、失业率居高不下、民粹主义思潮泛滥、外来移民与难民的融合愈发艰难、社会不满情绪加剧等，为恐怖主义滋生提供了有利土壤。欧美等国的暴力极端分子将继续利用与疫情相关的公众恐惧和社会不满情绪，企图将合法抗议活动煽动为暴力行为，恐吓公众并推广其暴力极端主义意识形态。在美国，一些右翼极端分子指责联邦、州和地方政府为遏制疫情传播采取的在公共空间设置遮盖物、关闭企业并禁止大型聚会等措施，认为这些措施剥夺了他们的自由，并威胁要采取暴力行动。在极左和极右恐怖分子中，一些抵制疫苗的人认为，疫苗是政府和制药公司的阴谋，他们将以暴力反对政府的抗疫举措。[①]《华盛顿邮报》报道，2019 年以来，美国已发生 27 起与"布加洛"组织有关的凶杀案，而疫情更为该组织的壮大提供了土壤。2020 年 5 月 30 日，3 名"布加洛"成员在内华达州拉斯维加斯因恐怖主义指控而被捕。他们在汽油罐中装满汽油，企图在示威活动中制造爆炸，危险性可见一斑。在欧洲，难民和移民是欧洲国家收入低、失业率高的群体。当前，更多移民处于失业、半失业状态，生活陷入困境，对未来的担忧情绪上升，对经济社会不平等的不满加剧，演变为恐怖分子的可能性提高。法国国内安全总局局长尼古拉·

---

① Seth G. Jones, Catrina Doxsee and Nicholas Harrington, "The Escalating Terrorism Problem in the United States," CSIS, June 17, 2020.

勒纳认为，人们在隔离状态下如果受到极端思想煽动，会加速形成极端行为。疫情还加剧了欧洲的难民危机，难民危机又暴露了欧洲的结构性缺陷和政治分歧。① 欧洲刑警组织称，从叙利亚和其他国家逃到欧洲的难民，最有可能被"伊斯兰国"招募。法国"10·16"恐怖袭击案犯阿卜杜勒赫就是幼年以难民身份来到法国，结果沦为极端化的牺牲品。

其次，互联网"双刃剑"作用使恐怖主义威胁进一步凸显。网络与社交媒体已成为恐怖势力宣传极端思想、募集恐怖资金、招募恐怖成员、策动恐怖袭击的重要媒介，恐怖分子利用暗网、加密聊天、网络游戏等渠道进行勾连。② 在极端思想的影响下，许多欧美"独狼"相继出现。③ 在美国，数字平台可能继续成为主战场。2021年2月，联邦调查局官员表示，美国本土恐怖主义的主要威胁仍然是"独狼"类型的暴力极端分子，他们听信网络极端宣传，往往使用加密应用程序和网络平台进行联络和策划，使执法部门难以识别，"发现和预防"恐怖袭击的时间比以往任何时候都短。④ 2021年1月，冲击国会大厦事件发生后，包括Twitter、Facebook在内的主流社交媒体对极右组织进行了封禁。各组织随后迅速转战加密社交媒体平台Telegram和Signal，这两大平台的新注册用户一夜之间暴涨。Telegram宣布，在国会大厦骚乱后短短3天内，该平台就吸引了超过2500万新用户，目前Telegram的用户已超过5亿。⑤ Telegram创始人杜罗夫（Pavel Durov）把此次用户激增称为"人类历史上最大规模的电子移民"。应用数据公司

---

① "Europe Marks 5 Years of Deadlock Over Migrant Crisis," *Daily Sabah*, August 30, 2020, https：//www.dailysabah.com/world/europe/europe-marks-5-years-of-deadlock-over-migrant-crisis.

② Alasdair Lane, "UK: Fears of Resurgent Terrorism as COVID-19 Lockdown Ends", DW, July 12, 2020.

③ 《驻埃及公使肖军正：同舟共济，携手应对国际反恐新挑战》，埃及《宪章报》2021年2月8日。

④ 《美司法部称美国本土暴力极端主义行为增加》，新华网，2021年2月27日，http：//www.xinhuanet.com/2021-02/27/c_1127147356.htm。

⑤ "Telegram Hits 500 Million Active Users Following Backlash Over Whats App's Changing Privacy Policy," Businessinsider, January 13, 2021, https：//www.businessinsider.com/telegram-hits-500-million-users-after-whatsapp-backlash-2021-1.

Apptopia 统计显示，仅在 1 月 11 日，Signal 的用户就增加了 130 万，远高于前一年日均的 5 万。① 在欧洲，受疫情影响，世界各地民众上网时间大幅增加，特别是年轻人有大量时间使用互联网，少数人沉迷于网络游戏，为恐怖组织灌输极端主张和暴力思想提供可乘之机。欧盟反恐部长警告称，新冠疫情正在加剧欧洲极右和极左两种极端主义，尤其是极右恐怖组织一直在网上发布蛊惑性信息，鼓励支持者走出去并感染"敌人"。② 2020 年，欧洲右翼极端分子继续利用各种网络平台进行宣传，包括 Twitter、Telegram、Facebook 和 Vkontakte。与右翼极端主义内容相关的 Telegram 频道在 2020 年3 月增加了 6000 名用户，特别是专注于新冠疫情的频道，用户从 300 人增长到 2700 人。此外，恐怖主义未来更有可能将现代社会越来越依赖的网络作为袭击目标，制造更大的危害与恐慌。

# 结 语

当前，欧美地区依然笼罩在恐怖主义的阴霾之下。在"伊斯兰国"和"基地"组织蛊惑下，欧美本土人员极端化演变成"独狼"恐怖分子的威胁仍存。白人至上种族主义的恐怖主义威胁不断提升，加之欧美地区对枪支管理比较宽松，极有可能使新西兰"3·15"恐怖惨案重演。无政府主义者策动的恐怖主义威胁并未偃旗息鼓，仍借机"大秀肌肉"。欧美尤其是美国本土恐怖主义升级，促使其反恐内顾，将打击目标聚焦国内恐怖主义。欧洲国家在重大恐怖袭击事件的驱动下，加大本土反恐与去极端化斗争力度。然而，欧美地区仍面临严峻复杂的恐怖主义威胁。

从内部治理看，美国政府治理之乱体现在政治裂痕加大、新冠疫情失

---

① Audrey Conklin, "Signal Becomes No. 1 App After Reaching 1. 3M Downloads Monday," Foxbusiness, January 12, 2021, https：//www. foxbusiness. com/technology/signal-no-1-app-app-store-google-play.

② Luke Baker, "Militants, Fringe Groups Exploiting COVID-19, Warns EU Anti-terrorism Chief", Reuters, April 30, 2020.

控、经济发展失衡、失业率不断攀升等方面，欧洲政府治理之乱体现在经济严重受挫、族群矛盾加剧、失业率居高不下等方面，这些都成为恐怖势力滋生的有利土壤。从对外政策看，美国实施霸权政策纵横世界数十年，欧洲甘愿充当美国霸权的"马前卒"，使欧美尤其是欧洲沦为恐怖势力的"肉中刺"。从外部因素看，恐怖组织正在利用疫情发动"宣传战"，煽动族群仇恨，制造思想混乱，伺机发动恐怖袭击。与此同时，社交媒体、加密通信和暗网正被恐怖组织用来推进宣传、对新招募人员进行激进教育和策划暴行。欧美地区恐怖主义形势不容乐观，仍需积极应对。各国应追本溯源、综合施策、标本兼治，致力于消除恐怖主义滋生的土壤，从根源上铲除恐怖主义这颗威胁国际与地区和平稳定的"毒瘤"。

# 第三章 中亚恐怖主义与反恐怖斗争态势*

    2021 年是中亚各国独立 30 周年。在这一特殊时刻，中亚地区安全形势持续向好，各国均未发生重大恐怖袭击事件，但挫败了多起恐怖袭击图谋并逮捕了涉恐嫌疑人。阿富汗政局更迭为中亚反恐带来新的威胁与挑战。尽管"阿塔"承诺不允许任何个人或组织利用阿富汗领土危害周边国家，但是"乌伊运""伊玛目布哈里战斗营"等中亚恐怖组织盘踞阿富汗多年，长期与"阿塔"并肩作战，并持续从乌兹别克斯坦、塔吉克斯坦等国招募武装人员，曾策划了多起针对中亚国家的恐怖袭击事件，对中亚安全的影响不容小觑。"阿塔"执政大大加剧了与阿富汗接壤的塔吉克斯坦、乌兹别克斯坦等国所面临的恐怖主义威胁。同时，叙利亚地区以中亚武装分子为主的"统一与圣战营""伊玛目布哈里战斗营"等恐怖组织依然将中亚地区作为招募重点地区，涉恐人员跨境流动、宗教极端主义思想传播、恐怖主义意识形态渗透、热点地区人员遣返及康复等问题依旧是中亚反恐的重点领域。在新冠疫情反复高发的国际背景下，潜在的社会、经济问题给以青年群体为主的中亚国家带来不稳定因素。中亚地区的反恐任重道远。

## 第一节 中亚恐怖主义总体态势

    2021 年，中亚地区没有公开报道的重大恐怖袭击事件，但是国际恐怖组织对中亚地区的宣传、招募与渗透势头不减，线上线下传播宗教极端思想

---

    * 作者：杨溪，中国现代国际关系研究院博士，研究方向：国际安全与反恐。

的渠道仍然存在，中亚各国面临的外防输入、内防输出和意识形态风险挑战较大。

## 一　哈萨克斯坦

作为中亚最大的国家，哈萨克斯坦的经济受国际大宗商品价格波动和新冠疫情影响，通胀率持续高企，在2021年达到8.9%（2020年为7.5%）。严重的通胀、贫富差距扩大助长了哈萨克斯坦国内民众的不满情绪，高失业率下的青年群体则成为恐怖组织招募的目标。2021年，哈萨克斯坦政府处置了192起与恐怖主义和极端主义有关的刑事犯罪，比2020年同期（208起）减少了7.7%，连续5年下降。其中61起为宣传或煽动实施恐怖活动案件，58起涉嫌煽动社会、民族或宗教仇恨犯罪，50起涉嫌参与被政府禁止的团体活动。[①]

哈萨克斯坦涉恐威胁主要表现为：一是网络宣扬恐怖主义的活动猖獗。2021年，哈萨克斯坦相关部门从网络中发现并删除18万多条宣传宗教极端主义和恐怖主义的材料，屏蔽324条非法信息，与2020年相比数量增加了8倍以上。[②] 二是线下传播恐怖主义和极端思想的渠道仍然存在。2021年11月，哈萨克斯坦警方逮捕一名宣扬和传播恐怖主义和极端思想的嫌疑人，查获其用于存储非法宣教材料的书籍、电脑、手机和光盘。[③] 在防疫政策之下，线下聚集传教等活动依然存在。三是来自哈萨克斯坦的外籍"圣战"者仍在全球流窜。2021年2月，土耳其安全机构拘留了试图从叙利亚入境土耳其的哈萨克斯坦公民阿曼贝克·萨马特（Amanbek Samat），此人系哈萨克斯坦通缉的"伊斯兰国"武装人员，随后被引渡回哈萨克斯坦。[④]

---

[①] 上合组织反恐机构：《哈萨克斯坦与极端主义和恐怖主义有关的犯罪数量急剧下降》，2022年2月14日，https：//ecrats.org/zh/2022/02/14/7302/。

[②] 上合组织反恐机构：《哈萨克斯坦互联网下架了18万多条宣扬宗教极端主义和恐怖主义的材料》，https：//ecrats.org/zh/2021/12/23/18-5/（最后访问时间：2021年12月23日）。

[③] 上合组织反恐机构，《哈萨克斯坦图尔克斯坦州逮捕了一名恐怖分子》，2021年11月30日，https：//ecrats.org/zh/2021/11/30/6272/。

[④] Tengrinews，"Zaderzhankazakhstanets, kotorogonazvaliodnimizsamykhrazyskivayemykhterroristov," https：//tengrinews.kz/world_news/zaderjan-kazahstanets-kotorogo-nazvali-odnim-samyih-429572/（最后访问时间：2021年2月20日）。

## 二 吉尔吉斯斯坦

2020 年选举骚乱之后，吉尔吉斯斯坦在 2021 年通过了新的宪法修正案，强化了总统的权力。同时，吉尔吉斯斯坦内政部根据《上海合作组织打击恐怖主义公约》，制定新的《刑法》法案，对极端组织活动的定义增加了政治敌意、煽动政治仇恨等内容。该法案于 2021 年 11 月通过，为吉尔吉斯斯坦的反恐和去极端化工作提供了新的依据。受国际恐怖主义影响，吉尔吉斯斯坦仍是国际恐怖组织进行招募的目标国家之一。2021 年 1 月，吉尔吉斯斯坦安全机构逮捕一名恐怖分子，此人疑似已经加入国际恐怖组织，计划在国际恐怖组织指示下袭击当地的军事机构。7 月，吉尔吉斯斯坦执法机构拘捕一名自武装冲突区返回的国际恐怖组织人员，此人在吉尔吉斯斯坦从事招募和颠覆活动。[①] 10 月 16 日，俄联邦机构在莫斯科逮捕一名加入"库尔德工人党"的吉尔吉斯斯坦公民，此人于 12 月被引渡回吉尔吉斯斯坦。[②]相关活动表明，国际恐怖组织的渗透和拉拢仍然是吉尔吉斯斯坦面临的主要威胁。

## 三 乌兹别克斯坦

2021 年乌兹别克斯坦国内未发生恐怖袭击，但是根据该国内政部等执法机构公布的信息，国际恐怖主义仍然是影响乌兹别克斯坦公民的主要因素，且这一趋势在 2021 年下半年有所增强。

一是恐怖组织通过网络和社区两种宣传渠道在乌兹别克斯坦建立团伙，从事资助恐怖主义、招募武装人员等活动。2021 年 1 月 21 日，乌兹别克斯坦执法机构捣毁在锡尔河州的一个秘密极端组织。该组织通过社交网络宣传

---

① 上合组织反恐机构：《一名外国恐怖分子招募人员在吉尔吉斯斯坦被拘留》，https：//ecrats. org/zh/2021/07/15/4414/（最后访问时间：2021 年 7 月 15 日）。

② 上合组织反恐机构：《吉尔吉斯斯坦国家安全委员会破获一个恐怖组织"库尔德工人党"的地下小组》，https：//ecrats. org/zh/2021/12/15/6308/（最后访问时间：2021 年 12 月15 日）。

国际恐怖主义意识形态，以慈善为名募集资金资助叙利亚恐怖组织，并计划安排成员前往叙利亚参战。① 6月16日，乌兹别克斯坦执法机构破获一个20名极端分子组成的团伙，他们在 Telegram 上开设频道，传播国际恐怖组织音视频。7月17日，乌兹别克斯坦警方在锡尔河州采取联合行动，逮捕8名自俄罗斯返回乌兹别克斯坦的嫌疑人，他们涉嫌在社交媒体和社区中传播极端思想，为"统一与圣战营"提供资金并计划加入该组织。② 8月，塔什干安全部门逮捕10名意图赴叙利亚加入"圣战"组织的成员③。18日，一名乌兹别克斯坦公民因资助"沙姆解放组织"在俄罗斯圣彼得堡被拘留。④ 11月6日，乌兹别克斯坦执法机构在铁尔梅兹地区逮捕了数名支持国际恐怖主义活动的人员，他们在 Telegram 上组建群组宣扬极端宗教信仰，并向叙利亚等地区恐怖组织捐款，计划赴叙参战。⑤ 11月23日，乌兹别克斯坦执法机构破获一个"统一与圣战营"地下团伙，他们散布关于宗教极端思想的音视频，扩大队伍，并募集资金帮助叙利亚武装分子，意图赴叙参战。⑥ 乌兹别克斯坦执法机构频繁破获对乌公民实施拉拢、侵蚀活动的案

① IIV Axborotxizmati, "Sirdaryoda DXX va IIV tomonidan "jihodchilar" ekstremistikoqiminingyashiringuruhia 'zolariqo' lgaolindi", https：//iiv. uz/news/sirdaryoda－dxx－va－iiv－tomonidan－jihodchilar-ekstremistik-oqimining-yashirin-guruhi-azolari-qolga-olindi（最后访问时间：2021年1月21日）。

② IIB Axborotxizmati, "Rossiyadaterroristikguruhgaa 'zobo' libqaytgan 8 nafarSirdaryoviloyatidayashovchishaxslarqo'lgaolindi", https：//iiv. uz/news/rossiyada－terroristik－guruhga－azo bolibqaytgan-8-nafar-sirdaryo-viloyatida-yashovchi-shaxslar-qolga-olindi（最后访问时间：2021年7月19日）。

③ IIB Axborotxizmati, "Chinoztumanida «jihodchilar» ekstremistikoqimia 'zolarining 10 nafariqo' lgaolindi", https：//iiv. uz/news/chinoz-tumanida-jihodchilar-ekstremistik-oqimi-azolarining-10-nafari-qolga-olindi（最后访问时间：2021年8月17日）。

④ https：//ecrats. org/zh/2021/08/18/3952/.

⑤ "Surxondaryodabirguruhxalqaroterroristikguruhlarfaoliyatiniqo'llab－quvvatlabkelganshaxslarningfaoliyatigachekqo'yildi", https：//iiv. uz/news/surxondaryoda－bir－guruh－xalqaro－terroristik－guruhlar－faoliyatini－qollab-quvvatlab-kelgan-shaxslarning-faoliyatiga-chek-qoyildi（最后访问时间：2021年11月6日）。

⑥ IIV Axborotxizmati, "Toshkent tumanidaterroristiktashkilotningyashirinjamoatia'zolariqo' lgaolindi", https：//iiv. uz/news/toshkent-tumanida-terroristik-tashkilotning-yashirin-jamoati-azolari-qolga-olindi（最后访问时间：2021年11月23日）。

件，表明无论是乌兹别克斯坦境内还是海外的公民，都成为国际恐怖势力征募的主要目标。

二是宗教极端思想境内传播风险仍然较大。乌兹别克斯坦境内的宗教极端思想宣传主要源于境外输入和传播。2021 年 3 月 23 日，塔什干警方逮捕一名非法存储、传发极端宣传材料的人员。此人在俄罗斯务工期间受到极端思想影响，回国后进一步传播该思想。① 5 月 3 日，锡尔河州执法机构捣毁一处地下宗教学校，逮捕 2 名没有接受过正规宗教教育的人员，他们向 9 名未成年学生和 6 名女性非法教授宗教知识，在疫情期间仍然坚持线下聚集。②

三是涉恐人员改造和重返社会的压力较大。2021 年 12 月 22 日，乌兹别克斯坦执法机构逮捕 11 名曾为"伊扎布特"（Hizbut-Tahrir al-Islami）提供支持的"理论家"。虽然他们已经经过政府的改造，却仍然在互联网网民中传播极端主义思想，扩大队伍，这表明涉恐人员的回归工作仍然有发展空间。③

四是"伊扎布特"活动猖獗，乌兹别克斯坦政府破获多起宗教极端组织"伊扎布特"活动的案件。仅在 2021 年 9 月，塔什干警方就扣押 29 名涉嫌创建"伊扎布特女性派"的妇女，先后逮捕近 50 名"伊扎布特"成员。他们与土耳其等境外地区的乌兹别克斯坦人员联络，在其指导下于社交网站宣扬"伊扎布特"思想，扩大队伍，意图在乌兹别克斯坦建立"哈里发国家"。④

---

① IIV Axborotxizmati, " Taqiqlangandiniymateriallarnitarqatganshaxsaniqlandi ", https：//iiv. uz/news/taqiqlangan-diniy-materiallarni-tarqatgan-shaxs-aniqlandi（最后访问时间：2021 年 3 月 23 日）。

② 上合组织反恐机构：《乌兹别克斯坦安全部门捣毁一处地下宗教学校》，2021 年 8 月 17 日，https：//ecrats. org/zh/2021/08/17/3660/。

③ IIB Axborotxizmati, " Uzoqyillardavomidajazomuddatinio ' tabqaytgan " Hizbut-Tahrir" ektremisti koqimitarafdori 11 nafarsobiqg ' oyadoshlarinio ' ziningnoqonuniyharakatlarigaqaytajalb qilganiuchunqo ' lgaolindi", https：//iiv. uz/news/uzoq-yillar-davomida-jazo-muddatini-otab-qaytgan-hizb-ut-tahrir-ektremistik-oqimi-tarafdori-11-nafar-sobiq-goyadoshlarini-ozining-noqonuniy-harakatlariga-qayta-jalb-qilgani-uchun-qolga-olindi（最后访问时间：2021 年 12 月23 日）。

④ 根据上海合作组织和乌兹别克斯坦内政部披露的信息整理而成。

## 四 塔吉克斯坦

2021年，塔吉克斯坦内政部共破获 15 起资助恐怖主义的案件、4 起未遂恐怖事件和 2 起恐怖袭击活动，查明恐怖组织成员 579 人，并拘捕其中 339 人，主要涉及"穆斯林兄弟会"、"基地"组织、"伊斯兰国呼罗珊分支"和"乌兹别克斯坦伊斯兰运动"等。①

塔吉克斯坦面临的恐怖主义威胁主要包括三个方面：一是国际恐怖组织指导下的恐怖主义威胁。2021年上半年，塔吉克斯坦当局挫败 3 起恐怖袭击图谋，这 3 起图谋均是由"伊斯兰国"和塔吉克斯坦本土恐怖组织"伊斯兰复兴党"成员所策划的。② 此类境外指挥、境内实施的恐怖犯罪手法成为主流。二是境外非法宗教渗透。塔吉克斯坦内政部长拉马松·拉希姆佐达（Ramazon Rakhimzoda）指出，境外宗教学校的非法渗透是塔吉克斯坦公民参加恐怖主义和极端主义活动的一个重要因素。2021年，19 人从境外伊斯兰学校返回塔吉克斯坦，而在 2020 年则有 80 人。非法宗教教义的流入为塔吉克斯坦管理和应对宗教极端思想带来新的挑战。三是出境务工成为国际恐怖组织对塔吉克斯坦渗透的重要渠道。2021年 1 月，一名涉嫌加入"伊斯兰国"并策划在阿尔巴尼亚和德国发动恐怖袭击的塔吉克斯坦人，被德国法院判处 7 年有期徒刑。调查显示，此人与另外 5 名塔吉克斯坦人在俄罗斯务工期间受到极端意识形态影响，接受指示前往阿尔巴尼亚实施刺杀行动，失败后潜回德国，计划对美国在德国的军事基地实施恐怖袭击，最终被德国警方逮捕。③ 年内，俄罗斯联邦安全局对一名涉恐塔吉克斯坦公民提起诉

---

① Avesta Information Agency，"В Таджикистаниз－зарубежабылидоставлены 50 террористов и экстремистов"，http：//avesta. tj/2022/02/02/v-tadzhikistan-iz-za-rubezha-byli-dostavleny-50-terroristov-i-ekstremistov/（最后访问时间：2022 年 2 月 2 日）。

② Sputnik，"MVD：v Tadzhikistaneudalos 'predotvratit' tri terakta，"，https：//tj. sputniknews. ru/20210804/mvd-tadzhikistan- terakt-1041398103. html（最后访问时间：2021 年 8 月 4 日）。

③ Radio Free Europe，"German Court Sentences Tajik Man To Seven Years On Terror Charges"，https：//www. rferl. org/a/germany- sentences - tajik - 7 - years - terror - charges - islamic - state/31070235. html（最后访问时间：2021 年 1 月 26 日）。

讼，此人向赴俄务工人员宣传"统一与圣战营"的意识形态和活动资料，并在社交网站上创建页面支持恐怖主义。① 9 月，2 名来自塔吉克斯坦的务工人员因涉嫌为"统一与圣战营"招募人员在俄罗斯被捕。② 数名塔吉克斯坦公民在俄罗斯务工期间受到国际恐怖组织的影响和招募，并甘愿受到操纵实施涉恐活动，这表明借助第三国招募已经成为国际恐怖组织招募中亚人员的惯用做法。

### 五 土库曼斯坦

土库曼斯坦是中亚唯一的永久中立国，未加入集安组织或上合组织，主要依赖联合国提高本国能力建设，应对恐怖主义威胁。2021 年，土库曼斯坦积极参加联合国反恐委员会举办的"反恐生物特征数据交换"培训、边境安全和管理培训，以及欧安组织主办的打击洗钱和恐怖主义融资培训，不断提高应对新形势、新时代背景下的恐怖主义威胁的能力。同时，土库曼斯坦还与联合国签署提高青年认知和参与项目的方案，坚持用以人为本的方式，提高疫情背景下青年群体的复原力，为可持续发展和清除恐怖主义滋生的土壤创造了条件。③

## 第二节 中亚地区主要恐怖组织发展新动向

中亚恐怖组织长期活跃在阿富汗、叙利亚等地区。阿富汗政局变动后，"伊玛目布哈里战斗营""乌伊运""伊斯兰圣战联盟"等组织在阿富汗享

---

① 上合组织反恐机构：《哈卡斯一名塔吉克斯坦公民涉嫌呼吁恐怖主义》，2021 年 8 月 17 日，https：//ecrats.org/zh/2021/08/17/3876/。

② Sputniknews，"Россиядатеррорчиларсафигаодамёллашбиланшуғулланганмигрантларк ўлгаолинди"，https：//sputniknews-uz.com/20210915/rossiyada-terrorchilar-safiga-odam-yollash-bilan-shugullangan-migrantlar-qolga-olindi-20500509.html（最后访问时间：2021 年 9 月 15 日）。

③ "Туркменистан-ООН：сотрудничествовоимявсеобщегомира и доверия"，https：//tdh.gov.tm/ru/post/28724/turkmenistan-oon-sotrudnichestvo-vo-imya-vseobshchego-mira-i-doveriya（最后访问时间：2021 年 9 月 22 日）。

有更大的行动自由，其头目纷纷前往喀布尔争夺中亚恐怖组织的统一领导权。与此同时，中亚恐怖组织在叙利亚所依附的"沙姆解放组织"调整了发展策略，有意改造下辖恐怖组织，将自身打造为一个温和的政治反对派形象，摆脱恐怖组织身份。中亚恐怖组织的发展走向或将面临重新选择。

## 一 "统一与圣战营"（Katibat al-Tawhid wal Jihad，KTJ）

"统一与圣战营"是叙利亚最大的中亚武装团伙之一，目前仍由阿卜杜勒·阿齐兹（Abdul Aziz）及其副手阿赫里丁·诺夫卡蒂（Akhliddin Novkatiy）领导，依然在"沙姆解放组织"旗下作战。2020年6月以来，"沙姆解放组织"采取新的发展政策，有意改造、控制、消除其"领土"内非叙利亚"圣战"分子，要求外籍武装团体要么加入其行列，要么自行解散并离开伊德利卜。这一政策导致二者之间出现分歧。2021年，"沙姆解放组织"对伊德利卜的外籍武装团体执行这一决定设定最后期限，部分武装团体在这一压力之下撤离了在拉塔基亚的军事基地。① 同时，"沙姆解放组织"的头目阿布·穆罕默德·戈拉尼（Abu Mohammed al-Golani）增加公开活动，有意通过参观医院、慰问暴雨后的营地等活动改造组织形象，将自身打造成为能够满足人民需求、受到民众欢迎、关心叙利亚人民生活的温和的政治反对派，以期进一步提高组织的知名度和吸引力。2月，阿布·穆罕默德·戈拉尼穿着西装在伊德利卜接受美国记者采访，希望进一步与西方接触，改变该组织的非法地位，实现自身利益。"沙姆解放组织"的政策和方针引发附属中亚组织的不满。6月11日，乌兹别克斯坦"圣战"组织摧毁伊德利卜博物馆中的部分文物，借此表示对"沙姆解放组织"允许在伊斯兰教法管辖区内展出"偶像"的不满，认为这是取悦西方的表现。② 7月，

---

① Sultan al-Kanj, "Hayat Tahrir al-Sham kicks Chechen jihadis out of Idlib", https：//www. al-monitor. com/originals/2021/07/hayat-tahrir-al-sham-kicks-chechen-jihadis-out-idlib（最后访问时间：2021年7月15日）。

② Khaled al-Khateb, "Uzbek jihadis destroy antiquities in Idlib Museum", https：//www. al-monitor. com/originals/2021/06/uzbek-jihadis-destroy-antiquities-idlib-museum（最后访问时间：2021年6月21日）。

4 名乌兹别克斯坦武装人员袭击阿勒颇西北部的一个军方哨所。8 月，"统一与圣战营"武装分子潜入伊德利卜南部村庄的哨所，并与政府军发生冲突，造成 10 人死亡、10 人受伤、3 名袭击者被击毙[①]。"统一与圣战营"的这些行动未得到"沙姆解放组织"的公开承认，表明二者在组织活动和发展方向上产生分歧。结合 2020 年"统一与圣战营"曾表示有意将重心向阿富汗转移，这种迁徙也成为下一步可能的发展方向。与此同时，"沙姆解放组织"和"统一与圣战营"的招募活动也并未停止。7 月，"沙姆解放组织"公布 16 名新加入的乌兹别克斯坦武装分子的消息，进一步表明中亚地区依然是国际恐怖势力招募的重点。

## 二　"伊玛目布哈里战斗营"（Khatiba Imam al-Bukhari, KIB）

"伊玛目布哈里战斗营"自"乌伊运"分裂而来，持续给中亚地区安全稳定带来威胁。2021 年联合国评估认为"伊玛目布哈里战斗营"叙利亚分支约有 110 名武装人员，主要在拉塔基亚省活动，在亲"基地"组织的"沙姆解放组织"旗下作战。"伊玛目布哈里战斗营"阿富汗分支约有 150 人，主要在乌孜别克族群体占比较大的法里亚布省、朱兹詹省、巴德吉斯省活动。2021 年，"伊玛目布哈里战斗营"阿富汗分支头目迪尔肖德·杰哈诺夫（Dilshod Dekhanov）前往喀布尔，鼓动"阿塔"高层将阿富汗所有中亚激进组织聚集在其领导之下，有意与"伊斯兰圣战联盟"争夺中亚武装团体的领导权，但"阿塔"更倾向于将其作为单独军事单位纳入阿富汗军队。[②]

## 三　"乌兹别克斯坦伊斯兰运动"（简称"乌伊运"，Islamic Movement of Uzbekistan，IMU）

"乌伊运"曾经是"阿塔"主要支持的外籍圣战组织之一，在阿富汗

---

① Khaled al-Khateb，"Uzbek fighters complicate makeover campaign by jihadi group in Idlib"，https://www.al-monitor.com/originals/2021/08/uzbek-fighters-complicate-makeover-campaign-jihadi-group-idlib（最后访问时间：2021 年 8 月 19 日）。

② 联合国安理会文件，S/2022/83，https://documents-dds-ny.un.org/doc/UNDOC/GEN/N21/416/13/PDF/N2141613.pdf? OpenElement，第 16 页。

的基地位于巴达赫尚省瓦尔杜伊（Warduj）地区，控制阿富汗边境的关键地区和城镇伊斯卡西姆（Iskashim）。该组织规模最大时达到 700 人，主要招募中亚各民族和高加索地区的维吾尔人、巴基斯坦人、车臣人。[①] 2015 年8 月，时任"乌伊运"头目奥斯曼·加（Uthman Ghazi）宣布脱离"基地"组织，宣誓效忠巴格达迪。这一举措遭到"基地"组织和"阿塔"的报复，2015 年底奥斯曼·加就被"阿塔"杀害。2020 年 11 月，"乌伊运"继任头目阿卜杜勒阿齐兹·尤尔达（Abdulaziz Yuldash）再度被杀害，组织内部出现裂痕。一个分支由阿卜杜勒阿齐兹·尤尔达的兄弟贾法尔·尤尔达（Jaffar Yuldash）领导，成员以乌孜别克族为主。有消息显示，2021 年该分支已经并入法里亚布省和查布尔省的"阿塔"武装组织，而组织头目也因擅自返回法里亚布省被"阿塔"监禁，暂时由他的弟弟穆罕默德·尤尔达（Mohammad Yuldash）领导。"阿塔"所给的财政支持大大减少，使得"乌伊运"面临财务困难。另一分支由阿卜杜勒阿齐兹·尤尔达的副手伊尔霍姆（Ilhom）领导，成员以塔吉克族为主，与"真主辅士团"等合作。还有20 名"乌伊运"成员叛逃到"伊玛目布哈里战斗营"。总体而言，"乌伊运"实力遭到较大削弱，高层折损，内部分裂，甚至被迫从事贩毒等犯罪活动以维持生计。

## 四 "真主辅士团"（Jamaat Ansarullah）

"真主辅士团"成立于 2010 年，最初成员是流亡阿富汗的塔吉克斯坦反对派武装人员，目标是推翻塔吉克斯坦政府，在阿富汗被称为"塔吉克塔利班"。目前，该组织的负责人为穆罕默德·沙里夫（Muhammad Sharifov）。2021 年，该组织约 200 名武装分子参与"阿塔"的北部攻势。6月，"阿塔"指派该团体值守负责阿富汗和塔吉克斯坦边境具有战略意义的安全检查站的安全，并指派其夺取巴达赫尚省的 5 个地区。他们从前阿富汗政府

---

① "Central Asia concerns over US pullout from Afghanistan," BBC, https://www.bbc.com/news/world-asia-24397109（最后访问时间：2013 年 10 月 5 日）。

手里缴获新式军用车辆（包括悍马）、武器和其他装备，并在2021年春季从塔吉克斯坦境内招募多名人员入境阿富汗参战，组织的战斗力进一步加强。①

## 第三节 中亚国家反恐举措及成效

2021年是中亚国家推出《联合国全球反恐战略》细化方案《中亚实施〈联合国全球反恐战略〉联合行动计划》十周年。十年中，中亚各国恪守联合国拟定的反恐四大支柱，全力消除恐怖主义蔓延的条件，采取措施防范和打击恐怖主义，增强本国反恐能力，并在此过程中保障所有人的权利。在各国政府努力下，中亚地区连续多年未发生重大恐怖袭击事件，并且率先响应联合国号召，接纳从叙利亚等冲突地区遣返的妇女和儿童，积极探索涉恐人员去激进化、去极端化的路径，稳定穆斯林青年群体的思想，在全球走在前列。

### 一 严厉打击，清除涉恐因素

面对国际恐怖主义对中亚地区的渗透和影响，中亚各国政府采取坚决的反恐行动和全面的预防性举措，捣毁境内的多个涉恐团伙，逮捕相关嫌疑人和自我激化的激进分子，以强硬措施消灭恐怖主义苗头。乌兹别克斯坦、塔吉克斯坦和哈萨克斯坦均在国内开展反恐行动，集中打击国际恐怖组织在其境内筹资、招募、宣传的人员和渠道。乌兹别克斯坦内政部在官方网站上对重点案例大力宣传，开展警示教育，提醒民众高度关注境外恐怖组织渗透的手法和渠道，筑牢反恐的人民防线。与此同时，考虑到2020年中亚各国挫败的恐袭图谋中多涉及枪支和爆炸装置，乌兹别克斯坦还采取预防性反恐措施，收缴民间枪支并规范合法枪支登记，加强对可疑爆炸物的管控。塔吉克斯坦也缴获了652支枪支，以此来控制潜在的恐怖活动威力和影响。

---

① "Exclusive: Taliban Puts Tajik Militants Partially in Charge of Afghanistan's Northern Border", Radio Free Europe, https://www.rferl.org/a/taliban - tajik - militants - border/31380071.html （最后访问时间：2021年7月27日）。

## 二 以正抑邪，强化宗教支柱

中亚国家普遍认为，无知和不宽容是国际恐怖主义与极端主义的根源。中亚地区民众中信奉伊斯兰教的占比较大，青年群体较多，强化青年群体的教育和弘扬真正的伊斯兰教教义是反恐工作的重要内容。要能够利用知识与正确的意识形态争夺人心，从而清除滋生恐怖主义的土壤。在这一原则指导下，乌兹别克斯坦政府重点完善国内伊斯兰教教育体系，开设宗教学校进行青年的宗教启蒙教育。[①] 乌兹别克斯坦总统在最高议会上公开表示，需要用知识拯救受极端思想影响的青年。乌兹别克斯坦政府在撒马尔罕、费尔干纳、布哈拉等多地建立伊玛目布哈里国际研究中心、圣训学校、伊斯兰法学院和高等伊斯兰学院，形成覆盖中级宗教教育，高等宗教教育，硕士、博士等多级伊斯兰教育的体系，强化"启蒙反愚"。同时，乌兹别克斯坦成立伊斯兰文明中心、伊玛目布哈里和伊玛目泰尔梅齐国际研究中心等研究机构，并设立专门的媒体中心 Ziyo，形成正规宗教教育与教义宣传的完整体系和流程，以真正的宗教教义和精神教育青年，加强针对真、假伊斯兰教教义的辩论和探讨，帮助青年抵御极端主义思想的侵蚀，形成精神上的保护。同时，乌兹别克斯坦还成立专门的慈善基金会，资助重建清真寺等宗教设施，改善宗教的物质和研究基础，壮大温和派势力。塔吉克斯坦乌里玛委员会主席强调，乌里玛委员会的战略是为青年提供真正的伊斯兰教价值观并培养其对国家具有社会意义的使命感，从而解决年轻人参与激进组织的问题。[②] 同时，为了有效防范外出务工、求学和生活的乌兹别克斯坦国民受极端思想侵蚀[③]，

---

① IIV ma'sulxodimi，"Ilmdanboshqanajotyo'q"，https：//iiv. uz/news/ilmdan－boshqa－najot－yoq（最后访问时间：2021 年 3 月 26 日）。

② "МуфтийТаджикистана：Экстремизм и терроризмявляютсяразрушающейсилойчел овеческ огоразума"，Avesta Information Agency，http：//avesta. tj/2021/02/01/muftij－tadzhikistana－ekstremizm－i－terrorizm－yavlyayutsya－razrushayushhej－siloj－chelovecheskogo－razuma/（最后访问时间：2021 年 2 月 1 日）。

③ IIV ma'sulxodimi，"ekstremizmvaterrorizmgaqarshikurashda O'zbekistontajribasi"，https：//iiv. uz/news/ekstremizm－va－terrorizmga－qarshi－kurashda－ozbekiston－tajribasi（最后访问时间：2021 年 3 月 12 日）。

乌兹别克斯坦还派出宗教人士前往俄罗斯等国家，对在该国的乌裔公民宣传伊斯兰教教义，防止"圣战""殉难""迁徙"等概念被歪曲解读。

在宗教宽容机制方面，乌兹别克斯坦将1.6万名误受极端思想影响的公民移出警方登记清单，在监狱开展康复宣传工作，赦免主动悔过的青年并帮助其重返社会。这些举措均在社会中产生了积极影响，为曾经或可能受到极端思想影响的人创造了机会，帮助其重回正轨。

### 三　以人为本，积极接纳遣返难民

哈萨克斯坦、塔吉克斯坦、乌兹别克斯坦率先响应联合国号召，接纳从叙利亚等冲突地区遣返的国民，2021年，吉尔吉斯斯坦也加入这一行列。同一年，哈萨克斯坦拟定的"Zhusan"接纳遣返行动进入第五阶段，共有607人从叙利亚返回，包括400名儿童和150名妇女。哈萨克斯坦政府对遣返的外籍"圣战"者中的29名男性和17名女性提起诉讼，判处他们5年至10年有期徒刑。同时，哈萨克斯坦政府与非政府组织、公民社会共同制定恢复进程，采取一系列聚焦宗教理论、心理、意识形态、能力建设和家庭支持的活动，以宽容之心和去激进化之法帮助其回归社会。在政府的帮助下，90%的人摆脱了极端意识形态，50%的孩子重返校园，33名孤儿重回家庭，取得了较好成效。[①] 2021年，塔吉克斯坦接纳从境外遣返的50名恐怖和极端组织成员，使得自2015年以来遣返的公民总人数达到647人，2020年主动回国的75名人员被免除刑事责任。[②] 4月底，乌兹别克斯坦继续推进第5次人道主义遣返行动"梅尔"（Mehr-5），接纳从霍尔营地遣返的24名妇女

---

① "Hearing on: Prosecution, Rehabilitation and Reintegration of Foreign Terrorist Fighters（FTFs）- the Kazakh Experience", OSCEPA, https://www.oscepa.org/en/documents/ad - hoc - committees - and - working - groups/ad - hoc - committee - on - countering - terrorism/4218 - informal - readout - hearing - on - prosecution - rehabilitation - and - reintegration - of - foreign - terrorist - fighters - the-kazakh-experience-18-may-2021/file（最后访问时间：2021年5月18日）。

② "МВД Таджикистаназа 6 месяцевзадержано 143 человекапоподозрению в терроризме и экстремизме", Avesta Information Agency, http://avesta.tj/2021/08/04/mvd-tadzhikistana-za-6-mesyatsev-zaderzhano-143-cheloveka-po-podozreniyu-v-terrorizme-i-ekstremizme/（最后访问时间：2021年8月4日）。

和69名儿童，对未成年人开展心理康复和社会适应培训，帮助他们重返社会。在5次"梅尔"行动框架下，乌兹别克斯坦共接纳遣返的541名妇女和儿童。这些人被安置在专门的机构，政府为其提供医疗、心理和社会援助。① 虽然政府对于涉恐人员的改造和转化工作取得一定成效，但改造后人员重新参与涉恐活动的事件仍有发生。吉尔吉斯斯坦首次启动接纳从伊拉克、叙利亚等核心冲突区遣返难民的行动。3月16日，吉尔吉斯斯坦政府通过"Meerim"人道主义行动，接纳从伊拉克遣返的79名儿童。②

中亚国家积极接纳从冲突地区遣返的妇女和儿童的行为，充分展示了人道主义精神，但是后续的重返社会工作仍有待探索。目前，各国在招募医生、教师、心理学家和宗教人士等专业人员组成团队，帮助遣返回国的人员重回正常生活方面，仍然存在一些阻碍。部分遣返儿童久经极端思想渗透，心态激进，崇尚圣战，在融入过程中表现出咄咄逼人的态势，无法适应新的环境。塔吉克斯坦、乌兹别克斯坦、哈萨克斯坦等国将遣返儿童安置在专门的寄宿学校，调节其心理状态和意识形态，帮助其学习和提高阅读及写作能力，进而使其重返校园生活。同时，各国对被遣返女性提供职业培训，为她们创造就业机会或者帮助其申请社会保障③，强化其谋生能力。总体而言，中亚国家应对被遣返人员更为耐心和温和，不仅为这些妇女和儿童提供了新的机会，也为全球反恐提供了宝贵的经验。

## 四　加强合作，提高反恐合力

中亚国家内部以及中亚地区与俄罗斯之间长期保持着密切的联系，独联

---

① "Operation 'Mehr-5' 93 Women and Children Are Returned from Syria", https：//yuz.uz/en/news/operation-mehr-5-93-women-and-children-are-returned-from-syria（最后访问时间：2021年5月2日）。

② "Kyrgyzstan Repatriates Dozens of Children Born to Militants in Iraq", Radio Free Europe, https：//www.rferl.org/a/kyrgyzstan-repatriates-children-iraq/31154206.html（最后访问时间：2021年3月16日）。

③ Kanymgul Elkeeva, "Central Asia Struggles to Reintegrate Islamic State Returnees", https：//www.rferl.org/a/central-asia-islamic-state-repatriation/31548973.html（最后访问时间：2021年11月6日）。

体、集安组织和欧亚联盟等多种区域组织共同构建起中亚地区的安全和发展网络，也决定了中亚地区的反恐无法仅靠一国之力完成。俄罗斯一直是数百万中亚劳工移民的首选目的地，也历来是国际恐怖组织招募中亚武装人员的重要中转站，中亚国家与俄罗斯之间的情报与安全合作也是中亚反恐的主要内容之一。俄罗斯不仅向集安组织成员国提供军事援助，也与其共享反恐情报，共同打击流窜于俄罗斯及中亚地区的恐怖分子。同时，中亚国家还加强与欧安组织的反恐合作，提高自身反恐能力。2021 年 10 月，欧盟资助的中亚执法项目举办了关于防止洗钱和恐怖主义融资的培训，来自哈萨克斯坦、乌兹别克斯坦、塔吉克斯坦的 35 名国家安全机构执法人员参加了培训并且取得了证书，以此加强了中亚反恐金融能力建设。[①]

## 第四节　阿富汗政权更迭的影响及中亚应对

2021 年 8 月 15 日，"阿塔"重掌阿富汗政权。这一政局变动对于中亚国家来说是一次不小的冲击。早在 20 世纪 90 年代"阿塔"执政时，中亚多国就曾是阿富汗境内反塔武装力量"北方联盟"的重要支持者和庇护者，意图在阿富汗北部省份构建亲中亚国家的安全地带。"阿塔"再度执政给塔吉克斯坦、乌兹别克斯坦等国家带来难民涌入、恐怖组织混入等多重风险隐患。但针对此次阿富汗变局，中亚国家采取了与此前不同的应对政策，为满足经济、安全和发展的多重需求而展开对话。

### 一　阿富汗境内中亚恐怖组织危害仍存

尽管"阿塔"承诺不会让任何团体或个人利用阿富汗领土，给周边国

---

① "EU‐funded project LEICA（Law Enforcement in Central Asia）completed regional training on strategic analysis to prevent money laundering and terrorism financing", Delegation of the European Union to Tajikistan, https：//www. eeas. europa. eu/delegations/tajikistan/eu‐funded‐project‐leica‐law‐enforcement‐central‐asia‐completed‐regional＿ en（最后访问时间：2021 年 10 月 20 日）。

家带来威胁。但是历史与现实表明，"阿塔"对阿富汗境内外籍"圣战"者的核心策略是加强管控，减轻国际压力。2020年，"阿塔"向与"基地"组织有关的外籍武装团伙发布监管指南，明确表示外籍"圣战"者必须向"阿塔"登记并宣誓效忠，要求其不得干涉任何国家事务，不能威胁其他国家的政府和公民安全，不允许使用"阿富汗伊斯兰酋长国"以外的旗帜，或招募当地人加入组织。[①] 2021年，"阿塔"内部发布指令，禁止"阿塔"成员招募外国公民入伍或为其提供庇护，否则将被解雇。这些活动表明，"阿塔"有意与外籍"圣战"团伙进行切割。然而，"阿塔"也明白，阿富汗境内的外籍武装人员不会放弃对母国发动"圣战"，他们更为关注这些组织的活动是否会追溯到"阿塔"或者阿富汗，从而带来外交压力。事实上，"伊斯兰圣战联盟"等头目在阿富汗的活动更为自由，并能够向"阿塔"高层争取中亚恐怖组织领导权。这表明，"阿塔"对阿富汗外籍武装团伙管理的意愿和能力还有待观察。

## 二 各国采取务实而谨慎的态度应对塔利班执掌阿富汗

1996年9月，"阿塔"首次攻占喀布尔时，除了土库曼斯坦外，中亚国家基本一致对"阿塔"政权持反对态度。塔吉克斯坦公开表示支持拉巴尼政府，乌兹别克斯坦则呼吁支持乌孜别克族指挥官杜斯塔姆。2021年8月，"阿塔"再度占领喀布尔，中亚国家对阿政策发生明显转变。一方面，因为中亚国家在独立30年之际工作重心更多地转向经济发展，而阿富汗作为"亚洲之心"对中亚地区互联互通至关重要。另一方面，经过近年来的反恐努力，中亚各国安全形势不断好转，执法机构的反恐能力有较大提高，具备了打击恐怖组织所需的技能。中亚各国主要从三个角度应对阿富汗变局。

一是加强经贸领域的对话和磋商。新冠疫情对全球经济造成巨大冲击，

---

① Rahmatullah Amiri and Ashley Jackson，"Taliban narratives on Al Qaeda in Afghanistan"，https：//cdn. odi. org/media/documents/Taliban_ narratives_ 13_ Sept. pdf（最后访问时间：2021年9月）。

社会稳定风险明显上升，部分中亚国家政局出现动荡。阿富汗作为中亚各国油气和物资对外输出的重要节点之一，对中亚国家加强互联互通、促进对外贸易十分重要。为了促进地区稳定和经济发展，中亚国家秉承务实态度与"阿塔"展开对话。乌兹别克斯坦副总理率团与阿富汗临时政府代理副总理举行会晤，就边境安全、投资、贸易、能源、国际货运和过境等领域合作进行磋商，尤其关注苏尔汗—普利—库姆里输电线路和铁尔梅兹—马扎尔沙里夫—喀布尔—白沙瓦铁路的建设。同时，乌兹别克斯坦在与"阿塔"对话中也强调，应控制"乌伊运"活动并防止其扩展至该国边界，这一点也得到"阿塔"的承诺。土库曼斯坦以确保 TAPI 天然气管道建设为目标，保持与"阿塔"的定期沟通，在"阿塔"执政 3 天后，其就与"阿塔"任命的巴尔赫省省长举行会晤，将其视为"兄弟"，并提供边境过境服务。土库曼斯坦也得到"阿塔"的正面回应，TAPI 天然气管道建设得以重新启动。哈萨克斯坦重点关注应对阿富汗的潜在安全威胁，防范恐怖主义、极端主义和非法移民的蔓延。吉尔吉斯斯坦也派高级官方代表团赴阿磋商，并提供人道主义援助。

二是审慎应对阿富汗难民问题。阿富汗变局之后，大量难民向周边国家溢出，巴基斯坦、伊朗是最主要的接收者，但中亚国家也受到一定程度的影响。2021 年 1 月至 8 月，大约 1.5 万名难民涌入塔吉克斯坦，后期每天有500~600 人试图穿越阿富汗和塔吉克斯坦边境。[1] 8 月，"阿塔"执政后，大约 2000 名阿富汗人进入乌兹别克斯坦，但乌兹别克斯坦倾向于只允许已经持有签证的人或者政治家和乌兹别克族人入境，无意大量接收阿富汗难民。难民涌入不仅给经济本就困难的中亚国家带来更大的压力，而且存在恐怖分子趁机涌入的风险隐患。"阿塔"为外籍"圣战"团伙发放身份证件，进一步加剧了恐怖分子以合法身份回流母国的风险。为此，乌兹别克斯坦、塔吉克斯坦、土库曼斯坦公开拒绝接纳阿富汗难民，仅为其提供过

---

① https：//khovar.tj/rus/2021/10/tysyachi-afgantsev-hotyat-popast-v-tadzhikistan-zayavlenie-yatimova/.

境服务。

三是安全优先，加强多边军事合作。"乌伊运"等在阿富汗盘踞多年的中亚恐怖和极端组织与"阿塔"关系密切，威胁不容小觑。因此，阿富汗政权更迭后，中亚国家依托集安组织和上合组织构筑起多边安全合作体系，采取联合军演、建设基地等多种方式筑牢中亚的安全边界。集安组织成员国在年内举行多次大规模演习，防范恐怖分子入侵和战争规模扩大。2021年4月，俄罗斯和塔吉克斯坦建立联合防空体系加大空中巡逻，并在阿富汗和塔吉克斯坦边境沿线举行大规模军事演习，模拟联合反击场景。8月，乌兹别克斯坦与俄罗斯举行"南部—2021"联合军演，俄罗斯国防部长承诺俄方将动用驻塔吉克斯坦和吉尔吉斯斯坦的军事基地，应对来自阿富汗方向的直接入侵，保护中亚边界。同月，俄罗斯、塔吉克斯坦、乌兹别克斯坦在塔吉克斯坦毗邻阿富汗的哈特隆州举行联合军演，演练联合打击跨境非法武装，锻炼在山地和炎热环境中作战。10月18日至23日，集安组织在塔吉克斯坦和阿富汗边境举行代号为"协作""搜索""梯队"的三场联合反恐军演，以防范恐怖分子入侵和战争规模扩大，此次演习系集安组织多年以来规模最大的军事演习。[1] 上合组织为应对阿富汗变局，分别举行元首理事会、上合组织和集安组织领导人阿富汗问题联合峰会，共商解决方案。2021年9月，上合组织开展"和平使命—2021"联合反恐军演，8个成员国携手反恐，捍卫和平力量[2]，强化军事上的协调性。塔吉克斯坦与阿富汗拥有漫长的边界，对可能来自阿富汗的威胁十分警惕。不仅在2021年举行了200多次各种形式和规模的军事演习，从战略和战术层次锻炼了应对恐怖主义威胁的能力[3]，更是动员了2万名预备役军人，强化塔吉克斯坦和阿富汗边境军事力量。同时，塔吉克斯坦在杜尚别组织阿富汗潘杰希尔等地的塔吉克族反

---

[1]《集安组织反恐军演在塔吉克斯坦举行》，新华网，2021年10月18日，http://www.news.cn/2021-10/18/c_1127970823.htm。

[2] http://www.mod.gov.cn/action/2021-09/11/content_4894531.htm.

[3] https://khovar.tj/rus/2021/11/komanduyushhij-tsvo-zayavil-o-narastanii-terroristicheskih-ugroz-iz-afganistana/.

对派与"阿塔"谈判，以保护阿富汗塔吉克族的权利。[1]

总体而言，中亚各国应对阿富汗问题是冷静而审慎的。对于美国狼狈撤军留下的反恐真空，中亚国家联合俄罗斯、中国、巴基斯坦，共同制定应对举措，确保经济发展和社会安全。这与新形势下的国际格局调整密不可分。

## 第五节　中亚地区反恐面临的挑战

中亚地区连续多年安全形势基本稳定。但是，中亚国家内部和国际社会中仍然存在有利于恐怖主义发展的环境。一方面，从国内发展来看，中亚国家经济低迷，通胀率和失业率居高不下，政治安全风险较高。另一方面，从国际形势来看，阿富汗政局突变的余波未平，跨境恐怖主义威胁仍处于高位；美西方秉持反恐"双重标准"，持续对中亚反恐政策进行攻击抹黑；俄罗斯与西方冲突加剧，对中亚安全的保护力量或被分散。因此，中亚反恐依然受到内外因素叠加的多重挑战。

### 一　政治安全风险依然存在

新冠疫情对全球经济带来巨大冲击，持续的经济压力导致中亚国家通胀率和失业率居高不下。2021年10月，新冠疫情再度反复，欧洲和中亚地区新增确诊病例占全球新增病例总数的59%，新增死亡病例占报告死亡人数的48%。同时，随着国际大宗商品价格大幅上涨，各国通胀率居高不下。2021年8月，哈萨克斯坦年化通胀率达到8.7%，吉尔吉斯斯坦年化通胀率达6.2%，塔吉克斯坦年化通胀率达到9.4%[2]，通胀率上升势头趋于固化。高通胀和高失业始终是影响社会稳定的重要因素。2022年伊始，哈萨克斯坦液化天然气价格上涨，引发民众集会抗议并发展成为大规模骚乱，最终导

---

① AyzirekImanaliyeva, Kamila Ibragimova, "Kyrgyzstan, Tajikistan diverge on approaches to Afghanistan", https：//eurasianet.org/kyrgyzstan - tajikistan - diverge - on - approaches - to - afghanistan（最后访问时间：2021年9月24日）。

② 数据源于新疆维吾尔自治区国家税务总局公开信息。

致 164 人死亡，近 8000 人被逮捕。哈萨克斯坦政府被迫辞职，请求集安组织出兵应对这一"恐怖主义威胁"。经济低迷、就业率走低、民众不满情绪积压，成为导致中亚国家青年群体易受恐怖主义影响的重要因素。

## 二 跨境恐怖主义威胁仍处于高位

中东地区"沙姆解放组织"发展策略转型，或将导致长期追随其在伊德利卜作战的中亚恐怖组织转变重心，进一步向阿富汗转移。在"阿塔"临时政府的管控下，阿富汗境内的中亚恐怖组织可能被纳入"阿塔"政府军编制中，或转换身份在阿富汗生存、发展、壮大。"阿塔"政府有意对现有军队进行改造，宣称将组建人数庞大的强大军队。"乌伊运""真主辅士团"等中亚恐怖组织长期与其并肩作战，极有可能被编入"阿塔"军队中并实现恐怖分子身份的转换。但是，"阿塔"不允许外籍武装组织对其母国发动"圣战"，这并不符合各恐怖组织成立的目标。因此，部分组织成员或将不愿加入"阿塔"军队，而利用"阿塔"对外籍"圣战"团体重新登记并发放相关证件的契机转换身份，作为平民隐匿于阿富汗社会中，视情况返回母国实施"圣战"。2021 年 10 月，"阿塔"向塔吉克斯坦边境的 200 名塔吉克族武装分子提供了新的美式军用车辆、武器和装备，并在边境进行集结，以应对来自塔吉克斯坦"可能的威胁"①，这进一步证明中亚地区跨境恐怖主义威胁仍然巨大。

## 三 美西方反恐"双重标准"或将掣肘中亚反恐努力

中亚的人口构成和宗教信仰决定了中亚所采取的各项反恐举措。然而，美西方国家长期以来一直以所谓的人权和宗教自由为名，不断对中亚国家反恐政策横加指责，最为核心的指控就是抨击中亚多国对"极端主义"的定义模糊，借反恐侵犯人权和自由。2021 年 5 月，吉尔吉斯斯坦通过了新的

---

① "Taliban Said to Have Rearmed Tajik Militants and Moved Uyghur Fighters from Chinese Border"，Radio Free Europe，https：//www. rferl. org/a/taliban-tajik-china-uyghur/31492362. html（最后访问时间：2021 年 10 月 4 日）。

《宪法》，并在同年底通过新的《刑法》，将"政治敌意"纳入"极端主义"行为定义中。美西方指责吉尔吉斯斯坦政府利用模糊的"极端主义"定义打击政治反对派，限制言论自由。[①] 此外，美西方媒体大力宣扬哈萨克斯坦反政府人员因受到"极端主义"指控入狱的案例，有意以所谓的人权为名攻击中亚国家反恐政策。在美国宗教自由委员会发布的年度报告中，塔吉克斯坦和土库曼斯坦明确被列为"特别关注的国家"，报告同时建议将哈萨克斯坦和乌兹别克斯坦也列入美国国务院特别观察名单，对中亚现行的反恐政策接纳度较低。

## 四　俄罗斯对中亚的安全保护能力或将受到西方制约

2021 年，美西方与俄罗斯地缘政治角力升级。拜登政府不断"炒作"乌克兰东部问题，"力挺"乌克兰加入北约。北约为乌克兰提供武器，东扩的阴云迫使俄乌边境重兵集结，乌克兰局势危在旦夕。俄罗斯是集安组织的主导力量。中亚国家自身经济和军事实力有限，主要依赖俄罗斯提供安全保障应对外部威胁。塔利班执掌阿富汗政权后，塔吉克斯坦多次呼吁集安组织加大支持力度，保护其南部边界，但乌克兰危机将不断牵制俄罗斯军事部署，俄罗斯对中亚安全的保护能力或将受到制约。

# 结　语

近年来，中亚国家主动作为，反恐形势逐年向好，摸索出适合自己的反恐战略，甚至在冲突区人员遣返和康复方面走在全球前列。但是，中亚国家身处阿富汗乱局一线，而且部分中亚国民长期深度卷入国际恐怖组织活动，"伊扎布特"等宣扬宗教极端主义的团伙在其国内作祟，中亚国家受恐怖主义影响的风险依然较高。与此同时，中亚国家自身面临的迫切的经济发展和

---

① Colleen Wood, "Kyrgyzstan's Worrying New Limits on Dissent", https://thediplomat.com/2021/05/kyrgyzstans-worrying-new-limits-on-dissent/+&cd=1&hl=zh-CN&ct=clnk（最后访问时间：2021 年 5 月 8 日）。

民生保障需求，可能进一步催化中亚国家内部的暴力活动，这在一定程度上促使中亚国家在阿富汗变局之后采取了与 20 年前截然不同的态度，希望保障其与南亚地区互联互通的重要通道。当前，阿富汗局势未完全稳定，叙利亚冲突区的中亚恐怖组织的下一步走向尚无法确定，俄罗斯军力被乌克兰牵制，或难以向中亚地区提供充分的安全保障，多重因素叠加意味着中亚反恐依然任重道远。

# 第四章 南亚地区恐怖主义与反恐怖斗争态势[*]

2021年，新冠疫情依然在全球范围内肆虐，导致全球经济持续低迷、地缘政治对抗加剧、全球治理困境加深，在许多新问题出现的同时，老问题依然延续，2021年全球恐怖主义的发展态势也更为复杂。在南亚地区，美国撤军以后，引发阿富汗及周边地区恐怖主义的强势反弹，恐怖主义势力相比往年更加活跃，当地反恐形势依然十分严峻。但是就整体恐怖主义指数而言，该地区有所好转。此外，新冠疫情给该地区带来的影响更为严重，给该地区治理和经济发展带来了沉重打击。政治方面，因"阿塔"强势回归再度执政，不确定性加大。经济方面，该地区总体呈现良好的恢复前景，但是各国经济复苏速度不均衡，经济活力仍旧大大低于新冠疫情前的水平。该地区失业、民众收入减少、人力资本赤字和贫富差距扩大的问题仍旧突出。

## 第一节 南亚地区恐怖主义态势

2022年3月，美国经济与和平研究所发布的《2022年恐怖主义指数报告》显示，南亚地区的平均恐怖主义指数（GTI）为5.559，该指标在2020年至2021年减少0.203，在2011年至2021年的这10年内整体下降0.783。尽管恐怖主义指数有所下降，因恐怖袭击所导致的死亡人数却呈现上升趋势。2021年，南亚地区恐怖袭击造成1829人死亡，相比2020年

---

* 作者：郭永良，中国人民警察大学副教授，研究方向：国际反恐；王威廉、杨树，中国人民警察大学硕士研究生。

增加137人。① 与报告中所提及的西亚、欧洲、北非等世界其他地区相比，南亚地区的平均恐怖主义指数仍保持在全球最高水平。自21世纪以来，南亚地区的平均恐怖主义指数长期居全球首位。从总体上看，南亚地区诸多国家依旧面临着较为严重的恐怖主义威胁。根据全球恐怖主义指数全区域四等分法②的安全形势评价体系划分，南亚的阿富汗和巴基斯坦已经步入全球受恐怖主义威胁的高危国家行列，印度、斯里兰卡为动荡国家，尼泊尔、孟加拉国为危险国家。全球受恐怖主义威胁最大的10个国家中有2个南亚地区国家，分别是全球排名第一的阿富汗，恐怖主义指数为9.109；以及全球排名第十的巴基斯坦，恐怖主义指数为7.825。

相较于2020年的数据，从总体上看，南亚地区面临的恐怖主义严峻形势得到一定缓解，印度、孟加拉国、斯里兰卡、尼泊尔、不丹的平均恐怖主义指数皆有不同程度下降。少数国家例如阿富汗情况恶化，平均恐怖主义指数在2020~2021年上升了0.059。

## 一 阿富汗

数据显示，2018~2021年，阿富汗连续四年居世界上最不和平的国家的第一位，2021年的不安全指数达到3.631，在全球范围内垫底。③ 2021年，阿富汗恐怖主义指数为9.109，是当年全球恐怖主义指数最高的国家。④ 2002年，阿富汗境内恐怖袭击数量和死亡人数分别为20起和177人，这一数字在2020年分别飙升至2373起和6617人。⑤ 恐怖袭击成为阿富汗境内最大的安全威胁。

---

① Institute for Economics and Peace, Global Terrorism Index 2022：Measuring the Impact of Terrorism, Sydney, March 2022. Available from：http：//visionofhumanity. org/resources.

② 全球恐怖主义指数全区域四等分法以2.5为划分等级，将各国的安全形势划分为"高危"（7.6~10.0）、"动荡"（5.1~7.5）、"危险"（2.6~5.0）与"和平"（0~2.5）四个等级。

③ Institute for Economy and Peace, Global Terrorism Index 2021, https：//www. visionofhumanity. org/wp-content/uploads/2021/06/GPI-2021-web-1. pdf.

④ Terrorism Index 2021, https：//www. visionofhumanity. org/maps/global-terrorism-index/#/.

⑤ 李伟：《阿塔重新掌权后阿富汗的反恐困境与前景》，《当代世界》2021年第10期。

在美国撤军之前，"阿塔"在阿富汗境内采取武装袭击方式，主要针对以美国为首的北约军队和阿富汗政府。美国撤军前后，阿富汗境内恐怖袭击的主要发动者为"伊斯兰国呼罗珊省"。2020 年，"伊斯兰国呼罗珊省"发动的恐怖袭击超过 60 起。2021 年的头 4 个月，联合国阿富汗援助团（UNAMA）就记录了"伊斯兰国呼罗珊省"发动了 77 起恐怖袭击事件。2020 年同期，这一数据为 21 次。数据表明 2021 年较 2020 年同期增长了 3 倍以上。[①] 2021 年 5 月初，在一起美国指控为"伊斯兰国"制造的汽车炸弹袭击事件中，喀布尔一所主要接收什叶派女孩的学校里有 85 人死亡、近 300 人受伤。[②] 相关数据表明，2021 年该组织发动的恐怖袭击事件超过 330 起，特别是在美国撤军过程中的 8 月 26 日，"伊斯兰国呼罗珊省"发动大规模恐怖袭击，至少 182 人在袭击中丧生，其中包括 62 名阿富汗平民、28 名塔利班成员和 13 名美国军人；9 月 18 日，阿富汗楠格哈尔省首府贾拉拉巴德发生爆炸，造成 3 人死亡、19 人受伤；10 月 3 日，喀布尔一座清真寺门口发生爆炸，导致 2 人死亡；10 月 22 日，"伊斯兰国呼罗珊省"袭击喀布尔输电线塔，导致首都及周边地区断电；10 月 8 日和 15 日，昆都士省首府昆都士市和坎大哈省首府坎大哈市清真寺遭遇爆炸袭击，分别造成 55 人和 47 人死亡。[③]

此外，阿富汗地区的恐怖主义在"阿塔"重夺阿富汗政权以后，有蔓延的风险。这种风险主要体现为夺取政权的"阿塔"与当下阿富汗最大恐怖组织"伊斯兰国呼罗珊省"之间的矛盾。这两个组织长期以来一直有小规模血腥冲突，相互厮杀。因为两者之间存在意识形态鸿沟。"伊斯兰国呼罗珊省"遵奉伊斯兰教萨拉菲主义；"阿塔"则谨遵保守主义的德奥班迪（Deobandi）教义。"伊斯兰国呼罗珊省"致力于建立一个从南亚延伸到中

---

① World Report 2022, https：//www. hrw. org/world-report/2022.

② Eric Schmitt, "ISIS Branch Poses Biggest Immediate Terrorist Threat to Evacuation in Kabul", *The New York Times*, August 25, 2021.

③ 刘中民：《延续与异变：2021 年全球恐怖主义新发展新特点》，澎湃新闻，2021 年 12 月 29 日，https：//thepaper. cn/newsDetail_ forward_ 16043407。

亚的"哈里发国"；"阿塔"则满足于建立伊斯兰阿富汗酋长国。在"伊斯兰国呼罗珊省"眼中，"阿塔"对伊斯兰教法阐释不够严格，是"叛教者"。①

此外，仍旧有其他众多国际恐怖组织活跃于阿富汗，如"基地"组织、"巴基斯坦塔利班"（"巴塔"）、"乌兹别克斯坦伊斯兰运动"（"乌伊运"）、"东突厥斯坦伊斯兰运动"（"东伊运"）等恐怖组织。② 目前掌权的"阿塔"是否能与这些组织明确切割，并对其境内大量的"圣战"恐怖分子进行控制和清理，仍旧是一个很大的疑问。

## 二 巴基斯坦

2021 年巴基斯坦的不安全指数为 2.868，在南亚地区仅低于阿富汗，处于倒数第二位，在世界范围内则排名第 150 位。巴基斯坦和平状态的等级评价仍为"低"等级，且为这一等级中所有国家的最后一位；与 2020 年相比，巴基斯坦和平状态排名下降 2 位。③ 但是，2021 年巴基斯坦在地区恐怖主义指标上有所改善，是 2021 年少数几个在这方面改善明显的国家。巴基斯坦的恐怖主义指数在 2021 年为 7.825，处于全球第 10 位。④

2019 年，巴基斯坦发生与恐怖主义有关的事件 279 起，因恐怖袭击受伤人数约为 650 人、死亡人数约为 300 人。⑤ 其中导致死亡人数最多的恐怖组织为"巴塔"（TTP），其次为"虔诚军"（Lashkar-e-Jhangvi）和"真主党"（Hizb-ul-Ahrar），三者发动的恐怖袭击导致的死亡人数占到 2019 年总体死亡人数的 38%。受恐怖主义影响最为严重的地区是俾路支省和开伯尔-

---

① 王世达：《阿富汗大变局：地缘政治和安全格局的演变》，《俄罗斯东欧中亚研究》2022 年第 1 期。
② 王世达：《阿富汗大变局：地缘政治和安全格局的演变》，《俄罗斯东欧中亚研究》2022 年第 1 期。
③ Global Terrorism Index 2021, Institute for Economy and Peace, https：//www.visionofhumanity.org/wp-content/uploads/2021/06/GPI-2021-web-1.pdf.
④ Terrorism Index 2021, https：//www.visionofhumanity.org/maps/global-terrorism-index/#/.
⑤ Global Terrorism Index 2021, Institute for Economy and Peace, https：//www.visionofhumanity.org/wp-content/uploads/2020/11/GTI-2020-web-2.pdf.

普赫图赫瓦省（简称"开普省"）。① 2020 年，巴基斯坦一共发生 146 起恐怖袭击，共造成 220 人死亡和 547 人受伤。相关数据较 2019 年平均减少 37%左右。发动恐怖袭击的恐怖组织中位列前三位的分别为"巴塔"、"伊斯兰军"（LeI）和"伊斯兰国呼罗珊省"等，共造成 140 人死亡、344 人受伤；另外还有 44 起由俾路支和信德地方分离主义武装组织实施，造成 71 人死亡、189 人受伤。② "巴塔"仍是其中最不稳定的因素，也是实施恐怖袭击最多的恐怖组织。"巴塔"的恐怖袭击主要发生在开普省的前联邦直辖部落地区（FATA）。

2019～2020 年，巴基斯坦的恐怖主义形势延续到 2021 年。2021 年，巴全国共报告 207 起恐怖袭击事件，较 2020 年增加 42%；共造成 335 人死亡、555 人受伤，死亡人数较 2020 年增加 52%。③ 2021 年，巴基斯坦恐怖主义风险预警级别为"高"，且有效期保持到 2021 年 11 月 5 日。④ 相比 2020 年，恐怖主义活动在动机上更偏向于民族主义和宗教动机。2021 年，巴基斯坦恐怖组织对少数族裔、宗教少数派和外国人的恐怖袭击活动增加。这一部分增加 42%，受害者人数增加 52%，是过去 15 年来最严重的一年。⑤

数据表明，2021 年最严重的肇事恐怖组织为"巴塔"、分裂势力和"伊斯兰国呼罗珊省"，它们实施恐怖活动的主要动机是宗教上的。并且这种恐怖活动在巴基斯坦所有省份都存在，个别省份和城市如信德省首府卡拉奇，面临恐怖主义袭击的挑战比往年更大。信德省记录的 15 起恐怖袭击事件中，有 23 人丧生、29 人受伤。俾路支省是巴基斯坦最动荡的省

---

① The Times of India. Pakistan Senate votes to merge FATA with Khyber-Pakhtunkhwa, https://timesofindia. indiatimes. com/world/pakistan/pakistan-senate-votes-to-merge-fata-with-khyber-pakhtunkhwa/articleshow/64321636. cms.

② Pakistan Security Report 2020, PIPS, https://www. pakpips. com/article/book/pakistan-security-report-2020.

③ Marco Respinti, Pakistan：Religion-Based Terrorism, Extremism on the Rise in 2021, https://bitterwinter. org/pakistan-security-report-2021/.

④ 巴基斯坦恐怖主义风险预警［级别高］，https://www. ciwei. com/news/detail-56552. html。

⑤ Marco Respinti, Pakistan, Pakistan：Religion-Based Terrorism, Extremism on the Rise in 2021, https://bitterwinter. org/pakistan-security-report-2021/.

份，在 104 次武装袭击中记录的死亡人数最多（177 人）。俾路支省也报告了最高的受伤人数，超过 50% 的受伤人数被记录在案（346 人）。开伯尔-普赫图赫瓦部落地区是该国恐怖袭击最严重的地区，103 起袭击事件造成 117 人死亡和 103 人受伤，在 58 起恐怖袭击事件中，62 人丧生、58 人受伤。①此外其他如首都伊斯兰堡、奎达、拉合尔、卡拉奇、白沙瓦、海得拉巴、瓜达尔港、拉瓦尔品第等中心城市地区以及印巴边境地区，也都不同程度地面临恐怖袭击的威胁。数据表明，除信德省和吉尔吉特-巴尔蒂斯坦之外，该国几乎所有行政区域的恐怖袭击在 2021 年都有所增加。②基于宗教信仰的各种恐怖袭击事件在民间也有所增加，特别是针对宗教少数群体。

在重大恐怖袭击事件方面。2021 年 1 月 3 日，俾路支省马赫（Mach）地区，11 名哈扎拉族（Hazara）什叶派穆斯林煤矿工人惨遭杀害；事后，"伊斯兰国"宣布对袭击事件负责，并将整个过程拍摄视频发布至网络。③2021 年 7 月 14 日，巴基斯坦发生达苏恐怖袭击案，恐怖袭击者在连接项目营地和施工现场的公共道路上发动自杀式袭击，导致 9 名中国公民死亡。最终当地调查结果指出，参与恐怖袭击案的是"巴塔"斯瓦特分支，并且受到印度调查分析局（RAW）和阿富汗国家安全局（NDS）关联方的支持和协助。10 月 20 日，巴基斯坦开普省 Bajaur 部落区发生 2 起炸弹袭击事件，共造成 4 名安全部队人员死亡、2 名平民受伤。事后，"巴塔"宣称负责。同日，俾路支省 Kech 县一军事检查站遭袭，致 1 名士兵死亡。12 月 18 日，俾路支省首府奎达市的坎达里集市发生简易爆炸装置袭击。爆炸摧毁了 4 辆

---

① 2021：Pakistan Saw 56% Rise in Militant Attacks，PICSS，https：//www.picss.net/annual-report-2021/.

② 2021：Pakistan Saw 56% Rise in Militant Attacks，PICSS，https：//www.picss.net/annual-report-2021/.

③ 《巴基斯坦恐怖主义威胁 2020 回顾与 2021 展望》，新浪网，2021 年 1 月 11 日，https：//www.sohu.com/a/443716248_284463。

汽车和附近的商店，造成至少 1 人死亡，包括妇女和儿童在内的 9 人受伤。[①]

2022 年初以来，巴基斯坦恐袭事件呈多发态势，俾路支省境内民族分离势力有所抬头，"俾路支共和军"（BRA）与"俾路支联合军"（UBA）合并而成的"俾路支民族主义军"（BNA），以及"俾路支解放阵线"（BLF）频繁对安全部队、平民发动袭击；"巴塔"也愈发活跃。

### 三　印度

2021 年印度的和平指数为 2.553，居全球第 135 位，在南亚地区仅好于阿富汗和巴基斯坦。[②] 与 2020 年相比，印度和平指数下降了 0.017，这主要与印度在 2021 年受到新冠疫情严重影响有关。[③] 在恐怖主义指数上，印度 2021 年恐怖主义指数为 7.432，全球范围内排名第 12 位，[④] 相比 2020 年有所好转。在恐怖主义相关事件方面，2021 年印度一共发生记录在案的恐怖袭击事件 160 起，造成 122 人死亡、160 人受伤。[⑤] 此外，与恐怖主义有关的事件则在 460 起左右。2021 年的反恐行动中，印度击毙恐怖分子约 193 人，其中各恐怖组织的主要指挥官 44 人。[⑥]

印度的恐怖组织分布更为广泛，并且恐怖组织类型更多，打着"宗教"旗号的恐怖组织和分离主义组织活跃在全国各地。[⑦]这些恐怖组织发动恐怖袭击的目的是寻求一种政治承认，所以恐怖袭击强度相对较低，致

---

① 《巴基斯坦俾路支省首府一集市发生爆炸致 1 人死亡 9 人受伤》，国家应急广播网，2021 年 12 月 19 日，http：//www.cneb.gov.cn/2021/12/19/ARTI1639873465297935.shtml。

② Global Terrorism Index 2021, Institute for Economy and Peace, https：//www.visionofhumanity.org/wp-content/uploads/2021/06/GPI-2021-web-1.pdf.

③ Global Terrorism Index 2021, Institute for Economy and Peace, https：//www.visionofhumanity.org/wp-content/uploads/2021/06/GPI-2021-web-1.pdf.

④ Terrorism Index 2021, https：//www.visionofhumanity.org/maps/global-terrorism-index/#/.

⑤ India Terrorism Index 2021, https：//www.visionofhumanity.org/maps/global-terrorism-index/#/.

⑥ Anurag Sharma, Terrorism Studies（National）：Review of 2021 & Projections for 2022, https：//www.vifindia.org/article/2022/january/14/terrorism-studies-national#_edn2.

⑦ Global Terrorism Index 2021, Institute for Economy and Peace, https：//www.visionofhumanity.org/wp-content/uploads/2020/11/GTI-2020-web-2.pdf.

命性同样较低。

2021年，查谟和克什米尔（J&K）的恐怖活动形势有较大改善。该地区在2019年以来，加强贯彻对恐怖主义零容忍政策，许多恐怖组织的主要指挥官被消灭。2021年，该地区没有发生重大恐怖袭击事件。但在2021年12月13日，"克什米尔猛虎组织"（JeM）恐怖分子袭击该地区警察武装联队第9营的一辆警车，导致11人受伤。

在克什米尔潘迪特、印度教和锡克教社区，恐怖分子从2021年6月到2021年11月开始对当地民众发动恐怖袭击。记录表明，在此期间，斯利那加地区发生3起与恐怖主义有关的事件，导致5名来自上述社区的人丧生。纳萨尔主义组织一直针对印度安全部队发动重大袭击，活动范围主要在印度的恰蒂斯加尔邦、贾坎德邦、奥里萨邦、比哈尔邦、西孟加拉邦、安得拉邦、特伦甘纳邦、马哈拉施特拉邦、北方邦和喀拉拉邦。2021年，与左翼极端主义组织相关的恐怖袭击事件和其他暴力事件达到557起，其中很大一部分是政府军与恐怖组织之间的武装冲突。2021年，双方之间的战斗有124起发生在受左翼极端主义影响地区，128名恐怖分子被消灭。投降的恐怖分子数量比2020年增加了51%，达到533名。印度在当地实施的回归计划（Rehabilitation Programmes）取得良好效果，主要表现为投降者离开恐怖组织并加入当地社区中，享受各种社会福利计划，从而回归社会。

2021年，印度遭受打着"伊斯兰教"旗号的恐怖袭击活动也有所减少。2021年，该国没有发生重大的此类恐怖袭击事件。虽然在2021年1月29日，新德里的以色列大使馆外发生爆炸，但爆炸未导致任何人员受伤。2021年6月24日，4名来自拉达克地区与爆炸有关的嫌疑人被捕。此外，"伊斯兰国"企图在印度建立巩固的基地，但这一计划尚未取得任何有效成果。

四　其他国家

除阿富汗、巴基斯坦和印度外，南亚地区其他国家受恐怖主义威胁的程度相对较低。整体而言，南亚地区的恐怖主义危机也有所缓解。2021年，该地区各国政府集中应对新冠疫情，制定了一些限制出行的规定，这些规定客观上降低了恐怖袭击事件发生的概率。2021 年，孟加拉国官方记录恐怖袭击事件为 2 起，造成 6 人死亡、20 人受伤。① 2021 年 5 月 8 日，在马尔代夫首都马累发生了 1 起恐怖袭击，袭击者采用简易遥控爆炸装置对议长纳希德发动恐怖袭击，造成其本人和其他 5 名人员受伤。② 8 月 23 日，警方在库尔纳专区（Khulna）库尔纳县 Sonadanga 地区逮捕 2 名疑似"伊斯兰辅助者"（AAI）武装分子。9 月 4 日，在孟加拉国迈门辛专区（Mymensingh）迈门辛县 Khagdohor 地区，安全力量逮捕 4 名疑似极端武装组织"孟加拉圣战者大会党"（JMB）武装分子，并缴获枪支和爆炸物。2021 年，尼泊尔发生 1 起恐怖袭击事件，造成 8 人受伤，无人死亡。③ 不丹是南亚最安全的地区之一，2021 年官方数据表明未发生恐怖袭击事件。

## 第二节　南亚地区恐怖主义态势产生的原因

南亚地区恐怖主义猖獗的原因多种多样，但基本上来说，源于国内矛盾与冲突长期得不到解决、经济发展滞后、政治局势不稳，还有民族宗教问题和国际恐怖势力的渗透，以及美西方等大国的插手干预，当前更是受到新冠疫情大流行的影响。

### 一　新冠疫情影响

2021 年，新冠疫情在世界范围内持续蔓延，南亚地区格外严重。整个南亚地区都遭受到新冠疫情的沉重打击，印度为疫情的"震中"，更是面临巨大冲击，且其疫情冲击还外溢到南亚其他地区。南亚地区疫情严重，一方面因为当地人口密度高、社会卫生条件发展缓慢且经济发展水平较低；另一

① Bangladesh Terrorism Index 2021, https：//www.visionofhumanity.org/maps/global - terrorism - index/#/.

② 《初步调查表明马尔代夫首都马累爆炸事件为恐怖袭击》，中国新闻网，2021 年 5 月 9 日，http：//www.chinanews.com.cn/gj/2021/05-09/9473359.shtml。

③ Nepel Terrorism Index 2021, https：//www.visionofhumanity.org/maps/global-terrorism-index/#/.

方面，科学研究表明，60%来自南亚的人携带一种基因，可以使得新冠病毒导致的肺衰竭和死亡风险增加1倍。① 虽然疫苗可以帮助当地人改善这一点，但是当地在疫苗接种方面不尽如人意。南亚国家新冠疫情数据统计见表1。

**表1　南亚国家新冠疫情数据统计②**

| 国家 | 累计确诊 | 现有确诊 | 累计治愈 | 累计死亡 |
|---|---|---|---|---|
| 印度 | 42957477 | 63848 | 42378721 | 514908 |
| 巴基斯坦 | 1513503 | 29749 | 1453496 | 30258 |
| 孟加拉 | 1946737 | 77662 | 1839998 | 29077 |
| 尼泊尔 | 977447 | 6947 | 958555 | 11945 |
| 斯里兰卡 | 648993 | 23006 | 609680 | 16307 |
| 阿富汗 | 174331 | 9405 | 157304 | 7622 |
| 马尔代夫 | 171947 | 14779 | 156871 | 297 |
| 不丹 | 14451 | 4256 | 10188 | 7 |
| 总计 | 48404886 | 229652 | 47564813 | 610421 |

注：数据统计截至 2022-03-06 02：00：00。
资料来源："全球新冠疫情大数据分析平台"，https：//www.zq-ai.com/#/fe/xgfybigdata。

截至 2022 年 3 月 6 日，南亚地区累计确诊人数为 48404886 人，累计死亡人数为 610421 人，现有确诊 229652 人，新冠疫情仍在持续。印度新冠疫情累计确诊人数达到 42957477 人，累计确诊人数排名全球第二；累计死亡人数为 514908 人，全球排名第三。2021 年一整年里，印度作为疫情"震中"，疫情严重程度一直未能得到有效改善。

恐怖主义在疫情影响下的发展呈现两种趋势：一方面，2021 年南亚地区大规模恐怖袭击事件减少，恐怖袭击导致的伤亡人数下降；另一方面，南亚地区在抗击新冠疫情过程中，增加了对社会的控制，有些国家与恐怖组织

---

① Smitha Mundasad，《新冠病毒：科学家发现高危基因，常见于南亚人群》，https：//www.bbc.com/zhongwen/simp/science-59175346。
② 数据来源于"全球新冠疫情大数据分析平台"，https：//www.zq-ai.com/#/fe/xgfybigdata。

之间的冲突加剧，恐怖主义形势反而恶化。此外，恐怖组织也在新冠疫情期间更多蛰伏起来，暗中发展壮大。"伊斯兰国"等恐怖组织在南亚地区进一步扩散，试图重建组织体系。需要看到，恐怖主义在疫情的影响下持续发展扩散。在疫情的影响之下，南亚地区2020年并未发生大规模恐怖袭击，各国恐怖袭击数量和因恐怖主义死亡人数下降，整体看来恐怖主义态势稍有好转。但是，南亚各国将人力、物力和财力投入抗击新冠疫情，进而导致各国在反恐方面的资源投入减少，本土恐怖组织得以喘息并暗中发展，国际恐怖组织如"伊斯兰国"等也在悄然重建，并趁疫扩散。① 有研究机构担心，新冠疫情期间，当地恐怖组织更多利用网络"招兵买马"，网络成为恐怖主义滋生的新温床。② 一些恐怖组织如"伊斯兰国"在其网络杂志《纳巴报》中，将新冠疫情的全球大流行视为真主对人类的"惩罚"，是"真主对异端和异教的愤怒"，呼吁人们忏悔和加入"伊斯兰国"组织"避难"。③

## 二　政治格局的巨变

美国从阿富汗撤军以后，"阿塔"在2021年8月重新掌权。这不仅导致阿富汗地区政治格局上的巨变，也深刻影响整个南亚地区的政治格局。在美国将所有军队撤出阿富汗，并且在可预见的未来不会在阿富汗重新布局军事势力以后，阿富汗"民选"政府迅速垮台。从8月15日开始，阿富汗进入"阿塔"掌权的格局。但是掌权以后的"阿塔"面临诸多挑战，特别是在国内安全问题上，与"伊斯兰国呼罗珊省"之间的矛盾加剧。④ 后者在阿富汗境内制造一系列恐怖袭击，成为阿富汗主要袭击的发动者，特别是在美

① 《警惕！"伊斯兰国"仍在扩展》，新华网，2021年2月21日，http：//www. xinhuanet. com/globe/2021-02/21/c_ 139727838. htm。
② 《新冠疫情后，东南亚地区恐怖主义危机有所缓解》，网易号，2022年1月11日，https：//www. 163. com/dy/article/GTFFLJHD0534MHMX. html。
③ 艾哈迈德·贾迈勒·伯海里：《新冠病毒危机对"伊斯兰国"恐怖组织的影响》，《金字塔报》，http：//english. ahram. org. eg/NewsContentP/4/365891/Opinion/Coronavirus – and – the – Islamic-State-group. aspx english. ahram. org. eg。
④ 王世达：《阿富汗大变局：地缘政治和安全格局的演变》，《俄罗斯东欧中亚研究》2022年第1期。

国撤军以后，活动更加猖獗。"伊斯兰国呼罗珊省"是"伊斯兰国"在阿富汗渗透与"阿塔"内部分裂相结合的产物，对"阿塔"与美国的妥协强烈不满，其发动恐怖袭击的目的更多的是挑战"阿塔"，同时煽动教派矛盾，打击伊斯兰教什叶派哈扎拉人。其他活跃于阿富汗的众多恐怖组织，此前与"阿塔"之间也有着或多或少的联系，执掌政权后的"阿塔"如何对待这些恐怖组织，是否能与其进行切割，并遏制其在阿富汗地区的恐怖袭击活动，都是非常重要和难以预测的方面。

### 三 宗教、民族矛盾仍旧严重

南亚地区的宗教、民族情况复杂，许多恐怖组织发动恐怖袭击的根本目的其实是表达对政府的民族、宗教政策的不满，以及对与自己不同的民族和宗教群体进行打击。南亚地区教派众多，如伊斯兰教、佛教、印度教、基督教、犹太教、锡克教等。即便在同一个宗教内，也会因为信仰、民族、地区等原因而区分出更多细微的教派。其中容易起冲突的几个方面为印度的印度教教徒和伊斯兰教穆斯林之间、锡克教教徒和印度教教徒之间，巴基斯坦的伊斯兰教什叶派和逊尼派之间，阿富汗的塔利班和"伊斯兰国呼罗珊省"之间等。这些矛盾在 2021 年继续存在，不同教派的恐怖组织之间、政府军和恐怖组织之间继续发生激烈的碰撞。而彼此之间在宗教上的不同理念，往往难以被软化和改变，容易长期积累，并不时因为矛盾的爆发而产生各种恐怖袭击活动。可以说，在宗教问题上，如果当地未能埋顺以上矛盾和冲突，基于这一根源爆发的恐怖袭击活动很难被彻底消灭和控制。

民族问题方面，南亚地区各国除马尔代夫以外均为多民族国家，民族分离主义等理念蔓延。不同民族之间的发展情况各异，生活习惯、宗教信仰和习俗、文化背景等都有所不同，他们对于国家本身的认同度也较低。如印度有 100 多个民族，主体民族是印度斯坦族。民族之间的冲突主要为北部旁遮普省的锡克分离主义运动，以及东北部阿萨姆邦的分离主义运动，加之前文提到的与克什米尔持续存在的领土争端有关的恐怖主义。巴基斯坦的主体民族是旁遮普族，占总人口的 63%，另有信德族、普什图族、俾路支族等，在俾路支族民族分离运动影响下的俾路支省，成为巴基斯坦恐怖活动较为频繁的地区之一。阿富汗的主体民族为普什图族，占总人口的约40%，另有20多个少数民族，非主体民族的民族分离主义为毒品犯罪、恐怖主义等活动提供了温床。① 斯里兰卡的主要民族是僧伽罗族与泰米尔族，两族之间冲突不断。孟加拉国有大约20个民族，主体民族是孟加拉族，其民族矛盾主要表现为吉大港山区的查克马和马尔马等部族的矛盾。从某种程度上而言，这种错综复杂的民族关系为恐怖组织在当地的扎根和成长提供了土壤。许多恐怖组织很容易通过一套极端意识形态，在这种环境中找到"生根发芽"的土壤，并蛊惑或征召当地人加入它们。②

## 第三节　南亚国家进一步打击恐怖主义的措施

如同世界上其他地区一样，恐怖主义严重干扰破坏南亚地区的和平、稳定与发展。南亚地区各国一方面严厉打击本国境内的恐怖主义；另一方面也加强国际合作，共同打击跨境恐怖活动，并取得一定成效。

### 一　通过区域性合作机制强化打击恐怖主义

面对南亚地区复杂严峻的恐怖主义态势，上海合作组织是该地区内最重要的区域性合作机制。上合组织的宗旨是加强国家间合作，充分发挥机制作用，协调各国开展反恐行动，强化打击恐怖主义的各项措施，其在南亚地区反恐合作中发挥了重要作用，数据显示，其成员国在2019年6月至2020年6月一年的时间里，共侦破288起恐怖主义、极端宗教主义犯罪等。③ 2021年，上合组织继续扩大反恐合作。2021年9月11日至25日，上合组织在俄

---

① 《阿富汗跨境民族问题及其对地缘政治的影响》，《中国民族报》2020年4月9日，http://www.mesi.shisu.cn/44/26/c3713a82982/page.htm。
② 张吉军：《"后伊斯兰国"时代的国际恐怖主义及其治理分析》，《南亚东南亚研究》2019年第10期。
③ 《上合秘书长：上合成员国守望相助合作抗疫　各国应借鉴其抗疫经验》，环球网，2020年6月13日，https://world.huanqiu.com/article/3ydfiM74Jfp。

罗斯奥伦堡州东古兹靶场举行第八次联合反恐军事演习，旨在深化各成员国防务安全合作，提高应对新挑战、新威胁的能力，共同维护地区和平与安全，在实兵演练中密切协同，与参与国共同提升应对国际恐怖主义的能力。[①] 2021 年 9 月 18 日，上合组织发表二十周年杜尚别宣言，指出在安全领域要继续打击任何形式的恐怖主义、分裂主义和极端主义。为此，上合组织将塔什干上合组织地区反恐怖机构升级为上合组织应对安全威胁和挑战综合中心（俄罗斯联邦）；在上合组织地区反恐怖机构的基础上，设立上合组织信息安全中心（哈萨克斯坦共和国）；在上合组织地区反恐怖机构的基础上，在比什凯克设立上合组织打击跨国有组织犯罪中心（吉尔吉斯斯坦共和国），继续贯彻《关于上海合作组织成员国打击恐怖主义、分裂主义和极端主义 2022 年至 2024 年合作纲要》。[②] 9 月 21 日至 10 月 4 日，中国和上合组织其他成员在巴基斯坦开展代号为"帕比-反恐-2021"的反恐演习。[③] 2021 年 11 月 25 日，上合组织成员国政府首脑（总理）理事会第二十次会议以视频形式举行。各代表团团长同意在各个方面深入构建彼此广泛、开放、互利和平等的协作空间，增进区域间的和平稳定。[④]

## 二 南亚各国加强反恐怖斗争

南亚各国加强本国的反恐怖斗争，以遏制本国恐怖主义势力、缓解恐怖主义态势。

"阿塔"在重建阿富汗政权以后，继续加强反恐行动。2021 年 11 月 30 日，塔利班摧毁位于阿富汗东部楠格哈尔省的"伊斯兰国呼罗珊省"武装

---

① 《国防部："和平使命-2021"联演亮点纷呈》，人民网，2021 年 10 月 1 日，http：//m. people. cn/n4/2021/0930/c24-15226029. html。

② 《上海合作组织二十周年杜尚别宣言》，中国政府网，2021 年 9 月 18 日，http：//www. gov. cn/xinwen/2021-09/18/content_ 5638153. htm。

③ 《"帕比-反恐-2021"联合反恐演习——中方反恐执法力量首次实枪实警实弹出境参加演习》，澎湃网，2021 年 10 月 6 日，https：//m. thepaper. cn/baijiahao_ 14796380。

④ 《上海合作组织成员国政府首脑（总理）理事会第二十次会议联合公报》，外交部网站，2021 年 11 月 26 日，https：//www. fmprc. gov. cn/web/ziliao_ 674904/1179_ 674909/202111/t20211126_ 10453689. shtml。

分子基地。① 但是"阿塔"因为资金不足，故而在反恐行动上受到很大制约。②

巴基斯坦积极推进反恐行动。2021 年 2 月 4 日，巴安全部队在西北部北瓦济里斯坦地区展开反恐行动，打死 4 名恐怖分子，交火中 2 名巴军士兵身亡、4 名士兵受伤。③ 3 月 6 日，巴安全部队在巴基斯坦西北部的北瓦济里斯坦部落地区进行了 2 次基于情报的反恐行动。在交火期间，8 名恐怖分子被杀，其中包括分属不同地区、不同武装派别的 3 名巴基斯坦塔利班高级指挥官。④ 9 月 24 日，巴俾路支省反恐部门开展行动，封锁了该省哈兰地区。在激烈交火中，反恐部队打死 6 名恐怖分子，其中包括 2 名指挥官。⑤ 10 月 22 日，在俾路支省马斯通地区（Mastung），有武装分子向反恐部门官员开火，反恐部门还击打死 9 名武装分子，同时缴获大量武器。⑥

印度反恐斗争取得较好效果，但因其根据《非法活动预防法》在未经审查的情况下大量逮捕疑似恐怖分子，在国际上饱受争议。⑦ 2021 年 1 月 13 日，印度和孟加拉国的警察部队就打击恐怖主义工作决定加强合作，进一步加强两国警察部队之间的联系。11 月 6 日，印度国家安全顾问阿吉特·多瓦尔和法国总统外交顾问伊曼纽尔·博恩共同主持两国战略对话，指出要在促进印太地区的和平、稳定和安全方面继续加强双边合作。

---

① 《消息人士：塔利班在阿富汗东部摧毁"伊斯兰国"武装分子基地》，俄罗斯卫星通讯社，2021 年 11 月 30 日，https：//sputniknews. cn/20211130/1034883440. html。

② 《俄驻阿富汗大使：塔利班因资金不足难以有效反恐》，俄罗斯卫星通讯社，2021 年 12 月 1 日，https：//sputniknews. cn/20211201/1034889106. html。

③ 《巴基斯坦军方在反恐行动中打死 4 名恐怖分子》，新华网，2021 年 2 月 4 日，http：//www. xinhuanet. com/2021-02/04/c_ 1127063484. htm。

④ 《巴基斯坦安全部队展开反恐行动　3 名巴塔高级指挥官在内的 8 名恐怖分子被杀》，环球网，2021 年 3 月 7 日，https：//world. huanqiu. com/article/42CmPKZIYzf。

⑤ 《巴基斯坦俾路支省开展反恐行动，6 名恐怖分子被打死》，东方新闻，2021 年 9 月 25 日，https：//j. eastday. com/p/163250857177017958。

⑥ 《巴基斯坦俾路支省反恐部门击毙 9 名恐怖嫌疑人》，网易，2021 年 10 月 23 日，https：//www. 163. com/dy/article/GN0ICVJ70514R9OJ. html。

⑦ 《联合国人权专家呼吁立即释放克什米尔人权维护者》，联合国新闻，2021 年 12 月 22 日，https：//news. un. org/zh/story/2021/12/1096522。

总体而言，南亚各国借新冠疫情对社会加强控制和治理的机会，也在反恐领域展开更多的行动。各国在 2021 年更多地对恐怖组织展开打击，在一定程度上缓解了南亚地区面临的恐怖主义威胁态势。

### 三 中国继续积极支持南亚地区反恐怖斗争并展开合作

积极支持南亚地区反恐斗争，与之在反恐斗争上展开合作，既符合"一带一路"倡议框架下各方利益，同时也是中国政府近年来积极推进的重要方面。2021 年 9 月 11 日至 25 日，中国和上合组织其他成员国，包括印度和巴基斯坦两个南亚地区成员国，共同在俄罗斯展开第八次联合反恐军事演习。

针对巴基斯坦国内面临的恐怖主义态势，中国与巴基斯坦开展多项合作，支持巴基斯坦的反恐工作。2021 年 9 月 21 日至 10 月 4 日，中国和上合组织其他成员在巴基斯坦开展代号为"帕比-反恐-2021"的反恐演习。中国积极支持阿富汗国内的和解进程。2021 年 3 月 30 日，国务委员兼外交部长王毅以视频方式出席阿富汗问题伊斯坦布尔进程第九次外长会，支持阿富汗重建和加强彼此之间的反恐合作。2021 年 10 月 7 日，王毅在全球反恐论坛第十一次部长级会议上进行书面发言时表示，中国一直是国际反恐阵营的重要参与者和贡献者，愿同各国继续开展卓有成效的反恐和去极端化交流合作，通过自身努力为国际反恐进程提供"中国方案"，为建设持久和平、普遍安全的世界作出更大贡献。[①]

## 结　语

南亚是恐怖主义活动的重灾区。南亚地区恐怖主义的主要经济来源是毒品贸易，跨境活动是南亚恐怖主义的显著特征。南亚地区政治局势发生最大

---

① 刘中民：《延续与异变：2021 年全球恐怖主义新发展新特点》，澎湃新闻，2021 年 12 月 29 日，https://www.thepaper.cn/newsDetail.forward_16043407。

变化的国家是阿富汗，"阿塔"在短时间内实现了从仅控制阿富汗部分地区，到基本掌控阿富汗境内政治局势的转变。活跃于阿富汗的众多恐怖组织，此前均与"阿塔"之间有着或多或少的联系。执掌政权以后的"阿塔"如何对待这些恐怖组织，是否能与其进行切割，并遏制其在阿富汗地区的恐怖袭击活动，值得持续观察。新冠疫情的出现使得人类的生存直接面临威胁，健康生存环境持续恶化，全球面临着严峻的公共卫生安全挑战。南亚地区由于经济发展水平不均衡、医疗卫生条件相对落后，疫情治理能力面临挑战。① 疫情暴发后，南亚地区各国的政治、经济、社会等领域受到严重影响，民众生活水平降低，社会矛盾进一步激化，为南亚地区恐怖主义的滋生提供了温床。自新冠疫情暴发以来，南亚地区的恐怖组织也受到了影响。利用新冠疫情为恐怖主义活动提供方便或将成为南亚地区恐怖主义发展的新态势，而民族主义、宗教极端主义和新冠疫情的叠加共振，将为南亚带来许多新的变数。当前，南亚通过区域性合作机制，强化打击恐怖主义力量，中国继续提供支持并发挥了重要作用，并表示将通过自身努力为国际反恐进程提供"中国方案"，为建设持久和平、普遍安全的世界做出更大贡献。

---

① 《新冠病毒对南亚的致命影响》，橘子热点，2020 年 2 月 3 日，https：//baijiahao.baidu.com/s？id＝1657497855007481356&wfr＝spider&for＝pc。

# 第五章　东南亚地区恐怖主义
## 与反恐怖斗争态势[*]

2021 年，东南亚作为长期受到国际恐怖主义影响和本土恐怖主义侵袭的地区，在各国政府"打击"与"转化"的双重攻势下，反恐行动不断取得成效，传统的地区恐怖组织遭受较大折损，安全形势进一步好转。阿富汗政权更迭对东南亚地区恐怖组织的精神激励大于实际影响，多个组织对此事公开表示祝贺，但并未改变它们原先的发展策略。东南亚地区仍然面临着国际恐怖主义的深刻影响、政局动荡引发的暴力盛行、网络恐怖主义诱发的自我激化的"独狼"式恐怖袭击不断酝酿等风险隐患。只有以发展求和平、创造宽容的社会氛围才能够固本强基，从根源上解决恐怖主义问题。

## 第一节　东南亚地区恐怖主义与武装冲突总体态势

2021 年，东南亚地区国家安全态势较此前有明显好转，主要风险源于三个方面：一是"阿布沙耶夫""东印尼圣战者组织""神权游击队"等传统恐怖组织与"伊斯兰国"相互勾连，利用国家内部矛盾招兵买马，发动袭击；二是缅甸和泰国的动荡形势引发新的危机，"恐怖主义"成为其彼此攻讦的工具，暴力与混乱也进一步催生了地区恐怖活动；三是受到网络恐怖主义宣传影响，自我激化的"独狼"式恐怖主义成为新加坡、马来西亚等国的主要威胁。

---

* 作者：杨溪，中国现代国际关系研究院博士，研究方向：国际安全与反恐。

## 一　印度尼西亚恐怖主义呈下降趋势

2021 年，印度尼西亚发生 6 起恐怖袭击，挫败 8 起恐怖袭击图谋，数量与上一年基本持平。[①] 受新冠疫情影响，在印度尼西亚政府强力反恐态势之下，传统的恐怖组织活动有所减弱。年内，由"神权游击队"策划的恐怖活动有 9 起，其中 5 起涉及爆炸物（包括 3 起自杀式爆炸袭击事件），1 起涉及持刀伤人，3 起涉及枪支等武器的训练、补给和存储。由"东印尼圣战者组织"策划的恐怖活动有 2 起，分别使用枪支和刀具作为武器，相比 2020 年（8 起）有较大幅度减少。从袭击手法看，爆炸袭击取代持刀伤人成为主要袭击方式。3 月 28 日，"神权游击队"支持者引爆高压锅炸弹，袭击印度尼西亚望加锡的一座教堂，造成袭击者本人身亡、20 人受伤。这是针对宗教场所的系列袭击事件之一，袭击者与 2019 年 1 月霍洛天主教大教堂爆炸案相关。随后，印度尼西亚警方还在巴布亚逮捕 12 名"神权游击队"成员，并缴获用于袭击地区教堂和警察总部的爆炸物。6 月，印度尼西亚警方逮捕 1 名向恐怖组织供应爆炸物品的供应商，称其多年来为不同恐怖组织采购和提供爆炸物，包括望加锡教堂爆炸袭击案的爆炸物。[②] 8 月，印度尼西亚挫败针对独立日庆祝活动的恐袭图谋，逮捕 53 名涉嫌制造爆炸事件的"伊斯兰祈祷团"和"神权游击队"成员，缴获 11 枚高爆炸药。[③] 从袭击对象看，警察仍然是恐怖袭击的主要目标；其次是平民，包括基督徒、华人和波索等地的农民。从袭击主体上看，以家庭为单位实施恐怖活动的数量有所增加。望加锡教堂袭击案系一对夫妇共同实施的。一方面，因为

---

① V. Arianti, Unaesah Rahmah, "Souteast Asia INDONESIA", *Counter Terrorist Trends and Analyses* (*CTTA*), Volume 14 Issue 01, p. 11.

② Tim TvOne, "EKSKLUSIF: IniDiaTeroris 'Konsumen' BahanPeledak KDW", https://www.tvonenews.com/berita/hukum/1290-eksklusif-ini-dia-teroris-konsumen-bahan-peledak-kdw（最后访问时间：2021 年 7 月 15 日）。

③ "Indonesia Police Arrest 53 Suspected of Plotting Independence Day Attack", Reuters, https://www.reuters.com/world/asia-pacific/indonesia-police-arrest-53-suspected-plotting-independence-day-attack-2021-08-20/（最后访问时间：2021 年 8 月 20 日）。

"伊斯兰国"在宣传中提出理想化的伊斯兰国家家庭生活愿景，鼓励女性为了理想拿起武器参加"圣战"；另一方面，这也折射出恐怖组织成员数量相对不足，女性才从幕后走上前台。

在恐怖融资方面，慈善捐款是印度尼西亚恐怖组织常用的融资渠道。一方面，慈善机构以支持印度尼西亚和全球的自然灾害救援为幌子募集捐款，再将所筹集的资金输送到特定基金会，用于支持叙利亚境内被称为"圣战黑水"的恐怖分子培训机构"马尔哈马战术"①；另一方面，"伊斯兰祈祷团""东印尼圣战者组织"等组织长期在印度尼西亚国内的餐馆、超市、便利店等处设置慈善箱，民众无法判断捐款箱的最终用途，而捐款实际上被用于资助恐怖活动。2021年3月，北苏门答腊警方宣布，他们查获500多个慈善捐款箱，涉嫌用于资助与"伊斯兰国"和"基地"组织有关联的恐怖分子。被捕的"伊斯兰祈祷团"成员承认，相关基金会在全国范围内运营着2万多个慈善箱。这些慈善箱通常与极端主义团伙及其支持者支持的基金会相关联，并在当地注册后合法化②，为打击恐怖融资活动带来挑战。

## 二 菲律宾反恐形势进一步向好

2021年，随着菲律宾武装部队制定的击败"阿布沙耶夫"等恐怖组织及其分支的时间表临近，菲律宾国内反恐力度不断加大，配套政策进一步完善，恐怖组织的行动能力被大幅削弱。2021年，菲律宾共发生恐袭事件17起，达到5年来最低。③ 主要表现出如下特点：一是"邦萨摩洛伊斯兰自由战士"有意取代"阿布沙耶夫"成为最活跃的恐怖组织。1月5日伏击马京达瑙省议员、4月7日与苏禄省菲律宾武装部队交战、5月8日袭击达图·

① 联合国安理会监察组报告：S/2021/655，https：//documents-dds-ny. un. org/doc/UNDOC/GEN/N21/168/49/PDF/N2116849. pdf? OpenElement，第17页。

② "Alms for Terror：Indonesian Extremists Finance Jihad with Charity"，法新社，https：//www.france24. com/en/live-news/20210624-alms-for-terror-indonesian-extremists-finance-jihad-with-charity（最后访问时间：2021年6月24日）。

③ RSIS，"Annual Threat Assessment，Southeast Asia"，*Counter Terrorist Trends and Analyses*，Volume 14，Issue 1 January 2022，p. 22.

帕格拉斯镇的市场并与安全部队对峙，"邦萨摩洛伊斯兰自由战士"在疫情封锁下，不断出现在公众视野中。相比而言，"阿布沙耶夫巴西兰派"高层头目则被菲律宾安全部队击毙，在武装人员不足的情况下，其残余势力分别在3月、4月、8月、9月发动路边简易爆炸装置袭击。在袭击的规模、袭击对象选择方面，"邦萨摩洛伊斯兰自由战士"的曝光率明显高于"阿布沙耶夫"。二是女性持续在策划和执行恐怖袭击中发挥作用。2月，菲律宾特遣部队在对苏禄省"阿布沙耶夫"组织的一个据点开展的反恐行动中，逮捕9名女性，她们大部分是该组织武装人员的配偶或女儿。菲律宾执法机构在其住处发现用于制作爆炸装置的材料，认为她们准备实施自杀式爆炸恐怖袭击。① 女性走向台前实施恐怖袭击是近年来东南亚地区恐怖活动的特征之一，此次落网的9名嫌疑人说明这一策略仍在继续推进。三是恐怖分子投降人数大大增加。近两年来，棉兰老岛地区恐怖分子投降人数达到300余人。一方面，因为政府"重拳"反恐使得恐怖组织无所遁形，组织高层头目被消灭，残余人员疲于奔命，生计困难，在防疫管控举措下难以开展有效恐怖活动；另一方面，因为政府提供了有吸引力的重返社会方案，提高了恐怖分子回归正常生活的意愿。

## 三　缅甸政局动荡引发恐怖主义的争议

2021年2月1日，缅甸发生军事政变。缅甸国防军总司令敏昂莱任命自己为总理，引发缅甸国内大规模暴力抗议。部分抗议者使用自制武器进行武装，在丛林地区接受武器训练并发动游击式袭击。极少数人选择在缅甸的城市中实施爆炸袭击和暗杀活动②，给缅甸军政府执法力量造成重大伤亡，被其定义为"恐怖行为"。政治反对派组建的"民族团结政府"（National

---

① Philstar, "Abu leaders' kin held for guns, explosives", https：//www.philstar.com/nation/2021/02/24/2079909/abu-leaders-kin-held-guns-explosives（最后访问时间：2021年2月24日）。

② Andrew Selth, "Myanmar, Terrorism and the Demands of International Politics", https：//www.lowyinstitute.org/the-interpreter/myanmar-terrorism-and-demands-international-politics（最后访问时间：2021年6月15日）。

Unity Government，NUG）、"人民国防军"（People's Defense Force，PDF）则被缅甸军政府定义为"恐怖组织"加以打击，而缅甸军方镇压抗议民众的行为又被反对派称为"国家恐怖主义"并大肆宣传。可以说，缅甸各方的暴力行为引发了有关"恐怖主义"的争议，"恐怖"活动的认定成为双方互相攻击、争取国际支持的工具之一。

此前恐怖活动最为活跃的缅甸若开邦的形势也有了新的发展。敏昂莱为了稳定若开邦并寻求支持，于2021年3月11日撤销一年前昂山素季对"若开军"（Arakan Army）的恐怖组织认定。然而，"若开军"的政治派别"若开邦联合联盟"（United League of Arakan，ULA）谴责军方发动的政变和对平民的暴力镇压。"若开邦联合联盟"在若开邦建立"包容性政府"，设立独立的行政、司法机构，并公开表示有意让罗兴亚穆斯林参与政府的行政管理工作。[1] 曾经被认定为恐怖组织的"若开军"有意成为新的政治势力，或将改变当地武装团伙的整体发展。此外，"若开罗兴亚救世军"与安全部队发生7次零星小规模冲突，但是袭击的规模、频率和复杂性较以往有较大程度下降。同时，该组织还在难民营中袭击宗教学校，杀害罗兴亚人，引发22个罗兴亚组织联合抵制，大大降低了罗兴亚群体对该组织的支持。[2] 但是，2021年，"基地"组织、"伊斯兰国"的媒体文章中多次提及罗兴亚人，表明虽然二者未在缅甸发动恐怖活动，但是有意利用当地的动荡局势，号召穆斯林向缅甸迁徙并开展"圣战"。

## 四 泰国南部和谈进展缓慢

2021年，新冠疫情持续发酵给泰国长期动荡的南部地区带来较为严重

---

[1] Kyaw Hsan Hlaing，"Arakan Army Seeks to Build 'Inclusive' Administration in Rakhine State"，https：//webcache.googleusercontent.com/search? q = cache：6kt5NH－AGpoJ：https：//thediplomat.com/2021/08/arakan－army－rebels－seek－inclusive－administration－in－rakhine－state/+&cd=4&hl=zh-CN&ct=clnk（最后访问时间：2021年8月31日）。

[2] Patrick Dupont，"ARSA After the Myanmar Coup：Between a Rock and a Hard Place"，https：//webcache.googleusercontent.com/search? q = cache：wo_ v8EXRd－kJ：https：//thediplomat.com/2022/01/arsa-after-the-myanmar-coup-between-a-rock-and-a-hard-place/+&cd=1&hl=zh-CN&ct=clnk（最后访问时间：2022年1月24日）。

的经济和公共卫生危机。民族分裂组织"北大年马来民族革命阵线"（Barisan Revolusi Nasional Melayu Patani，BRN）与泰国政府举行了 2 次会谈，提议建立拥有独立的教育和经济体系的包容性自治机构，并以人道主义为由减少武装行动，暴力事件和伤亡人数相对减少，但针对安全部队的报复性袭击行为部分伤及平民。4 月 24 日，"北大年马来民族革命阵线"残忍杀害 1 名佛教商人的 3 名家人，以报复安全部队击毙其成员。这一举动与该组织对外打造的合法形象相违背。虽然"北大年马来民族革命阵线"提出新的治理方案，但仍面临诸多阻碍。无论是新冠疫情带来的巨大压力，还是双方组织内部观点的矛盾分歧，都意味着泰国已经长达 18 年的民族冲突仍将持续，而和谈是维系和平的最佳方案。

## 五　马来西亚安全形势较为稳定

2021 年，马来西亚未发生恐怖袭击事件，也未发现恐怖袭击图谋，在沙巴州有 15 人因恐怖主义相关原因被逮捕。马来西亚政府将其面临的恐怖主义威胁评估首次从 2014 年的"很可能"下调至"可能"，表明该国安全形势有明显好转。这是新冠疫情防控举措和打击潜在恐怖分子双管齐下的成果。马来西亚恐怖主义威胁态势主要表现出如下特点：一是马来西亚本土仍然存在直接涉恐因素。2021 年 3 月，马来西亚警方通报一起 2020 年挫败的恐怖袭击图谋，一个亲"伊斯兰国"的 6 人团伙密谋杀害马来西亚总理等多名政要，于 2020 年 1 月被马来西亚警方逮捕并拘留。同年 8 月，马来西亚警方还逮捕了 1 名在新加坡工作的男子，此人参与资助恐怖主义活动并计划前往叙利亚，被新加坡警方逮捕后移交马来西亚警方。① 二是周边恐怖组织影响残留。"伊斯兰祈祷团""若开罗兴亚救世军"等恐怖组织在马来西亚仍有分布。菲律宾和印度尼西亚恐怖袭击事件发生后，马来西亚受恐怖主义影响的民众在网上发声呼应。1 名马来西亚女性通过社交媒体呼吁发动更

① Farik Zolkepli，"Lone wolf planned to kill several top leaders，says Bukit Aman"，https：//www. thestar. com. my/news/nation/2021/03/25/lone- wolf- arrested- last- year- for- allegedly- planning-to-kill-several-top-govt-leaders-says-bukit-aman（最后访问时间：2021 年 3 月 25 日）。

多自杀式袭击，"伊斯兰国"同情者也呼吁使用更猛烈的炸弹，表明东南亚国家在安全问题上唇齿相依、相互影响。三是马来西亚公民在海外参加恐怖活动卷入国际恐怖主义浪潮。2021年内，南亚、非洲、中东等地先后发现并处置了从事恐怖活动的马来西亚公民。"阿塔"再度执政后，公开通报了2名马来西亚公民为"伊斯兰国呼罗珊省"作战。① 索马里军事法庭判处1名马来西亚男子15年有期徒刑。② 叙利亚的营地关押了56名马来西亚公民，包括19名男性、12名女性和25名儿童，而部分营地已经成为激进化的温床，未被遣返的人可能会进一步激进化，然后试图返回母国。③ 马来西亚公民深入阿富汗、中东、非洲东部等国际恐怖组织活动十分活跃的地区参加"圣战"，表明马来西亚不仅受到东南亚地区恐怖主义影响，更深受全球多地区国际恐怖主义的全面影响。

## 六 新加坡连续两年挫败"独狼"式恐怖袭击图谋

2021年，新加坡未发生恐怖袭击事件，但新加坡内政部依然将国内恐怖主义威胁设定为"高"，并称宗教恐怖主义、受网络极端思想激化的"独狼"式袭击、右翼极端恐怖主义是新加坡面临的主要安全威胁。④ 2020年12月，新加坡政府挫败第一例受极右恐怖主义意识形态影响的"独狼"式恐怖袭击图谋。1名16岁新加坡青年受网络宣教影响产生"恐伊症"情绪，有意效仿新西兰基督城清真寺恐怖袭击案，制订了详细计划并购置砍刀，意

---

① "Taleban claims to have caught two Malaysians fighting for ISIS-linked militants in Kabul", The Straits Times, https：//www. straitstimes. com/asia/se-asia/taleban-claims-to-have-caught-two-malaysians-fighting-for-is-k-in-kabul（最后访问时间：2021年9月3日）。

② "Malaysian man jailed 15 years for assisting Al-Shabaab terrorist group", Malaysiakini, https：//www. malaysiakini. com/news/592611（最后访问时间：2021年9月24日）。

③ "Malaysian ISIS fighters in Syrian camps may slip into country, pose danger：Report", The Straits Times, https：//www. straitstimes. com/asia/se-asia/malaysian-isis-fighters-in-syrian-camps-may-slip-into-country-pose-danger-report+&cd=5&hl=zh-CN&ct=clnk（最后访问时间：2022年1月10日）。

④ "Singapore Terrorism Threat Assessment Report 2021", Ministry of Home Affairs, https：//www. mha. gov. sg/docs/default-source/default-document-library/singapore-terrorism-threat-assessment-report-2021. pdf（最后访问时间：2021年6月）。

图在两座清真寺袭击穆斯林。2021年3月，1名20岁的新加坡人受巴以冲突影响，有意前往加沙地带加入哈马斯，并计划在Maghain Aboth犹太教堂前袭击在以色列服役的3名男子。此人不仅采购刀具作为武器，还研究人体血液系统，以提高袭击致死率。连续两年，青年受右翼极端恐怖主义和国际形势影响，意图在新加坡发动恐怖袭击，表明新加坡受到网络宣教影响而自我激化的"独狼"式恐怖主义威胁依然较高。同时，新加坡持续受到外来务工人员激进化的威胁。2021年4月，新加坡警方逮捕1名激进的家庭主妇，此人被其马来西亚籍丈夫亲"伊斯兰国"的意识形态所渗透，行为上越发激进，在当局警告无效后被逮捕。

## 第二节　东南亚地区主要恐怖组织发展新动向

总体而言，东南亚恐怖组织受"伊斯兰国"影响较大。近年来，恐怖组织赖以生存的基础被进一步压缩，但其极端思想的清除任务依然艰巨。一方面，"东印尼圣战者组织""神权游击队""阿布沙耶夫"等东南亚传统的恐怖组织连续遭遇重创，主要头目遭击毙，部分成员向执法机构投诚，进一步压缩了残余恐怖势力的生存空间，"东印尼圣战者组织"甚至濒临灭亡。严打之余，菲律宾、印度尼西亚政府在长期冲突地区实施发展项目，为民众就业、发展提供帮扶，吸引当地民众远离恐怖主义。这种以发展求和平的方式也削弱了恐怖组织蛊惑民众的基础，阻碍其招募活动。另一方面，"伊扎布特"等宣扬宗教极端主义的组织被马来西亚多个州认定为"恐怖组织"，打破了其宣扬、散布宗教极端主义的图谋。在缅甸若开邦的政治博弈中，各方喊出口号积极拉拢民众，当地的国际恐怖组织至今难以利用罗兴亚群体发展壮大。

### 一　"神权游击队"（JAD）

印度尼西亚反恐部队持续打击"神权游击队"高层，使得"神权游击队"在印度尼西亚的分支机构运作更加独立。2021年5月，印尼警方88反恐部队在巴布亚省马老齐（Merauke）地区逮捕12名"神权游击队"成员，挫败其意图用枪支和爆炸物袭击教堂和警察局的图谋。该小组成员主要来自爪哇和苏拉威西省。这是印尼执法机构第三次在巴布亚省发现"神权游击队"小组，但其活动并非出于组织的战略考虑而是巧合的个体决策，也未获得"神权游击队"的支持，充分显示出各小组之间的独立性。[①]

## 二 "东印尼圣战者组织"（MIT）

2021年，"东印尼圣战者组织"遭受印尼警方的"重拳"打击，组织高层先后被打死，组织长期生存能力濒临灭亡。7月，该组织可能的继任头目穆罕默德·布斯拉（Muhammad Busra）被警方击毙。9月，该组织的最高指挥官阿里·卡罗拉（Ali Kalora）被印尼警方击毙，组织成员减少到4人。由于缺乏领导者，有专家甚至称他们只能靠偷窃庄稼维持生存。[②] 印尼警方成立专案组追击抓捕剩余成员，该组织前景惨淡。但是，由于"东印尼圣战者组织"得到波索人的支持，尽管其组织形态濒临灭亡，但意识形态极有可能残留，仍然存在复发的隐患。

## 三 "Jamaah Ansharul Khilafah"（JAK）

印尼警方透露，JAK小组目前分为两个小组，一组由阿哈姆（Arham）（别名阿布·希利亚，Abu Hilya）领导，主要负责发展"伊玛目艾哈迈德古兰经之家"和慈善机构。另一组由苏赫尔曼（Suherman）领导，负责管理根据伊斯兰教法运营的经济金融机构"Baitul Mal Watanwil"，向JAK"圣战"者遗孀提供援助和经济补偿。[③]

---

① Alif Satria, "Escapades in Papua: Understanding JAD's Attempts in Indonesia's Easternmost Province", https: //thediplomat.com/2021/08/escapades – in – papua – understanding – jads – attempts-in-indonesias-easternmost-province/（最后访问时间：2021年8月18日）。

② Keisyah Aprilia, "Indonesian Analysts: MIT Leader's Killing May Bring about Militant Group's Demise", https: //www.benarnews.org/english/news/indonesian/no-scuccessor-09202021150257.html（最后访问时间：2021年9月20日）。

③ "BNPT Describes Terrorist Organizations That Are Still Quite Active In Indonesia, There Are JAK, JAS And NII", VOI, https: //voi.id/en/news/118514/bnpt-describes-terrorist-organizations-that-are-still-quite-active-in-indonesia-there-are-jak-jas-and-nii（最后访问时间：2021年12月29日）。

## 四　"阿布沙耶夫"（ASG）

2021 年 3 月，"阿布沙耶夫"组织头目马贾恩·萨瓦贾安（Majan Sawadjaan）（又名阿波·迈克，Apo Mike）在菲律宾部队解救人质行动中受伤并身亡。由于人员不断流失，"阿布沙耶夫"组织将自杀式爆炸袭击作为主要作案手法。4 月 7 日，"阿布沙耶夫苏禄派"发动 1 次袭击，造成 3 名武装分子、2 名士兵受伤。"阿布沙耶夫巴西兰派"分别在 3 月、4 月、8 月、9 月发动 4 次简易爆炸装置袭击。

## 五　"邦萨摩洛伊斯兰自由战士"（BIFF）

2021 年，"邦萨摩洛伊斯兰自由战士"取代"阿布沙耶夫"成为棉兰老岛最活跃的团体。5 月 8 日，20 名"邦萨摩洛伊斯兰自由战士"卡里拉兰派（Karilalan）成员占领了马京达瑙省的一个市场并掠夺食物。这一公开活动引发居民的恐慌，但也折射出"邦萨摩洛伊斯兰自由战士"在政府的打击下生活物资不足的困境。10 月 29 日，在马京达瑙省一次枪战中，该组织的核心头目萨拉胡丁·哈桑（Salahudding Hassan）被菲律宾军队击毙，这给本来已经遭到严重人员流失的组织造成沉重打击。[①] 不过，该组织在网络社交媒体中依然活跃，不仅发布视频呼吁支持者袭击政府目标，还威胁要暗杀杜特尔特总统。

## 六　"若开邦马赫迪旅"（KMBA）

"若开邦马赫迪旅"是 2020 年底出现的公开宣示效忠"伊斯兰国"的缅甸恐怖组织。该组织在 2020 年 12 月发布第一期刊物，要求穆斯林向缅甸迁徙。2021 年 5 月，该组织发布第二期刊物，用冗长的篇幅宣扬意识形态和宗

---

① Kalinaw News, "Overall Emir of Daulah Islamiyah – Philippines Neutralized in Maguindanao", https：//www.kalinawnews.com/overall-emir-of-daulah-islamiyah-philippines-neutralized-in-maguindanao/? amp&fbclid = IwAR2ZFpGm _ eiHua 1 - 38W3m9S9GXHhrSvwmNi EkRXIFurPyPM5aA- _ LZZ6UzY（最后访问时间：2021 年 10 月 29 日）。

教教义，为成员提供应对审讯的技巧。其在宣传中将美国、沙特阿拉伯、土耳其列为攻击目标，并提供加密货币捐款渠道。"若开邦马赫迪旅"公开表示，"如果没有打下坚实的基础，就无法进行'圣战'"，表明该组织有意利用若开邦的动荡局势以"罗兴亚人"的名义招募武装分子，进行长期规划。①

## 七 马来西亚伊斯兰解放党（HTM）

"马来西亚伊斯兰解放党"意识形态强硬、激进，要求建立伊斯兰教法统治下的"哈里发国家"，是全球"伊扎布特"的一部分。20 世纪 90 年代，"伊扎布特"传入马来西亚，一群接受英国教育的毕业生利用学生组织做掩护，在马来西亚创立地下组织"马来西亚伊斯兰解放党"，该组织在 2004 年正式成立，其招募的人员多为来自大专院校的学生和学者、受过教育的专业人士和中上层收入群体。该组织自诩非暴力政治运动，强烈反对世俗主义和民主政治，有意通过政治斗争而不是激进手段组建"哈里发国家"。该组织计划分三个阶段实现这一目标：一是培养信众，扩大组织规模；二是伊斯兰化，教育穆斯林了解伊斯兰教法的重要性；三是接管政府并执行伊斯兰教法。他们认为武装部队是决胜的关键，考虑通过政变夺取政权。2020 年至今，马来西亚的 5 个州发布宗教法令，认定"马来西亚伊斯兰解放党"为非法组织。虽然目前该组织并未对马来西亚的国家安全构成显著威胁，但是其宣扬的意识形态可能会成为个体激进化的动力，最终成为暴力的跳板。②

## 八 "伊斯兰祈祷团"（JI）

2021 年初，印尼警方发现"伊斯兰祈祷团"精锐力量在 2013～2018 年

---

① Daniele Garofalo, "Hijrah to Arakan? The Stunted Start of Rohingya Jihadism in Myanmar", https：//jamestown. org/program/hijrah-to-arakan-the-stunted-start-of-rohingya-jihadism-in-myanmar/（最后访问时间：2021 年 10 月 21 日）。

② Rueben Ananthan SanthanaDass, Jasminder Singh, "Hizbut Tahrir in Malaysia：A Threat to National Security?", https：//www. mei. edu/publications/hizbut - tahrir - malaysia - threat - national-security（最后访问时间：2021 年 6 月 29 日）。

间从事武器、体能、绑架等训练的汇编视频，表明该组织在印尼依然活跃。年内，"伊斯兰祈祷团"遭印尼警方的严厉打击，多名头目遭到逮捕或斩首，被逮捕的人数达到历年来最多，慈善机构捐款渠道陆续被捣毁，组织面临领导人更迭和资源重建的紧迫形势。2020年12月10日，印尼警方逮捕"伊斯兰祈祷团"军事指挥官阿里斯·苏马尔索诺（Aris Sumarsono）（又名祖尔卡尔纳恩，Zulkarnaen），他是20世纪80年代在阿富汗受训的第一批印尼武装分子。数十年来，他在菲律宾南部经营名为"Laskar Khos"的武装训练营，从阿富汗和菲律宾受过训练的人员中选拔招募，并策划若干起致命的恐怖袭击。此人随后被东雅加达地区法院以隐瞒"圣战"网络信息、庇护其他恐怖主义嫌疑人为由判处15年监禁。[①] 2021年2月下旬至3月上旬，印尼警方在东爪哇省逮捕22名疑似"伊斯兰祈祷团"成员，据信嫌疑人进行军事训练，并密谋袭击警察。警方发现一个用于武器、炸弹、非法"圣战"书籍制造的隐蔽场所。8月，印尼警方逮捕"伊斯兰祈祷团"的关键人物阿布·鲁斯丹（Abu Rusydan，别名Thoriqudin），他曾策划"伊斯兰祈祷团""准备圣战"项目的军事培训、招募、应急政策、惩罚规则等内容，主张积极参与叙利亚冲突。[②] 此外，印尼安全部门在2021年抓获与"伊斯兰祈祷团"有关的90余人，达到近年来最多。

## 第三节　东南亚国家反恐举措及成效

2021年，东南亚国家面临政治、经济、防疫的多重压力。菲律宾、印尼等国家通过"斩首行动""打拉结合"，以发展消弭恐怖主义土壤等全社

---

① Niniek Karmini, "Indonesian Prosecutors Seek Life for Bali Bombing Suspect", https：//thediplomat. com/2022/01/indonesian-prosecutors-seek-life-for-bali-bombing-suspect/+&cd=1&hl=zh-CN&ct=clnk（最后访问时间：2022年1月6日）。

② "Jejak Abu Rusydan, Pentolan JI Diciduk Densus 88 Dua Kali", CNN, https：//www. cnnindonesia. com/nasional/20210917180539-12-695947/jejak-abu-rusydan-pentolan-ji-diciduk-densus-88-dua-kali+&cd=1&hl=zh-CN&ct=clnk（最后访问时间：2021年9月18日）。

会参与的方式，有效压缩了恐怖组织的生存空间，在反恐的战略和战术上都取得较好成效。

## 一 "硬拳出击"打击地区恐怖主义

一是完善反恐法律体系。2021年，新加坡议会通过《枪支、爆炸物和武器管制法案》，对可能用于恐怖袭击的爆炸物、刀具等加强管制。此次法案有意将新加坡近两年破获的通过互联网自我激化的案例和作案工具囊括其中，这也是新加坡政府在深入研究本国面临的恐怖主义威胁态势后的选择和尝试。11月4日，泰国政府内阁原则上批准了《反洗钱法案（修正案）》草案，授权执法机构施行更有力的监管和调查程序，改进该国的反洗钱框架，将数字资产、非银行业务纳入监管范畴，为反恐融资提供更大支持。[1]

但是，在反恐立法方面也有不尽如人意之处。2021年12月9日，菲律宾总统杜特尔特2020年签署的《2020年反恐怖主义法》中的部分条款，被菲律宾最高法院宣布违宪，认为它们"过于宽泛并侵犯言论自由"[2]。在历经了一年的争议后，在反恐立法上，政府内部的行政部门与司法部门公然表现出分歧，这无疑将掣肘政府的反恐战略部署。

二是"重拳打击"恐怖势力。印度尼西亚警方采取大规模逮捕和"斩首行动"，加大对"伊斯兰祈祷团"等恐怖组织高级成员的围剿和审判力度。2021年全年，印尼反恐机构共处置364起涉嫌恐怖主义的案件，其中针对"伊斯兰祈祷团"的有178起、针对"神权游击队"的有154起。[3] 印

---

① "Proposed Amendment to Thailand's Anti-Money Laundering Act of 1999: Expected Impacts on Private Sector", Nagashima Ohno & Tsunematsu（泰国一家法律事务所），https://www.lexology.com/library/detail.aspx? g=c54140fc-0ac7-49c1-afe7-ddb067133e4a（最后访问时间：2021年11月9日）。

② "Philippines' Supreme Court Rules Parts of Terrorism Law Unconstitutional", CAN, https://www.channelnewsasia.com/asia/philippines-supreme-court-rules-parts-terrorism-law-unconstitutional-2368491（最后访问时间：2021年12月9日）。

③ "Densus 88 Handles 364 Alleged Terrorism Cases Throughout 2021", Tempo.CO, https://en.tempo.co/read/1544359/densus-88-handles-364-alleged-terrorism-cases-throughout-2021（最后访问时间：2021年12月29日）。

尼政府逮捕 370 名涉恐嫌疑人，较 2020 年全年（228 人）增加了 62.3%。①
印尼警方对恐怖组织头目开展的抓捕行动有所增加，包括 2020 年 12 月 10
日逮捕"伊斯兰祈祷团"军事指挥官阿里斯·苏马尔索诺、2021 年 8 月逮
捕"伊斯兰祈祷团"重要人物阿布·鲁斯丹，并在 12 月 8 日判处"伊斯兰
祈祷团"重要成员、拥有武器制造专长的"教授"Taufiq Bulaga（俗称 Upik
Lawanga）无期徒刑。菲律宾军方重新夺回恐怖分子在苏禄省、马京达瑙省
和南拉瑙省的据点②，进一步挫败了恐怖组织的招募和后勤等活动，阻断了恐
怖组织扩张所需的关键资源。在军方连续的军事打击下，棉兰老岛的恐怖分子
因饥饿、疲惫和经济困窘等多重因素，投降人数大大增加。军方依托投降的恐
怖分子提供的情报，进一步加大对恐怖组织的军事打击力度，成效大幅显现。
与此同时，为了防范恐怖组织利用海上边界逃窜，菲律宾政府也采取相关举措
加强海上防线。12 月 10 日，第 11 步兵师（11ID）在苏禄省启动"海上警卫队"
（Bantay Dagat）项目，致力于打击与"伊斯兰国"有关的恐怖组织，开展海上
巡逻以强化苏禄省的海上边界，防范"阿布沙耶夫"等恐怖组织的跨境活动。③

　　三是合力管控跨境犯罪。马来西亚、菲律宾和印度尼西亚的海上边界难以
布防，马来西亚东部沙巴州被恐怖组织视为中转站。由于菲律宾政府在苏禄岛
附近大力推进安全行动，"阿布沙耶夫"组织等利用海上漏洞逃往马来西亚沙巴
地区，并将其作为招募点，汇合外籍武装人员后向菲律宾南部渗透。④ 为此，
菲律宾、马来西亚、印度尼西亚加强三边巡逻和跨境信息共享，全力追踪

---

① Delvira Hutabarat，"Densus 88 Sebut 2021 Penangkapan Teroris Meningkat Namun Aksi Teror
Menurun"，https：//www. liputan6. com/news/read/4917562/densus－88－sebut－2021－penangkapan－
teroris-meningkat-namun-aksi-teror-menurun（最后访问时间：2022 年 3 月 21 日）。

② "Hungry and tired： the decline of militancy in Mindanao"，ASPI，https：//www.
aspistrategist. org. au/hungry-and-tired-the-decline-of-militancy-in-mindanao/（最后访问时
间：2022 年 3 月 31 日）。

③ Teofilo Garcia，"Sulu, 11ID maintain security fortification vs. terrorists"，https：//www.
pna. gov. ph/articles/1162380（最后访问时间：2021 年 12 月 10 日）。

④ "Malaysia captures eight Abu Sayyaf militants with help from the Philippines"，South China Morning
Post，https：//www. scmp. com/news/asia/southeast－asia/article/3132998/malaysia－captures－
eight-abu-sayyaf-militants-help？ module = perpetual_ scroll_ 0&pgtype = article&campaign =
3132998（最后访问时间：2021 年 5 月 11 日）。

"阿布沙耶夫"等恐怖组织并加强打击。马来西亚也加强对印度尼西亚和菲律宾的主要入境点拿笃（Lahad Datu）和仙本那（Semporna）的安防措施。2020年以来，沙巴东部司令部开展取缔非法移民行动（Ops Cegah Pati Daratan）和"城墙行动"（Ops Benteng），并计划建立新的控制站和军营，强化海陆边境管控，减少跨境犯罪，并取得明显成效。2021年5月8日，马来西亚沙巴司令部与菲律宾武装部队合作，在沙巴州西海岸逮捕8名"阿布沙耶夫"嫌疑人。一周后，马来西亚执法机构根据菲律宾方面提供的线索，再度在沙巴州击毙5名"阿布沙耶夫"嫌疑人，并摸清该组织在当地招募非法移民的活动。① 三国合力打击封锁恐怖组织外逃路线，切实巩固各国反恐成效。

## 二 奋力清除极端思想生存的土壤

印度尼西亚国家反恐局（BNPT）通过分析印尼恐怖主义网络的发展，高度关注恐怖主义在寄宿学校中的宣教活动，筛选并持续跟踪198所与恐怖组织有关的伊斯兰寄宿学校的宗教渗透风险。在这198所学校中，与JAK有关的为11所、与"伊斯兰祈祷团"有关的为68所、与"神权游击队"和"伊斯兰国"支持者有关的为119所。印尼警方对宗教学校的关注，有利于肃清印尼国内极端思想宣传的渠道。印尼众议院则建议采取联合对话而非披露曝光的方式，消除恐怖主义对这些学校的影响。② 菲律宾政府在2020年第25号行政令中，将前暴力极端分子纳入"强化地方综合融合方案"（Enhanced Comprehensive Local Integration Program，E-CLIP）中，为暴恐分子

---

① Ken Chang, "5 IS-linked Filipino Militants Killed in Sabah Shootout, Malaysian Police Say", https：//www. benarnews. org/english/news/malaysian/my-ph-abusayyaf-05182021133228. html （最后访问时间：2021年5月18日）。

② "198 Ponpes Terindikasi Terorisme, Komisi Ⅷ Minta BNPT Kedepankan Dialog Bersama", KOMISI Ⅷ, https：//www. dpr. go. id/berita/detail/id/37342/t/198＋Ponpes＋Terindikasi＋Terorisme%2C＋Komisi＋VIII＋Minta＋BNPT＋Kedepankan＋Dialog＋Bersama （最后访问时间：2022年1月31日）。

重回社会提供全面和积极的援助。① 该方案为投降者提供安全保障、住房援助、社会福利、财政援助、法律援助、奖学金和职业培训，投降者还可以交出枪支换取现金，摆脱暴力和仇恨的道路，恢复正常生活。通过这一方案，恐怖组织成员和叛乱分子不仅可以对外公开揭露恐怖组织的谎言，还可以提供情报帮助政府尽快将残余势力清除干净。新加坡政府拟出台一项关于种族和谐的新法律，在新冠疫情大流行背景下，鼓励不同种族、群体之间保持适度的行为、宽容的态度，共同应对不同种族之间（尤其是针对中国、印度公民）的冲突活动，或是不同宗教群体之间的差异，防止其诱发极端化行为，进一步推动社会宽容。②

## 三　耕耘民间反恐力量，构建全民反恐格局

2021 年 1 月，印度尼西亚总统签署《2020-2024 年打击导致恐怖主义的暴力极端主义国家行动计划》［National Plan of Action on Countering Violent Extremism that Leads to Terrorism（2020-2024）］，采用"全政府"和"全社会"的方式，突出执法机构、伙伴关系和国际合作三个支柱在国家反恐中的作用，阐明政府和民间组织共同参与的全面的反恐战略，着重解决女性参与恐怖活动的问题，明确以印尼国家反恐局牵头协调约 36 个相关部委和政府机构的指导方针，包括预防、保护、去激进化、执法和能力建设等机构和工作组。③ 计划将规范政府和民间合作，改善机构间协调，开发数据收集和监测系统，呼吁加强国际合作以预防和打击极端主义。④ 菲律宾政府为了

---

① Priam Nepomuceno，"TFBL Releases Revised Handbook for Ex-rebels' Reintegration"，https：//www. pna. gov. ph/articles/1144343（最后访问时间：2021 年 6 月 21 日）。

② "NDR 2021: New Law to Deal with Racial Offences，Promote Harmony Through Softer Approach"，The Straits Times，https：//www. straitstimes. com/singapore/politics/national-day-rally-2021-new-law-on-racial-harmony-to-encourage-moderation-send（最后访问时间：2021 年 8 月 29 日）。

③ "Indonesia's National Plan of Action on Countering Violent Extremism That Leads to Terrorism"，BNPT，https：//strongcitiesnetwork. org/en/wp - content/uploads/2018/08/Chrisnayudhanto - Indonesia. pdf（最后访问时间：2018 年 8 月）。

④ "New Indonesian Law Empowers Communities in Anti-terror Fight"，The Straits times，https：//www. straitstimes. com/asia/se-asia/new-indonesian-law-empowers-communities-in-anti-terror-fight（最后访问时间：2021 年 1 月 20 日）。

谋求和平，在 2018 年成立结束当地武装冲突国家工作组（National Task Force to End Local Communist Armed Conflict，NTF-ELCAC），在地方成立结束当地武装冲突工作组（TF-ELAC），提供基础设施建设等发展项目，改善民生，为前恐怖组织成员提供生计援助。在这一政策感召下，越来越多"阿布沙耶夫"组织的成员选择向政府投降。有关部门在苏禄省建造厂房，为前"阿布沙耶夫"投降人员提供可持续的谋生机会，利用全政府方式消弭恐怖主义。新加坡政府从 2016 年起在全国范围内开展"平安新加坡"（SGSecure）运动，以"保持警惕、保持团结、保持坚强"为核心，对企业家、社区、家庭、学校、公民个人等多层次群体分类施策，着重带领公众演练针对恐怖袭击场景的应急预案，培养了 92000 余人的后备力量，强化危机发生时的应急武装、救援人员储备，要求企业将恐怖袭击纳入风险管理计划之中。

## 第四节　东南亚恐怖主义风险挑战

总体而言，近年来东南亚国家的恐怖主义发展态势逐渐好转，"东印尼圣战者组织"等部分传统恐怖组织甚至有即将被"清除"的迹象。菲律宾、新加坡等国家通过不断推动社会发展、种族宗教和谐等方式，消除滋生恐怖主义和极端化的土壤。印度尼西亚制定了国家反恐计划，即将开启国家的全面反恐行动。新冠疫情背景之下，各国政府的反恐努力成效逐步显现。但是，东南亚地区受到政治动荡和国际恐怖主义影响的风险依然较高，需要保持高度警惕。

### 一　政治动荡或成影响恐怖主义格局的重要因素

东南亚的"新常态"是一种艰难的平衡，政治动荡对东南亚国家目前取得的反恐成果的可持续性带来挑战。一方面，缅甸政局仍然有不稳定因素。政变引发的军政府和反政府势力以"反恐"或"反政府"名义实施的各种暴力活动持续发酵，不排除继续激化的可能性。传统冲突地区若开邦成为缅甸军政府争取的对象，"若开邦联合联盟"化身政治派别加入地方治理并有意拉罗兴亚人"入伙",但其自身的合法性依然存疑,治理能力也有待观察,且罗兴亚问题在其内部尚未形成定论。因此,若开邦混乱的社会问题并未得到解决,仍然存在"若卡邦马赫迪旅"等国际恐怖组织传播的土壤。另一方面,菲律宾的阶段性强力反恐行动已接近尾声,在2022年迎来总统大选。从历史经验来看,菲律宾大选期间的暴力事件往往会显著增多,不排除当地恐怖势力借政治混乱、政治暴力增多、反恐行动结束等契机,再度"招兵买马"、趁乱作案、借机壮大的可能。同时,2020年马来西亚政治危机至今仍未解决,新冠疫情又给马来西亚经济复苏带来冲击,社会民生问题隐患较大。

## 二　国际恐怖组织的跨国影响仍将持续

无论是东南亚地区的恐怖组织还是受激化的个人,受到"伊斯兰国"和"基地"组织等国际恐怖主义意识形态的影响均较大。2021年,东南亚地区的恐怖组织受到"阿塔"重新执政的精神鼓舞,亲"基地"组织的"伊斯兰祈祷团""当下圣战"的策略进一步延续,筹划展开持久战以谋求复兴。虽然当地恐怖组织尚不具备系统地向阿富汗派遣人员的能力,但政治不稳定也会吸引激进的个人自发性前往阿富汗,跨境流动将进一步加深国际恐怖主义对东南亚地区的影响。

## 三　域内恐怖组织跨境活动威胁将削弱反恐成效

菲律宾、马来西亚、印度尼西亚三国开放的海上边界漫长难守,苏禄群岛、棉兰老岛、沙巴地区等受恐怖主义影响较大的地区在地理上连成一片。三国在2016年就发起海上联合巡逻机制,但是近年来的恐怖袭击案例表明,依然有恐怖分子及其亲属通过这一区域流窜,建立据点,逃避本国政府打击,伺机返回作案。这将进一步削弱周边国家政府的反恐成效。

## 四　自我激化的恐怖主义风险依然存在

政局动荡给社会政治带来不稳定因素,新冠疫情给经济发展带来较大压力,双重压力引发宗教、种族矛盾和对政府不满情绪的大幅增加。疫情发生以来，东南亚地区发生多起针对华裔和印度裔公民的袭击事件，表明这种不满有进一步转化为现实危害的趋势。同时，新加坡破获的 2 起自我激化案例中，2 名青年模仿已经发生过的恐怖袭击案件的作案手法和作案工具，并制定了详细的行动方案，表明网络进一步充实了自我激化恐怖分子的行动计划，危害性大大增强。

# 结　语

东南亚国家深受"伊斯兰国"和"基地"组织等国际恐怖组织与本土恐怖组织联手之苦。不仅出现了恐怖组织攻城略地的"马拉维危机"，更被恐怖组织当作奔赴中东参加"圣战"的通道和"就地圣战"的目的地。近年来，经过东南亚各国政府持续的反恐努力，东南亚地区的安全形势取得较大改善。尤其是在新冠疫情暴发以来，各国顶着防疫和经济下行的巨大压力，充分利用恐怖组织被防疫措施所限制的契机，强力推进反恐行动，对本土恐怖组织实施清剿。目前来看，东南亚地区最大的恐怖主义威胁源自政治动荡和国际恐怖主义影响，缅甸政治变局后政治势力的暴力化和激进势力的政治化，泰国政府与南部分离势力和谈未果，菲律宾的总统大选都极有可能造成暴力恐怖活动加剧。从根源上解决东南亚恐怖主义问题非一朝一夕之功，强力反恐也只是短期之策。菲律宾近 300 名武装人员投诚表明，只有经济发展、社会宽容才能够解决滋生恐怖主义的根源。反恐行动只有与公民教育、去极端化、社会发展等举措共同推进，方可固本强基、保持长效。

# 第六章　西亚地区恐怖主义
# 与反恐怖斗争态势[*]

西亚地区一直以来是全球恐怖主义的重灾区。近年来，随着"伊斯兰国"被击溃，严峻的恐怖主义威胁态势有所改变。2022 年 3 月，经济与和平研究所发布的《2022 年全球恐怖主义指数：衡量恐怖主义的影响》[①] 显示，2021 年，恐怖主义造成的全球死亡人数同比下降 1.2%，至 7142 人，是 2015 年高峰水平的 1/3。死亡人数的下降从侧面反映了恐怖主义影响的减弱。据统计，全球有 86 个国家恐怖活动情况有所改善，19 个国家有所恶化。然而，全球恐怖袭击的数量同比增加了 17%，达到 5226 起。此外，在 2021 年，恐怖袭击的致死率从每次袭击致 1.6 人死亡，下降到每次袭击致 1.4 人死亡，发生这种情况的主要原因是中东国家冲突强度的下降，以及随后在伊拉克和叙利亚活动的"伊斯兰国"遭到重创。

## 第一节　西亚地区恐怖组织概况

"伊斯兰国"仍然是全球最致命的恐怖组织之一，是 2021 年制造恐怖袭击和死亡人数最多的恐怖组织。尽管如此，"伊斯兰国"及其附属组织、"伊斯兰国呼罗珊省"、"伊斯兰国西奈省"（ISSP）和"伊斯兰国西非省"（ISWA）的力量和影响力正在显示出下降的迹象。随着叙利亚冲突的逐渐

---

[*]　作者：郭永良，中国人民警察大学副教授，研究方向：国际反恐；蔡佳伦，中国人民警察大学 2021 级研究生。
[①]　Global Terrorism Index 2022: Measuring the Impact of Terrorism, Institute for Economics & Peace, Sydney, March 2022. Available from: http://visionofhumanity.org/resources.

减弱，"伊斯兰国"及其附属机构已将其恐袭重点转移到撒哈拉以南非洲，特别是萨赫勒地区。

"伊斯兰国"是一个打着伊斯兰教逊尼派旗号的恐怖组织。2003年美国入侵伊拉克后，"伊斯兰国"参与了伊拉克的反美活动。2014年，该组织宣布成立全球的"哈里发国"。"伊斯兰国"主要坚持全球"圣战"主义意识形态，遵循对伊斯兰教的反西方解释，并提倡对那些与其意识形态不一致的人实施暴力。它最初的目标是建立一个以萨拉菲为导向的伊斯兰国家，横跨伊拉克和叙利亚。"伊斯兰国"利用附属组织在世界其他地区宣传其意识形态，"伊斯兰国"包括阿富汗和巴基斯坦的"伊斯兰国呼罗珊省"，以及后来在萨赫勒地区运作的"伊斯兰国西非省"。"伊斯兰国"及其附属机构利用逊尼派和什叶派穆斯林之间的紧张关系，夺取并巩固其对伊拉克和叙利亚地区的控制。到2015年底，"伊斯兰国"已经占领了伊拉克和叙利亚各1/3的领土，包括伊拉克第二大城市摩苏尔。然而，在打击"伊斯兰国"的国际联盟的持续压迫下，"伊斯兰国"于2019年3月失去了最后一块占领的土地。

2021年，"伊斯兰国"恐怖袭击导致的死亡人数占全球恐怖主义死亡人数的29%。尽管如此，"伊斯兰国"的袭击次数还是从2020年的837起降至2021年的794起，减少了5%。"伊斯兰国"恐怖袭击造成的死亡人数也反映了这一趋势，在2020年至2021年间下降了近2%。2021年，"伊斯兰国"在21个国家发动恐怖袭击，而在2020年，这个数字是30个。2021年，除北美、俄罗斯和欧亚大陆以外，世界其他地区都发生了与"伊斯兰国"相关联的恐怖袭击。受"伊斯兰国"恐怖袭击影响最大的是伊拉克，2021年发生了327起，比2020年的353起有所下降。尽管如此，阿富汗与"伊斯兰国"有关的死亡人数是最多的，2021年阿富汗的死亡人数占"伊斯兰国"恐怖袭击致死人数的1/4。2021年8月，最致命的袭击发生在美军从阿富汗撤离期间的喀布尔国际机场。一名自杀式炸弹袭击者在机场艾比门区附近引爆了爆炸物，随后附近又有另一枚自杀式炸弹爆炸。此次袭击造成170多人死亡、至少200人受伤，其中包括平民、美军士兵和英国公民。

"伊斯兰国呼罗珊省"声称对这次恐怖袭击负责。这也是2021年所有恐怖组织制造的最致命的恐怖袭击。

"伊斯兰国"采取最多的袭击方式是武装袭击，随后是爆炸式袭击。2021年发生了479起武装袭击，而前一年为414起。这些袭击造成的死亡人数下降了12%。相反，尽管在2020年至2021年，爆炸式袭击从271起减少到240起，但这些袭击造成的伤亡人数则增加了近50%。自杀式炸弹袭击的数量也反映了同样的趋势。自杀式炸弹袭击的数量从2020年的18起减至2021年的16起，而伤亡人数在2021年则增加了1倍多。信息攻击的最常见目标仍然是军事目标，占2021年所有袭击的41%。然而，"伊斯兰国"恐怖袭击造成的平民伤亡人数最多，2021年平民死亡人数为971人，相比2020年增加了36%。

## 第二节　西亚地区恐怖主义活动态势

西亚地区恐怖活动十分猖獗，特别是伊拉克和叙利亚两国的恐怖主义指数分别位列世界第二和第五。一方面，"伊斯兰国"残余势力仍在大肆招募人员，频繁发动恐怖袭击；另一方面，这两个国家的动荡局势又使得恐怖主义有着继续发展蔓延的基础和土壤。此外，也门国内仍是内战与恐怖袭击交织，并有着向周边扩散的趋势。由此可见，伊拉克和叙利亚境内的恐怖主义威胁和危害短期内难以消除。

### 一　伊拉克

数据显示，2021年伊拉克的恐怖主义指数为8.511，位居全球第二位。2021年伊拉克的死亡人数比上年增加15%，为524人。由于恐怖分子活动的增加，袭击人数增加了1/3。

2021年，伊拉克共发生833起恐怖袭击，这是所有国家中最多的。与前一年相比，这一数字增长了33%。这在很大程度上是由于政治动荡和不稳定，恐怖组织（特别是"伊斯兰国"）正在利用这些混乱的局势，制造恐怖袭击事件。总体而言，伊拉克因恐怖袭击而造成的死亡人数比 2007 年以来的峰值下降了 91%。军队连续第二年成为恐怖袭击的目标，是所有群体中死亡最多的，占 2021 年伊拉克死亡总人数的 43%。尽管针对军队的袭击人数增加了 60%，但这一群体中的死亡人数却减少了 6%。平民死亡人数从 2020 年的 127 人增加到 2021 年的 163 人，增加了 28%。2021 年，伊拉克 19 个地方政府中有 18 个发生了袭击事件，其中东北部的地方政府受影响最大。迪亚拉省、萨拉阿丁省和阿塔明省遭遇的恐怖袭击占该国恐怖袭击总数的 48%。伊拉克恐怖主义活动继续以"伊斯兰国"发动的恐怖袭击为主，到 2021 年，该国所有因恐怖主义活动而死亡人数的 71% 是由"伊斯兰国"袭击造成的。尽管在伊拉克发生的"伊斯兰国"恐怖袭击事件在 2021 年减少了 7%，但伤亡人数已上升到 2018 年以来的最高水平，2021 年为 327 人。"伊斯兰国"声称对 2021 年伊拉克最致命的恐怖袭击事件负责，当时一枚炸弹在巴格达一个什叶派占多数的社区市场爆炸，造成 35 名平民死亡、至少 60 人受伤。"库尔德工人党"（PKK）是 2021 年唯一一个在伊拉克活跃的外国恐怖组织。"库尔德工人党"在 2021 年发动了 22 起恐怖袭击事件，造成 21 人死亡，而 2020 年分别只有 8 次袭击和 4 人死亡的记录。

表 1 2021 年伊拉克最致命的恐怖事件

| 时间 | 地点 | 事件概况 |
| --- | --- | --- |
| 2021 年 7 月 19 日 | 巴格达 | 巴格达省一个市场上一枚炸弹爆炸，造成至少 35 名平民死亡、至少 60 人受伤。袭击目标是开斋节前夕的一个什叶派占多数的社区。"伊斯兰国"声称对此次袭击负责，并表示这是一起自杀式炸弹袭击 |
| 2021 年 1 月 21 日 | 巴格达 | 在巴格达省的一个市场上，连续发生 2 起自杀式爆炸事件，造成至少 32 名平民死亡、110 人受伤。"伊斯兰国"声称对此次袭击负责 |

资料来源：作者整理。

对于另外 484 起袭击事件和 127 起死亡事件，没有任何组织宣称负责。尽管自伊拉克政府于 2017 年宣布"伊斯兰国"在伊拉克的军事失败以来，"伊斯兰国"的恐怖活动已经大幅减少，但很明显，"伊斯兰国"对该地区安全的威胁并没有消失。尽管该组织仍然无法在该地区占领"领土",但"伊斯兰国"继续发动低级别叛乱,经常在伊拉克偏远的山区和沙漠地区造成伤亡。与邻国叙利亚一样,美国军事存在的减少可能会使"伊斯兰国"得以重组和再起,给伊拉克政府的反恐带来更大压力,并要求其在相当大的新冠疫情和经济低迷导致的压力下继续努力反恐。

## 二　叙利亚

数据显示,2021 年叙利亚的恐怖主义指数为 8.250,位居全球第五。叙利亚的死亡人数排名下降到第三,2021 年因恐怖主义死亡人数减少了 1/3,为 488 人。叙利亚与恐怖主义有关的死亡人数的下降可以归因于 2019 年"伊斯兰国"在该地区所有占领的"领土"被收复。尽管如此,"伊斯兰国"仍然是影响叙利亚国家安全的最大的恐怖势力。

叙利亚军队仍然是最常见的恐怖袭击目标,以及伤亡最多的群体,其次是平民。2021 年,叙利亚最致命的恐怖袭击发生在大马士革东北部的霍姆斯省,枪手袭击一辆军车,打死 13 名士兵。虽然没有任何组织声称对袭击负责,但当地媒体报道称,"伊斯兰国"应对袭击负责。2021 年,叙利亚北部省份受恐怖主义影响最大,45% 的袭击发生在代尔佐尔省和阿勒颇省。代尔佐尔省和阿勒颇省受到恐怖袭击的次数虽然比前一年下降了 32%,但仍然是 2021 年遭受恐怖袭击次数最多的省份,分别为 77 次和 75 次。

"伊斯兰国"连续第八年成为叙利亚最致命的恐怖组织,恐怖袭击造成的死亡人数是总死亡人数的 49%。尽管如此,与前一年相比,"伊斯兰国"的恐怖袭击次数和导致的死亡人数分别下降了 34% 和 26%。然而,54% 的袭击并非由一个组织造成的。"伊斯兰国"针对平民袭击的致死率从 2016 年的每次袭击平均死亡 30 人,大幅下降到 2021 年的每次袭击平均死亡 2 人以上,下降了 93%。"伊斯兰国"继续将其重点袭击目标从平民转向军事人员,后者在 2021 年占"伊斯兰国"导致伤亡人数的 79%。"伊斯兰国"对爆炸袭击的依赖继续下降,转而支持武装袭击。2021 年,72% 的"伊斯兰国"恐怖袭击发生在受恐怖主义武装袭击影响最大的 10 个国家。爆炸袭击已经显著减少，从 2020 年占"伊斯兰国"总袭击的 1/3 以上减少到 2021 年的 16%。2021 年，"伊斯兰国"在叙利亚没有发动自杀式炸弹袭击。

尽管美军和叙利亚军队在 2019 年夺回了"伊斯兰国"在叙利亚的最后一个据点，但"伊斯兰国"仍能够保持低水平的叛乱。在叙利亚，"伊斯兰国"似乎正在沙漠地区巩固，等待叛乱的下一阶段。随着美国继续从该地区撤军，"伊斯兰国"有可能恢复其活动，试图重新获得对该地区的控制权。

### 三 其他国家

2022 年 1 月，经济与和平研究所发布的《2022 年积极和平报告：分析建立、预测和维持和平的因素》[①] 显示，自 2009 年以来，也门的和平指数（PPI）恶化了 8.6%，主要反映在机构领域恶化了 14.2%，态度恶化了 12.4%，结构领域改善了相对温和的 3.8%。也门在 2009 年的和平指数中排名不佳，在 2020 年排名的 163 个国家中，也门又下降了 7 位，排名第 161 位。过去十年来，该国所有积极和平的支柱都在恶化。也门在积极和平方面的恶化在很大程度上是由长期的内战造成的。该国的南北分裂导致了 1994 年的内战，以及 2009 年政府与胡塞叛军之间的另一场武装冲突，这在 2014 年升级为一场全面的内战。

## 第三节　西亚地区反恐怖斗争态势及发展趋势

西亚地区猖獗的恐怖活动严重影响了一些国家的稳定与发展。虽然西亚国家不断强化自身反恐能力，加大反恐力度和加强反恐措施，但受制于恐怖主义对西亚各类矛盾与冲突的利用，以及大国在西亚地区博弈的负面作用，西亚反恐很难见到根本性的成效。

---

[①] Positive Peace Report 2022：Analysing the Factors that Build，Predict and Sustain Peace，Institute for Economics & Peace，Sydney，January 2022. Available from：http://visionofhumanity.org/resources.

## 一　西亚地区自身加强内部反恐

2021 年，美国拜登政府虽宣布将从伊拉克撤出全部作战部队，但是，美国实际上玩了一个"文字游戏"——撤军前美国驻伊拉克部队有 2500 人，撤军后仍是 2500 人，只不过这些人的任务从作战转变为培训、后勤与情报支援。

首先，2014 年美军重返伊拉克的根源是反恐。"伊斯兰国"占领伊拉克第二大城市摩苏尔后，时任美国总统奥巴马认为恐怖主义活动会让整个中东"燃烧起来"，若没有美国出面组织国际反恐联盟，以色列、埃及、沙特等地区国家将难以组织一个有效的战略联盟，因此美国必须参战。现在"伊斯兰国"虽然不再有向外攻城略地的实力，但仍在伊拉克与叙利亚的边境地区流窜。据美国情报部门估计，"伊斯兰国"武装分子规模达 10000 人左右。从目前的情况看，美军在伊拉克结束作战任务并不影响美军与伊拉克军队之间的反恐合作，伊拉克当局尚能控制反恐局面。

"阿拉伯之春"以来，西亚地区的联盟政治出现了新范式，具有动态性、任务导向性、安全—利益二重性和敌我界限模糊性等特点。在后"伊斯兰国"时代，西亚地区的主要矛盾从"恐怖与反恐"转向"地缘政治博弈"，域外大国和西亚地区力量陷入更加严重的安全困境，伊朗核问题、也门内战、巴以问题、叙利亚战争、利比亚冲突和库尔德问题等相互叠加。受此影响，西亚地区权力争夺常态化，西亚地区地缘格局的多极化和西亚军备竞赛白热化，"功能性联盟"逐步成为一种新常态，域外大国和地区国家、非国家行为体陷入"修昔底德陷阱"，西亚地区的和平曙光更加渺茫。

## 二　中国积极加强西亚合作

尽管新冠疫情带来了复杂的国际形势和严峻的挑战，但 2021 年中国与西亚国家的政治关系和战略合作保持强劲势头。双方加强高层交流，双边合作更加制度化。中国积极履行使新冠疫苗成为全球公益事业的承诺，向西亚国家捐赠和出口 4.4 亿剂疫苗，为西亚国家抗击新冠疫情大流行工作提供了物质保障。

习近平主席在第 76 届联合国大会一般性辩论讲话中指出："我们必须加强团结，践行相互尊重、合作共赢的国际关系理念。一个和平发展的世界应该承载不同形态的文明，必须兼容走向现代化的多样道路。民主不是哪个国家的专利，而是各国人民的权利。"[①] 习近平主席的重要讲话为构建新型国际关系指明了方向。全世界都必须坚决反对一切形式的恐怖主义，不向任何恐怖组织和恐怖分子做出妥协，不为任何恐怖组织和恐怖分子提供庇护。同时，应充分尊重各国人民自主选择反恐、去极端化道路的权利，努力形成反对恐怖主义和极端主义的共识与合力，促进世界人权事业健康发展。

中宣部副部长蒋建国在第四届"反恐、去极端化与人权保障"国际研讨会开幕式上，提出"加强反恐合作，摒弃'双重标准'；坚持打防结合，努力溯源除根；弘扬法治精神，切实保障人权"三点建议。中东研究所李玮副教授在会上做了《以色列反恐事务的综合开展路径及对我启示》的发言。李玮指出，以色列因其复杂的与邻历史和现实关系，从以方立场来看，长期以来其既是西亚地区遭受恐怖主义威胁最严重的国家，又是西亚地区反恐怖主义业务能力最强的国家。以色列针对其反恐事务的综合开展进行了一系列布局，取得了惊人的效果，不但短时间内快速清除了相关威胁，其系列安排也值得学习借鉴。

# 结　语

新冠疫情的暴发，改变了整个世界和西亚地区的发展节奏，也对恐怖主义产生了重要影响。在新冠疫情影响下，西亚的恐怖主义活动整体趋缓，但"伊斯兰国"和"基地"组织的影响力依然较强，给西亚地区安全稳定带来了极大挑战。数据显示，阿富汗、伊拉克仍是受到恐怖主义困扰最为严重的

---

① 《习近平出席第七十六届联合国大会一般性辩论并发表重要讲话》，新华网，2021 年 9 月 22 日，http：//www. news. cn/world/2021-09/22/c_ 1127886760. htm。

国家。2021 年，阿富汗 34 个省中的 32 个省发生了恐怖主义事件。2021 年伊拉克的死亡人数比上年增加 15%，为 524 人。叙利亚受到恐袭的排名有所下降，相比 2020 年，2021 年恐怖主义活动导致的死亡人数下降了 1/3。2021 年叙利亚记录了 488 起与恐怖主义有关的死亡事件，比前一年下降了 33%。叙利亚与恐怖主义有关的死亡人数的减少，可以归因于"伊斯兰国"受到重创。在新冠疫情影响下，西亚地区的主要矛盾从"恐怖与反恐"转向"地缘政治博弈"，域外大国和西亚地区力量陷入更加严重的安全困境。在此状态下，西亚地区反恐道路仍艰巨漫长。

# 第七章　非洲恐怖主义与
# 反恐怖斗争态势[*]

受新冠疫情的持续影响，非洲政治、经济与安全形势明显恶化。非洲经济增长缓慢，失业和贫困人口增加，社会不平等凸显。经济与社会危机向政治与安全层面传导，原有地缘矛盾、民族冲突和社会问题愈加复杂难解，新的危机不断涌现，并呈多点并发之势。非洲恐患乱象丛生，地区动荡与安全风险加剧。"伊斯兰国"和"基地"组织等国际恐怖势力趁乱扩充实力，在非洲的生存空间发生重大变化，非洲本土恐怖分子"士气"高涨，利用新冠疫情大流行造成的混乱和不满，搅乱地区安全。西方大国对非战略投入缩紧，转嫁非洲安全责任，非洲地区反恐压力增大。

## 第一节　非洲政治和安全形势更加严峻

非洲新冠疫情仍处于失控状态。截至 2022 年 4 月 10 日，非洲 54 个国家新冠感染确诊病例累计 1179 万例，占全球的 2.36%；累计死亡 25.3 万例，占全球的 4.08%。南非疫情最为严重，摩洛哥、突尼斯、埃及、利比亚、埃塞俄比亚和肯尼亚的情况也不容乐观。新冠疫苗接种率依然很低，仅11%的非洲人口完成疫苗全程接种，与世卫组织设定的全球新冠疫苗接种者比例 2022 年中应达 70%的目标尚有很大差距。非洲或是最晚摆脱新冠疫情影响的地区，不仅经济增速全球最低，而且局势动荡为过去 20 年之最。

---

* 作者：陈立，浙江师范大学非洲研究院助理研究员、非洲安全与发展研究中心主任，研究方
向：国际安全与反恐。

## 一 发展痼疾愈发难解

新冠疫情对非洲地区的冲击不仅体现在公共卫生领域，也深刻影响社会经济发展。非洲国家普遍经济结构单一，对外依存度高，加之新冠疫情严重冲击外贸与物流，挤占民生支出，使非洲经济增长愈加缓慢。国际货币基金组织预测，撒哈拉以南非洲 2021 年经济增速为 3.7%，低于新冠疫情前（2010~2017 年）4.3% 的平均水平，也低于发达经济体 5.2% 和新兴市场及发展中经济体 6.4% 的平均增速。[①] 未来几年，非洲大部分地区将无法恢复到疫情前的经济产出水平，与世界其他地区的发展差距将进一步拉大。最令人担忧的是，部分非洲国家经济将持续萎缩，即便是石油生产国安哥拉和刚果（布）这样的国家，经济也将分别连续萎缩 6 年和 7 年。产业结构薄弱的国家，如另一石油生产国赤道几内亚，将重新陷入长期衰退。

此外，由于美西方国家在新冠疫情初期普遍采取较为宽松的货币政策，外溢效应在非洲更为明显，使非洲面临数十年来投资和外汇流失最严重的情况。2022 年 1 月 19 日，联合国贸易和发展会议发布的《2021 年非洲经济发展报告》显示，2021 年撒哈拉以南非洲的外国直接投资为净流出 10 亿美元，而 2020 年和 2019 年则分别为净流入 30 亿美元和 50 亿美元。2022 年 2 月 2 日，非盟委员会主席法基在第 40 届非盟执行理事会常会上表示，非洲需要 1540 亿美元才能有效应对新冠疫情引起的经济危机。经济增长缓慢加重了非洲国家的债务负担，据国际货币基金组织统计，超半数的非洲低收入国家已经陷入债务困境或者处于债务高风险之中。2021 年 1 月正式启动的非洲自贸区虽有望增强非洲发展韧性，但对于贸易便利化、过境和统一海关程序规则等领域，各国接纳程度仍有差异。新冠疫情导致非洲近 42 个国家处于完全或部分"封锁"状态，严重影响自贸区谈判的进行和正常运作。

新冠疫情加剧贫困问题，使非洲在减贫和粮食安全等领域取得的成就大

---

① Regional Economic Outlook. Sub-Saharan Africa: One Planet, Two Worlds, Three Stories, IMF, p. 7.

打折扣。联合国贸易和发展会议发布的《2021年非洲经济发展报告》指出，过去十年，大多数非洲国家的贫困水平有所下降，消费水平低于每天1.9美元贫困线的家庭比例从2010年的40%下降到2019年的34%。然而，受新冠疫情的影响，非洲贫困发生率在2021年却增加了3个百分点。在2021年5月联合国安理会关于非洲和平与安全议题的高级别会议上，联合国秘书长古特雷斯称，新冠疫情让非洲约1.14亿人陷入极端贫困。① 同时，受新冠疫情、气候变化、供应链中断等因素影响，非洲面临食品价格进一步上涨的压力，总体通胀上行风险加剧，包括尼日利亚、埃塞俄比亚和安哥拉在内一些国家未来的通胀率将超过10%。

值得注意的是，俄乌战争冲击全球粮食贸易，抬升全球粮食价格，进一步加剧非洲的粮食安全危机。尼日利亚、肯尼亚、埃及等俄乌农产品主要进口国陷入紧急状态。尼日利亚农业部和联合国粮农组织开展的联合调查显示，2022年将有近1700万尼日利亚人处于粮食危机中，最严峻的东北部博尔诺州遭遇粮食危机的人数将从2021年的144万人增长到291万人。世界粮食计划署预计，肯尼亚、埃塞俄比亚和索马里三国2022年第一季度约有1300万人面临严重饥荒。埃及86%的小麦进口来自俄罗斯和乌克兰，受战争影响，小麦粉价格上涨19%，植物油价格上涨10%，埃及政府需额外花费150亿埃及镑（约合9.5亿美元）以满足国内需求，财政压力沉重。② 为应对粮食危机，一些非洲国家已出台政策打击交易商哄抬粮食价格，并呼吁居民"合理"消费。但随着穆斯林斋月来临，斋月前的囤货习俗在短期内将加剧食品供应紧张，甚至引发社会动荡。

## 二 政局不稳定性明显上升

非洲一直是世界上军事政变的多发区，20世纪60~80年代共发生约

---

① 《非洲累计新冠确诊超500万例疫情形势不容乐观》，新华网，2021年12月6日，http://www.xinhuanet.com/2021-06/12/c_1127558721.htm（最后访问时间：2022年3月30日）。
② 《俄乌战争砸了埃及"饭碗"：小麦价格飙升或引发粮食危机》，好望观察，2022年3月11日，https://view.inews.qq.com/a/20220311A076CS00（最后访问时间：2022年4月5日）。

280 次军事政变或兵变，80 年代一度有 20 多个非洲国家的政权为政变军人控制。[1] 2000 年非洲统一组织（非洲联盟前身）通过《洛美宣言》，规定任何"违宪更换政府"的成员国将被暂停资格。之后，非洲政变一度趋于减少，由前 40 年（1960 年至 2000 年）的平均每年 4 次，下降到后 20 年（2001 年至 2019 年）的平均每年 2 次左右。[2] 然而，受新冠疫情对经济社会的冲击影响，非洲国家的政治稳定性和凝聚力迅速下降，军事政变大有"卷土重来"之势。2021 年，尼日尔、马里、几内亚比绍及苏丹军方发动政变夺权，创近 20 年非洲国家政变次数新高。乍得总统伊德里斯·代比阵亡后，军方拥其子穆罕默德·代比为新总统并领导军事过渡委员会，也被反对党指责为"军事政变"。2022 年伊始，布基纳法索发生"1·23"军事政变，自称"保卫与恢复爱国运动"的军人团体推翻总统卡波雷领导的政府。就在西非国家经济共同体轮值主席国加纳总统阿多发出"非洲政变传染病"感喟的第二天，几内亚比绍便发生"2·1"军事政变。政变军人包围并袭击政府大厦，所幸总统恩巴洛恰巧不在大厦内，才使这场导致 11 人死亡的政变不到一天便告平息。非洲国家政变频发，既有新冠疫情难控、经济低迷、治安恶化导致社会矛盾加重的内部原因，也与非盟及区域组织对政变干预乏力、国际社会缺少有效遏制手段等外部因素有关。国际危机组织专家认为，国际社会的默许为军政权制造了有利氛围，可能在非洲产生"示范"效应。政治风险咨询公司 PANGEA-RISK 预测，2022 年埃塞俄比亚、布基纳法索、索马里、南苏丹、津巴布韦、莱索托以及斯威士兰等非洲国家均存在政变的可能。

埃塞俄比亚、南非、尼日利亚等非洲大国政局动荡。埃塞俄比亚政府军和"提格雷人民解放阵线"之间的冲突仍在持续。3 月 24 日，埃塞俄比亚联邦政府宣布人道主义休战之后，"提格雷人民解放阵线"回应政府的呼

---

[1]　王洪一：《解析非洲"政变年"》，《国际问题研究》2004 年第 3 期，第 57 页。

[2]　Peter Fabricius, "African Coups Are Making a Comeback," *Institute For Security Studies*, https://issafrica.org/iss-today/african-coups-are-making-a-comeback，转引自中国现代国际关系研究院：《国际战略与安全形势评估 2020/2021》，时事出版社，2021，第 264 页。

呀，同意停止敌对行为，并敦促政府尽快放行国际组织向提格雷地区运输紧急救援物资的车辆，以解救面临饥饿危机的数十万平民百姓。但是，双方在阿尔法州的战斗并未平息，将危及和谈的努力。内战对埃塞俄比亚的经济社会发展产生巨大影响，截至 2022 年 1 月，其年通货膨胀率已达到 34.5%，超过 2000 万人口因干旱、战争和新冠疫情而陷入严重的粮食危机。2022 年 3 月 29 日，美国参议院外交关系委员会通过《埃塞俄比亚和平与稳定法案》，试图以实施制裁的方式干涉埃塞俄比亚内战，给埃塞俄比亚的政局增添了不确定性，埃塞俄比亚政局动荡或将长期化。

2021 年 7 月，南非多地爆发自 1994 年种族隔离政策结束以来最严重的骚乱。表面来看，骚乱的起因是南非前总统祖马被捕引发支持者不满，实则折射出南非部族、党派、阶层之间矛盾日益激化，社会深度"撕裂"。骚乱导致南非经济增长放缓，暴力犯罪高发，党内派系斗争加剧。2022 年 2 月 14 日，反对党民主联盟正式发起针对拉马福萨总统内阁的不信任案，非洲人国民大会执政面临严峻挑战。同样，尼日利亚政府也面临着国家治理的沉重压力，除应对活动猖獗的几内亚湾海盗和尼日尔河三角洲地区反政府武装外，还要应对东北部的宗教极端和恐怖主义、中部地带的农牧民冲突，以及东南部的民族分离分子。2020 年 12 月以来，尼日利亚西北部频发绑架大案表明，这一地区的"土匪"武装已成为尼日利亚新的不稳定因素。这些因素在新冠疫情的严重冲击下集中凸显且交织并存，导致尼日利亚安全环境持续恶化。尼总统穆罕马杜·布哈里称，由于持续的不安全局势，尼日利亚正面临"紧急状态"。[1]

## 三 安全形势更趋复杂动荡

新冠疫情促使非洲经济与社会危机凸显，诱发非洲近 20 年少有的动荡和冲突。2022 年 3 月 30 日，联合国秘书长古特雷斯在做关于建设和平与维

---

[1] Mark Duerksen, "Nigeria's Diverse Security Threats", Africa Center for Strategic Studies, March 30, 2021.

持和平的报告时表示，当前在中东地区以及欧洲、非洲、美洲部分地区都有各类冲突发生，世界正面临自 1945 年以来数量最多的暴力冲突。南非、突尼斯、阿尔及利亚、尼日利亚、安哥拉等国发生大规模游行示威，苏丹、刚果（金）等国持续发生暴力冲突，塞内加尔、斯威士兰等国出现骚乱，造成人员伤亡。受疫情和自然灾害影响，萨赫勒地区及中部非洲动荡和武装冲突加剧。非洲显然是全球最脆弱和人类发展指数最落后的地区。在 2021 年"国家脆弱指数"排名中，全球最"脆弱"的前 30 个国家中有 19 个非洲国家。① 在 2021 年"全球人类发展指数"排名中，最后 10 个国家均是非洲国家。②

社会治安形势普遍恶化。南非犯罪率飙升，杀人、伤害、抢劫、强奸等各类恶性案件的数量都在增加。2021 年 7~9 月，南非全国共发生 5876 起杀人案件和 2000 起绑架案件，警察部长塞勒称"南非仍是最暴力的国家之一"。社会安全环境恶化，导致普通民众对政府和权力部门信任度下降。2022 年 1 月，南非开普敦市国民议会大厦、司法和狱政部大楼先后遭人为纵火焚毁，南非政府决定花费 2 亿兰特（约合人民币 1 亿元）并延长 2700 名国防军的布防时间，以维持社会治安。2022 年 3 月起，南非豪登省和姆普马兰加省均有清真寺遭洗劫。

尼日利亚绝大多数州的绑架事件数量均呈上升趋势。根据非政府组织"尼日利亚哀悼"的数据，2021 年 1~3 月尼日利亚共有 1774 人被绑架。在 37 个行政区域中，有 33 个发生绑架案件，联邦首都区、卡齐纳州、卡杜纳州、尼日尔州和三角洲州的案发数量最多，绑架案高发区域也已从南部的巴耶尔萨州、三角洲州和河流州向首都及北部地区蔓延。民用机场和客运列车等重要公共场所和交通设施渐成袭击目标。2022 年 3 月 26 日，卡杜纳国际机场遭到恐怖袭击被迫停业；3 月 28 日，一辆从阿布贾开往卡杜纳市的火

①　"Fragility in the World 2021", Fragile States Index, https：//fragilestatesindex.org/2021/05/20/fragile-states-index-2021-annual-report/（最后访问时间：2022 年 4 月 4 日）。

②　"Human Development Index（HDI）by Country," https：//worldpopulationreview.com/country-rankings/hdi-by-country（最后访问时间：2022 年 4 月 4 日）。

车遭人劫持，造成大量乘客失踪，这是过去 6 个月以来城际铁路第二次被攻击，尼日利亚铁路公司一度暂停运营。

## 第二节　恐怖主义严重威胁非洲安全

随着"伊斯兰国"及其他恐怖组织的扩散，非洲已成为全球恐怖活动的新中心。2009~2020 年，非洲恐怖袭击事件从 288 起增加到 4958 起，增长约 16 倍。[①] 54 个非洲国家中，有 22 个国家面临恐怖主义威胁。[②]《2022 年全球恐怖主义指数：衡量恐怖主义的影响》报告称，2021 年全球受恐怖主义影响最严重的 10 个国家中有 5 个非洲国家，分别是索马里、布基纳法索、尼日利亚、马里和尼日尔；全球因恐怖主义死亡人数增加最多的 10 个国家中有 4 个非洲国家，分别是布基纳法索、刚果民主共和国、马里和尼日尔。非洲的恐怖主义指数已达到前所未有的创纪录水平，被联合国认定为 2021 年上半年全球受恐怖主义威胁最严重和因恐怖主义伤亡人数最多的地区。[③] 2021 年 6 月，"全球打击'伊斯兰国'联盟"（Global Coalition to Defeat ISIS）宣布，将非洲作为其在全球打击恐怖主义新的优先地区。

### 一　恐怖组织迅速扩张

恐怖主义在非洲呈扩张态势，从之前活跃的萨赫勒北部和非洲之角延伸至萨赫勒南部，甚至非洲大陆的南部地区。在非洲之角，索马里"青年党"控制着索马里中南部农村及边远地区，向首都摩加迪沙、东部、北部和西部地区蔓延，并与肯尼亚极端组织"穆斯林青年中心"（Muslim Youth Centre）、坦桑尼亚"安萨尔穆斯林青年中心"（Ansar Muslim Youth Centre）

---

① "Frontlines in Flux in Battle against African Militant Islamist Groups," *Africa Center for Strategic Studies*, July 9, 2019.

② Emily Estelle, "Why Experts Ignore Terrorism in Africa," *Foreign Policy*, April 19, 2021.

③ "Twenty-eighth report of the Analytical Support and Sanctions Monitoring Team submitted pursuant to resolution 2368（2017）concerning ISIL（Da'esh），Al-Qaida and associated individuals and entities," *United Nations Security Council*, July 21, 2021.

以及乌干达"联合民主力量"（Allied Democratic Forces）建立联系。[①] 索马里"青年党"任命了肯尼亚事务代表，负责加紧渗透肯尼亚和策动对肯尼亚的袭击，并在埃塞俄比亚的欧加登地区进行极端主义思想传播、招募索马里人。2022 年 2 月，埃塞俄比亚联邦警察部队和肯尼亚国家警察部队表示，将对严重威胁国家及地区安全的索马里"青年党"和"奥罗莫解放阵线"武装派别展开联合行动。

在萨赫勒地带，"博科圣地"的恐怖活动范围已扩散至乍得西部、尼日尔东部迪法省及西部多索省、喀麦隆极北大区、布基纳法索西北部和马里北部基达尔、加奥、通布图三大区，成为头号威胁地区。原本活动范围仅限于阿尔及利亚的"伊斯兰马格里布基地组织"，在短短几年内已渗透到萨赫勒西部地区的主要国家。当前，该组织以马里北部城市基尔达为中心建立扩张基地，其南部活动范围从阿尔及利亚南部和马里北部扩张至毛里塔尼亚东部、马里西部、尼日尔西部，并与尼日利亚的激进武装联系紧密。[②] "伊斯兰国"已将触角从利比亚南部边境延伸至萨赫勒地区，主要盘踞在尼日利亚博尔诺州东北部和西南部及约贝州东部，并以乍得湖为中心向尼日尔、乍得、布基纳法索、马里一带扩散。布基纳法索外交部长阿尔法·巴里表示，恐怖组织在西非和萨赫勒地区的活动不断增加，已经威胁到沿海国家，"贝宁、科特迪瓦和加纳边境也遭到了袭击，风险正在向西非沿海地区蔓延"。[③]

在中部非洲和南部非洲，"圣训捍卫者"一度控制了莫桑比克北部德尔加杜角省大片地区，并以莫辛布瓦-普拉达亚为基地宣称"建国"。2019 年，"圣训捍卫者"宣誓效忠"伊斯兰国"，与刚果民主共和国的"民主同盟军"联合组成"伊斯兰国中非省"。当前，"伊斯兰国中非省"不仅在莫桑

---

① 严帅：《索马里青年党发展动向》，《国际研究参考》2014 年第 1 期，第 31 页，引自 "The Rise of Islamist Militancy in East Africa：Al Qaeda's Next Target？"，http：//www.eurasiareview. com/31102013-rise-islamist-militancy-east-africa-al-qaedas-next-target-analysis/。

② Larémont R. R.，"Al Qaeda in the Islamic Maghreb：Terrorism and Counterterrorism in the Sahel"，*African Security*，Vol. 4，No. 4，2011，p. 246.

③ 《西非和萨赫勒地区寻求破解安全困局》，人民网，2019 年 2 月 21 日，http：//world. people. com. cn/n1/2019/0221/c1002-30851043. html（最后访问时间：2022 年 4 月 5 日）。

比克北部、刚果民主共和国东部频繁活动，还逐渐向肯尼亚、坦桑尼亚、南非等国渗透蔓延。2020年10月，"伊斯兰国中非省"进入坦桑尼亚南部边境活动。2021年3月，"伊斯兰国中非省"对帕尔马镇发动恐袭，其中有12名成员已确定来自南非。莫桑比克外长马卡莫警告，莫北的恐怖活动可能会蔓延至周边国家，甚至威胁整个南部非洲地区安全。2021年10月，南部非洲发展共同体针对莫桑比克安全形势召开特别峰会，决定南部非洲整体对恐怖主义采取行动。

恐怖主义在非洲迅速扩张的主要原因是非洲许多国家长期动荡，政府治理能力孱弱或缺位，经济发展落后、腐败盛行、贫富悬殊、社会动荡、政变频发、失业率居高不下、年轻人不满情绪严重等问题一直存在，① 这些顽疾在新冠疫情下被叠加放大，为恐怖主义渗透提供了可乘之机。此外，非洲部分国家的边境管控松懈也为恐怖主义活动提供了可乘之机。作为殖民主义的遗产，非洲国家44%的边界是按经线和纬线划分的，30%是用直线或曲线的几何方法切割的，只有26%是由河流、湖泊和山脉所构成的自然边界线。② 这种西方强加的边界划分不仅成为非洲国家间长期冲突的诱因，而且因跨界民族的普遍存在而无法有效管控边境，甚至常常因某些国家的战乱而对边境失去控制，为恐怖分子的跨境活动提供了便利。据统计，非洲共有多达109条国家边境线，总长约为4.5万公里，其中仅有35%的边界被明确划定。目前，非洲大约有350个官方过境点，平均每120公里边界线有1个过境点，且大多数过境点距离实际边境16公里至20公里。更为严重的是，非洲国家间有414条跨越国境的道路，其中的69条全程都没有边境检查站。③ 正因如此，恐怖分子才不仅可以轻易渗入非洲，而且能够在非洲国家间自由流动。

① Virginia Comolli, *Boko Haram: Nigeria's Islamist Insurgency*, London: Hurst & Company, 2015, p. 42.
② 马嫚：《区域主义与发展中国家》，中国社会科学出版社，2002，第107页。
③ AU, Draft African Unions Strategy for Enhancing Border Management in Africa, Addis Ababa: African Union, 2012, p. 17.

## 二　"伊斯兰国"威胁攀升

向撒哈拉以南非洲地区转移力量，寻找新的立足点，是"伊斯兰国"的重要策略之一。2016 年底，"伊斯兰国"头目巴格达迪就曾宣称，"伊斯兰国"已经将其部分成员、媒体和资金转移至非洲地区。[①]"伊斯兰国"官方杂志《达比格》（Dabiq）还明确规划隶属"哈里发帝国"的非洲"行政区划"：由苏丹、乍得、埃及组成阿尔基那纳省（Alkinaana），由厄立特里亚、埃塞俄比亚、索马里、肯尼亚和乌干达组成哈巴沙省（Habasha），由利比亚、突尼斯、摩洛哥、阿尔及利亚、尼日利亚、尼日尔以及毛里塔尼亚组成马格里布省（Maghreb）。[②]"伊斯兰国"在叙利亚溃败后，恐怖分子通过利比亚加速向撒哈拉以南非洲转移。截至 2021 年 9 月，"伊斯兰国"已在非洲建立利比亚、阿尔及利亚、埃及西奈半岛、西非、索马里和中非 6 个分支。其中，"伊斯兰国西非省"在乍得湖盆地和萨赫勒设有据点，"伊斯兰国中非省"在莫桑比克和刚果民主共和国设有据点。至此，"伊斯兰国"至少在 8 个非洲国家（地区）建立了接触点。[③] 美国西点军校反恐杂志披露，目前"伊斯兰国"中东核心与非洲各大分支联系密切，已向非洲地区转移了大量资源，"伊斯兰国"西非、中非和西奈半岛分支的军事潜力甚至超过了中东核心。[④] 这些分支之间相互勾结，实力较强的分支负责监督其他

---

① Joseph Siegle, "ISIS in Africa: Implications from Syria and Iraq," Africa Center for Strategic Studies, March 17, 2017, http://africacenter.org/spotlight/islamic - state - isis - africa - implications-syria-iraq-boko-haram-aqim-shabaab/.

② 刘中民、赵跃晨：《"伊斯兰国"在撒哈拉以南非洲地区的渗透及其影响因素分析》，《国际展望》2018 年第 2 期，第 115 页，引自 Joseph Siegle, "ISIS in Africa: Implications from Syria and Iraq," http://africacenter.org /spotlight/islamic-state-isis-africa-implications-syria-iraq-boko-haram-aqim-shabaab/。

③ "Isis - linked Groups Open up New Fronts Across Sub - Saharan Africa," https://www.theguardian.com/world/2021/jun/25/isis-linked-groups-open-up-new-fronts-across-sub-saharan-africa（最后访问时间：2022 年 4 月 7 日）。

④ 李伟：《多重原因导致非洲恐情逆势升温》，《世界知识》2021 年第 5 期，第 59 页。

分支，联手实施恐怖袭击的能力不断增强。①

"伊斯兰国西非省"成为最致命的恐怖组织。2015年3月，"博科圣地"头目阿布巴卡尔·谢考为寻求外部支持，以应对尼日利亚政府的反恐压力，宣布效忠"伊斯兰国"。"博科圣地"更名为"伊斯兰国西非省"后，不仅得到"伊斯兰国"的公开声援，还获得了长期缺失的"圣战"认同和前所未有的声势，吸引不少人员加入，成为"伊斯兰国"在非洲最大的分支。② 随后，因谢考拒绝放弃儿童兵，并对"伊斯兰国"禁止使用女性炸弹客、派兵保卫"伊斯兰国的黎波里省"等命令置若罔闻，导致组织内部发生分歧。2016年，"伊斯兰国"任命阿布·巴纳维（Abu Musab Barnawi）取代谢考为新头目后，该组织彻底分裂为以阿布·巴纳维为首的"伊斯兰国西非省"和以谢考为首的"博科圣地"，双方为争取地区"圣战"领导权争斗不断。2021年5月，谢考在"伊斯兰国西非省"武装分子的围攻下自杀身亡后，近8000名武装分子向尼日利亚政府投降，"博科圣地"实力被大大削弱，但多名前指挥官加入"伊斯兰国西非省"，后者的危害性迅速上升。根据《2022年全球恐怖主义指数：衡量恐怖主义的影响》报告，2021年"博科圣地"在尼日利亚发动恐袭的数量占尼恐袭总数的8%，造成69人死亡，比上一年减少了77%，是10年来该组织造成的最低死亡人数；而"伊斯兰国西非省"发动恐袭的数量占总数的36%，造成人员死亡人数占尼日利亚因恐怖主义死亡总人数的45%，袭击致命性从2018年平均每次伤亡人数为10人上升为15.2人。"伊斯兰国西非省"现控制着桑比萨森林、阿拉加尔诺森林、图姆布玛（Tumbuma）和乍得湖4个区域，已经开始任命"舒拉委员会"和各"哈里发国"领导人，武装人员超过3500人，人员规模是"伊斯兰国"在非洲第二大分支"伊斯兰国西奈省"的3倍多，甚至多于"伊斯兰国"在非洲其他各分支人数的总和。③

---

① "Twenty Years after 9/11：The Threat in Africa-The New Epicenter of Global Jihadi Terror," https：//ctc. westpoint. edu/？s=&terrorist-groups%5B%5D=boko-haram（最后访问时间：2022年4月7日）。

② ICG，"Facing the Challenge of the Islamic State in West Africa Province"，Brussels：International Crisis Group，May 2019，p. 7.

③ Ryan Browne，"US Warns of Growing African Terror Threat," CNN, April 19, 2018.

### 三　恐怖分子趁疫作乱

非洲恐怖组织利用新冠疫情大流行造成的混乱、不满，搅乱地区安全。一是图谋通过制造病毒、传播疾病等手段实施袭击。随着新冠疫情的持续发酵，恐怖分子利用病毒攻击、破坏各国医疗保健基础设施和经济体，扩大病毒传播范围的风险不断上升。2020 年 4 月 16 日，突尼斯当局宣布挫败一起"圣战"分子的恐怖图谋，这些人员计划通过咳嗽、打喷嚏和随地吐痰等方式在安全部队中传播新冠病毒。[1] 埃及部分恐怖分子呼吁病毒感染者放弃住院治疗，抱持"殉教"思想，尽可能多地前往政府机构，充当人体媒介，向"压迫者"广泛传播病毒。当前，新兴生物技术可使细菌或病毒更经济、更快速地进行基因测序、改造或武器化，降低了生物恐怖袭击的门槛，为国际恐怖势力实施生物恐袭打开了方便之门。"伊斯兰国"等恐怖组织具备实施生物恐怖袭击的动机和能力，它们不仅招募了一批有西方留学和生化技术背景的专业人才，组建了专门的生化实验机构，还设法从伊、叙的医院、大学实验室等地搜刮、购买生化制剂。此外，"伊斯兰国"还在网上建立"虚拟图书馆"，大量分享炸弹、化武、毒药及炸弹背心等生化武器的制作方法，并怂恿鼓动追随者策划投毒恐袭。[2] 联合国秘书长古特雷斯指出，新冠疫情凸显了人们在滥用数字技术、网络攻击和生物恐怖主义等新形式恐怖主义面前的脆弱性。[3] 欧盟委员会专家称，新冠疫情大流行期间，恐怖分子使用生化武器发动恐怖袭击的风险上升。[4]

---

[1] Ong K, Azman Na, "Distinguishing Between the Extreme Farright and Islamic State's (IS) Calls to Exploit COVID-19", *Counter Terrorist Trends and Analyses*, 2020, 12（3）: 18-21.

[2] 中国现代国际关系研究院：《国际战略与安全形势评估 2020/2021》，时事出版社，2020，第 341 页。

[3] "联合国反恐周开幕：古特雷斯提出知道未来反恐工作的五大领域"，2020 年 7 月 6 日，https://news.un.org/zh/story/2020/07/1061401（最后访问时间：2022 年 4 月 10 日）。

[4] "Has COVID-19 Increased the Threat of Bioterrorism in Europe?", Euractiv, June 3, 2020, https://www.euractiv.com/section/defence-and-security/news/has-covid-19-increased-the-threat-of-bioterrorism-in-europe/（最后访问时间：2022 年 4 月 10 日）。

二是利用新冠疫情制造更多混乱。新冠疫情影响非洲反恐力量的部署，让恐怖分子有机可乘。一方面，新冠疫情增加了军队感染的风险，在南非、尼日利亚、塞内加尔、科特迪瓦等国军队和联合国驻马里稳定团中均发现了确诊病例，为了降低传播风险，士兵多数时间都固守军营，反恐训练和作战行动被迫停摆。新冠疫情暴发后，联合国秘书长古特雷斯一度宣布暂停维和部队的轮换和部署。而美国原定于 2020 年 3 月与北非、西非国家联合举办的"非洲雄狮"大规模军演，也推迟到 2021 年 6 月举行。另一方面，为防范新冠疫情扩散，非洲各国重新部署军事力量，削减了反恐投入。南非将军队部署到该国新冠疫情最严重的豪登省，配合警方维持社会秩序；而尼日利亚军方则承担了转移病人、保护政府食品储备免遭抢劫等任务。与此同时，非洲恐怖势力却乘机制造大量恐怖袭击。2020 年，非洲发生恐怖袭击事件4956 起，比上一年增加 43%，预计 2021 年至少达到 5110 起，同比增幅为3%，数量仍处于上升态势。[1] 此外，非洲恐怖主义还与跨国犯罪合流并相互渗透，进行贩毒、绑架、盗采自然资源和野生动物及实施联合金融行动，对国家、区域和整个世界构成更大威胁。"博科圣地"在喀麦隆极北大区建立燃料、毒品、药品、汽车零部件走私及非法交易网络，并通过上述渠道，获取由利比亚和乍得等国流入的武器装备。"伊斯兰国中非省"则将走私象牙、木材、毒品和红宝石等作为其主要财源。非洲智库安全研究所指出，恐怖组织通过多种手段筹集资金，特别是利用国际非法金融网络进行跨国犯罪，包括雇佣军队以及贩运人口、毒品、枪支等，从而"越来越有能力发动和维持军事进攻"。[2]

三是通过抗疫行动增强合法性并开展招募。恐怖组织正利用非洲国家政府应对防控新冠疫情不力而导致的经济衰退、政府服务缺失和青年失业等问题扩大影响。据英国《卫报》称，乍得湖地区的"伊斯兰国西非省"向当地

---

① "African Militant Islamist Group Violence Maintains Record Pace，though Slowing"，Africa Center for Strategic Studies，https：//africacenter. org/spotlight/african－militant－islamist－group－violence-maintains-record-pace-though-slowing/.

② 《非洲合作应对安全挑战》，《人民日报》2020 年 12 月 2 日，第 16 版。

居民征收低于政府的税费，并为民众创造更好的商贸环境，大肆收买民心，扩充实力；索马里"青年党"则谴责索马里当局、批评其缺乏治理能力，并在索马里南部建立"影子政府"，向当地民众提供优于政府的社会服务。恐怖组织还针对新冠疫情中缺乏监管和陷入困境的群体开展招募。《现代外交》网站称，"博科圣地"将目标对准存在粮食安全问题、失业状况严重的地区，利用社交网络发布反对防疫措施的言论，同时通过给失业青年提供工资、向失学儿童提供就学等方式引诱青少年加入恐怖组织。2021年11月25日，尼日利亚总统奥巴桑乔在总统青年导师务虚会上指出，如果政府不能让近1400万名失学儿童重返教室，"博科圣地"可能很快会招募他们。联合国毒品和犯罪问题办公室担忧，停课停学使得（已经处于犯罪边缘的）年轻人更有可能被招募进激进组织和犯罪集团，"因为他们要与无聊作斗争，还要克服封锁带来的社会限制"，而在"封锁"隔离的环境下，教师、社会工作者等很难开展对青少年犯罪的日常性预防和教育工作，尤其是对其上网的监管。

## 第三节　非洲反恐压力巨大

非洲的贫穷落后和政府治理能力缺失，致使恐怖主义长期难以得到有效解决。同时非洲国家反恐能力的不足，使恐怖主义猖獗势头很难得到遏制。但国际社会，特别是美西方国家在自顾不暇的情况下，收缩对非援助，更是加剧了非洲面临的恐怖主义问题。

### 一　美国脱身乱局，加重非洲反恐负担

非洲是美国推行其全球反恐战略的最重要地区之一。美国认为，"失败国家"和"脆弱国家"最为密集的非洲大陆已经成为恐怖主义最易滋生的沃土，如不调整对非洲政策，对该地区的恐怖主义加以重点打击，将使美国的国家安全利益遭受持久损害。[1] 2012年6月，美发布的《美国对撒哈拉以

---

① 刘中伟：《9·11事件后美国对非政策的取向与特点》，载张宏明主编《非洲发展报告No.16（2013~2014）》，社会科学文献出版社，2014，第79页。

南非洲战略》正式确认，通过打击恐怖主义等方式来促进非洲的安全是美国对非政策的四大支柱之一。[①] 对此，美国政府推出多方面军事措施，不断加大对非军事介入力度，如授权美军非洲司令部全面统筹对非反恐军务、通过双边协定在 20 多个非洲国家建立军事或准军事基地等。[②] 美国还针对恐怖主义"重灾区"加强反恐部署。在非洲之角，美与非洲伙伴国成立"非洲之角联合任务军事力量"，并发起"东非地区反恐伙伴倡议"，推动和支持非盟索马里特派团在打击索马里"青年党"方面发挥积极作用，构建在该地区的反恐合力。在萨赫勒地带和马格里布国家，美先后抛出"泛萨赫勒倡议"和"跨撒哈拉反恐伙伴倡议"，帮助非洲国家提升边境管控能力，打压恐怖主义生存空间，鼓励和支持喀麦隆、乍得、尼日尔与尼日利亚成立联合军事力量进行反恐。此外，美国还在索马里、尼日尔、布基纳法索、阿尔及利亚等 22 个非洲国家部署有近 7200 名美军。

但是，美国倚重军事手段在非洲反恐的政策非但未能根除恐怖主义，反而导致恐怖主义跨国、跨地区活动加速在非洲扩散蔓延，针对在非美军的恐怖袭击不断。2018 年 11 月，特朗普政府宣布削减驻非美军，提出于 2021 年 1 月 15 日前撤回大部分驻索马里美军。为了转嫁反恐责任，美国防部于 2020 年 2 月决定，向非洲派遣陆军安全力量援助旅，以替换作战部队。该安全力量援助旅主要由军官、教官及军事顾问等组成，首要任务是"支持当地安全行动，以发展伙伴国安全能力，实现有利于美国国家利益的地区安全"。[③] 美国还合并欧洲和非洲两个军事行动司令部，将新机构总部设在德国，原美国陆军驻非洲部队被重新命名为"南欧特遣部队－非洲军团"，以此提升欧洲和非洲相互关联战区的行动效率，推动欧洲国家弥补美国下一步军力部署调整带来的空缺，更多承担在非反恐任务。拜登上台后，强调外交

---

① "U. S. Strategy Toward Sub－Saharan Africa", The White House, June 14, 2012, p. 1.

② Christopher Isike, "The United States Africa Command: Enhancing American security or fostering African Development?", *African Security Review*, Vol. 17, No. 1, 2008, p. 21; 刘中伟:《九·一一"事件以来美国的非洲反恐策略评析》,《西亚非洲》2016 年第 3 期, 第 109 页。

③ 张春、赵娅萍:《美国对非洲政策的战略指向及未来走势》,《西亚非洲》2021 年第 2 期, 第 19 页。

和经济手段是首要选择，军事是最后手段。2021 年 8 月 30 日，美国宣布完成从阿富汗撤军行动，标志着美国家安全战略已由反恐转向应对大国竞争，非洲的反恐地位进一步下降。应对尼日利亚总统布哈里提出希望美在打击地区恐怖主义上提供更多支持的意愿，拜登总统强调美愿同盟友一道，共同打击非洲的恐怖主义。美在非反恐导致多年来并不属于恐怖袭击热点地区的非洲成为全球新的恐怖主义活动中心，其实质是为对非洲进行更多的军事干预提供借口。① 面对日益加剧的非洲反恐乱局，应对乏力的美国欲"甩包袱"脱身，这将导致非洲部分国家出现安全"真空"，也将加重非洲的反恐负担。

## 二　法国撤军马里，增添非洲反恐变数

法国长期对中西非地区反恐有着举足轻重的影响力。奥朗德时期，法国安全部队先后发动"薮猫行动"和"新月形沙丘行动"，协同马里等国打击恐怖主义。马克龙总统就任第五天便访问马里，表达了"法国将坚定支持马里政府反恐，决不允许失败"的决心。为了争取国际社会支持，法国于 2017 年 6 月 7 日正式向联合国安理会提议，由欧盟提供 5000 万欧元，资助马里、毛里塔尼亚、尼日尔、乍得和布基纳法索等萨赫勒五国组成 5000 人规模的联合部队，打击萨赫勒地区日益严峻的恐怖主义。法国国防和国家安全会议同日批准设立国家反恐中心，在总统直接管辖下协调各情报部门开展反恐工作。即便在美国宣布削减驻非美军后，法国仍继续加大在非洲的反恐投入。2020 年 1 月，马克龙宣布增兵 220 名，扩大"新月形沙丘行动"人员规模。法国在非反恐可谓"一石二鸟"，不仅有效阻止了马里北部恐怖势力的南下企图，清剿了大批藏匿于山区老巢的武装叛乱分子，保护了法国在非利益，还加强了法国在西非的常态化军事存在，提升了法国的国际影响力。

然而，时至 2021 年中，马克龙却宣布将结束"新月形沙丘行动"，关闭法国位于马里多个地区的军事基地，将其驻萨赫勒地区士兵人数从目前的

---

① 李安山：《中国非洲研究评论（2012）》，社会科学文献出版社，2013，第 22~37 页。

5100 人减至 2500~3000 人。法国从马里撤兵的主要原因是马里政局突变导致两国关系恶化。2020 年以来，马里发生两次政变，现任过渡政府对各国派遣反恐部队的用意持怀疑态度，对法国以反恐之名干涉马里事务不满，要求法国克制其"殖民主义的本能反应"。不仅如此，法国军事存在的"正当性"也引起当地民众的强烈质疑，2020 年 1 月，千余名马里民众聚集在首都巴马科的独立广场，要求法国结束"新月形沙丘行动"。当然，法国自身也面临国内阻力，"新月形沙丘行动"每年花费近 6 亿欧元，在新冠疫情令法国财政雪上加霜的背景下，民众对援非反恐的质疑与批评不断。法国的撤军给非洲反恐增添了变数：一方面，撤军将使马里出现安全真空期，恐怖势力或借此机会发展壮大，对地区安全造成更大威胁；另一方面，撤军将使萨赫勒五国联合部队的反恐行动陷入更大困境。萨赫勒五国联合部队从成立之初就面临着资金不足的问题，法国作为萨赫勒五国集团的重要反恐合作伙伴，一直在国际社会上积极斡旋，为萨赫勒五国联合部队筹集资金。正是在法国的努力下，欧盟在抗疫期间仍宣布 2021 年对萨赫勒地区以及中部非洲国家提供 2.1 亿欧元的人道主义援助。法国撤军马里将导致萨赫勒五国联合部队的资金难以保障，影响并制约其开展反恐行动。此外，法国撤军还加重了地缘博弈的色彩，俄罗斯依托私营安保公司瓦格纳集团积极回应马里政府诉求，计划进驻填补法国撤军后的空白，引起西方警惕。法国外长曾公开警告，俄罗斯不得让瓦格纳雇佣军介入马里事务。

### 三 非盟面临诸多禁锢，难以主导地区反恐

非盟作为非洲最具代表性的区域组织，在非洲反恐中发挥着重要作用。根据非洲统一组织确立的《预防和打击恐怖主义公约》，非盟具有指导签约国通过合作采取一切手段预防和打击恐怖主义行为的合法性。近年来，非盟在指导西非经济共同体国家组成马里国际支助团打击"伊斯兰马格里布基地组织"，指挥乍得、尼日尔、喀麦隆等国成立多边维和部队打击"博科圣地"等方面，特别是其索马里特派团在打击索马里"青年党"方面均取得积极成效，非盟主导的多样化维和力量也成为区域反恐任务的主要承担者。

2014 年，非盟主持建立非洲警察合作组织，为成员国打击恐怖主义和跨国有组织犯罪搭建了合作平台。目前，非洲警察合作组织的反恐合作已完成机制建设，主要包括非洲警察组织大会、指导委员会、秘书处和国家联络办等四大机构，以及打击恐怖主义、跨国犯罪、网络犯罪等三个专案队。非洲警察合作组织还与国际刑警组织签订了共同打击恐怖主义犯罪的合作协议，并于 2020 年 4 月正式启动联合行动计划。

尽管如此，非盟依然因严重缺乏资金和装备而无力主导非洲反恐。资金缺乏一直是制约非盟开展反恐行动的最突出问题。非盟预算主要有两个来源：一是保障非盟各机构行政运行的费用，完全由非盟成员国负担；二是非盟每年开展项目需要的费用，主要由其外部合作伙伴承担。目前，非盟开展反恐项目的经费主要来自欧美国家的资金援助。例如，非盟索马里特派团成立之初，其经费主要由欧美国家捐助，2009 年以后才逐渐由联合国下设的信托基金承担；马里国际支助团的行动以及非盟打击"博科圣地"的专项资金也多半来自欧美国家。但是，欧美国家对非盟的经费承诺经常"口惠而实不至"，致使人员、设备无法及时补充，燃料、粮食及饮水等基本物资经常也难以保障，严重影响了反恐军事行动。非盟在 2016 年基加利峰会上决定，自 2017 年起各成员国加征 0.2% 进口关税用于支持非盟自主筹资，以实现非盟日常运转资金 100% 出自非洲国家，其他相关预算也要更大比例来自非洲。但是，截至目前，只有 20 多个成员国不同程度地执行了非盟的自主筹资决议，其他成员国则无力执行。同样，非盟的反恐装备也无法自给。当前，非盟主导的反恐行动均严重依赖外部支援，如北约组织的空中运输力量已成为非盟开展反恐的主要手段。自 2007 年以来，除了邻近索马里的出兵国外，在非盟索马里特派团中的其他维和人员基本上由北约组织负责运送。① 就空运设备而言，如果单纯依靠非盟成员国自行配置，预估至少需要

---

① Zyga I，"NATO and Africa: Future Prospects of a Nascent Partnership"，*Atlantic Voices*，2013，3（8）：11-16.

20 年才能保证非洲常备部队及相关国家配备相对完善的装备基础。① 需要强调的是，西方大国对非盟的反恐援助名义上是出于人道主义和维护区域和平，但本质上更多的是维护其在非洲的传统利益，彻底消除非洲恐怖主义威胁并非其核心目标。即便部分非盟特派团已明确以消灭恐怖分子为己任，但因资金和设备严重不足，也只能维持当地的相对稳定，无力遏制日渐猖獗的恐怖活动。

# 结 语

2021 年，非洲安全与反恐形势更加严峻。在新冠疫情导致非洲经济复苏缓慢、贫困人口增加、社会矛盾激化的背景下，安全痼疾持续发酵，新老危机多点并发，政变以及政权更替增多，治安形势普遍恶化。"基地"组织与"伊斯兰国"趁乱在非洲多国发展蔓延，影响力持续扩大，恐怖主义和极端主义叠加部族与宗教矛盾给社会秩序带来更大冲击。美西方调整对非战略，在经济上"捞好处"，在安全上"甩包袱"，使非洲国家难担反恐重任，给非洲地区增添了新的不稳定因素。未来一个时期，非洲总体安全形势仍难有好转。中国在非利益面临的安全风险上升，和平与安全成为中非合作的一项重要任务。中国积极推动国际社会重视新冠疫情给非洲和平发展带来的严峻挑战，凝聚共识与合力，与非洲国家一道，携手战胜新冠疫情，开展疫后重建，以发展促安全，消除恐怖主义滋生的根源，为非洲持久和平与可持续发展注入新的动力。

---

① 卢张哲、濮方圆：《试析区域主导型维和行动对非洲恐怖主义威胁之应对》，《武警学院学报》2016 年第 9 期，第 83 页。

# 第三部分　热点追踪

## 第八章　国际重大恐怖案例分析[*]

恐怖主义以暴力袭击为手段，制造社会恐慌气氛，以达到宣扬极端意识形态的政治目的。在很大程度上，恐怖主义的发展变化是通过发动恐怖袭击表现出来的。通过深入研究分析恐怖袭击案例，从中总结应对的经验教训，有利于各国采取更有针对性的措施，防范和打击恐怖主义。

### 第一节　巴基斯坦开伯尔-普赫图赫瓦省汽车爆炸事件

#### 一　事件概要

2021年7月14日，巴基斯坦开伯尔-普赫图赫瓦省哈扎拉县一中资企业通勤班车遭到自杀式汽车炸弹袭击后坠谷，造成13人死亡，其中9人为中国公民，另有28名中国公民受伤。

巴初步报告称，爆炸可能与"机械故障气体泄漏"有关，但随后即发现了"爆炸物"痕迹，不排除恐怖袭击的可能。中方派跨部门联合工作组

---

* 作者：郭永良，中国人民警察大学副教授，研究方向：国际反恐。

赴巴基斯坦参与调查。巴基斯坦总理伊姆兰·汗认定，此次事件属于恐怖袭击。7月28日，巴基斯坦警方逮捕2名犯罪嫌疑人。

2021年8月6日，联合国安理会发表主席新闻谈话，谴责此次袭击事件。中国外交部发言人华春莹赞赏巴基斯坦的调查工作，并指恐怖主义是全人类公敌，反对任何势力利用恐怖主义谋取地缘私利。8月12日，巴基斯坦外交部长沙阿·迈赫穆德·库雷希表示，此次爆炸事件是一起自杀式炸弹案件，由伊斯兰武装巴基斯坦塔利班斯瓦特分支实施，幕后得到印度调查分析局和阿富汗国家安全局的支持。8月13日，印度外交部发言人巴格奇（Arindam Bagchi）否认巴基斯坦针对印度的指控。

## 二 袭击幕后的恐怖组织①

巴基斯坦方面调查认为，"巴塔"斯瓦特分支是此次袭击事件的幕后黑手。

### （一）巴基斯坦塔利班的基本情况

"巴基斯坦塔利班"（Tehrik-i-Taliban Pakistan，简称"巴塔"）原来是"阿富汗塔利班"（简称"阿塔"）的延伸。"阿塔"于1996年攻占喀布尔，建立"阿富汗伊斯兰酋长国"，并一度控制了阿富汗95%的国土。20世纪末，"阿塔"政权容留了"基地"组织头目本·拉登，由此引发了"9·11"事件和美国对阿富汗的军事打击。随后，"阿塔"与在阿境内的"基地"组织成员全部逃到与阿富汗接壤的巴基斯坦开伯尔-普赫图赫瓦省的联邦直辖部落区。这个部落区的面积约为2.7万平方公里，人烟稀少，不少国际恐怖分子藏匿其中。自2005年开始，"阿塔"便开始在巴部落区境内实现重组。一些曾热衷于参加阿富汗"圣战"的巴基斯坦极端分子，对时任总统穆沙拉夫的亲美政策日益不满。而且，巴基斯坦极端分子越来越不愿意受到被严重削弱的"阿塔"的"束缚"，于2007年12月宣布成立独立于"阿塔"的"巴基斯坦塔利班"。虽然"巴塔"仍"供奉""阿塔"领导人奥马尔为他们的精神领袖，但

---

① 包吉氢：《巴基斯坦塔利班的新动向及预测》，《当代世界》2015年第3期。

实际上已经成为另一个独立的恐怖主义实体。

"巴塔"是巴境内势力最大的恐怖组织，也是"巴塔"与其他一些巴基斯坦极端恐怖组织的统称，这里既包括"巴塔"，也包括一些没有参加"巴塔"而自称巴基斯坦塔利班的恐怖组织。目前，巴基斯坦有 50 多个恐怖组织，"巴塔"是势力最大的一个。"巴塔"的最高层并不能对其麾下的恐怖组织实施有效的管辖权。

（二）"巴塔"的形成与发展

巴基斯坦塔利班组织的形成及发展不是一蹴而就的，而是受地区地缘政治博弈、巴基斯坦国内局势变化等多重因素的影响。其中，巴基斯坦政府与巴基斯坦塔利班的互动、巴基斯坦塔利班与其他地区恐怖组织的互动，以及"巴塔"内部各派别之间的互动，是巴基斯坦塔利班发展过程中最重要的三对互动关系。

一般认为，2007 年巴基斯坦"红色清真寺事件"是"巴塔"成立的导火索。第一次斯瓦特战役后，巴基斯坦塔利班处于萌芽阶段。巴基斯坦塔利班的建立，是巴基斯坦西北部部落武装"塔利班化"的最终结果，巴基斯坦政府反恐政策的调整也在其中起到相当关键的作用。吉拉尼政府对巴基斯坦塔利班的妥协非但未能成功分化该组织，反而使其获得机遇逐渐发展壮大，最终成为巴基斯坦境内规模最大、杀伤性最强的恐怖组织。

2009 年以来，巴基斯坦塔利班吸纳了大量来自中东、北非地区的外籍恐怖分子，"巴塔"极端化趋势进一步加强。在吸收了来自这些地区的极端宗教思想后，"巴塔"极端化和国际化趋势进一步加强，手段更加残忍。甚至引发了"阿塔"的不满，开始与其保持距离。

2014 年以来，在巴基斯坦的反恐打击下，"巴塔"结构更加分散。为了躲避政府追击，"巴塔"内部各分支组织加强同地区极端组织的联系，活动范围也开始扩大，由之前的联邦直辖部落区和开伯尔-普赫图赫瓦省向俾路支省境内蔓延。

（三）"巴塔"领导层的演变和分化

其一，首次由非马哈苏德家族控制。目前首领为 2013 年 11 月上任的毛拉·法茨鲁拉赫。2007年该组织成立后，前两个头目贝图拉·马哈苏德及哈基姆拉·马哈苏德分别于2009年8月和2013年11月被美军无人机炸死。在2013年"巴塔"领导层再度面临更新换代之时，盘踞在南瓦济里斯坦的马哈苏德部落首次在竞争"巴塔"埃米尔（元首）的权力斗争中失利，"巴塔"的大权首次旁落到非马哈苏德部落人法茨鲁拉赫手中。法茨鲁拉赫是斯瓦特的普什图族人。

其二，法茨鲁拉赫在"巴塔"中的影响力有限。法茨鲁拉赫不属于马哈苏德家族，即不属于"巴塔"恐怖组织领导核心的正统，故影响力有限。2010年后，法茨鲁拉赫本人长期在阿富汗境内活动，不具备在整个"巴塔"确立领导地位的必要条件。"巴塔"大部分自杀式恐怖袭击"肉弹"、绝大部分军火库、通信器材、后勤给养、指挥中枢，以及与"基地"组织等国际恐怖组织的联系手段和方式，都被继续掌握在马哈苏德部落手中。

其三，"巴塔"的领导层变更往往伴随着内部权力斗争。每次"巴塔"新头目上任，都会因意见不合而导致"巴塔"分裂。第一个继任者哈基姆拉·马哈苏德上任后，作为该组织领导层成员之一的法扎尔·萨义德·哈卡尼（Fazl Saeed Haqqani）因不赞同"巴塔"参与攻击巴军队和无辜平民，率领其部分亲信与"巴塔"分道扬镳，另立"伊斯兰塔利班"（Islami-Tehrik-eTaliban）。

在白沙瓦恐怖袭击事件之后，2014年9月刚从"巴塔"分裂出去的前"巴塔"分支（莫赫曼德地区的Jamaat-ul-Ahraar）领导人奥马尔·卡利德·考拉萨尼立即公开谴责"巴塔"对儿童的袭击。这些矛盾意味着"巴塔"内部政治理念的分化和"巴塔"领导人权威受损。

（四）"巴塔"人员组成的新变化

一是越来越多的国际恐怖分子加入其中。目前在"巴塔"中，有来自中东的阿拉伯人、中亚的乌兹别克人和中国新疆"东突"分子等外籍恐怖分子。二是"巴塔"的人员成分愈来愈复杂。除了底层贫困无业人群和宗教学校学生，还有许多对巴基斯坦政府不满、出身贫寒、有极端宗教思想的大学生、工程师和知识分子，这些人往往成为"巴塔"的义务宣传员。此外，还有地痞、流氓、恶棍、无赖、走私犯、毒贩、小军阀等参与进来，"巴塔"的构成鱼龙混杂。三是"巴塔"的民族构成也发生了重大变化。民族色彩淡化，极端色彩增加。近年来，"巴塔"民族构成除了普什图族人之外，也有旁遮普族人、俾路支族人。这说明"巴塔"已经不再是单一的普什图族人组成的恐怖组织，而逐渐演变为泛巴基斯坦的恐怖组织。成员（指外国恐怖分子）的民族属性不再重要，而对恐怖理念的认同、是否能参与"巴塔"发动的恐怖袭击，以及是否愿意隶属于或者效忠于"巴塔"，则成为是否被"巴塔"认可和信任的标志。

（五）"巴塔"恐怖袭击特点的变化

第一，"巴塔"具有综合发动恐怖袭击的能力。"巴塔"的任何一次恐怖袭击都要经过周密策划，踩点、策应、掩护、攻击、自杀式人体炸弹、劫持人质等一连串组合动作。此次针对在巴中资企业通勤班车的攻击，也与过去的恐怖袭击特点相似，攻击手段、选择时机都经过精心策划。种种迹象显示，"巴塔"在巴基斯坦社会的各个层面都收买和安插了"线人"为其服务。

第二，"巴塔"的残暴程度越来越接近"伊斯兰国"。"巴塔"恐怖袭击手段愈加残忍，现任"巴塔"首领法茨鲁拉赫素以手段残忍闻名。虽然"阿塔"与"巴塔"之间还需要相互利用，但在理念和具体行动问题上，"阿塔"与"巴塔"之间渐行渐远的趋势越来越明显。

（六）"巴塔"的新动向

"巴塔"针对中国的敌意逐渐上升。其一，对中国有敌视倾向。虽然"巴塔"的反对目标是巴基斯坦政府和军队，并在一段时间内把主要攻击矛头指向美国，并没有公开针对中国。但由于中国与巴基斯坦是全天候战略伙伴关系，无论是民选政府还是军人政府，无论是自由派政党还是保守派政党掌权，巴基斯坦与中国始终维持全天候、全方位、经过时间考验的战略伙伴关系。因而，多数"巴塔"派别对中国有敌视倾向。

其二，影射和威胁中国政府。以"巴塔"发表的题为《中国投资巴基斯坦的隐藏目的》文章为例，对中国在新疆的民族政策极尽污蔑之能事，歪曲事实和断章取义。同时，文章也指责巴基斯坦政府对中国所谓"迫害穆斯林"的政策保持沉默，还攻击巴政府支持中国在部落区军事打击"东伊运"恐怖分子（ETIM）。文章扬言，"巴塔"将以难以预想的方式攻击中国经济利益核心。

"巴塔"对中国的敌意主要来自以下两个方面：一方面是巴基斯坦媒体的负面报道。"巴塔"对中国的敌意，一是来自中国对巴政府的支持；二是因为巴当地媒体过度自由，受西方势力的掌控，抱有习惯性偏见、负面地报道中国，尤其歪曲报道中国穆斯林的生活状况，"巴塔"将这些报道作为自己敌视和攻击中国的理由。另一方面是"巴塔"认为中巴经济走廊威胁其生存。建设中巴经济走廊，意味着有更多的中国人员将会到巴基斯坦工作、生活。"巴塔"认为，中国在巴基斯坦的经济存在将为巴基斯坦创造更多的就业机会，使得巴基斯坦政府有更多的力量用于反恐，对"巴塔"的生存构成长远和现实的威胁。因此今后一段时间，"巴塔"有可能将攻击矛头直接指向在巴工作的中国公民。①

## 第二节　巴基斯坦白沙瓦市清真寺恐怖袭击事件

### 一　事件概要

2022 年 3 月 4 日，巴基斯坦西北部开伯尔-普赫图赫瓦省首府白沙瓦市一座清真寺发生自杀式爆炸袭击事件，造成 63 人死亡，另有约 200 人受伤。据报道，"伊斯兰国呼罗珊省"宣称制造了这起袭击事件。自封"伊斯兰国"开伯尔-普赫图赫瓦省地区分支机构的组织也声称对爆炸事件负责。

### 二　事件经过②

袭击发生在开伯尔-普赫图赫瓦省西北部首府白沙瓦中部一个拥挤社区

---

① 包吉氢：《巴基斯坦塔利班的新动向及预测》，《当代世界》2015 年第 3 期。
② 参见英国《黎明报》2022 年 3 月 4 日。

的下午祈祷时。该事件为自杀式炸弹袭击，当地官员最初表示，2 名袭击者参与其中。然而，当天晚些时候发布的闭路电视录像显示，一名身穿黑色传统服饰沙丽克米兹（halwar kameez）的袭击者步行抵达该市肖特-赫瓦尼（Qissa Khwani）集市的清真寺，挥舞着手枪。高级警官哈龙·拉什迪（Haroon Rashid）告诉记者，袭击者冲着著名的肖特-赫瓦尼集市的清真寺，在门口开枪打死了 2 名警卫，然后在有着数百名礼拜者的大厅内，引爆了他的炸弹背心。附近雷丁夫人医院的发言人穆罕默德·阿西姆证实了伤亡情况。他告诉记者，十几名伤员情况危急，死亡人数可能会增加。

目击者海德尔（Shayan Haider）正准备进入清真寺时，一次强大的爆炸把他推到了街上。英国《黎明报》援引海德尔的话说："我睁开眼睛，到处都是灰尘和尸体。"

巴基斯坦总理伊姆兰·汗办公室表示，巴政府强烈谴责这次袭击，并指示当局向受影响者提供紧急护理。伊姆兰·汗后来在推特上表示，在"懦弱的恐怖分子"袭击后，他立即与反恐当局协调。他说："我们现在掌握了所有关于恐怖分子来自哪里的信息，并正在全力追捕他们。"

上一起类似性质的重大事件发生在 2018 年 7 月的白沙瓦，当时该市雅卡图特地区的一起自杀式炸弹袭击夺去了 19 人的生命，其中包括人民民族党领导人哈龙·比洛（Haroon Bilour）。当时，比洛正在参加 2018 年大选前举行的选举集会。"巴塔"声称对此次袭击负责。

2022 年 3 月 6 日，联合国安理会发表媒体声明，强烈谴责发生在巴基斯坦的自杀式恐怖袭击事件。声明说，任何形式的恐怖主义都是对国际和平与安全构成的最严重威胁，所有国家必须尽全力遏制恐怖主义活动给国际和平与安全带来的威胁。必须将恐怖主义活动的实施者、组织者、资助者和支持者绳之以法。声明呼吁，所有国家应按照国际法和安理会相关决议规定的义务，与巴基斯坦政府和其他有关方面积极合作。声明同时向袭击事件遇难者家属和巴基斯坦政府致以最深切的同情和慰问。

3 月 7 日，中国国家主席习近平就巴基斯坦发生严重恐怖袭击事件向巴基斯坦总统阿尔维致慰问电。习近平表示，"惊悉贵国开普省白沙瓦市发生严重恐怖袭击事件，造成重大人员伤亡。我谨代表中国政府和中国人民，对遇难者表示深切的哀悼，向伤者和遇难者家属表示诚挚的慰问。中方对这一恐怖袭击事件予以强烈谴责，坚定支持巴基斯坦政府和人民为打击恐怖主义、维护国家稳定、保护人民生命安全所作努力"。同日，国务院总理李克强就此向巴基斯坦总理伊姆兰·汗致慰问电。

### 三 恐怖组织简介

"伊斯兰国呼罗珊省"是"伊斯兰国"在中亚和南亚的分支，主要在阿富汗东部和巴基斯坦北部活动。

"伊斯兰国呼罗珊省"近年来制造了多起血腥攻击，犯案地点包括清真寺、公共广场甚至医院，特别锁定被它视为异端教派的什叶派穆斯林。除阿富汗之外，"伊斯兰国呼罗珊省"还在巴基斯坦、印度等地活动，被美国等国认定为"恐怖组织"。

"伊斯兰国呼罗珊省"成立于 2015 年，首任领导人哈菲兹·赛义德·汗和大多数成员均自"阿塔"分裂叛离而出。该组织势力壮大后，"乌兹别克斯坦伊斯兰运动"（简称"乌伊运"）更宣布归附并加入该组织。在阿富汗，"呼罗珊省"不仅从乡村而且从城市中产阶级及大学知识分子中招募人员，特别针对宗教相关院校或学科的师生，以致该国有许多伊斯兰学校教师和喀布尔大学的学生参与该组织。除来自巴基斯坦和乌兹别克斯坦的"圣战"者外，该组织的大部分人力均来自前"阿塔"成员。

（一）发展历史

2015 年 1 月，"伊斯兰国"发言人宣布设立所谓"呼罗珊省"，并接受此前自称为"伊斯兰国呼罗珊省"成员的投诚效忠。

2017 年，美国估计当时"伊斯兰国呼罗珊省"在阿富汗的武装分子人数已从 2015 年的 2500 人左右降至不到 1000 人。2020 年 7 月的一份联合国报告称，尽管"伊斯兰国"在阿富汗的分支因不断遭打击而实力下降，但仍有能力在阿境内各地发动攻击。根据联合国报告，该组织现有成员 500~1200 人。

（二）机构成员

几乎没有有关"伊斯兰国呼罗珊省"的公开信息，欧美几名情报、执法和军事官员描述其由来自中东、南亚和北非的恐怖组织成员组成。该小组的成员据说对设计使用隐藏性爆炸物的恐怖袭击特别感兴趣。

该组织的领导人曾是"基地"组织高级特工穆赫辛·法德赫里（Muhsin al-Fadhli）。据美国国务院的说法，法德赫里在来到叙利亚之前，一直与"基地"组织的一小群特工一起住在伊朗。"9·11"后，他们从阿富汗逃到伊朗。伊朗政府曾表示，这个小组成员已被软禁。但关于这些"基地"组织人员的确切情况多年来一直存有争议，而且该小组的许多成员最终离开了伊朗，去了巴基斯坦、叙利亚，以及其他国家。

穆赫辛·法德赫里1981年出生在科威特，曾是"基地"组织高级特工，他与本·拉登的关系非常密切，他属于在"9·11"事件发生之前就知道该计划的小圈子的一员。2012年，法德赫里与富裕的"圣战捐助者"一起，为叙利亚境内与"基地"组织结盟的反政府武装募集资金。

2015年7月21日，美国国防部宣布，"基地"组织在叙利亚的分支"呼罗珊省"的组织头目穆赫辛·法德赫里在美军空袭中身亡。五角大楼发言人发表声明说，法德赫里于当年7月8日在叙利亚塞尔迈达镇附近的一次美军空袭中身亡。

（三）国际反响

2014年9月18日，美国国家情报总监小詹姆斯·R. 克拉珀（James R. Clapper Jr. ）表示，"呼罗珊省"和"伊斯兰国"对美国本土构成同样大的威胁。一些美国官员和国家安全专家表示，对"伊斯兰国"的过度聚焦扭曲了叙利亚内战混乱所产生的恐怖主义威胁的全景。因为除"伊斯兰国"外，更直接、更具威胁的恐怖组织也包括"呼罗珊省"，以及"基地"组织在叙利亚的分支机构"努斯拉阵线"（Nusra Front）等恐怖组织。

2005年，美国前总统乔治·W. 布什在布鲁塞尔发表讲话时，曾提到法德赫里。当时欧洲国家指出，法德赫里曾协助恐怖分子在也门沿海炸毁了一艘法国油轮。那次袭击导致1人死亡，还导致5万桶石油泄漏污染了70多公里的海岸线。

2012 年，美国国务院曾将法德赫里确认为伊朗"基地"组织的领导人，在该国指挥"资金和特工的运转"。为抓获此人，美国政府将给予提供信息者 500 万美元的奖励。

（四）组织动向

2018 年 8 月，"伊斯兰国呼罗珊省"200 多名成员向阿富汗军方自首，表示宁愿向军方投降也不愿被"阿塔"抓获。然而，阿富汗军方却表示，该恐怖组织是经受不住军方的猛烈攻击才被迫选择向军方投降的。

阿富汗境内"伊斯兰国呼罗珊省"的头目也在这些向军方自首的人之中。该恐怖组织在与"阿塔"激烈交战多日后，最终决定向军方自首。

随后，"阿塔"发言人发表声明称，在交战的过程中，共有 153 名"伊斯兰国呼罗珊省"人员死亡，超过 100 人受伤，还有 134 人被俘。该发言人还在声明中表示，阿富汗北部的"伊斯兰国呼罗珊省"成员已经全部被"阿塔"清除。

据"伊斯兰国呼罗珊省"一名重要成员透露，之所以选择投降是因为"战士们受够了交火，并且受到了来自军方和'阿塔'的双重压力"。他还补充道，"阿塔"多次要求"伊斯兰国呼罗珊省"成员加入塔利班，但他们还是"选择加入阿富汗安保队伍"。

2021 年 8 月 26 日，阿富汗首都喀布尔国际机场及其附近一家酒店先后发生 2 起爆炸事件。事件发生后，"伊斯兰国"宣布对这两起爆炸负责，其在阿富汗地区的分支"伊斯兰国呼罗珊省"被认为发动了袭击事件。


# 第三节　叙利亚霍姆斯郊区军用巴士遇袭事件

## 一　事件概要[①]

2022 年 3 月 6 日，据叙利亚通讯社报道，一辆军用巴士当天在叙中部

---

① 参见《环球时报》2022 年 3 月 7 日。

霍姆斯省遇袭，造成 13 名叙利亚军人死亡、18 人受伤。报道援引叙军方消息人士的话说，一辆军用巴士当天下午在霍姆斯省巴尔米拉市东部的沙漠地带遭到恐怖袭击，造成人员伤亡。

另据总部设在英国的"叙利亚人权观察组织"消息，遇袭军用巴士隶属叙利亚政府军，"伊斯兰国"残余分子以沙漠地带的沙尘天气为掩护发动袭击。

## 二 事件经过

"伊斯兰国"于 2019 年 3 月失去在叙利亚的最后主要据点——叙东部代尔祖尔省的巴古兹镇。但是，"伊斯兰国"残余势力仍藏身沙漠地带，不时发动袭击。据报道，2019 年以来，"伊斯兰国"在叙沙漠地区发动的袭击已造成叙军方人员等共 1600 多人死亡。

一名战争监察员表示，在叙利亚中部沙漠的一辆军车遭"伊斯兰国"袭击，15 名士兵丧生。尽管"伊斯兰国"建立的"哈里发国"在 2019 年倒台，但该组织继续从叙利亚沙漠的藏身处发动致命袭击。该沙漠从首都大马士革郊区一直延伸到伊拉克边境。

叙利亚国家通讯社（SANA）报道称，2022 年 3 月 6 日下午，在一辆军用公共汽车上发生恐怖袭击，造成 15 名军人（包括军官）死亡和 18 人受伤。总部设在英国的战争观察组织叙利亚人权瞭望台依靠叙利亚各地的消息来源网络表示，由于大多数士兵"受重伤"，死亡人数可能会增加。"伊斯兰国"没有立即声称对这次袭击负责。叙利亚人权瞭望台补充说，2022 年以来，已有 61 名政府士兵和与伊朗有关联的民兵在叙利亚沙漠的伊斯兰国袭击中丧生。

自 2011 年叙利亚内战爆发以来，约有 50 万人丧生，数百万人流离失所。2022 年 2 月初，"伊斯兰国"领导人阿布·易卜拉欣·哈希米·库莱希在美军突袭叙利亚西北部伊德利卜地区的住宅时，引爆炸弹身亡。该地区是叙利亚最后一个主要反政府武装和恐怖组织聚集的地方。

由于美国支持的地方部队多年的打击，以及在叙利亚和伊拉克北部所建立的"哈里发国"的丧失，库莱希接管了"伊斯兰国"。"伊斯兰国"对其在 2014 年宣布的"哈里发国"进行了残酷统治。雄伟的世界遗产古城巴尔米拉成为公开处决的场所，"伊斯兰国"还炸毁了古迹，掠夺了其他宝藏。

2022年1月，"伊斯兰国"武装分子发动了多年来最大规模的袭击，袭击库尔德人控制的叙利亚东北部城市哈塞克的一座监狱，旨在释放"圣战"分子。据叙利亚人权瞭望台称，近一周的激烈战斗造成370多人死亡。1月初，9名叙利亚士兵和盟军战士在叙利亚东部一起针对军事车队的袭击中丧生，而2021年11月，叙利亚人权瞭望台表示，叙利亚东部的另一次袭击造成1名将军和4名士兵死亡。据叙利亚通讯社报道，2021年10月，大马士革中部一辆军车上的2枚炸弹造成14人死亡。此次军用巴士遇袭是自2017年3月"伊斯兰国"对正义宫进行爆炸袭击造成至少30人死亡以来，叙利亚首都发生的最致命袭击。

## 三 恐怖组织简介

"伊斯兰国"在2003年伊拉克战争爆发以后，以"基地"组织伊拉克分支自立，开始了它罪恶的恐怖主义之路，发起了无数次惨无人道的恐怖行为。2014年8月，"伊斯兰国"攻破摩苏尔后，数万人被俘，恐怖分子枪杀了500人、活埋了100人、数千名女性沦为性奴；2014年9月，"伊斯兰国"集结恐怖分子进攻科巴尼，导致662名平民丧生；2014年10月，"伊斯兰国"恐怖分子在巴格达接连发起汽车炸弹袭击，致使约50人死亡和多达100多人受伤；2015年6月，位于科威特城的一座清真寺在大量什叶派教徒进行祈祷时，发生一起自杀式炸弹袭击，造成约30人死亡、超过200人受伤，2015年10月31日，架搭乘了200多名乘客和机组成员的俄罗斯客机坠毁在埃及西奈半岛哈桑纳地区，整机无人生还，"伊斯兰国"叫嚣"干掉了一架俄罗斯飞机"。

在新冠疫情大流行背景下，"伊斯兰国"在中东、非洲等地活动激增，引发国际社会新一轮担忧。联合国报告显示，过去一年里，"伊斯兰国"明显开始重建和"崛起"，且活动能力有所扩展。

一方面，"伊斯兰国"在"大本营"借疫生乱、伺机反扑。根据报告，目前该组织不仅掌握着1亿美元的恐怖资金，还有1万多名成员在伊拉克、叙利亚转入地下，将矛头对准安全部队、政府目标、能源设施、军事车队等，不断发动"消耗战"与"游击战"，阻碍伊、叙两国政府进行有效的安全治理，企图削弱两国的实力。

2020年以来，伊、叙政府忙于应对疫情危机，安全力量的部署相对减少，加之以美国为首的国际反恐联盟（美国、英国、法国、德国、澳大利亚、捷克、西班牙、葡萄牙等国）已全部或部分撤离伊拉克，这给了"伊斯兰国"可乘之机。2020年，该组织策动袭击的次数比2019年大幅增加，谋求复苏迹象明显。

其中，"伊斯兰国"对伊拉克实施恐怖袭击1422起，集中在迪亚拉、基尔库克、安巴尔、萨拉赫丁等省；对叙利亚发动恐怖袭击593起，集中在代尔祖尔、拉卡、霍姆斯、哈塞克等省。美国布鲁金斯学会研究人员查尔斯·利斯特指出，"伊斯兰国"在基尔库克省策动的袭击增加了200%，在迪亚拉省，几乎每天都会发动恐怖袭击。

不只是在伊、叙，"伊斯兰国"还在南亚、东南亚、非洲等地浑水摸鱼、趁乱扩张。在南亚，"伊斯兰国"中亚南亚分支"呼罗珊省"借美国与"阿塔"签署和平协议之际，在阿富汗袭击了喀布尔锡克教寺庙、妇产科诊所、喀布尔大学等地，造成大量人员伤亡。特别是其2020年8月袭击贾拉拉巴德东部一所监狱，导致至少29人身亡、50人受伤，数百名囚犯出逃。

在东南亚，曾宣布效忠"伊斯兰国"的菲律宾本土恐怖组织"阿布沙耶夫"、"穆特组织"，以及菲律宾反政府武装"邦萨摩洛伊斯兰自由战士"等，2020年间与政府军或安全部队冲突不断，对地区和平稳定造成严重威胁。已宣布效忠"伊斯兰国"的印尼本土恐怖组织"神权游击队"则将警察视为头号敌人加以攻击。

在非洲，"伊斯兰国"西非分支"伊斯兰国西非省"、中非分支"伊斯兰国中非省"以及"博科圣地"等不断策动恐怖袭击，扩大势力范围。其中，"伊斯兰国西非省"已成为布基纳法索、马里和尼日尔三国边境地区最危险的恐怖组织。"伊斯兰国中非省"将触角伸至刚果（金）和莫桑比克，武装分子2020年8月占领莫辛比瓦港口并升起"伊斯兰国"黑旗。

此外，"伊斯兰国"继续煽动欧美等地支持者与同情者发动"独狼"式袭击。2020 年下半年，法国、奥地利相继发生数起"独狼"式袭击事件，其中法国中学教师塞缪尔·帕蒂因在课堂上展示引发争议的宗教漫画而被杀；奥地利首都维也纳圣母大教堂附近，有 4 人被"伊斯兰国"支持者持枪杀害。

来自美国联邦调查局（FBI）的消息称，"伊斯兰国"筹划中的袭击目标还包括"9·11"纪念馆、联邦大楼等公共设施。

当前，"伊斯兰国"在新头目阿米尔·穆罕默德·阿卜杜勒·拉赫曼·毛利·萨勒比指挥下，正谋求卷土重来。

一方面，"伊斯兰国"谋求提升内生动力。在组织架构方面，该组织进一步重组调整，不断推动领导层指挥权下放和去中心化，赋予分支机构更大自主权和灵活性（这些分支机构是半自治的，在财政上可以自给自足），以保障具备继续实施攻击的能力。

该组织还试图保持各层指挥官的连续性。2017~2019 年，"伊斯兰国"约 43 名核心头目（包括前头目巴格达迪）、79 名关键的中层头目及数百名战地和后勤负责人丧命。当一名高层头目被击毙或俘虏时，其他人（通常是副手）会迅速接替他的位置。因此，针对高级头目的"斩首行动"虽在短期内能重创该组织的"士气"，却难以对其造成根本性影响。

在战略战术方面，"伊斯兰国"不仅对政府和安全官员实施更多的政治暗杀，还攻击曾占领土地上的工商业者，报复支持政府的当地居民。袭击农田和焚烧庄稼成为他们越来越常用的一种策略。2020 年 4~5 月，伊拉克埃尔比勒省马赫穆尔就有数百英亩的农作物被毁。

新冠疫情期间，"伊斯兰国"还通过网络与社交媒体加大宣传力度，反复宣扬疫情是"真主对西方的惩罚"，鼓动支持者在"敌人"实力被削弱和注意力分散之时对其发动袭击。

另一方面，"伊斯兰国"对一切外部因素加以利用。一是趁美国反恐战略收缩时伺机作乱。美国前总统特朗普在任期间，国际反恐意愿持续降低。2019 年 10 月，美国宣布从叙撤军，其库尔德盟友不再将打击"伊斯兰国"作为首要任务。在伊拉克与阿富汗，美进一步加快反恐战略收缩步伐，宣布将驻两国兵力同时缩减至各 2500 人，尤其是驻阿美军的规模为"9·11"

事件以来最低点。兰德智库研究员克林·克拉克认为，特朗普撤军将为"伊斯兰国"复苏、扩张全球网络提供时间和空间。

二是局部地区的动荡局势无疑给"伊斯兰国"提供了重生土壤。联合国、世界银行、国际货币基金组织和美国中央情报局的报告指出，自2003年美国入侵伊拉克和2011年中东地区发生动乱以来，滋生和维持极端主义的政治、治理、经济和更广泛的安全问题，在伊拉克、叙利亚、阿富汗、利比亚、也门、索马里等国日益恶化，使这些地区成为"伊斯兰国"最有可能"借尸还魂"的地方。比如，利比亚长期的无法治状态和派系间战斗，为"伊斯兰国"利比亚分支的发展创造了机会。

三是利用宗教矛盾与教派冲突制造混乱。近年来，"伊斯兰国"将西方对其打击行动描绘成一场"新十字军东征"，妄图在全球招募追随者为其效力。该组织还恶意挑动逊尼派与什叶派的相互敌对与仇视，意图制造更多冲突与对立，以谋求从中渔利。2021年1月23日，"伊斯兰国"武装分子在伊拉克萨拉赫丁省袭击什叶派民兵武装"人民动员组织"的一处岗哨，造成死伤。

四是利用大国干涉政策迅猛发展。"伊斯兰国"并非凭空出现，而是借伊拉克战争、叙利亚内战之机落地生根、发展壮大，美西方国家对此难脱干系。中东问题分析家格雷厄姆·富勒直言，"伊斯兰国"是美国一手制造出来的恶魔。在他看来，美国在中东地区推行的以毁灭性打击为主要目的的干预政策，以及发动对伊拉克的战争，是催生"伊斯兰国"的根本原因。①

## 第四节　巴基斯坦卡拉奇大学
## 孔子学院恐怖袭击事件

### 一　事件概要

2022年4月26日当地时间下午2时左右，卡拉奇大学孔子学院附近发

---

① 范娟荣：《警惕！"伊斯兰国"仍在扩展》，《环球》2021年第3期。

生自杀式炸弹袭击。袭击明显针对孔子学院接驳用车，造成包括孔院中方院长在内的 3 名中方教师和 1 名巴方司机当场死亡，另有 1 名中方教师和 2 名巴方安保人员受伤。

## 二 事件经过

根据现场监控录像，一名袭击者身穿女用黑色罩袍，手挎一个大包，在主干道旁卡拉奇大学孔子学院门口等候。下午 2 时 07 分，一辆中型面包车在路口前减速并转弯，袭击者向前凑近车辆，随后爆炸发生。根据巴方媒体发布的现场照片和视频，爆炸引发车辆着火并剧烈燃烧。4 月 26 日晚，中国国际中文教育基金会确认，巴基斯坦卡拉奇大学孔子学院班车遭遇恐怖袭击，该大学孔子学院 3 名中方人员和 1 名巴方人员不幸遇难。

由于卡拉奇大学孔子学院中方教师宿舍与孔子学院所在地距离较远，因此该车辆长期固定负责在两地间接驳中方教师，车辆上没有明显的孔子学院标识。分析人士称，卡拉奇大学孔子学院位于该校最出名的工商管理学院旁，处在学校核心区，安保力量充分。袭击者选择接驳班车进入孔院校园前、减速转弯的瞬间引爆炸药，是经过精心策划的袭击。

4 月 26 日晚，美联社报道，巴基斯坦俾路支省分离主义组织"俾路支解放军"宣称对此次自杀式袭击负责。该组织在袭击后发表声明，确认自杀式爆炸实施者是莎莉·俾路支（Shari Baloch），称她是该组织的"第一个女性爆炸者"，这次袭击标志着"俾路支抵抗历史的新篇章"。报道称，长期以来，俾路支省分裂势力武装组织一直在进行"低水平的叛乱活动"，他们要求获得更多自治权，称如果不能完全脱离伊斯兰堡，也要分享该地区的自然资源。

《印度斯坦时报》报道，面包车发生爆炸的视频被发布在社交媒体上，车辆被完全摧毁，警方于事发后立即到达现场并封锁了该地区。巴基斯坦《黎明报》采访的巴反恐部门官员表示，爆炸现场发现了自制炸药的明显痕迹，炸药的具体成分仍在分析中，反恐部门仍在对现场做进一步勘验。

巴基斯坦总理夏巴兹·谢里夫第一时间与中国驻巴基斯坦大使馆沟通，

代表巴基斯坦政府对恐怖袭击遇难人员表示哀悼。《环球时报》发布巴基斯坦总理对此事的谴责声明："今天，在卡拉奇发生的令人发指的恐怖袭击中，我们的中国朋友失去了宝贵的生命，我对此深感悲痛。我强烈谴责这次懦弱的袭击。"声明称，巴方将对此事进行彻底调查，将肇事者绳之以法，并向伤者提供一切可能的援助。声明强调："敌人的邪恶图谋既不会削弱巴基斯坦和中国铁一般的兄弟情谊，也不会影响我们的合作。"4月26日晚，这位总理赶到中国驻巴基斯坦大使馆，对不幸遭袭遇难的中国人表示悼念。

这起恐怖袭击引发了各国媒体的关注。美国广播公司称，成千上万的中国工人在巴基斯坦生活和工作。《纽约时报》称，俾路支省经常成为地区大国和世界大国之间代理战争的竞技场，俾路支省分离主义者经常攻击此地的中国人。

法新社称，2022年2月，俾路支省武装分裂分子在该省两个地点发动了为期4天的袭击，造成9名巴基斯坦士兵死亡。2021年4月，俾路支省省会奎达一家接待中国大使的星级酒店发生自杀式炸弹袭击，造成4人死亡、数十人受伤。香港《南华早报》报道，中国援巴合作项目多次受到俾路支武装分裂分子的袭击。2018年11月，"俾路支解放军"马吉德旅自杀小分队队员在试图突袭中国驻卡拉奇领事馆时被警方击毙。2021年8月，该组织还对一辆载有在瓜达尔港工作的中国公民的汽车发动自杀式炸弹袭击，1名中国公民在袭击中受伤，2名当地儿童死亡。

中国现代国际关系研究院研究员、反恐问题专家李伟接受《环球时报》采访时说，"俾路支解放军"早前更多使用路边炸弹来实施恐袭，但2021年开始发生了变化，甚至使用儿童作为人体炸弹。有分析称，俾路支省分裂势力可能得到"一些国际势力"的支持，袭击手段和活动范围都升级了。"俾路支解放军"的"老巢"在俾路支省，但近些年流窜到信德省首府卡拉奇作案的频率在上升。

清华大学国家战略研究院研究部主任钱峰在接受《环球时报》采访时说，在巴基斯坦，对孔子学院这样的"软目标"的保护力度远不如其他一些工程项目，同时恐怖组织选用女性"人肉炸弹"，防范难度更大。此次恐怖袭击显

163

示出巴基斯坦安全形势的复杂性和反恐工作的艰巨性。尽管在巴政局更替后出现了一些抗议示威，但局势总体并没有失控。他认为，这次发生的恐怖袭击，主要应归咎于巴恐怖主义以及宗教极端组织生长的土壤没有从根本上被铲除。

事件发生时为穆斯林斋月，根据巴基斯坦往年情况，斋月期间发生的恐怖袭击数量明显增多，中国驻巴大使馆多次发布警示，要求在巴中国公民加强安全防范意识。①

卡拉奇大学孔子学院由四川师范大学和卡拉奇大学共建。巴基斯坦卡拉奇大学（University of Karachi）成立于1951年，位于巴基斯坦信德省卡拉奇市，是巴基斯坦历史最悠久的公立大学之一。卡拉奇大学有6个学部、53个系和19个世界级研究机构，在校全日制学生5万余名。卡拉奇大学在化学、生物医学、工程技术、医学研究和社会科学等多个领域中享有盛誉。国际化学和生物科学中心（ICCBS）有500多名学生攻读有机化学、生物化学、分子医学、基因组学、纳米技术等领域的博士学位，2016年该中心被选为联合国教科文组织卓越中心。卡拉奇大学在各类大学排名中被列为高水平研究型大学，在2019年大学排名中位列亚洲大学第251名，在巴基斯坦高等教育委员会公布的巴基斯坦高校综合排名中位列第7。

卡拉奇大学孔子学院位于巴基斯坦最大的城市卡拉奇市。2013年5月22日，李克强总理出席在巴基斯坦总统府举行的中巴两国签约仪式，与时任巴基斯坦总统扎尔达里，共同见证了时任国家汉办主任许琳代表国家汉办与卡拉奇大学签订设立孔子学院的合作协议。目前该学院已成为巴基斯坦办学规模最大的孔子学院之一，有中方教师30名、本土教师2名，注册学生7000余人，5个校外教学点。

卡拉奇大学孔子学院致力于为巴基斯坦培养优秀本土汉语教师，助力中巴经济走廊建设及"一带一路"中巴人文交流。

---

① 程是颉、范凌志、刘欣、白云怡、万恒易、任重：《卡拉奇恐袭，三名中国同胞不幸遇难》，《环球时报》2022年4月27日。

### 三　恐怖组织简介

巴基斯坦境内恐怖组织"俾路支解放军"已宣布对本次袭击负责。该组织称，下属自杀式袭击分支组织"马吉德旅"的一名女性发动了自杀式袭击。袭击者名叫莎莉·俾路支，推特自述为俾路支人，拥有教育学硕士学位。4月26日当地时间12时10分，她发布最后一条告别推文。"马吉德旅"被"俾路支解放军"视为一支"劲旅"，名称取自"俾路支解放军"的一名指挥官的名字。2018年11月，中国驻卡拉奇总领馆遇袭。制造袭击的3名恐怖分子就来自"马吉德旅"。在Youtube等一些社交媒体平台上，可以很轻易地找到"马吉德旅"的训练和宣传视频，也可以看到"送子上战场"这样的画面。

巴基斯坦官方发布的数据显示，2021年，"巴塔"、"伊斯兰国呼罗珊省"、"俾路支解放军"和"俾路支解放阵线"（BLF）这四个组织制造的恐怖袭击在巴基斯坦全年的207起恐怖袭击事件中占82%。这些恐怖袭击事件导致335人死亡、555人受伤。

数据显示，以"俾路支解放军"为代表的俾路支恐怖组织发动的恐怖袭击数量约占全省总量的3/4。俾路支恐怖组织皆出自俾路支民族本身，具有极强的民族排他性。尽管俾路支省的不同组织在规模、架构、部落成分、活动手法等方面存在较大差异，但俾路支恐怖势力作为一个整体，其发展需要内部动力因素的支持。俾路支民族分离主义作为一种政治意识形态，便为恐怖主义的发展提供了所需的内部动因。

传统的俾路支恐怖组织以部落为组织形态，其中"俾路支解放军"和"俾路支共和军"分别出自马里部落和布格提部落，成为俾路支恐怖势力的主要力量。而近年来，中产阶级不断加入恐怖组织，为俾路支分离主义注入了新鲜血液。他们大多来自俾路支省西南部经济发展较好的地区，如科奇县、潘吉古尔县和瓜达尔县。他们文化水平高，部落意识较弱，与外界联系广泛，在与联邦政府对抗时不仅重视武装袭击，更有专业的宣传、招募手段，以打破部落界限，扩大群众基础。此类组织的代表便是"俾路支解放阵线"。该组织现任头目阿拉·纳扎尔·俾路支（Allah Nazar Baloch）持有医学学位，曾担任"俾路支学生组织"主席。由此，俾路支极端民族主义活动的地理重心开始从农村向城市转移，从经济条件较差的东北部向经济条件相对较好的西南部转移，并进而向邻近的经济中心卡拉奇辐射，使俾路支恐怖势力的活动范围较早年有了很大的扩展，与"中巴经济走廊"项目出现较大范围的重叠。①

---

① 罗亚文：《当前"中巴经济走廊"的安全风险及应对——以俾路支省为视角的分析》，《南亚研究季刊》2021 年第 3 期。

# 附录
# 国际恐怖主义与反恐大事记（2021年）

## 2021年1月

**1月1日** 阿富汗西部古尔省"古尔之声"广播电台台长比斯米拉·阿迪勒·艾马克在该省首府菲罗兹山郊外遭不明身份的武装人员袭击身亡。艾马克是自 2020 年 11 月 7 日以来阿富汗第六名遇袭身亡的记者。

**1月1日** 刚果（金）国东北部贝尼地区一处村庄遭乌干达"民主同盟军"袭击，袭击至少造成 26 名平民死亡。

**1月2日** 法国军人在马里梅纳卡地区执行任务时，乘坐的装甲车遭爆炸装置袭击。2 名法国士兵遇袭身亡，另有 1 名法国士兵受伤。

**1月2日** 索马里首都摩加迪沙发生一起汽车炸弹袭击事件，袭击目标是承建摩加迪沙—阿夫戈耶公路的一家土耳其公司，造成至少 4 人死亡、4 人受伤，死者中包括 1 名土耳其公民。索马里"青年党"宣称制造了袭击事件。

**1月2日** 叙利亚东北部哈塞克省拉斯艾因市一处菜市场发生一起汽车爆炸袭击事件，造成包括妇女和儿童在内的 5 人死亡，另有 4 人受伤。

**1月2日** 阿富汗西部赫拉特省发生一起大巴车遭武装分子劫持事件，武装分子将车上 15 名乘客和 1 名司机扣为人质。事发后，当地警方立即展开解救行动。车上人质已获释。

**1月2日** 巴基斯坦西南部俾路支省博兰地区一座煤矿遭不明身份武装

分子袭击，造成 11 名煤矿工人死亡。

**1月2日** 尼日尔西部蒂拉贝里省两村庄遭武装人员袭击，死亡人数已升至 100 人。据称，此次袭击是报复行为，此前该武装团伙有 2 名成员在这一区域作案时被村民打死。

**1月3日** 索马里南部中谢贝利州地区的巴拉德小镇发生 2 次爆炸，至少造成 3 人丧生、8 人受伤。

**1月4日** 叙利亚中部哈马省一支由 1 辆运油车和 3 辆旅游大巴组成的车队途经哈马省东部一条公路时遭恐怖袭击，造成 9 人死亡，另有 4 人受伤。

**1月7日** 喀麦隆英语区西北大区莫莫省发生一起炸弹袭击，莫莫省省长车队结束公务返程途中，遭到英语区分裂分子布置的土制炸弹袭击，造成 4 名安全部队人员和 1 名公务员死亡、3 人受伤，省长本人没有受伤。

**1月8日** 喀麦隆极北大区靠近尼日利亚边境地区发生一起自杀式袭击事件，疑似"博科圣地"成员潜入时被安全部队和民兵组织发现，1 名恐怖分子被打死，另 1 名恐怖分子引爆身上的炸药，造成 13 名平民死亡，袭击者本人也被炸死。

**1月10日** 阿富汗首都喀布尔发生一起路边炸弹袭击。一辆汽车在喀布尔第 8 警区触发一枚路边炸弹，造成包括阿富汗公共保护部队发言人齐亚·瓦丹在内的 3 人死亡，另有 1 人受伤。

**1月10日** 美国国务卿蓬佩奥发表声明说，美国政府决定将也门胡塞武装列为"外国恐怖组织"和"特别认定全球恐怖分子"实体，该组织的 3 名领导人也将被列为"特别认定全球恐怖分子"。

**1月11日** 美国国务院宣布将古巴列为"支持恐怖主义国家"。古巴外长罗德里格斯随即对此予以谴责。

**1月12日** 美国主导的打击"伊斯兰国"国际联盟空袭"伊斯兰国"武装在伊拉克北部基尔库克省的藏身地点，打死 7 名武装分子。伊安全部队在藏匿点发现爆炸装置、通信设备和地道。

**1月12日** 联合国反恐办公室主任、联合国副秘书长弗拉基米尔·沃龙科夫表示，尽管各国在过去20年中对恐怖主义给予了沉重打击，但对恐怖主义仍不能放松警惕。沃龙科夫说，恐怖主义威胁依然真实存在，许多国家甚至面临直接的威胁。此外，发动恐怖袭击的成本越来越低，"威胁变得更加难以预防"。

**1月13日**　联合国马里多层面综合稳定特派团在通布图区执行任务的维和士兵遭遇爆炸装置袭击，造成3名维和士兵死亡，另有6名维和士兵受伤。这是2021年第一起马里稳定特派团维和人员遇袭身亡事件。2020年，共有6名维和人员在马里遇袭身亡。

**1月13日**　联合国维和部队与中非共和国政府军联合击退了进攻中非首都班吉的武装组织。交战中，维和部队与中非政府军消灭和俘虏了部分武装分子，还缴获部分武器。1名维和士兵牺牲。

**1月14日**　阿尔及利亚东北部泰贝萨省一辆民用汽车在泰贝萨省一条道路上行驶时遭遇炸弹爆炸，造成5名平民死亡、3人受伤。该炸弹为自制爆炸物，疑为恐怖分子安放。

**1月14日**　巴基斯坦安全部队在该国西北部北瓦济里斯坦地区展开反恐行动并与恐怖分子交火，2名恐怖分子被打死，其中包括1名专门制造简易爆炸装置的恐怖分子。3名巴军士兵身亡。

**1月14日**　刚果（金）伊图里省一个村庄当夜遭乌干达反政府武装"民主同盟军"袭击，包括俾格米部族成员在内的至少46名当地平民遇害。

**1月16日**　阿富汗首都喀布尔发生一起路边炸弹袭击，一辆警车在喀布尔第3警区触发一枚路边炸弹，造成2名警察死亡、1名警察受伤。

**1月17日**　阿富汗首都喀布尔发生一起袭击事件，2名身份不明的枪手在喀布尔第4警区一个公交车站附近对一辆行驶中的轿车开枪射击，造成车内2人死亡、2人受伤。两名死者就职于阿富汗最高法院。

**1月17日**　索马里下谢贝利州地区发生一起地雷袭击，袭击目标是下谢贝利州州长和军队官员的车队。袭击造成包括索马里士兵在内的至少6人被炸死，另有8人受伤，州长幸免于难。索马里"青年党"宣称对袭击负责。

**1 月 17 日** 尼日利亚军方在该国西北部扎姆法拉州一条公路上发现一伙武装分子正在运送大量掠夺来的牲畜，随即与武装分子发生交火，打死 30 名武装分子，造成军方 1 名士兵死亡、3 名士兵受伤。

**1 月 19 日** 索马里首都摩加迪沙郊外加拉斯巴利发生一起炸弹袭击，造成至少 5 人丧生，包括当地官员和士兵在内的数人受伤。索马里"青年党"宣称负责。

**1 月 20 日** 俄罗斯国家反恐委员会宣布，在车臣共和国实施的一次特别反恐行动中消灭 5 名恐怖分子，其中包括参与制造 2011 年初"莫斯科多莫杰多沃机场恐怖事件"的恐怖分子头目阿斯兰·白尤图卡耶夫。

**1 月 21 日** 伊拉克首都巴格达航空广场附近发生自杀式爆炸袭击，造成 28 人死亡、73 人受伤。这是近一年来首次在巴格达市区针对平民的恐怖袭击事件。

**1 月 21 日** 乌兹别克斯坦执法人员在锡尔河州逮捕一个极端组织的数名嫌疑人，他们涉嫌非法传播极端思想以及为中东地区的国际恐怖组织提供资金。自 2020 年以来，乌执法机构先后抓捕了多批极端组织嫌疑人。

**1 月 21 日** "伊斯兰国"武装分子在伊拉克首都巴格达市区制造 2 起自杀式爆炸袭击事件，造成 32 人死亡、110 人受伤。

**1 月 23 日** 菲律宾南部马京达瑙省警察在执行一项抓捕行动时击毙 12 名武装分子，1 名警察在交火中牺牲。

**1 月 23 日** "伊斯兰国"武装分子在伊拉克北部萨拉赫丁省发动袭击，袭击发生于什叶派民兵武装"人民动员组织"一处岗哨，导致包括 1 名指挥官在内的 5 名"人民动员组织"人员死亡、4 人受伤。

**1 月 24 日** 马里中部莫普提区两处军营遭到袭击，造成 6 名士兵死亡、18 人受伤。在马里士兵回击过程中，打死 30 多名恐怖分子，并缴获大约 40 辆摩托车和大量军事装备。

**1 月 25 日** 尼日利亚西部村庄发生系列武装袭击事件，导致至少 6 人死亡、20 多人受伤、5 人被劫持，并导致大约 3000 名居民逃离家园。200 多名武装匪徒在攻击后还盗走 200 多头牲畜。

**1月25日**　一辆载有叙利亚政府军的客车在帕里米尔和代祖尔之间公路遭武装分子袭击，导致3名叙利亚士兵死亡、10人受伤。"伊斯兰国"宣称负责。

**1月25日**　索马里政府军在索南部边境地区与朱巴兰地方武装发生交火，造成至少11人死亡，其中包括9名平民和2名政府军士兵，多人受伤，政府军逮捕近百名武装人员。

**1月26日**　阿富汗首都喀布尔发生一起炸弹袭击，一辆轿车在喀布尔第5警区遭遇磁性炸弹袭击，轿车上1人当场死亡。

**1月27日**　阿富汗首都喀布尔市不同地区发生多起针对警察和安全部队的袭击事件，其中包括4起简易爆炸装置袭击和1起安检哨点枪击袭击事件，共导致4名阿富汗警察死亡，另有6人受伤。

**1月27日**　伊拉克安全部队和美军主导的打击"伊斯兰国"国际联盟在伊北部基尔库克省分别开展军事行动，共打死19名武装分子。此外，伊拉克安全部队当天早些时候在基尔库克省南部山区开展清剿行动，打死包括3名头目在内的9名"伊斯兰国"武装分子。

**1月27日**　俄罗斯联邦安全局安全人员在俄罗斯卡卢加州采取搜捕行动，制止了恐怖组织"伊斯兰解放党"分支机构在当地的非法活动。安全人员在行动中缴获了该机构用于恐怖活动的通信设备和非法宣传材料等。

**1月28日**　伊拉克安全部队打死"伊斯兰国"二号头目阿布·亚西尔·艾萨维。艾萨维负责在伊拉克境内策划、指挥恐怖活动。

**1月31日**　叙利亚北部靠近土耳其的边境地区发生一起汽车炸弹袭击事件，一辆装有爆炸物的汽车在阿勒颇省北部城市阿扎兹市区被引爆，造成4人死亡、20人受伤。

**1月31日**　索马里首都摩加迪沙一家酒店遭索马里"青年党"武装人员自杀式汽车炸弹袭击，武装分子随后冲入酒店开枪射击，并与后续赶到的政府军士兵发生交火。事件造成至少5人死亡、多人受伤。

**1月31日**　叙利亚北部阿勒颇省发生2起汽车炸弹袭击，共造成至少11人死亡、多人受伤。第一起袭击发生在阿勒颇省阿扎兹市一座文化中心附近，造成 6 名平民死亡。遇袭的文化中心是受土耳其支持的叙利亚反对派的一处据点。第二起袭击发生在阿勒颇省巴卜市由土耳其支持的叙利亚反对派武装的一处检查站，造成 5 名武装人员死亡。

# 2021年2月

**2月1日**　阿富汗首都喀布尔发生 2 起路边炸弹袭击事件，造成 2 人死亡、1 人受伤。

**2月3日**　突尼斯军队一辆巡逻车在西部卡赛林省山区巡逻时，触发恐怖分子埋设的地雷，4 名士兵死亡。

**2月3日**　加拿大政府将 13 个团体列入恐怖组织名单，立即没收其资产，并对相关人员实施刑事制裁。这 13 个团体包括在 2021 年 1 月初美国国会骚乱事件中起"关键作用"的"骄傲男孩"、5 个"伊斯兰国"分支和 3 个"基地"组织分支等。目前，加拿大确认的恐怖组织数量已增至 73 个。

**2月3日**　9 名士兵在马里中部地区遇袭身亡，另有 6 名士兵受伤。政府军在反击中击毙 20 多名恐怖分子。"支持伊斯兰与穆斯林"宣称制造了袭击。

**2月4日**　巴基斯坦安全部队在西北部北瓦济里斯坦地区展开反恐行动，打死 4 名恐怖分子，交火中 2 名巴军士兵身亡、4 名士兵受伤。

**2月5日**　巴基斯坦西南部俾路支省发生 2 起爆炸事件，造成 2 人死亡，另有 19 人受伤。

**2月5日**　美国国务院将撤销上届政府把也门胡塞武装组织列为恐怖组织的认定。国务院已将该政策意向正式通知国会。美国总统拜登表示，美国将不再支持沙特阿拉伯所主导的多国联军在也门的军事行动，包括停止相关武器出售计划。

**2月6日**　尼日利亚北部卡杜纳州比尔宁瓜里区的库特梅什村和卡朱鲁区的库杰尼村两个村庄遭武装分子袭击，造成 19 人死亡、多人受伤。武装分子还焚烧了多栋房屋，并抢走大量财物。

**2月7日**　索马里中部加勒穆杜格州发生一起路边炸弹袭击事件，一辆载有索马里政府军士兵的汽车在该州首府杜萨马雷卜市郊区公路上行驶时，触发路边炸弹，造成包括1名指挥官在内的10名军人死亡。索马里"青年党"宣称制造了袭击。

**2月10日**　一伙不明身份的武装人员对马里稳定团临时军营发起攻击，其中1人实施自杀式汽车炸弹袭击，导致28名多哥籍维和士兵受伤，其中5人伤势严重。

**2月11日**　巴基斯坦安全部队在该国西北部南瓦济里斯坦地区与恐怖分子交火，打死4名恐怖分子，另有4名巴军士兵在交火中身亡。

**2月12日**　丹麦安全部门在反恐行动中搜查出大量武器和制造炸弹所需的材料，并逮捕13名涉恐嫌疑人。他们涉嫌策划或参与恐怖袭击活动。另有一名嫌疑人在德国被德安全部门逮捕。丹麦安全部门怀疑上述人员计划在丹麦或德国发动恐怖袭击。

**2月13日**　索马里首都摩加迪沙总统府附近一处检查站遭自杀式汽车炸弹袭击，一辆载有炸药的汽车试图硬闯总统府附近一处检查站，造成7人受伤、袭击者本人死亡。索马里"青年党"宣称制造了袭击事件。

**2月14日**　阿富汗安全部队夜间突袭"伊斯兰国"在该省首府贾拉拉巴德郊区的一个藏匿处，打死7名武装分子，包括1名自杀式袭击者。安全部队还缴获了数量不等的AK-47自动步枪，以及炸弹背心和手榴弹等爆炸物。

**2月15日**　刚果（金）东北部一个村庄遭到乌干达反政府武装"民主同盟军"袭击，政府军与之交火，造成至少18人死亡，其中包括11名平民和3名政府军军人，另有4名袭击者被击毙。

**2月15日**　刚果（金）东南部上加丹加省卢本巴希市两处政府军军营遭不明数量的武装分子袭击，致11人死亡，其中包括4名政府军军人和1名平民，6名袭击者被击毙，数人受伤。另有11名袭击者被俘。

**2月15日**　萨赫勒五国集团峰会在乍得首都恩贾梅纳举行，布基纳法索、乍得、马里、毛里塔尼亚和尼日尔5个成员国的总统悉数出席。与会者讨论了反恐等问题。

**2月15日** 俄罗斯联邦安全局人员在新西伯利亚州和托木斯克州取缔了一个在俄罗斯违禁的恐怖组织跨地区分部。俄安全局新西伯利亚分局调查显示，2020年，犯罪嫌疑人定期向国际恐怖组织 Katibat Tawhidwal-Jihad 的银行卡汇款。

**2月15日** 伊拉克库尔德自治区（库区）首府埃尔比勒遭数枚火箭弹袭击。美军主导的打击"伊斯兰国"国际联盟驻地附近被击中，1名国际联盟承包商员工死亡，另有至少8人受伤。

**2月16日** 美国财政部官网发布消息称，美国将也门胡塞武装组织从恐怖组织黑名单中除名。依据13224号行政令认定以及制裁国际恐怖组织的规定，也门胡塞武装组织不再是受制裁对象。美财政部指出，美国的自然人和法人在与胡塞武装组织进行交易时，如果没有其他受制裁的人士参与，则无须经美国财政部海外资产监管办公室审批。

**2月17日** 尼日利亚中北部尼日尔州一所学校凌晨遭不明身份武装分子袭击，造成至少1名学生死亡、42人被绑架。

**2月17日** 俄罗斯联邦安全局特工部门在俄罗斯南部抓获19名极端分子，他们计划在北高加索地区搞破坏并发动恐怖袭击。被抓者属于在俄罗斯被禁止的"赎罪与迁徙"（Takfirwal-Hijra）组织的成员，该组织旨在建立自己的神权国家——"哈里发国"。

**2月18日** 布基纳法索北部乌达兰省 辆载有平民的车辆遭到身份不明的武装分子袭击，8名平民在袭击中丧生，9人受伤。

**2月18日** 阿富汗南部坎大哈省首府坎大哈市第7警区一座液化气加气站旁发生一起自行车炸弹袭击事件，爆炸造成包括儿童在内的14名平民受伤，其中3人伤势严重。

**2月18日** 巴基斯坦安全部队在该国西北部南瓦济里斯坦地区的一处哨所遭到袭击，造成5名士兵死亡、1名士兵受伤。"巴塔"宣称制造了这起袭击。

**2月20日** 阿富汗首都喀布尔发生3起炸弹袭击事件，共有3辆汽车遭遇磁性炸弹袭击。在第 6 警区和第 4 警区，先后各有 1 辆轿车遭袭。此外，还有一辆警车在第 3 警区遭袭。造成包括 2 名警察在内的 5 人死亡，另有 2 人受伤。

**2 月 20 日**　伊拉克安全人员和什叶派民兵武装"人民动员组织"在军事行动中打死 6 名"伊斯兰国"武装分子。

**2 月 20 日**　伊拉克北部萨拉赫丁省拜莱德空军基地当晚遭 3 枚"喀秋莎"火箭弹袭击。其中 1 枚击中基地内一处美军承包商所在的建筑，造成 1 名伊拉克籍雇员受伤。其余 2 枚火箭弹落在基地内空旷地带，未造成人员伤亡。

**2 月 20 日**　叙利亚东部代尔祖尔省一处市场发生爆炸事件，一辆装有炸药的摩托车在布塞拉市内一处市场爆炸，导致 3 人死亡、10 人受伤。爆炸事件发生在"叙利亚民主军"（SDF）控制的地区。

**2 月 21 日**　阿富汗南部赫尔曼德省首府拉什卡尔加发生一起炸弹袭击事件，一辆停放在第 1 警区的摩托车被引爆，造成 1 名警察死亡，至少 15 人受伤，其中包括妇女和儿童。

**2 月 21 日**　利比亚民族团结政府内政部长法西·巴沙加的车队在首都的黎波里附近遭不明身份武装人员袭击，1 名警卫人员受伤，巴沙加本人安然无恙。

**2 月 21 日**　尼日尔西南部蒂拉贝里省发生地雷爆炸，尼日尔全国独立选举委员会工作人员乘坐的车辆在蒂拉贝里省达尔戈尔地区触发地雷，造成至少 7 人死亡、3 人重伤。

**2 月 22 日**　意大利驻刚果（金）大使卢卡·阿塔纳西奥在刚果（金）东部地区遭不明身份武装分子袭击遇难，同时遇难的还有 1 名警察和 1 名司机。阿塔纳西奥与联合国世界粮食计划署车队同行，武装分子此次袭击的目的是绑架联合国工作人员。

**2 月 22 日**　巴基斯坦西北部北瓦济里斯坦地区发生一起恐怖袭击事件，造成 4 名女性死亡，另有 1 名女性幸存。4 名遇害者据称在一家非政府组织教授手工艺。

**2月23日** 尼日利亚东北部博尔诺州首府迈杜古里当晚遭"博科圣地"火箭弹袭击，武装分子从位于迈杜古里郊区的卡勒里镇向城区发射火箭弹，火箭弹落在城内两个人口稠密社区，造成10人死亡、47人受伤。

**2月23日** 马里第53快速干预连的士兵在距离马里中部莫普提区塞瓦雷市32公里处遭到一伙武装分子袭击，造成2名士兵死亡、7人受伤。

**2月23日和24日** 尼日利亚中北部卡杜纳州日前发生数起武装分子袭击村庄事件，不明身份的武装分子连续袭击该州数个村庄，共造成18人死亡、多人受伤，另有一些村民遭绑架。武装分子放火焚烧村民房屋，并抢走大量家畜和家禽。

**2月24日** 2020年俄罗斯共预防72起恐怖主义犯罪活动，比2019年增加了25%。

**2月25日** 尼日尔自23日公布总统选举初步结果后，该国多地发生游行示威活动和暴力冲突，已造成至少2人死亡。尼日尔反对派连日来在首都尼亚美、津德尔和多索等地举行游行示威活动。他们设置路障、焚烧轮胎，破坏公共基础设施，还与治安人员发生暴力冲突，已造成包括1名警察在内的至少2人死亡。

**2月25日** 马里中部莫普提区邦贾加拉市的一处马里军队营地和宪兵大队遭一伙不明身份的武装分子袭击，造成8名马里士兵身亡、5名士兵受伤。

**2月27日** 墨西哥西部哈利斯科州托纳拉市发生一起武装分子袭击民众事件，一群武装分子乘车到该市一处民宅外，开枪射击路边民众，随后乘车逃离现场。事件造成11人死亡、2人受伤。

**2月27日** 刚果（金）东北部伊图里省和北基伍省多个村庄夜间遭乌干达反政府武装"民主同盟军"袭击，至少16名平民死亡。

**2月28日** 索马里首都摩加迪沙发生一起路边炸弹袭击事件，造成2名政府军副司令的保镖死亡，另有1人受伤。据称，此次袭击目标是政府军副司令。

# 2021年3月

**3月2日**　阿富汗东部楠格哈尔省首府贾拉拉巴德市一家电视台的3名女性工作人员在下班途中遭枪击身亡。"阿塔"否认与这起袭击有关联。

**3月2日**　尼日利亚西北部扎姆法拉州被绑架的279名女子中学学生已获释。这些学生是2月26日遭绑架的，被绑架学生共有317人，现所有被绑架学生都已获释。

**3月3日**　伊拉克西部阿萨德空军基地遭到至少10枚火箭弹袭击，袭击造成1名平民承包商死亡。阿萨德空军基地内驻扎有美军和伊拉克武装部队。

**3月3日**　瑞典南部城市韦特兰达发生疑似恐怖主义袭击事件，一名20岁左右的男子手持"尖锐凶器"先后在5个地点袭击多人，造成至少8人受伤，其中一些人伤势严重。

**3月4日**　俄罗斯联邦安全局成功阻止一名俄罗斯公民准备对加里宁格勒州的电力设施实施恐怖袭击，其动机是"仇恨现政府"。

**3月4日**　印度安全部队在东北部恰尔肯德邦森林地区巡逻时，遭到纳萨尔派反政府武装安置的简易爆炸装置袭击，造成3名安全部队人员死亡，另有2人受伤。

**3月4日**　索马里"青年党"武装对索马里巴里地区博萨索镇监狱发动袭击，造成至少1名士兵死亡，另有2人受伤。

**3月5日**　俄罗斯北高加索联邦区2020年开展了1500次行动，消灭武装分子45名，其中包括他们的头目，拘捕113名武装团伙成员。从查处的非法流通案件中缴获900多件武器和12万发弹药。

**3月5日**　索马里首都摩加迪沙一家餐馆外当晚发生一起自杀式汽车炸弹袭击事件，造成至少10人死亡、30人受伤。死伤者多为平民。

**3月5日**　巴基斯坦西南部俾路支省发生一起地雷爆炸事件，一辆载有多人的汽车当晚在锡比地区行驶时触发地雷爆炸。造成5人死亡、5人受伤。

**3月6日** 巴基斯坦安全部队在西北部北瓦济里斯坦地区展开两次反恐行动，打死 8 名恐怖分子，其中包括 3 名指挥官。安全部队在恐怖分子的藏匿点发现大量武器。

**3月7日** 叙利亚中部哈马省塞莱米耶地区发生地雷爆炸事件，两辆汽车触发恐怖组织遗留的地雷，造成 18 名平民死亡、3 人受伤。当天早些时候，哈马省东部两辆载客采集食用菌的汽车遭遇地雷爆炸，导致多人死伤。

**3月9日** 索马里首都摩加迪沙的亚丁·阿代国际机场遭迫击炮袭击。此次袭击的目标是联合国和非洲联盟驻索马里特派团位于该机场的办公室，联合国设施没有受到破坏，袭击也没有造成联合国人员伤亡。索马里"青年党"声称制造了袭击事件。

**3月10日** 伊朗伊斯兰共和国航运公司一艘货轮在地中海国际水域遭爆炸物袭击，船体部分受损，没有船员伤亡。

**3月10日** 索马里首都摩加迪沙北部卡兰区发生一起爆炸事件，被安置在路边的一枚地雷爆炸，击中一辆汽车，爆炸造成这辆汽车的司机当场死亡，车上 3 名负责安保的士兵受伤。

**3月10日** 俄罗斯联邦安全局公共关系中心发布消息称，俄奔萨州一处教育机构的恐怖袭击被制止，一名 16 岁的奔萨中学生被立案调查。执法人员在嫌疑人住处没收非法储存的猎枪和火药，此外还有制造简易炸弹的说明。

**3月10日** 白俄罗斯国家安全委员会主席伊万·捷尔捷利表示，该国制止了多起针对国家机构和个别官员的恐怖袭击，包括可能导致大量人员伤亡的袭击。他表示，一些恐怖组织此前活跃在西欧、波兰和乌克兰境内。其中一个无政府主义者团体成员之前生活在波兰和乌克兰，在那里有武器和特殊装备的保障。

**3月10日** 吉尔吉斯斯坦特种部队消灭了欲在该国境内发动"圣战"的恐怖组织。被捕分子"正计划使用简易炸弹和枪支杀死教区内的一名公民"。调查显示，该团伙的个别成员已在国际恐怖主义组织营地接受了特别的格斗训练，而这个被打掉的团伙的行动由"在叙利亚境内的国际恐怖组织头目指挥，目的是破坏社会政治局势的稳定，随后在吉尔吉斯斯坦境内发动武装圣战"。

**3月11日** 缅甸反恐中央委员会宣布，撤销对若开军的恐怖组织认定。根据该委员会签发的一项命令，因若开军目前不再开展恐怖主义活动，依据反恐法有关条款，经国家管理委员会批准，不再认定其为恐怖组织。

**3月11日** 尼日利亚北部卡杜纳州的联邦林业机械化学院一个学院夜间遭一伙不明身份的武装分子袭击，武装分子还意图实施绑架。已有180人获救，仍有至少30名学生下落不明。

**3月12日** 阿富汗西部赫拉特省首府赫拉特市晚发生汽车炸弹袭击，一辆装载炸药的汽车在赫拉特市第14警区一个检查站附近被引爆，造成1名警察和7名平民死亡，另有包括7名警察和多名妇女、儿童在内的54人受伤，14栋房屋受损。

**3月13日** 新西兰克赖斯特彻奇举行恐袭案两周年纪念活动，缅怀两年前恐袭案遇难者，呼吁拒绝仇恨和分裂。2019年3月15日，澳大利亚籍男子布伦顿·塔兰特先后闯入新西兰南岛克赖斯特彻奇市两座清真寺开枪，造成51人死亡，另有数十人受伤。这是新西兰历史上伤亡最惨重的恐袭事件。2020年8月27日，塔兰特被判处终身监禁且不得假释。

**3月14日** 阿富汗首都喀布尔发生2起炸弹袭击事件，2辆面包车分别在第3警区和第6警区遭到炸弹袭击，造成至少3名平民死亡、12人受伤。

**3月15日** 尼日利亚军队在尼东北部博尔诺州与"博科圣地"武装分子发生交火，打死41名武装分子，并解救出60名遭武装分子控制的平民。尼军队还缴获一些武器和大量用于制作简易爆炸装置的电池。

**3月15日** 巴基斯坦南部港口城市卡拉奇奥兰吉地区发生一起爆炸事件，当时安全人员正在该地区进行突击检查，爆炸装置被安放在安全部队车辆附近的一辆摩托车上，造成1名安全人员死亡，另有10人受伤。

**3月15日** 叙利亚安全部门挫败一起针对首都大马士革的恐怖袭击行动，一伙恐怖分子随身携带爆炸装置企图前往大马士革引爆，安全部门人员在位于大马士革东南方的两个城镇对这一团伙实施拦截，在当地民众配合下挫败了其袭击图谋，并打死 3 人、逮捕 3 人。

**3 月 15 日**　阿富汗首都喀布尔一辆汽车遭到简易爆炸装置袭击，造成至少 15 人受伤。

**3 月 15 日**　马里加奥区塔西特镇附近一队换哨的士兵遭百名武装分子袭击，造成 11 人死亡、14 人受伤，其中 8 人伤势严重。另有 11 名士兵失踪。

**3 月 16 日**　阿富汗北部巴格兰省一辆大学校车遭武装分子袭击，造成校车司机和 1 名大学生死亡，另有 6 名大学教师受伤。

**3 月 16 日**　索马里政府军在索南部的马哈代镇与索马里"青年党"武装分子发生激烈交火，打死 5 名武装分子。

**3 月 16 日**　俄联邦安全会议秘书尼古拉·帕特鲁舍夫在河内与越南公安部部长苏林举行了会谈，双方特别指出了在反恐领域加强合作的意愿。双方探讨了俄越在安全领域、在完善双边关系的条约法律基础等领域合作的广泛问题，以及深化两国情报部门、执法机构间伙伴关系的前景。在加强打击犯罪、保护公民权利与自由领域合作的框架下，双方在会谈结束时签署了《俄罗斯联邦侦查委员会与越南公安部谅解备忘录》。

**3 月 18 日**　阿富汗首都喀布尔一辆政府部门的班车遭炸弹袭击，造成 3 人死亡、至少 11 人受伤。

**3 月 18 日**　刚果（金）东北部伊图里省的两处村庄遭非法武装袭击，11 名平民遇难，2 名军人和 1 名警察在交火中阵亡，16 名袭击者被政府军击毙。

**3 月 18 日**　缅甸仰光至内比都高速路 39 英里处一军营遭不明组织人员乘面包车投掷手榴弹袭击，导致 17 人死亡、9 人受伤。袭击者使用的武器为肩扛式火箭筒。

**3 月 19 日**　尼日利亚北部卡杜纳州 4 个村庄 18 日以来遭到武装分子袭击，造成至少 13 人死亡、多人受伤。武装分子还在该村放火焚烧了 56 栋房屋和 16 辆摩托车，并洗劫了村民的粮仓。

**3月19日** 缅甸克伦邦妙瓦底市一座寺院在举办村管理员选举活动时，发生枪击事件，2名新任村管理员当场死亡，1名民团成员重伤送医后不治身亡，枪击过程中，还有2名村民代表受伤。

**3月21日** 叙利亚北部阿勒颇省首府阿勒颇市遭火箭弹袭击，土耳其支持的武装组织对阿勒颇市东部的萨拉欣区、法尔达乌斯区发射火箭弹，造成2名平民死亡、多人受伤，部分房屋、车辆、商铺受损。

**3月22日** 尼日尔西部多个村庄遭一伙武装分子袭击，造成137人死亡，另有多人受伤。

**3月23日** 巴基斯坦西南部俾路支省发生一起爆炸事件，爆炸装置被安放在巴安全部队车辆附近的一辆摩托车上，由遥控装置引爆，造成至少4人死亡、14人受伤。巴基斯坦塔利班宣称制造了爆炸事件。

**3月23日** 印度安全部队24人当天结束一场清剿纳萨尔派反政府武装的军事行动后乘车返回，途中遭到简易爆炸装置袭击，造成3死8伤。

**3月24日** 肯尼亚东北部曼德拉郡一辆大巴车遭遇爆炸袭击，大巴车触发了一个被置于路边的简易爆炸装置，造成4人死亡、数十人受伤。

**3月24日** 尼日利亚安全部队在国家东北部的博尔诺州对"博科圣地"发动的军事行动中，57名武装分子被击毙，多名武装分子被打伤。

**3月24日** 尼日尔西部蒂拉贝里大区三个村庄遭一伙武装分子袭击，武装分子焚烧当地学校和诊所，造成11名平民死亡，另有1人受伤。

**3月25日** 巴基斯坦北部地区吉尔吉特-伯尔蒂斯坦地区一辆客车遭多名身份不明的枪手开枪射击，造成5人死亡、至少7人受伤。

**3月26日** 哥伦比亚西南部考卡省科林托市发生一起汽车炸弹爆炸事件，造成17人受伤，其中2人伤势较重。当地警方初步调查显示，爆炸事件可能与原"哥伦比亚革命武装力量"反叛分子有关，大部分伤者是科林托市政府公职人员。爆炸发生在科林托市中心，附近有市政府和市警察局。

**3月27日** 加拿大温哥华市一公共图书馆发生一起持刀袭击事件，一名男子在当地一个公共图书馆内及馆外持刀袭击读者和路人，造成1人死亡、5人受伤。嫌疑人已被警方逮捕。

**3月28日** 阿富汗多地遭到路边炸弹袭击，造成至少3名警察死亡、16名平民受伤。

**3月28日** 莫桑比克北部德尔加杜角省油气重镇帕尔马地区的主要村落遭一伙恐怖分子袭击，造成数十人丧生。

**3月28日** 南苏丹东赤道州布迪县一处居民点遭不明身份武装人员袭击，造成至少14人死亡、7人受伤。

**3月28日** 印尼南苏拉威西省首府望加锡市一处教堂入口处发生自杀式爆炸袭击事件。除2名自杀式袭击者死亡外，爆炸还造成包括教堂工作人员和信徒等在内的19人受伤。印度尼西亚警方已确定爆炸事件袭击者身份，并逮捕多名与袭击相关的犯罪嫌疑人。警方通过DNA比对确定了本次自杀式袭击者为一对夫妇，隶属于印尼"神权游击队"。此外，警方已在首都雅加达及周边地区、西努沙登加拉省和望加锡市逮捕了13名与袭击相关的犯罪嫌疑人，并查获5枚炸弹和5.5公斤爆炸物。

**3月29日** 科特迪瓦北部两处军营遭武装分子袭击，造成3名科特迪瓦军人死亡、4人受伤。

**3月30日** 3名女性卫生工作者在阿富汗东部楠格哈尔省首府贾拉拉巴德遭枪杀。这3名女性均是小儿麻痹症疫苗接种工作人员，她们在两处地点遭枪击身亡。

**3月30日** 根据联合国马里多层面综合稳定特派团（马里稳定团）公布的调查报告，法国部队2021年1月3日在马里中部邦蒂村发动的空袭导致19名平民死亡。当时邦蒂村正在举行婚礼，参加人员包括100多名平民和5名可能隶属于一个极端组织的武装人员。空袭导致至少22人死亡、其中19人为平民。马里稳定团建议马里和法国政府对此次空袭"可能违反国际人道主义法和国际人权法的行为"进行调查。

**3月30日** 索马里政府军在索马里中部希兰地区马哈斯镇的行动中，打死至少6名索马里"青年党"武装分子。情报显示，索马里"青年党"武装分子潜入该镇，胁迫当地居民缴纳税费，政府军随即采取行动。

**3月31日** 阿富汗北部巴尔赫省和塔哈尔省发生炸弹袭击事件，造成3

人死亡、19 人受伤。

**3 月 31 日**　印尼警方打死一名持枪闯入国家警察总局总部的武装分子。事发地点距离总警长的办公楼不远。

# 2021年4月

**4 月 1 日**　阿富汗西部赫拉特省赫拉特市郊区一处警察检查站遭简易爆炸装置袭击，2 名警察身亡，另有 2 名警察受伤。

**4 月 1 日**　俄罗斯联邦安全局在特维尔州挫败一起恐袭图谋，一名"伊斯兰国"武装分子准备对某家燃料动力综合企业设施发动袭击，抓捕期间，这名武装分子被击毙。

**4 月 2 日**　阿富汗南部赫尔曼德省和西部赫拉特省发生两起路边炸弹袭击，造成 5 名平民死亡、7 名平民受伤。

**4 月 2 日**　马里稳定团位于马里北部基达尔大区阿盖洛克地区的一处营地遭到袭击，造成 4 名乍得籍维和士兵死亡、19 人受伤。这是 2022 年以来第四起马里稳定团维和人员遇袭事件。

**4 月 3 日**　索马里首都摩加迪沙发生一起自杀式炸弹袭击事件，一名自杀式袭击者在摩加迪沙尚加尼区一家商店外引爆身上炸弹，造成 6 人死亡、4 人受伤，死者中包括 3 名妇女和 1 名儿童。袭击者目标可能是爆炸现场附近的警察局或政府机构。

**4 月 3 日**　索马里政府军在索南部下谢贝利州两处军事基地挫败索马里"青年党"武装分子发动的袭击，打死 85 名武装分子、逮捕 15 人。

**4 月 3 日**　印度安全部队与纳萨尔派反政府武装在切蒂斯格尔邦的比贾布尔地区发生交火，致 22 名安全人员身亡、31 名安全人员受伤。

**4 月 4 日**　阿富汗军方一辆汽车在首都喀布尔遭遇路边炸弹袭击，造成 1 名士兵死亡、3 名士兵受伤。

**4 月 4 日**　巴基斯坦西北部开伯尔-普赫图赫瓦省斯瓦比地区发生一起袭击事件，反恐法庭法官及其家人驱车前往首都伊斯兰堡，汽车行驶至斯瓦比地区时遭多名身份不明的袭击者开枪射击，造成1名反恐法庭法官及其妻子和2名儿童死亡，另有2人受伤。

**4月5日** 阿富汗一辆军方汽车在首都喀布尔郊区遭路边炸弹爆炸袭击，造成1名士兵死亡、4名士兵受伤。

**4月5日** 俄罗斯执法人员在斯塔夫罗波尔边疆区基斯洛沃茨克市采取行动，逮捕了1名企图用自制爆炸装置袭击执法机构的犯罪嫌疑人。这名嫌疑人是俄罗斯公民，1996年出生，有犯罪前科。俄安全部门在其家中查获用于制造爆炸装置的物品和极端主义宣传材料等。执法人员同日还在基斯洛沃茨克市逮捕了与该嫌疑人有联系的3名俄罗斯公民。他们涉嫌参与为叙利亚境内的恐怖组织筹款，是"伊斯兰国"的支持者。

**4月6日** 尼日利亚南部伊莫州首府奥韦里一座监狱遭武装分子袭击，武装分子动用爆炸物引爆路障并进入监狱，导致1800多名犯人逃跑。

**4月6日** 阿富汗首都喀布尔郊区一辆警车遭武装分子枪击，造成1名警察死亡、1名警察受伤。喀布尔4日和5日接连发生针对军队士兵的袭击事件，共造成5名士兵死亡、10多人受伤。

**4月6日** "伊斯兰国"在叙利亚中部哈马省塞莱米耶市以东乡村地区对采松露的平民发动袭击，造成1名平民死亡、多人受伤，另有多人遭绑架。

**4月7日** 阿富汗东部楠格哈尔省首府贾拉拉巴德市第2警区发生路边炸弹袭击，袭击造成2名平民死亡，包括15名平民和3名警察在内的共18人受伤。

**4月7日** 尼日利亚东南部贝努埃州一个建筑工地遭不明身份的武装分子袭击，造成1名中国公民和2名当地警察死亡，另有2名中国公民遭绑架。

**4月8日** 一名法国记者在马里遭极端组织绑架。这名法国记者名叫奥利维耶·迪布瓦，他为法国《解放报》等多家媒体供稿。

**4月9日** 尼日利亚陆军11名军人在中部贝努埃州执行任务时，遭不明身份的武装分子袭击身亡。

　　**4月9日**　俄罗斯联邦安全部门在克里米亚挫败一起恐怖袭击图谋，抓捕2名嫌疑人，均为俄罗斯公民，是"沙姆解放组织"的支持者。这两人计划完成恐怖袭击后，借道乌克兰和土耳其抵达叙利亚，加入恐怖组织。俄安全部门说，抓捕时发现了爆炸装置零件和说明书，并在两人的通信设备中发现了他们与恐怖组织通话讨论发起恐怖袭击的信息。

　　**4月14日**　俄罗斯联邦安全部门2020年在克里米亚地区挫败了6起恐怖袭击图谋，破获了10起具有恐怖主义性质的犯罪案件和23起具有极端主义性质的犯罪案件。

　　**4月14日**　在乌克兰东部顿巴斯地区，乌克兰军事战略行动士兵参加大规模反恐演习。该演习将一直持续到5月底，主要侧重于俄乌边境地带。乌克兰国家安全局、国民警卫队、边防警察部队以及乌克兰反恐中心协调小组等都将参与此次演习。

　　**4月14日**　索马里南部中谢贝利州一辆小型公交车在行驶途中触发了一个简易爆炸装置，造成至少17人死亡，另有2人受伤。

　　**4月15日**　伊拉克首都巴格达东郊萨德尔城一处人员密集的市场附近发生一起汽车炸弹袭击事件，造成5人死亡、21人受伤。

　　**4月16日**　尼日利亚东北部博尔诺州达马萨克镇遭"博科圣地"武装分子袭击，造成18人死亡、21人受伤。当地一些建筑遭到破坏，其中包括一处联合国人道救援设施、一个警察局和一些居民住宅。

　　**4月17日**　阿富汗赫拉特省津达詹地区一警方检查站遭一辆装载炸药的汽车袭击，造成3名警察死亡。

　　**4月17日**　乍得军队在该国西部加奈姆省打死300多名武装分子。乍得军队还俘获150多名武装分子和26辆机动车，乍得军队共有5人死亡、36人受伤。武装分子是反政府武装"乍得变革和协和阵线"成员，主要活跃在利比亚南部紧邻乍得的边境地区。

　　**4月18日**　尼日尔西部蒂拉贝里大区一个村庄遭多名武装分子袭击，造成正在参加葬礼的19名村民死亡，另有多人受伤。

　　**4月19日**　埃及安全部队对北西奈省一处恐怖分子藏身地发动突袭，

打死 3 名恐怖分子，缴获 3 支自动枪械和一套爆炸装置。被击毙的 3 名恐怖分子涉嫌杀害 4 人，并企图对警察和军队的总部发动袭击。

**4 月 20 日** 乍得总统代比在乍得北部政府军和反政府武装作战前线负伤，于 20 日去世。乍得议会已被解散，成立军事过渡委员会，由代比的儿子领导，为期 18 个月。

**4 月 20 日** 阿富汗国家安全局的车队遭自杀式炸弹袭击，导致 4 人受伤。

**4 月 20 日** 也门军队在位于国家中部马里卜省的一次军事行动中，打死一名叫塔克费里的人，此人是“基地”组织一名高级头目，另有多名“基地”武装分子死伤。

**4 月 20 日** 尼日利亚西北部卡杜纳州一所大学当晚遭一伙身份不明的武装分子袭击，一些学生被绑架，目前无法确定遭绑架学生的具体人数。安全部门已展开搜救行动。

**4 月 21 日** 索马里“青年党”发射的迫击炮弹击中摩加迪沙总统府附近的本代雷区和瓦尔塔纳巴达区，造成 4 人死亡、多人受伤。袭击目标是总统府。

**4 月 21 日** 巴基斯坦西南部俾路支省首府奎达塞雷纳酒店停车场发生汽车炸弹爆炸，造成 4 人死亡、12 人受伤。由中国大使带队的中国代表团约 4 人当时正下榻这间酒店，但事发时已经外出参加活动。

**4 月 23 日** 尼日利亚西北部卡杜纳州一所大学日前遭武装分子绑架的大学生中已有 3 人遇害。调查显示，3 人是被武装分子开枪射杀的。

**4 月 23 日** 法国一名女警在巴黎郊外的伊夫林省朗布依埃市警察局被一名持刀袭击者杀害。袭击者被警方开枪击中，伤重身亡。事件引发法国各界关注，总统马克龙和总理卡斯泰分别表态，强调继续坚定打击恐怖主义。

**4 月 24 日** 阿富汗首都喀布尔及东部加兹尼省分别发生枪击及炸弹袭击事件，造成 10 人死亡、2 人受伤。

**4 月 24 日** 一艘油轮在叙利亚西北部沿海塔尔图斯省巴尼亚斯市附近海域遭袭，袭击导致油轮上的一个油箱起火，油轮消防小组随后成功控制住火势并将其扑灭。此次袭击被认为是来自黎巴嫩水域的一架无人机发动的。

**4月25日** 尼日利亚驻扎在博尔诺州梅努克镇的一支部队遭到"博科圣地"武装分子袭击，该部队打死数十名武装分子，并摧毁多辆武装分子使用的武装卡车。交火造成尼军方1名军官和6名士兵身亡，另有5名士兵受伤。

**4月26日** 在布基纳法索东部古尔马省，一个由护林员、记者、士兵等组成的巡逻车队遭武装分子袭击，造成3人受伤、4人失踪。失踪者中包括2名西班牙人、1名爱尔兰人和1名布基纳法索士兵。

**4月28日** 索马里首都摩加迪沙附近的阿夫戈耶地区一个拘留所遭自杀式汽车炸弹袭击，造成至少3人死亡、7人受伤。

**4月28日** 委内瑞拉政府军日前在靠近哥伦比亚的边境地区与哥伦比亚武装组织成员发生交战，造成8名委军人死亡。2022年3月以来，涉嫌从事贩毒和恐怖主义活动的哥伦比亚武装人员多次跨境，与委军队发生冲突。委军方正加强在边境地区的部署，已逮捕数名哥武装人员。委政府指责美国南方司令部在幕后策划指挥了这一系列非法入侵行动。

**4月28日** 法国政府在部长会议上提出一项新反恐法案，新法案旨在通过加强情报工作和网络监控等应对恐怖主义新威胁。

**4月28日** 缅甸克钦邦莫宁镇区的达维仓桥遭遇多枚炸弹袭击，该桥分为铁路和公路两部分，都遭到炸弹严重破坏。这座桥位于缅甸第二大城市曼德勒与克钦邦首府密支那之间，是缅甸中部与北部之间的重要通道。

**4月28日** 土耳其警方在伊斯坦布尔最大的客运站及时阻止了一起汽车爆炸案。据悉，库尔德工人党成员将5公斤炸药放置在一辆机动车底下，该车停在伊斯坦布尔最大的埃森勒客运站，当时附近有数千名群众。警方掌握情报后迅速展开行动，抓捕嫌犯并及时处理了爆炸物。

**4月29日** 南非、津巴布韦、博茨瓦纳和莫桑比克外长举行区域会谈，评估当地安全局势并确定如何帮助莫桑比克应对恐怖袭击。莫桑比克总检察长阿特丽丝·布西莉称帕尔马镇恐袭涉及贩运武器，贩卖人口、毒品，非法开采矿产，盗伐森林，洗钱及资助恐怖主义等多项复杂犯罪。莫桑比克将在总检察长办公室设立一个特别部门，以调查和起诉这些恐怖主义案件。

**4月29日**　俄罗斯联邦安全局安全部门抓捕16名准备在俄罗斯发动袭击的乌克兰青年极端组织"MKU"成员。这些成员分别在俄罗斯多地被捕。俄安全部门还查获了武器、极端服饰、暴力视频，以及有关已经实施和计划实施的袭击行为的数据信息等。

**4月30日**　阿富汗北部巴格兰省欣詹地区一座清真寺附近发生一起枪击案，7名平民遇袭身亡，遇害者包括2名儿童。

**4月30日**　阿富汗东部卢格尔省首府普勒阿拉姆发生一起汽车炸弹袭击事件，一辆装载炸药的汽车在普勒阿拉姆一家宾馆附近被引爆。事发时，许多准备参加下周大学入学考试的学生以及一些安全部队成员住在该宾馆。爆炸导致至少25人丧生、60多人受伤。

# 2021年5月

**5月1日**　阿富汗首都喀布尔北部一个加油站当晚发生油罐车爆炸事故，一辆停在加油站旁边的油罐车爆炸并引发加油站起火。当时道路上有50辆油罐车排队等候进入喀布尔，爆炸导致不少油罐车被引燃并发生爆炸。共造成9人死亡、至少14人受伤。

**5月1日**　尼日尔政府军士兵在塔瓦大区蒂利亚地区巡逻时，遭不明身份的武装人员伏击，造成16名士兵死亡，另有6人受伤、1人失踪。

**5月3日**　肯尼亚东南部与索马里相邻的拉穆郡发生一起路边炸弹袭击事件，造成2人死亡、1人重伤。车上3人都是参与修建肯索边境隔离墙的工人。路边爆炸装置很可能是索马里"青年党"武装分子安置的。

**5月4日**　布基纳法索东部科蒙加里省一处村庄遭身份不明武装人员袭击，造成10多人死亡。死者包括2名士兵和多名平民，另有多处房屋被烧毁。

**5月5日**　索马里首都摩加迪沙发生一起地雷爆炸事件，造成3人死亡、1人受伤。

**5月5日** 巴基斯坦安全部队在俾路支省兹霍布地区执行巴基斯坦和阿富汗边境隔离栏修建任务时，遭来自阿富汗的恐怖分子伏击，导致4名士兵死亡，另有6人受伤。巴基斯坦和阿富汗拥有2600多公里的边界线，为加强与阿富汗的边境管理，巴基斯坦正在边境抓紧修建隔离栏。

**5月5日** 2022年3月在尼日利亚西北部卡杜纳州遭武装分子绑架扣押50多天的20多名大学生获释。3月11日当晚，一伙不明身份的武装分子袭击了卡杜纳州联邦林业机械化学院。安全部队赶到现场后击退武装分子并救出180人，但仍有至少30名学生下落不明。

**5月8日** 马尔代夫警方初步调查结果表明，6日发生在马尔代夫首都马累的爆炸事件是一起恐怖袭击。6日，议长纳希德在其住宅附近发生的爆炸事件中受伤。据悉，袭击者采用简易遥控爆炸装置对议长纳希德发动恐怖袭击。

**5月8日** 伊拉克阿萨德空军基地遭到一架装有炸药的无人机袭击，暂无人员伤亡。该基地驻扎着美国军队。

**5月8日** 阿富汗喀布尔遭3起爆炸袭击，先是1枚汽车炸弹被引爆，接着是埋设在学校附近的2枚简易爆炸装置被引爆。袭击已造成超过50人死亡，另有逾百人受伤。

**5月9日** 索马里首都摩加迪沙瓦贝里区警察局当晚遭自杀式炸弹袭击，1名自杀式袭击者在警察局引爆炸弹，造成6人死亡，其中包括瓦贝里区警察局局长、瓦里约-阿德警察局副局长、3名士兵和1名平民，另有6人受伤。同一天，索马里政府军在该国中部希兰州发动军事行动，打死7名索马里"青年党"武装分子，另有17名武装分子受伤。

**5月9日** 尼日利亚南部阿夸伊博姆州和河流州近日发生数起武装分子袭击警察局和安全检查站事件，已造成12名警察和1名警察家属遇袭身亡，部分建筑设施和车辆被毁。

**5月11日** 俄罗斯鞑靼斯坦共和国首府喀山市第175中学发生枪击事件，共有2人发动袭击，其中一人当场被击毙，另一人被警方控制。目前已造成8人死亡、约20人受伤。喀山市已进入反恐行动状态，市内所有教育机构都加强了安全措施。鞑靼斯坦共和国宣布 5 月 12 日为共和国哀悼日。

**5 月 12 日** 俄罗斯外交部副部长奥列格·瑟罗莫洛托夫表示，新冠疫情加速犯罪分子利用技术筹集资金、宣传恐怖主义以及为恐怖组织招募支持者的趋势。俄副外长表示："互联网空间中存在犯罪分子和恐怖分子活动扩大的重大威胁。"他指出："疫情加速了犯罪分子利用信息通信技术的趋势，包括筹集资金、宣传恐怖主义和为恐怖组织招募新支持者。"

**5 月 13 日** 开斋节当天，阿富汗南部坎大哈省和北部昆都士省发生多起汽车遭袭事件，造成 9 名平民死亡。

**5 月 14 日** 阿富汗首都喀布尔北部郊区一座清真寺遭袭击，当时民众在该清真寺做礼拜时，提前放置在清真寺的一枚炸弹被引爆，造成至少 12 人死亡、超过 15 人受伤。

**5 月 16 日** 南非立法首都开普敦一地区发生多起枪击事件，造成 11 人死亡、7 人重伤。

**5 月 17 日** 突尼斯安全部队 16 日起在卡赛林省山区进行反恐清剿行动，在行动中打死 5 名恐怖分子，同时缴获一批武器弹药。这 5 名恐怖分子包括 4 名突尼斯人和 1 名阿尔及利亚人。

**5 月 17 日** 叙利亚伊德利卜冲突降级区西南部的叙政府军阵地凌晨遭武装分子使用 120 毫米迫击炮和 ZU-23 型双管高射炮袭击，导致叙政府军 3 人死亡、4 人受伤。

**5 月 18 日** 伊拉克反恐部队在尼尼微省首府摩苏尔以南约 30 公里处附近发现多处"伊斯兰国"分子藏匿点，并出动 F-16 战机实施空袭，共打死 8 名武装分子。反恐部队还在现场缴获了武器、爆炸装置等。

**5 月 18 日** 以色列南部靠近加沙地带埃什科勒地区一处包装工厂被加沙地带武装组织发射火箭弹击中，造成 2 名泰国公民死亡、7 人受伤。

**5 月 18 日** 埃塞俄比亚南方州谢科地区的警察遭到武装分子袭击，导致警方 9 死 3 伤。

**5 月 18 日** 布基纳法索东北部萨赫勒大区一村庄当晚遭不明身份的武装分子袭击，武装分子向正在参加洗礼仪式的人群开火，造成 15 人死亡、1

人受伤。

**5月19日** 危地马拉克萨尔特南戈省卡特尔市一所监狱发生暴乱，已造成6人死亡。这所监狱目前共关押2000多名犯人，长期处于超负荷运营状态。

**5月20日** 阿富汗南部赫尔曼德省遭路边汽车炸弹袭击，造成车上9名平民死亡，另有3名平民受伤。

**5月20日** 欧洲议会日前正式通过一项法案，规定网络平台须在接到指令后一小时内删除恐怖主义相关内容，否则将面临处罚。法案将在《欧盟官方公报》上公布，成员国须在正式发布后20日内将规定纳入国内法律，并在一年后全面生效。

**5月21日** 巴基斯坦西南部边境地区发生炸弹袭击事件，造成6人死亡。

**5月21日** 印度警方在马哈拉施特拉邦展开的一次行动中，打死13名纳萨尔派反政府武装分子。成立于20世纪60年代的纳萨尔派反政府武装大约有1万人，主要活动在印度东部和中部的农村地区，经常袭击政府和安全目标，被印度政府定为国内最大的安全威胁。

**5月23日** 秘鲁中部胡宁省当晚发生一起针对平民的恐怖袭击事件，"光辉道路"成员冲入该省萨蒂波地区圣米格尔市中心一家酒吧杀害平民，造成14人死亡，其中包括2名儿童。

**5月24日** 缅甸克钦邦和平镇区（Hopin）附近的瓦贡大桥（Watkone）遭遇炸弹袭击，大桥主体被炸断，暂无人员伤亡。这座大桥是克钦邦首府密支那通往缅甸第二大城市曼德勒的重要通道。

**5月25日** 阿富汗喀布尔省卡拉巴格地区发生连环爆炸，上午8时左右，一辆军车遭路边炸弹袭击；数分钟后，在同一地点发生第二起爆炸。两起袭击共造成6人受伤，包括3名军人和3名平民。

**5月25日** 摩洛哥中央司法调查局在该国南部城市阿加迪尔附近逮捕两名与"伊斯兰国"有关联人员。被逮捕的两人年龄为23岁和29岁，活跃于阿加迪尔周边地区。初步调查显示，他们深受"伊斯兰国"极端思想影响，曾计划发动针对摩洛哥重要地点和安全人员的恐怖袭击。

**5月26日** 南苏丹首都朱巴郊外拉杜地区发生一起武装袭击事件，造成1名中国工人和1名随行的南苏丹士兵遇害。

**5月26日** 阿富汗西北部法里亚布省的一个市场遭到迫击炮袭击，造成至少7人死亡、9人受伤。

**5月27日** 联合国大会当天通过了俄罗斯提交的决议，打击将信息通信技术用于犯罪目的的国际公约起草特别委员会将从2022年1月起召开会议。根据决议内容，联合国大会决定从2022年1月开始，特别委员会将至少举行6届会议，每届会议为期10天，并要完成自己的工作，以便向联合国大会第78届会议提交公约草案。

**5月28日** 索马里政府军针对索马里"青年党"在中谢贝利地区的一处基地展开行动，打死15人、打伤20人。军方摧毁索马里"青年党"基地，并缴获一批武器和弹药。

**5月28日** 索马里西南部拜多阿镇一处市场遭爆炸袭击，造成3人死亡、7人受伤。

**5月29日** 阿富汗东部帕尔万省一辆载有大学师生的面包车遭遇路边炸弹袭击，造成至少4人丧生、11人受伤。面包车上的师生来自卡皮萨省的阿尔贝罗尼大学，死伤者都是该校师生。

**5月29日** 尼日利亚西北部卡杜纳州格林菲尔德大学14名被绑架人员已于当天获释。一伙武装分子4月20日晚袭击了格林菲尔德大学并绑架约20人。该校另5名被绑架大学生此前已先后遇害。

**5月29日** 索马里政府军当晚对索马里"青年党"在中谢贝利地区的一处基地展开军事行动，打死37名武装分子，另抓获2人。

**5月30日** 马里南部布古尼地区一处检查站凌晨遭遇武装人员袭击，造成包括1名警察、1名检疫部门工作人员、2名司机在内的5人死亡。此次袭击还造成7人受伤，其中3人伤势严重。

**5月30日** 尼日利亚中北部尼日尔州泰吉纳镇遭武装分子袭击，一伙武装分子骑摩托车闯进该镇，向人群开枪扫射，造成1人当场死亡。武装分子随后袭击了镇上的一所学校，超过 200 名学生在此次武装袭击中被绑架。

**5 月 30 日** 刚果（金）伊图里省两座村庄遭到乌干达反政府武装"民主同盟军"袭击，袭击造成至少 45 名平民丧生。武装分子还纵火焚烧了多栋房屋，多名平民被绑架。

**5 月 31 日** 尼日利亚官方证实，5 月 30 日在尼中北部尼日尔州泰吉纳镇遭武装分子绑架的 11 名学生已经获释，仍有数量不明的学生被武装分子控制。

**5 月 31 日** 巴基斯坦俾路支省发生两起针对巴安全部队的袭击。巴安全部队在俾路支省奎达地区一处哨所遭恐怖分子袭击，双方交火，至少 4 名恐怖分子被打死、7 名恐怖分子被打伤。另有 4 名士兵在交火中死亡、6 名士兵受伤。在另外一起袭击中，恐怖分子在俾路支省图尔伯德地区利用简易爆炸装置袭击巴安全部队的一辆军车，2 名士兵受伤。

**5 月 31 日** 缅甸少数民族地方武装克伦民族防卫组织在缅泰边境妙瓦底地区卡内莱村一个桥梁建筑工地绑架了 47 人，其中 25 人遇害身亡。

# 2021年6月

**6 月 1 日** 阿富汗首都喀布尔一辆公交车行驶在喀布尔第三警区时遭炸弹袭击，造成 6 名平民死亡，另有 7 名平民受伤，其中有人伤势严重。

**6 月 1 日** 乍得与中非共和国于举行高级别会议，同意成立一个独立的国际调查委员会，对 5 月 30 日 6 名乍得士兵在两国边境哨所遇袭身亡事件展开联合调查。

**6 月 2 日** 联合国儿童基金会（儿基会）驻缅甸代表处在社交媒体发文称，缅甸各方应立即停止针对学校的爆炸袭击。儿基会说，最近几周缅甸多所学校和教育机构频繁遭遇爆炸袭击，2021 年 2 月 1 日至 5 月 31 日报告的 54 起爆炸袭击事件中，有 39 起发生在 5 月。据缅甸官方公布的数据，缅甸多所学校和教育机构 5 月共遭遇 18 次纵火和 115 次炸弹袭击（包括炸弹袭击未遂），比儿基会提供的数据更高。缅甸各中小学已于 6 月 1 日开学，学生人数比往年明显减少。据缅甸教师联合会数据，全国 920 万学生中，入学人数约为 1/10。

**6月2日** 俄罗斯联邦委员会（议会上院）通过法案，禁止极端组织的领导人、赞助人和普通成员参加国内各级选举。根据法案，极端组织领导人 5 年内不能参加选举，其成员和资助者 3 年内不得参选。参与极端组织是指支持其活动或向该组织提供援助，相关事实将由法院确定。在俄罗斯联邦委员会通过后，该法案经总统普京签署后就会正式生效。

**6月3日** 阿富汗首都喀布尔遭两起炸弹袭击，两辆公交车分别在喀布尔第 5 警区、第 6 警区遭炸弹袭击，共造成 8 人死亡、9 人受伤。

**6月4日** 巴基斯坦旁遮普省哈桑阿卜杜勒地区一辆客车遭不明枪手袭击后翻入路边沟渠，导致 1 人死亡、28 人受伤。

**6月4日** 布基纳法索北部萨赫勒大区两个村庄当晚遭恐怖分子袭击，造成 100 多名平民死亡。

**6月5日** 尼日利亚西北部凯比州 8 个村庄日前遭遇不明身份的武装分子袭击，至少 88 名村民在袭击中丧生。

**6月5日** 土耳其方面跨境空袭了伊拉克北部的一处难民营地，造成 3 人死亡、数人受伤。该难民营地收留了数千名来自土耳其的库尔德难民。

**6月6日** 加拿大安大略省伦敦市当晚 8 时 40 分左右发生一起有预谋的、出于仇恨动机的驾车撞人事件，导致一个穆斯林家庭中的 4 人被撞身亡，只有 1 名 9 岁男孩幸存。肇事者是一名 20 岁的男子，名叫纳撒尼尔·维尔特曼，系伦敦市的居民。警方已经对他提起 4 项一级谋杀罪和 1 项谋杀未遂罪。警方还有可能对其提起恐怖袭击的罪名。

**6月6日** 在尼日尔西部与马里和布基纳法索接壤的一个动荡地区，武装人员绑架了一家矿业公司的 2 名中国雇员。

**6月7日** 尼日利亚情报部门证实，尼日利亚"博科圣地"头目阿布巴卡尔·谢考已经死亡。5 月 21 日，"博科圣地"和"伊斯兰国西非省"发生火并。谢考在战斗中被包围，并在多次拒绝投降后，用炸药自杀。

**6月7日**　索马里"青年党"武装分子5日占领了索马里的四个城市。武装分子先占领了重要城市Varsiiz、Kuordhir和Vararaksli，并于6日晚上占领了下谢贝利州的Varmaksan市。

**6月8日**　加拿大总理特鲁多将近日一名男子开车袭击一个穆斯林家庭的事件定性为"恐怖袭击"。特鲁多说："这起由宗教仇恨引发的恐怖袭击并非偶然"，近年来加拿大多次发生造成人员死亡的反穆斯林恐怖袭击，表明加拿大存在令人不安的宗教仇恨情绪。有毒言论、歧视和网络上滋生的"极端主义"助长了这类恐怖袭击的发生。政府将取缔鼓励威胁公共安全的"仇恨团体"。

**6月8日**　阿富汗一武装团体袭击反地雷公益组织"光环信托"（Halo Trust）的营地，枪杀10名阿富汗籍工作人员。另有16人受伤。"伊斯兰国"称其对袭击负责。

**6月8日**　缅甸勃固省漂廊大桥一侧发生炸弹爆炸袭击事件，导致一辆自仰光开往曼德勒的火车脱轨。目前暂无人员伤亡消息。

**6月9日**　俄罗斯莫斯科市法院审理市检察院针对俄反对派人士纳瓦利内旗下机构的行政诉讼，判定纳瓦利内创办的"反腐败基金会"为极端主义组织，其清偿债务后的剩余财产将划归国有。纳瓦利内领导的"反腐败基金会""公民权利捍卫基金会"被依法取缔，"纳瓦利内总部"被禁止在俄开展活动。

**6月10日**　法国总统马克龙宣布，法国军队将结束在非洲萨赫勒地区的"新月形沙丘行动"，该地区打击恐怖主义的任务将由一支"国际部队"来完成。他表示，结束"新月形沙丘行动"的具体时间表和安排将在6月底宣布。

**6月11日**　尼日利亚西北部卡杜纳州一所理工学院当晚遭不明身份武装分子袭击，当场造成2名学生受伤，其中一人送医后死亡，另外一人在接受救治。此外，武装分子还绑架了2名教师和8名学生。

**6月11日**　也门南部阿比扬省发生一起针对军用车辆的爆炸袭击，一辆载有炸弹的摩托车在阿比扬省首府津吉巴尔市区内一个市场突然被引爆，造成至少 7 名政府军士兵死亡、13 人受伤。

**6 月 11 日** 连日来，缅甸发生多起恐怖袭击事件，截至目前，缅甸警方共逮捕 638 名涉嫌参与恐怖袭击的嫌疑人，包括 49 名纵火案嫌疑人、61 名杀人案嫌疑人、256 名非法持有武器弹药者和 272 名涉嫌发动恐怖袭击的嫌疑人。警方在抓获犯罪嫌疑人的同时还缴获了 50 件轻武器、2502 发子弹、914 支自制枪械和 5947 枚自制炸弹。

**6 月 11 日** 缅甸联邦巩固与发展党（巩发党）成员吴尼尼在内比都的住所遭 3 名骑摩托车的男子投掷炸弹。3 枚自制炸弹当场爆炸，1 名提醒吴尼尼的邻居被炸弹炸伤腿部，吴尼尼及其家人没有在爆炸中受伤。

**6 月 12 日** 叙利亚北部城市阿夫林发生炮弹袭击事件，造成至少 18 人死亡、20 多人受伤。

**6 月 13 日** 索马里政府军当晚在该国南部下朱巴地区发起的打击索马里"青年党"武装的行动时，遭到该组织武装分子抵抗，政府军在交战中打死 16 人，并打伤 15 名武装分子。

**6 月 15 日** 阿富汗楠格哈尔省开展脊髓灰质炎疫苗接种的 5 名卫生工作者在连环袭击中丧生，另有 4 人受伤。联合国人道主义事务协调厅说，袭击者对卫生工作者进行了 5 次袭击，这是在楠格哈尔省针对脊髓灰质炎疫苗接种工作者进行的最新一轮袭击。3 月，曾有 3 名卫生工作者在袭击事件中丧生。

**6 月 15 日** 索马里首都摩加迪沙南部一处军营遭到自杀式炸弹袭击，造成至少 15 名士兵死亡，另有多人受伤。

**6 月 15 日** 哥伦比亚北部城市库库塔一处军营遭汽车炸弹袭击，2 名嫌犯下午 3 时左右驾驶一辆越野车闯进军营，载有炸药的车辆在军营内共发生 2 次爆炸，造成 36 人受伤，军营设施被损坏。

**6 月 15 日** 美国白宫发布打击国内恐怖主义国家战略，旨在采取一系列措施提高联邦政府应急能力，遏制国内恐怖主义的上升势头。根据这份战略文件，美国各地联邦检察官办公室和联邦调查局分支机构已正式将打击国内恐怖主义列为首要任务，全面追踪相关案件，并为此重新分配资金和资源；联邦、州和地方执法部门将采取措施加强相关协调和信息共享；国防部、司法部和国土安全部将改进筛选和审查程序，以防止国内恐怖分子出现在军队或执法队伍中；在 2022 财年预算中为司法部、联邦调查局和国土安全部提供逾 1 亿美元的额外资源，用于打击国内恐怖主义。此外，美国司法部正在评估联邦政府应否建议国会制定具体的国内反恐法律；打击国内暴力极端主义首次被列为国土安全部优先拨款领域，国土安全部将向州、地方相关机构拨款逾 7700 万美元，以预防和应对国内暴力极端主义；五角大楼将为退伍军人提供相关培训，防止其成为暴力极端团体的动员对象；联邦政府将与社交媒体和科技公司合作，打击网络虚假信息，清除网络恐怖主义和暴力极端内容，以缓解美国社会的两极分化。

**6 月 17 日**　索马里政府军在南部中谢贝利地区开展清剿索马里"青年党"武装分子的行动，打死包括 1 名当地索马里"青年党"头目在内的 30 名武装分子，并打伤 24 名武装分子。

**6 月 18 日**　尼日利亚军队成功解救该国西北部凯比州一所中学 7 名遭绑架人员。17 日，一伙武装分子袭击了凯比州比尔宁姚里地区的一所公办中学，绑架了一些教师和学生。

**6 月 19 日**　西非国家经济共同体（西共体）委员会主席布鲁在加纳首都阿克拉表示，暴力极端主义威胁西非地区安全，西共体各成员国应投入更多力量，抓紧落实 2019 年通过的打击恐怖主义区域行动方案。布鲁在西共体第 59 届首脑会议上说，自 2020 年以来，西非地区已遭受约 700 次恐怖袭击，导致 2000 名军人和平民死亡。

**6 月 19 日**　索马里"青年党"武装分子当晚三次试图对军事基地发动袭击，都被政府军成功击退。政府军打死 24 名武装分子，并缴获了武器。

**6 月 21 日**　伊朗伊斯兰革命卫队地面部队发布声明称，在伊朗总统选举期间，试图危害国家安全的 3 支恐怖分子小队被捣毁。

**6月22日** 土耳其国家情报机构在伊拉克北部消灭了一名库尔德工人党恐怖分子，此人曾在土耳其实施多起恐怖袭击。报道称，这名代号为"乌拉什·德尔西姆"的恐怖分子真名叫乌拉什·多安，是"库尔德工人党"的高层，国际刑警组织曾对其发布"红色通缉令"。

**6月22日** 缅甸安全部队和武装人员在缅甸第二大城市曼德勒市区发生武装冲突，武装人员方面4人被打死、8人被捕，另有4人在逃跑中发生交通事故死亡。

**6月23日** 新加坡内政部发布《新加坡恐怖主义威胁评估报告》指出，新加坡面对的恐怖主义威胁依旧存在，除了持续出现自我激进化个案，也需对右翼极端恐怖主义这类新兴威胁保持警惕。报告指出，目前没有具体或可靠情报显示新加坡面对迫在眉睫的恐怖袭击，但相关安全机构仍需要保持高度警戒。报告透露，自我激进者带来的威胁是新加坡目前面临的主要恐怖主义威胁。

**6月23日** 巴基斯坦东部旁遮普省首府拉合尔发生一起爆炸事件，爆炸发生在拉合尔一处居民区，造成至少2人死亡、15人受伤。

**6月23日** 伊朗安全部门挫败了一起针对伊朗原子能组织一处建筑物的破坏行动。破坏行动未造成人员伤亡和财产损失。

**6月24日** 缅甸仰光省一民间武装组织"反法西斯武装部队"宣称，该组织为近几个月以来在仰光发生的30起爆炸袭击事件负责，并宣称这些袭击已导致22人死亡、至少25人受伤。该组织在社交媒体上公布的一份文件显示，自3月下旬起该组织对仰光省的警察局、街道管理员办公室、巩发党办公室、军事驻地进行了共30次爆炸袭击，致22人死亡、至少25人受伤。该组织称最近一次行动是于6月18日对仰光达梅镇区巩发党办公室发动的爆炸袭击，该行动导致一辆军用卡车和一辆出租车起火，至少6人受伤。

**6月25日** 伊拉克北部基尔库克省发生一起路边炸弹袭击事件，"伊斯兰国"残余分子在该省达古格镇附近放置了一枚路边炸弹，炸弹被引爆后炸毁了一辆警车，造成车上5名警察身亡。

**6月25日** 无国界医生组织3名工作人员在埃塞俄比亚提格雷地区遇害。遇害的3名工作人员包括1名来自西班牙的紧急情况协调员、1名当地助理协调员和1名司机。3人于6月24日下午失去联系，25日早上被发现遇害。

**6月25日** 德国国防部长卡伦鲍尔确认，12名驻扎在西非马里的德国联邦国防军士兵凌晨在一起自杀式汽车炸弹袭击中受伤，其中3人伤势严重。此次受伤的德国士兵参与的是联合国马里稳定团的军事任务。

**6月25日** 哥伦比亚总统杜克在外省考察，在搭乘一架"黑鹰"直升机准备在哥东北部北桑坦德省省会库库塔降落时，突遭枪击。机身被击中数枪，所幸飞行员设法着陆。事发时，国防部长莫拉诺、内政部长帕拉西奥斯、北桑坦德省省长塞拉诺等同在机上。事件未造成人员伤亡。

**6月26日** 索马里邦特兰州安全部长阿卜迪萨马德的车队在巴里地区博萨索镇郊外遭路边炸弹袭击，造成1名士兵死亡、多人受伤，部长本人幸免于难。

**6月27日** 刚果（金）东北部北基伍省贝尼市发生2起炸弹袭击事件，造成至少1人死亡、4人受伤。

**6月28日** 叙利亚境内美军遭火箭弹袭击，袭击未造成人员伤亡。

**6月28日** 在意大利进行工作访问的新加坡外长维文出席打击"伊斯兰国"国际联盟会议并发言，呼吁国际社会继续对"伊斯兰国"保持警惕。维文表示，"伊斯兰国"宣扬的激进主义和暴力行径仍在包括东南亚地区在内的全世界挥之不去。维文强调，新加坡将继续致力于通过全球和区域合作，防止、打击激进主义和暴力极端主义的兴起。

**6月29日** 联合国秘书长发言人斯特凡·杜加里克表示，缅甸爆发危机以来，该国已经有至少883人死亡。

**6月30日** 伊拉克安全部门宣布在该国南部省份巴比伦省查获一个极端组织窝点，并逮捕了1名嫌疑人，同时缴获6个爆炸装置、3条自爆腰带、若干枚迫击炮弹以及其他爆炸物。

# 2021年7月

**7月1日** 俄罗斯联邦安全局表示，在别尔哥罗德捣毁乌克兰新纳粹主义团体"MKU"的一个分支机构，共有7人遭拘捕。他们参与宣传新纳粹主义和屠杀、挑起民族间冲突，实施暴力犯罪。俄联邦安全局指出，还从这些人员处缴获了冷兵器，以及极端主义材料、关于策划"直接行动"的往来信函，并发现了一个毒品实验室。

**7月1日** 乌兹别克斯坦总统米尔济约耶夫签署总统令，批准了《2021-2026年打击极端主义和恐怖主义国家战略》。新版国家战略旨在高效、协调地打击极端主义和恐怖主义，捍卫宪法体系，维护国家安全，保护公民的权利与自由。文件指出，中亚地区的极端主义和恐怖主义活动往往披着民族主义、宗教和其他激进政治思想的外衣。未来五年国家在该领域的优先工作包括：宣传爱国主义思想、传统价值观和宽容理念，防止极端主义和恐怖主义思想传播；防止极端主义和恐怖主义思想在未成年人和年轻人中间传播；保护妇女权利，强化她们在打击极端主义和恐怖主义方面的作用；保护长期在境外居留的本国公民免受极端主义和恐怖主义思想的影响；打击以互联网为媒介的极端主义和恐怖主义行为；鼓励民间组织和媒体参与打击极端主义和恐怖主义；针对极端主义、恐怖主义以及为相关活动提供资助的各类行为，完善法律诉讼及追责措施；完善打击极端主义和恐怖主义的法律监管框架；加强在该领域的国际与地区合作。文件规定，新版国家战略分3个阶段逐步落实。

**7月2日** 索马里首都摩加迪沙当晚发生一起自杀式炸弹袭击事件，已造成10人死亡、数十人受伤。

**7月2日** 俄罗斯国家反恐委员会称在纳尔奇克市郊执行的反恐行动中消灭5名匪徒。此前有报道，纳尔奇克部分地区、卡巴尔达-巴尔卡尔自治共和国巴克桑地区实行反恐行动制度。

**7月5日** 尼日利亚西北部卡杜纳州一所中学遭武装分子袭击，大量学生和教师被绑架，其中 27 人随后被安全部门解救。超过 140 人在此次袭击事件中遭绑架。

**7月5日** 美国技术企业卡西亚公司遭勒索软件攻击，这家企业的首席执行官弗雷德·沃科拉说，全球 800～1500 家企业受到影响。涉事黑客索要 7000 万美元加密货币换取数据恢复，卡西亚方面拒绝回应是否准备支付赎金。

**7月5日** 俄罗斯联邦安全局称，近期阻止了多起恐怖袭击并逮捕了多名极端主义分子。"伊斯兰国"近期计划在俄罗斯发动一系列恐怖袭击。恐怖袭击均在 6 月 29 日至 7 月 3 日被安全人员阻止。2 名恐怖分子被拘留、6 名恐怖分子被击毙。此外，安全人员还在行动中收缴了自制爆炸物、枪支、弹药以及恐怖主义宣传材料等物品。俄联邦安全局还发布消息称，俄联邦安全局与内务部在布良斯克、彼尔姆和阿穆尔河畔共青城等地取缔了两个激进组织——"俄罗斯爱国主义民族复兴之路"和"俄罗斯青年组织"。这两个组织主张驱逐非俄罗斯人并在俄罗斯实施纳粹制度。这两个组织的成员积极散布极端主义材料，计划破坏俄社会政治局势稳定，对非斯拉夫外貌的人员进行袭击。执法人员在取缔两个组织的过程中，收缴了手枪、刀、极端主义书籍以及通信设备等物品。

**7月7日** 香港警方国安处成功瓦解以学生为主体的激进"港独"组织，他们策划在本月上旬发动土制炸弹袭击。

**7月7日** 海地总统若弗内尔·莫伊兹在家中被一群身份不明的"说西班牙语和英语"的武装分子袭击并杀害。海地总理克洛德·约瑟夫将暂时代行国家领导人职责。海地举行特别部长会议，决定国家进入戒严状态。

**7月7日** 位于伊拉克西部的阿萨德空军基地遭 14 枚火箭弹袭击，造成 3 人受伤。该基地是目前美国在伊拉克驻军人数最多的基地，那里同时驻扎着打击"伊斯兰国"国际联盟的多国部队。

**7月10日** 尼日利亚西北部扎姆法拉州的 5 个村庄日前遭不明身份武装分子袭击，35 人死亡。

**7月10日** 索马里首都摩加迪沙发生一起自杀式汽车炸弹袭击，一辆装有简易爆炸装置的汽车撞向巴纳迪尔地区警察局高级指挥官法尔汉·卡罗尔的车队，当时车队正途经巴纳迪尔医院，卡罗尔及其所乘车辆幸免于难。事件造成 7 人死亡、10 人受伤。索马里"青年党"宣称制造了此次袭击。

**7 月 10 日**　伊朗道路和城市发展部遭到网络攻击，门户网站无法运行。此前一天，伊朗铁路公司也遭到网络攻击。

**7 月 11 日**　尼日利亚北部卡杜纳州卡朱鲁地区传统领袖埃米尔阿尔阿吉·阿尔哈桑·阿达穆及包括其 2 名孙辈在内的 13 名家庭成员，凌晨在寓所中被大量武装分子绑架。

**7 月 11 日**　苏丹东部红海州近日发生多起武装分子袭击事件，造成数人死伤。苏丹政府代表团将前往红海州，以稳定当地局势。

**7 月 12 日**　尼日尔国防安全部队在尼西南部蒂拉贝里省击毙 40 名恐怖分子，另有 4 名尼军人和 5 名平民死亡。尼军方还缴获了恐怖分子的大量武器以及通信设备等。

**7 月 12 日**　布基纳法索北部一个村落遭遇武装分子袭击，导致 8 人死亡、11 人受伤。

**7 月 12 日**　"伊斯兰国"武装分子在伊拉克东部迪亚拉省破坏了两处高压输电线路，造成该省从伊朗进口电力暂时中断。

**7 月 12 日**　激进"港独"组织"光城者"涉嫌租用宾馆做实验室制造烈性炸弹，香港警方继日前拘捕 9 人后，12 日又采取行动，再拘捕 5 名涉案人士，年龄介于 15 岁至 37 岁，其中 3 人为学生。

**7 月 13 日**　阿富汗首都喀布尔第 1 警区发生一起炸弹袭击事件，造成 4 名平民死亡，另有 5 名平民受伤。

**7 月 14 日**　巴基斯坦北部一辆中资企业通勤车辆遭自杀式炸弹袭击，造成 13 人死亡，其中包括 9 名中国公民，另有 28 名中国公民受伤。这辆巴士当时载着 30 多名人员，其中许多人是中国籍工程师，正前往巴基斯坦上科希斯坦的达苏水电站工地。

**7 月 14 日**　上海合作组织成员国外长在杜尚别发表了关于"上合组织-阿富汗联络组"会议成果的联合声明。声明指出，支持将阿富汗建成独立、中立、统一、和平、民主、繁荣的国家。谴责阿富汗境内持续不断导致平民和国家权力机构人员伤亡的暴力和恐怖活动。

**7月15日**　法国纪念尼斯恐怖袭击事件五周年。法国总理卡斯泰当天代表政府前往尼斯参加纪念活动并讲话。2016年7月14日法国国庆日当晚，一辆卡车冲入法国南部旅游城市尼斯盎格鲁大道上的人群中，造成86人死亡。当时有数以万计民众聚集在盎格鲁大道观赏烟花表演。

**7月15日**　俄罗斯强力部门在莫斯科挫败一起恐怖袭击图谋，一名试图在人群聚集的场所引爆自制爆炸物的俄罗斯公民被拘留。执法人员在该男子的储藏处中发现了用于制造爆炸物的零件、通信设备、制造炸弹说明以及与位于叙利亚的国际恐怖组织成员的通信内容。

**7月15日**　尼日利亚陆军一名少将当晚路遇袭击被枪杀。这是该国近来发生的第二起军人遇袭事件。几天前，尼军第196营一名代理营长在路上被匪徒枪杀。据当地媒体及智库统计，2022年前4个月，该国有约2200人在各类暴力事件中丧生。截至目前，2021年以来已有超过2500人被绑架。

**7月16日**　俄罗斯国防部网站当日无法访问。俄国防部网站遭到分布式拒绝服务攻击（DDoS）。DDoS攻击是一种网络攻击，其中黑客试图使大量数据流涌向一个网络，以使之瘫痪。

**7月17日**　巴基斯坦首都伊斯兰堡发生一起阿富汗驻巴基斯坦大使女儿遭绑架事件，绑架发生在伊斯兰堡被认为安全措施最为严密的地区。

**7月18日**　缅甸克伦邦帕亚托内祖镇一间茶馆发生枪击事件，当地巩发党党部主席吴凯温遭到枪杀，他的两名助手受伤。

**7月18日**　尼日利亚西北部扎姆法拉州发生一起武装分子袭击警察事件，造成13名警察死亡、多人受伤。

**7月19日**　在马里与毛里塔尼亚边境附近萨赫勒地区，3名在建筑公司工作的中国人以及2名毛里塔尼亚人遭绑架。

**7月18日**　尼日利亚空军一架轻型战斗机在该国西北部扎姆法拉州遭武装分子击落，飞行员成功获救。过去两周，尼空军与陆军加大了对尼西北部非法武装的打击力度，摧毁多个武装分子据点，打死数百名武装分子。

**7月19日** 一名意大利"红色旅"前成员毛里奇奥·迪马尔齐奥在巴黎被捕。这是自4月底法国警方应意大利方面要求，针对10名恐怖组织前成员开展的抓捕行动中最后落网的一人，这10人都被控犯有恐怖主义相关罪行。

**7月19日** 叙利亚哈马省数个居民点遭到位于伊德利卜缓冲区边境地区的武装分子炮击。武装分子共发射24枚炮弹，导致11名平民受伤，其中包括1名儿童。

**7月19日** 伊拉克首都巴格达东郊市场发生的爆炸事件已造成28人死亡，另有66人受伤。"伊斯兰国"宣称对爆炸事件负责。

**7月20日** 阿富汗首都喀布尔的总统府附近当天早间遭火箭弹袭击。袭击者从位于喀布尔第4警区的一辆汽车上发射了3枚火箭弹，火箭弹在总统府附近爆炸。火箭弹袭击发生时，阿富汗总统加尼正同高官在总统府内进行宰牲节祷告，并在祷告后发表了讲话。

**7月20日** 马里首都巴马科的大清真寺在庆祝伊斯兰教的传统节日古尔邦节期间，2名武装分子袭击了马里过渡政府总统阿西米·戈伊塔，过渡政府总统随后被带离现场。

**7月20日** 尼日利亚西北部扎姆法拉州上月被绑架的100名村民当天获得释放。6月8日，一伙武装分子袭击了该州马鲁地区的马纳瓦村，绑架了100名村民，其中大多数是妇女和儿童。

**7月20日** 美军对索马里"青年党"武装分子发动无人机空袭。这是自拜登政府上台以来，美首次对索马里进行空袭。此前，索马里"青年党"的武装人员袭击了索马里受美军训练的精锐伙伴部队，当时该部队正接受美国军事训练及指挥人员的远程培训和协助。

**7月20日** 数名马达加斯加公民和外国公民被捕，原因是他们企图破坏公共秩序，以及暗杀包括总统拉乔利纳在内的多名马达加斯加国家领导人和政要。被捕的数人中有2名法国人，其中一名曾接受过突击队训练，另一名是突击队的跳伞教官。

**7月21日** 意大利南部塔兰托市一家酒吧凌晨发生枪击事件。酒吧内当时约有 300 名大学生。一名男子与人发生争执后开枪射击，造成 10 人受伤，伤者年龄在 20 岁至 28 岁。

**7 月 21 日**　一架美军直升机轰炸了叙利亚东北部哈塞克省一所民居，造成 3 人死亡、多人受伤。

**7 月 21 日**　中非共和国西北部城市博桑戈阿发生袭击事件，一些"爱国者变革联盟"武装人员在距离博桑戈阿 12 公里的那纳-巴卡萨公路向平民开枪，13 名平民被反政府组织"爱国者变革联盟"武装人员开枪打死。

**7 月 22 日**　加拿大联邦政府于 7 月 21~22 日接连主办打击反犹太主义和打击"伊斯兰恐惧症"两场全国峰会。加总理贾斯廷·特鲁多在峰会上重申，加政府致力于打击种族主义和歧视、仇恨行为。特鲁多表示，反犹太主义的言论和暴力行为以及"伊斯兰恐惧症"均是不可接受的。他说，反犹主义并非犹太社区要独自解决的问题，而是所有人都必须接受的挑战。他亦在会前接受电视媒体采访时批评民粹主义以及一些政客煽动仇视和分裂的言行助长了"伊斯兰恐惧症"。

**7 月 23 日**　刚果（金）东北部发生武装分子袭击事件，武装分子伏击了一辆民用汽车，15 位平民当场死亡，1 名伤者在医院抢救无效死亡。死者中有 6 名女性和 1 名儿童。"民主同盟军"武装分子称袭击了平民。

**7 月 23 日**　据联合国难民署发布消息，随着布基纳法索极端组织对平民和安全部队的袭击变得越来越频繁，布基纳法索境内流离失所人数和逃往邻国的难民人数上升。布基纳法索政府本周发布的数据显示，在短短两年多的时间里，布基纳法索境内已有超过 130 万流离失所者，占该地总人口的 6%，且流离失所者增加速度没有放缓的迹象。2021 年上半年，有 23.7 万人逃离家园前往布基纳法索其他地区，与 2020 年下半年登记的 9.6 万人相比，人数大幅增加。此外，逃往邻国尼日尔、马里、贝宁等国的布基纳法索难民人数也在激增。仅 2021 年 1 月以来，就有 17500 多人逃往邻国避难。目前，布基纳法索累计超过 38000 人在境外寻求庇护。

**7 月 23 日**　法国议会通过旨在打击恐怖主义与极端主义的两项新法案。法国国民议会（议会下院）通过反分裂主义法案，法案包括一系列重要举措，其内容主要包括维护公共服务中立性、保护公务员和教师、监督家庭教育、加强对协会的控制、提高宗教团体透明度等。法国国民议会还以 108 票赞成、20 票反对的表决结果通过另一项新法案，加强追踪极端分子活动，特别是加强监视与极端主义相关的网络活动，以防范恐怖袭击。过去一年来，法国发生多起袭击事件，造成多人死伤。最近发生的袭击是在 2021 年 4 月，一名女警察在巴黎郊外的伊夫林省朗布依埃的警察局被一名持刀袭击者杀害。

**7 月 24 日**　法国在与美国部队的一次协同突袭行动中，对马里梅纳卡地区一处营区进行突袭，击毙了马里"大撒哈拉伊斯兰国"组织的 2 名高级领导人。其中萨哈威曾参与 2019 年 12 月发生在尼日尔西部的袭击事件，这次事件造成 71 名尼日尔士兵丧生。

**7 月 24 日**　喀麦隆北部靠近尼日利亚边境的一个军事基地遭"博科圣地"武装分子袭击，造成至少 6 名士兵死亡、4 人受伤。这是近 10 个月来，"博科圣地"武装分子对喀军方造成的最严重伤亡。

**7 月 25 日**　土耳其国防部消息称，叙利亚北部一辆"刺猬"装甲运兵车在"幼发拉底盾牌"行动地区遭到袭击，造成 2 名土耳其军人死亡、2 人受伤。

**7 月 26 日**　伊朗安全和情报部门近日捣毁一个恐怖团伙并逮捕 36 名相关人员。被逮捕的 36 人中，11 人来自法尔斯省，其余 25 人来自伊朗东部和西部的一些省份。联合行动中还缴获大量武器和弹药。该恐怖团伙与宣扬极端思想的"塔克菲里派"有关。在一个欧洲国家和一个中东地区国家情报部门的支持下，该团伙计划在伊朗几个省份同时开展恐怖活动。此外，他们还在网上发布试图制造恐怖活动的视频。

**7 月 26 日**　尼日尔西部蒂拉贝里省的一个村庄遭武装分子袭击，造成至少 3 人丧生。同一区域的另一村庄 25 日也遭袭击，14 名平民丧生。报道称，袭击被认为是"大撒哈拉伊斯兰国"所为。

**7 月 26 日**　古巴驻法国大使馆遭燃烧弹袭击，暂时没有人员伤亡报告。

**7 月 26 日**　喀麦隆极北大区靠近尼日利亚边界的泽戈军事基地遭"博科圣地"武装分子袭击，造成 5 名士兵和 1 名平民死亡，另有 3 名士兵和 1

名平民受伤。

**7月27日** 杜尚别会议公报指出，上海合作组织成员国国防部长表示，在外国军队撤出阿富汗后，有必要抵御该地区恐怖主义活动的增长。文件称："他们指出，在北约和其他国家的军人撤出阿富汗后，有必要防止上合组织空间局势不稳定和该地区恐怖组织活动大幅增长。"

**7月28日** 1名中国公民在巴基斯坦最大城市卡拉奇发生的一起枪击事件中受伤。2名骑摩托车的枪手朝中国公民乘坐的汽车开枪。1名中国公民手臂中枪。另一人和司机没有受伤。受伤的中国公民本月刚到巴基斯坦，为附近一家中国企业工作。

**7月28日** 尼日尔西南部蒂拉贝里省一座村庄遭不明身份武装分子袭击，造成19名平民死亡。该村庄位于蒂拉贝里省巴尼邦古地区，另有3人在袭击中受伤，1人失踪。

**7月29日** 俄联邦安全局揭露和制止了"伊斯兰国"支持者的基层组织活动，该组织包括来自中亚地区的公民。他们按照"伊斯兰国"指示，计划在人群大规模逗留之处完成恐怖行动。

**7月29日** 叙利亚武装分子在叙利亚南部德拉省发动袭击，造成2名平民死亡，另有3人受伤。

**7月30日** "伊斯兰国"武装分子在伊拉克北部萨拉赫丁省发动袭击，当晚武装分子先在该省亚斯里卜镇一村庄对参加葬礼的民众发动袭击，随后又攻击附近一检查站，导致13人死亡、45人受伤。

**7月31日** 尼日尔西南部托罗迪省发生一起伏击事件。一伙袭击者伏击了一队担负补给任务的士兵。事件目前已造成15名军人死亡、7人受伤、6人失踪。尼日尔国防部指责该事件是"武装恐怖组织"所为。

# 2021年8月

**8月1日** 埃及安全部队日前在北西奈省的反恐行动中打死89名恐怖分子。行动中还销毁了404套爆炸装置，缴获了73支自动枪械和52辆汽

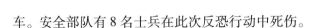

车。安全部队有 8 名士兵在此次反恐行动中死伤。

**8月1日** 黎巴嫩首都贝鲁特南部一滨海小镇发生武装冲突，造成至少 5 人死亡、10 多人受伤。黎巴嫩真主党支持者谢卜利 7 月 31 日晚在贝鲁特南部海勒代镇的一场婚礼上被杀身亡。8 月 1 日，谢卜利的送葬车队在其家附近遭遇枪手袭击，双方发生交火，并动用了机关枪和火箭弹。冲突造成包括 3 名真主党成员在内的至少 5 人死亡。

**8月3日** 刚果（金）伊图里省 Zunguluka 镇遭到"民主同盟军"的武装分子袭击，至少 17 人遇害。

**8月3日** 阿富汗代理国防部长比斯米拉·穆罕默迪在首都喀布尔的住所附近遭汽车炸弹袭击，安全人员打死 4 名武装人员，穆罕默迪安然无恙。

**8月3日** 哥伦比亚安蒂奥基亚省西部一警车遭路边炸弹袭击，车上 2 名正在执勤的警员受伤。这是 2021 年 5 月以来该省境内发生的第三起针对警方的袭击，政府敦促当地安全部门严查并加大对非法武装组织的打击力度。

**8月3日** 俄罗斯外交部新挑战与威胁司司长弗拉基米尔·塔拉布林在接受媒体采访时表示，在新冠疫情大流行的情况下，恐怖主义威胁转入网络的情况需所有国家共同努力。他认为，恐怖主义威胁加速转入网络空间，原因在于恐怖分子越来越积极地利用社交网络和其他互联网平台招募新的支持者、融资并开展恐怖袭击和宣传活动。很明显，这个问题的规模要求所有国家与公民社会、IT 行业共同努力，打击将互联网用于犯罪目的。

**8月4日** 尼日利亚西北部卡杜纳州考鲁区 4 座村庄日前遭武装分子袭击，2 日晚先后遭不明身份的武装分子袭击，造成 25 人死亡、3 人受伤，另有 63 栋房屋被焚毁。

**8月4日** 上合组织地区反恐怖机构网站发布的文件称，值得注意的是，与上合组织成员国接壤的阿富汗边境省份局势有所恶化，阿富汗北部已变为被恐怖力量控制的地区，成为吸引、合并以及联合恐怖组织的中心。文件中强调，特别是几个恐怖组织的成员间正在进行联系。

**8月5日** 叙利亚武装分子使用无人机投掷炸弹袭击位于阿勒颇省的叙政府军，导致 5 名军人受伤。

**8月5日**　布基纳法索东北部乌达兰省遭武装分子袭击，导致30人死亡，其中包括11名平民。

**8月5日**　埃塞俄比亚阿法尔地区的一家卫生机构和一所学校避难所遭"提格雷人民解放阵线"袭击，造成约240人死亡，其中包括107名儿童。

**8月6日**　阿富汗政府媒体与信息中心主任达瓦·汗·迈那帕尔在阿首都喀布尔遇袭身亡。报道称，迈那帕尔是在清真寺做礼拜时被武装分子从背后射杀的。

**8月7日**　美军将40名"伊斯兰国"成员从监狱转移到位于叙利亚东北部哈塞克省的美军基地。在被带走的恐怖分子中，有一名"伊斯兰国"间谍组织指挥官和一名制造爆炸装置的专家。报道说，美军转移恐怖分子的目的是利用他们执行自己在该地区的计划。

**8月8日**　巴基斯坦西南部俾路支省首府奎达发生一起警车遭炸弹袭击事件，造成2名警察死亡、至少11人受伤。

**8月8日**　卢旺达军队已协助莫桑比克军队击败盘踞该国多年的极端武装分子，重新夺回了莫桑比克北部重要港口莫辛博阿达普拉亚港控制权。

**8月9日**　土耳其军队在伊拉克北部地区消灭13名库尔德工人党成员。

**8月9日**　马里北部加奥大区昂松戈省几个村庄遭不明身份的武装人员袭击，造成51名平民死亡、多人受伤，其中12人伤势严重。袭击者洗劫村庄后纵火逃跑。此次遇袭的村庄与尼日尔西部接壤。

**8月9日**　乍得西部发生部族冲突，起因是农业用地的归属争议。冲突持续了数小时，双方动用了武器，这导致至少21人死亡，另有大约20人受伤。

**8月10日**　巴基斯坦西南部城市奎达的反恐部门展开反恐行动，在交火中至少有5名恐怖分子被打死。反恐人员还在恐怖分子的藏身之处收缴了大量爆炸物和武器。

**8月12日**　埃及军方日前在北西奈省反恐行动中打死13名恐怖分子。行动中双方发生交火，埃及士兵死伤达9人。此次行动共缴获15挺机枪、一定数量的弹药以及用于实施恐怖活动的摩托车。

**8月14日** 尼日利亚中部高原州发生一起袭击事件，5辆搭载数十名宗教信徒的汽车早晨在该州首府乔斯附近一条公路上遭武装分子袭击，造成22人死亡、14人受伤。警方、军方派出一支联合队伍赶赴事发现场，成功救出21人，并抓获6名嫌疑人。

**8月14日** 巴基斯坦南部港口城市卡拉奇当晚发生一起手榴弹袭击事件，一辆卡车载着同一家庭的20多人在道路上行驶，他们参加完婚礼正在返家途中，一辆摩托车上的多名袭击者突然向这辆卡车投掷手榴弹。导致至少10人死亡、10人受伤。

**8月15日** 一辆油罐车凌晨在黎巴嫩北部阿卡尔省塔利勒镇爆炸，造成至少22人死亡、近80人受伤。

**8月15日** 尼日利亚西北部扎姆法拉州立农业和畜牧业技术学院当晚遭遇不明身份的武装分子袭击，武装分子与学院的安保人员交火。这场交火导致1名警察和2名保安死亡。武装分子随后绑架15名学生和4名学院员工。

**8月16日** 菲律宾政府军在菲中部地区东萨马省对反政府武装"新人民军"一处据点发动"地面、空中和海上"联合军事行动，共打死16名武装人员。

**8月17日** 3名中国公民日前在刚果（金）国东北部伊图里省遭不明身份的武装分子绑架，目前下落不明。这3名遭绑架中国公民在伊图里省朱古地区从事采金工作。

**8月17日** 缅甸发生多起枪击爆炸事件，当日早些时候，缅甸马圭省一警方检查站发生爆炸，导致1名警察身亡、2名警察受伤。当天凌晨5时许，缅甸仰光甘马育镇区1名平民遭身份不明枪手枪杀，事发后枪手迅速逃离现场。当天中午12时40分左右，仰光南德贡镇区1名片区管理员遭枪击身亡。

**8月18日** 布基纳法索北部萨赫勒大区发生一起袭击事件，一支由国防和安全部队士兵、志愿者和平民组成的队伍在萨赫勒大区苏姆省遭恐怖分子袭击，双方发生交火，造成30名平民、14名士兵和3名志愿者死亡，另有 19 人受伤。此外，58 名恐怖分子被打死，其余恐怖分子逃逸。目前，追捕行动已经展开。

**8 月 18 日**　俄罗斯联邦安全局称，"伊斯兰解放党"在克里米亚的基层组织被摧毁，2 名头目和 3 名积极参与者被拘捕。这些人员基于创建"全球哈里发国"、摧毁世俗社会制度的执念实施了"破坏宪法的活动"，旨在通过暴力方式推翻现任政府。

**8 月 19 日**　在巴基斯坦旁遮普省，一支游行队伍中发生强烈爆炸。当地警方称，事件造成至少 3 人死亡、50 余人受伤。

**8 月 19 日**　俄罗斯西伯利亚联邦管区 2020 年共制止了 9 起恐怖主义目的的犯罪，包括 4 起恐怖袭击。

**8 月 19 日**　马里中部莫普提地区一队执行任务的马里士兵遭汽车炸弹袭击，随后又遭到不明身份武装人员的火力攻击。袭击造成 11 名士兵死亡、10 人受伤，其中 9 人伤势严重。

**8 月 20 日**　巴基斯坦西南部俾路支省发生一起自杀式炸弹袭击事件，袭击者企图袭击载有中国公民的车队，在距车队十几米远的地方引爆炸弹，造成 2 名当地儿童死亡，另有 3 人受伤，1 名中国公民受轻伤。

**8 月 20 日**　一伙持枪土匪袭击了位于尼日利亚西北部扎姆法拉州巴库拉地方政府区的里尼镇并绑架了超过 70 人。

**8 月 20 日**　尼日尔西南部一村庄遭武装分子袭击，一伙不明身份的武装分子进入蒂拉贝里省一座村庄，袭击正在举行宗教仪式的村民，造成 19 人死亡、2 人受伤。

**8 月 22 日**　尼日利亚西北部扎姆法拉州马拉东地区的戈兰纳马耶镇当晚遭不明身份的武装分子袭击，武装分子朝当地民众开枪，导致 4 人当场死亡。随后，武装分子绑架了 50 名居民。

**8 月 24 日**　吉尔吉斯斯坦外长鲁斯兰·卡扎克巴耶夫表示，中亚国家可能存在"基地"组织、"伊斯兰国"以及其他国际恐怖主义组织的"沉睡"分支，但所指并非塔利班。

**8 月 24 日**　尼日利亚中部高原州首府乔斯附近一村庄当晚遭不明身份

武装分子的袭击，造成至少 35 人死亡，另有多人受伤。

**8 月 25 日** "博科圣地"武装分子凌晨袭击尼日尔东南部迪法省一处军事据点，造成尼军 16 名士兵死亡，另有 9 人受伤。尼军随即展开反击，打死约 50 名武装分子，缴获大量武器。

**8 月 25 日** 坦桑尼亚最大城市达累斯萨拉姆一条主要街道上发生一起袭击事件，造成 3 名警察和 1 名保安公司的警卫死亡。

**8 月 25 日** 一名从喀布尔撤出的阿富汗人因涉嫌与"伊斯兰国"有关联而在卡塔尔乌代德空军基地被捕。美国国防部生物识别系统从 7000 名撤离阿富汗并可能获得特殊移民签证的人员中，查出大约 100 名被情报机构列入观察名单的可疑分子。

**8 月 26 日** 俄罗斯驻阿富汗大使日尔诺夫认为，"伊斯兰国"支持者藏匿在阿富汗，约有 4000 人。美国五角大楼发言人表示，"基地"组织和"伊斯兰国"武装分子仍盘踞在阿富汗，但人数不多。

**8 月 26 日** 埃塞俄比亚人权委员会发表声明说，自 18 日以来，"奥罗莫解放军"武装人员对居住在奥罗米亚州西部地区的阿姆哈拉族人发动武装袭击，已造成至少 210 人死亡。

**8 月 26 日** 在巴基斯坦西北开普省下库拉姆地区，两个部落因财产纠纷发生争执并开火，造成 7 人死亡、10 人受伤。

**8 月 26 日** 阿富汗喀布尔国际机场附近发生爆炸袭击事件，造成的死亡人数已经上升至 170 人，另有约 150 人受伤，其中美军死亡 13 人、18 人受伤。这是最近 10 年美军在阿富汗遭受的最惨重的一次损失。有 3 名英国人在此次袭击事件中死亡、2 名英国人受伤。"伊斯兰国"宣布对该事件负责。

**8 月 26 日** 阿富汗首都喀布尔西部爆发激烈枪战，塔利班随后逮捕 6 名"伊斯兰国"组织阿富汗分支"呼罗珊省"成员，其中包括 2 名马来西亚公民。

**8 月 26 日** 伊朗伊斯兰革命卫队边防部队在该国西部与伊拉克交界的库尔德斯坦省摧毁了一个恐怖分子小组。行动中有部分恐怖分子伤亡，边防部队还缴获了一定数量的武器和弹药。

**8月27日**　尼日利亚政府官员证实，2021年5月底在尼中北部尼日尔州遭武装分子绑架的92人已经获释。5月30日一伙武装分子袭击了该州泰吉纳镇的一所学校，绑架了91名学生和2名过路民众。

**8月27日**　阿富汗首都喀布尔机场遭遇自杀式炸弹袭击，美国军队不到48小时就展开反击，出动无人机歼灭1名"伊斯兰国"幕后策划人。

**8月29日**　阿富汗首都喀布尔国际机场附近居民区遭火箭弹袭击，火箭弹击中了喀布尔市第15警区的一幢房屋，造成包括4名儿童在内的6名平民死亡。当地时间下午4时55分左右，喀布尔国际机场西边的居民区被一枚火箭弹击中。

**8月29日**　阿富汗和巴基斯坦边境发生跨境枪击冲突，阿富汗境内的武装分子向巴基斯坦边境一侧的巴方士兵开火，造成2名巴方士兵死亡。巴方击毙2~3名袭击者。

**8月30日**　哥伦比亚东北部北桑坦德省省会库库塔发生一起爆炸袭击事件，该市北部一警察局遭爆炸袭击，造成12名警察及2名路人受伤。初步调查显示，安装在警察局附近一公共长椅下的爆炸装置被引爆，造成人员受伤。

**8月30日**　在巴基斯坦俾路支省马斯通地区，反恐部门人员打死至少11名疑似恐怖分子。死者属于"伊斯兰国"组织成员，同时大院内发现了大量武器和弹药。

**8月31日**　美国总统拜登就美国结束在阿富汗20年的军事行动发表讲话称，美国在阿富汗的撤军行动已完成。拜登表示，美国20年来在阿富汗的军事行动花费超过2万亿美元，超过2万名美国军人和2461名美国公民因此死亡，继续战争不符合美国的国家利益。美国打击恐怖主义的行动没有结束，他表示将继续打击包括"伊斯兰国呼罗珊省"在内的全球恐怖主义威胁。

# 2021年9月

**9月2日**　白俄罗斯国家边防委员会副主席罗曼·波德利涅夫表示，白俄罗斯重新调整了保卫国界的体系，重点防止武器、毒品和激进分子入境，已经投入武装力量和内务部队保卫与欧盟接壤的边界。

**9月4日** 哥伦比亚北部阿劳卡省发生一起针对军警巡逻车辆的爆炸袭击事件，造成5人受伤，其中包括2名平民。

**9月5日** "伊斯兰国"武装分子在伊拉克北部基尔库克省袭击基尔库克市拉沙德镇附近的一处警察岗哨，造成2名警察死亡，随后又对2辆增援的警察车辆发动炸弹袭击，造成13名伊拉克警察死亡，另有5人受伤。

**9月5日** 巴基斯坦西南部俾路支省首府奎达郊外发生一起自杀式爆炸袭击事件，一名自杀式袭击者驾驶摩托车撞向一辆边防部队车辆并引爆炸弹，造成3名军人死亡，另有20人受伤。

**9月5日** 新西兰第一大城市奥克兰发生恐怖袭击后，总理阿德恩宣布，本月内将完成新的反恐法立法工作，将策划和准备发动恐怖袭击列为犯罪行为。3日，一名极端分子进入奥克兰一超市，持刀刺伤7人后被警方当场击毙，3名伤者情况危急。袭击者是一名32岁的斯里兰卡籍男子，曾因犯罪而坐牢3年，刚在7月出狱。

**9月6日** 刚果民主共和国东北部地区发生袭击，造成至少30人死亡。

**9月7日** 巴基斯坦西北部北瓦济里斯坦地区发生一起简易爆炸装置爆炸袭击，事发时政府军正在执行针对恐怖分子的清剿行动，袭击造成2名军人死亡。

**9月7日** 阿富汗东部楠格哈尔省政府宣布，逮捕80名"伊斯兰国"武装分子。塔利班最近一周还在该省行政中心贾拉拉巴德关闭6所可能与"伊斯兰国"有关的教学机构。

**9月8日** 法国巴黎特别重罪法庭开始审理2015年巴黎系列恐袭案，庭审将持续到明年5月。巴黎特别重罪法庭将审判20名被告，其中14人出庭受审，其他人因被通缉或被推定死亡等原因缺席审判。出庭被告中，包括袭击者中唯一活下来的犯罪嫌疑人萨拉赫·阿卜杜勒-萨拉姆。

**9月8日** 阿富汗塔利班发言人苏海尔·沙欣在接受《环球时报》记者独家专访时表示，很多"东伊运"成员已离开阿富汗，因为此前塔利班已对其进行"坚决的"警告，剩余人员"没有任何人有可能留在阿富汗的任何地方"。

**9月8日**　伊朗伊斯兰革命卫队的空军下属导弹部队联合其陆军下属无人机作战单元，对伊拉克库尔德自治省首府埃尔比勒北部的恐怖分子据点进行打击，部队发射7枚短程导弹。袭击造成多名恐怖分子头目和成员伤亡。

**9月10日、11~25日**　"和平使命-2021"上海合作组织联合反恐军事演习将在俄罗斯奥伦堡州东古兹靶场举行。这是上合组织框架内第14次联演。中国、俄罗斯、哈萨克斯坦、塔吉克斯坦、吉尔吉斯斯坦、印度、巴基斯坦和乌兹别克斯坦等8个上合组织成员国参演，总兵力约4000人。中方参演部队以北部战区为主，共派出558人，出动车辆（装备）130辆。

**9月10日**　也门西部摩卡港当天遭到火箭弹袭击，袭击引发大火，导致港口数个仓库和机库被毁，无人员伤亡报告。该港口曾因被阿联酋作为军事基地而遭停用。

**9月11日**　伊拉克库尔德自治区首府埃尔比勒国际机场当晚遭2架无人机袭击，未造成人员伤亡，进出机场航班被迫中断约2小时。埃尔比勒国际机场附近军事基地驻有美军和美国主导的国际联盟部队，2021年以来针对该机场的类似袭击已发生多次。

**9月11日**　德国情报部门掌握境内约2000名涉及极端主义的潜在危险分子，这些人有发动恐袭的风险。德国警方掌握了551名极端主义危险分子，另有536名"相关人士"，即恐怖分子的潜在支持者。

**9月11日**　尼日利亚西北部扎姆法拉州一个军事基地遭到袭击，有12名安全部队成员被杀身亡，其中包括9名海军、1名陆军和2名警察。最近在扎姆法拉州发生了一系列大规模绑架事件，军方正在当地开展打击武装犯罪团伙的行动。

**9月12日**　"伊斯兰国"武装分子在伊拉克东部对该国军人实施2次袭击，武装分子先袭击迪亚拉省阿齐姆地区的伊拉克军队第一师一个团的军人。数小时后，恐怖分子袭击在塔拉村的另一个团的军人。袭击造成3人死亡、2人受伤。

**9月12日** 尼日利亚中部科吉州一座监狱当晚遭一伙不明身份的武装分子袭击，导致200多名犯人逃跑。2名监狱守卫在与武装分子交火时死亡，另有2名狱政管理人员在袭击后失踪。

**9月13日** 缅甸中部城市曼德勒一处防疫检查点遭爆炸袭击，造成2人死亡、多人受伤。爆炸袭击中的死者为1名志愿者和1名安全部队成员，伤者包括2名平民、2名消防人员和数名安全部队成员。

**9月13日** 尼日利亚西北部扎姆法拉州数十名日前遭武装分子绑架的学生已经获释。9月1日，一伙武装分子闯入卡亚村一所中学，绑架73名学生。

**9月13日** 阿富汗西北部巴德吉斯省穆库尔地区发生一起自制炸弹爆炸事件，导致2名男子受伤。

**9月14日** 索马里首都摩加迪沙瓦达吉尔区一餐厅当晚遭到自杀式炸弹袭击，一名袭击者在餐厅引爆身上的炸弹，造成7人当场死亡，其中包括平民和政府军士兵，另有10人受伤。索马里"青年党"宣称制造了此次袭击。

**9月15日** 美国布朗大学战争成本项目近日发布一份报告显示，过去20年来，美在全球85个国家和地区开展"反恐"行动，在"反恐"战争上的直接支出约8万亿美元，导致全球直接死于战争暴力的人数为89.7万~92.9万，战争造成的难民和流离失所人口超过3800万。

**9月15日** 巴基斯坦安全部队在该国西北部南瓦济里斯坦地区展开反恐行动，打死5名恐怖分子，7名安全部队士兵在交火中身亡。

**9月15日** 伊朗伊斯兰共和国情报与国家安全部队对与外国情报部门有关的恐怖分子小组展开清剿行动，消灭一组与敌对国家情报部门有关的恐怖分子。

**9月15日** 俄罗斯安全局工作人员在克拉斯诺达尔斯克抓获2名"基地"组织支持者，他们正在招募克拉斯诺达尔斯克居民参加破坏行动。

**9月15日** 德国警方收到有关伊斯兰主义者计划袭击哈根市犹太教堂的具体线报，警方据此于当日采取了特别行动。武装警察在德国西部北莱茵-威斯特法伦州哈根市犹太教堂附近加强巡逻。犹太教堂附近街区被封锁。

**9月16日**　墨西哥北部科阿韦拉州一伙武装分子袭击了正在巡逻的当地警察。墨军方前往支援，在追捕过程中与武装分子发生交火，打死9名武装分子。

**9月16日**　法军在马里开展"新月形沙丘行动"，击毙"大撒哈拉伊斯兰国"头目阿德南·阿布·瓦利德·萨赫拉维。萨赫拉维曾是"基地"组织北非分支"伊斯兰马格里布基地组织"成员。他于2015年宣布建立"大撒哈拉伊斯兰国"，在马里、尼日尔和布基纳法索活动，不时袭击军队和平民。

**9月18日**　印尼安全部队击毙印尼头号极端分子、"东印尼圣战者组织"头目阿里·卡洛拉，针对漏网人员的搜捕和后续调查正在进行。阿里·卡洛拉在波索地区附近被击毙，该地区是印尼恐怖分子的"大本营"。阿里·卡洛拉在2016年接替被安全部队击毙的阿布·瓦尔达·桑托索，成为"东印尼圣战者组织"的最高头目。该组织近期"认领"了数起针对警察和平民的袭击。

**9月19日**　"伊斯兰国"分支机构"呼罗珊省"发布声明，宣布对18~19日阿富汗东部楠格哈尔省首府贾拉拉巴德系列爆炸袭击事件负责，并称两天内针对当地共计6辆塔利班民兵车辆发动了袭击，有超过35名塔利班成员在爆炸中死亡或受伤，爆炸还造成了包括儿童在内的多位平民伤亡。

**9月19日**　美国在叙利亚西北部对"基地"组织分支进行了袭击，目标是"基地"组织的一名领导人。美国五角大楼称此次袭击已击中目标，"无迹象表明有平民伤亡"。

**9月19日**　当南非警察部长塞勒正在开普敦尼扬加（Nyanga）地区向当地居民讲话时，附近一辆中巴驶过并向街道上的行人开枪，导致3人死亡、1人重伤。塞勒离开3小时后，又有2名居民被枪杀。

**9月20日**　布隆迪经济首都布琼布拉市中心发生连环爆炸袭击事件。袭击者向人群密集处投掷了至少3枚手榴弹，其中2枚在前中央市场附近的停车场爆炸，1枚在加贝市场爆炸。爆炸造成至少5人死亡、50人受伤。

**9月20日**　哥伦比亚西北部科尔多瓦省利伯塔德港地区一辆正在执行巡逻任务的军方车辆遭路边炸弹袭击，造成5名军人死亡、3人受伤。警方怀疑这起袭击是毒品犯罪集团"海湾帮"所为，是对近期政府打击毒品犯罪和非法武装行动的报复性袭击。

**9月21日**　美国国内恐怖主义案件激增，美国联邦调查局调查的国内恐怖主义案件数量有2700件左右，远高于2020年春的大约1000件，案件数量已倍增。美司法部曾警告，美白人至上种族主义者和反政府民兵所构成的威胁日增。

**9月22日**　有8000余名"博科圣地"武装分子向尼日利亚政府投降。这批武装分子此前曾躲藏在桑比斯森林里。他们投降的原因之一是政府军的重兵攻打。此外，他们中的许多人在生病。

**9月22日**　乌克兰总统顾问谢尔盖·舍菲尔遭遇暗杀袭击，袭击者在基辅附近对他的汽车开枪，舍菲尔本人没有受伤，但他的司机伤势严重。

**9月22日**　俄罗斯联邦安全局执法人员在中部城市叶卡捷琳堡破获一个宗教极端团伙。该宗教极端团伙成员来自中亚国家，他们宣扬国际恐怖组织意识形态，并鼓动劳工移民在俄境内实施恐怖活动。

**9月24日**　巴基斯坦安全部队在该国西南部俾路支省哈兰地区展开反恐行动，打死6名恐怖分子，其中包括2名指挥官。

**9月24日**　一名法国军人在马里执行反恐任务时身亡。自法国2013年在萨赫勒地区开展反恐行动以来，已有52名法国军人身亡。

**9月25日**　索马里首都摩加迪沙总统官邸附近发生一起自杀式汽车炸弹袭击，一名恐怖分子驾驶装满炸药的汽车撞向一处检查站并引爆炸药，当场致7人死亡、9人受伤。索马里"青年党"宣称制造了此次袭击。

**9月25日**　阿富汗东部楠格哈尔省首府贾拉拉巴德第1警区发生路边炸弹袭击事件，爆炸造成1名塔利班武装人员死亡，包括平民在内的7人受伤。

**9月26日**　尼日利亚西北部卡杜纳州的一个村庄当晚遭不明身份武装分子袭击，袭击造成34人死亡、7人受伤。

**9月27日**　在肯尼亚和索马里边境地区拉穆郡的伊沙卡尼村附近，至少有15名疑似索马里"青年党"分子驾驶车辆在经过简易爆炸装置时被炸死。

**9月27日**　中国驻英使馆发布消息称，近期，多名中国公民在英国剑桥、谢菲尔德等地遇袭，受害人大多为在英留学人员。

**9月27日**　土耳其警方在西南部代尼兹利省抓捕3名涉嫌与极端组织有联系的嫌疑人，其中2人为伊拉克籍。警方在抓捕行动中还缴获了一批数码资料。

**9月27日**　缅甸多地发生爆炸袭击事件，爆炸分别发生在缅甸曼德勒市区一基层政府办公室门前、仰光甘马育镇区警察局附近，爆炸已造成12人受伤。

**9月28日**　马里西部科洛卡尼市附近发生一车队遭恐怖袭击事件，由马里军方护送的采矿车队在科洛卡尼市附近遭恐怖袭击，造成5人死亡、4人受伤。

**9月28日**　俄罗斯强力部门在全国18个地区逮捕48名地下武器制造者，没收近150支枪械，共取缔29个改造武器和制造弹药的地下作坊。

**9月28日**　俄罗斯联邦侦查委员会宣布对创建和领导极端主义团体的阿列克谢·纳瓦利内、列昂尼德·沃尔科夫和伊万·日丹诺夫刑事立案。从2014年到2021年，极端主义团体首领和成员"有系统地在俄罗斯联邦主体领土内举行未经批准的公共活动，在此期间发出极端主义和恐怖活动的呼吁，侵犯了人权和公民的权利和自由，并破坏了公共秩序和公共安全"。他们创建极端主义运动"纳瓦利内总部"、反腐基金会网站、YouTube页面、推特页面、Instagram页面、Facebook页面等。

**9月29日**　巴基斯坦安全部队在西北部开伯尔-普赫图赫瓦省展开反恐行动，打死10名恐怖分子，其中包括4名指挥官。

**9月30日**　新西兰《反恐法案》在国会通过三读成为正式法律。该法修订了2002年《制止恐怖主义法》和2012年《搜查和监视法》，把策划或准备恐怖行为定为刑事犯罪，并允许警方在处理反恐案件时随时实施进入、搜查和监视权。该法还将恐怖主义融资犯罪的定义范围扩展到向恐怖主义个人或团体提供更广泛形式的支持。

**9月30日** 白俄罗斯国家安全委员会破获一起极端主义网络案，该极端主义网络在外国情报机关控制下，招募可接触受限信息的大型企业员工。该极端主义网络通过在 Telegram 上建立专门的频道并开展一系列互联网秘密对话，为极端主义活动招募人员，并以此方式组建隐秘巢穴。

# 2021年10月

**10月3日** 阿富汗塔利班在首都喀布尔消灭"伊斯兰国"的一个小组。当日下午，喀布尔一座清真寺入口处发生爆炸，这座清真寺当时在举行仪式，悼念数日前去世的穆贾希德的母亲。爆炸造成 8 人死亡，另有 20 人受伤。

**10月5日** 布基纳法索北部桑马滕加省伊尔古军营遭一伙不明身份的武装分子袭击，造成 14 名士兵死亡，另有 7 名士兵受伤。

**10月5日** 尼日利亚西北部卡齐纳州一村庄遭遇武装分子袭击，武装分子向村民开枪并纵火焚烧房屋。造成至少 10 人死亡、11 人受伤。武装分子在袭击村庄的同时还抢走大量财物。

**10月6日** 马里军方一车队在该国中部科罗和邦贾加拉地区遭恐怖袭击，造成 9 名士兵死亡、3 辆汽车被毁。袭击者中有 15 人被打死。

**10月6日** 中国常驻联合国副代表耿爽在第 76 届联大六委"消除国际恐怖主义的措施"议题下，发言呼吁国际社会携手应对国际反恐斗争的新形势、新任务、新挑战。

**10月7日** 国务委员兼外交部长王毅向全球反恐论坛第十一次部长级会议做书面发言。王毅对未来国际反恐事业提出五点主张：第一，应发挥联合国中心作用；第二，应坚持标本兼治原则；第三，应摒弃任何"双重标准"；第四，应遏制新威胁、新挑战；第五，应加强发展中国家反恐能力建设。

**10月7日** 尼日利亚安全部队在尼西北部扎姆法拉州的一次联合搜救

行动中，成功救出187名遭武装分子扣押的人质，并逮捕多名涉嫌参与绑架的武装分子。警方和安全部队摧毁多个位于扎姆法拉州的武装分子窝点。

**10月8日**  沙特西南部港口城市吉赞一座机场当晚遭装载爆炸物的无人机袭击，袭击导致6名沙特人、3名孟加拉国公民及1名苏丹人受伤。

**10月8日**  阿富汗东北部城市昆都士一座清真寺发生自杀式炸弹袭击事件，当时什叶派穆斯林正在清真寺中做礼拜，现场非常拥挤。袭击造成55人死亡、90多人受伤。"伊斯兰国呼罗珊省"宣布对袭击负责。

**10月10日**  也门南部港口城市亚丁发生汽车炸弹袭击事件，目标是亚丁省省长艾哈迈德·拉姆拉斯和农业部长萨利姆·苏加特里。车队中的官员没有受伤，但有5名安保人员在爆炸中丧生，另有多人受伤。

**10月10日**  巴基斯坦西南部俾路支省图尔巴特区霍沙布地区发生炸弹爆炸事件，致2名儿童死亡。

**10月11日**  伊拉克抓获"伊斯兰国"高级成员萨米·贾西姆，他负责该组织的财务，也是被击毙的最高头目巴格达迪的副手。

**10月11日**  吉尔吉斯斯坦国家安全委员会日前逮捕宗教极端组织"伊斯兰解放党"在吉南部地区分支机构的6名骨干成员。在搜查这些骨干成员住所时，执法人员发现并没收了宗教极端主义宣传资料，包括书籍、小册子、传单、电子资料等。

**10月12日**  智利总统皮涅拉下令，该国南部阿劳科省、比奥比奥省、马列科省和考廷省因公共秩序受到严重扰乱而进入"国家紧急状态"。该地区目前有武装团体正在进行严重且反复的暴力行为，已严重影响当地的公共秩序。这些武装团体与贩毒、恐怖主义和有组织犯罪有关。此次"国家紧急状态"将持续15天，根据宪法的规定，视紧急情况可再延长15天。

**10月13日**  挪威东南部城市孔斯贝格傍晚发生"独狼"袭击事件，一名男子以弓箭作武器在街头行凶，致5人遇害、2人受伤。嫌疑人已被捕，是在当地居住的丹麦籍公民。

**10月14日**  阿富汗东部库纳尔省首府阿萨达巴德发生爆炸事件，塔利班人员的一辆汽车在阿萨达巴德市一座桥梁附近遭爆炸袭击，造成1名塔利班警察死亡、11 人受伤。伤者中有 4 人是塔利班人员，其余 7 人是平民，包括 1 名妇女和 2 名儿童。

**10 月 14 日**　黎巴嫩首都贝鲁特司法部附近发生狙击手枪击示威者事件，黎巴嫩真主党和阿迈勒运动支持者前往司法部示威抗议，要求罢免正在调查贝鲁特港口爆炸案的法官塔雷克·比塔尔。游行示威者在到达距离司法部不远的塔尤尼地区时，遭屋顶上的狙击手枪击。枪击已造成 5 人死亡，另有 30 多人受伤。

**10 月 14 日**　尼日利亚军方证实，长期盘踞在尼东北部以及乍得湖地区的"伊斯兰国西非省"最高头目阿布·穆萨卜·巴纳维已经死亡。

**10 月 15 日**　英国保守党议员戴维·阿梅斯在埃塞克斯郡会见选民时遇刺身亡。警方认定案件为恐怖袭击，嫌疑人系单独作案。这是五年内英国第二次发生议员遇袭身亡事件。一名 25 岁男子因涉嫌谋杀，在案发现场遭警方逮捕。

**10 月 15 日**　阿富汗南部城市坎大哈一处清真寺发生自杀式袭击事件，已致 30 多人死亡、大约 70 人受伤。"伊斯兰国"宣布制造了此次袭击事件。

**10 月 16 日**　17 名来自美国的传教士及其家人在海地首都太子港遭绑架。这些传教士在离开一所孤儿院，乘坐机场巴士为部分成员送行时遭到某帮派绑架。

**10 月 17 日**　尼日利亚西北部索科托州的一个小镇遭不明身份的武装分子袭击，造成至少 30 人死亡。

**10 月 18 日**　伊拉克安全部队宣布抓获极端组织头目加兹万·佐拜伊。他是伊拉克通缉的恐怖分子中级别最高者之一，曾组织并参与大量恐怖袭击。

**10 月 18 日**　巴基斯坦西南部城市奎达俾路支大学附近发生爆炸袭击事件，一辆安装爆炸装置的摩托车袭击了位于校门外的警车，造成一名警察遇难、17 人受伤，受伤者包括 13 名警察和 4 名路人。

**10 月 18 日**　尼日利亚军方在该国西北部卡杜纳州的一次联合行动中打死 50 多名武装分子。

**10月20日** 叙利亚大马士革市中心2处爆炸装置被引爆，造成一辆经过的大巴爆炸。14名叙利亚军人在袭击中丧生。

**10月20日** 巴基斯坦西北部开伯尔-普赫图赫瓦省巴焦尔地区发生路边炸弹袭击事件，几名当地部落长老乘坐的汽车在该地区遭遇路边炸弹袭击，造成4名执法人员死亡。

**10月20日** 阿富汗首都喀布尔发生一起爆炸事件，在喀布尔市第3警区，有人向塔利班安全人员投掷一枚手榴弹，造成2人受伤。

**10月20日** 尼日利亚中北部尼日尔州发生一起武装分子袭击公共汽车事件，一辆公共汽车在该州公路上行驶时遭多名武装分子袭击和拦截，车上1名售票员和13名乘客随后被绑架。

**10月21日** 阿富汗首都喀布尔西北部一座输电线塔日前发生爆炸，导致首都及周边地区断电。"伊斯兰国呼罗珊省"宣称制造了这起事件。

**10月22日** 美军使用无人机在叙利亚击毙"基地"组织一名高级别头目阿卜杜勒·哈米德·马塔尔。

**10月22日** 巴基斯坦警方反恐部门在该国西南部俾路支省展开一场反恐行动，打死9名同"伊斯兰国"有关联的恐怖分子。

**10月23日** 索马里政府军支持的加勒穆杜格地方武装与武装组织"先知的信徒"在索马里中部发生武装冲突，造成至少20人死亡、40多人受伤。联合国方面说，已有10万多人逃离加勒穆杜格州的居里埃尔镇。

**10月23日** 阿富汗楠格哈尔省省会贾拉拉巴德第8警区一辆汽车遭路边炸弹袭击，导致1名儿童死亡，另有3人受伤。另外第1警区一名男子向安全人员开枪，导致至少4名塔利班武装人员死亡。

**10月23日** 乌干达坎帕拉郊区一家餐饮店发生一起简易炸弹爆炸事件，造成1人死亡、3人受伤。乌警方表示，爆炸事件是"蓄谋已久的国内恐怖主义行为"。

**10月24日** 塔利班在阿富汗赫拉特省与武装团伙发生激战，造成至少17人死亡。阿富汗塔利班特种部队在赫拉特省采取行动打击实施绑架的犯罪分子，击毙3名绑匪。

**10 月 25 日**　尼日利亚中北部尼日尔州马谢古地区两座村庄先后遭武装分子袭击，造成至少 17 名村民死亡、3 人受伤，另有多名村民下落不明。

**10 月 25 日**　乌干达中部姆皮吉地区发生一起公共汽车爆炸事件，一辆从首都坎帕拉开往西部布谢尼地区的公共汽车在途经姆皮吉地区时发生爆炸，造成 2 人当场死亡，另有多人受伤。

**10 月 26 日**　俄罗斯东部军区超过 1.4 万名军人在远东地区参加最大程度接近实战的反恐演习。演习中特别关注对抗无人机、使用电子对抗器材。

**10 月 27 日**　4 名警察在巴基斯坦开普省拉基·马尔瓦特地区例行巡逻时，遭身份不明的袭击者袭击身亡。

**10 月 28 日**　沙特阿拉伯主导的多国联军过去 24 小时在也门中部马里卜省的空中打击行动中打死至少 95 名也门胡塞武装人员。

**10 月 30 日**　也门南部港口城市亚丁国际机场附近发生一起汽车炸弹袭击，恐怖分子在亚丁国际机场主要入口处引爆一辆装有炸药的汽车，造成 5 人死亡、25 人受伤，其中包括妇女和儿童，另有多辆汽车和一些建筑受损。

**10 月 31 日**　伊拉克首都巴格达市中心"绿区"附近遭 3 枚火箭弹袭击，袭击对附近建筑和民用车辆造成破坏，未造成人员伤亡。

# 2021年11月

**11 月 1 日**　尼日利亚军队日前在该国东北部博尔诺州空袭极端组织一处集会地点，打死 37 名武装分子。2 架战斗机在执行完空袭任务返回基地途中，又协助地面部队摧毁 4 辆极端组织的武装卡车。

**11 月 1 日**　3 名在马里被武装人员绑架的中国人质获释。7 月 17 日，为建筑公司工作的 3 名中国公民和 2 名毛里塔尼亚人，在马里与毛里塔尼亚边境附近萨赫勒地区被绑架。

**11 月 2 日**　尼日利亚首都阿布贾一所大学遭不明身份的武装分子袭击，武装分子凌晨闯入该大学的教职员工生活区，绑架 4 名员工和其中 1 人的 2 个孩子。

**11月2日** 阿富汗首都喀布尔一所军队医院遭袭击，6名自杀式袭击者引爆身上的炸弹。除此之外，还有几名武装分子进入楼内攻击塔利班人员。造成至少15人死亡、数十人受伤。"伊斯兰国呼罗珊省"宣称对此次事件负责。

**11月3日** 阿富汗发生2起爆炸事件，在贾拉拉巴德市第8警区附近，一辆塔利班人员车辆遭路边炸弹袭击，造成2名塔利班人员死亡，3名塔利班人员和1名平民受伤。昆都士市发生一起爆炸事件，造成4人死亡、5人受伤。

**11月7日** 伊拉克总理卡迪米位于首都巴格达"绿区"内的官邸遭自杀式无人机袭击，卡迪米并未受伤，袭击造成驻扎在总理官邸外的6名安保人员受伤。巴格达宣布进入紧急状态。

**11月7日** 索马里政府军在该国南部和中部对索马里"青年党"发动大规模军事行动，摧毁该组织在南部图克勒和达尔萨拉姆地区的据点，并收复多个村庄。

**11月7日** 埃及当局在该国南部阿斯旺省采取突袭行动，捣毁一武装犯罪团伙，12名犯罪团伙成员在交火中被打死。这一武装犯罪团伙进行毒品交易、非法开采金矿并涉嫌谋杀和绑架。警方在行动中，收缴一批武器弹药和毒品。

**11月7日** 刚果（金）东北部北基伍省多个军事基地遭反政府武装组织"M23运动"袭击。"M23运动"自2012年4月起在刚果（金）东部发动攻势，从事叛乱活动，导致大量平民伤亡、数以万计居民流离失所。2013年12月，刚果（金）政府与"M23运动"在肯尼亚首都内罗毕签署和平协议。

**11月8日** 法国南部城市戛纳发生袭警事件，一名男子持刀靠近戛纳警察局前的一辆警车，并对车上警察进行袭击，袭击者被警方制服，在制服过程中袭击者中枪受重伤。警方可能将此事件视为恐怖袭击。

**11月9日** 尼日利亚西北部卡齐纳州一个小镇的清真寺遭到不明身份的武装分子袭击，武装分子朝正在作祷告的人群开枪，造成11人死亡、8人受伤。

**11 月 10 日**　近 3 个月以来，阿富汗临时政府已逮捕 600 名"伊斯兰国"武装分子，捣毁了"伊斯兰国"在喀布尔省、楠格哈尔省和赫拉特省等地的 21 处据点。

**11 月 12 日**　阿富汗东部楠格哈尔省一座清真寺发生爆炸，当时有大量民众在清真寺内做礼拜，爆炸造成 3 人死亡、15 人受伤。

**11 月 13 日**　阿富汗首都喀布尔第 18 警区一辆公交车遭爆炸袭击，造成至少 1 名平民死亡、2 名平民受伤。

**11 月 14 日**　英国西北部港口城市利物浦发生一起汽车爆炸事件，一辆出租车在利物浦市中心一家医院外发生爆炸，造成乘客死亡、出租车司机受伤。英国反恐警察已介入调查并逮捕 3 人。

**11 月 14 日**　布基纳法索北部萨赫勒大区发生一起恐怖袭击事件，一支宪兵分队在萨赫勒大区苏姆省遭恐怖分子袭击，袭击造成至少 20 人死亡，死者中包括 19 名宪兵和 1 名平民。

**11 月 15 日**　马里外长表示，马里政府正在该国 80% 的领土上打击恐怖主义。他称，马里面临着各种各样的恐怖主义威胁，族群冲突仍然存在。目前地方安全局势很严峻，在距离首都巴马科 200 公里的地区，恐怖主义活动就已经很猖獗了。马里政府与在马里的所有力量合作，包括联合国稳定团、法国"新月形沙丘行动"部队和萨赫勒五国联合部队。马里 10%~15% 的恐怖袭击由"大撒哈拉伊斯兰国"发动，另外 80% 由"伊斯兰马格里布基地组织"发动。

**11 月 15 日**　伊拉克内政部情报部门抓获 1 名极端组织头目。该头目曾多次在伊拉克境内实施恐怖主义袭击，包括烧毁 7 辆载有汽油和柴油的油罐车；在安全部队与平民的车辆上安装炸弹并引爆，致 4 人死亡；在村落中的警察站点安装炸弹并引爆，导致建筑损毁、警察伤亡等。同时，他还为极端组织成员提供后勤支援。

**11 月 15 日**　阿富汗塔利班在坎大哈省突袭"伊斯兰国呼罗珊省"数个据点，击毙 4 名成员，另有 8 人被捕。其中一处据点被炸成废墟。

**11 月 15 日**　英国政府宣布上调全国恐怖主义威胁等级，从第三等级

"高"上调至第二等级"严重"。该等级含义是"很有可能发生恐怖袭击"。英国警方将 14 日利物浦一家医院外发生的汽车爆炸定性为恐怖事件。警方称，在发生爆炸的出租车上发现了自制炸弹，炸弹很有可能是由车上乘客制造的。利物浦汽车爆炸案已致 1 死 1 伤。警方调查仍在继续，已逮捕 4 人。

**11 月 16 日** 在乌干达首都坎帕拉市中心的发生了 2 起爆炸事件，爆炸地点分别位于首都的议会大厦和中央警署附近。爆炸造成至少 24 人受伤。"伊斯兰国"宣称对袭击事件负责。

**11 月 16 日** 尼日利亚西北部索科托州数个村庄日前遭不明身份的武装分子袭击，造成至少 15 人死亡。

**11 月 17 日** 阿富汗首都喀布尔连续发生 2 起爆炸，导致至少 1 人死亡、6 人受伤。"伊斯兰国"宣称对袭击事件负责。

**11 月 18 日** 缅甸国防军总司令部发布声明说，从 2021 年 2 月 1 日至 11 月 16 日，缅甸共有 198 名基层行政管理人员遇袭身亡、148 人遇袭受伤。

**11 月 18 日** 11 月 14 日至今，尼日利亚西北地区发生袭击事件，有近 60 人丧生。事件发生在尼日利亚索科托州戈罗尼奥和萨本·伯尼地区。

**11 月 21 日** 刚果（金）南基伍省菲齐地区穆凯拉村的巴永矿场的一个金矿遭到不明身份者的武装袭击，导致至少 1 名士兵丧生、5 名中国公民被绑架。

**11 月 21 日** 美国俄亥俄州的一个教会组织宣布，该组织 17 名在海地被绑架的传教士中，已有 2 人获释，并称他们"精神很好，得到了照顾"。这批传教士于当地时间 10 月 16 日被一个名为"400 Mawozo"的海地黑帮绑架，他们当中包括 16 名美国人（含 5 名儿童）和 1 名加拿大人。海地非营利组织"人权分析与研究中心"称，自 2021 年 1 月以来，他们记录了至少 628 起绑架事件，其中 29 人是外国人。该中心表示，与 7 月相比，9 月的绑架案数量增加了 300%。

**11 月 22 日** 布基纳法索北部桑马滕加省日前遭不明身份武装分子袭击，造成 9 名宪兵和至少 10 名平民死亡。

**11 月 24 日** 尼日利亚警方工作人员解救出 24 名 9 月遭到不明身份人

员劫持的人质，其中包括 5 名学生。

**11 月 24 日**　澳大利亚已将受伊朗支持并以黎巴嫩为基地的什叶派组织"真主党"列为"恐怖组织"。澳大利亚还将全球新纳粹组织"The Base"列为"恐怖组织"，并将加入该组织列入刑事犯罪范畴。英国和加拿大已经将该组织列入两国的"恐怖组织"名单。在此之前，澳大利亚已经将 26 个组织列为"恐怖组织"，其中包括"伊斯兰国"、"博科圣地"以及"阿布沙耶夫"组织。

**11 月 25 日**　索马里首都摩加迪沙一所学校附近发生一起自杀式汽车炸弹袭击，已造成 8 人死亡、17 人受伤。袭击目标为护送联合国工作人员的车队。索马里"青年党"宣称制造了此次袭击。

**11 月 26 日**　吉尔吉斯斯坦国家安全委员会与内务部日前举行联合行动，拘捕了大约 15 名企图破坏国家政治体制和社会稳定的犯罪分子。被逮捕者包括议会议员以及前官员，这批人纠集大约 1000 名具有极端情绪的年轻人，计划在吉尔吉斯斯坦议会选举后发起挑衅性事件，破坏社会秩序和政治稳定，并以暴力手段夺取国家政权。在搜捕工作中，安全部门查获了武器、弹药和毒品等。吉尔吉斯斯坦议会选举投票将于 11 月 28 日举行。

**11 月 27 日**　极端组织在伊拉克库尔德人控制的北部地区制造了一起路边炸弹袭击，造成 5 名库尔德武装人员死亡，随后极端组织袭击一座哨所，导致 4 名库尔德武装人员受伤。

**11 月 27 日**　叙利亚北部阿勒颇省北部曼比季市郊区发生汽车炸弹袭击事件，造成 2 名妇女和 2 名儿童死亡，另有多人受伤。

**11 月 28 日**　尼日利亚中部高原州一所监狱遭不明身份的武装分子袭击，造成 10 人死亡、252 名犯人在逃。

**11 月 29 日**　叙利亚北部阿勒颇省多个村庄遭到土耳其支持的武装组织袭击，其中哈勒万吉村的炸弹爆炸造成 2 名儿童死亡，另有多个村庄的房屋和农田遭到破坏和损毁。

**11 月 29 日**　法国国内安全总局逮捕 2 名男子，其中 1 名嫌疑人供认恐袭图谋。他们计划于圣诞节假期期间在法兰西岛大区的商业中心、大学等地方用刀砍杀行人。警方在嫌疑人家中搜出凶器和"伊斯兰国"宣传材料和视频。这是法国反恐机构2021年挫败的第四起恐袭图谋。

**11月30日** 塔利班摧毁了位于阿富汗东部楠格哈尔省"伊斯兰国"武装分子的基地。3名"伊斯兰国"武装分子被消灭，其中包括1名女性，另有1名武装分子被活捉。

# 2021年12月

**12月2日** "伊斯兰国"在叙利亚东部代尔祖尔省对2辆搭载油田工人的小巴车发动袭击，造成10人死亡，另有多人受伤。

**12月3日** 喀麦隆英语区西北大区贾基里镇一市场哨所遭一伙分裂分子袭击，造成3名士兵死亡，另有多人受伤。喀麦隆的官方语言为法语和英语，英语区人口约占总人口的20%，主要居住在西北大区和西南大区。

**12月3日** 马里中部邦贾加拉地区一辆载有平民的卡车遭不明身份的武装分子袭击，造成31人死亡、17人受伤。

**12月3日** 联合国安理会一致通过第2608号决议，将各国及区域组织在索马里沿海与索当局合作打击海盗和海上武装抢劫行为的相关授权再延长3个月。根据这项决议，必须继续对所有"策划、组织、非法资助索马里沿海海盗袭击或从中获利"的人进行调查和起诉。决议呼吁索马里当局建立机制，在沿海水域巡逻，防止和制止未来的海上武装抢劫行为。

**12月5日** 在喀麦隆极北大区库塞里镇，以打鱼和饲养家畜为生的两个部落因争夺土地和水源发生冲突，造成至少11人死亡，约50所房屋被焚毁。受冲突影响，1000多名当地居民逃往与极北大区交界的乍得避难。

**12月6日** 苏丹西达尔富尔州近日持续发生暴力冲突，武装人员在西达尔富尔州基拉尼克地区对当地民众发动袭击，已造成至少48人死亡，流离失所者营地和当地市场遭焚毁。

**12月6日** 中国常驻联合国副代表耿爽在冲突中保护教育阿里亚模式会议上发言，呼吁国际社会采取措施制止恐怖组织向青少年灌输极端主义主张和暴力思想。耿爽说，在冲突中保护教育要以行动为导向。

**12 月 8 日** 尼日利亚西北部索科托州发生一起武装分子袭击公共汽车事件，一辆满载乘客的公共汽车在该州萨邦比尔尼区遭多名武装分子拦截和袭击，造成车上 23 人死亡、6 人受伤。

**12 月 8 日** 联合国马里稳定团一支后勤车队在邦贾加拉地区执行任务时遭简易爆炸装置袭击，造成 7 名维和士兵死亡，另有 3 名士兵重伤。

**12 月 10 日** 阿富汗首都喀布尔达什特巴尔奇街区发生 2 起爆炸袭击事件，造成 2 名平民死亡、4 名平民受伤。"伊斯兰国"宣称对 2 起爆炸事件负责。

**12 月 13 日** 80 名"伊斯兰国"武装人员向阿富汗塔利班投降。这些人是在部落长老的调解下向阿富汗政府投降的，此前颁布的大赦令对这些投降人员也一样适用。与此同时，有部落长老警告称，若再发现为"伊斯兰国呼罗珊省"提供住所和庇护的楠格哈尔人，他们的房子将被焚毁，他们本人也将被驱逐出楠格哈尔省。

**12 月 13 日** 俄罗斯莫斯科附近一所东正教学校发生一起自杀式爆炸，一名 18 岁的该校毕业生在体育馆内引爆炸弹，导致 1 人死亡、12 人受伤。

**12 月 14 日** 阿富汗首都喀布尔第 8 警区发生爆炸。造成 1 名平民死亡、2 人受伤。

**12 月 14 日** 法国国防部发布公报表示，法军撤出马里北部通布图，结束"新月形沙丘行动"框架内 8 年的军事存在。文件强调，法国将与欧洲盟友和美国展开紧密合作，继续帮助非洲萨赫勒地区国家打击恐怖主义团伙。

**12 月 15 日** 俄罗斯叶卡捷琳堡 9 座地铁站均遭炸弹威胁。由于是在午夜接到炸弹威胁信息，各地铁站内只有包括工作人员在内的不到 10 人。当地紧急情况部门对全部地铁站进行搜查，并疏散所有人员，最后没有发现任何爆炸物。

**12 月 15 日** 联合国马里稳定团维和人员的一支车队在当地触发路边炸弹，2 名维和人员受伤。

**12月15日** 利比亚首都的黎波里的民族团结政府总部和国防部大厦被武装人员占领。媒体没有披露这批人员属于在该市活动的哪一团伙。的黎波里部分地区已经断电。

**12月16日** 联合国马里稳定团团长卡西姆·韦恩说，2021年以来，共有28名联合国维和士兵在马里遭袭击身亡、165人受伤，是马里稳定团自2017年以来死伤人数最多的一年，其中50%是由简易爆炸装置袭击造成的。

**12月16日** 美国俄亥俄州的一个名为"基督教援助部"的教会组织宣布，历经2个月，该组织在海地被绑架的17名传教士已全部获释。

**12月17日** 阿富汗喀布尔发生一起汽车炸弹袭击事件，车中乘坐的人包括阿富汗著名宗教学者阿比德和他的2名学生，3人全部被紧急送医。

**12月18日** 阿富汗当地著名宗教学者毛尔维·比斯米拉·沙基尔（Maulvi Bismillah Shakir）在喀布尔第17警区遭到多名枪手袭击，最终被暗杀身亡。

**12月19日** 尼日利亚北部卡杜纳州的3个村庄在18~19日遭到武装袭击，已造成38人死亡。

**12月19日** 伊拉克首都巴格达市中心"绿区"凌晨遭2枚"喀秋莎"火箭弹袭击，美国驻伊拉克大使馆启动防空系统对其实施拦截。其中一枚火箭弹落在距离美国使馆约500米的广场附近，爆炸造成2辆民用车辆损坏。

**12月19日** 白俄罗斯驻英国大使馆在当晚遭到袭击，一群人先是破坏了位于伦敦的白俄罗斯大使馆外墙，在白方外交官赶到现场后，这伙人又对外交人员展开人身攻击，1名外交官重伤。

**12月20日** 美国国防部在军方人员新指引中揭示，2021年约有100名美军参与了某种形式的"被禁止极端主义活动"，比前几年有所增加。国防部当天发布的新指引中重新定义了需要被禁止的"极端主义活动"，为军事指挥官提供具体信息，帮助他们确定军方服役人员是否参与过极端主义活动，其中包括在被调查人员的社交媒体中寻找相关信息的具体指导。修订后的指引将需关注的问题主要分为三个部分：需要禁止的极端主义活动、指挥权和责任规制以及犯罪团伙的相关内容。

**12 月 21 日**　中国外交部涉外安全事务专员程国平同俄罗斯联邦安全会议副秘书韦涅季克托夫通电话，双方主要就中俄关系、反恐安全合作等问题深入交换意见，表示将加强反恐安全等领域合作。

**12 月 23 日**　阿富汗喀布尔办理护照的机构门前发生一起汽车炸弹袭击事件，一名试图进入办理护照机构的袭击者被负责该机构安保的军人击毙。此次爆炸没有造成人员伤亡。

**12 月 23 日**　布基纳法索一个商人车队在北部罗卢姆省遭到武装分子袭击，造成 41 人死亡，其中包括为商队提供保护的当地民兵武装的 1 名领导人。

**12 月 24 日**　土耳其官方公报公布一项决定，以资助恐怖主义为由冻结 770 名个人及一总部位于美国的基金会的资产。土耳其内政部长索伊卢和财政部长内巴蒂签署该决定。公报显示，770 人中有 200 多人被指控与"库尔德工人党"和"伊斯兰国"有联系，另有 400 多人以及总部位于美国芝加哥的尼亚加拉基金会疑似关联"居伦运动"，故资产被冻结。

**12 月 25 日**　刚果（金）东北部北基伍省贝尼市发生一起自杀式炸弹袭击，一名自杀式袭击者在市中心一家酒吧入口处引爆炸弹，造成包括袭击者在内的 8 人死亡、20 人受伤。

**12 月 25 日**　土耳其警方突击搜查了第一大城市伊斯坦布尔的 13 个可疑地点，抓获了 9 名涉嫌与"伊斯兰国"有关的嫌犯，并缴获大量与极端组织有关的资料。9 名嫌犯均为外籍人士，目前 6 人获得假释，3 人仍被拘留。

**12 月 30 日**　巴基斯坦西南部俾路支省首府奎达市一所学校附近发生一起爆炸事件，事发时一群学生从学校大楼走出，爆炸造成至少 4 人死亡、15 人受伤。

**图书在版编目（CIP）数据**

全球恐怖活动与反恐怖斗争研究报告：2020~2022.
No.3，2021~2022 / 郭北宁，李绍先，李伟主编 . --北
京：社会科学文献出版社，2023.11
　ISBN 978-7-5228-2234-1

　Ⅰ.①全…　Ⅱ.①郭…②李…③李…　Ⅲ.①恐怖主
义-研究报告-世界-2021-2022②反恐怖活动-研究报
告-世界-2021-2022　Ⅳ.①D588②D815.5

　中国国家版本馆 CIP 数据核字（2023）第 214261 号

**全球恐怖活动与反恐怖斗争研究报告 No.3（2021~2022）**

主　　编 / 郭北宁　李绍先　李　伟

出 版 人 / 冀祥德
组稿编辑 / 祝得彬
责任编辑 / 刘学谦
责任印制 / 王京美

出　　版 / 社会科学文献出版社·当代世界出版分社（010）59367004
　　　　　地址：北京市北三环中路甲 29 号院华龙大厦　邮编：100029
　　　　　网址：www.ssap.com.cn
发　　行 / 社会科学文献出版社（010）59367028
印　　装 / 三河市龙林印务有限公司

规　　格 / 开　本：787mm×1092mm　1/16
　　　　　印　张：15.25　字　数：231 千字
版　　次 / 2023 年 11 月第 1 版　2023 年 11 月第 1 次印刷
书　　号 / ISBN 978-7-5228-2234-1
定　　价 / 168.00 元（全 2 册）

读者服务电话：4008918866

宁夏大学民族学一流学科建设经费资助出版

宁夏大学中国阿拉伯国家研究院
China Institute for Arab Studies of Ningxia University

# 全球恐怖活动与反恐怖斗争研究报告

## *No.2* (2020~2021)

REPORT ON GLOBAL TERRORIST ACTIVITIES AND
COUNTER-TERRORISM NO. 2 (2020-2021)

阿拉伯国家研究省部共建协同创新中心（宁夏大学）

主编／郭北宁 李绍先 李伟

社会科学文献出版社
SOCIAL SCIENCES ACADEMIC PRESS (CHINA)

# 目 录 ⤵

# 第三部分　热点追踪

# 前　言

在国际社会的共同努力下，活动猖獗的国际恐怖主义遭到重击。伊拉克和叙利亚相继收复被"伊斯兰国"（IS）占领和控制的众多城镇与大片土地；中国和上海合作组织（简称"上合组织"）各成员国的反恐怖斗争成效显著，区域内十分活跃的恐怖主义活动受到极大遏制；国际反恐合作也不同程度地取得了一些进展。但是，从全球来看，恐怖主义仍是威胁国际社会和平与稳定的重大因素之一。

在新冠疫情流行的同时，恐怖主义的肆虐势头仍在持续。一是"伊斯兰国"依然"死而未僵"。据联合国估计，该组织残余成员有 2 万~3 万人，威胁与危害仍在；二是"基地"组织不断"积蓄力量"，特别是在叙利亚、也门、北非、东非及南亚的分支机构的活跃程度不减；三是国际恐怖主义借助新冠疫情大肆宣扬极端主义，部分地区与国家的恐怖袭击（简称"恐袭"）大幅增加；四是部分打着分裂旗号的恐怖主义组织危害上升，成为一些国家安全、稳定与发展所面临的主要威胁；五是随着民粹主义的泛起，极端种族主义的恐怖活动明显增多，发生在新西兰基督城和美国得克萨斯州的针对移民和难民的恐怖袭击便是明证。

与此同时，网络恐怖主义更助长了全球恐怖主义。一方面，网络成为恐怖主义传授恐怖袭击的方式、方法以及招募成员、募集资金的平台与工具。通过网络传播极端主义思想，导致众多"独狼"式恐怖袭击事件的发生。另一方面，恐怖主义未来更有可能将现代社会越来越依赖的网络作为袭击的目标，制造更大的危害与恐慌。值得高度警惕的是，大规模杀伤性恐怖袭击的苗头已经显现。使用化学武器进行恐怖袭击的事件时有发生，不排除更具杀伤性的核与生物恐怖袭击的出现。此外，恐怖主义也借助新冠疫情，在网上加大极端主义的宣扬与传播力度。

国际恐怖主义之所以仍很猖獗，主要是因为极端主义的广泛传播。打着宗教旗号，或打着民族主义旗号，或直接宣扬"白人至上"的种族主义，是很多恐怖主义组织生存和发展的根本原因。恐怖主义本质上是少数人以极端暴力的方式谋取政治利益，但在形式上则是利用政治、经济、社会、宗教、民族等历史和现实矛盾、问题与冲突，煽动和制造仇恨，以此蛊惑支持者和追随者。特别是打着宗教旗号的恐怖组织，对《古兰经》和《先知圣训》进行歪曲和断章取义，向儿童及青少年灌输极端主义思想，让他们充当恐怖主义的"炮灰"。如国际恐怖组织打着"圣战"旗号，进行恐怖袭击。对中国构成威胁的恐怖组织就是以"圣战、殉教、进天堂"为口号，驱使青少年发动恐怖袭击。

虽然国际社会在反恐怖斗争中不断取得进展，但仍存在一些制约国际反恐合作的重大问题。首先，有些西方国家只打击对本国构成威胁的"恐怖主义"，这种反恐的"双重标准"是阻碍国际反恐合作的主要因素；其次，少数国家利用反恐谋取私利的"工具主义"做法，在很大程度上助长了恐怖主义，特别是美国借反恐搞霸权主义更是反恐合作的主要障碍；再次，单纯的军事反恐带来更大的负面作用，导致更多的恐怖主义的矛盾与冲突；最后，国际反恐未能充分地与打击极端主义相结合，难以遏制极端意识形态的泛滥。特别值得注意的是，美国将伊朗国家军队定义为"恐怖组织"，并采取军事手段进行"定点清除"，有可能将国际反恐引上邪路，并引发战争，后患无穷。

由此可见，未来国际反恐怖斗争的道路依然艰巨、复杂、漫长。为进一步加强对国际恐怖主义的研究和资料搜集整理的工作，我们组织力量对国际恐怖主义问题进行系统梳理，记录国际社会的反恐措施与政策，跟踪国际恐怖主义与反恐怖斗争的发展态势。希望本书能为国家相关部门、机构开展国际恐怖主义与反恐怖斗争的工作起到参考和借鉴作用；为学者、专家和研究者提供国际恐怖主义与反恐怖斗争领域的扎实基础材料；对普通读者深入了解国际恐怖主义与反恐怖斗争有所帮助。

全球治理中具有东方智慧的中国方案为国际反恐指明了方向。在以习近平同志为核心的党中央坚强领导下，在国内，反恐、去极端化斗争取得突出成效，为其他国家提供了可借鉴的经验。在国际社会，中国倡导"一带一路"建设，走共同繁荣的发展富裕之路，从根本上解决贫困与贫富差距问题，是铲除恐怖主义生存土壤的必要之举；中国提出"构建人类命运共同体"理念，不分种族、民族、宗教和文化的休戚与共，共同应对人类社会所面临的敌人——恐怖主义，是真正能够解决恐怖主义问题的必由之路。

从2019年开始，《全球恐怖主义与反恐怖斗争研究报告》计划作为年度出版物，每年出版一本，最终形成系统性、综合性的研究成果和资料数据。《全球恐怖主义与反恐怖斗争研究报告》分为四个主要部分：第一部分是对当年国际恐怖主义与反恐怖斗争总体形势的综述，研究分析国际恐怖主义活动的动态、特点和规律，以及国际反恐怖斗争的进展与存在问题；第二部分是对一些地区与国家面临的恐怖威胁和反恐情况进行梳理，寻找其中出现的新特点和规律；第三部分是对当年发生的国际重大恐怖事件进行分析和研究，为各方面研究恐怖主义问题和制定打击恐怖主义方针提供借鉴；附录部分是全面跟踪、记录国际恐怖主义与反恐大事，以期呈现国际恐怖主义与反恐怖斗争的全貌。

作为记录、研究和分析国际恐怖主义与反恐怖斗争的年度出版物，由于时间紧、任务重，本书虽是长期跟踪、积累的结果，但仍难免挂一漏万，出现一些瑕疵。因此，希望读者不吝指教，予以斧正，以使我们能够做得更好。

《全球恐怖活动与反恐怖斗争研究报告》课题组
2021年8月于北京

# 第一部分　总报告

## 第一章　全球恐怖主义 与反恐怖斗争态势[*]

2020年，新冠疫情导致国际恐怖主义形势更趋严峻复杂。南亚、东南亚和非洲部分国家与地区原本就经济发展缓慢、地缘政治形势复杂、宗教矛盾突出、国内局势动荡、恐怖袭击不断，新冠疫情更导致这些国家和地区经济持续衰退、政治分歧严重、失业率不断攀升，并且使它们面临多重挑战，恐怖势力借机生事，恐怖主义活动更加肆虐。疫情期间，"伊斯兰国"的恐怖主义威胁有所增加，其分支机构利用疫情的影响，在冲突地区抢占地盘进行扩张，并在非冲突地区不断煽动"独狼"或小规模恐怖袭击。"基地"组织不断调整和改变战略，试图"改善"与当地居民的关系，"承担"政府的社会职能，"提供"公共卫生服务，旨在重塑国际"圣战"的中心地位。近年来，极右恐怖袭击频发，西方国家极右恐怖主义威胁再次成为"心腹大患"。而在新冠疫情下，应对疫情成为很多国家的当务之急，反恐失去优先地位。但联合国、区域组织仍高度重视恐怖主义威胁，不断推进反恐和去极

---

[*] 作者：范娟荣，中国社会科学院世界经济与政治研究所博士后工作人员、博士，研究方向：国际安全与反恐。

端化进程。中国呼吁国际社会树立人类命运共同体意识，深化务实合作，共同应对新冠疫情和恐怖主义带来的挑战。

## 第一节　全球恐怖主义态势更趋严峻和复杂

2020 年以来，打着"伊斯兰"旗号的恐怖组织在南亚、东南亚、非洲等地加大活动力度，意图利用混乱局势制造恐慌，扩大影响力。欧美等西方国家主要面临"圣战"分子与极右恐怖分子的双重威胁。

### 一　南亚暴恐形势加速恶化

南亚仍然是受恐怖主义影响最严重的地区，到 2020 年，恐怖主义造成的该地区死亡人数超过了其他任何地区的恐怖主义造成的死亡人数。

首先，阿富汗和平之路困难重重。美国与"阿富汗塔利班"（简称"阿塔"）虽达成和平协议，阿富汗政府与"阿塔"也首次开启内部和谈，但阿富汗安全形势并未好转，相关利益攸关方"各打各的算盘"。一方面，作为阿富汗反政府的政治军事力量，"阿塔"试图最大限度地扩大"胜利果实"。美国急于从阿富汗反恐"泥潭"脱身，将驻阿富汗美军缩减至 2500 人，规模降到"9·11"事件以来最低点，客观上为"阿塔"提供了更大的活动空间。阿富汗政府军受实力限制，一直未能有效控制"阿塔"的活动，双方内部和谈因积怨已深注定是场"持久战"。2020 年 9 月启动内部谈判以来，"阿塔"对阿富汗安全部队和政府机构的袭击并未停止，旨在通过袭击增加谈判筹码。另一方面，"阿塔"与"基地"组织难以"划清界限"。联合国报告指出，"基地"组织在阿富汗 12 个省非常活跃。根据阿新闻媒体 Tolo 报道，阿富汗南部赫尔曼德省省长亚辛·汗（Yasin Khan）指出，"基地"组织在阿富汗、巴基斯坦交界的杜兰线以及阿富汗、伊朗边界地带的足迹不断扩大，并向"阿塔"提供培训和支持。[1]

---

[1] Hollie McKay, "Report: Taliban Allowing Al Qaeda Training Camps and Providing Support, Despite U. S. Agreement to Cut all Ties," Fox News, July 31, 2020, https://www.foxnews.com/world/taliban-al-qaeda-training-camps-support. （最后访问时间：2020 年 12 月 29 日）

此外，"伊斯兰国"趁乱加紧"抢占山头"。"伊斯兰国"南亚分支"呼罗珊省"有成员1000~2200人，仍有能力在阿富汗各地（包括喀布尔）实施高调袭击。2020年以来，"呼罗珊省"袭击了喀布尔锡克教寺庙、无国界医生支援的妇产科诊所，炸死知名神职人员毛拉纳·穆罕默德·阿亚兹·尼阿兹（Mawlana Mohammed Ayaz Niazi），突袭贾拉拉巴德一所监狱并导致约400名囚犯越狱，还攻击喀布尔数个教育机构。"呼罗珊省"新头目沙哈卜·穆哈吉尔负责"伊斯兰国"在阿富汗、孟加拉国、印度、马尔代夫、巴基斯坦、斯里兰卡和中亚各国的行动，据称他还与活跃于阿富汗的"哈卡尼网络"有关联。[1] 2021年1月，上海合作组织秘书长指出，从中东赴阿富汗北部的"伊斯兰国"武装分子人数在攀升，对地区和平构成严重威胁。[2] 此外，"东突厥斯坦伊斯兰运动"（简称"东伊运"，ETIM）成员有1100~3500人，其中一部分活跃在阿富汗巴达赫尚省、昆杜兹省和塔哈尔省。"乌兹别克斯坦伊斯兰运动"（简称"乌伊运"）成员约140人，活跃在阿富汗的法里亚布省的Almar和Davlat Abad等区域。这些恐怖组织在阿富汗频繁活动，试图将阿富汗再度变为国际恐怖势力活跃的前沿阵地。

其次，巴基斯坦境内暴恐组织合流态势明显。第一，6000~6500名来自巴基斯坦的恐怖分子在阿富汗境内活动，其中大多数与"巴基斯坦塔利班"（简称"巴塔"，TTP）有关。2018年6月，努尔·瓦利·迈赫苏德（Noor Wali Mehsud）成为"巴塔"第四任头目后，极力促进各分裂派别的统一。[3] 2020年8月，曾从"巴塔"分裂出来的两个组织Jamaat-ul-Ahrar和Hizbul

---

① "Twelfth Report of the Secretary-General on the Threat Posed by ISIL (Da'esh) to International Peace and Security and the Range of United Nations Efforts in Support of Member States in Countering the Threat (S/2021/98)," January 29, 2021, https://undocs.org/S/2021/98. （最后访问时间：2021年1月30日）

② Islamuddin Sajid, "Daesh/ISIS Militants Move to Afghanistan," January 29, 2021, https://www.aa.com.tr/en/asia-pacific/daesh-isis-militants-move-to-afghanistan/2127773. （最后访问时间：2021年1月30日）

③ Abdul Basit, "The Rebranded 'Pakistani Taliban' May Pose a Renewed Threat," August 21, 2020, https://www.trtworld.com/opinion/the-rebranded-pakistani-taliban-may-pose-a-renewed-threat-39082. （最后访问时间：2020年12月23日）

Ahrar 重新宣布加入"巴塔"。① 合流后"巴塔"成员近 1 万人，不少在阿富汗活动的成员也开始回流入巴基斯坦，对地区安全的威胁倍增。第二，国际暴恐势力加大对巴基斯坦的渗透力度。"伊斯兰国"在巴基斯坦的活动范围已扩展至巴基斯坦四省及部落区，占领阿富汗、巴基斯坦边境多处地区，获得不少部族支持。"伊斯兰国"在巴基斯坦主要袭击什叶派和巴基斯坦军队。"巴塔"与"伊斯兰国"还呈现联合趋势，许多脱离"巴塔"的成员加入"伊斯兰国"分支"呼罗珊省"。② 2021 年 1 月，巴基斯坦总理伊姆兰·汗称，"伊斯兰国"正在利用阿富汗领土对巴基斯坦发动袭击。第三，俾路支省分裂势力 2018 年以来结束内斗、开始联合，组成"俾路支民族自由阵线"，暴恐组织威胁显著增加。2020 年 7 月，"俾路支民族自由阵线"又与信德分离主义恐怖组织"信德革命军"③（Sindhudesh Revolutionary Army，SRA）再次联手。该暴恐同盟将中国在巴基斯坦的人员和设施作为袭击目标，妄图破坏中巴经济走廊和中巴友好关系。④ 2020 年 6 月 29 日，"俾路支解放军"（BLA）武装分子攻击巴基斯坦卡拉奇证券交易所（该交易所被称为巴基斯坦的"华尔街"，中国三大交易所持股 30%），导致至少 11 人丧生，4 名恐怖分子被安全人员击毙。⑤ "信德革命军"将矛头对准中国，2020 年 12 月在卡拉奇相继实施 2 起针对中国人的袭击事件，虽未造成人员伤亡，但在巴基斯坦引起很大震动。

---

① "Splinter Groups Rejoin TTP," August 18, 2020, https：//www.pakistantoday.com.pk/2020/ 08/18/splinter-groups-rejoin-ttp/.（最后访问时间：2020 年 12 月 23 日）

② "United Nations Security Council. Twenty-sixth Report of the Analytical Support and Sanctions Monitoring Team Submitted Pursuant to Resolution 2368（2017）Concerning ISIL（Da'esh）, Al-Qaida and Associated Individuals and Entities（S/2020/717），" UN, July 23, 2020, https： // undocs. org/S/2020/717.（最后访问时间：2020 年 12 月 23 日）

③ 该组织系巴基斯坦境内的分离主义组织，主张以卡拉奇为首府的信德省脱离巴基斯坦联邦。

④ 中国现代国际关系研究院：《国际战略与安全形势评估 2020/2021》，时事出版社，2020，第 199 页。

⑤ "Pakistan Stock Exchange Comes Under Attack；11 Killed, Hostage Situation Foiled," June 29, 2020, https：//www. google. com. hk/amp/s/m. economictimes. com/news/international/world － news/gunmen － attack － pakistani － stock － exchange － four － killed － police/amp _ articleshow/ 76684466. cms.（最后访问时间：2020 年 12 月 11 日）

最后，印度安全局势不容乐观。目前，"伊斯兰国"和"基地"组织等国际恐怖势力着力向印度渗透。一方面，"伊斯兰国"分支"印度邦"拥有 180～200 名武装分子，存在于卡纳塔克邦（Karnataka）和喀拉拉邦（Kerala）。"印度邦"自 2020 年 2 月起，发布月度宣传材料"印度之声"，攻击印度教民族主义者，并将同年 3 月对阿富汗首都喀布尔锡克教寺庙的袭击称作"为克什米尔人复仇"，不时"认领"对印控克什米尔的袭击。① 另一方面，"基地"组织加大对克什米尔问题的关注力度，甚至筹划将力量转移至印控克什米尔地区。目前，"印度次大陆基地组织"（AQIS）在印度有 150～200 名武装分子，来自孟加拉国、印度、缅甸和巴基斯坦。联合国报告指出，该组织新头目奥萨马·马哈茂德（Osama Mahmood）扬言，要为前任头目阿奇斯·乌马尔（Asim Umar）之死报仇。②

## 二　东南亚暴恐危机四伏

菲律宾南部、泰国南部以及缅甸若开邦地区长期经济落后、社会动荡，为恐怖主义滋生与蔓延提供了温床。菲律宾南部棉兰老岛多年战乱，政府管控力薄弱，成为国际恐怖势力活动的中心地带之一。

首先，"伊斯兰国"在菲律宾和印度尼西亚活动异常猖獗。在菲律宾，"伊斯兰国"附属组织（"阿布沙耶夫""穆特组织""邦萨摩洛伊斯兰自由战士"等）拥有成员 300～500 人，以菲律宾南部为根据地训练成员、密谋行动计划，2020 年与菲律宾政府军的冲突不断。其中，"阿布沙耶夫"是"伊斯兰国"在菲律宾的最大附属组织。2020 年 4 月 17 日，"阿布沙耶夫"在苏禄省发动致命袭击，导致 11 名菲律宾士兵死亡；8 月 24 日，在该省再

---

① Saurav Sarkar, "The Islamic State Increasing Focus on India," The Diplomat, March 30, 2020, https：//thediplomat.com/2020/03/the-islamic-states-increasing-focus-on-india/. （最后访问时间：2020 年 12 月 11 日）

② "United Nations Security Council. Twenty-sixth Report of the Analytical Support and Sanctions Monitoring Team Submitted Pursuant to Resolution 2368（2017）Concerning ISIL（Da'esh），Al-Qaida and Associated Individuals and Entities（S/2020/717），" UN, July 23, 2020, https：//undocs. org/S/2020/717. （最后访问时间：2020 年 12 月 23 日）

次策动2起连环爆炸案，造成15人死亡、75人受伤。① 妇女加入"伊斯兰国"并实施自杀式爆炸，是东南亚恐怖袭击的一个新特点。菲律宾"8·24"案的凶手就是"阿布沙耶夫"武装分子的遗孀。"伊斯兰国"在菲律宾还试图阻碍政府防控新冠疫情。2020年5月，"邦萨摩洛伊斯兰自由战士"攻击协助实施疫情隔离措施的士兵，杀死2人，打伤1人。绑架勒索仍然是菲律宾南部恐怖组织首选的筹款方式，印度尼西亚渔民经常成为攻击目标。值得注意的是，"伊斯兰国"渗透东南亚前，当地恐怖组织很少采取自杀式恐怖袭击。② 美国国防部代理监察长肖恩·奥唐纳（Sean O'Donnell）直言，"伊斯兰国"东南亚分支及其合作伙伴"在过去几年规模和实力一直保持不变"。③

在印度尼西亚，一方面，"伊斯兰国"两个附属组织比较活跃，分别为"神权游击队"（Jamaah Ansharut Daulah，JAD）和"东印度尼西亚圣战者"（East Indonesia Mujahidin，MIT），主要将警察视为头号敌人加以攻击。疫情期间，"神权游击队"部分成员试图利用印度尼西亚安全机构注意力分散之机，发动自杀式恐怖袭击。④

2020年10月27日，"东印度尼西亚圣战者"在中苏拉威西省希吉县将一家四口斩首。一方面，曾有约1000名印度尼西亚人赴伊拉克和叙利亚加入"伊斯兰国"，目前大约70%回流。另一方面，受到印度尼西亚政府严厉打击，"伊斯兰祈祷团"（JI）分散重组为"唯一真主游击队"（Jamaah

---

① "Bombings Kill 15, Wound Dozens in Philippine Island of Jolo," August 24, 2020, https：//www.channelnewsasia.com/news/asia/jolo - philippines - bombing - nine - killed - wounded - 13047388.（最后访问时间：2020年12月24日）

② Bong Sarmiento, "ISIS Thrives in Covid - 19 Shadows in Philippines," Asia Times, May 22, 2020, https：//asiatimes.com/2020/05/isis - thrives - in - covid - 19 - shadows - in - philippines/.（最后访问时间：2020年12月19日）

③ Jeff Seldin, "Islamic State Holding on in Philippines, Despite Millions in US Spending," August 12, 2020, https：//www.voanews.com/east - asia - pacific/islamic - state - holding - philippines - despite-millions-us-spending.（最后访问时间：2020年12月19日）

④ Ulta Levenia, Alban Sciascia, "How COVID-19 Is Reshaping Terror Threats in Indonesia," The Diplomat, May 4, 2020, https：//thediplomat.com/2020/05/how - covid - 19 - is - reshaping - terror-threats-in-indonesia.（最后访问时间：2020年12月16日）

Ansharud Tauhid，JAT）、"神权游击队"和其他一些小型组织。[①] 2021 年 1 月，2002 年巴厘岛爆炸案的涉嫌策划者阿布·巴卡尔·巴希尔（Abu Bakar Bashir）获释，他被视为"伊斯兰祈祷团"的精神领袖，或将再次激发部分恐怖分子的"斗志"。

其次，缅甸若开邦恐怖主义威胁进一步攀升。"若开罗兴亚救世军"（Arakan Rohingya Salvation Army，ARSA）和"若开军"（Arakan Army，AA）的暴力活动使得缅甸若开邦面临的恐怖主义威胁更加严峻，孟加拉国难民营遣返的流离失所者进一步使当地的安全威胁形势恶化。2020 年以来，"若开罗兴亚救世军"加强了在若开邦的军事行动。3 月 30 日，"若开罗兴亚救世军"在孟都镇制造一起炸弹袭击，导致 2 名平民死亡。2019 年 1 月 4 日，"若开军"在若开邦北部袭击警察哨所，导致 13 名警察死亡、9 人受伤。2020 年 3 月，缅甸将"若开军"认定为恐怖组织。[②]"若开罗兴亚救世军"还得到国际恐怖势力（"基地"组织和"伊斯兰国"）以及地区恐怖势力（"巴塔"）的支持。2020 年 2 月 13 日，《德国之声》报道称，"孟加拉国伊斯兰圣战者联盟"[③]（Jamaat-ul Mujahudeen of Bangladesh，JMB）正在为"若开罗兴亚救世军"的一些成员提供培训。

最后，地区暴恐势力加快重组。2019 年新暴恐团伙"阿江-阿江"（Ajiang-Ajiang，隶属于"阿布沙耶夫"）开始露头，该组织从敲诈和绑架等刑事犯罪活动，发展到搞极端意识形态渗透和煽动仇杀，被警方认定为 2019 年初菲律宾和乐岛天主教堂连环爆炸案的幕后黑手，该案导致 20 多人

---

① "International Virtual Seminar 2020 on Joint Response to Terrorism under the New Circumstances," December 22, 2020, http：//m. ciis. org. cn/xwdt/202101/W020210129633802768773. pdf.（最后访问时间：2020 年 12 月 27 日）

② "Statement by Mr. Nyan Lin Aung, Adviser of the Myanmar Delegation on Agenda Item 114 'Measures to Eliminate International Terrorism' at the Sixth Committee of the 75 th Session of the United Nations General Assembly," August 10, 2020, https：//www. un. org/en/ga/sixth/75/pdfs/statements/int_terrorism/03mtg_myanmar. pdf.（最后访问时间：2020 年 12 月 16 日）

③ 该组织系孟加拉最大的本土恐怖组织，与"伊斯兰国"有关联。

死亡、100 多人受伤。据报道，该组织头目萨瓦查安已成为"伊斯兰国"在东南亚的新头目，有意整合该地区各股暴恐势力。①

### 三　非洲沦为暴恐势力"角斗场"

非洲已成为"伊斯兰国"和"基地"组织活动的另一"重心"，随着双方支持者的对抗日趋激烈，未来非洲或取代中东成为恐怖主义的主战场。尤其是撒哈拉以南地区遭外溢暴恐流毒和本土暴恐双重冲击，安全形势急剧恶化。在遭受恐怖主义袭击增加最多的 10 个国家中，有 7 个位于该地区。2020 年 1~8 月，非洲遭受 1168 起恐怖袭击，比 2019 年同期的 982 起增加约 19%。

首先，西非萨赫勒与乍得湖地区仍为恐怖主义的"重灾区"。"伊斯兰国"西非分支主要通过"大撒哈拉伊斯兰国"（ISGS）、"伊斯兰国西非省"（ISCAP）和"博科圣地"开展活动。在萨赫勒地区，"大撒哈拉伊斯兰国"与"基地"组织马里分支"支持伊斯兰教和穆斯林"组织（JNIM）的争夺加剧。这两个恐怖组织虽遭所在国强有力的反恐打击后实力受挫，但指挥和控制结构保持不变，2020 年底在布基纳法索、马里和尼日尔三国边境的利普塔科-古尔马地区多次袭击军队和平民。在乍得湖地区，"伊斯兰国西非省"和"博科圣地"仍十分活跃。"伊斯兰国西非省"已成为"伊斯兰国"在非洲的最大分支之一，拥有成员约 3500 人，2020 年以来对尼日利亚博尔诺州和约贝州、尼日尔南部和喀麦隆西北部发动了一系列袭击。② 2020 年 3 月，"博科圣地"发动了乍得历史上最严重的恐怖袭击，导致 98 名士兵死亡；③ 11 月底，在尼日利亚博尔诺州首府报复性杀害 110 名农民；12 月上

---

① 中国现代国际关系研究院：《国际战略与安全形势评估 2019/2020》，时事出版社，2020，第 361~363 页。

② "United Nations Security Council. Twenty-sixth Report of the Analytical Support and Sanctions Monitoring Team Submitted Pursuant to Resolution 2368（2017）Concerning ISIL（Da'esh），Al-Qaida and Associated Individuals and Entities（S/2020/717），" UN, July 23, 2020, https：//undocs. org/S/2020/717.（最后访问时间：2020 年 12 月 23 日）

③ Jacob Zenn, Colin P. Clarke, "Al Qaeda and ISIS Had a Truce in Africa-Until They Didn't," Foreign Policy, May 26, 2020, https：//foreignpolicy. com/2020/05/26/al－qaeda－isis－west－africa-sahel-stability-jihadi-groups/.（最后访问时间：2020 年 12 月 19 日）

旬，袭击了尼日利亚卡齐纳州一所中学并绑架了数百名学生；圣诞节前夕，杀害11名尼日利亚安全部队成员并烧毁1座教堂。

其次，刚果（金）与莫桑比克渐成暴恐组织活跃地带。"伊斯兰国"和"基地"组织加速与本土恐怖组织勾连，导致该地区恐怖袭击频发。2020年以来，"伊斯兰国"中非分支"伊斯兰国中非省"在刚果（金）和莫桑比克加大行动力度，不断招募成员、占领城镇、破坏公共财产，并导致更多平民死伤。在刚果（金），"伊斯兰国中非省"在北基伍省和伊图里省等地攻击军事目标，抢夺该国军队的武器装备。2020年10月，"伊斯兰国中非省"向贝尼的康巴伊中央监狱发起猛攻，据报有1000多名囚犯逃跑，包括约200名该分支成员及其支持者。在莫桑比克，"伊斯兰国中非省"联合更多的反政府武装团体，将行动扩张至更广地区，夺取并持续控制莫辛布瓦-达普拉亚港。"伊斯兰国中非省"持续活跃在莫桑比克北部的德尔加杜角省（Cabo Delgado）等地，目前已导致超过53万名平民流离失所。该分支有时甚至同时跨境袭击多个目标。如，2020年10月14日，"伊斯兰国中非省"在莫桑比克发动2次袭击的同时，派300多人首次越境进入与莫桑比克接壤的坦桑尼亚南部姆特瓦拉（Mtwara）地区发动袭击。[①] 联合国报告指出，"伊斯兰国"核心团队控制和指挥"伊斯兰国中非省"的袭击并汇付资金。美国西点军校反恐中心发文警告称，"伊斯兰国"分支在非洲已不是"低程度叛乱行动"，而是占领地盘并实施"伪政府"统治。

再次，北非与东北非的恐怖主义威胁仍十分严峻。在利比亚，长期的无政府状态和部族间冲突为"伊斯兰国"利比亚分支的发展提供了机会。该分支2020年上半年在富盖哈、古杜沃等地发动了袭击，有一个作战小分队活跃在该国南部，并在北部一些沿海城镇保留"潜伏"小组。利比亚是"伊斯兰国"渗透非洲的一个支点，因为该国是"伊斯兰国"核心层与非洲大陆分支之间一个重要的外联哨所。除"伊斯兰国"外，"伊斯兰马

---

① George Obulutsa, "Militants from Mozambique Staged Deadly Attack in Tanzania, Police Say," October 23, 2020, https：//www. reuters. com/article/us - tanzania - security - mozambique - idUSKBN2781PB. （最后访问时间：2020年12月20日）

格里布基地组织"也对利比亚构成威胁。在摩洛哥，受"伊斯兰国"鼓动的基层小组在丹吉尔和泰图安等地被瓦解，但残余分子仍在伺机作乱。2020年10月27日，一个被关押在提夫莱监狱的基层小组头目杀害了一名狱警。在埃及，安萨尔·拜特·马克迪斯2014年宣誓效忠"伊斯兰国"，目前他带领一支成员有500~1200人的小分队活跃在西奈兰岛东北部。该组织主要使用简易爆炸装置，对检查站、军事设施和重要基础设施发动零星袭击。

最后，索马里仍是东非暴恐活动的"策源地"。一方面，"基地"组织分支索马里"青年党"依旧活跃。该分支具有在索马里首都摩加迪沙大规模引爆炸弹以及跨越肯尼亚和乌干达边界实施恐怖袭击的能力，是非洲最危险的恐怖组织之一。2020年以来，索马里"青年党"策动的袭击有增无减，并在控制区抵制政府因疫情采取的隔离措施。另一方面，"伊斯兰国"索马里分支加紧行动。2020年上半年，该分支在邦特兰、摩加迪沙和下谢贝利策动的小规模简易爆炸装置袭击和暗杀事件激增。该分支是"伊斯兰国中非省"的后勤中心，主要任务是招募成员并训练新兵，并向"伊斯兰国中非省"提供意识形态指导和指挥。[①]

## 四　中亚暴恐活动蔓延

目前，中亚面临着网络恐怖主义、阿富汗安全威胁及外籍"圣战"分子回流等多重问题。疫情期间，中亚的安全威胁发生了一些变化。首先，由于中亚地区实施边境管控措施并加强对境内的控制，恐怖袭击明显减少。然而，恐怖组织在互联网领域变得更加活跃，"圣战"组织的网络战已深入中亚地区，在 Telegram、VKontakte、脸书（Facebook）、照片墙（Instagram）、推特（Twitter）、油管（YouTube）等社交媒体上，近500个极端组织的独

---

① "Twelfth Report of the Secretary-General on the Threat Posed by ISIL（Da'esh）to International Peace and Security and the Range of United Nations Efforts in Support of Member States in Countering the Threat（S/2021/98），" January 29, 2021, https：//undocs.org/S/2021/98. （最后访问时间：2021年1月30日）

立频道在中亚进行宣传蛊惑，其中大多与"伊斯兰国"有关。① 这些恐怖组织利用互联网与社交媒体"招兵买马"，大肆传播恐怖主义和极端主义意识形态。疫情导致民众失业率上升及生活压力增加，恐怖分子招募新成员变得越发容易。其次，不稳定的阿富汗仍然是中亚国家的主要威胁来源。"基地"组织、"东伊运"和"乌伊运"等恐怖组织以及参与毒品交易的犯罪团伙十分活跃，这些组织试图将影响输出到邻国的中亚领土。最后，"伊斯兰国"中亚籍"圣战"分子正从中东回流中亚，谋求建立新的恐怖主义基地。扼守东南要道的塔吉克斯坦正面临着来自"基地"组织和"伊斯兰国"的双重威胁。近年来，"伊斯兰国"更加频繁地发动恐怖袭击，包括袭击乌塔边界的伊什科博德哨所，在该国南部谋杀一群外国游客，并谋划袭击俄罗斯军队基地。

## 五 欧洲暴恐活动反弹

西方发达国家尤其是欧洲国家，仍然面临打着"伊斯兰"旗号的"圣战"恐怖主义的严重威胁，受"伊斯兰国"鼓动的单个攻击者带来的内源性威胁依然存在。2020 年上半年，英、法各发生 2 起"伊斯兰国"煽动的恐怖袭击。下半年，法、德、意等国发生一系列恐怖袭击事件。9 月 25 日，巴黎《查理周刊》旧址附近发生一起持刀袭击事件，造成 2 人受伤。10 月 14 日，德国德累斯顿发生一起持刀砍人事件，造成 1 人死亡、1 人受伤。10 月 16 日，巴黎一所中学教师被车臣裔移民当街斩首。10 月 29 日，法国尼斯圣母大教堂发生持刀砍人事件，造成 3 人死亡。11 月 2 日，"伊斯兰国"的支持者库吉姆·费祖莱（Kujtim Fejzulai）在奥地利维也纳圣母大教堂发动恐怖袭击，导致 4 人死亡（包括 1 名奥籍华人）、23 人受伤。11 月 24 日，28 岁的瑞士女性在卢加诺持刀刺伤 2 人。经评估，在这些恐怖袭击事件中，

① Kumar Bekbolotov, Robert Muggah and Rafal Rohozinski, "Jihadist Networks Dig in on Social Media Across Central Asia: Almost 500 Extremist Channels on Telegram, VKontakte, and other Networks Spread Propaganda and Vie for Recruits. Most of them Have Ties to the Islamic State," Foreign Policy, November 11, 2020, https://foreignpolicy.com/2020/11/11/online-extremism-central-asia-islamic-state-terrorism/. （最后访问时间：2021 年 1 月 8 日）

一部分袭击者受"伊斯兰国"鼓动，另一部分袭击者是受"基地"组织鼓动。一系列恐怖袭击案的部分凶手此前虽无任何暴力迹象但作案手段极其残忍，如法国杀害学校教师案件的凶手。欧洲一年多已发生了3起"伊斯兰国"提前获释成员策动的恐怖袭击，包括英国2起（2019年11月和2020年2月发生的恐怖袭击）、奥地利1起（2020年11月发生的恐怖袭击），再次引发欧洲关于监狱中恐怖分子改造面临的挑战、重返社会方案的有效性，以及对出狱的恐怖主义获释人员进行监控等问题的辩论。

## 第二节　国际恐怖势力活动的新态势

新冠疫情蔓延全球以来，"伊斯兰国"与"基地"组织潜滋暗长，尤其是"伊斯兰国"出现明显复苏迹象。与此同时，极右恐怖主义对欧美威胁呈不断上升态势。

### 一　"伊斯兰国"仍是跨国恐怖主义威胁的主要祸根

目前，"伊斯兰国"呈现隐匿中东、扩散全球、回流各国、影响个体、伺机反扑的活动态势。2020年2月，联合国副秘书长、反恐办公室负责人沃龙科夫表示，"伊斯兰国"仍处于跨国恐怖主义威胁的中心。该组织不仅掌握1亿美元恐怖主义活动资金，还有1万多名武装分子在伊拉克和叙利亚"大本营"化整为零，转入地下，继续活动。① 2020年以来，"伊斯兰国"将全球流行病视为削弱敌人、提升影响的良机，谋求在伊拉克和叙利亚重新集结，在伊拉克和叙利亚策动的袭击事件比2019年策动的袭击事件大幅增加。② 在伊拉

---

① "United Nations Security Council. Twenty-sixth Report of the Analytical Support and Sanctions Monitoring Team Submitted Pursuant to Resolution 2368（2017）Concerning ISIL（Da'esh），Al-Qaida and Associated Individuals and Entities（S/2020/717），" UN, July 23, 2020, https：//undocs. org/S/2020/717. （最后访问时间：2020年12月23日）

② "Strengthening Global Cooperation on Counter-terrorism Must Remain a Priority during and after Pandemic，" UN News, August 24, 2020, https：//news. un. org/en/story/2020/08/1070922. （最后访问时间：2020年12月23日）

克，"伊斯兰国"仍有1万人活动，其将作战人员分散成小组，不断发动"消耗战"和"打了就跑"的"游击战"，对政府官员实施暗杀，谋求在沙漠地区卷土重来。"伊斯兰国"利用疫情长期在农村地区发动叛乱，并在巴格达和其他大城市发动零星袭击，还利用伊拉克部队和库尔德部队"双不管"的真空地带，在哈姆林山脉建立了"安全区"。"伊斯兰国"宣称2020年在伊拉克策动了1422起恐怖袭击。"武装冲突地点和事件数据项目"（ACLED）指出，2020年3月中旬至4月中旬，"伊斯兰国"策动的恐怖袭击增长了37%。[1] 2020年8月，"伊斯兰国"对伊拉克策动100多起恐怖袭击，比7月策动的恐怖袭击增加了25%。[2] 2021年1月21日，该组织在伊拉克首都巴格达市中心塔亚兰广场发动2起自杀式炸弹袭击事件，导致至少32人死亡、110人受伤，成为巴格达3年来伤亡最大的恐怖袭击事件。事实上，"伊斯兰国"在伊拉克其他地区几乎每天都在发动袭击。[3] 2020年8月，美国中央司令部司令肯尼思·F.麦肯齐（Kenneth F. McKenzie Jr.）表示，如果反恐压力有所减轻，"伊斯兰国"可以在短期内重新夺回"领土"。[4]

在叙利亚，"伊斯兰国"宣称制造了593起恐怖袭击。其中，2020年4月9日，"伊斯兰国"攻击苏克纳镇及附近的政府据点，导致32名士兵死

① United Nations Security Council Counter Terrorism Committee Executive Directorate， "The Impact of the Covid-19 Pandemic on Terrorism，Counter Terrorism and Counter Violent Extremism，" June 2020，https：//www.un.org/sc/ctc/wp-content/uploads/2020/06/CTED-Paper%E2%80%93-The-impact-of-the-COVID-19-pandemic-on-counter-terrorism-and-countering-violent-extremism.pdf.（最后访问时间：2020年12月18日）

② Hollie McKay， "ISIS Launched more than 100 Attacks in Iraq in August，a Sharp Uptick from Previous Month：Fears of an ISIS Resurgence Are Becoming more Pronounced，" Fox News，September 3，2020，https：//www.foxnews.com/world/isis-launches-more-than-100-attacks-in-iraq-throughout-august-a-sharp-uptick-from-previous-month.（最后访问时间：2020年12月19日）

③ Ranj Alaaldin， "To Save Iraq from Economic Collapse and Fight ISIS，Contain Iran's Proxies，" February 17，2021，https：//www.brookings.edu/blog/order-from-chaos/2021/02/17/to-save-iraq-from-economic-collapse-and-fight-isis-contain-irans-proxies/.（最后访问时间：2021年2月19日）

④ "Lead Inspector General for Operation Inherent Resolve I Quarterly Report to the United States Congress I July 1，2020-September 30，2020，" Oct. 30，2020，https：//www.dodig.mil/Reports/Lead-Inspector-General-Reports/Article/2402679/lead-inspector-general-for-operation-inherent-resolve-i-quarterly-report-to-the/.（最后访问时间：2021年2月19日）

亡；12 月 30 日，伏击代尔祖尔省 3 辆公共汽车，导致至少 28 名士兵死亡，成为 2020 年最致命的 2 起袭击。2020 年，藏匿在沙漠地区洞穴中的"伊斯兰国"武装分子发动的伏击和"游击战"不断增加。① 与此同时，约 1.1 万名"伊斯兰国"武装分子被关押在叙利亚东北部，包括约 5000 名叙利亚人、1600 名伊拉克人、1700 名已知国籍的外籍"圣战"分子和大约 2500 名未知国籍者，仍然构成一个重大、长期和全球性的威胁。叙利亚阿尔霍尔营地（容纳约 6.5 万人）发生了许多激进化活动、筹资、培训和煽动袭击的事件，"伊斯兰国"将该营地称为"哈里发的最后残存"。由于当地警卫人数从 2019 年中的 1500 人减少至 2020 年底的 400 人，维持营地和设施的安全更加困难。此外，叙利亚西北部伊德利卜地区虽被"基地"分支"沙姆解放组织"（HTS）控制，但仍是"伊斯兰国"一个重要的过境点。

除中东地区外，"伊斯兰国"及其分支机构还在南亚、东南亚、非洲等地肆意活动。在南亚，2020 年以来，"伊斯兰国"南亚分支"呼罗珊省"异常活跃，利用美国从阿富汗撤军之机，相继策动多起恐怖袭击。在东南亚，"伊斯兰国"附属组织（尤其是"阿布沙耶夫"）与政府间持续冲突，并参与制造一系列恐怖袭击和绑架事件。在非洲，"伊斯兰国"巩固分支机构，策动恐怖袭击，伺机占领地盘，试图打造一个新"哈里发国"。② 其中，"伊斯兰国西非省"不断坐大，对地区和平稳定形成前所未有的威胁；除在控制区域内招募武装分子外，"伊斯兰国西非省"还掌控当地贸易、征税乃至划分牧场，俨然取代了地方政府的职能。③ "伊斯兰国中非省"在刚果（金）和莫桑比克加强了行动。"博科圣地"频繁在乍得湖地区制造针对平民和军人的袭击，对尼日利亚、乍得、尼日尔、喀麦隆等国构成安全威胁。在中亚，"伊斯兰国"不少成员从伊拉克、叙利亚等中东地区转入阿富汗，

---

① "ISIS Claims Responsibility for Wednesday's Syria Bus Attack," Reuters, January 1, 2021, https://www.reuters.com/article/us-syria-crisis-attack-idUSKBN2951H2. （最后访问时间：2021 年 1 月 19 日）

② 巴里亚·阿拉姆丁：《"伊斯兰国"犹如恶魔般卷土重来……比以前任何时候都要强大吗？》，《阿拉伯新闻》2019 年 6 月 9 日。

③ 万宇：《乍得湖盆地安全形势严峻》，《人民日报》2020 年 8 月 10 日，第 16 版。

继而回流至中亚，致使极端主义在中亚不断扩散。①

疫情期间，"伊斯兰国"加大活动力度，连番采取"破墙行动"，通过突袭解救其成员。2020 年 3 月和 5 月，叙利亚东北部哈塞克省格韦兰监狱两度发生暴动，多名在押的"伊斯兰国"成员趁乱越狱，向该省南部逃窜。5 月 17 日，哈塞克省阿尔霍尔监狱有 7 名恐怖分子越狱。美国五角大楼表示，"伊斯兰国"从叙利亚监狱"大规模越狱"仍然是重大风险。② 8 月 2 日，"呼罗珊省"突袭阿富汗贾拉拉巴德东部一所监狱，与阿富汗安全部队交火持续 20 小时，造成至少 39 人丧生（包括袭击者），近 400 名囚犯越狱。③

联合国报告显示，疫情期间，资金通过各种方法流向叙利亚流离失所者营地中的"伊斯兰国"家庭成员，大多数涉及向邻国金融机构或货币服务企业汇款，这些款项随后被快递到叙利亚或通过非正式金融网络寄送。叙利亚使用加密货币的情况也有所增加，恐怖分子或家属试图通过加密货币钱包地址筹集资金。

值得注意的是，从 2020 年初，"伊斯兰国"开始追踪疫情，并利用疫情蛊惑追随者采取各种方式发动恐怖袭击。④ 5~6 月，"伊斯兰国"英文杂志《印度之声》（*The Voice of Hind*）发布长达 17 页的"封锁"（Lockdown）专版，鼓动支持者使用铁链、绳索、剪刀、锤子、金属丝，以及通过传播致

---

① 周翰博：《中亚国家积极应对安全挑战》，《人民日报》2020 年 2 月 26 日，第 16 版。

② Katie Bo Williams, "A 'Mass Breakout' of ISIS from Prisons Remains a Risk, Pentagon Watchdog Says," May 13, 2020, https://www.defenseone.com/threats/2020/05/mass - breakout - isis - syrian - prisons - remains - risk - pentagon - watchdog - says/165373/. （最后访问时间：2020 年 12 月 19 日）

③ Rahmat Gul, Rahim Faiez, "Afghan Forces Retake Prison after Deadly Attack by ISIS Group," August 3, 2020, https://www.militarytimes.com/news/your - military/2020/08/03/afghan - forces-retake-prison-after-deadly-attack-by-isis-group/. （最后访问时间：2020 年 12 月 24 日）

④ Nur Aziemah Azman, "'Divine Retribution': The Islamic State's COVID - 19 Propaganda," March 24, 2020, https://thediplomat.com/2020/03/divine - retribution - the - islamic - states - covid-19-propaganda/. （最后访问时间：2021 年 12 月 19 日）

命病毒等措施消灭"不信教者"。① 7月，"伊斯兰国"呼吁印度穆斯林将新冠病毒传播给印度人，怂恿支持者采取暴力手段杀死"异教徒"。②

## 二 "基地"组织积蓄力量的势头不减

"基地"组织曾经是"圣战"组织的"龙头"，"伊斯兰国"建"国"后吸引了全球各地大批"圣战"分子，"基地"组织丧失"圣战"首要地位。2017年以来，"基地"组织借国际社会将火力聚焦"伊斯兰国"之际，采取隐蔽、秘密发展的战略，试图重新占据"圣战"高地。从黎凡特到印度次大陆，"基地"组织在有些地区行使"政府机构职能"，提供"公共服务"（包括疫情期间提供医疗卫生服务），意图扩大支持基础、建立广泛"公信力"、增强"凝聚力"。当前，"基地"组织重组在南亚和叙利亚的暴恐网络，平衡跨国目标和地区优先事项。在索马里、叙利亚、也门和萨赫勒等地，"基地"组织伺机发展的同时，依然保留与西方对抗的重点。"基地"组织虽然已不再拥有"9·11"事件前策动各种大型跨国恐怖袭击的能力，但在叙利亚和也门的分支机构仍集中精力攻击美国。2020年1月，联合国报告指出，"基地"组织仍然具有复原力，威胁日益上升；其附属机构在许多冲突地区，特别是萨赫勒、索马里、也门和叙利亚东北部，比"伊斯兰国"更强大。③

---

① Bridget Johnson, "ISIS 'Lockdown' Magazine Urges Using Kids to Spread COVID 19, Attacks with Scissors," June 23, 2020, https：//www. hstoday. us/subject-matter-areas/counterterrorism/isis-lockdown-magazine-urges-using-kids-to-spread-covid-19-attacks-with-scissors/. （最后访问时间：2020年12月20日）

② Arvind Ojha, "Islamic State Tells Indian Muslims to be Coronavirus Carriers," July 26, 2020, https：//www. indiatoday. in/india/story/islamic-state-tells-indian-muslims-to-be-coronavirus-carriers-1704572-2020-07-26. （最后访问时间：2020年12月20日）

③ "Twenty-fifth Report of the Analytical Support and Sanctions Monitoring Team Submitted Pursuant to Resolution 2368 （2017）Concerning ISIL （Da'esh）, Al-Qaeda and Associated Individuals and Entities （S/2020/53）," https：//www. un. org/sc/ctc/news/document/s-2020-53-twenty-fifth-report-analytical-support-sanctions-monitoring-team-submitted-security-council-committee-pursuant-resolutions-1267-1999-1989-2011-225/. （最后访问时间：2020年12月20日）

当前，"基地"组织在阿富汗非常活跃。[①] 联合国监测小组估计，"基地"组织在阿富汗的战斗人数为"400～600人，领导层与'哈卡尼网络'保持着密切联系"。2020年6月，美国中央司令部负责人表示，"基地"组织现任头目扎瓦希里与一股恐怖分子藏匿在阿富汗东北部，对美国和"阿塔"的和平协议构成威胁。2020年2月底，美国和"阿塔"达成和平协议，"基地"组织将美国称为"承认失败的敌人"，认为美国从阿富汗撤军是"圣战"史上的分水岭。

除在"老巢"阿富汗活跃外，"基地"组织还致力于扩充各分支机构的实力。目前比较活跃的"基地"组织分支主要有"沙姆解放组织"、"伊斯兰马格里布基地组织"（AQIM）、"阿拉伯半岛基地组织"（AQAP）、索马里"青年党"和"印度次大陆基地组织"等。其中，"伊斯兰马格里布基地组织"将疫情作为加强招募工作和暴力行动的机会，不断招兵买马、策动袭击。"阿拉伯半岛基地组织"连续策动多起恐怖袭击，并将"魔爪"伸向境外直至美国本土。2019年12月6日，21岁的枪手穆罕默德·阿尔沙姆拉尼（Mohammed Alshamrani）在美国佛罗里达州彭萨科拉海军基地实施枪击案，致使3名海军士兵死亡、8人受伤；阿尔沙姆拉尼是沙特阿拉伯（简称"沙特"）皇家空军的一名飞行员，正在该基地接受航空训练。[②] 索马里"青年党"利用疫情将自己定位为政府的竞争对手，为民众"建立"隔离和医疗设施，并"发起"公众防疫意识运动，"提高"治理水平。

2020年7月，非裔美国人乔治·弗洛伊德（George Floyd）遇害2个月后，"基地"组织在其杂志《一个乌玛》（*One Ummah*）发布了长达83页的文章，强调西方警察的暴力行为。自该事件导致席卷美国和全球的抗议活动开始，"基地"组织针对被边缘化的西方青年发起系统的网络蛊

---

①　"Peace Deal at Risk as 'Head of Al-Qaeda Ayman Al-Zawahiri Is in Afghanistan'," June 14, 2020, https：//www.hstoday.us/subject-matter-areas/counterterrorism/peace-deal-at-risk-as-head-of-al-qaeda-ayman-al-zawahiri-is-in-afghanistan/.（最后访问时间：2020年12月22日）

②　"US Terrorist Attacks Fast Facts," CNN News, May 25, 2020, https：//edition.cnn.com/2013/04/18/us/u-s-terrorist-attacks-fast-facts/index.html.（最后访问时间：2020年12月22日）

惑宣传，① 旨在拉拢、招募更多成员。美国战略与国际研究中心（CSIS）跨国威胁项目负责人塞斯·琼斯（Seth Jones）表示，尽管"可能性不大"，但"基地"组织仍然有可能直接或通过受其意识形态影响的个人，对欧洲进行大规模攻击。

## 三　极右恐怖主义再度威胁欧美安全

近年来，极右恐怖主义的幽灵再次浮现。2019 年新西兰基督城爆发"3·15"恐怖袭击事件，极右恐怖分子布伦顿·塔兰特（Brenton Tarrant）持枪横扫清真寺，致使 51 人死亡；他还将枪击视频上传至网络平台播放，影响极其恶劣。袭击前，塔兰特在极右恐怖主义的网站发布题为"伟大替代者"的宣言，妄称"大规模移民造成了严重危机，如果欧洲人不战斗，其种族与文化将被完全取代"。② 2019 年 10 月 9 日（犹太教赎罪日），德国极右恐怖分子试图闯入犹太教堂作案未遂后，在教堂附近开枪打死 2 人、打伤 2 人。他效仿新西兰"3·15"恐怖袭击事件案犯的做法，使用头盔摄像头录制袭击过程并将其发到网上鼓舞"后继者"。2020 年 2 月，德国小城哈瑙再次爆发恐怖袭击事件，极右恐怖分子托比亚斯·拉特金（Tobias Rathjen）持枪袭击水烟吧，导致 10 人死亡。这一系列恐怖袭击事件意味着西方极右恐怖势力已泛滥并达到一个新高度。

事实上，近年来欧美极右恐怖主义威胁呈直线上升态势。2014 年以来，极右恐怖势力在北美、西欧和大洋洲等国家策动袭击的次数激增 250%，致死人数增加 709%。在美国，极右恐怖主义已超过其他类型的恐怖主义成为美国本土最大的恐怖主义威胁。2020 年 10 月，美国国土安全部（DHS）发

---

① Ebby L. Abramson, "Al-Qaeda Is Suddenly Framing Itself as a Black Lives Matter Champion," July 8, 2020, https://policyoptions.irpp.org/magazines/july－2020/al－qaeda－is－suddenly－framing-itself-as-a-black-lives-matter-champion/. （最后访问时间：2020 年 12 月 26 日）

② Seth G. Jones, Catrina Doxsee and Nicholas Harrington, "The Right-wing Terrorism Threat in Europe," CSIS, March 24, 2020, https://csis－website－prod.s3.amazonaws.com/s3fs-public/publication/Jones_EuropeTerrorism_WEB%20FINAL.pdf. （最后访问时间：2020 年 12 月 13 日）

布的首份《国土安全威胁评估报告》（*Homeland Threat Assessment*）指出，"受意识形态驱动的'独狼'和小团体，特别是'白人至上种族主义者'（WSEs），将是美国最持久、最致命的威胁"。2020 年 1 月至 8 月，美国共发生恐怖袭击 61 起，其中奉行白人至上的极右恐怖分子及其"志同道合"者实施了 67% 的恐怖袭击。《2019 年欧盟恐怖主义形势和趋势报告》指出，2015~2018 年，欧盟逮捕的极右恐怖分子从 11 人增至 44 人。① 在德国，极右恐怖主义威胁不断加剧，被德联邦刑事局列为"危险分子"的大约 60 人，2012 年以来这一数字增加了 4 倍。2020 年 2 月，德国将极右恐怖主义列为该国面临的"首要安全威胁"。英国极右恐怖袭击威胁正以惊人的速度增加。2020 年官方统计数据显示，英国需要采取去极端化措施的人员中，约 1/4 与极右极端主义意识形态有关，比具有其他极端倾向的人多出 10%。②

2020 年以来，极右恐怖组织将疫情作为传播仇恨的沃土，借机兴风作浪。一方面，这类组织炮制与疫情相关的阴谋论、煽动种族主义情绪、鼓动成员从事恐怖袭击。2020 年 3 月，美国 36 岁的极右恐怖分子蒂莫西·R. 威尔逊（Timothy R. Wilson）企图以汽车炸弹攻击一家医院，后被警方击毙。另一方面，极右恐怖分子在各种加密频道呼吁成员将病毒当作生物武器，传播给执法人员和非白人。如，Telegram 上一个题为"生态法西斯中心"的帖子，怂恿成员针对犹太社区，向当地犹太教堂的门把手咳嗽；再如，另一个帖子呼吁对关键基础设施采用相同战术，怂恿"冲你本地的交通设施咳嗽"。③

---

① Security Council Counter-Terrorism Committee, "Member States Concerned by the Growing and Increasingly Transnational Threat of Extreme Right-wing Terrorism," April 2020, https://www. un. org/sc/ctc/news/2020/04/01/cted-launches-trends-alert-extreme-right-wing-terrorism/. （最后访问时间：2020 年 12 月 26 日）

② Alasdair Lane (UK), "UK: Fears of Resurgent Terrorism as COVID-19 Lockdown Ends," July 12, 2020, https://m. dw. com/en/uk-fears-of-resurgent-terrorism-as-covid-19-lockdown-ends/a-54124486. （最后访问时间：2020 年 12 月 20 日）

③ Kyler Ong, Nur Aziemah Azman, "Distinguishing between the Extreme Farright and Islamic State's (IS) Calls to Exploit COVID-19," *Counter Terrorist Trends and Analyses*, Vol. 12, No. 3 (April 2020), pp. 18-21.

由此可见，无论是"伊斯兰国"和"基地"组织等打着"伊斯兰"旗号的恐怖组织，还是极右恐怖势力，都在利用各国面临新冠疫情防控政策调整形成的反恐力度减弱形势，借疫情引发的广泛混乱和恐惧散播仇恨，在宣传与招募力度上不断"加码"，并敦促其追随者策动"独狼"式恐怖袭击，甚至将新冠病毒作为生物武器。①

## 第三节　国际社会多措并举积极反恐

面对疫情背景下不断发展变化的恐怖主义威胁，国际社会在抗击疫情的同时，从多个层面发力，着力遏制恐怖主义威胁的不断蔓延。

### 一　联合国敦促聚焦持续存在的恐怖主义威胁

疫情期间，联合国多次召集线上与线下会议，强调恐怖主义威胁的严峻性，指出新冠疫情助长"伊斯兰国"重组，威胁国际和平与安全，呼吁各国继续积极专注并团结一致，以制止恐怖主义。

第一，提出指导未来反恐工作的五大任务。其中，2020 年 7 月 6 日至 7 月 10 日，第 2 届联合国反恐周在线举行，主题是"全球大流行环境中的反恐战略和实际挑战"。联合国秘书长古特雷斯提出指导未来反恐工作的五大任务：一是必须保持反恐势头，包括继续对各国、区域和全球反恐能力建设进行投资，尤其要重点关注最需要援助的国家；二是密切监控不断变化的恐怖主义威胁和趋势，并在应对措施方面保持创新，确保领先于恐怖分子能够获得的技术和工具；三是反恐行动必须始终关注性别敏感性，并保护和促进人权；四是应充分考虑新冠疫情的敏感性，全方位应对恐怖主义言论的传播问题；五是加强涉恐信息的共享。②

---

① Abdul Basit, "The COVID-19 Pandemic: An Opportunity for Terrorist Groups?" *Counter Terrorist Trends and Analyses*, Vol. 12, No. 3（April 2020），pp. 7-12.

② 《联合国反恐周开幕：古特雷斯提出指导未来反恐工作的五大领域》，联合国新闻，2020 年 7 月 6 日，https://news.un.org/zh/story/2020/07/1061401。（最后访问时间：2021 年 1 月 15 日）

第二，积极关注"伊斯兰国"武装分子、家属及受害者。2020年，联合国继续呼吁会员国在征得相关国家政府同意后，并在符合国际法的情况下，自愿遣返滞留在伊拉克和叙利亚的成人和儿童，包括涉嫌与"伊斯兰国"有牵连的人。2020年12月，乌兹别克斯坦将伊拉克和叙利亚东北部阿尔霍尔营地和罗杰营地的25名妇女和73名儿童接回国。2020年8月，联合国推出一个新的全球框架，协调15个联合国机构实体，针对伊拉克和叙利亚东北部流离失所者营地返回或滞留人员，向相应国家提供支持。此外，联合国鼓励各国将维护受害者权利的行动纳入本国反恐战略。联合国调查组支持伊拉克以战争罪、危害人类罪和种族灭绝罪起诉"伊斯兰国"成员。

第三，积极进行刑事司法与国际法律合作。新冠疫情使多个国家推迟听证或延长诉讼，导致案件积压、长时间审前羁押等问题，影响了受害者的诉讼机会。2020年11月，联合国毒品和犯罪问题办公室协同国际私法研究所和国际法研究所举办第2次国际专家会议，以审查关于反恐案件远程诉讼的文件草案。联合国还致力于与区域组织合作收集、使用和分享证据，以将恐怖分子绳之以法。2020年8~10月，联合国反恐怖主义中心（简称"联合国反恐中心"）为孟加拉国、马来西亚和中亚国家举办关于在线反恐调查的虚拟讲习班。同年11月，联合国毒品和犯罪问题办公室与东非警察局长合作，在肯尼亚、卢旺达和乌干达联合举办培训班，以加强警察与监狱当局在预防和打击暴力极端主义方面的合作。

第四，打击资助恐怖主义的行为。联合国仍然高度关注恐怖分子利用互联网和社交媒体筹集和转移资金的问题，要求各国必须采取果断和协调一致的措施，有效打击使用互联网和数字技术进行犯罪的行为，包括煽动和资助恐怖主义的行为。联合国反恐委员会执行局在《联合国全球反恐协调契约》框架下推出一项举措，为各国以完全符合国际人权法的方式打击资助恐怖主义的行为提供指导，并邀请利益攸关方，尤其是民间社会团体提出意见以供分析。联合国反恐怖主义中心还实施关于打击资助恐怖主义行为的全球综合能力建设方案。2020年8月，联合国反恐怖主义办公室为巴林举办关于保护非营利部门免受恐怖分子滥用的第 3 次讲习班；2021 年 1 月，协同欧亚反洗钱和打击资助恐怖主义行为工作组，为塔吉克斯坦举办类似的系列讲习班。

第五，促进边境管理和执法工作。2020 年 8 月，联合国安理会成员国强调，要通过分析航班乘客数据等途径加强边境安全管理，改善监狱管理以防止激进化，并研究实行全社会打击暴力极端主义的方法。[①] 联合国反恐委员会执行局牵头开展旨在帮助博茨瓦纳、科特迪瓦、冈比亚、马尔代夫和塞拉利昂的在线深度评估，并量身定制预报旅客资料和旅客姓名记录系统实施路线图。联合国毒品和犯罪问题办公室与反恐中心、反恐委员会执行局和国际刑警组织合作，继续通过机场通信项目，支持西亚、北非在国际机场识别和拦截外籍"圣战"分子。此外，联合国反恐委员会执行局在《联合国全球反恐协调契约》框架下，牵头制定关于防止恐怖分子获取武器的技术准则。

第六，抵制恐怖主义宣传，发动社区参与预防和打击助长恐怖主义的暴力极端主义。当前，与恐怖主义宣传相关的虚假信息、阴谋论和仇恨言论持续在网上盛行。在许多国家，必要的社交距离措施削弱了前线从业人员、教师、宗教领袖和青年工作者识别和处理暴力极端主义迹象的能力。2020 年 8 月，联合国教科文组织、欧盟、世界犹太人大会和推特发起"先思考再分享"运动，以遏制阴谋论的扩散。联合国反恐中心与政府间发展组织合作，试行推出应对"伊斯兰国"借新冠疫情进行宣传的工具包，以支持会员国加强在这方面的反制工作。2020 年 11 月，联合国区域间犯罪和司法研究所发表了关于恐怖主义对马里青年人影响的报告，指出青年既是恐怖主义的受害者，也是社会变革的重要驱动者。同月，由联合国反恐委员会执行局支持的"技术反恐"倡议，推出了恐怖主义内容分析平台的 β 版。该平台集中分析经核实的恐怖主义内容，旨在快速支持科技公司识别其服务被用于恐怖

---

① 《恐怖分子、有组织犯罪之间的跨界联系突出表明需要协调一致的全球对策》，联合国新闻，2020 年 8 月 6 日，https://news.un.org/zh/story/2020/08/1063872。（最后访问时间：2021 年 1 月 22 日）

主义目的的情况。截至 2020 年 12 月，该平台已向 60 多家科技公司发送警报。

## 二　区域组织在反恐进程中发挥至关重要的作用

除联合国外，上海合作组织、东南亚国家联盟（简称"东盟"）、欧盟、非洲联盟（简称"非盟"）等区域组织高度重视本地区恐怖主义威胁，加强务实合作，不断推进反恐与去极端化进程。

一是上合组织强化反恐职能。该组织成立以来，始终将打击"三股势力"作为优先合作领域，遏制了"三股势力"在本地区发展的猖獗势头，保障了本地区的和平与稳定。在国际层面，2020 年 2 月，上合组织成员国地区反恐机构与联合国反恐办公室签署谅解备忘录，进一步加强上合组织各成员国实施《联合国全球反恐战略》的能力。在区域层面，上合组织成员国正在建立和完善反恐合作的法律框架，改进反恐战略，开展联合搜查行动并进行反恐演习。目前，《上合组织反极端主义公约》已于 2019 年生效。2020 年 11 月 10 日，上合组织成员国国家元首理事会会议以视频方式举行，成员国强调，上合组织地区反恐机构在本地区打击恐怖主义、分裂主义和极端主义方面发挥着特殊作用。成员国还欢迎塔吉克斯坦通过定期在杜尚别举办高级别国际会议（杜尚别进程）为推进中亚地区合作打击恐怖主义及恐怖主义融资所做的努力。[①] 同日，在《上海合作组织成员国元首理事会关于打击利用互联网等渠道传播恐怖主义、分裂主义和极端主义思想的声明》中，成员国领导人认为，上合组织的优先任务是进一步加强合作，有效打击恐怖主义，包括根据联合国安理会相关决议打击恐怖分子跨国流动、分裂主义和极端主义及跨国有组织犯罪、其他跨国威胁，包括将互联网用于上述目的的行为。[②] 上合组织进行了"团结协作 2019~2021"第一、第二阶段边防

---

① 《上海合作组织成员国元首理事会莫斯科宣言》，《人民日报》2020 年 11 月 11 日，第 2 版。
② 《上海合作组织成员国元首理事会关于打击利用互联网等渠道传播恐怖主义、分裂主义和极端主义思想的声明》，中华人民共和国外交部网，2020 年 11 月 10 日，https://www.mfa.gov.cn/web/zyxw/202011/t20201110_ 348667. html。（最后访问时间：2021 年 1 月 22 日）

特别行动，"萨雷阿尔卡-2019"联合反恐演习，"厦门-2019"网络反恐联合反恐演习，并定期举行"和平使命"成员国武装力量联合反恐军事演习。上合组织成员国参与演习的陆军和特种部队人员多达1万人。

二是欧盟反恐措施升级。尽管打击犯罪和确保安全的主要责任在于各成员国，但欧盟仍提供合作、协调以及财政支持，尝试解决持续的国际恐怖主义威胁。2020年7月，欧盟委员会公布《欧盟安全联盟战略2020—2025》，新战略确定了4个优先事项，包括维护面向未来的安全环境、应对不断发展的威胁、保护欧洲民众免受恐怖主义和有组织犯罪的危害、建立强大的欧洲安全生态系统，并分别提出具体方案。根据该战略，欧盟将重点打击恐怖主义和有组织犯罪，预防和探测混合型威胁，提高关键基础设施的韧性，促进网络安全和相关技术研发。① 2020年下半年，一系列恐怖袭击迫使欧洲国家再次提高警惕，对恐怖主义威胁严阵以待。2020年12月，欧盟委员会发布《欧盟反恐议程》，在反恐战略方面更加注重识别漏洞、预测风险以及开展更严格的边境管控。此次反恐议程是对欧盟现有反恐政策的补充和升级。有分析认为，该议程提出了更全面的举措，结合安全、教育、社会、文化、反歧视等各个方面，涉及众多利益攸关方，以期形成反恐合力。②

三是东盟和非盟推进反恐进程。在区域层面，东盟以《东盟防止极端化升级和暴力极端主义行动计划》（2018～2025年）为指导，旨在进一步加强东盟成员国及东盟各部门之间的密切合作，以应对本地区及其他地区的极端化。2020年7月11日，在联合国反恐周闭幕式上，越南代表分享东盟通过落实《东盟反恐公约》和《东盟防止极端化升级和暴力极端主义行动计划》（2018～2025年）反对恐怖主义和暴力极端主义的经验。越南常驻联合国代表团团长邓廷贵强调，反恐工作的"成功钥匙"是预防和解决根本的问题，包括贫穷、歧视、极端化、社会不公正和不平等等问题。2020年9

---

① 《欧盟出台内部安全新战略（国际视点）》，人民网，2020年8月3日，http：//world.people.com.cn/n1/2020/0803/c1002-31807039.html。（最后访问时间：2021年1月22日）

② 《欧盟不断强化打击恐怖主义力度（国际视点）》，《人民日报》2021年1月20日，第16版。

月9日，第53届东盟外交部长（简称"外长"）会议的联合公报显示，东盟各国将在打击恐怖主义和暴力极端主义、非法药物和人口走私，以及边境管理、网络安全等非传统安全领域继续加强合作。① 2019年11月，东盟国防部长（简称"防长"）扩大会反恐专家组成功举办联合实兵演习，成为2011年该专家组成立以来举办的陆上最大规模的反恐演习。演习的突出特点是参演国家多、兵力编组活、演练内容实，目的是增进各成员国、对话国和军事医学中心的相互交流与合作，提升应对地区恐怖主义威胁的能力。

四是金砖国家凸显反恐作用。2020年11月17日，巴西、俄罗斯、印度、中国、南非举行金砖国家领导人第十二次会晤，主题是"深化金砖伙伴关系，促进全球稳定、共同安全和创新增长"。在《金砖国家领导人第十二次会晤莫斯科宣言》中，金砖国家呼吁尽快在联合国框架下完成和通过《全面反恐公约》；对金砖国家反恐工作组第五次会议及其分工作组首次会议达成的成果表示欢迎，称这些成果进一步促进金砖国家在打击恐怖主义及涉恐融资、外国恐怖作战人员、极端化、利用互联网从事恐怖活动，以及反恐能力建设等方面的合作；《金砖国家反恐战略》（*BRICS Counter-Terrorism Strategy*）旨在充实和加强金砖国家合作，为全球防范和打击恐怖主义做出实质性贡献。

五是非盟加大反恐力度。2020年1月21日至2月10日，第33届非盟举行主题为"消除枪支，为非洲发展创造有利条件"峰会。非盟委员会主席法基在峰会期间表示，非洲一直受到恐怖主义和暴力极端主义威胁，非洲民众处于危险之中，所以将消除枪支作为本届峰会主题，以期在非洲消除战争和基于性别的暴力，实现和平，促进非洲更好发展。2021年2月6日至7日，非盟举行第34届峰会，重点讨论非洲和平与安全问题，并通过决议将"非洲消弭枪声"的总体路线图实施期限从2020年延长至2030年。与会人

---

① 《东盟外长会议强调加强抗疫合作　推动疫情后恢复》，新华网，2020年9月11日，http://www.xinhuanet.com/world/2020-09/11/c_1126479677.htm。（最后访问时间：2021年1月22日）

士认为，恐怖主义、极端主义、部族冲突、有组织犯罪等是阻碍非洲大陆发展的重大安全挑战，呼吁加强国际合作，共同应对挑战。此外，2020 年以来，萨赫勒五国集团联合部队战斗力有所加强，该集团新一任轮值主席乍得总统代比表示，乍得将向布基纳法索、马里、尼日尔三国交界地带派遣1200 名士兵协助反恐。①

### 三 各国积极应对境内恐怖主义威胁

第一，欧美反恐焦点向内转移。一方面，欧洲反恐通常是受重大恐怖袭击事件的驱动。2020 年下半年，法国、奥地利等国连续发生数起恐怖袭击，引发整个欧洲国家的担忧。法国宣布国家进入最高恐怖袭击警戒级别，并承诺将采取更加强有力的措施打击宗教极端主义。英国宣布将恐怖主义威胁等级从第三等级"高"上调至第二等级"严重"，意味着英国当时发生恐怖袭击的可能性极高。意大利内政部表示，将加强应对潜在恐怖袭击的措施，包括加强边界检查和监控潜在目标。2020 年，英国、奥地利发生 3 起"伊斯兰国"提前获释成员发动的恐怖袭击，引发对国家反恐司法政策的调整与转变。目前英国政府已宣布将立法终止涉及恐怖主义犯罪人员的提前释放政策。② 另一方面，美国持续进行反恐战略收缩。目前，美国已将驻伊拉克、驻阿富汗美军规模缩减至 2500 人。在利比亚，2018~2019 年美国针对"伊斯兰国"利比亚分支与"基地"组织分支发动了 10 次空袭，2020 年却未发动一次针对恐怖组织的空袭。③ 与此同时，由于本土的极右恐怖主义威胁日趋严峻，美国反恐重心进一步转向国内，并将反恐资源向应对极右恐怖主义

---

① 《萨赫勒五国集团峰会讨论反恐问题》，新华网，2021 年 2 月 16 日，http://www. xinhuanet. com/world/2021-02/16/c_1127104953. htm。（最后访问时间：2021 年 2 月 22 日）

② Ministry of Justice, "End to Automatic Early Release of Terrorists," GOV. UK, February 11, 2020, https://www.gov.uk/government/news/end-to-automatic-early-release-of-terrorists. （最后访问时间：2021 年 1 月 22 日）

③ David Sterman, Peter Bergen and Melissa Salyk-Virk, "Terrorism in America 19 Years After 9/11: ISIS and the U. S. Counterterrorism Wars Abroad," New America（2020）. （最后访问时间：2021 年 1 月 22 日）

威胁调整。2020 年 4 月，美国首次将俄罗斯的"帝国运动"列为外国恐怖组织，并对其成员实施制裁。这是美国首次将极右组织列为恐怖组织，凸显政府对此类恐怖主义威胁的重视。2020 年 9 月，美众议院还通过了《防止国内恐怖主义法案》，并成立特别工作组，抗击"白人至上种族主义者"对美国军方和联邦执法队伍的渗透。①

第二，发展中国家反恐仍需外援。发展中国家由于实力所限，外加受新冠疫情的影响，反恐投入受限，反恐主要通过本土与国际援助两个途径实现。在本土，一方面，采取"斩首行动"。在中东，伊拉克安全部队打死"伊斯兰国"二号头目阿布·亚西尔·艾萨维。2020 年 7 月和 8 月，也门针对"伊斯兰国"也门分支的反恐行动，击毙多名该分支的头目，包括头号人物阿布·瓦利德·阿达尼和爆炸物专家阿布·苏莱曼·阿达尼。在非洲，2020 年 6 月，法国打死"伊斯兰马格里布基地组织"负责人阿卜杜勒·马里克·德鲁克德尔。②在中亚，2020 年夏，至少 100 名"支持'基地'组织"（Katibat al-Tawhid wal-Jihad）成员在乌兹别克斯坦被捕。③ 在东南亚，印度尼西亚和菲律宾通过反恐行动持续对"伊斯兰国"的活动施压，成功挫败多起恐怖袭击图谋。2020 年以来，印度尼西亚警方逮捕至少 80 名"伊斯兰国"分支机构嫌疑人，④ 其中大多数为"神权游击队"成员，该组织经常在斋月期间策划恐怖袭击。另一方面，提供法律支持。2020 年 6 月，菲律宾国会通过新的《反恐法》；2020 年 3 月，越南优先实施反恐和反恐怖

---

① 中国现代国际关系研究院：《国际战略与安全形势评估 2019/2020》，时事出版社，2020，第 344 页。

② "Mutating Terror Threat Still Looms over Europe," September 2, 2020, https://www.bangkokpost.com/world/1978719/mutating-terror-threat-still-looms-over-europe. （最后访问时间：2021 年 2 月 27 日）

③ "International Virtual Seminar 2020 on Joint Response to Terrorism under the New Circumstances," December 22, 2020, http://m.ciis.org.cn/xwdt/202101/W020210129633802768773.pdf. （最后访问时间：2021 年 2 月 27 日）

④ "United Nations Security Council. Twenty-sixth Report of the Analytical Support and Sanctions Monitoring Team Submitted Pursuant to Resolution 2368（2017）Concerning ISIL（Da'esh），Al-Qaida and Associated Individuals and Entities（S/2020/717），" UN, July 23, 2020, https://undocs.org/S/2020/717. （最后访问时间：2020 年 12 月 23 日）

融资等任务；2019 年 7 月，印度尼西亚军方成立反恐精英部队，专门负责执行反恐及特别军事行动等任务。在国际，依赖强大外援。2020 年 11 月 30 日至 12 月 6 日，联合国与国际刑警组织合作打击西非和萨赫勒地区非法枪支贩运，这一行动以布基纳法索、科特迪瓦、马里和尼日尔的走私热点地区为目标，逮捕许多恐怖嫌犯，并没收大量非法枪支、弹药和爆炸物。

第三，中国积极推进多边、双边反恐进程。中国一直主张遵循《联合国宪章》宗旨和原则，发挥联合国及安理会在反恐领域的中心协调作用。在国际层面，中国继续加强对联合国反恐办公室和国际反恐合作的政治和财政支持。中方通过中国-联合国和平与发展基金，资助联合国反恐办公室的非洲反恐及大型体育赛事安保等项目。在区域合作层面，中国通过非盟渠道，向萨赫勒地区反恐行动和萨赫勒五国集团联合部队建设提供 3 亿元援助。中国在力所能及的范围内，向非洲国家提供反恐物资和能力建设援助。在双边层面，中俄在打击恐怖主义和分裂主义的斗争中相互支持，双方不断交流信息和经验，并定期举行联合反恐军事演习。俄罗斯是参与中国双边和多边反恐演习最频繁的伙伴。中俄目标是在国际舞台上共同打击恐怖主义，并相互支持以建立更公正、多极化的世界秩序。双方还共同搜查从事恐怖主义、极端主义和分裂活动的嫌疑人。2020 年 8 月，中国常驻联合国副代表耿爽表示，中国将与国际社会一道深入分析评估新冠疫情对全球恐怖行为的影响，继续同各方开展反恐多边和双边交流及能力建设合作，并且继续向联合国反恐事业提供政治和财政支持，共同维护国际和平与安全。

# 结　语

在新冠疫情蔓延、经济持续衰退、地缘政治格局调整、大国博弈加剧的背景下，恐怖组织趁机加大蛊惑力度，加紧招兵买马，频繁发动恐怖袭击。中东、南亚、东南亚、非洲等地区的一些国家，如伊拉克、叙利亚、阿富汗、菲律宾、马里、布基纳法索等已成为国际反恐的前线。"伊斯兰国"和

"基地"组织还试图在控制区域行使政府职能、实行伊斯兰教法、提供公共服务、征收税款，建立"伪国家"，并破坏民众对政府的信任，试图与当地政府"争夺民心"。[①]

国际暴恐势力从2019年的低潮期走向新一轮扩张期，对国际社会的威胁再度凸显。以"伊斯兰国"为首的国际暴恐势力伺机反扑，呈现出死灰复燃之势。打着"伊斯兰"旗号的恐怖主义与极右恐怖主义相互影响，使国际恐怖主义形势更趋复杂难测。2020年以来，联合国呼吁各国加强国际合作，打击不断变化的恐怖主义威胁。上合组织、欧盟、东盟、非盟等区域组织深化反恐合作，凝聚反恐合力，推进反恐和去极端化成效显著。未来一段时期，恐怖主义对国际安全的挑战重新进入上升期，国际社会需加强协调合作，坚决摒弃"双重标准"，弘扬多边主义，齐心协力应对恐怖主义威胁。

---

① Abdul Basit, "The Covid-19 Pandemic: An Opportunity for Terrorist Groups," *Counter Terrorist Trends and Analyses*, Vol. 12, No. 3 (April 2020), pp. 7-12.

# 第二部分　分报告

## 第二章　欧美地区恐怖主义
## 与反恐怖斗争态势[*]

　　2020年，欧美地区主要面临"圣战"型、极右型（白人至上种族主义）以及极左型（无政府主义）三类恐怖主义威胁。为了应对日趋复杂的恐怖主义威胁，欧美国家在战术层面制定了一系列反恐和去极端化措施，旨在全方位打击和遏制恐怖主义的蔓延。然而，恐怖主义依然在欧美等地泛滥，主要有内外两方面原因。一方面，西方国家治理失灵，导致政治整体"右转"、社会两极分化、族群矛盾加剧，这成为促使恐怖主义多发的主要诱因；对外长年实施霸权主义政策，使欧美国家沦为打着"伊斯兰"旗号的"圣战"恐怖组织的"眼中钉"。另一方面，新冠疫情蔓延全球之际，各类恐怖势力纷纷借疫情生乱，伺机反扑；互联网与社交媒体的全球普及，使互联网与社交媒体成为恐怖势力加以利用的重要工具。

---

　　* 作者：范娟荣，中国社会科学院世界经济与政治研究所博士后工作人员、博士，研究方向：国际安全与反恐。

# 第一节　欧美地区恐怖主义威胁持续加剧

欧美地区主要面临的三种恐怖主义类型在意识形态、组织架构及对西方国家的威胁程度方面各不相同，但在袭击手段及利用互联网与社交媒体进行沟通、筹集资金、蛊惑宣传及协调袭击等方面具有共性。

## 一　"圣战"恐怖主义肆虐不止

打着"伊斯兰"旗号的"圣战"恐怖主义仍严重威胁西方国家尤其是欧洲国家的和平与安全。2014~2019年，"伊斯兰国"在西方国家策动或煽动至少78起恐怖袭击，导致471人死伤。其中，法国是恐怖袭击导致的死亡人数最多的国家，美国、比利时紧随其后。[①] 2020年，新冠疫情持续影响恐怖主义走势，"伊斯兰国"和其他恐怖组织呼吁支持者采取"一切可能的手段"，在西方发动袭击，甚至制造生物袭击。

"9·11"事件后，美国在境内外打击恐怖主义的过程中始终聚焦"圣战"恐怖主义。由于国际恐怖势力"基地"组织与"伊斯兰国"实力相继遭受重创及美国多年反恐重压的影响，打着"伊斯兰"旗号的恐怖分子对美国构成的威胁正在减少。目前，"圣战"恐怖势力虽将矛头对准美国，但在美国发动大规模恐怖袭击的实现概率较小，美国亦希望通过持续的反恐压力将威胁控制在美国本土之外。"圣战"恐怖主义对美国的主要威胁体现为"煽动性"攻击，即通过社交媒体和其他在线平台煽动美国本土暴力极端主义分子（Homegrown Violent Extremists，HVE），鼓动支持者对美国发动袭击。美国国土安全部评估，恐怖势力仍在飞行学校培训并试图利用内部人员，2021年极有可能密谋攻击美国国内航空目标。[②] 2019年12月6日，"阿拉伯半岛基地组织"在美国佛罗里达州彭萨科拉海军基地发动一起致命

---

① Institute for Economics and Peace, "Global Terrorism Index 2020," 2020.
② Homeland Security, "Homeland Threat Assessment," October 2020.

恐怖袭击，21 岁的沙特皇家空军防卫部队中尉穆罕默德·阿尔沙姆拉尼持枪袭击，导致 3 名海军士兵死亡、8 人受伤。当时阿尔沙姆拉尼正在该基地接受航空训练。①

在欧洲，"独狼"或小规模组织的恐怖主义威胁不容忽视。2020 年 2 月 2 日，20 岁的苏德什·安曼（Sudesh Amman）在英国伦敦南部斯特雷特姆区（Streatham）刺伤 3 人，随后被警方击毙。他曾因传播恐怖主义材料被判处近 3 年有期徒刑，作案时正在假释中。② 2020 年 6 月，欧盟对"圣战"恐怖主义、极右恐怖主义和暴力极端主义的评估是，最大威胁来自"独狼"行动或小规模组织。③ "伊斯兰国"和"基地"组织虽然在欧洲实施大规模恐怖袭击越发困难，但欧洲本土人员受恐怖意识形态影响后，策动无组织、随机的"独狼"袭击则相对容易。④ 2020 年下半年，欧洲爆发多起"独狼"恐怖袭击。9 月 25 日，法国《查理周刊》旧址发生持刀袭击事件，导致 2 名媒体从业人员受伤。法国内政部长将此事定义为"伊斯兰恐怖主义袭击"。10 月 4 日，德国德累斯顿发生一起持刀伤人袭击事件，导致 1 人死亡、1 人受伤。10 月 16 日，法国巴黎一所中学附近发生袭击案，18 岁的凶手阿卜杜拉·安佐罗夫（Abdullakh Anzorov，车臣裔移民）将历史教师塞缪尔·帕蒂（Samuel Paty）当街斩首。⑤ "伊斯兰国"对袭击者大加赞赏，并呼吁追随者发动更多袭击，杀死那些"亵渎先知的人"（blasphemers）；⑥

---

① "US Terrorist Attacks Fast Facts，" CNN News, October 4, 2020, https：//edition. cnn. com/2013/ 04/18/us/u-s-terrorist-attacks-fast-facts/index. html.（最后访问时间：2020 年 10 月 5 日）

② Lizzie Dearden，"Streatham Terror Attack：ISIS Claims Responsibility for Stabbing by Supporter Sudesh Amman：Mother Says 'Nice Boy' Became Radicalised by ISIS Material Online and in HMP Belmarsh，" February 3, 2020, https：//www. independent. co. uk/news/uk/crime/streatham - terror-attack-isis-london-sudesh-amman-latest-a9314481. html.（最后访问时间：2020 年 11 月 27 日）

③ "European Union Terrorism Situation and Trend report 2020，" Europol, June 23, 2020.

④ 《欧洲："独狼"式袭击防不胜防》，《新华每日电讯》2017 年 12 月 6 日，第 8 版。

⑤ Lisa Bryant，"France Reels from Latest Terror Attack，" VOA News, October 17, 2020.

⑥ Bridget Johnson，"ISIS Magazine Publishes Photo of French Teacher's Head, Calls for More Attacks on Free Expression，" October 19, 2020, https：//www. hstoday. us/subject - matter - areas/ counterterrorism/isis-magazine-publishes-photo-of-french-teachers-head-calls-for-more- attacks-on-free-expression/.（最后访问时间：2020 年 10 月 20 日）

"基地"组织支持者还对这一惨案进行庆祝。① 10 月 29 日，突尼斯人卜拉欣·阿维萨维（Brahim Aouissaoui）在法国尼斯圣母大教堂持刀砍人，造成 3 人死亡。他还高呼"真主至大"（Allahu Akbar）口号冲向警察。② 11 月 2 日，"伊斯兰国"的支持者库吉姆·费祖莱（Kujtim Fejzulai）在奥地利首都维也纳圣母大教堂发动恐怖袭击，导致 4 人死亡（包括 1 名奥籍华人），23 人受伤。③ 11 月 24 日，28 岁的瑞士女性在卢加诺持刀刺伤 2 人（其中 1 名妇女重伤）。据调查，上述恐怖袭击中，部分事件受"伊斯兰国"鼓动，其余事件则是受"基地"组织助推。④ 总部位于法国的恐怖主义分析中心（CAT）负责人让-查尔斯·布里萨德（Jean-Charles Brisard）认为，不排除"伊斯兰国"采取新的有针对性的行动，"下一个周期行动的人将是那些即将出狱的人"。⑤ 此外，欧洲驻海外人员、机构经常遭遇恐怖组织的袭击。2020 年 8 月，"伊斯兰国"在西非国家尼日尔首都尼亚美附近一处野生动物公园发动袭击，导致包括 6 名法国人在内的 8 人死亡。⑥ 对这些恐怖组织而言，在法国本土策动大规模恐怖袭击比较困难，而在非洲袭击法国军队或其他目标更容易。

## 二　极右恐怖主义威胁急剧增加

2014 年以来，极右恐怖势力在北美、西欧和大洋洲等国家策动袭击的次数激增 250%，致死人数增加 709%。西方国家每年发生至少 35 起极

---

① "Supporters and Linked Groups Celebrate the Gruesome Knife Attack against a School Teacher in France," Site Intelligence Group, October 23, 2020.

② "France Attack: What We Know about the Stabbings in Nice," *BBC News*, October 30, 2020.

③ Katrin Bennhold, Melissa Eddy, and Christopher F. Schuetze, "Vienna Reels from a Rare Terrorist Attack," *The New York Times*, November 3, 2020.

④ S/2021/98.

⑤ "Mutating Terror Threat still Looms over Europe," September 2, 2020, https://www.bangkokpost.com/world/1978719/mutating-terror-threat-still-looms-over-europe.（最后访问时间：2021 年 1 月 8 日）

⑥ Baba Ahmed, Carley Petesch, "Islamic State Claims Niger Killings of French Aid Workers," September 18, 2020, https://abcnews.go.com/International/wireStory/islamic-state-claims-niger-killings-french-aid-workers-73074739.（最后访问时间：2020 年 11 月 23 日）

右恐怖袭击事件。极右恐怖主义活跃烈度虽低于打着"伊斯兰"旗号的恐怖主义的，但极右恐怖主义往往比极左恐怖主义更具杀伤力。① 2019 年，全球 89 人死于极右恐怖袭击，其中新西兰基督城"3·15"案致死 51 人，美国得克萨斯州埃尔帕索市"8·3"案致死 22 人。此外，2019 年 10 月 9 日（犹太教赎罪日），德国极右恐怖分子在哈雷试图闯入犹太教堂作案未遂后，在教堂附近开枪打死 2 人、打伤 2 人。2020 年 2 月，德国小城哈瑙再次爆发恐怖袭击事件，极右恐怖分子托比亚斯·拉特金持枪袭击水烟吧，导致 10 人死亡。这一系列事件标志着西方国家极右恐怖主义再次泛滥。事实上，欧美等地极右恐怖势力在意识形态、宣传蛊惑等方面既有相同点，也因国情、地区形势不同呈现不同点。

在美国，极右恐怖主义已超过其他类型的恐怖主义成为美国本土最大的恐怖主义威胁。2020 年 10 月，美国国土安全部发布首份《国土安全威胁评估报告》，指出受意识形态驱使的"独狼"和小团体最有可能对美国本土构成恐怖主义威胁。报告强调，"在国内暴力极端主义分子中，种族和民族动机的暴力极端主义分子，特别是'白人至上种族主义者'仍将是美国最持久、最致命的威胁"②。2020 年 5 月，美国战略与国际研究中心发布报告分析美近 26 年以来的恐怖袭击事件，认为美国当前最严重的威胁来自白人至上种族主义者。据不完全统计，1994 年 1 月至 2020 年 5 月，美国共发生 893 起恐怖袭击（包括已实施及被挫败的），其中极右恐怖袭击与恐怖袭击图谋占比最多，高达 57%。极右恐怖主义威胁在 2016~2020 年大幅增长。2019 年，美国极右恐怖袭击与恐怖袭击图谋占比2/3。③ 2020 年 1 月至 8 月，美国共发生 61 起恐怖袭击。其中，奉行白人至上种族主义的极右恐怖分子实施了 67% 的恐怖袭击。他们将车辆、爆炸物和枪支作为主要武器，根据种族、民族、宗教或政治成分攻击示威者和其他个人，如非裔美国人、移

① Institute for Economics and Peace, "Global Terrorism Index 2020," 2020.

② Homeland Security, "Homeland Threat Assessment," October 2020.

③ Seth G. Jones, Catrina Doxsee and Nicholas Harrington, "The Escalating Terrorism Problem in the United States," CSIS, June 17, 2020.

民、穆斯林和犹太人。①

2020年5月下旬，美国白人警察"跪颈"执法导致非裔男子乔治·弗洛伊德（George Floyd）死亡，触发全美多地爆发大规模反种族歧视和暴力执法示威。7月25日，得克萨斯州奥斯汀地区一些居民举行"黑人的命也是命"抗议示威，丹尼尔·佩里（Daniel Perry）射杀了一名白人抗议者。10月8日，美国执法人员挫败一起极右成员针对密歇根州州长格蕾琴·惠特默的绑架图谋；在另一起关联案件中，7名男子被提起与恐怖主义有关的指控。② 2021年1月6日，美国示威者冲击国会大厦造成5人死亡。冲击者包括阴谋论团体"匿名者Q"、极右组织"骄傲男孩"（Proud Boys）等成员。2020年，美国发生2起由极右组织"布加洛"运动③支持者史蒂文·卡里略（Steven Carrillo）制造的致命恐怖袭击。卡里略系美空军现役军人，5月29日在加利福尼亚州奥克兰开枪杀害了一名安保人员帕特·安德伍德（Pat Underwood）；6月6日在加利福尼亚州本洛蒙德地区持突击步枪打死圣克鲁斯县治安官办公室执法人员达蒙·古茨维勒（Damon Gutzwiller），打伤另外2名执法人员。

在加拿大，暴力极端主义意识形态也在肆虐。许多极端活动的拥护者居住在加拿大，因此加拿大一直有发生袭击事件的风险。此外，美国极右组织"骄傲男孩"在澳大利亚、德国和英国等美国海外盟国间的成员招募活动正在急剧增加。一些专家和前官员警告称，如果诸如白人至上种族主义等仇恨意识形态继续发展，美国本身或将助长第二波全球恐怖主义浪潮。

---

① "The War Comes Home：The Evolution of Domestic Terrorism in the United States," October 22, 2020, https：//www.csis.org/analysis/war-comes-home-evolution-domestic-terrorism-united-states.（最后访问时间：2021年1月20日）

② 《美执法人员挫败一起针对密歇根州州长的绑架图谋》，新华网，2020年10月9日，http：//www.xinhuanet.com/world/2020-10/09/c_1126583369.htm。（最后访问时间：2021年1月18日）

③ "布加洛"运动是组织松散的美国极右恐怖主义运动，其信徒包括极端自由主义者和白人至上种族主义者，他们正在为自称的"即将到来的第二次美国内战"做准备。该运动目前在社交媒体上广为流传，获得了数以万计的关注度。

在欧洲，《2019 年欧盟恐怖主义形势和趋势报告》指出，2015 年至 2018 年，欧盟逮捕的极右恐怖分子从 11 人增至 44 人。[①] 目前，德、英等国极右恐怖主义威胁不断加剧。2020 年 2 月，德国将极右恐怖主义列为"首要安全威胁"。2019 年，英国极右恐怖袭击和恐怖袭击图谋数量最多。[②] 此外，西方国家极右恐怖势力还相互勾结、狼狈为奸，美、德、澳、加等国极右极端主义分子纷纷通过互联网共享宣传、招募、筹资和训练经验，并到彼此国家参加活动。值得注意的是，极右恐怖势力正在欧美地区积极招募警察和士兵。[③] 2020 年，德国联邦宪法保卫局首次对德国安全系统进行排查发现，近 3 年至少 350 人因存在极右思想或从事相关活动受处分。美英媒体也透露，极右极端主义分子已渗透至美英各地执法机构，警察在社交媒体上发布极端言论的现象愈发常见。[④]

当前，日趋活跃的极右恐怖势力正利用疫情引发的广泛混乱和民众恐慌情绪，在 Telegram、Gab、Facebook、Twitter 和 Instagram 等在线平台大肆鼓吹阴谋论，煽动仇恨情绪，企图招募成员、筹集资金，促使更多成员激进化，甚至直接鼓动成员将新冠病毒当作生化武器。[⑤] 2020 年 3 月，美国 36 岁的白人至上种族主义分子蒂莫西·R. 威尔逊企图以汽车炸弹攻击一家医

---

① Security Council Counter-Terrorism Committee, "Member States Concerned by the Growing and Increasingly Transnational Threat of Extreme Right-wing Terrorism," April 2020, https://www. un. org/sc/ctc/wp-content/uploads/2020/04/CTED_ Trends_ Alert_ Extreme_ Right-Wing_ Terrorism. pdf. (最后访问时间：2020 年 10 月 26 日)

② Nick Paton Walsh, "30% of UK Terror Plots Disrupted by MI5 Were far Right, Says Security Chief," CNN News, October 15, 2020, https://edition. cnn. com/2020/10/14/uk/mi5-far-right-terror-plots-gbr-intl/index. html. (最后访问时间：2020 年 11 月 17 日)

③ Seth G. Jones, Catrina Doxsee and Nicholas Harrington, "The Right-wing Terrorism Threat in Europe: The Contours of European Terrorism," Center for Strategic and International Studies, March 2020.

④ 中国现代国际关系研究院：《国际战略与安全形势评估 2020/2021》，时事出版社，2020，第 337 页。

⑤ "Letter dated 25 November 2020 from the President of the Security Council Addressed to the Secretary-General and the Permanent Representatives of the Members of the Security Council (S/2020/1143)," November 25, 2020, https://undocs. org/S/2020/1143. (最后访问时间：2020 年 12 月 20 日)

院，后被联邦调查局击毙。威尔逊在密谋期考虑了一系列袭击目标，最终计划利用新冠疫情袭击医院，以扩大影响力。据报道，他在 Telegram 上两个新纳粹频道非常活跃，最后的在线评论是就新冠疫情起源散播反犹太主义信息。2021 年 3 月，极右聊天用户敦促民兵组织对美国政府采取行动。①

## 三　极左恐怖主义等其他威胁仍然存在

在美国，2020 年无政府主义者、反法西斯主义者和其他"志同道合"者发动的恐怖袭击和恐怖袭击图谋的数量有所增加。截至 2020 年 8 月底，这些组织策动的恐怖袭击在所有袭击中占比 20%（2019 年这一比例仅为 8%）。2020 年无政府极端主义分子的袭击目标主要是执法、军事、政府人员及设施，以及示威者（包括支持警察、美国前任总统特朗普的人群，以及反对堕胎的抗议者）。此类势力在大多数恐怖袭击中擅长使用爆炸物、火药以及枪支。2020 年，美国共发生 5 起致命恐怖袭击，造成 5 人死亡（不包括肇事者），其中极左型 2 起、极右型 2 起。7 月 19 日，新泽西州北布伦斯威克地区法官埃丝特·萨拉斯在自家门口遭遇反女权主义者罗伊·丹·霍兰德（Roy Den Hollander）持枪袭击，导致其儿子死亡、丈夫受伤。8 月 29 日，"安提法"（Antifa）② 极端主义分子迈克尔·里诺尔（Michael Reinoehl）在俄勒冈州波特兰地区策动一起恐怖袭击，开枪打死支持特朗普的右翼组织"爱国者祈祷"的一名成员阿伦·J. 丹尼尔森（Aaron J. Danielson，又名杰伊·毕晓普）。事实上，极左与极右暴力相互交织，人

---

① "Far-right Chat User Urges Militias, Military to Take Action Against US Government," March 4, 2021, https：//ent. siteintelgroup. com/Far-Right-/-Far-Left-Threat/far-right-chat-user-urges-militias-military-to-take-action-against-us-government. html. （最后访问时间：2021 年 11 月 19 日）

② Antifa 是 Anti-Fascist 的简称，意为反法西斯主义者，系极左极端主义分子。"安提法"暴力抗议活动已经进行了几个月。拜登（Biden）就职典礼时，"安提法"在许多州发起了暴力抗议活动。在西雅图，"安提法"极端主义分子封锁了交通，烧毁了美国国旗，并严重破坏了当地的联邦法院和民主党总部。他们还对民主党的大楼发表了侮辱性的言论。美国总统特朗普 2020 年 5 月 31 日发表文章称，美国政府将把反法西斯运动"安提法"团体定为恐怖组织。

们很难区分谁是进攻者、谁是防御者，在抗议和骚乱中，双方武装分子相互反击，造成暴力伤害。①

在欧洲，无政府主义者以希腊、意大利和西班牙为"根据地"，通过简易爆炸装置等，袭击政府部门、基础设施和私营企业等目标。2019 年，欧盟成员国报告 26 起无政府主义恐怖袭击事件。所有袭击都发生在希腊、意大利或西班牙。涉嫌无政府主义和恐怖主义的被捕人数达 111 人，较往年均值增加逾 2 倍，大多数与意大利暴力示威和同安全部队的对峙有关。② 与此同时，打着民族主义旗号的恐怖袭击虽然占据欧洲恐怖袭击总数的"半壁江山"，但破坏力并不强。2009~2019 年，超过一半（54.1%）的欧洲恐怖袭击归因于此类恐怖主义，致死率为 6.9%。③ 此类势力大多数活跃在英国北爱尔兰地区，包括"新爱尔兰共和军"④（New IRA）、"爱尔兰共和军"（IRA）、"爱尔兰国防军"等。英国联合恐怖主义分析中心（JTAC）评估，来自北爱尔兰的恐怖主义威胁是严重的，⑤ 恐怖分子反对北爱尔兰和平进程，寻求让北爱尔兰脱离英国，通过暴力手段融入爱尔兰共和国。⑥ 2019 年，欧洲民族分裂势力策动的恐怖袭击共 57 起，占比 47.9%，其中 56 起与北爱尔兰持不同政见的共和派（Dissident Republican，DR）有关，有 4 起针

---

① "The War Comes Home：The Evolution of Domestic Terrorism in the United States," https：// www. csis. org/analysis/war-comes-home-evolution-domestic-terrorism-united-states. （最后访问时间：2021 年 1 月 20 日）

② "European Union Terrorism Situation and Trend Report 2020," EUROPOl, June 23, 2020, https：//www. europol. europa. eu/activities-services/main-reports/european-union-terrorism-situation-and-trend-report-te-sat-2020. （最后访问时间：2020 年 11 月 19 日）

③ Seth G. Jones, Catrina Doxsee and Nicholas Harrington, "The Right-wing Terrorism Threat in Europe：The Contours of European Terrorism," CSIS, March 2020.

④ "新爱尔兰共和军"是近年来兴起的民族主义组织之一，继承了极端组织"爱尔兰共和军"的意志，反对 1998 年英国政府、爱尔兰政府与北爱尔兰各党派签署的《北爱和平协议》，曾制造多起袭击。

⑤ "UK Terrorism Threat Downgraded to 'Substantial'," BBC News, November 4, 2019, https：// www. bbc. com/news/uk-50293238. （最后访问时间：2020 年 11 月 5 日）

⑥ 《法媒：记者在北爱尔兰遇害 凸显北爱动荡加剧》，新浪网，2019 年 4 月 23 日，https：// news. sina. com. cn/o/2019-04-23/doc-ihvhiqax4605492. shtml. （最后访问时间：2020 年 11 月 5 日）

对官方机构、警察和军方等目标。① 有专家称，英国脱欧引发在爱尔兰和北爱尔兰之间建立硬边界的担忧，刺激了持不同政见的共和派。此外，2019年西班牙分裂主义恐怖组织"埃塔"（Euskadi ta Askatasuna，ETA）与法国"科西嘉民族解放阵线"（Front de Libération Nationale de la Corse，FLNC）不活跃。

## 第二节 欧美多措并举应对恐怖主义威胁

近年来，美国在反恐进程中更加聚焦国内恐怖主义尤其是极右恐怖分子；欧洲国家面临恐怖袭击"反弹"，密集出台一系列措施打击恐怖主义。

### 一 美国聚焦国内反恐

2020 年以来，美国愈发注重本土恐怖主义威胁。一是首次颁布针对国内恐怖主义的法案。2020 年 1 月，美国国会众议员施耐德等人提交了《防止国内恐怖主义法案》（*Domestic Terrorism Prevention Act*，*DTPA*），授权美国国土安全部、司法部（DOJ）和联邦调查局（FBI）监视、调查和起诉国内恐怖主义案件。该法案要求这些机构评估国内恐怖主义威胁，并特别关注白人至上种族主义者，定期向国会提交半年度联合报告。该法案还指导上述三个机构合作建立一个机构间工作队，以打击白人至上种族主义者对美国军方和联邦执法部门的渗透。2020 年 9 月 21 日，该法案以压倒性多数得到了众议院 2/3 的赞同票。2021 年 1 月，该法案正式颁布。② 二是首次将极右组织列入恐怖主义清单。2020 年 4 月，美国前政府宣布将俄罗斯"帝国运动"（Russian Imperial Movement）列为外国恐怖组织，并对其成员实施制裁。该组织与美欧极右恐怖组织勾连紧密，美国国务院称这一举措旨在遏制极右恐

---

① "European Union Terrorism Situation and Trend Report 2020," EUROPOL, June 23, 2020.

② "Upton Helps Introduce Domestic Terrorism Prevention Act of 2021," Josh Paciorek, January 21, 2021, https：//upton. house. gov/news/documentsingle. aspx？ DocumentID = 401703. （最后访问时间：2021 年 1 月 23 日）

怖袭击在全球范围内的增加。这是美国首次将极右组织列为恐怖组织，体现了美政府对极右恐怖主义威胁的重视。① 三是受 2021 年 1 月 6 日暴力极端主义分子冲击国会大厦的影响，拜登政府表示将采取全面的威胁评估、协调情报共享、摧毁暴恐网络、阻止极端化等措施打击国内暴力极端主义。2021年 3 月，美联邦调查局局长克里斯托弗·雷直言不讳地把美国会大厦的骚乱称为"国内恐怖主义活动"，认为本土暴力极端主义威胁迅速加剧。他还警告称，国会大厦袭击事件"鼓舞"了其他极端主义分子，因此政府迫切需要反制极端主义分子。截至 2021 年 3 月，共有约 300 人因涉嫌参与国会暴乱而被控犯有联邦罪行，如非法闯入、图谋不轨和人身攻击等。联邦调查局已启动了约 2000 项国内恐怖主义调查。② 四是成立专门工作组。2020 年 6月 26 日，美国司法部部长巴尔下令成立工作组，专门负责调查并惩治在全美各地借反种族歧视抗议活动，进行打砸抢烧的反政府极端主义分子。该工作组由新泽西州检察官卡尔派尼托和德州检察官考克斯担任负责人，成员主要来自联邦调查局等执法机构，工作组将为各地执法部门提供培训和资源，帮助他们逮捕进行暴力犯罪的极端主义分子。另外，工作组会收集极端主义分子的个人资料、网络活动及参加运动等详细信息，并与联邦州和地方执法部门共享信息，为将极端主义分子绳之以法做准备。③

在国际上，特朗普在任期间，美国反恐战略发生显著变化，由打击恐怖主义转向大国竞争，并加速实行反恐战略收缩。2019 年以来，美国不断减少驻中东、南亚与非洲的反恐兵力。2019 年 10 月，美国宣布从叙利亚撤军，使库尔德盟友"腹背受敌"，在土耳其重压下被迫后撤 30 公里，不再将打击"伊斯兰国"作为首要任务。2020 年 2 月，特朗普明确表示，美国应该把打击"伊斯兰国"的斗争交给俄罗斯、伊朗、伊拉克和叙利亚，转

① 中国现代国际关系研究院：《国际战略与安全形势评估 2020/2021》，时事出版社，2021，第 331~346 页。
② 《美国 FBI 局长：美"国内恐怖主义"持续扩散》，参考消息网，2021 年 3 月 4 日，http://www.cankaoxiaoxi.com/world/20210304/2436433.shtml。（最后访问时间：2021 年 3 月 6 日）
③ 中国现代国际关系研究院：《国际战略与安全形势评估 2020/2021》，时事出版社，2021，第 331~346 页。

而集中精力维持对该地区石油资源的控制。在伊拉克与阿富汗，美国进一步加快反恐战略收缩步伐，2021年1月15日，美已将驻两国兵力同时缩减至各2500人，尤其是驻阿美军规模为"9·11"事件以来最低点。在索马里，美国针对"基地"组织分支的空袭频率也有所下降。截至2020年9月4日，美国在索马里开展了47次打击行动，[①] 比2019年的相关打击行动减少了26%。2020年2月，出席北约防长会议的美国防长埃斯珀敦促欧洲国家弥补美国下一步军力部署调整带来的空缺，认为欧洲盟友有"进入非洲和发挥更大作为"的空间；欧洲国家可承担美军在西非萨赫勒承担的反恐任务，包括空中运输和为法军战机提供空中加油等。[②]

拜登上台后，美国在一定程度上放缓反恐战略收缩进程。2021年2月8日，美国五角大楼宣布，驻叙利亚的部队不再负责保护石油，而是与"伊斯兰国"作战；这与前总统特朗普的政策正好相反。与此同时，2021年2月，北约秘书长斯托尔滕贝格表示，不会提前从阿富汗撤军，还会向伊拉克增兵，拟将北约驻伊拉克兵力由目前的约500人增加至4000人，增幅达7倍。分析人士认为，北约此举既是为了填补因美军大幅撤军留下的安全漏洞，也是有意借此向美国释放重要信号，说服拜登适时修正前政府在中东的军力部署导向。[③] 拜登政府反恐政策可能有所转圜，但未来仍然不会将反恐作为第一要务，而是寻求"折中"方案，即通过拉拢西方盟友共同反恐，卸掉自身反恐压力。

## 二 欧洲完善境内外反恐合作机制

在欧盟层面，近年来欧盟不仅出台具有"阻止、保护、追踪、应对"四大反恐支柱的《欧盟反恐战略》，设立欧盟反恐协调员，而且不断强化欧洲刑警组织、欧洲检察官组织的反恐职能，打造泛欧反恐的专业平台——欧

---

① David Sterman, Peter Bergen and Melissa Salyk-Virk, "Terrorism in America 19 Years after 9/11: ISIS and the U. S. Counterterrorism Wars Abroad," New America（2020）.

② 中国现代国际关系研究院：《国际战略与安全形势评估 2020/2021》，时事出版社，2021，第331~346页。

③ 《北约将激增在伊拉克军事部署》，新华网，2021年2月20日，http://www.xinhuanet.com/world/2021-02/20/c_ 1211032004.htm.（最后访问时间：2021年2月23日）

洲反恐中心，使欧盟反恐组织架构得以完善。2020 年 7 月，欧盟委员会公布新的欧盟内部安全战略《欧盟安全联盟战略 2020—2025》，新战略的 4 个优先事项之一为保护欧洲民众免受恐怖主义和有组织犯罪的危害。① 2020 年 12 月，欧盟委员会发布《欧盟反恐议程》，在反恐战略方面更加注重识别漏洞、预测风险以及开展更严格的边境管控。此次反恐议程根据《欧盟安全联盟战略 2020—2025》制定，是对欧盟现有反恐政策的补充和升级。② 2021 年 1 月，欧盟委员会公布了《数字服务法》和《数字市场法》草案，这是欧盟 20 年来对数字服务法规最大幅度的修改，旨在遏制科技巨头的不正当竞争行为。新法案强制要求网络平台为用户发布的内容承担责任；如果大型社交媒体不按照要求删除宣扬恐怖主义或其他非法内容的网帖，面临的罚款可能高达其全球营收的 6%，这意味着欧盟通过改革数字市场给在欧洲经营的大型网络技术企业戴上"紧箍咒"。③

在国家层面，欧洲多国采取强硬措施打击恐怖主义。一是纷纷出台措施对极右恐怖组织予以重击。2020 年 1 月，德国取缔极右组织"第 18 号战斗"，并在全国各地进行突袭打击。这一决定是在 2019 年 6 月亲移民主张的德国政治家沃尔特·卢克被谋杀、10 月德国哈雷犹太教堂爆发极右恐怖袭击后做出的。④ 德国内政部表示："右翼极端主义和反犹太主义在我们社会中没有立足之地。"随后，德国又取缔了"北方贵族"、"帝国公民"以及"狼旅 44"等极右组织。⑤ 2020 年 7 月，德国还解散了联邦国防军 KSK 特种部队第二联队，原因是它遭到极右极端主义思想渗透。2020 年 11 月 12 日，德国联邦检察官起诉 12 名极右恐怖分子，罪名是涉嫌谋划对特定政治人物

---

① "EU Security Union Strategy: Connecting the Dots in a New Security Ecosystem," European Commission, July 24, 2020.

② 方莹馨：《欧盟不断强化打击恐怖主义力度》，《人民日报》2021 年 1 月 20 日，第 16 版。

③ 方莹馨：《欧盟立法强化数字监管》，《人民日报》2021 年 1 月 5 日，第 17 版。

④ "Germany Bans Combat 18 as Police Raid Neo-Nazi Group," January 23, 2020, https://www.bbc.com/news/world-europe-51219274.（最后访问时间：2020 年 10 月 13 日）

⑤ 《德国查禁极右组织"狼旅 44"》，新华网，2020 年 12 月 1 日，http://www.xinhuanet.com/world/2020-12/01/c_ 1126809393.htm.（最后访问时间：2020 年 12 月 12 日）

和穆斯林发动"恐怖袭击"。2020年7月，英国取缔极右组织"费格里格分部"①（Feuerkrieg Division），该组织成立于2018年底，在北美和欧洲各地都有活动，提倡使用暴力和大规模屠杀发动一场毁灭性的"种族战争"。② 2020年10月，希腊法院裁定"金色黎明党"为犯罪组织，该组织多年来系统性地攻击移民和政治上的反对派。③ 二是重拳出击打击"圣战"恐怖主义。由于国内相继发生两起"伊斯兰国"获释成员策动的恐怖袭击（2019年11月、2020年2月），2020年2月，英国通过紧急立法程序出台法令，限制恐怖分子提前获释。2020年4月，德国政府宣称挫败了针对美国军事设施的阴谋，逮捕了5名涉嫌以"伊斯兰国"名义进行恐怖活动的塔吉克斯坦人。2020年下半年，法国、奥地利等地发生数起恐怖袭击后，欧洲国家加大打击恐怖主义力度。法国总统马克龙警告称"恐怖主义风险遍布各地"，表示将大幅增加参加国内反恐行动的军人数量，并提高反恐警戒级别，以应对恐怖主义威胁。2020年11月，英国宣布将恐怖主义威胁等级从第三等级"高"上调至第二等级"严重"，意味着英国发生恐怖袭击的可能性极高。2021年2月16日，法国国民议会通过《"支持共和原则"法案》（《"反分裂主义"法案》），旨在打击宗教极端主义和宗教分裂主义。④ 奥地利发起突击搜查行动，以涉嫌恐怖主义的罪名逮捕了30人。意大利外长呼吁制定《欧洲爱国者法案》，给予反恐调查更大权限，以便有效预警。此外，欧盟各国领导人就如何打击恐怖主义进行磋商。德国时任总理默克尔表示，核心议题是加强边界保护。法国总统马克龙再度提出改革《申根协定》

---

① 该组织是"阿托姆瓦芬分部"在英国的分支机构。

② Home Office and The Rt Hon Priti Patel MP, "Priti Patel Proscribes Far-right Terrorist Group: Government Takes Action to Proscribe Feuerkrieg Division," July 13, 2020, https://www.gov.uk/government/news/priti-patel-proscribes-right-wing-terrorist-group. （最后访问时间：2020年11月13日）

③ Niki Kitsantonis, "Court Sentences Leaders of Greece's Golden Dawn to Prison," Oct. 14, 2020, https://www.nytimes.com/2020/10/14/world/europe/greece-golden-dawn-sentencing.html. （最后访问时间：2020年11月13日）

④ 《法国国民议会通过相关法案打击宗教极端势力》，《人民日报》2021年2月18日，第17版。

的建议。欧盟委员会主席乌尔苏拉·冯德莱恩表示，打击"伊斯兰"恐怖主义的关键就是要消除它的根源。她强调，必须要在相关人员走向极端主义之前，就让他们看到失败的前景。她表示，这是打击恐怖主义的"最佳武器"。此外，2020 年 12 月 16 日，巴黎重罪法庭对 2015 年法国《查理周刊》恐怖袭击案进行宣判，14 名涉案被告被判刑，其中阿里·里萨·博拉特（Ali Riza Polat）被判 30 年有期徒刑。

在国际合作层面，欧洲加大与非洲萨赫勒地区国家的反恐合作力度。一方面，相关国家召开会议磋商反恐事宜。2020 年 1 月 14 日，法国邀请尼日尔、乍得、马里等 5 国召开萨赫勒五国集团峰会，商讨加强军事合作，打击萨赫勒地区的恐怖主义。5 月，欧盟与萨赫勒五国集团、联合国以及非盟举行视频会议，希望通过一系列举措和政治框架，维护萨赫勒地区的安全与稳定，并呼吁加强团结和承诺共同打击恐怖主义。7 月，萨赫勒五国集团峰会在毛里塔尼亚首都努瓦克肖特举行，各国同意将加强现有军事合作，继续打击恐怖主义。毛里塔尼亚总统加祖瓦尼呼吁，免除区域内最贫穷国家的债务，新冠疫情导致各国财政困难，将加大地区反恐难度。[1] 2021 年 2 月，萨赫勒五国集团峰会在乍得首都恩贾梅纳召开。与会多国代表呼吁，国际社会更应采取全面综合性方式，帮助萨赫勒地区打击恐怖主义和极端主义。另一方面，相关国家增派反恐兵力。2020 年 2 月，法国宣布将向萨赫勒地区增派 600 名士兵，以加大打击极端势力的力度。其中，一部分人员将前往马里、布基纳法索、尼日尔三国交界地带，另一部分人员将直接与萨赫勒五国集团联合部队共同作战。萨赫勒联合反恐行动在军事上取得了一定成果，法国军方数据显示，数月间有数百名极端主义分子被消灭，包括 5 月被击毙的"基地"组织北非分支"伊斯兰马格里布基地组织"头目阿卜杜勒-马利克·德鲁克德勒。[2] 5 月，欧盟宣布向萨赫勒地区追加 1.94 亿欧元援助。一

---

[1] 万宇：《萨赫勒五国集团峰会聚焦反恐》，《人民日报》2020 年 7 月 6 日，第 16 版。

[2] 《法防长说法军在马里击毙"基地"组织分支头目》，新华网，2020 年 6 月 6 日，http：// www.xinhuanet.com/world/2020-06/06/c_ 1126081543.htm。（最后访问时间：2020 年 10 月 28 日）

支由 13 个欧洲国家组建的名为"塔库巴"的特种部队将被派遣至这一地区，进一步协助地区安全部队开展反恐行动。① 2021 年 2 月，萨赫勒五国集团新一任轮值主席乍得总统代比表示，乍得将向布基纳法索、马里、尼日尔三国交界地带派遣 1200 名士兵进行反恐。②

### 三　加拿大加大本土反恐力度

2021 年 2 月，加拿大政府宣布，将 13 个团体列入恐怖组织名单，立即没收其资产，并对相关人员进行刑事审判。这些团体包括在 2021 年 1 月初美国国会骚乱事件中起"关键作用"的"骄傲男孩"、5 个"伊斯兰国"分支和 3 个"基地"组织分支等。此外，加拿大还将"战斗 18"和"鲜血与荣誉"列为极右恐怖组织。目前，加拿大确认的恐怖组织数量已增至 73 个。加拿大公共安全和应急部长布莱尔表示，白人至上种族主义和反犹太主义等极端种族主义助长了恐怖组织的暴力行为和言论，加拿大将打击一切形式的暴力极端主义和恐怖主义。加拿大反恐专家认为，极端主义和恐怖主义的威胁和暴力言行有扩散趋势，严重威胁加拿大国家安全和社会稳定。③

## 第三节　恐怖主义肆虐的深层次原因分析

欧美地区近年来面临的恐怖主义威胁主要与其内部治理与对外政策紧密相关。同时，新冠疫情与互联网都被恐怖势力作为重要工具加以利用，谋求扩大影响力。

---

① 吕强：《非洲萨赫勒地区安全困局难解》，《人民日报》2020 年 5 月 19 日，第 17 版。
② 邹松：《萨赫勒五国集团峰会举行：打击恐怖主义 保障地区安全》，《人民日报》2021 年 2 月 18 日，第 17 版。
③ 《加拿大将 13 个团体列为恐怖组织》，新华网，2021 年 2 月 4 日，http：//www. xinhuanet. com/2021-02/04/c_1127062942. htm。（最后访问时间：2021 年 2 月 18 日）

## 一　对内治理失灵，作茧自缚

首先，欧美国家政治整体"右转"态势明显。近年来，西方国家尤其是美国奉行单边主义、孤立主义、民粹主义，推行白人至上、反移民、反难民的排外政策，极大地刺激了极右恐怖势力坐大，致使欧美极右恐怖主义威胁直线上升。在美国，2020 年，极右恐怖分子日渐猖獗之际，特朗普却聚焦左翼组织，一度宣称要将"安提法"列为恐怖组织。《芝加哥论坛报》评论道："特朗普团队对左翼组织的关注其实是为了分散民众对更加危险的极右分子的注意力。"[①] 有人认为，由于特朗普支持者中不乏极右分子，因此美国政府不愿积极处理极右势力抬头的问题。极右组织"骄傲男孩"的头目还被曝出曾为联邦调查局的线人。在欧洲，近年来民族主义上升，欧洲整体"右转"势头扩大。意大利、瑞典、丹麦、匈牙利和波兰等国极右翼政党获得显著支持，极右势力日渐成为更具影响力的政治力量。欧洲极右翼政党与民粹主义、排外、反移民和反伊斯兰等极端思潮紧密结合，成为极右恐怖袭击频发的重要诱因。此外，西方国家的极右恐怖势力相互影响、相互作用，助长了其他国家极右恐怖主义的气焰。

其次，社会两极分化严重。恐怖袭击折射出欧美社会、宗教、文化等方面的多重危机，难以在短期内予以解决。一方面，美国政党极化、种族隔阂、警民对抗、贫富极端分化等社会撕裂与两极对抗的问题愈演愈烈，而美国执政者通常不是尝试去弥合伤口，而是有意火上浇油。美国皮尤研究中心的一份调查显示，共和、民主两党各有超过 81% 的成员对另一党派持负面看法。[②] 极化的政党培育极化的国民，美国的社会安全正面临越来越活跃的极右与极左组织的威胁。它们宣扬仇恨、鼓吹暴力，尤其是奉行白人至上的

---

① 《美极右势力趁乱蹿升 政府应对消极引质疑》，央视网，2020 年 6 月 19 日，http：//m.news. cctv. com/2020/06/19/ARTIyDd9EYxZRnUCvkrsKL91200619. shtml。（最后访问时间：2021 年 2 月 18 日）

② 《新华国际时评：美大选凸显社会撕裂顽疾之重》，新华网，2020 年 12 月 1 日，http：//www.xinhuanet. com/world/2020-12/01/c_ 1126808832. htm。（最后访问时间：2020 年 12 月 4 日）

极右恐怖组织的破坏力不容小觑。另一方面，两极分化事件如学校枪击或种族仇恨杀戮事件可能会引发抗议活动，而极端主义分子经常钻抗议活动的空子。事实上，2020年5~6月，美国抗议活动期间，极右与极左恐怖分子企图借机实施恐怖袭击，并使用暴力互相攻击。

最后，欧美国家族群矛盾加剧。西方尤其是欧洲治理族群问题的失败为恐怖主义滋生提供了社会土壤。一方面，欧洲许多国家不能一视同仁地对待穆斯林群体与主流族群，加深了穆斯林的失望与怨恨情绪，导致穆斯林、难民等少数族群融入欧洲社会困难重重。纵观近年来欧洲发生的"圣战"恐怖袭击事件可以看出，袭击者大多是欧洲公民。这类成员虽然拥有欧洲身份，但大多是移民到欧洲的穆斯林后代或难民，严重缺乏民族认同和身份认同，贫穷、孤立、被歧视与被边缘化，致使这些人对现实生活极度不满和绝望，因而强烈排斥欧洲文化，融入主流社会异常艰难，极易受极端主义思想蛊惑而变成散布在欧洲各地的"独狼"，有些甚至通过网络自我激进化，走上恐怖主义的不归路。欧洲刑警组织指出，袭击者常在短时间内极端化，成为恐怖主义的共犯，而在欧洲出生或成长的背景给他们涂上一层保护色，更加危险。[1]另一方面，少数打着"伊斯兰"旗号的极端主义分子策动恐怖袭击，使得欧洲"伊斯兰恐惧症"不断升级。2020年10月，法国总统马克龙发表"伊斯兰世界面临危机"的言论，不仅招致土耳其、巴基斯坦、伊朗等国的强烈反对，而且为恐怖势力招募成员策划袭击提供了某种口实，甚至可能将普通信教群众推向恐怖组织的怀抱。巴基斯坦总理伊姆兰·汗明确指出，马克龙此举是在攻击伊斯兰教，鼓励仇视穆斯林。他呼吁Facebook禁止在平台上发表的"伊斯兰恐惧症"内容，称相关信息正在鼓励全世界的恐怖主义和暴力极端主义。[2]实际上，法国利用恐怖袭击事件分散其对法国

---

[1]《热点问答：欧洲防恐袭难在何处》，新华网，2017年8月18日，http：//www. xinhuanet. com//world/2017-08/18/c_ 1121507664. htm。（最后访问时间：2020年11月9日）

[2] "Pakistan Says Macron 'Encourages Islamophobia', Summons Envoy: Islamabad Summons French Ambassador in Pakistan to Issue Rebuke on French President's Recent Comments Regarding Islam," October 26, 2020, https：//www. aljazeera. com/news/2020/10/26/pakistan-accuses-macron-of-encouraging. （最后访问时间：2020年10月27日）

穆斯林公民失败政策的注意力，从而导致整个穆斯林社区被边缘化和疏远。法国打击恐怖主义和激进主义的关键在于，是否能够在融合少数族裔以及处理种族歧视的问题上做得更好，包括减少就业和住房市场的歧视，以及针对穆斯林的仇恨言论，这些社会问题成了滋养最激进的分离主义的温床。① 此外，极右恐怖主义与打着"伊斯兰"旗号的恐怖主义激烈碰撞形成恶性循环，使国际恐怖主义态势更趋复杂难测。

## 二 对外实行霸权，自食其果

国际恐怖主义猖獗，既与恐怖主义利用客观矛盾有关，也与西方国家在国际上实行霸权主义有联系。一方面，美国"独霸天下"酿苦酒。第一，西方国家尤其是美国实施霸权主义政策，强行在中东地区推行民主，不仅未能建立所谓的西式民主国家，而且制造了动荡与混乱，培育了滋生蔓延恐怖主义的土壤。冷战时期，美国基于国家利益考量，数次介入中东战争、插手中东事务、扶持以色列打压"两伊"（伊朗、伊拉克）；冷战结束后，美国意图确立世界新秩序、推动中东"民主化"进程，尤其是美国借"反恐战争"强制干预他国内政，强行在中东"植入式民主"。但事与愿违，作为西方民主试验田的伊拉克未被打造成"民主样板"，利比亚也未实现"民主自由"，反而成为恐怖主义的策源地。"基地"组织和"伊斯兰国"粉墨登场，先后占据国际"圣战"舞台，扛起反美大旗拉拢反美力量，至今仍将攻击西方国家作为重中之重。当前，"基地"组织虽然已不再拥有"9·11"事件前策动各种大型跨国恐怖袭击的能力，但其在叙利亚和也门的分支机构仍集中精力攻击美国。

第二，美国在中东"遏伊扶以"的政策加剧了地区紧张局势。2020年初，美军击毙伊朗头号军事指挥官苏莱曼尼，对伊朗的打压进一步升级。地

---

① Benjamin Haddad, "France's War on Islamism Isn't Populism. It's Reality: Liberal Critics of Emmanuel Macron's Campaign against Radicalism Misunderstand the Crisis his Country Faces," November 3, 2020, http://foreignpolicy.com/2020/11/03/frances-war-on-islamism-isnt-populism-its-reality/. （最后访问时间：2020年12月29日）

区分析人士普遍认为，这是近 30 年来美国对伊朗最沉重的打击，意味着华盛顿与德黑兰的长期角力骤然升级。2020 年 1 月底，美国公布所谓"中东和平新计划"，在耶路撒冷归属、犹太人定居点合法性等重大问题上无视巴勒斯坦利益，无所顾忌地偏袒以色列一方。2020 年下半年，在特朗普撮合下，阿联酋、巴林、苏丹、摩洛哥相继与以色列建交，引发巴勒斯坦和不少伊斯兰国家的强烈抗议，也让美国的中东政策与西方其他国家的中东政策拉开距离。2020 年 5 月，巴勒斯坦宣布停止履行与美国和以色列达成的所有协议。此前，巴以安全部队在巴勒斯坦控制的约旦河西岸地区有长期合作，维持当地治安。巴勒斯坦也与美中央情报局有情报合作协议，共享反恐情报。一旦巴方停止履行"安全义务"，就意味着约旦河西岸将出现安全真空。①

第三，美国军事反恐反复无常，使恐怖势力有机可乘。2019 年 10 月，美国宣布从叙利亚北部撤军，将兵力部署至代尔祖尔产油区，旨在使中东利益（石油美元）最大化。美国撤军的直接后果就是土耳其对看管"伊斯兰国"上万名武装分子的库尔德武装进行打击，这无疑为"伊斯兰国"伺机反扑制造了可乘之机。拜登上台后，美国五角大楼宣布驻叙利亚兵力不再负责保护石油，而转向与"伊斯兰国"作战，反映了美国在中东军事反恐立场的反复无常。2021 年 2 月 25 日，拜登下令美军对叙利亚东部边境地区实施轰炸，导致地区局势升级。叙利亚明确要求美国政府改变侵略作风，停止向各种形式的恐怖组织提供支持。② 此次空袭是拜登就任美国总统后首次经其确认的军事行动，目标是叙利亚境内亲伊朗的武装民兵设施，而这些民兵组织向来是打击"伊斯兰国"的中坚力量。

另一方面，欧洲唯美国马首是瞻使其成为恐怖组织的重点攻击目标。

---

① 《巴勒斯坦宣布停止履行与美以达成的所有协议》，新华网，2020 年 5 月 20 日，http://www. xinhuanet. com/world/2020-05/20/c_ 1126008182. htm。（最后访问时间：2021 年 2 月 27 日）

② 《叙利亚外交部强烈谴责美对叙实施空袭》，新华网，2021 年 2 月 27 日，http://www. xinhuanet. com/world/2021-02/27/c_ 1127145963. htm。（最后访问时间：2021 年 2 月 27 日）

"9·11"事件以来，欧洲一些国家的中东政策，尤其是在"反恐战争"中紧紧跟随美国，是欧洲本土恐怖主义威胁不减的重要因素。"基地"组织2004年在新德里发动"3·11"恐怖袭击，就是因为西班牙坚定支持美国"打伊倒萨"，直接派兵伊拉克支持驻伊美军。此次恐怖袭击给欧洲带来的最大政治冲击就是直接导致西班牙执政党落马，反对派登台掌权。2014年6月，"伊斯兰国"异军突起，占领伊拉克、叙利亚各1/3的领土，建"国"设"都"，俨然一个新兴的"恐怖主义王国"，标志着恐怖主义对全球威胁达到新高度。随之，美国呼吁在全球范围建立打击"伊斯兰国"的国际同盟，包括欧洲和阿拉伯国家在内的81个国家和组织加入。① 欧洲在中东投入大量精力，给予相关国家或组织巨额资金，旨在改变中东政治格局，推翻叙利亚阿萨德政府，遏制伊朗在中东势力的扩张。但事与愿违，由于地缘位置接近局势动荡的中东，加之欧盟边境管理长期处于宽松状态，欧洲国家反而成为"伊斯兰国"打击的核心目标，变成"伊斯兰国"在域外发动"圣战"搅动新一轮国际恐怖恶浪的主战场。此后，欧盟"为求自保"，放弃原有政经方案，专心防守边境，不再介入叙利亚和谈以及巴以和平进程。

## 三 新冠疫情叠加互联网双重影响

新冠疫情给人类社会带来灾害的同时，恐怖主义更是借网络大肆传播极端主义，试图借疫情扩大影响。首先，恐怖势力借疫作乱。疫情导致欧美地区经济持续低迷、失业率居高不下、民粹主义思潮泛滥、外来移民与难民的融合愈发艰难、社会不满情绪增加等，为恐怖主义的滋生提供更加肥沃的土壤。欧美等国的暴力极端主义分子利用与疫情相关的公众恐惧和社会不满情绪，企图将合法抗议活动煽动为暴力行为，恐吓并推广暴力极端主义意识形态。在美国，一些极右极端主义分子指责联邦、州和地方政府为遏制疫情传

---

① "On Fifth Anniversary of Global Coalition to Defeat ISIS, Former Leaders Reflect on Successes and Future Challenges," September 16, 2019, https：//www.brookings.edu/blog/brookings-now/2019/09/16/on-fifth-anniversary-of-global-coalition-to-defeat-isis-former-leaders-reflect-on-successes-and-future-challenges/. （最后访问时间：2020年10月23日）

播采取的在公共空间设置遮盖物、关闭企业并禁止大型聚会等措施，认为这些措施剥夺了他们的自由，并威胁要采取暴力行动。在极左和极右恐怖分子中，一些抵制疫苗的人认为疫苗是政府和制药公司的阴谋，他们以暴力反对政府的抗疫举措。①《华盛顿邮报》报道，2019 年以来，美国已发生 27 起与"布加洛"有关的凶杀案，而疫情更为该组织的壮大提供了土壤。2020 年 5 月 30 日，3 名"布加洛"成员在内华达州拉斯维加斯因恐怖主义指控被捕。他们在汽油罐中装满汽油，企图在示威活动中制造爆炸。在欧洲，难民和移民是欧洲国家收入低、失业率高的群体。受新冠疫情影响，更多移民处于失业、半失业状态，生活遇到困境，对未来的担忧情绪上升，对经济社会不平等的不满加剧，他们变为恐怖分子的可能性上升。法国国内安全总局局长尼古拉·勒纳认为，人们在隔离状态下如果受到极端思想煽动，会加速形成极端行为。疫情还加剧了欧洲的难民危机，难民危机又暴露了欧洲的结构性缺陷和政治分歧。② 欧洲刑警组织称，从叙利亚和其他国家逃到欧洲的难民，最有可能被"伊斯兰国"招募。法国"10·16"恐怖袭击案犯阿卜杜勒赫就是幼年以难民身份来到法国，结果沦为极端化的牺牲品。

其次，互联网"双刃剑"作用使恐怖主义威胁进一步凸显。网络与社交媒体已成为恐怖势力宣传极端思想、募集恐怖资金、招募恐怖成员、策动恐怖袭击的重要媒介，恐怖分子甚至利用暗网、加密聊天、网络游戏等渠道勾连。③ 在极端思想的影响下，许多欧美"独狼"相继问世。④ 在美国，数字平台可能继续成为主战场。2021 年 2 月，联邦调查局官员表示，美国本土恐怖主义的主要威胁仍然是"独狼"式的暴力极端主义分子，他们听信

---

① Seth G. Jones, Catrina Doxsee and Nicholas Harrington, "The Escalating Terrorism Problem in the United States," CSIS, June 17, 2020.

② "Europe Marks 5 Years of Deadlock Over Migrant Crisis," August 30, 2020, https://www. dailysabah. com/world/europe/europe-marks-5-years-of-deadlock-over-migrant-crisis. （最后访问时间：2020 年 10 月 9 日）

③ Alasdair Lane, "UK: Fears of Resurgent Terrorism as COVID-19 Lockdown Ends," DW, July 12, 2020.

④ 《驻埃及公使肖军正：同舟共济，携手应对国际反恐新挑战》，埃及《宪章报》2021 年 2 月 8 日。

网络极端宣传，往往使用加密应用程序和网络平台进行联络和策划，使执法部门难以识别，导致"发现和预防"恐怖袭击的时间比以往任何时候都短。[①] 2021 年 1 月冲击国会大厦事件发生后，包括 Twitter、Facebook 在内的主流社交媒体对极右组织进行了封禁。各组织随后迅速转战加密社交媒体平台 Telegram 和 Signal，这两大平台的新注册用户一夜之间暴涨。Telegram 宣布，在国会大厦骚乱后短短 3 天内，该平台就吸引了超过 2500 万新用户，2021 年 1 月 Telegram 的用户人数已过 5 亿。[②] Telegram 创始人帕维尔·杜罗夫（Pavel Durov）把此次用户激增称为"人类历史上最大规模的电子移民"。应用数据公司 Apptopia 统计显示，仅在 2021 年 1 月 11 日，Signal 的用户就增加了 130 万人，远高于 2020 年的日均 5 万人。[③] 在欧洲，受疫情影响，民众上网时间大幅增加，特别是年轻人使用互联网时间较长，少数人沉迷于网络游戏，为恐怖组织灌输暴力极端主义提供了可乘之机。欧盟反恐部长警告称，新冠疫情加剧了欧洲极右和极"左"的极端主义，尤其是极右恐怖组织一直在网上发布蛊惑性信息，鼓励支持者走出去并感染"敌人"。[④] 此外，恐怖分子未来更有可能将现代社会越来越依赖的网络作为袭击目标，制造更大危害与恐慌。

# 结　语

2021 年 3 月 3 日，荷兰首都阿姆斯特丹以北的　处新冠病毒检测中心

---

① 《美司法部称美国本土暴力极端主义行为增加》，新华网，2021 年 2 月 27 日，http://www. xinhuanet. com/2021-02/27/c_ 1127147356. htm。（最后访问时间：2021 年 3 月 5 日）

② "Telegram Hits 500 Million Active Users Following Backlash over Whats App's Changing Privacy Policy," January 13, 2021, https://www. businessinsider. com/telegram-hits-500-million-users-after-whatsapp-backlash-2021-1. （最后访问时间：2021 年 1 月 20 日）

③ Audrey Conklin, "Signal Becomes No. 1 App after Reaching 1. 3M Downloads Monday," January 12, 2021, https://www.foxbusiness. com/technology/signal-no-1-app-app-store-google-play. （最后访问时间：2021 年 1 月 20 日）

④ Luke Baker, "Militants, Fringe Groups Exploiting COVID-19, Warns EU Anti-terrorism Chief," *Reuters*, April 30, 2020.

发生爆炸，无人员受伤。警方初步判断，这是一起有政治目的的袭击。① 事实上，欧美地区依然笼罩在恐怖主义的阴霾之下。在"伊斯兰国"和"基地"组织蛊惑下，欧美本土人员极端化演变成"独狼"恐怖分子的威胁仍存在。极右恐怖主义威胁不断增大，加之欧美等国对枪支管理比较宽松，极有可能使新西兰"3·15"惨案重演。极左恐怖主义威胁并未偃旗息鼓，仍借机"大秀肌肉"。欧美尤其是美国本土恐怖主义升级，促使其反恐内顾，将打击目标聚焦国内恐怖主义。欧洲国家在重大恐怖袭击事件的驱动下，加大了本土反恐与去极端化斗争力度。然而，欧美地区仍面临严峻、复杂的恐怖主义威胁。

从内部治理看，美国政府的治理之乱体现在政治裂痕加大、新冠疫情失控、经济发展失衡、失业率不断攀升和社会族群分裂与对立等方面；欧洲政府的治理之乱体现在经济严重受挫、族群矛盾加剧、失业率居高不下和社会矛盾加剧等方面，这些都成为恐怖主义滋生的温床。从对外政策看，美国实施霸权主义政策纵横世界数十年，欧洲甘愿充当美国霸权的"马前卒"，使欧美尤其是欧洲沦为恐怖势力的"眼中钉、肉中刺"。从外部因素看，恐怖组织正在利用疫情发动"宣传战"，煽动族群仇恨，制造思想混乱，伺机发动恐怖袭击。与此同时，社交媒体、加密通信和暗网正被恐怖组织用来推进宣传、对新招募人员进行激进教育和策划恐怖袭击。欧美地区恐怖主义态势不容乐观，各国仍需积极应对。世界各国应追本溯源、综合施策、标本兼治，致力于消除恐怖主义滋生的土壤，从根源上铲除恐怖主义这个威胁世界与地区和平稳定的"毒瘤"。

---

① 《荷兰一新冠病毒检测中心发生爆炸》，新华网，2021 年 3 月 4 日，http：//www. xinhuanet. com/world/2021-03/04/c_ 1211049769. htm。（最后访问时间：2021 年 3 月 5 日）

# 第三章　中亚恐怖主义
## 与反恐怖斗争态势[*]

　　2020 年，中亚地区国家没有发生恐怖袭击事件，安全形势整体平稳。但受叙利亚和阿富汗地区活跃的"伊斯兰国"和"基地"组织等国际恐怖势力影响，中亚地区恐怖主义和暴力极端主义威胁隐患依然存在。一方面，乌兹别克斯坦、哈萨克斯坦等国接连挫败多起恐怖袭击图谋，收缴大量爆炸物；另一方面，中亚武装分子在全球恐怖主义网络中成为骨干。隶属于"基地"组织和"伊斯兰国"等国际恐怖势力的中亚武装分子在全球多个地区持续活跃，深层次卷入叙利亚内战。多名中亚武装分子在恐怖组织中位居高层，对煽动中亚地区暴力极端主义具有较大的影响力。境外中亚武装团伙成员通过社交媒体和其他方式，在恐怖分子招募、跨境恐怖分子流动、恐怖组织融资、恐怖袭击策划等多个环节发挥作用，并向叙利亚的恐怖组织提供资金，助长国际恐怖势力发展。恐怖分子的内外联动为中亚国家带来诸多风险和隐患。中亚武装分子在叙利亚的组织"统一与圣战营"和"伊玛日布哈里"、在阿富汗的组织"伊斯兰圣战联盟"持续在冲突地区参加军事行动，并将武装分子向不同的国家输送，成为国际恐怖网络的重要组成部分。为了应对恐怖主义威胁，中亚各国一方面大力打击国内的恐怖袭击图谋，维护政治安全稳定；另一方面对恐怖主义和暴力极端主义的宣传路径、社会土壤采取针对性举措，提高全社会抵御极端意识形态渗透的能力。同时，中亚地区通过与联合国、欧洲安全与合作组织（简称"欧安组织"）、上合组织等的国

---

　　* 作者：杨溪，中国现代国际关系研究院博士，研究方向：国际安全与反恐。

际反恐合作，进一步增强应对恐怖主义的能力。然而，在经济复苏乏力、阿富汗局势动荡等内外因素作用之下，中亚地区反恐将面临更加严峻的挑战。

## 第一节　中亚恐怖主义总体态势

2020 年，中亚地区国家没有发生恐怖袭击事件。但是哈萨克斯坦、塔吉克斯坦有关部门挫败国内多起恐怖袭击图谋，乌兹别克斯坦、吉尔吉斯斯坦也破获多起针对其国民的极端主义宣传活动和恐怖招募案件。同时，中亚武装分子深度融入国际恐怖网络，不仅在阿富汗和叙利亚有独立的组织，有的还在"伊斯兰国"中位居高层。近年来，德国、希腊、瑞典、俄罗斯破获的恐怖袭击案件表明，中亚武装分子已经成为"伊斯兰国"等组织布局全球恐怖网络的重要组成部分，给全球安全带来威胁。

### 一　哈萨克斯坦挫败多起恐怖袭击图谋

哈萨克斯坦政府公布的数据显示，截至 2020 年 10 月，该国安全部门已经挫败 5 起恐怖袭击图谋，逮捕 10 名犯罪嫌疑人，[1] 相比 2019 年的 3 起恐怖袭击图谋有所增加。2020 年 2 月 4 日，哈萨克斯坦安全部门在卡拉干达和塔拉兹市逮捕 5 名涉恐嫌犯，5 人涉嫌在人员密集场所组织实施恐怖袭击。经法院批准，安全部门拘捕上述嫌犯 2 个月，并对其领导恐怖组织、宣传恐怖主义等违法犯罪行为提出刑事诉讼。[2] 2 月 18 日，哈萨克斯坦国家安全人员在阿拉木图抓获 2 名涉恐嫌犯，2 人涉嫌策划对人群实施恐怖袭击，

---

[1] "V Kazakhstane Soobshchili o Predotvrashchenii Pyati Teraktov s Nachala Goda,"（"Kazakhstan Reported on the Prevention of Five Terrorist Attacks since the Beginning of the Year"）RT, 16 October 2020, https：//russian. rt. com/ussr/news/793267 - kazahstan - predotvraschenie - terakty.（最后访问时间：2020 年 12 月 2 日）

[2] 《哈萨克斯坦逮捕 5 名嫌犯 称其涉嫌组织实施恐袭》，中国新闻网，2020 年 2 月 3 日，http：//www. chinanews. com/gj/2020/02-03/9077337. shtml.（最后访问时间：2020 年 2 月 4 日）

安全部门收缴了嫌犯的自制爆炸装置等犯罪证据。① 3 月 13 日，哈萨克斯坦国家安全委员会在阿拉木图抓捕并控制了 1 名"伊斯兰国"追随者，此人策划在"纳乌鲁斯"节日期间，用手榴弹袭击大规模集会群众。② 多起挫败的恐袭图谋表明，爆炸袭击是哈萨克斯坦恐怖组织普遍采取的袭击手段，平民是其主要袭击对象，而"伊斯兰国"等国际恐怖组织则是其恐怖活动的根源。

## 二 吉尔吉斯斯坦有恐怖组织宣传、招募的迹象

2020 年，吉尔吉斯斯坦经历了选举带来的动荡。在议会选举后，国家持续发生抗议示威和骚乱，总统、总理、议会议长等多名政要相继辞职，给国家正常的政治生活带来负面影响。2020 年 2 月，吉尔吉斯斯坦政府拘留了一名从境外回国的 23 岁公民，此人于 2019 年底出境加入国际恐怖组织，接受恐怖组织的宣传活动任务后，返回吉尔吉斯斯坦并被拘留。③ 10 月，又有一名外国人士被捕，该人意图进入吉尔吉斯斯坦实施极端主义活动，此前他曾在另一个独联体国家因涉嫌恐怖主义犯罪被捕。④ 相关事件表明，吉尔吉斯斯坦依然是恐怖组织招募活动的重要目标，其国内的政治冲突和社会动荡也成为催生暴力的土壤。

## 三 乌兹别克斯坦恐怖分子招募活动猖獗

乌兹别克斯坦已经连续近 10 年没有发生恐怖袭击，在《全球恐怖主义

---

① 《中亚国家积极应对安全挑战》，新华网，2020 年 2 月 26 日，http：//www. xinhuanet. com/world/2020-02/26/ c_1210490420. htm。（最后访问时间：2020 年 2 月 27 日）

② 《哈萨克斯坦国家安全委员会阻止了阿拉木图的恐怖袭击》，俄罗斯卫星通讯社，2020 年 3 月 14 日，https：//sputniknews. cn/politics/202003141030999943/。（最后访问时间：2020 年 3 月 15 日）

③ Anastasia Mokrenko, "Propagandista Terrorizma Zaderzhali v Kyrgyzstane," （"A Terrorist Propagandist Was Detained in Kyrgyzstan"）24. KG, 5 February 2020, https：//24. kg/proisshestvija/142685_ propagandista_ terrorizma_ zaderjali_ vkyirgyizstane_ /. （最后访问时间：2020 年 2 月 6 日）

④ "Zaderzhan inostrannyy verbovshchik v ryady terroristov," （"A Foreign Terrorist Recruiter Was Arrested"）Kabar, 3 October 2020, http：//kabar. kg/news/gknb - zaderzhan - inostrannyi - verbovshchik-v-riady-terroristov/. （最后访问时间：2020 年 10 月 5 日）

指数》中，排名 164 个国家中的第 134 位，位于受恐怖主义威胁程度不明显的国家行列。① 2020 年，乌兹别克斯坦境内恐怖分子招募和集资活动较 2019 年的相关活动有所增加。乌兹别克斯坦执法机构主动出击，先后抓捕多批恐怖分子，他们在乌兹别克斯坦传播极端思想、招募武装分子、为在叙利亚的中亚恐怖组织集资。2020 年 1 月 7 日，乌兹别克斯坦内务部与国家安全局展开联合行动，逮捕了一批极端组织"圣战者运动"成员，查封了该组织宣扬极端思想的相关材料，并对被捕者展开刑事调查。被捕者在叙利亚国际恐怖组织直接领导下行动，煽动乌兹别克斯坦的年轻人加入叙国际恐怖组织。② 2 月 19 日，乌兹别克斯坦警方在塔什干逮捕 21 名涉嫌与中东国际恐怖组织有关的人员，当时这些人正在接受与策划恐怖活动有关的培训。2 月 26 日，乌兹别克斯坦警方在塔什干市和塔什干州 24 个地点展开突击和搜查行动，抓捕 21 名涉嫌与在叙利亚活动的国际恐怖组织有关联的人员。这些人组织非法集会，宣扬在叙利亚的国际恐怖组织的意识形态，煽动民众资助并加入这些恐怖组织。乌兹别克斯坦警方在行动中发现并收缴了大量恐怖主义宣传品和作案工具。③ 5 月 29 日，乌兹别克斯坦警方在东部费尔干纳州一次突袭中抓捕已被取缔的极端组织"伊斯兰解放党"的一批成员，这些人之前因宣扬极端思想而被判刑，获释后继续向当地民众宣扬极端思想，警方在被捕者住所发现了宣扬极端思想的相关材料。④ 9 月 18 日，乌兹别克斯坦警方称，在中部萨马尔罕州一次突袭中抓捕 15 名"伊斯兰解放党"成员，在他们的住所发现了宣扬极端思想的相关材料。⑤

---

① Institute for Economics and Peace, "Global Terrorism Index 2020," https：//reliefweb. int/sites/reliefweb. int/files/resources/GTI-2020-web-2. pdf.（最后访问时间：2020 年 11 月 20 日）
② 《乌兹别克斯坦执法机构逮捕一批极端组织成员》，新华网，2020 年 1 月 10 日，http：//m. xinhuanet. com/2020-01/10/c_ 1125446073. htm。（最后访问时间：2020 年 1 月 11 日）
③ 《乌兹别克斯坦抓捕 21 名涉嫌与恐怖组织有关联人员》，新华网，2020 年 2 月 27 日，http：//www. xinhuanet. com/mil/2020-02/27/c_ 1210491706. htm。（最后访问时间：2020 年 2 月 28 日）
④ 《乌兹别克斯坦抓捕一批极端组织成员》，新华网，2020 年 5 月 29 日，http：//www. xinhuanet. com/2020-05/29/c_ 1126049669. htm。（最后访问时间：2020 年 5 月 30 日）
⑤ 《乌兹别克斯坦警方抓捕 15 名极端组织成员》，新华网，2020 年 9 月 19 日，http：//m. xinhuanet. com/202009/19/c_ 1126514346. htm。（最后访问时间：2020 年 9 月 20 日）

这些挫败的恐怖袭击图谋显示，在乌兹别克斯坦活动的极端分子与恐怖分子大多受叙利亚恐怖组织影响。"圣战者运动"、"伊斯兰解放党"和"统一与圣战营"等以中亚武装分子为主的恐怖组织，都将乌兹别克斯坦等国视为招募成员的"储备池"。它们不仅直接派遣人员入境实施极端主义的"传教"、招募活动，还把第三国作为跳板，对在土耳其、俄罗斯等国务工的乌兹别克斯坦人进行极端主义宣传，然后将其派遣回国内，通过国内关系人和常用的网络平台进行二次传播，扩大暴力极端主义影响范围，形成了有二级代理的招募模式。

### 四 塔吉克斯坦安全形势仍有隐忧

在中亚五国中，塔吉克斯坦与阿富汗之间的边境线最长。随着阿富汗形势恶化，美国从阿富汗撤军，塔吉克斯坦的安全威胁从 2019 年起有所增加。[①] 2020 年 8 月，塔吉克斯坦政府透露，该国反恐机构挫败了"伊斯兰国"追随者针对拉什特谷地和拉什特警察的 2 起恐怖袭击图谋。同时，反恐机构宣布，2020 年 1 月至 8 月拘留了 274 人，发现了大约 900 起与极端主义有关的犯罪。2020 年的相关犯罪与 2019 年的 1211 起与极端主义有关的犯罪的比较表明，2020 年塔吉克斯坦的安全形势并未根本好转。[②]

### 五 中亚武装分子在全球活动态势

2020 年，"伊斯兰国"和"基地"组织旗下的中亚武装分子在全球其他地区依然活跃，核心是以叙利亚和阿富汗为代表的冲突地区，依附于"沙姆解放组织"等国际恐怖组织在当地参与军事行动。此外，德国、俄罗斯、乌克兰、希腊等多国挫败的恐怖袭击图谋表明，中亚武装分子在"伊斯兰国"等国际恐怖组织的全球布局中依然处于重要位置。2020 年 1 月，2

---

① 《中亚国家积极应对安全挑战》，新华网，2020 年 2 月 26 日，http://www.xinhuanet.com/world/2020-02/26/c_1210490420.htm。（最后访问时间：2020 年 2 月 27 日）

② "V Tadzhikistane predotvratili dva terakta," （"Two Terrorist Attacks Were Prevented in Tajikistan"）Sputnik Tochikiston/Tajiki, 3 August 2020, https://tj.sputniknews.ru/country/20200803/1031674398/tajikistan-predotvratili-dva-terakta-2020.html. （最后访问时间：2020 年 8 月 5 日）

名塔吉克斯坦籍"伊斯兰国"高级成员 Parviz Saidrakhmonov（又称"Abu Dovud"）和 Tojiddin Nazarov（又称"Abu Osama Noraki"），因涉嫌谋划俄罗斯和塔吉克斯坦两国的恐怖袭击在叙利亚被逮捕并关押。① 瑞典则因二人涉嫌预谋 2017 年斯德哥尔摩卡车袭击事件要求引渡二人。4 月中旬，德国政府以涉嫌与"伊斯兰国"计划袭击美国驻德军事设施和人员为由拘留 4 名塔吉克人。4 人都是移民到德国的塔吉克斯坦公民，在 2019 年加入"伊斯兰国"，并一直与叙利亚和阿富汗的"伊斯兰国"高级成员保持定期联系，接受他们要求实施恐怖袭击的指示。这 4 人在网上订购了炸弹零部件，同时储备枪支弹药以备不时之需。② 这些人最初试图返回塔吉克斯坦发动袭击，但被重新分配到欧洲。③ 4 月 21 日，德国指控 24 岁的塔吉克斯坦公民科姆龙·祖胡罗夫（Komron Zukhurov）帮助"伊斯兰国"在德国建立小组，并要求阿尔巴尼亚政府将其引渡。④ 7 月，俄罗斯联邦安全局逮捕 6 名涉嫌策划袭击罗斯托夫地区学校和医院的"伊斯兰国"成员，他们主要来自俄罗斯和中亚国家。安全人员还查获了自制爆炸装置、枪械和弹药。⑤ 8 月 5

① "Genprokuratura: Iz Tyurem Sirii v Tadzhikistan Ekstradiruyut Terroristov-verbovshchikov," （"Prosecutor General's Office: Terrorist Recruiters to be Extradited from Prisons in Syria to Tajikistan"）Sputnik Tochikiston/Tajiki, 28 January 2020, https://tj. sputniknews. ru/country/20200128/1030615 883/tajikistan-syria-ekstradiciya-terroristy. html. （最后访问时间：2020 年 2 月 1 日）

② "Festnahme Fünf Mutmaßlicher Mitglieder Einer Terrorzelle der Ausländischen Terroristischen Vereinigung 'Islamischer Staat（IS）'," An Arrest Warrant, the Office of the German Federal Public Prosecutor, 15 April 2020, https://www. generalbundesanwalt. de/SharedDocs/P ressemitteilungen/DE/aktuelle/Pressemitteilung- vom- 15- 04- 2020. html. （最后访问时间：2020 年 4 月 20 日）

③ "Germany Arrests IS Suspects Plotting Attacks on US Bases," Deutsche Welle, 15 April 2020, https://www. dw. com/en/germany- arrests- is- suspects- plotting- attacks- on- us- bases/a- 53129563. （最后访问时间：2020 年 4 月 20 日）

④ Brian M. Perkins, "Germany Plot Underscores the Role of Tajiks in Islamic State," *Terrorism Monitor*, Volume 18 Issue 16, https://jamestown. org/program/briefs-334/. （最后访问时间：2020 年 8 月 14 日）

⑤ Vusala Abbasova, "Russian Security Service Detains IS Cell in Rostov Region," Caspian News, 14 July 2020, https://caspiannews. com/news-detail/russian-security-service-detains-is-cell-in-rostov-region-2020-7-13-15/. （最后访问时间：2020 年 7 月 20 日）

日，乌克兰基辅市佩乔尔斯克地方法院拘留并起诉乌兹别克斯坦公民苏赫罗布·卡里莫夫，后者在 8 月 3 日曾扬言将在当地市中心的一家银行发动爆炸袭击。10 月，希腊逮捕一名与"伊斯兰国"有关的塔吉克斯坦公民，此人曾经是"伊斯兰国"最活跃的成员之一，并曾获得希腊政府的庇护。①

以上一系列事件表明来自塔吉克斯坦、乌兹别克斯坦的武装分子在"伊斯兰国"的欧洲布局中的重要作用。

## 六　网络恐怖主义在中亚的发展

过去，中亚五国经历了快速的数字化转型，网络技术和在线服务快速发展。与此同时，中亚地区的民族主义复苏、水资源争夺以及伊斯兰教主流派别与激进派别的意识形态之争，都在网络中进一步发酵，网络激进化风险升高。2020 年 4 月，塔吉克斯坦和吉尔吉斯斯坦边境冲突是苏联解体以来最大的一次边境冲突。虽然两国政府很快达成休战协议，但社交媒体发挥的煽动性作用使真正平息争端变得更加困难。随着年轻群体越来越多地使用网络，网络恐怖主义和激进化的风险也逐渐增加。2020 年 7 月，"伊斯兰国"在各种网络和社交平台拥有超过 174 个频道，订阅人数超过 6.6 万。② 据有关机构统计，Telegram、Facebook 等主流社交媒体平台以及俄罗斯 VKontakte 和 Odnoklassniki 平台上，有近 500 个中亚极端组织建立的独立频道，订阅人数超过 17.4 万。这些频道中许多使用俄语，也有的使用中亚地区国家的官方语言。由于恐怖组织越来越多地使用 Telegram 等加密平台进行通信，网络活跃的极端主义分子人数应远多于此。这些频道将普通的宗教和政治内容与宣扬激进化的帖子混在一起，将暴力极端主义内容嵌入看似"无害"的视频、音频和文本之中，规避执法监管。当这些组织的账号或网站被删除

---

① Paul Antonopoulos, "Leading Member of ISIS that Was Granted Asylum Status Has Been Arrested in Greece," Greek City Times, 5 October 2020, https：//greekcitytimes.com/2020/11/05/isis-asylum-greece/. （最后访问时间：2020 年 10 月 20 日）

② Kumar Bekbolotov, Robert Muggah and Rafal Rohozinski, "Jihadist Networks Dig in on Social Media Across Central Asia," https：//foreignpolicy.com/2020/11/11/online-extremism-central-asia-islamic-state-terrorism/. （最后访问时间：2020 年 11 月 11 日）

时，备份的超级链接和新的频道会被迅速分发给订阅用户。中亚地区各国政府、互联网服务提供商和社交媒体公司努力遏制网络暴力极端主义的传播，但在一个频道或账户被查封后，大量新的频道或账户会不断出现，恐怖组织愈发"创造性地"找到方法绕过政府监管。数字化转型使得公民、组织和国家之间的界限变得模糊，各国在追求信息化对经济推动效应的同时，也不得不被动地应对网络恐怖主义和极端主义的洪流。

## 第二节　与中亚地区相关的恐怖组织发展新动向

中亚地区的恐怖分子多受叙利亚和阿富汗恐怖组织的影响，在组织网络、保障体系、军事行动等方面已经深深融入国际恐怖组织的网络中，给国际社会安全带来威胁。一方面，在叙利亚，由来自吉尔吉斯斯坦、塔吉克斯坦、乌兹别克斯坦武装分子组成的"统一与圣战营"和"伊玛目布哈里"持续在"基地"组织分支"沙姆解放组织"的领导下参加军事行动，并将武装分子向不同的国家输送。另一方面，在阿富汗，"伊斯兰圣战联盟"头目在阿富汗建立"基地"组织领导下的统一的中亚恐怖主义团伙。"乌兹别克斯坦伊斯兰运动"仍在阿富汗活动。

### 一　"统一与圣战营"

"统一与圣战营"是中亚最活跃的组织，隶属于"基地"组织分支"沙姆解放组织"，主要在叙利亚北部活动。"沙姆解放组织"与"宗教保护组织"在是否遵循"基地"组织的议程，以及是否支持土耳其、俄罗斯提出的《伊德利卜停火协议》问题上存在较大的分歧，[①] 关系一度紧张，"统一与圣战者营"卷入纷争之中。2020 年 6 月，"统一与圣战营"创始人、塔吉克斯坦出生的乌孜别克族人阿布·萨洛（Abu Saloh，又名 Sirajuddin

---

① Sirwan Kajjo, "Jihadists in Syria's Idlib Form New 'Operations Room'," The Voice of America, 15 June 2020, https：//www. voanews. com/extremism－watch/jihadists－syrias－idlib－form－new－operations-room. （最后访问时间：2020 年 6 月 20 日）

Mukhtarov）与其同伙投靠与"宗教保护组织"联系密切的"安萨尔丁阵线"（Jabhat Ansar al-Din，JAD）组织。二人的"叛逃"成为导火索，继他们之后，"沙姆解放组织"内部又有 50 名强硬派的成员"叛逃"至"安萨尔丁阵线"[1]。阿布·萨洛的叛逃是一个重大事件。"沙姆解放组织"头目为了避免更多成员"叛逃"和组织分化，大力搜捕阿布·萨洛及其同伙并将其关入监狱，以示惩戒。[2] 随后，"沙姆解放组织"头目宣布，如果阿布·萨洛及其同伙同意返回其阵营，可予以释放，否则要对其犯下的贪污、叛教等系列罪行提出指控并进行惩罚。[3] 其实早在 2019 年 4 月，阿布·萨洛就已经宣布辞去该组织的领导职务，专门负责在恐怖行动中的招募和筹款工作，并在网上持续开展"宣教"活动，在"统一与圣战营"的旗帜下宣扬"基地"组织意识形态。[4] 此事之后，"统一与圣战营"进行领导层改组，宣布由阿卜杜·阿齐兹（Abdul Aziz，又名 Khikmatov）作为阿布·萨洛的继任者，阿赫里丁·诺夫卡蒂（Akhliddin Novkatiy）则被推举为新的精神领袖，从事音频、视频"宣教"工作。[5] 阿齐兹在过去 20 年中一直是

---

[1] "Tahrir al-Sham Arrests a Leader of the Ansar al-Din Front. Who is Abu Salah the Uzbek," Step News Agency, 18 June 2020, https：//stepagency-sy. net/2020/06/18/% d9% 85% d9% 86-% d9%87%d9%88-%d8%a3%d8%a8%d9%88-%d8%b5%d9%84%d8%a7%d8%ad-%d8%a7% d9%84%d8%a3%d9%88%d8%b2%d8%a8%d9%83%d9%8a/. （最后访问时间：2020 年 6 月 20 日）

[2] Viktor Mikhaylov, "V Siriyskom Idlibe arestovan odin iz liderov boyevikov iz TSA-Abu-Salokha," （"In the Syrian Idlib, One of the Leaders of the Militants from Central Asia, Abu Saloh, Was Arrested"） Novosti Uzbenistana, 23 June 2020, https：//nuz. uz/antiterror/1157170 - v - sirijskom-idlibe-arestovan-odin-iz-liderov-boevikov-iz-cza-abu-saloha. html. （最后访问时间：2020 年 6 月 25 日）

[3] "Siriya novosti 7 iyulya 22. 30：predotvrashchen terakt v Afrine, Dzhulani ozvuchil svoi usloviya dlya osvobozhdeniya Abu Salakha Al'-Uzbeki," （"News from Syria, July 7 22. 30：Terrorist Attack in Afrin Prevented, Giulani Announced his Conditions for the Release of Abu Salah al-Uzbeki"） RIA FAN, 7 July 2020, https：//riafan. ru/1291658 - siriya - novosti - 7 - iyulya - 22 - 30 - predotvrashen-terakt - v - afrine - dzhulani - ozvuchil - svoi - usloviya - dlya - osvobozhdeniya - abu - salakha-al-uzbeki. （最后访问时间：2020 年 7 月 10 日）

[4] "Report of the Analytical Support and Sanctions Monitoring Team," United Nations Security Council, 20 January 2020, p. 15, https：//undocs. org/S/2020/53. （最后访问时间：2020 年 1 月 21 日）

[5] Ibid. .

阿富汗"伊斯兰圣战组织"头目的副手，曾与"伊斯兰圣战联盟"并肩作战。在阿齐兹的领导下，阿富汗和叙利亚的中亚武装团伙形成协调合作态势。

## 二　"伊玛目布哈里"

据联合国估计，"伊玛目布哈里"主要由 3 个地区团伙构成，在叙利亚有约 220 名武装分子，70 人活跃在阿富汗法里亚布省，还有部分团伙在土耳其伊斯坦布尔扎根。[①] 在叙利亚地区，"伊玛目布哈里"和"东伊运"协同作战，共同对叙利亚政府军展开军事行动。在阿富汗，"伊玛目布哈里"头目为朱马博伊（Jumaboi，又名 Juma Aka）曾是"乌伊运"成员。阿富汗团伙一直和在叙利亚的中心组织保持着密切的联系，主要在乌孜别克族群体占比较大的法里亚布省和朱兹詹省对阿富汗安全部队展开攻势。"伊玛目布哈里"在土耳其伊斯坦布尔的团伙主要通过哈瓦拉汇款系统向阿富汗提供资金。[②]。2020 年，有迹象显示"伊玛目布哈里"与"塔利班"的关系出现嫌隙。7 月，"伊玛目布哈里"在电报群组中发布照片，宣称与"塔利班"采取联合行动，逮捕了多名阿富汗政府士兵。[③] 然而很快，"塔利班"发言人扎比胡拉·穆贾希德（Zabihullah Mujahid）公开对这一言论进行反驳，称照片是从"塔利班"档案中窃取并篡改的。同时，"伊玛目布哈里"内部存在分歧。叙利亚分支的头目阿布·约瑟夫·穆哈吉尔（Abu Yusuf Muhajir）支持美国和"塔利班"的和平协议，称之为"伊斯兰世界的伟大胜利"，但这一言论在该组织内部尚未得到一致认同。

---

① "Report of the Analytical Support and Sanctions Monitoring Team," United Nations Security Council, 20 January 2020, p. 15, https：//undocs. org/S/2020/53. （最后访问时间：2020 年 1 月 21 日）

② Ibid. .

③ Viktor Mikhaylov, "Ozhidayemyye provaly v uzbekskikh etnicheskikh terroristicheskikh gruppirovkakh," （"Expected Failures in Uzbek Ethnic Terrorist Groups"） Novosti Uzbekistana, 24 July 2020, https：//nuz. uz/antiterror/1160924 - ozhidaemye - provaly - v - uzbekskih - etnicheskih - terroristicheskih-gruppirovkah. html. （最后访问时间：2020 年 7 月 25 日）

### 三 "伊斯兰圣战联盟"

"伊斯兰圣战联盟" 2000 年初从 "乌伊运" 中分裂出来。该组织头目是伊林贝克·马马托夫（Ilimbek Mamatov）在中亚的 "圣战" 团伙中 "威望" 很高。"伊斯兰圣战联盟" 由大约 250 名武装分子组成，主要在阿富汗活动，在叙利亚有一支 30 人组成的特遣队，称为 "小伊斯兰圣战组织"，成员主要来自阿富汗。[①] 马马托夫试图在阿富汗建立隶属于 "基地" 组织、接受统一指挥的中亚恐怖主义团伙，从而提高 "声望" 并稳定资金来源。

### 四 "乌兹别克斯坦伊斯兰运动"

联合国报告显示，"乌兹别克斯坦伊斯兰运动" 可简称 "乌伊运"，主要活动地区为阿富汗法里亚布省和查布尔省，其头目阿卜杜勒阿齐兹·尤尔达舍夫（Abdulaziz Yuldashev，又名 Abdul-Kholik）未经 "塔利班" 允许返回法里亚布省，被 "塔利班" 监禁。该组织目前由他的弟弟穆罕默德·尤尔达什（Mohammad Yuldash）领导。由于遭受重大损失，"乌伊运" 开始从事贩毒等犯罪活动。[②]

### 五 其他在阿富汗的中亚武装分子

阿富汗持续有来自中亚的武装分子存在，并且人数呈增加趋势。2020 年 8 月，4 名塔吉克人参与了 "伊斯兰国" 袭击阿富汗贾拉拉巴德监狱的行

---

[①] Viktor Mikhaylov, "Ozhidayemyye provaly v uzbekskikh etnicheskikh terroristicheskikh gruppirovkakh,"（"Expected Failures in Uzbek Ethnic Terrorist Groups"）Novosti Uzbekistana，24 July 2020, https：//nuz.uz/antiterror/1160924 - ozhidaemye - provaly - v - uzbekskih - etnicheskih - terroristicheskih-gruppirovkah. html.（最后访问时间：2020 年 7 月 25 日）

[②] "Report of the Analytical Support and Sanctions Monitoring Team," United Nations Security Council, p.15, 20 January 2020, https：//undocs. org/S/2020/53.（最后访问时间：2020 年 1 月 21 日）

动，该行动持续了 18 个小时，造成 800 多名囚犯越狱。① 2020 年 11 月，在上海合作组织领导人峰会上，区域反恐机构主任朱马洪·吉沃索夫（Jumakhon Givosov）称已经收到报告，阿富汗北部出现越来越多的中亚武装分子。② 此后，一个由塔吉克人领导的恐怖小组袭击了巴达赫尚省塔吉克斯坦边境附近的警察局，造成 19 名阿富汗警察死亡。袭击发生后，该小组负责人在宣传视频中发出威胁，暗示可能在塔吉克斯坦发动袭击。③

## 六　多名"伊斯兰国"塔吉克斯坦高层成员下落不明

2015 年，塔吉克斯坦特警部队上校古尔穆罗德·卡里莫夫（Gulmurod Khalimov）叛逃至"伊斯兰国"，担任"战争部长"，一时引发轰动。④ 2020 年 8 月，塔吉克斯坦内政部部长称，一些从叙利亚回流的塔吉克武装分子证实卡里莫夫及其家人在叙利亚空袭中丧生，但塔吉克斯坦并未确认此消息。⑤ 2020 年 10 月，联合国安理会将卡里莫夫列入制裁名单，表明官方对于此人的死讯并未确定。另一名塔吉克斯坦公民萨瓦里·沙菲耶夫

---

① "Indian Doctor Suspected of Having Been Jalalabad Prison Car Bomber," Ariana News, 5 August 2020, https://ariananews. af/indian-doctor-suspected-of-having-been-jalalabad-prison-car-bomber/. （最后访问时间：2020 年 8 月 6 日）

② He Spoke at the SCO Heads of State Summit Held Online on November 10, Livestream Recorded here: https://eng. sco-russia2020. ru/video/20201110/1080285/Live-streaming-of-the-SCO-Heads-of-State-Council-Meeting. html. （最后访问时间：2020 年 11 月 11 日）

③ "Afghan Taliban Said Planning to Attack Tajikistan," BBC Monitoring, 11 December 2020; Andrey Serenko, "Tadzhikskiye taliby anonsirovali perenos dzhikhada iz Afganistana na rodinu," （"The Tajik Taliban Have Announced the Transfer of Jihad from Afghanistan to their Homeland"） Nezavisimaya gazeta, 11 December 2020, https://www. ng. ru/world/2020-12-11/100_afgan111220. html. （最后访问时间：2020 年 12 月 15 日）

④ Amir Abdallah, "Former Tajikistan Police Chief Appointed ISIS Minister of War," Iraqi News, 5 September 2016, https://www. iraqinews. com/iraq-war/former-tajikistan-police-chief-appointed-isis-minister-war/. （最后访问时间：2020 年 2 月 1 日）

⑤ Avaz Yuldashev, "Glava MVD Tadzhikistana: Gibel' eks-komandira OMON ostayetsya na urovne slukhov," （"Tajik Interior Minister: The Death of the Ex-OMON Commander Remains at the Level of Rumors"） Asia-Plus, 4 August 2020, https://asiaplustj. info/ru/news/tajikistan/security/202 00804/glava-mvd-gibel-eks-komandira-omon-ostaetsya-na-urovne-sluhov. （最后访问时间：2020 年 8 月 5 日）

（Sayvaly Shafiev）是"伊斯兰国"分支"呼罗珊省"舒拉委员会成员，指挥着来自塔吉克斯坦、乌兹别克斯坦和其他中亚、巴尔干国家近 200 名武装分子。① 沙菲耶夫还参与招募工作，曾在阿富汗训练武装分子，然后将他们送回塔吉克斯坦或其他地区。2020 年 6 月，塔吉克斯坦武装分子帕维兹·赛义德拉莫诺夫（Parviz Saidrahmonov，又名 Abu Daoud）从监狱失踪。② 此人在"伊斯兰国"招募过程中发挥了重要作用，因协助其他塔吉克人在瑞典、俄罗斯等地区实施恐怖袭击而被通缉。③ 2019 年 12 月，赛义德拉莫诺夫在叙利亚被捕入狱。然而在塔吉克斯坦政府要求对其进行引渡期间，赛义德拉莫诺夫却从监狱中失踪，至今仍下落不明。

## 第三节　中亚国家的反恐举措及成效

中亚五国较早认识到恐怖主义和极端主义威胁，乌兹别克斯坦等国深受恐怖主义之害。中亚地区国家不仅在 2011 年率先推出全球第一个《联合国全球反恐战略》的落实计划《中亚执行联合国全球反恐战略联合行动计划》④，以实际行动践行联合国反恐四大支柱，而且针对自身特殊国情、社情、恐情拟定反恐战略，因地制宜实施反恐举措，较好地控制了国内的安全态势，形成了丰富的反恐成果和经验。哈萨克斯坦、塔吉克斯坦、乌兹别克斯坦发起的叙利亚和伊拉克回流人员去极端化和回归社会项目，得到联合国反恐办公室和儿童基金会等机构的称赞。

---

① 联合国安理会文件 S/2019/570，https：//undocs. org/pdf？symbol＝en/S/2019/570。（最后访问时间：2019 年 7 月 15 日）

② Asia-Plus, "Tajik IS Terror Group Recruiter Reportedly 'Goes Missing' from Syrian Prison," https：//asiaplustj. info/en/news/tajikistan/security/20200617/tajik‐is‐terror‐group‐recruiter‐reportedly‐goes‐missing‐from‐syrian‐prison. （最后访问时间：2020 年 6 月 18 日）

③ Asia-Plus, "Tajik IS Terror Group Recruiter Reportedly 'Goes Missing' from Syrian Prison," https：//asiaplustj. info/en/news/tajikistan/security/20200617/tajik‐is‐terror‐group‐recruiter‐reportedly‐goes‐missing‐from‐syrian‐prison. （最后访问时间：2020 年 6 月 18 日）

④ 联合国第 75 届会议决议草案（A/75/L. 72），https：//digitallibrary. un. org>A_ 75_ L. 72‐ZH. pdf。（最后访问时间：2021 年 3 月 29 日）

## 一　主动出击，挫败恐怖袭击图谋

面对恐怖主义威胁，中亚各国安全部门积极主动，重拳出击，加大打击涉恐犯罪力度。哈萨克斯坦、塔吉克斯坦等国的安全部门挫败多起针对其境内的恐怖袭击图谋，吉尔吉斯斯坦、乌兹别克斯坦有关部门破获了数起针对其境内的恐怖分子招募和派遣案件。各国安全形势保持稳定，有力地打击了"伊斯兰国"等国际恐怖组织将中亚作为"蓄水池"的图谋。中亚地区反恐成就突出，与中亚各国近年来对反恐战略的规划和执行密不可分。2016 年，塔吉克斯坦出台了《2016～2020 年打击暴力极端主义和恐怖主义国家战略和行动计划》，强调重点是消除滋生恐怖主义和暴力极端主义的土壤。[①] 2018 年，哈萨克斯坦政府出台《2018～2022 年打击宗教极端主义和恐怖主义国家规划》，采取 80 项举措、拨款 8.4 亿美元，用于消除国内极端主义思想和有极端主义色彩的暴力行为。[②] 2020 年 2 月 25 日，据吉尔吉斯斯坦媒体报道，吉尔吉斯斯坦交通运输、通信、建筑和建设议会委员会审议并通过了"电子治理"法律草案，对恐怖主义、宣扬战争、煽动仇恨和散布隐私信息等部分做出修正。乌兹别克斯坦也在 2021 年出台《2021～2026 年打击极端主义和恐怖主义国家战略》，将打击网络恐怖主义、防止极端主义和恐怖主义思想传播，以及长期在境外居留的公民免受极端主义和恐怖主义思想影响作为反恐重点。[③] 中亚国家在现有较为严格的反恐法律体系基础之上，根据当地恐怖主义表现出的新特点，及时调整反恐战略布局以应对恐怖主义威胁，取得了较好的反恐成效。

---

① 塔吉克斯坦总统令，"About the National Strategy of the Republic of Tajikistan on Counteraction to Extremism and Terrorism for 2016-2020," https：//cis-legislation.com/document.fwx？rgn = 91354.（最后访问时间：2016 年 11 月 17 日）

② 《哈萨克斯坦出台五年反恐规划将"耗资"8.4 亿美元》，新华网，2018 年 3 月 17 日，http：//www.xinhuanet.com/mil/2018-03/17/c_129831300.htm。（最后访问时间：2018 年 3 月 18 日）

③ 《乌兹别克斯坦出台新版国家反恐战略，确定优先方向和路线图》，人民网，2021 年 7 月 7 日，http：//world.people.com.cn/n1/2021/0707/c1002-32151590.html。（最后访问时间：2021 年 7 月 8 日）

## 二 多措并举，堵塞传播渠道

中亚地区恐怖主义深受"伊斯兰国"和"基地"组织等国际恐怖势力，以及阿富汗和叙利亚地区冲突形势的影响。中亚国家面临的由境外向境内派遣，或通过网络自我激化的恐怖主义威胁压力巨大。对此，乌兹别克斯坦等国根据自身国情和涉恐敌情，采取多种举措堵塞暴恐思想传播渠道。

一是大力清除网络恐怖主义。哈萨克斯坦信息和社会发展部宣布，2019年初至2020年11月，已经从该国互联网资源中清除了超过2.5万份非法材料，超过1.3万份传播极端主义和恐怖主义的材料被限制访问。[①] 同时，哈萨克斯坦还增加了对防止网络恐怖主义项目的资助，以应对持续严峻的网络激进化渠道。[②] 此外，吉尔吉斯斯坦国家安全委员会公布的资料显示，2019年，吉尔吉斯斯坦首都比什凯克市法院做出15项判决，要求关闭传播恐怖主义和极端主义的20个网站、98个社交网络账户和26个手机群组，极大地打击了极端主义内容在网络上传播的态势。

二是加强赴外务工群体的去激进化工作。因中亚五国尤其是吉尔吉斯斯坦、塔吉克斯坦和乌兹别克斯坦经济发展形势不佳，许多中青年人出国务工，主要目的地是俄罗斯。乌兹别克斯坦国内破获的多起涉恐案例显示，中亚各国人员赴外务工，成为恐怖组织和极端组织加大对中亚地区渗透的重要渠道之一。赴外务工人员持有回国的正规证件，能够轻易返回中亚地区，利用国内社交平台或关系网络进一步传播恐怖和极端思想。2020年6月，乌兹别克斯坦政府在苏尔坎达利亚省逮捕15名与叙利亚"统一与圣战营"有

---

① Torgyn Nurseitova, "Boleye tysyachi kazakhstantsev poluchili tyuremnyy srok za terrorizm i ekstremizm,"（"More than 1,000 Kazakhstanis Received Prison Sentences for Terrorism and Extremism"）Zakon, 30 November 2020, https://www.zakon.kz/5049486-bolee-tysyachi-kazakhstantsev-poluchili.html.（最后访问时间：2020年12月20日）

② Asel Sultan, "Countering Extremism in Kazakhstan: Where Do They Waste Millions?" CABAR. asia, 16 January 2020, https://cabar.asia/en/countering-extremism-in-kazakhstan-where-do-they-waste-millions.（最后访问时间：2020年1月20日）

关联的恐怖组织招募和筹款小组成员。① 他们的头目在俄罗斯务工期间受到暴恐音频、视频影响，变得激进化，然后在其同胞中招募成员。这一小组还计划前往叙利亚，资助"统一与圣战营"的恐怖活动。② 乌兹别克斯坦吉扎克省也出现类似案件，生于吉扎克的公民在土耳其工作期间，受到极端思想和恐怖主义思想的影响，将其传播给身边的人，并利用俄罗斯和中亚地区常用的社交网站 Odnoklassniki 进一步扩大极端思想传播范围，在 Telegram 上创建虚拟群组，对 23 名居住在吉扎克等地的 22~37 岁青年进行"宣教"。警方共查获 250 余件宣扬极端思想的暴恐音频、视频资料。③ 对此，乌兹别克斯坦高度重视在俄罗斯和其他国家务工人员的激进化情况，有针对性地投放宣传材料，并支持针对激进化高风险群体的项目，④ 堵塞恐怖主义意识形态由外向内渗透的渠道。

## 三　标本兼治，遏制恐怖主义滋生

中亚国家积极响应《联合国全球反恐战略》提出的四大支柱，遵循标本兼治的反恐战略和原则，在打击恐怖主义犯罪的同时，高度重视清除公民容易受恐怖主义意识形态影响的根源。新冠疫情造成贫困和失业增加，经济和社会不平等加剧，各国社会、种族、宗教和其他性质的风险叠加。在此背景下，"伊斯兰国"和"基地"组织等煽动支持者借机实施恐怖袭击和渗透招募，极端意识形态冲击前所未有。对此，中亚各国主要采取以下举措，清

---

① "Surkhondaryo va Jizzakh viloyatlarida noqonuniy guruhlar faoliyatiga chek qo'yildi," （ "The Activity of Illegal Groups Have Been Eliminated in Surkhandarya and Jizzakh Provinces"） Xalq so'zi, 9 July 2020, http：//xs. uz/uzkr/post/surkhondaryo-va-zhizzakh-viloyatlarida-noqonunij-guruhlar-faoliyatiga-chek-qojildi. （最后访问时间：2020 年 7 月 10 日）

② Ibid.

③ "Surkhondaryo va Jizzakh viloyatlarida noqonuniy guruhlar faoliyatiga chek qo'yildi," （ "The Activity of Illegal Groups Have Been Eliminated in Surkhandarya and Jizzakh Provinces"） Xalq so'zi, 9 July 2020, http：//xs. uz/uzkr/post/surkhondaryo-va-zhizzakh-viloyatlarida-noqonunij-guruhlar-faoliyatiga-chek-qojildi. （最后访问时间：2020 年 7 月 10 日）

④ U. S. Department of State, "Country Reports on Terrorism 2019：Uzbekistan," https：//www. state. gov/reports/country-reports-on-terrorism-2019/uzbekistan/. （最后访问时间：2020 年 7 月 10 日）

除滋生恐怖主义的土壤。

第一，倡导社会宽容，以包容应对"回流"问题。2018 年以来，各种官方数据显示，目前在叙利亚和伊拉克地区的中亚国家武装分子多达 5650 人，其中塔吉克人 2000 人、乌兹别克人 2000 人、吉尔吉斯人 850 人和哈萨克人 800 人。① 截至 2021 年底，共有 1633 名（29%）中亚平民在叙利亚战斗中丧生；另外有 1715 人（30%）被俘或投降，被关押在叙利亚和伊拉克各地的监狱中。② 哈萨克斯坦、乌兹别克斯坦和塔吉克斯坦是首批响应联合国号召，接收从叙利亚和伊拉克遣返武装分子的国家。2019 年起，共计 1003 名与"伊斯兰国"有关的武装分子被遣返回国，这一活动在疫情期间仍在进行。2020 年 12 月 8 日，乌兹别克斯坦政府宣布，从叙利亚遣返 25 名妇女和 73 名儿童。③ 但如何对遣返回国人员实现去激进化，并为后续遣返的妇女和儿童提供必要的物质和社会支持，帮助他们重返社会是更难的一个课题。

面对遣返可能带来的"圣战"回流威胁，乌兹别克斯坦以"回家"为宣传语，减小对涉恐犯罪的刑罚力度，系统开展社会康复工作，帮助被遣返人员重回正常生活轨道。2020 年，乌兹别克斯坦在"预防和抵制暴力极端主义和恐怖主义"国家战略的基础上，首次通过国家人权战略，其中对恐怖主义罪犯的惩罚更加人道，不仅将 5~15 年监禁期调整为缓刑或最长 5 年监禁期，还成立特别委员会深入调查去过叙利亚、伊拉克和阿富汗的公民案件，罪行较轻或没有参加过恐怖主义活动的个人免于起诉。2017 年以来，

① Nodirbek Soliev, "Counter Terrorist Trends and Analyses," Volume 13, Issue 1, https：//www. rsis. edu. sg/wp-content/uploads/2021/01/CTTA-January-2021. pdf.（最后访问时间：2021 年 1 月 20 日）

② Nodirbek Soliev, "Counter Terrorist Trends and Analyses," Volume 13, Issue 1, https：//www. rsis. edu. sg/wp-content/uploads/2021/01/CTTA-January-2021. pdf.（最后访问时间：2021 年 1 月 20 日）

③ "'Mehr-3' operaciyasi doirasida Suriyadan 25 nafar ayollar va 73 nafar bolalar yurtimizga olib kelindi,"（"As Part of the 'Mehr-3' Operation, 25 Women and 73 Men Were Brought back to Our Homeland"）Xalq so'zi, 8 December 2020, http：//xs. uz/uzkr/post/mehr-3-operatsiyasi-doirasida-suriyadan-25-nafar-ayollar-va-73-nafar-bolalar-yurtimizga-olib-kelind.（最后访问时间：2020 年 12 月 20 日）

乌兹别克斯坦赦免了近 4000 名因极端主义犯罪服刑的人，并在公民自治机构（Mahalla）、青年联盟等公共组织的帮助下，系统开展恐怖主义罪犯的社会康复工作，帮助他们恢复正常生活。2017 年至今，已有近 2 万人被排除在恐怖主义犯罪和激进化"黑名单"之外。乌兹别克斯坦政府还为帮助从中东和阿富汗地区遣返的 500 多名公民融入社会，创造了教育、医疗、住房、就业等条件，加强对受宗教极端主义影响的妇女和儿童的思想感化工作。中亚多国取得的宝贵经验，得到联合国的高度认可。2020 年 9 月，联合国反恐办公室下属的联合国反恐中心和联合国中亚区域预防性外交中心，在第 75 届联合国大会高级别会议中间组织主题为"中亚经验与叙利亚和伊拉克返回的个人：成功、挑战和经验教训"的线上活动，专门对中亚去极端化和重返社会经验组织讨论。

　　第二，培养公民自我保护、抵制恐怖主义招募的能力，提高公民对暴力极端主义的免疫力。中亚国家通过多种渠道筑牢人民的思想防线。一是加强宗教培训，对抗极端意识形态。研究表明，宗教盲更容易受到极端主义影响。因此，联合国和欧洲安全与合作组织等提出，促进宗教自由方面的教育是清除暴力极端主义"毒瘤"的有效方式。2020 年 10 月，美国国际开发署在塔吉克斯坦启动一个项目，将支持宗教自由作为其教育推广的一部分，促进宗教宽容和多元化。[1] 乌兹别克斯坦专门成立反恐学院和机构，注重对执法人员、神职人员的培训，培育伊斯兰研究领域的专家，与暴力极端主义意识形态对抗。乌兹别克斯坦塔什干的一个警察局于 2020 年启动一个咨询中心作为试点，配备经验丰富的神职人员，可以匿名为那些发现自己对特定宗教教义（例如"圣战"）感到困惑的人提供咨询。[2] 二是加强教育、促进

---

[1] Tony Perkins, Nury Turkel, "To Prevent Violent Extremism in Tajikistan, Promote Religious Freedom," https：//thediplomat. com/2021/06/to‐prevent‐violent‐extremism‐in‐tajikistan‐promote‐religious‐freedom/. （最后访问时间：2021 年 6 月 11 日）

[2] Navruz Melibaev, "Policy of Countering Terrorism and Extremism in Uzbekistan：How Did It Change Over the Past Few Years?" CABAR. asia, 4 May 2020, https：//cabar. asia/en/policy‐of‐countering‐terrorism‐and‐extremism‐in‐uzbekistan‐how‐did‐it‐change‐over‐the‐past‐few‐years. （最后访问时间：2020 年 5 月 20 日）

就业和社会公平，缩小容易受到恐怖主义影响的群体规模。面对恐怖主义和极端主义问题，青少年群体既是社会变革、经济发展和技术创新的关键力量，也是恐怖组织招募的重点目标。因此，维护好青少年的权利，促进青少年在智力和精神双方面的发展，提高抵御暴力极端主义意识形态影响的能力，也是反恐工作的重要一环。乌兹别克斯坦60%的人口是年轻人，他们被视为国家的"战略资源"，国家专门通过《国家青年政策法》，成立青少年事务局，为父母受暴力极端主义影响的青少年提供支持，并促进年轻人就业。通过这些举措，2020年乌兹别克斯坦30岁以下人员中，登记有恐怖主义犯罪的数量比2017年下降了200%以上。[①] 2020年8月，乌兹别克斯坦主办"撒马尔罕人权论坛"，以"青年——2020年：全球团结、可持续发展与人权"为主题，探讨青年参与社会生活和治理过程方面的权利问题，得到15个国家参会代表以及联合国、欧安组织、上合组织的支持。[②]

## 四 深化合作，提高反恐能力

恐怖主义是全球性问题，任何一个国家都不能独善其身。中亚地区紧邻阿富汗，深受阿富汗恐怖主义、极端主义和毒品问题带来的影响。目前，联合国反恐中心、上海合作组织、独联体国家反恐中心、欧洲安全与合作组织等纷纷与中亚地区开展合作项目，提高中亚国家反恐和去极端化能力。

独联体国家连续多年合作成效显著。2017年至2019年，独联体国家开展打击恐怖主义和暴力极端主义合作计划，挫败130多起恐怖袭击图谋，缴获1.7万支枪支和640多公斤爆炸物，逮捕72名暴恐嫌犯，查获315名资

---

① EU Reporter, "Uzbekistan Is Adapting Counterterrorism Strategy to Modern Threats," https：//www. eureporter. co/world/uzbekistan/2021/06/03/uzbekistan－is－adapting－counterterrorism－strategy-to-modern-threats/. （最后访问时间：2021年6月4日）

② 《上合组织秘书长弗拉基米尔·诺罗夫在撒马尔罕人权论坛上发表讲话》，上海合作组织网，2020年8月13日，http：//chn. sectsco. org/news/20200813/669120. html. （最后访问时间：2020年8月14日）

助恐怖主义人员。① 2020 年，独联体国家进一步深化合作，通过《独联体国家 2020~2022 年打击恐怖主义和其他极端主义带来的暴力形式的合作计划》，重点关注洗钱和资助恐怖主义行为，预防大规模杀伤性武器扩散。各国执法机构在 2020 年就联合清理了 22 个国际恐怖组织招募和培训海外武装分子的团伙。② 欧安组织也在中亚地区广泛开展合作，2020 年与乌兹别克斯坦共同制订了 2021~2022 年政治、军事领域联合合作计划，支持乌兹别克斯坦打击恐怖主义、确保信息安全和打击恐怖主义融资的行动。2021 年，在欧亚反洗钱与反恐怖主义融资小组、反洗钱金融行动特别工作组等国际组织专家的参与和支持下，乌兹别克斯坦完成了犯罪活动和资助恐怖主义收益合法化风险的评估，在打击恐怖融资方面迈出一大步。③以联合国为核心的机构也陆续在中亚地区开展打击恐怖主义、防范暴力极端主义、打击恐怖融资等多项合作，全面提高中亚各国的反恐能力。联合国反恐办公室从 2010 年开始在中亚地区实施“全面落实联合国全球反恐战略计划”三阶段项目，促进中亚地区建立反恐四个支柱的能力。联合国毒品和犯罪问题办公室、联合国开发计划署等连续多年在中亚地区开展“防范恐怖主义和暴力极端主义”计划和合作项目，从执法和建设多个层面加强中亚地区抵御极端意识形态的能力。同时，中亚国家挫败的恐怖袭击图谋显示，涉恐嫌犯多持有爆炸物，具有较大威力，带来的恐怖主义威胁更大。2020 年 2 月，联合国反恐中心、反恐办公室以及毒品和犯罪问题办公室，共同启动中亚地区的新项目，加强中亚国家刑事司法合作，防止和打击非法贩运小型武器和轻型武器，进一步摧毁恐怖组织和极端组织

---

① 欧洲安全与合作组织文件 PC. DEL/722/20，https：//www.osce.org/files/f/documents/d/f/455569.pdf。（最后访问时间：2020 年 6 月 23 日至 25 日）

② EU Reporter，“Uzbekistan Is Adapting Counterterrorism Strategy to Modern Threats，”https：//www.eureporter.co/world/uzbekistan/2021/06/03/uzbekistan－is－adapting－counterterrorism－strategy-to-modern-threats/。（最后访问时间：2021 年 6 月 4 日）

③ EU Reporter，“Uzbekistan Is Adapting Counterterrorism Strategy to Modern Threats，”https：//www.eureporter.co/world/uzbekistan/2021/06/03/uzbekistan－is－adapting－counterterrorism－strategy-to-modern-threats/。（最后访问时间：2021 年 6 月 4 日）

的武器供应渠道。① 2020年9月，联合国毒品和犯罪问题办公室与塔吉克斯坦政府举行会议，在欧亚小组相互评估框架内提供技术援助的项目进入执行阶段。联合国将在打击恐怖融资体系方面为中亚国家提供援助，双方将成立工作组，提高执法机构在塔吉克斯坦金融情报机构在反洗钱以及打击恐怖主义融资方面的调查效率。② 上海合作组织将反恐机构总部设立在塔什干，是对乌兹别克斯坦在反恐怖斗争中重要作用的认可。③ 2020年9月，上海合作组织召开成员国安全会议秘书会，进一步明确打击利用网络传播恐怖主义与极端主义、开展信息安全合作、打击洗钱犯罪活动和经济犯罪等工作重点。④ 2020年9月1日，欧盟启动"中亚执法力量"（Law Enforcement in Central Asia，LEICA），来自法国、西班牙、格鲁吉亚、俄罗斯等国的专家调查中亚五国反恐领域的需求，并根据国家或地区的形势，为中亚五国制订反恐行动计划。⑤ 2020年2月，美国政府提出新中亚战略，提高中亚五国在美国全球战略中的地位。⑥ 美国此举意在美国从阿富汗撤军后，以帮助提高中亚国家应对恐怖主义的能力、帮助中亚国家司法和安全部门增强执法能力等为名，弥补撤军在该地区留下的权力真空。

---

① 《联合国启动新项目以解决中亚地区恐怖主义、武器贩运和有组织犯罪之间的联系》，联合国官网，2020年2月21日，https：//news. un. org/zh/story/2020/02/1051161。（最后访问时间：2020年2月22日）

② UN, "The Republic of Tajikistan Strengthens the National System for Combating Money Laundering and Terrorism Financing," https：//www. unodc. org/centralasia/en/news/the－republic－of－tajikistan－strengthens－the－national－system－for－combating－money－laundering－and－terrorism－financing. html. （最后访问时间：2020年9月11日）

③ EU Reporter, "Uzbekistan Is Adapting Counterterrorism Strategy to Modern Threats," https：//www. eureporter. co/world/uzbekistan/2021/06/03/uzbekistan－is－adapting－counterterrorism－strategy－to－modern－threats/. （最后访问时间：2021年6月4日）

④ 《上海合作组织成员国安全会议秘书第十五次会议9月15日以视频形式举行，会议由俄方主持》，上海合作组织官网，2020年9月16日，https：//chn. sco－russia2020. ru/news/20200916/760893/915. html。（最后访问时间：2020年9月20日）

⑤ Civipo, "Official Presentation-Leica 'Law Enforcement in Central Asia'," https：//www. civipol. fr/en/news/official-presentation-leica-law-enforcement-central-asia. （最后访问时间：2021年1月5日）

⑥ http：//icas. lzu. edu. cn/f/202101/1093. html.

中亚各国在联合国主导下，在独联体集体安全条约组织（简称"集安组织"）、欧洲安全与合作组织、上海合作组织等国际合作框架下，围绕联合国全球反恐战略的四大支柱全面加强反恐能力建设。2021 年，乌兹别克斯坦政府计划举办一次大型会议，总结联合反恐区域行动计划的经验，将中亚地区反恐合作进一步推向高潮。

## 第四节　中亚地区反恐面临的挑战

虽然目前中亚地区反恐初见成效，乌兹别克斯坦等国连续多年未发生恐怖袭击事件，地区安全形势得到有效控制，但是，新冠疫情对中亚各国社会经济发展带来的负面影响短期内难以消除，社会不满情绪加剧，以青年群体为主的中亚国家仍是"伊斯兰国"和"基地"组织等国际恐怖势力"理想"的"兵源"地。同时，美国宣布 2021 年从阿富汗撤军，"塔利班"与阿富汗政府军陷入激烈争夺，与阿富汗接壤的塔吉克斯坦、乌兹别克斯坦、土库曼斯坦处于冲突的第一线，面临更加严峻的恐怖组织人员流动和边境安全问题，这些因素对中亚反恐形成极大挑战。

### 一　经济持续下滑，滋生极端情绪的社会因素持续存在

2020 年，新冠疫情肆虐全球，中亚地区也未能幸免。一方面，疫情造成重大人员伤亡。截至 2021 年 1 月 6 日，哈萨克斯坦确诊约 15.9 万人，死亡 2262 人；吉尔吉斯斯坦确诊 8.1 万余人，死亡 1361 人；乌兹别克斯坦确诊 7.7 万余人，死亡 615 人；塔吉克斯坦确诊 1.3 万余人，死亡 90 人。[①] 同时，哈萨克斯坦、吉尔吉斯斯坦、乌兹别克斯坦多名政要感染新冠病毒。哈萨克斯坦下议院议长、卫生部部长、总统新闻秘书、总统纳扎尔巴耶夫相继确诊感染新冠病毒。哈萨克斯坦国防部副部长巴赫特·库尔曼巴耶夫少将、乌兹别克斯坦副总理乌克塔姆·巴尔诺耶夫、乌兹别克斯坦议会参议院副主

①　张宁：《新冠疫情对中亚"一带一路"合作影响》，《俄罗斯学刊》2021 年第 1 期。

席叶尔尼亚佐夫因新冠感染去世。政府抗疫不力引发民众质疑，吉尔吉斯斯坦议会选举引发的骚乱也是民众在这种不满情绪之下的公开表达。① 另一方面，疫情期间，中亚各国经济发展下滑，民生问题增多。2020 年，中亚各国通货膨胀率高居不下，其中吉尔吉斯斯坦的通胀率为 9.7%②，塔吉克斯坦的通胀率为 9.4%③，乌兹别克斯坦的通胀率为 11.1%④。高通胀带来以食品为主要代表的物价大幅上涨，经济困境导致中亚各国贫困程度加剧，有 140 万人被归入贫困人群。⑤ 社会治理不力、失业率快速上升都是可能造成恐怖主义蔓延的潜在因素。同时，中亚地区人口平均年龄 27.6 岁，是全球最年轻的地区之一。⑥ 低就业率、年轻态以及宗教认同促使中亚成为"伊斯兰国"和"基地"组织等国际恐怖势力开展宣传、招募活动的重要目标之一。同时，2020 年是中亚国家的选举年，哈萨克斯坦和土库曼斯坦举行议会选举，吉尔吉斯斯坦和乌兹别克斯坦举行总统选举，对中亚各国政治、社会稳定带来新的挑战。2020 年吉尔吉斯斯坦国会选举带来的持续动荡就是典型代表。中亚地区易受"伊斯兰国"和"基地"组织煽动"圣战"的因素依旧存在。

## 二 阿富汗地区冲突加剧，各类风险和隐患加大

美国总统拜登宣布从 2021 年 5 月起从阿富汗撤军，至 9 月 11 日彻底完

---

① https：//www. bbc. com/zhongwen/simp/world-54464882.

② 《2020 年吉尔吉斯斯坦全年通胀率达 9.7%，食品类涨幅最大》，"走出去"导航网，2021 年 1 月 25 日，https：//en. investgo. cn/article/gb/fxbg/202101/531052. html。（最后访问时间：2021 年 1 月 26 日）

③ 《塔吉克斯坦 2020 年通胀率达到 9.4%》，人民网，2021 年 1 月 14 日，http：//world. people. com. cn/n1/2021/0114/c1002-32000032. html。（最后访问时间：2021 年 1 月 15 日）

④ 《乌兹别克斯坦 2020 年通胀率达 11.1% 食品价格上涨 15.3%》，搜狐网，2021 年 1 月 7 日，https：//www. sohu. com/a/443060501_ 162758。（最后访问时间：2021 年 1 月 8 日）

⑤ 《世行预测中亚国家贫困程度将加深》，中华人民共和国商务部网站，2020 年 10 月 9 日，http：//www. mofcom. gov. cn/article/i/jyjl/e/202010/20201003006420. shtml。（最后访问时间：2020 年 10 月 10 日）

⑥ 《2020 年中亚地区人口预计将增加逾 100 万人》，中华人民共和国商务部网站，2020 年 3 月 19 日，http：//www. mofcom. gov. cn/article/i/jyjl/e/202003/20200302946580. shtml。（最后访问时间：2020 年 3 月 20 日）

成撤军。美军撤军期间，"塔利班"与政府军展开激战，占领了阿富汗近半数地区，包括东北部巴达赫尚省和南部坎大哈省。2021 年 7 月，有媒体消息称，阿富汗政府军在该国北部已经投降，数百名士兵撤退到塔吉克斯坦和乌兹别克斯坦，① 土库曼斯坦已经开始向土阿边境增兵。事件凸显阿富汗国内局势动荡对中亚国家的安全威胁。目前在阿富汗有 400～600 名外国武装分子，主要集中在霍斯特省、库纳尔省、努尔斯坦省、帕克蒂亚省和查布尔省。② "伊斯兰国"在阿富汗的势力仍具有威胁性。据评估，"呼罗珊省"在阿富汗约有 2500 名作战人员，其中约 2100 人集中在库纳尔省。"呼罗珊省"在法里亚布省有秘密小组。③ 俄罗斯外交部部长谢尔盖·拉夫罗夫表示，"'伊斯兰国'正在阿富汗集中、积极地获取领土，主要是在阿富汗北部获取领土"④。这将给北部地区与阿富汗接壤的中亚国家直接带来威胁。美国仓促撤军给阿富汗留下"安全黑洞"，如今乱局再起，紧邻着的中亚国家或将面临更大的武装分子趁乱跨境流动，以及边境地区发生武装冲突的风险。

## 三　中亚"圣战"组织依然极具煽动性

虽然中亚"圣战"组织的头目与骨干不断被击毙或逮捕，但中亚"圣战"组织的成员以及形成的网络体系，在国际恐怖势力中仍处于重要地位。由此可见，中亚"圣战"组织对中亚地区构成的威胁不容小觑。这一威胁主要表现在三个方面：一是现有中亚恐怖组织已经初步形成包括招募、作战和融资职能的体系。2020 年中亚各国破获的涉恐案件表明，中亚正成为国际恐怖组织招募"兵源"的重要目标。这些恐怖组织不仅号召中亚青年投

---

① https：//gbcode. rthk. hk/TuniS/news. rthk. hk/rthk/ch/component/k2/1599335－20210706. htm.
② 联合国文件 S/2020/53，https：//documents－dds－ny. un. org/doc/UNDOC/GEN/N19/439/91/pdf/N1943991. pdf？OpenElement。
③ Ibid.
④ Jeff Seldin，"Al-Qaida, Islamic State Set to Reconstitute in Afghanistan, Beyond，"https：//www. voanews. com/us-afghanistan-troop-withdrawal/al-qaida-islamic-state-set-reconstitute-afghanistan-beyond. （最后访问时间：2021 年 7 月 11 日）

身"圣战"，更有意利用叙利亚活动的中亚恐怖分子进行融资，然后通过在土耳其分支机构利用哈瓦拉系统转移资金，用于支持恐怖活动。人员招募活动也以该体系为基础，招募的人员和资金能够快速补充到现有恐怖活动体系中。二是以阿布·萨洛等为代表的所谓"宗教领袖"，凭借在中亚群体中的"声望"进行"宣教"，对中亚青年具有较大的吸引力和号召力。虽然有消息称，阿布·萨洛已被"沙姆解放组织"所封禁，但"统一与圣战营"依然在利用阿布·萨洛"传教"内容煽动暴力极端主义。三是"沙姆解放组织"旗下的"圣战"组织在俄罗斯北高加索地区也很活跃，如"高加索酋长国"（Imarat Kavkaz, IK）、"利瓦·穆哈吉林·瓦尔·安萨尔"（Liwa al-Muhajireen wal-Ansar, LMA）等武装组织，致力于将北高加索地区的车臣、达吉斯坦、印古什共和国从俄罗斯分裂出来。通过与叙利亚战场上的中亚恐怖组织"统一与圣战营"等相互勾结，北高加索地区的恐怖组织不仅能够在俄罗斯境内招募来自中亚的移民和劳工，还可以通过这一群体构建渗透中亚的新渠道，因为这些中亚劳工持有正规的出入境证件。借助中亚恐怖组织的影响力和中亚务工人员的亲缘关系，恐怖组织试图在中亚地区进一步扩大影响，内外联动，煽动中亚各国国内的暴力极端主义意识形态和行为，带来更大的危害。疫情期间，因各国的防疫措施限制，赴外务工的劳动力暂时无法出境，但是他们持续利用中亚各国内常用的社交网络传播意识形态，建立通联渠道，进行招募和煽动活动，说明现有中亚恐怖组织仍极具煽动性。

## 四 现行反恐举措仍有改进空间

2020年中亚各国挫败的恐怖袭击图谋中，嫌犯多拥有爆炸物或自制爆炸装置。使用爆炸袭击这种危害较大、技术要求较高的犯罪手法，不仅需要获取、传递、存储爆炸物，而且需要对人员进行培训。在严格的防疫政策之下，涉恐嫌犯还可以完成这样复杂的操作，进一步说明中亚地区国家对小型武器管控和人员管理仍存在一定的改进空间。2020年联合国反恐中心启动新项目以应对中亚地区恐怖主义、武器贩运和有组织犯罪之间的联系，并针对这一问题探索解决方案。同时，面对网络恐怖主义，中亚地区国家常用的打击方法是发现涉恐内容并对相关账号进行屏蔽，但是大量新的账号或频道又会源源不断地出现，而且恐怖组织不断开辟新的更"安全"的应用传递资料，甚至制作所谓的"安全手册"，谋求在网络上的生存。针对网络恐怖主义，中亚各国需要制定更全方位、立体化的打击策略，在政府、平台、用户多个层面，信息发布、传播、审核等多个阶段制定举措加以管控，甚至可以制定完善的网络打击策略，集中对恐怖组织的网络能力予以打击，降低恐怖组织的恢复能力。

## 五 反恐双重标准为中亚国际反恐合作带来不确定性

中亚各国政府与许多西方国家进行双边反恐的合作交流，在接纳从叙利亚遣返的"圣战"者方面的经验也得到国际社会认同。但是，西方国家长期在反恐问题上奉行双重标准，以所谓的"人权"名义频频干预中亚国家内政，让中亚在反恐行动和反恐合作问题上复杂化，降低了反恐合力。西方国家最常见的做法就是以各国反恐法中"极端主义"定义不清为由，对政府打击恐怖主义和极端主义的行动进行抹黑攻击。多个所谓的"人权组织"称，哈萨克斯坦利用打击极端主义和恐怖主义的法律，对国内政治反对派进行打击，提出其认定"哈萨克斯坦民主选择组织"（Democratic Choice of Kazakhstan）为"极端主义组织"并认为它侵犯人权，[①] 并持续对此进行抹黑攻击。类似的事情也发生在吉尔吉斯斯坦。2005 年吉尔吉斯斯坦通过的《打击极端主义活动法》将"伊斯兰解放党"（Hizb ut-Tahrir，音译"伊扎布特"）列入极端主义犯罪行为清单。部分人权组织否认"伊扎布特"的暴力属性，[②] 宣称以该法案为依据的逮捕和起诉侵犯了宗教、言论和结社等基本权利和自由。美国政府在所谓的《2020 乌兹别克斯坦人权报告》中，

---

① Human Rights Watch, "Kazakhstan: Crackdown on Government Critics over 130 Targeted for Alleged Membership in Groups Deemed 'Extremist'," https://www.hrw.org/news/2021/07/07/kazakhstan-crackdown-government-critics. （最后访问时间：2021 年 7 月 8 日）。

② Human Rights Watch, "'We Live in constant Fear' Possession of Extremist Material in Kyrgyzstan," https://www.hrw.org/report/2018/09/17/we-live-constant-fear/possession-extremist-material-kyrgyzstan. （最后访问时间：2018 年 9 月 18 日）

公开指责乌兹别克斯坦打击网络恐怖主义的举措，认为政府有权在没有法院命令的情况下封锁网站或博客，侵犯了信息自由权。同时，美国也对乌兹别克斯坦因宣扬仇恨并煽动恐怖主义禁止"伊扎布特"的行为表示异议。① 各方对恐怖组织和极端主义行为的认定差异将给反恐合作的基础带来挑战，这也是目前国际社会反恐合作中的最大障碍。

# 结　语

中亚地区曾饱受恐怖主义之害，如今自身反恐行动和国际反恐合作在一定程度上换来了地区的安全稳定。乌兹别克斯坦等国在消除滋生恐怖主义和暴力极端主义的土壤方面走在国际前列。如今，一方面，中亚面临的恐怖主义威胁是由历史因素造成的，部分受极端主义影响的武装分子赴阿富汗、叙利亚等地区参战，深度融入国际恐怖主义体系。另一方面，中亚面临的恐怖主义威胁是未来性的，美国从阿富汗撤军造成的地区动荡形势，必将给中亚边境地区带来挑战；"伊斯兰国"和"基地"组织与中亚武装团伙或趁乱潜入中亚国家制造恐怖袭击事件，引发动荡与混乱，这将给中亚国家反恐带来巨大挑战。

---

① "2020 Country Reports on Human Rights Practices: Uzbekistan," https://uz.usembassy.gov/2020-country-reports-on-human-rights-practices-uzbekistan/. （最后访问时间：2021 年 3 月 31 日）

# 第四章　南亚地区恐怖主义
## 与反恐怖斗争态势[*]

新冠疫情在全球蔓延不仅是一次公共卫生安全危机，还对全球政治、经济、社会等各领域产生了深刻影响。南亚地区经济发展缓慢，宗教民族冲突不断，地区政治局势复杂，一直以来饱受恐怖主义的威胁，是全球受恐怖主义影响的重灾区。疫情开始后，南亚地区各国的政治、经济、社会等领域受到严重影响，失业率提高、贫富差距扩大、民众生活水平降低，为恐怖主义的滋生提供了肥沃的土壤，恐怖主义威胁持续笼罩。下文将概述南亚地区面临的恐怖主义态势，分析恐怖主义态势产生的原因，并总结南亚地区的反恐怖斗争态势及发展趋势。

## 第一节　南亚地区恐怖主义态势

2020 年 11 月，澳大利亚经济与和平研究所（IEP）发布《2020 年恐怖主义指数报告》。《2020 年恐怖主义指数报告》显示，2020 年南亚地区的恐怖主义指数（GTI）为 5.829，比 2019 年的恐怖主义指数增长了 0.27。南亚地区是全球受恐怖主义威胁最严重的地区。[①] 自 2001 年 "9·11" 事件之后，南亚地区一直处于恐怖主义威胁的阴影之下，已经连续多年成为全球最受恐怖主义威胁的地区；自《2002 年恐怖主义指数报告》首次公布以来，南亚地区的平均恐怖主义指数一直居全球首位。全球深受恐怖主义威胁的

---

[*] 作者：郭永良，中国人民警察大学副教授，研究方向：国际反恐。

[①] Institute for Economics and Peace, "Global Terrorism Index 2020," https://www.visionofhumanity. org/wp-content/uploads/2020/11/GTI-2020-web-2.pdf.（最后访问时间：2021 年 4 月 4 日）

10 个国家中，南亚八国中有 3 个国家位列其中，分别是阿富汗、巴基斯坦和印度。2020 年阿富汗、巴基斯坦和印度的恐怖主义指数排名依然靠前。根据全球恐怖主义指数全区域四等分法①的安全形势评价体系划分，南亚的阿富汗为全球受恐怖主义威胁的"高危国家"，巴基斯坦、印度、斯里兰卡和尼泊尔为"动荡国家"，孟加拉国为"危险国家"。它们均不同程度地受到恐怖主义的威胁。

从数据来看，2020 年南亚地区面临的恐怖主义形势比 2019 年面临的恐怖主义形势恶化，恐怖主义在南亚地区的整体影响有所扩大。斯里兰卡、马尔代夫等国的恐怖主义形势恶化，在一定程度上影响了南亚地区整体的恐怖主义态势。2020 年阿富汗、巴基斯坦和印度恐怖主义指数得分有所上升，恐怖主义态势依然严峻。

## 一 阿富汗

数据显示，2020 年阿富汗的恐怖主义指数为 9.592，虽然武装冲突和恐怖袭击导致的死亡的人数有所下降，但阿富汗仍然连续两年成为全球受恐怖主义威胁最大的国家。2019 年，阿富汗发生与武装冲突和恐怖袭击有关的事件 1422 起，受伤人数约为 6200 人，死亡人数约为 5700 人，死于武装冲突和恐怖袭击的人数同比下降 22%。

武装冲突和恐怖袭击在阿富汗频发，阿富汗 34 个省均记录了暴力袭击事件，除潘杰谢尔省以外的其他省均记录了死亡事件。在昆都士省，暴力袭击造成的死亡人数最多，其中大多数人死于"塔利班"发动的暴力袭击。尽管"塔利班"仍然是阿富汗最活跃的反政府武装，但由于美国领导的军事行动的加强，该组织造成的死亡人数在 2019 年下降了 18%。② 然而，尽管暴力袭击死亡人数有所下降，但该组织继续在阿富汗各地发动大规模袭

① 全球恐怖主义指数全区域四等分法以 2.5 为划分等级，将各国的安全形势划分为"高危"（7.6~10.0）、"动荡"（5.1~7.5）、"危险"（2.6~5.0）与"和平"（0~2.5）四个等级。
② C. Thomas，"Afghanistan：Background and U.S. Policy：In Brief，"https：//fas. org/sgp/crs/row/R45122. pdf.（最后访问时间：2021 年 4 月 4 日）

击。2020 年 2 月 29 日，美国同"阿塔"代表在卡塔尔首都多哈签署和平协议。但协议签署以后，由于阿富汗政府内部的政治混乱，以及与"塔利班"交换囚犯的行动陷入僵局，阿富汗政府与"塔利班"的冲突持续升级。2020 年 7 月 25 日，阿富汗国家安全委员会发言人贾维德·费萨尔称，在过去一周内，"塔利班"发动了 400 多起恐怖袭击，平均每天有 10 多起；在这些袭击中，有 46 名平民被无辜杀害。2020 年 5 月 1 日，路透社报道称，"阿塔"与美国签署和平协议以来，"塔利班"发动的袭击次数增加 70%，该组织试图利用新冠疫情加强对农村的控制。① 另有报道称，"塔利班"控制或影响了阿富汗 12% 的地区，并在持续争夺另外 34% 的地区。②

活跃在阿富汗和巴基斯坦的"伊斯兰国"分支"呼罗珊省"，是阿富汗境内最致命的恐怖组织。该组织在 2019 年造成的死亡人数占阿富汗全国与恐怖活动有关的死亡人数的 6%。2019 年，"呼罗珊省"发动了 55 次袭击，造成 320 人死亡。自 2018 年以来，由于阿富汗政府、"塔利班"和美军的打击行动，"呼罗珊省"的势力已大幅削弱。然而，尽管遭到严厉打击，但据信"呼罗珊省"仍潜伏在喀布尔和贾拉拉巴德等城市。③"呼罗珊省"与"塔利班"之间也存在矛盾冲突。2019 年，"呼罗珊省"活跃在 7 个省份，而"塔利班"则在阿富汗所有 34 个省份发动武装袭击。④ 2019 年，"塔利班"与"呼罗珊省"发生了 16 起冲突，主要是在库纳尔省和楠格哈尔省。这些省位于与巴基斯坦接壤的边境，是"呼罗珊省"的活动基地。⑤

---

① 《数据显示"阿富汗塔利班"与美国讲和后攻势加大》，中国新闻网，2020 年 5 月 3 日，www. Chinanews. com/2020/05-03/9174648. html.（最后访问时间：2021 年 4 月 8 日）

② Council on Foreign Relations, "War in Afghanistan | Global Conflict Tracker," https：//www. cfr. org/global-conflict-tracker/conflict/war-afghanistantan.（最后访问时间：2021 年 4 月 4 日）

③ BBC News, "Islamic State Group Claims Deadly Attack on Afghanistan Prison," https：//www. bbc. com/news/world-asia-53633450.（最后访问时间 2021 年 4 月 4 日）

④ Institute for Economics and Peace, "Global Terrorism Index 2020," https：//www. visionofhumanity. org/wp-content/uploads/2020/11/GTI-2020-web-2. pdf.（最后访问时间：2021 年 4 月 4 日）

⑤ Center for Strategic and International Studies, "Islamic State Khorasan（IS-K），" https：// www. csis. org/programs/transnational - threats - project/terrorism - backgrounders/islamic - state - khorasan-k.（最后访问时间：2021 年 4 月 4 日）

## 二 巴基斯坦

2020 年巴基斯坦的恐怖主义指数为 7.541。2019 年，巴基斯坦发生与恐怖主义有关的事件 279 起，恐怖袭击导致的受伤人数约为 650 人，恐怖袭击导致的死亡人数约为 300 人。① 巴基斯坦受恐怖主义影响连续第 6 年下降，2019 年，在巴基斯坦，与恐怖袭击相关的死亡人数创下 2006 年以来的最低纪录，恐怖活动继续呈减少态势，死亡人数和事件数分别减少 87% 和 86%。"巴塔"是 2019 年造成死亡人数最多的恐怖组织。2019 年"巴塔"造成 73 人死亡，其次是虔诚军（Lashkar-e-Jhangvi）和真主党（Hizb-ul-Ahrar），分别造成 21 人和 20 人死亡。这三个组织造成的死亡人数合计占 2019 年与恐怖袭击相关死亡人数的 38%。然而，在巴基斯坦，大多数人死于小规模袭击，而这些袭击并没有任何组织宣称负责。2019 年，巴基斯坦国内受恐怖主义影响最严重的地区是俾路支省和开伯尔·普赫图赫瓦省。② 俾路支省和开伯尔·普赫图赫瓦省遭受的恐怖袭击数量占全国的 77%，因恐怖主义死亡的人数占全国死亡人数的 85%。③ 据统计，2020 年初以来，俾路支省安全部队遇袭事件急剧增加，平均每天遭遇 2~3 起恐怖袭击事件；在西北部的开伯尔·普赫图赫瓦省，"巴塔"等恐怖组织活动频繁。④

巴基斯坦国内发生的恐怖袭击持续减少，反映了巴基斯坦过去十年来最具威胁的恐怖组织"伊斯兰国"分支"呼罗珊省"、"巴塔"的活动持续减少。自"呼罗珊省"2014 年首次出现在巴基斯坦以来，它已经造成 696 人

---

① Institute for Economics and Peace, "Global Terrorism Index 2020," https：//www. visionofhumanity. org/wp-content/uploads/2020/11/GTI－2020－web－2. pdf.（最后访问时间：2021 年 4 月 4 日）.

② The Times of India, "Pakistan Senate Votes to Merge FATA with Khyber-Pakhtunkhwa," https：// timesofindia. indiatimes. com/world/pakistan/pakistan-senate-votes-to-merge-fata-with-khyber-pakhtunkhwa/articleshow/64321636. cms.（最后访问时间：2021 年 4 月 4 日）

③ Institute for Economics and Peace, "Global Terrorism Index 2020," https：//www. visionofhumanity. org/wp-content/uploads/2020/11/GTI-2020-web-2. pdf.（最后访问时间：2021 年 4 月 4 日）

④ 《2020 年 1~8 月巴基斯坦反恐形势简析》，搜狐网，2020 年 9 月 30 日，https：// www. sohu. com/a/421972410_ 100080233。（最后访问时间：2021 年 4 月 8 日）

死亡。2018 年成为"呼罗珊省"造成死亡人数最多的一年，2019 年"呼罗珊省"造成的死亡人数比 2018 年的减少了 96%。在巴基斯坦，"呼罗珊省"已不再是造成死亡人数最多的恐怖组织，2019 年该组织发动 7 起恐怖袭击事件，造成 9 人死亡。自 2009 年以来，"巴塔"至少造成 4500 人死亡，占巴基斯坦已知因恐怖主义死亡人数的一半以上。

恐怖主义活动的大量减少得益于巴基斯坦军事和安全部队针对包括"呼罗珊省"和"巴塔"在内的许多恐怖组织的反恐行动。2015 年，巴基斯坦政府实施了《国家行动计划》（the National Action Plan），以打击北瓦济里斯坦和联邦直辖部落地区（FATA）的武装分子据点。2015 年活跃在巴基斯坦的 37 个恐怖组织中，只有 10 个在 2019 年仍然活跃。①

虽然巴基斯坦国内反恐形势持续好转，但仍然面临较为严重的恐怖主义威胁。2020 年 1 月 10 日晚，巴基斯坦俾路支省首府奎达的一座清真寺遭自杀式炸弹袭击，造成至少 15 人死亡、20 人受伤，"伊斯兰国"宣称制造了这起袭击。2 月 17 日，巴基斯坦俾路支省首府奎达发生一起自杀式炸弹袭击，爆炸导致 8 人死亡，其中 3 人是警察，另有 19 人受伤。5 月 11 日，巴基斯坦开伯尔·普赫图赫瓦省首府白沙瓦市阿什拉夫路发生简易爆炸装置爆炸，造成至少 5 人受伤，其中包括 2 名交警。6 月 29 日，位于巴基斯坦第一大城市卡拉奇的巴基斯坦证券交易所遭 4 名武装分子袭击，造成多人伤亡。"俾路支解放军"宣称对此事负责。2018 年 11 月 23 日，中国驻卡拉奇领事馆遭多名武装分子袭击，致 2 死 1 伤，这起恐怖袭击也是"俾路支解放军"所为。

## 三　印度

2020 年印度的恐怖主义指数为 7. 353，是全球受恐怖主义威胁的"动荡国家"。2019 年，印度发生与恐怖主义有关的事件 558 起，因恐怖袭击受伤

---

①　Institute for Economics and Peace，"Global Terrorism Index 2020，" https：//www. visionofhumanity. org/wp-content/uploads/2020/11/GTI-2020-web-2. pdf.（最后访问时间：2021 年 4 月 4 日）

人数为 439 人，受恐怖袭击死亡人数为 277 人。这标志着自 2018 年以来，因恐怖袭击事件造成的受伤人数和死亡人数均下降了 20% 以上。与其他 9 个受影响最大的国家相比，印度有范围更广的恐怖组织，极端主义、恐怖主义和分离主义组织活跃在印度各地。[①] 在受恐怖主义影响最严重的 10 个国家中，印度恐怖袭击造成的死亡人数最少，其他 9 个国家 2019 年平均每起恐怖袭击造成 2.1 人死亡，而印度记录的平均每起恐怖袭击导致 0.5 人死亡。大多数没有造成死亡的恐怖袭击是针对警察和军事人员的爆炸，其次是针对平民的爆炸。

印度有大量恐怖组织，但这些组织发动的袭击往往不是为了造成大量人员伤亡。2019 年印度发生的恐怖袭击有一半以上是非致命性的，只有 27% 的恐怖袭击造成 1 人以上死亡。在印度 35 个活跃的恐怖组织中，只有 14 个对 2019 年的死亡事件负责。[②] 2019 年，"穆罕默德军"（Jaish-e-Mohammad）等少数恐怖组织造成了印度全国超过 2/3 的恐怖主义死亡并发动近半数的恐怖袭击。查谟-克什米尔邦是 2019 年印度受恐怖主义影响最大的地区，发生了 165 起恐怖袭击事件，造成 103 人死亡，其中大部分恐怖袭击是打着"伊斯兰"旗号的恐怖组织所为。最活跃的 3 个组织是"穆罕默德军"、"真主穆斯林游击队"（Hizbul Mujahideen）和"虔诚军"（Lashkar-e-Taiba）。"穆罕默德军"和"虔诚军"也一直活跃在巴基斯坦和阿富汗，但这两个组织发动的大多数袭击是在印度进行的。印度查谟-克什米尔邦的索波雷地区在举行议员会议时遭到恐怖袭击，造成 2 人死亡，据称 2 名来自恐怖组织"虔诚军"的武装分子参与了此次袭击。[③] 第二个受影响最大的地区是恰蒂斯加尔邦，恰蒂斯加尔邦在 2019 年遭受 85 起袭击，造成 53 人死亡。2021 年 4

---

① Institute for Economics and Peace, "Global Terrorism Index 2020," https：//www. visionofhumanity. org/wp-content/uploads/2020/11/GTI-2020-web-2. pdf.（最后访问时间：2021 年 4 月 4 日）

② Institute for Economics and Peace, "Global Terrorism Index 2020," https：//www. visionofhumanity. org/wp-content/uploads/2020/11/GTI-2020-web-2. pdf.（最后访问时间：2021 年 4 月 4 日）

③ 《印度一地区在举行议员会议时遭到恐怖袭击，造成 2 人死亡》，网易，2021 年 3 月 30 日，https：//www. 163. com/dy/article/G6BNJ1FC0534MHMX. html.（最后访问时间：2021 年 4 月 8 日）

月 4 日，印度安全部队在恰蒂斯加尔邦与反政府武装交战，至少 22 名印度军人被打死，除 30 人受伤外，仍有十几人失踪。

### 四　其他国家

除阿富汗、巴基斯坦和印度外，南亚地区其他国家受恐怖主义威胁的程度相对较小。但值得注意的是，斯里兰卡和尼泊尔成为 2020 年南亚地区仅有的 2 个恐怖主义指数增长的国家。2019 年 4 月，斯里兰卡发生了震惊世界的连环炸弹袭击。官方数据显示，连环爆炸案造成至少 253 人死亡。2020 年至今，斯里兰卡和尼泊尔面临的恐怖主义威胁略有下降，恐怖袭击事件很少发生，恐怖主义态势有所好转。孟加拉国的恐怖主义态势略显好转，但其国内的极端主义势力仍存在，恐怖主义威胁仍未消失。① 不丹几乎不受恐怖主义影响。另外，2020 年 2 月 6 日，3 名男性游客在马尔代夫首都马累以北 4 英里的岛屿胡鲁马累遇刺。马尔代夫一个隶属于"伊斯兰国"的激进组织在网上发布视频，承认对此次袭击负责；4 月 19 日，马尔代夫警方通报称，该国中部海岸遭遇不明组织袭击，至少有 5 艘船被炸毁，其中包括警用船只和民用救护快艇。调查显示，发生在港口的爆炸是蓄意而为，且经过了精密谋划。不久，"伊斯兰国"发表声明称，这起袭击事件是该组织的"圣战"支持者所为。马尔代夫是全球著名的旅游目的地国家，主要财政收入来源于旅游业。新冠疫情对马尔代夫旅游业造成了巨大冲击，恐怖组织在此时发动恐怖袭击，进一步影响马尔代夫的旅游业，严重影响国家财政收入，也使马尔代夫陷入恐怖主义的持续威胁当中。

## 第二节　南亚地区恐怖主义态势产生的原因

新冠疫情不仅影响南亚地区的经济发展，而且使得原有的社会矛盾进一

---

① 黄德凯、朱强：《"一带一路"倡议下的孟加拉国宗教风险及防范》，《南亚东南亚研究》2020 年第 6 期。

步激化。政治斗争、宗教矛盾和民族冲突等问题凸显，成为恐怖主义滋生的更加肥沃的土壤。

## 一 新冠疫情影响

新冠疫情成为二战结束以来最严重的公共卫生危机，对世界政治经济秩序产生全面冲击，给人类社会带来全方位挑战。南亚地区的经济发展水平较低，社会卫生条件普遍较为落后，受新冠疫情影响更加严重。南亚国家新冠疫情未能得到有效控制（见表1）。

**表1 南亚国家新冠疫情数据统计**

| 国家 | 累计确诊（人） | 现有确诊（人） | 累计治愈（人） | 累计死亡（人） |
| --- | --- | --- | --- | --- |
| 印度 | 12928574 | 910319 | 11851393 | 166862 |
| 巴基斯坦 | 705517 | 66994 | 623399 | 15124 |
| 孟加拉国 | 666132 | 91581 | 565030 | 9521 |
| 尼泊尔 | 279100 | 2454 | 273608 | 3038 |
| 斯里兰卡 | 94253 | 2618 | 91044 | 591 |
| 阿富汗 | 56943 | 2471 | 51956 | 2516 |
| 马尔代夫 | 25304 | 3071 | 22166 | 67 |
| 不丹 | 900 | 25 | 874 | 1 |
| 总计 | 14756723 | 1079533 | 13479470 | 197720 |

注：数据统计截至 2021 年 4 月 9 日。

资料来源：全球新冠疫情大数据分析平台，https://www.zq-ai.com/#/fe/xgfybigdata。

截至 2021 年 4 月 9 日，印度新冠疫情累计确诊人数达到 12928574 人，累计确诊人数排名全球第三；累计死亡人数为 166862 人，全球排名第四。印度疫情持续恶化，未得到有效控制。4 月 5 日，印度单日新增确诊病例自疫情开始以来首次超过 10 万例。截至 2021 年 4 月 9 日，南亚地区累计确诊人数为 14756723 人，累计死亡人数为 197720 人，现有确诊人数为 1079533 人。

需要看到，恐怖主义在疫情的影响之下持续发展。一方面，在疫情的影响之下，南亚地区 2020 年并未发生大规模恐怖袭击，各国恐怖袭击数量和恐怖主义导致的死亡人数下降，整体看来恐怖主义态势稍有好转；另一方面，南亚各国将人力、物力和财力投入抗击新冠疫情，进而导致各国在反恐方面的资源投入减少，本土恐怖组织得以喘息并暗中发展，全球性恐怖组织如"伊斯兰国"等也在悄然重建，并趁疫情发展。有安全机构警告称，新冠疫情很有可能为"圣战"分子创造机会。① 2020 年初，新冠疫情刚开始之际，"伊斯兰国"就在其运营的刊物上发布与新冠疫情有关的信息，宣称新冠疫情是对"异教徒"的"天罚"，呼吁人们"忏悔"，加入"伊斯兰国""避难"。有相关报道称，"伊斯兰国"已向在世界各地的分支机构发出行动信号，宣称即使病毒不断蔓延，他们的全球战争也仍将继续。②

## 二　政治斗争影响

阿富汗战争持续至今，"阿塔"在美国和北约的军事打击之下非但没有被消灭，反而越战越勇，持续对阿富汗政府军发动袭击，给阿富汗政府造成严重的政治经济损失，也让美国政府深陷阿富汗战争泥潭。随着战略重心的转移，美国急于从阿富汗脱身，积极促成与"阿塔"的和谈。经过一年多的谈判，2020 年 2 月 29 日，美国同"阿塔"代表在卡塔尔首都多哈签署和平协议。通过这项协议，"阿塔"组织分管政治事务的领导人阿卜杜勒·加尼·巴拉达尔承诺，"塔利班"将防止阿富汗领土被用来威胁其他国家（并暗示反恐承诺），并暂停"塔利班"对美军和阿富汗主要城市的袭击；作为回报，美国宣布了撤军时间表，并承诺协调从阿富汗监狱释放 5000 名囚犯。③ 然而协议签署不到两天，3 月 2 日，"塔利班"发言人宣布终止部分停战协议，恢复在阿富汗的"行动"。该发言人表示，"塔利班"武装分子

---

① 华希强：《警惕恐怖势力借疫情卷土重来》，《环球时报》2020 年 11 月 4 日。

② 《全球新冠疫情期间，警惕恐怖分子趁机作乱!》，搜狐网，2020 年 4 月 2 日，https：/www.sohu.com/a/384974976_100080233.（最后访问时间：2021 年 4 月 9 日）

③ Institute for Economics and Peace，"Global Terrorism Index 2020，" https：//www.visionofhumanity.org/wp-content/uploads/2020/11/GTI-2020-web-2.pdf.（最后访问时间：2021 年 4 月 4 日）

不会参加阿富汗内部谈判，直到阿政府释放 5000 名"塔利班"囚犯。此前一天，阿富汗总统阿什拉夫·加尼明确表示，拒绝执行和平协议中的一项重要条款——释放约 5000 名"塔利班"囚犯。加尼在喀布尔举行的新闻发布会上指出："可以在阿富汗的内部谈判中加入对此事项的讨论，但是不能将此作为对话的先决条件。"加尼补充道，释放"塔利班"囚犯"属于阿富汗政府而非美国政府的职权范围"。①"阿塔"与美国政府达成的协议，却不被协议核心内容涉及的第三方——阿富汗政府所接受，和平协议前景渺茫。2020 年 9 月，阿富汗政府与"阿塔"启动内部谈判。但随着内部谈判的不断进行，"阿塔"仍不断对阿富汗政府机构以及安全部队发动袭击，并对阿富汗政府军施压以增加谈判筹码，使得阿富汗国内的安全态势更加严峻。

推动美国决定在 2018~2020 年与"阿塔"展开非常规外交的一个关键因素是美国希望结束在阿富汗的长期军事干预，从阿富汗撤军。有专家指出，美国政策制定者们一直在努力实现一个和平的阿富汗、结束代价高昂的干预，并且防止最初导致战争的恐怖主义威胁再次出现。② 但这面临着现实的阻碍，一是"塔利班"不愿意或者说不能实现在与美国达成的和平协议中涉及的反恐目标。二是美国积极与"塔利班"达成协议的过程，有助于推动"阿塔"对合法性的主张，并削弱阿富汗政府的立场，这使得"阿塔"更不可能接受任何维护国家结构和反恐能力的权力分享协议。因此，阿富汗国内政治形势以及反恐形势的未来在某种意义上更取决于阿富汗政府军在美军撤离时的表现，而在政府军难以取得决定性优势的情况下，阿富汗国内严峻的政治形势和安全形势将难以改善。

## 三 宗教、民族矛盾和冲突不断

南亚地区的宗教、民族情况复杂，南亚国家之间的矛盾与冲突不断，为

---

① 《美塔签署"里程碑"协议能否为阿富汗带来和平？》，中国新闻网，2020 年 3 月 2 日，https：//www.chinanews.com cn/gj/2020/03-02/9110297.shtml.（最后访问时间：2020 年 3 月 3 日）

② Institute for Economics and Peace, "Global Terrorism Index 2020," https：//www.visionofhumanity.org/wp-content/uploads/2020/11/GTI-2020-web-2.pdf.（最后访问时间：2021 年 4 月 4 日）

恐怖主义在南亚地区的发展提供了充足的土壤。在宗教问题方面，南亚地区拥有众多宗教及教派，如伊斯兰教、佛教、印度教、基督教、犹太教、锡克教等。印度的印度教教徒和伊斯兰教穆斯林之间、锡克教教徒和印度教教徒之间、巴基斯坦的伊斯兰教什叶派和逊尼派之间的矛盾最为激烈，彼此的武装冲突不断。另外，印巴克什米尔冲突问题是南亚地区的核心安全问题。印度和巴基斯坦围绕该地区经常发生武装冲突甚至战争，两国国内的恐怖组织也多次围绕克什米尔地区发动恐怖袭击。究其原因在一定程度上是英国殖民者"分而治之"的民族政策，但根本原因在于该地区历史上穆斯林与印度教教徒的争端。而且随着历史进程不断推进，宗教问题与两国领土争端的结合，使得克什米尔地区的和平前景尚不明朗。2020年3月25日，印度中央预备警察部队（CRPF）的车队在查谟–克什米尔邦遭到武装分子袭击，导致2名士兵死亡，另有2人受重伤。11月13日，印度和巴基斯坦军队在克什米尔地区发生冲突，双方发起大规模炮击，造成多人伤亡，此次冲突是2020年以来伤亡最惨重的一次。[①]

在民族问题方面，南亚地区各国除马尔代夫以外均为多民族国家，民族分离主义等问题导致了南亚地区的恐怖主义活动。印度由100多个民族构成，主体民族为印度斯坦族。由于国内各民族之间的经济发展差异巨大，民族信仰之间也存在冲突，这些问题使印度面临持续的恐怖主义威胁。例如，北部旁遮普省的锡克分离主义运动、东北部阿萨姆邦的分离主义运动，以及上文提到的与克什米尔持续领土争端有关的恐怖主义，都让印度政府陷入反恐的多线作战之中。巴基斯坦的主体民族是旁遮普族，占总人口的63%，巴基斯坦还有信德族、普什图族、俾路支族等。俾路支族民族分离运动影响下的俾路支省成为巴基斯坦恐怖活动较为频繁的地区之一。阿富汗主体民族为普什图族，占总人口的约40%，另有20多个少数民族，非主体民族的民族分离主义为毒品犯罪、恐怖主义等活动提供了温床。斯里兰卡国内的僧伽

---

① 《印巴边境发生大规模炮炮战致16人死，为今年来伤亡最惨重》，中华网新闻，2020年11月16日，https://news.china.com/international/1000/20201116/38970126.html。（最后访问时间：2020年11月20日）

罗族与泰米尔族是主要民族，但这两个民族自英国殖民统治时期至今就存在矛盾，暴力冲突不断。斯里兰卡国内泰米尔"猛虎"恐怖组织于2009年5月被政府军击败，宣告了斯里兰卡内战的结束。但2019年发生的连环炸弹袭击又使斯里兰卡陷入了暴力极端主义的恐怖主义威胁中。孟加拉国有大约20个民族，主体民族是孟加拉族，其民族矛盾主要表现为吉大港山区的查克马和马尔马等部族的矛盾。

自二战结束以来，在历史、政治等原因影响之下的南亚各国宗教、民族矛盾不断演化，冲突手段不断升级，南亚各国最后甚至采取屠杀、爆炸等暴力恐怖袭击手段，严重破坏了南亚地区的安全与稳定，为恐怖主义的滋生提供了温床，使得南亚地区面临的恐怖主义威胁阴云难散、恐怖主义态势越发严峻。

## 第三节　南亚地区的反恐怖斗争态势及发展趋势

恐怖主义是世界各国面临的共同敌人，不仅极大地影响一些国家的政治稳定与社会和谐，而且极大地阻碍了经济发展和民生改善。因此，南亚各国在不断强化反恐措施的同时，也注重解决恐怖主义根源性问题，并重视加强国际反恐合作。

### 一　通过区域性合作机制强化打击恐怖主义的措施

面对南亚地区复杂严峻的恐怖主义态势，上海合作组织机制、金砖机制等区域性合作机制加强国家间合作，充分发挥机制作用，协调各国开展反恐怖行动，强化打击恐怖主义的措施。

上海合作组织始终关注打击国际恐怖主义、极端主义和分裂主义。资料显示，在2019年6月至2020年6月的一年时间里，上海合作组织成员国共侦破288起恐怖主义、极端主义犯罪等。[①] 面对新冠疫情下肆虐的恐怖主

---

① 《上合秘书长：上合成员国守望相助合作抗疫 各国应借鉴其抗疫经验》，环球网，2020年6月13日，https://3w.huanqiu.com/a/c36dc8/3ydfiM74Jfp? agt=11。（最后访问时间：2020年6月14日）

义，上海合作组织积极扩大反恐合作，通过开展反恐演习、打击网络恐怖主义等措施，遏制恐怖主义发展态势。2020年9月4日，俄罗斯国防部部长绍伊古表示，上合组织、独联体和集安组织商定扩大反恐合作，在"高加索-2020"框架下，举行首次联合反恐演习。与会防长在联合公报中，将打击恐怖主义和极端主义列为优先事项。[①] 2020年11月10日，上海合作组织成员国领导人以视频方式举行元首理事会会议，并发表《上海合作组织成员国元首理事会莫斯科宣言》（下称《宣言》），宣言强调各成员国协调行动，合作打击恐怖主义；采取反恐共同措施，查明并切断恐怖分子参与恐怖活动以及参与恐怖、分裂和极端活动人员渗透至上海合作组织成员国境内的渠道。此外，《宣言》还强调防范和阻止恐怖主义、分裂主义和极端主义思想的传播，帮助恐怖主义受害者重新回归、融入社会，阻止招募青年人参与恐怖组织、分裂组织和极端组织活动，合作打击利用互联网传播恐怖主义、分裂主义和极端主义思想等内容。[②] 2021年3月5日，上海合作组织与欧盟的机构就2021～2022年打击网络恐怖主义的联合活动达成协议。[③] 3月18日，上海合作组织地区反恐机构理事会第36次例会在乌兹别克斯坦首都塔什干举行，宣布举行"帕比-反恐-2021"联合反恐演习的决定。在此次会议上，上海合作组织成员国代表还批准了《关于上海合作组织成员国打击恐怖主义、分裂主义和极端主义2022年至2024年合作纲要》草案。[④]

金砖机制是新兴市场国家和发展中国家加强团结合作、维护共同利益的重要机制。近年来，金砖国家深化团结互信，推动务实合作，在合作打击恐

---

① 《俄防长：上合组织、独联体和集安组织将举行首次联合反恐演习》，新浪网，2020年9月4日，https://tech.sina.cn/2020-09-04/detail-iivhuipp2568553.d.html。（最后访问时间：2020年9月5日）

② 《上海合作组织成员国元首理事会莫斯科宣言》，环球网，2020年11月10日，https://world.huanqiu.com/article/40e7fh6BxUj。（最后访问时间：2020年11月11日）

③ 《上合组织和欧盟就2021-2022年打击网络恐怖主义的联合项目达成协议》，界面新闻，2021年3月5日，https://www.jiemian.com/article/5767096.html。（最后访问时间：2021年3月6日）

④ 《印媒：中巴印三国将参加上合演习》，网易，2021年3月24日，https://www.163.com/dy/article/G5R3BT410550EZLH.html。（最后访问时间：2021年3月25日）

怖主义方面取得积极成果。2020 年 11 月 17 日，巴西、俄罗斯、印度、中国、南非举行金砖国家领导人第 12 次会晤，会晤主题是"深化金砖伙伴关系，促进全球稳定、共同安全和创新增长"，会后发表《金砖国家领导人第十二次会晤莫斯科宣言》（简称《莫斯科宣言》）。《莫斯科宣言》中，金砖国家认为需要做出新的、创造性的外交努力，公正、持久、全面解决巴以冲突；对阿富汗启动内部谈判表示欢迎，将继续支持"阿人主导、阿人所有"的和平进程；强调国际社会应采取全面、平衡的方式，包括在当前疫情背景下，有效遏制构成严重威胁的恐怖主义活动；强调应制定遏制化学和生物恐怖主义行为的国际公约，呼吁尽快在联合国框架下完成和通过《全面反恐公约》；对金砖国家反恐工作组第 5 次会议及其分工作组首次会议达成的成果表示欢迎，称这些成果进一步促进了金砖国家在打击恐怖主义及反恐融资、外国恐怖作战人员、极端化、利用互联网从事恐怖活动，以及反恐能力建设等方面的合作；通过《金砖国家反恐战略》，该战略旨在充实和加强金砖国家合作，为全球防范和打击恐怖主义威胁做出实质性贡献。①

## 二 南亚各国加强反恐怖斗争

除通过区域性合作机制强化打击恐怖主义以外，南亚各国还加强了反恐怖斗争，遏制本国恐怖主义势力的发展。与此同时，阿富汗政府仍将打击反政府武装"塔利班"放在突出位置。

2020 年 9 月 12 日，阿富汗政府与"塔利班"在卡塔尔启动和平谈判。但是阿富汗与"塔利班"的谈判举步维艰，陷入僵局。而且谈判启动以后，阿富汗政府军仍持续加大对"塔利班"的军事打击力度。9 月 19 日，阿富汗国防部在社交媒体上发表声明说，阿富汗安全部队在北部昆都士省对"塔利班"武装分子发动空袭，打死 30 多名武装分子，打伤 8 人。9 月 24 日，一伙"塔利班"武装分子试图攻占帕克蒂卡省一个地区的警察总部，

---

① 《金砖国家领导人第十二次会晤莫斯科宣言》，《光明日报》，2020 年 11 月 18 日，https：//epaper. gmw. cn/gmrb/html/2020-11/18/nw. D110000gmrb_ 20201118_ 2-08. htm。（最后访问时间：2020 年 11 月 19 日）

阿富汗安全部队予以击退，打死至少 68 名"塔利班"武装分子。2021 年 3 月 8 日，阿富汗国防部发布声明称，阿富汗安全部队 7 日在空军的支持下，于南部坎大哈省多个地区同时展开塔列班打击行动，击毙 34 名"塔利班"武装分子，打伤 7 名"塔利班"成员。阿富汗安全部队还清理了"塔利班"在该省埋设的 20 枚地雷。与此同时，阿富汗安全部队对法里亚布省、洛加尔省的"塔利班"组织进行打击，共击毙了 18 名"塔利班"武装分子。4 月 6 日，阿富汗国防部在社交媒体上发表声明称，阿富汗政府军共击毙 104 名"塔利班"武装分子、击伤 68 名。此外，政府军还拆除 168 枚简易爆炸装置。因双方分歧巨大，阿富汗政府与"塔利班"的和平谈判进程缓慢。"塔利班"频繁对阿富汗军队、警察等发动袭击，而阿富汗政府也一直保持高压态势打击"塔利班"武装。2021 年 3 月 18 日，阿富汗问题多方会谈在莫斯科召开，阿富汗政府与"塔利班"代表在会谈中同意加速和平谈判进程，阿富汗国内局势有所缓解。

巴基斯坦政府在国内持续开展高压反恐行动，不断挤压巴基斯坦国内恐怖主义势力的生存空间。2020 年 10 月 4 日，巴基斯坦安全部队在获得有关情报后，在北瓦济里斯坦米尔阿里地区展开反恐行动，打死 2 名恐怖分子、逮捕 1 人。11 月 25 日，巴基斯坦反恐侦查局（CTD）击毙一名试图潜入拉合尔附近警察局的自杀式炸弹袭击者，挫败了一场可能的爆炸袭击。2021 年 3 月 6 日，巴基斯坦安全部队在北瓦济里斯坦两个地区，对恐怖分子的藏匿点展开行动，打死 8 名恐怖分子，其中包括 3 名指挥官，并缴获大量武器。巴基斯坦还通过与其他国家开展联合反恐演习，锻炼反恐部队，演练反恐战术。2020 年 11 月 9 日，俄罗斯与巴基斯坦进行名为"友谊-2020"的第 5 次联合演习。2021 年 4 月 8 日，巴基斯坦外长库雷希与正在巴基斯坦访问的俄罗斯外长拉夫罗夫举行会谈。拉夫罗夫表示，莫斯科愿意向巴基斯坦提供技术装备以加强其反恐实力。俄罗斯和巴基斯坦一致同意，继续举行山地条件下的联合战术演习和海军演习。

2019 年 4 月 21 日，斯里兰卡发生连环爆炸，造成约 270 人死亡、500 多人受伤。袭击发生后，斯里兰卡政府严密追查涉恐嫌疑人，至少有 100 人因涉嫌与恐怖袭击有关而被捕。2020 年 4 月 21 日，在斯里兰卡连环恐怖袭击事件一周年之际，斯里兰卡时任总统戈塔巴雅·拉贾帕克萨发表声明说，决不允许暴力极端行为再度发生，必将袭击案肇事者绳之以法。

在新冠疫情给国家政治、经济、社会带来巨大压力的背景下，南亚各国保持高度警惕，通过持续开展反恐怖行动谨防恐怖主义趁疫生乱，在一定程度上缓解了南亚地区面临的恐怖主义态势。

### 三 中国积极支持南亚地区反恐怖斗争

南亚地区与中国的关系紧密，南亚多国与中国相邻，南亚地区也是中国"一带一路"倡议的重要地区。中国通过与南亚地区国家开展合作，积极支持南亚地区的反恐怖斗争。

针对巴基斯坦国内面临的恐怖主义态势，中国与巴基斯坦开展多项合作，支持巴基斯坦的反恐工作。2019 年 1 月 5 日，中国和巴基斯坦陆军联合反恐作战演练在巴基斯坦旁遮普省的伯比国家反恐训练中心成功举行。2020 年 3 月 18 日，习近平主席与到访的巴基斯坦总统阿尔维举行会谈。习近平在会谈中强调，中巴两国要加强在国际和地区事务中的沟通配合，共同维护世界和地区和平、稳定、安全；阿尔维表示，巴方将继续推进同中方的反恐合作，在国际上共同维护公平正义。11 月 20 日，外交部发言人赵立坚主持例行记者会时表示，中方呼吁国际社会特别是地区国家开展反恐合作，维护共同安全；坚定支持巴方打击恐怖主义势力，维护本国以及地区和平与安全。

中国积极支持阿富汗国内的政治和解进程。2021 年 3 月 30 日，外交部部长王毅以视频致辞方式出席阿富汗问题伊斯坦布尔进程第 9 次外长会。王毅在会上提出三点建议和期待：一要维护阿富汗和谈和解势头；二要增强阿富汗重建发展动力；三要坚持涉阿富汗反恐合作大方向。王毅表示，中方将尽己所能，继续做阿富汗和平和解进程的支持者、斡旋者和便利提供者。

中国还与南亚地区各国保持密切联系，积极开展反恐怖合作，应对恐怖主义态势。2020 年 6 月 23 日，外交部部长王毅同俄罗斯外长拉夫罗夫、印度外长苏杰生举行中俄印外长视频会晤，王毅在发言中强调中方愿同俄、印深化反恐安全合作，共同应对一切形式的恐怖主义和极端主义威胁，切实维护国际和地区安全稳定。10 月 10 日，习近平出席上海合作组织成员国元首理事会会议并发表重要讲话。习近平在讲话中提到要严防"三股势力"借疫生乱，提升成员国执法安全合作水平。

同时，依托上海合作组织等平台，中国与南亚国家积极开展区域组织框架下的反恐合作。2021 年 3 月 18 日，上合组织地区反恐怖机构理事会第 36 次例会在乌兹别克斯坦首都塔什干举行，宣布举行"帕比-反恐-2021"联合反恐演习的决定。

# 结　语

长期以来，南亚地区一直是恐怖主义肆虐的主要区域之一。"基地"组织发源于南亚地区，遭国际社会严厉打击，实力有所减弱。但是"基地"组织残余势力仍在南亚活动，并辐射周边、影响其他地区与国家的恐怖组织与恐怖分子。与此同时，"伊斯兰国"向南亚的渗透发展使得南亚一些国家面临的恐怖主义威胁更加严峻。除此之外，南亚地区本土恐怖组织或独自为战，或与国际恐怖组织联手，构成南亚地区恐怖主义威胁持续加剧的主要因素。

在新冠疫情的影响下，南亚地区一些固有的矛盾与问题更加凸显。特别是经济受新冠疫情的冲击大幅衰退，使得民众生活更加困难，这也使得恐怖主义滋生的土壤更加肥沃。可以看到，恐怖主义借新冠疫情加大宣传与袭击的势头，在南亚呈现上升态势。值得高度关注的是，美国与"阿塔"签署撤军和平协议，美国开始陆续从阿富汗撤军，直到 2021 年全部撤出。一方面，美国不负责地甩掉阿富汗这个"战争包袱"的战略已定；另一方面，美国撤军后，阿富汗局势走向何方是国际社会所担心的。

虽然南亚各国不断加强反恐，但受历史和现实的各种复杂因素的影响，成效并不十分显著。特别是，美国撤军后，阿富汗局势陷入更加动荡的状态，不仅影响阿富汗自身的安全，还对周边国家的安全构成威胁。这是南亚各国在未来反恐怖斗争中，需要高度警惕。

# 第五章　东南亚恐怖主义
## 与反恐怖斗争态势<sup>*</sup>

2020年，国际恐怖主义发展发生新变化，"伊斯兰国"和"基地"组织虽然遭受重创，但依然十分猖獗。一方面，"伊斯兰国"宣称，将采取"持久抵抗"战略来面对军事上的挫折。"伊斯兰国"将"保留和扩大"作为标语，呼吁在全球的分支机构和支持者加强"秘密活动"，并在打击"伊斯兰国"联盟的国家中传播"影响力"；其在线宣传刊物也重申"保留和扩大"的口号，号召成员拉开"消耗战""持久战"。① 另一方面，"基地"组织在也门、阿富汗、叙利亚的多名高级头目遭到斩首。有消息称，"基地"组织头目艾曼·扎瓦希里可能在2020年10月病亡。② 东南亚国家采取强有力的反恐举措和强制防疫措施，极大地遏制了恐怖袭击事件频发的猖獗势头。但恐怖组织仍在利用各国防疫限制和经济复苏困境，线上、线下的"宣教"和招募活动依然盛行，自我激化的"独狼"式恐怖主义潜在威胁不减；缅甸、泰国动荡的局势成为催生恐怖主义的土壤，恐怖分子回流成为各国面临的突出问题。

---

\* 作者：杨溪，中国现代国际关系研究院博士，研究方向：国际安全与反恐。

① "Operation Inherent Resolve: Lead Inspector General Report to the United States Congress," The US department of Defense, January 1–March 31, 2020, pp. 22–23, https://www.stateoig.gov/system/files/lig_ oir_ q2_ mar2020_ gold_ 508_ 0513.pdf. （最后访问时间：2020年12月20日）

② Daniel L. Byman, "The Death of Ayman Al-Zawahri and the Future of Al-Qaida," https://www.brookings.edu/blog/order-from-chaos/2020/11/17/the-death-of-ayman-al-zawahri-and-the-future-of-al-qaida/. （最后访问时间：2020年11月17日）

## 第一节 东南亚恐怖主义与武装冲突总体态势

2020 年东南亚地区恐怖主义与武装冲突主要表现为三个方面：一是菲律宾、印度尼西亚仍然深受"伊斯兰国"和"基地"组织等国际恐怖势力影响。菲律宾本土恐怖组织加入"伊斯兰国"，成为国际恐怖势力在东南亚的分支。虽然菲律宾政府宣布棉兰老岛不再有外籍"圣战"者，但"阿布沙耶夫"等本土恐怖组织不断发动各类袭击，持续给菲律宾政府军警带来威胁。印度尼西亚的"神权游击队"和"东印度尼西亚圣战者"不断针对印度尼西亚军警目标实施恐怖袭击，是该国主要的恐怖组织。二是泰国南部、缅甸西部局势动荡，政府与反政府武装的冲突升级，有被恐怖组织利用的迹象。缅甸若开邦出现第一个公开宣誓效忠"伊斯兰国"的组织，罗兴亚问题或成为滋生恐怖主义的温床。泰国"民族革命阵线"单方面宣布停火，呼吁政府进行和平谈判。但由于政府与反政府武装彼此缺乏信任，武装袭击依旧活跃。三是新加坡、马来西亚受自我激化影响，"独狼"式恐怖主义威胁加大。政府反极端化、去极端化工作任重道远。同时，马来西亚、印度尼西亚、菲律宾三国边界管控难度较大，三国边界或成为武装分子在东南亚地区流窜的通道，存在东南亚多国恐怖主义联动的风险隐患。

### 一 印度尼西亚恐怖主义威胁呈减弱趋势

印度尼西亚国家反恐局局长表示，新冠疫情期间，印度尼西亚恐怖主义呈下降趋势。[①] 2020 年，印度尼西亚发生 7 起恐怖袭击事件，挫败 8 起恐怖袭击图谋，相较 2019 年的 8 起恐怖袭击事件和 10 起恐怖袭击图谋，恐怖主义威胁减弱。从袭击手法上看，持刀伤人仍然是印度尼西亚一些与"伊斯兰国"相关的恐怖组织及其成员主要使用的袭击方式；枪击和爆炸也是恐

---

① "BNPT Records Trends of Radicalism in Indonesia According to the Pandemic Period," https：//voi. id/en/news/40204/read. （最后访问时间：2021 年 3 月 22 日）

怖组织次要的袭击方式。印度尼西亚警方从暴恐分子嫌犯处缴获的冷兵器和枪支也多于爆炸物。这反映出恐怖分子倾向于执行几乎不需要培训、计划或资金的攻击。从袭击目标上看，7 起恐怖袭击中有 4 起针对警察、3 起针对平民。警方挫败的恐怖袭击中也有一些是以警察为目标的。因此，警察依然是印度尼西亚恐怖袭击的主要目标。从袭击实施的组织上看，"神权游击队"依然是策划、发动恐怖袭击的主要力量。2020 年，在印尼加里曼丹岛、苏门答腊岛和爪哇岛发生的 4 起恐怖袭击和 4 起恐怖图谋均是由"神权游击队"策划的。虽然袭击造成的伤亡较少，但仍引起民众恐慌。"东印度尼西亚圣战者"主要针对基督徒实施袭击。

## 二 菲律宾恐怖袭击有所减少但恐怖主义威胁仍十分严重

2020 年菲律宾国内恐怖袭击总体有所减少，报道的袭击数量大大减少。据不完全统计，棉兰老岛的恐怖袭击从 2019 年的 223 起减少到 2020 年的 43 起。2020 年，恐怖组织利用新冠疫情煽动对棉兰老岛的菲律宾安全力量展开袭击。[①] 4 月 17 日，"伊斯兰国"成员在霍洛市伏击了菲律宾武装部队，造成 12 名士兵死亡、13 人受伤。[②] 6 月 5 日，菲律宾政府军再度与"阿布沙耶夫"武装发生交火，造成 6 人死亡（其中有 4 名政府军士兵）、17 名士兵受伤。8 月 24 日，菲律宾南部苏禄省霍洛市的连环爆炸袭击事件造成至少 15 人死亡（包括 7 名士兵、1 名警察、6 名平民和 1 名自杀式袭击者）、75 人受伤（大部分为平民）。10 月 10 日，菲律宾警方在苏禄岛逮捕 1 名印尼籍妇女，被指控预谋实施自杀式爆炸袭击。

这些恐怖袭击事件呈现 2 个新特点。一是女性直接参与恐怖袭击的趋势显现。以往，女性在菲律宾恐怖主义网络中主要负责恐怖融资、偷渡和招募

---

① Jasminder Singh, Muhammad Haziq Jani, "COVID-19 and Terrorism in the Southern Philippines: More Trouble Ahead," The Diplomat, August 26, 2020, https://thediplomat.com/2020/08/covid-19-and-terrorism-in-the-southern-philippines-more-trouble-ahead/. （最后访问时间：2020 年 9 月 1 日）

② DIA, Response to DoD OIG Request for Information, 20.3 OPE-P PR 25, 6/25/2020.

等非战斗行动。霍洛连环爆炸事件由 2 名"阿布沙耶夫"恐怖分子遗孀发动，其中一人引爆装满炸药的摩托车对军用补给车及士兵发动袭击，另一人随后走到现场引爆自杀式爆炸背心，造成二次伤亡。事件凸显了菲律宾当地和其他地区恐怖组织中的亲属关系网络威胁。10 月的恐怖袭击也计划由 3 名女性嫌疑人实施，女性逐渐被作为恐怖袭击的主力被推向台前。二是当地恐怖分子成为自杀式爆炸袭击的主要推手。从 2017 年马拉维危机开始，大量来自中东、非洲地区的"圣战"者前往菲律宾。近年来，菲律宾的自杀式爆炸袭击也主要是由外来"圣战"者所为，活动地点集中在"阿布沙耶夫苏禄派"据点霍洛岛周围。2020 年 7 月，菲律宾武装部队宣布，未在棉兰老岛发现外籍战斗人员，随后便发生当地恐怖组织发动的连环爆炸事件，这表明当地恐怖组织将持续使用自杀式爆炸袭击带来威胁。

## 三　缅甸若开邦局势依旧动荡

2020 年，缅甸西部的暴力事件加剧。缅甸政府将"若开军"认定为恐怖组织，排除在停火范围之外，双方军事冲突愈演愈烈，威胁到了若开邦与钦邦接壤的地区。双方冲突集中在：一是争夺战略地形。2 月 6 日，"若开军"在钦邦发起了"控制缅甸军队 Meewa 哨站"的攻势，不仅给印度资助的过境运输项目等关键基础设施带来威胁，还有意控制缅甸、孟加拉国、印度三国边界。[①] 10 月，"若开军"与缅甸政府军为了争夺若开邦战略高地的控制权进行数天的激烈战斗，缅甸军方出动地面、空中和海军部队进行联合行动予以打击。[②] 二是对各自现有据点展开攻势。2 月 13 日，正在若开邦布迪当镇布防的国防军遭到"若开军"炮击，在交战过程中，"若开军"的炮弹落到可米乔村小学内，当时正在教学楼前玩耍的 20 名学生受伤。2 月 29 日，

---

① Min Aung Khine, "20 Villages Abandoned as Rakhine Rebels Attack Myanmar Army Outpost," The Irrawaddy, https://www.irrawaddy.com/news/burma/20-villages-abandoned-rakhine-rebels-attack-myanmar-army-outpost.html.（最后访问时间：2021 年 3 月 13 日）

② "Myanmar Military Calls in Jets to Attack Arakan Army in Rakhine State Mountains," The Irrawaddy, https://www.irrawaddy.com/news/burma/myanmar-military-calls-jets-attack-arakan-army-rakhine-state-mountains.html.（最后访问时间：2020 年 10 月 14 日）

缅甸军队在若开邦北部中心妙乌镇与"若开军"发生冲突，造成 5 名平民丧生，至少 8 人受伤。5 月 29 日，缅甸若开邦一警察哨所凌晨遭"若开军"的袭击，造成 10 名警员以及包括 1 名儿童在内的 3 名家属共 13 人失踪。

同时，同样被缅甸政府认定为恐怖组织的"若开罗兴亚救世军"在缅甸和孟加拉国边境的活动有所增加，主要针对边境安全部队和警察展开小规模攻击。2020 年 4 月 5 日，"若开罗兴亚救世军"狙击手向缅甸边境的警卫开枪，造成其中 2 人受伤。4 月 8 日，缅甸军方从"若开罗兴亚救世军"在若开邦的临时营地，缴获弹药和军事装备。4 月 15 日，2 名警察在"若开罗兴亚救世军"偷袭中丧生。4 月 29 日，2 名据称"若开罗兴亚救世军"武装分子也被发现死在该地区，并且简易地雷、毒品和相关材料被发现。5 月 2 日，"若开罗兴亚救世军"对若开邦缅孟边境边防警察巡逻队发动突袭，导致 2 名警察受伤。此外，"若开罗兴亚救世军"也越来越多地参与绑架、勒索案件，甚至有消息称其与当地的贩毒团伙争斗，试图参与毒品交易并占据主导地位。①

### 四 泰国南部和谈进展缓慢

2004 年以来，泰国南部马来穆斯林少数民族发起争取更大自治权的民族分离主义叛乱，造成 7000 人在冲突中丧生。"北大年马来民族革命阵线"（Barisan Revolusi Nasional，BRN）等分裂势力不断制造恐怖袭击事件，成为泰国南部安全的主要威胁。2020 年，泰国南部省份动荡形势持续升温。2 月，泰国军方发起一次远程侦察巡逻，对那拉提瓦府山脚下的激进分子进行打击，击毙 5 名"北大年马来民族革命阵线"武装分子。随后，泰国安全部队在也拉府沼泽区持续开展近两周的军事行动，出动武装直升机等装备，击毙 4 名武装分子；安全部队方面有 1 名士兵死亡、2 名士兵受伤。② 3 月

---

① Wanna, "Military Says ARSA Preparing Big Attack in Rakhine," Myanmar Times, May 8, 2020, https：//www. mmtimes. com/news/military-says-arsa-preparing-big-attack-rakhine. html. （最后访问时间：2020 年 5 月 8 日）

② Don Pathan, "Thai Rebels Pay a Price for Coming above Ground," Asia Times, https：// asiatimes. com/2020/06/thai-rebels-pay-a-price-for-coming-above-ground/. （最后访问时间：2020 年 6 月 23 日）

18 日，"北大年马来民族革命阵线"对泰国南部边境省行政中心（SBPAC）发动汽车炸弹袭击，造成至少 35 人受伤，大部分是平民和记者。① 此次袭击事件之后，泰国军方从沼泽区撤退，并制定区域治理新战略。4 月 3 日，"北大年马来民族革命阵线"罕见地宣布单方面停火，承诺在与泰国安全部队的持续冲突中，保护儿童并遵守人道主义原则和国际规范。② 对此，泰国政府表示支持，欢迎与其开展面对面对话。可是泰国军方高层则担心，如此一来会提高"北大年马来民族革命阵线"的国际形象，或将使冲突在国际上合法化。因此，泰国军方坚持对"北大年马来民族革命阵线"的搜捕和打击，削弱其力量，但也带来进一步伤亡。4 月 29 日，双方发生枪战，3 名武装分子被打死。3 天后，武装分子骑摩托车袭击在北大年府刚执行完防疫任务回到基地的政府军，造成 1 人死亡、1 人重伤。此后，双方持续发生武装冲突，"北大年马来民族革命阵线"在 7 月的袭击中还使用了手机遥控的简易爆炸装置；在 10 月的袭击中首次使用了压力触发的爆炸装置，造成更大的人员伤亡。就 2021 年短期的停火情况来看，军方对反政府武装持不信任态度；"北大年马来民族革命阵线"内部也或因缺乏和谈基础而分裂，双方的和平谈判前景黯淡。2020 年 10 月，泰国任命纳隆潘·吉特凯塔将军为新的陆军总司令，主张"政治问题必须通过政治方案来解决"，为泰国和平解决冲突带来新的希望。

## 五  马来西亚和新加坡安全形势总体稳定但安全隐患仍存在

2020 年，马来西亚和新加坡未发生重大恐怖袭击事件，安全形势总体稳定，但两国存在不同的安全隐患。一是马来西亚被周边国家的民族分裂和恐怖组织当作募集资金的补给站。如，在马来西亚的罗兴亚难民对"若开罗兴

---

① "Bombs Injure 25 outside SBPAC in Yala," *Bangkok Post*, https：//www.bangkokpost.com/thailand/general/188 0565/bombs-explode-in-front-of-sbpac-in-yala-many-injuries.（最后访问时间：2020 年 3 月 17 日）

② "Barisan Revolusi Nasional Melayu Patani Commits to Greater Protection of Children," *Geneva Call*, March 24, 2020, https：//www.genevacall.org/barisan-revolusi-nasional-melayu-patani-commits-to-greater-protection-of-children/.（最后访问时间：2020 年 3 月 25 日）

亚救世军"提供资金支持；"孟加拉圣战者联盟"（Jamaat-ul Mujahideen of Bangladesh，JMB）也通过沙特和马来西亚募资多达 11.7 万美元，用于该国罗兴亚人的激进化培训。[1] 二是新加坡面临极端主义蔓延造成的"独狼"式恐怖袭击风险。新加坡内部安全局（ISA）数据显示，2020 年有 3 人因自我激化试图从事恐怖活动被拘留，1 人被签发限制令。[2] 这些事件多与"伊斯兰国"或叙利亚冲突相关。一方面，"伊斯兰国"极端主义思想仍不乏支持者。2020 年 1 月，1 名 17 岁的新加坡人因支持"伊斯兰国"被拘留。这名少年从 2017 年开始通过社交媒体了解"伊斯兰国"，决定为"伊斯兰教"的"圣战"而战斗，呼吁对新加坡总理进行斩首。尽管过去 3 年，新加坡政府一再努力让他远离激进化的道路，但他仍然坚定的支持"伊斯兰国"，并规避了新加坡政府的侦查和父母、宗教顾问的关注，宣称继续信仰"伊斯兰国"的极端意识形态，仍愿意从事"伊斯兰国"在线宣传和其他工作。另一方面，极右恐怖主义意识形态在新加坡传播。2020 年 6 月，新加坡政府逮捕了 1 名 19 岁的理工学院学生，他在 Instagram 上发布一个自己的所谓的"梦想"："在办公楼疯狂射击，并用 AR-15 枪杀穆斯林。"2020 年 12 月，1 名 16 岁的新加坡少年受到新西兰克赖斯特彻奇市枪击事件影响，自我激化，意图在 2021 年 3 月 15 日对住所附近的阿斯雅法清真寺和尤索夫伊萨清真寺实施恐怖袭击。他通过网络选购弯刀作为作案工具。幸运的是，他实施恐怖袭击的图谋最终被警方挫败。

## 第二节　东南亚地区主要恐怖组织发展动向

2020 年，东南亚各国政府持续开展反恐行动，对"伊斯兰国"和"基

---

[1] "Is Pakistani Intelligence Radicalizing Rohingya Refugees?" DW, https：//www.dw.com/en/is-pakistani-intelligence-radicalizing-rohingya-refugees/a-52364548.（最后访问时间：2020 年 2 月 13 日）

[2] "Singapore Terrorism Threat Assesssment Report 2021," https：//www.mha.gov.sg/docs/default-source/default-document-library/singapore-terrorism-threat-assessment-report-2021.pdf.（最后访问时间：2021 年 6 月 23 日）

地"组织在东南亚的分支以及本土恐怖组织持续开展打击，反恐成效较为显著。但是，防疫行动挤占了部分反恐资源，而疫情带来的经济复苏乏力和防疫政策也被恐怖组织利用。恐怖组织通过网络散布极端主义思想，招募心存不满的人员进行"圣战"准备，或将在未来造成更大威胁。

## 一　"伊斯兰国"在东南亚势力发展态势

总体来看，"伊斯兰国"在东南亚的势力虽然遭受重创，但依然具有一定的活动能力，呈现出五个特点：一是由激进分子发起的单独或小规模恐怖袭击持续突出。在各国政府打击下，"神权游击队""东印度尼西亚圣战者"等组织为保留实力，组织结构日趋分散化。疫情期间，人员和物资转移困难。因此，恐怖组织更倾向于使用低技术含量、简单策划的恐怖袭击方式。二是妇女从事恐怖活动的"战斗角色"动向凸显。传统观念认为，女性实施恐怖袭击在文化和意识形态上是被恐怖组织所排斥的，尤其是东南亚地区使用自杀式炸弹袭击的案例出现的时间较晚，女性直接参与此类袭击的时间更晚。但是，2020 年，印度尼西亚、马来西亚、新加坡以参与恐怖活动为由逮捕 90 名女性，比 2005 年至 2019 年的年均逮捕 6 名女性有了大幅增加。女性从事恐怖暴力活动造成的舆论影响力比男性的更大。"伊斯兰国"等恐怖组织则借机大肆宣传，在全球招募更多的女性成员。三是暴恐袭击与"传教"、招募并行，在培养和激励暴恐新生代上更具威胁。"伊斯兰国"在东南亚地区既有"神权游击队"和"伊斯兰国苏禄省"等频繁实施暴恐活动的分支，也有"马来群岛伊斯兰国辅士团"（Jamaah Ansharul Khilafah，JAK）等更注重"宣教"和组织发展的分支，发展分支的情况与其采取的"保留与扩大"口号和宣传策略相符。四是不同分支之间出现竞争与合作的新态势。菲律宾的"阿布沙耶夫"多名高级头目被捕或被击毙，组织遭受重创。"伊斯兰国"的分支"阿布沙耶夫苏禄派"（也称作"伊斯兰国苏禄省"），与主流派别出现合流迹象。"邦萨摩洛伊斯兰自由战士"（Bangsamoro Islamic Freedom Fighters，BIFF）试图借机壮大，自诩"伊斯兰国"在东南亚的代表，但并不为区域内其他恐怖组织认可。五是罗兴亚问题催生投靠"伊斯兰国"的新组织"若开邦马赫迪旅"（Katiba al-Mahdi fi Bilad al-Arakan，KMBA）。近年来，罗兴亚问题催生了诸多组织，但"若开邦马赫迪旅"公开宣布效忠"伊斯兰国"，代表罗兴亚激进群体在意识形态上的激进化转向。罗兴亚难民群体庞大，且分散在多个国家，如果"若开邦马赫迪旅"的宣传发挥作用，罗兴亚问题或进一步成为滋生恐怖主义的温床。

（一）"神权游击队"

"神权游击队"是联合国认定的印度尼西亚最大的恐怖组织。2020年，该组织继续采取分散战略，规避印度尼西亚政府在全国范围内深入开展的反恐行动。由于内部缺乏配合训练，加之印度尼西亚反恐措施的不断强化，"神权游击队"很难将炸弹和武器制造等技术在不同分支组织和成员之间传播，因此近年来该组织所采取的袭击更倾向于策划简单、手段简单的方式。但警方破获的案件显示，该组织成员仍然在试图使用爆炸物发动更具威力的袭击。2020年6月，在印尼婆罗洲岛加里曼丹的南大哈区一派出所，一名19岁的"圣战"分子驾驶着火的车冲到派出所外爆炸，并用长刀袭击前来查看的警员，杀死一名警员并重伤另一名警员后遭击毙。"伊斯兰国"宣称对袭击负责。另外，巴塘、爪哇中部、苏门答腊省的"神权游击队"小组成员聚集在一起收集爆炸物，准备发动袭击。巴塘地区的一个"神权游击队"小组试验了爆炸材料，并计划抢劫印度尼西亚华人在中爪哇省的商店。另一个"神权游击队"小组据称组装了炸药，并计划在装有木薯球的食品车内植入炸弹。此前，被土耳其遣返的意图加入"伊斯兰国"的袭击者Zulfikar被警方发现拥有爆炸物和枪支，密谋策划发动袭击。[①] 可见，"神权游击队"依然是印度尼西亚面临的主要恐怖主义威胁。

（二）"东印度尼西亚圣战者"

"东印度尼西亚圣战者"是印度尼西亚第一个向"伊斯兰国"宣誓效忠

---

① Rizal Harahap, "Five Suspected Terrorists with Alleged Ties to JAD Arrested in Riau," The Jakarta Post, August 14, 2020, https://www.thejakartapost.com/news/2020/08/13/five-suspected-terrorists-with-alleged-ties-to-jad-arrested-in-riau.html. （最后访问时间：2020年8月20日）

的恐怖组织，活动主要集中在中苏拉威西省波索地区，袭击目标包括基督徒、印度教教徒甚至是穆斯林。2020 年 11 月 27 日，波索地区发生一起残忍的屠杀案，事件造成 4 名基督徒死亡，其中包括 2 名妇女，这也是该组织第一次以妇女为目标。袭击还导致至少 6 座建筑物被烧毁，包括 1 间教堂。警方怀疑袭击事件是"东印度尼西亚圣战者"所为。据警方称，2020 年 4 月和 11 月，分别有 2 名"东印度尼西亚圣战者"被警方击毙。上述事件可能是该组织对成员被杀的报复行为①。

（三）"马来群岛伊斯兰国辅士团"

"马来群岛伊斯兰国辅士团"成立于 2015 年 8 月，总部在中爪哇省苏克哈尔乔，活动范围覆盖中爪哇省、日惹、大雅加达首都区和南苏门答腊省，估计有成员 250~300 人。"马来群岛伊斯兰国辅士团"是由"伊斯兰祈祷团"负责教育的头目阿布杜拉希姆（Abdurrahim，别名 Abu Husna）建立的，从成立开始就宣誓效忠"伊斯兰国"。"马来群岛伊斯兰国辅士团"极少发动袭击，只在 2015 年 11 月对西爪哇省几处什叶派场所发动袭击，并在 2018 年 7 月与日惹警方发生枪战，致 2 名警察受伤。"马来群岛伊斯兰国辅士团"采取独特的"圣战"战略，更倾向于中长期内持续进行"圣战"准备，也就是说，在组织准备就绪时再发动武装"圣战"，为"圣战"设立较高的门槛。"马来群岛伊斯兰国辅士团"认为，当前的首要任务是采取"忍耐"的方式来增强行动能力，保护成员避免被抓捕。因此，"马来群岛伊斯兰国辅士团"活动的关键内容就是向同情者和成员进行"达瓦宣教"，暗中组织"宗教"学习课程，并通过探监在监狱中"传教"②。虽然目前来看，"马来群岛伊斯兰国辅士团"带来的恐怖主义威胁不大，但未来的威胁或更大。

---

① Umair Jamal, "What Does the MIT's Latest Attack in Indonesia Say about the Group?" https：// www. aseantoday. com/2020/12/what-does-the-mits-latest-attack-in-indonesia-say-about-the- group/. （最后访问时间：2020 年 12 月 15 日）

② V. Arianti, Muh Taufiqurrohman, "The Quite Threat of Indonesia's Jamaah Ansharul Khilafah," The Diplomat, August 11, 2020, https：//thediplomat. com/2020/08/the－quiet－threat－of－ indonesias-jamaah-ansharul-khilafah/. （最后访问时间：2020 年 8 月 20 日）

（四）"阿布沙耶夫"

2020 年，"阿布沙耶夫"内部派系有合流之势，由拉杜兰·沙希龙（Radullan Sahiron）领导的主流分支与由哈扬·萨瓦贾恩（Hajan Sawadjaan）领导的"伊斯兰国苏禄省"出现联合作战局面。早在 2014 年，因沙希龙公开拒绝与"伊斯兰国"结盟，"阿布沙耶夫"组织内部就已分裂为两个派系。以沙希龙为首的主流派系行动更为保守，萨瓦贾恩等人领导的派系则更为激进，制造了 2017 年马拉维危机。2020 年 4 月 17 日，"阿布沙耶夫"的两个分支联合发动伏击和袭击，与菲律宾武装部队在棉兰老岛南部发生枪战，造成 11 名士兵死亡、14 名士兵受伤。这次枪战标志着沙希龙领导的主流派系首次大力支持与"伊斯兰国"结盟的派系。① 这或许也是在菲律宾政府军大规模反恐军事行动后，"阿布沙耶夫"主流派系迫不得已的选择。

（五）"邦萨摩洛伊斯兰自由战士"

"邦萨摩洛伊斯兰自由战士"公开发表声明，宣称该组织是"伊斯兰国"在东南亚的"代表"和"圣战"的领导者，呼吁同情者携带武器加入该组织。② 但是，这一声明没有得到"伊斯兰国"的承认，也没有得到包括菲律宾在内的其他东南亚恐怖组织的认可。2020 年 12 月 3 日，"邦萨摩洛伊斯兰自由战士"50 名成员袭击哥打巴托省达都皮昂市的一个警察局，放火焚烧警用巡逻车和附近的房子。除此之外，"邦萨摩洛伊斯兰自由战士"袭击强度没有增强，频率也没有显著增加。③

---

① Kenneth Yeo，"Are Philippine Militants Looking to Take Advantage of COVID-19?" https：//thediplomat. com/2020/05/are-philippine-militants-looking-to-take-advantage-of-covid-19/. （最后访问时间：2020 年 5 月 10 日）

② SITE Intelligence Group，"BIFF Commander Claims Leadership of Jihad in Mindanao, Calls for Recruits," https：//ent. siteintelgroup. com/Jihadist-Threat-Southeast-Asia/biff-commander-claims-leadership-of-jihad-in-mindanao-calls-for-recruits. htm. （最后访问时间：2020 年 8 月 19 日）

③ Bong S. Sarmiento，"IS-Linked Militants Attack Town in Philippines," Asia Times, December 4, 2020，https：//asiatimes. com/2020/12/is-linked-militants-attack-town-in-philippines/. （最后访问时间：2020 年 12 月 10 日）

### （六）"若开邦马赫迪旅"

2020年11月，若开邦出现公开宣布效忠"伊斯兰国"的恐怖组织"若开邦马赫迪旅"。这一组织明确将自身定位为军事旅，将军事斗争作为唯一路径，明显区别于以往若开邦的罗兴亚组织，对缅甸及周边孟加拉国、印度等国安全造成严重威胁。"若开邦马赫迪旅"声称是"伊斯兰国"南亚分支的一部分，宣誓效忠"伊斯兰国"头目阿布·易卜拉欣·哈希米·库莱希（真名阿米尔·穆罕默德·阿卜杜勒·拉赫曼·毛利·萨勒比）。2020年11月，"伊斯兰国"在网络刊物上认可这一效忠行为。"若开邦马赫迪旅"竭力把自己塑造成罗兴亚人的救世主，将若开邦描述为"圣战迁徙之地"，动员外国"圣战"者赴缅。"若开邦马赫迪旅"在该组织发布的文件中公开宣布自己的主要敌人是佛教徒和缅甸政府。"若开邦马赫迪旅"指责他们是罗兴亚问题的幕后黑手。"若开罗兴亚救世军"也是"若开邦马赫迪旅"的主要敌人。"若开邦马赫迪旅"认为"若开罗兴亚救世军"的成员是民族主义者。在若开邦罗兴亚人问题仍很严重的情况下，"若开邦马赫迪旅"宣称若开邦为"圣战之地"，可能使该地区的安全形势更加恶化。[①]

"若开邦马赫迪旅"的宣誓效忠是在"伊斯兰国"印度次大陆分支的喉舌刊物《印度之声》（*Sawt al-Hind*）上发布的。该组织很可能会寻求与印度、斯里兰卡、孟加拉国的恐怖组织协调合作。"若开邦马赫迪旅"头目名为 Abu Lut al-Muhajir，组织领导人或成员可能是来自其他地区的移民，或者是前往南亚等地接受培训的罗兴亚人。若如此，若开邦冲突将成为"伊斯兰国"的训练场或出口。"若开邦马赫迪旅"使用"Katiba"一词表明该团体成员可能为大量武装分子，并且有一定组织性。该组织遵循"伊斯兰国"在其他地区分支命名的方式，符合"伊斯兰国"失去伊拉克叙利亚"领土"

---

① Jasminder Singh, "Myanmar's Political Crisis Has Created the Conditions for a Possible Widening of the Jihadi Theater in Southeast Asia," https：//thediplomat.com/2021/04/rakhine - state - southeast-asias-next-marawi/.（最后访问时间：2021年4月15日）

后扩大全球足迹的愿望。① 2020 年 12 月和 2021 年 5 月，"若开邦马赫迪旅"
发布两版英文刊物 *Arkan* 和一本 *Khalifatullah Al-Mahdi*，采用与"伊斯兰国"
刊物《达比克》类似的手法，强调萨拉菲"圣战"意识形态的基本问题，
试图通过解释"伊斯兰国"意识形态来争取更多民众的支持。刊物突出囚
犯困境，呼吁关注"伊斯兰国"开展的越狱行动，并提供了使用加密货币
的捐款海报。② 罗兴亚问题导致当地出现多个激进组织，包括"罗兴亚解放
党"及其武装派别"罗兴亚解放军"、"罗兴亚独立阵线"（又称"罗兴亚
爱国阵线"）、"罗兴亚团结组织"、"若开罗兴亚伊斯兰阵线"、"若开罗兴
亚国家组织"、"罗兴亚救世军"（Harakah al-Yaqin，后更名为 ARSA）等。
"伊斯兰国"对罗兴亚问题的介入意味着罗兴亚问题或将成为"伊斯兰国"
发展蔓延的新土壤。

## 二 "基地"组织在东南亚势力发展态势

东南亚地区与"基地"组织相关联的恐怖势力主要是"伊斯兰祈祷
团"。2020 年在该组织头目被捕的情况下，"伊斯兰国祈祷团"内部分裂和
策略的转变有可能使印度尼西亚面临的恐怖主义威胁呈增加趋势。"神权游
击队"、"伊斯兰祈祷团"和"马来群岛伊斯兰国辅士团"对印度尼西亚安
全形势的威胁仍然存在。

"伊斯兰祈祷团"因制造 2002 年巴厘岛恐怖袭击案、2009 年雅加达丽
思卡尔顿酒店和万豪酒店连续爆炸袭击案而臭名昭著。2020 年 3 月，"伊斯
兰祈祷团"在万丹地区的分支组织计划针对印度尼西亚万丹省首府西冷、
西爪哇省打横、东爪哇省泗水等地的华人实施抢劫，为当地的暴恐活动筹

---

① Jasminder Singh, Muhammad Haziq Jani, "IS Entry into Rakhine Conflict: Urgency in Nation-
Building," https://www.rsis.edu.sg/wp-content/uploads/2021/01/CO21005.pdf.（最后访
问时间：2021 年 2 月 1 日）

② MEMRI, "Issue Two of Magazine Published by ISIS Affiliate in Myanmar Focuses on Prisoners,
Provides Monero Account For Donating Cryptocurrency," https://www.memri.org/cjlab/issue-
two-magazine-published-isis-affiliate-myanmar-focuses-prisoners-provides-monero-account.
（最后访问时间：2021 年 5 月 14 日）

资。这是近十年来首次公布的"伊斯兰祈祷团"计划实施袭击的事件，与该组织一直所宣称的"随后圣战"策略（Jihad Later Policy）相左。2009年至2019年，"伊斯兰祈祷团"时任头目帕拉·维亚扬托（Para Wijayanto）一直重点关注"传教"等"圣战"准备工作，而非直接发动袭击。2012~2014年，"伊斯兰祈祷团"在印尼中爪哇省建立武器制作工厂。2012年至2017年，部分成员被派遣到叙利亚和伊拉克参加战斗。但帕拉·维亚扬托一直禁止成员在印度尼西亚发动恐怖袭击，而且这一指令在该组织严密的指挥体系下得以坚持下来。[1] 2019年7月，帕拉·维亚扬托被捕后，这一组织进一步收敛暴恐活动，更加注重"传教"和实操训练，谋求能够重振队伍。"伊斯兰祈祷团"万丹派在组织头目被捕后接受审判的过程中，策划恐怖袭击，一方面可能由于该组织内部出现分裂，帕拉·维亚扬托入狱后无法严格控制其分支；另一方面可能是为了对审判帕拉·维亚扬托表示抗议，策划采取暴恐活动进行报复。7月20日，印度尼西亚法院以煽动恐怖主义犯罪为名，判处帕拉·维亚扬托7年监禁后，[2] 警方于8月挫败"伊斯兰祈祷团"在西爪哇省华人社区的恐袭图谋，逮捕该组织的17名成员，并缴获部分枪支弹药。这进一步表明，"伊斯兰祈祷团"头目被捕后，组织策略有可能向"当下圣战"转变，成员活动更加频繁。

## 第三节　东南亚国家反恐举措取得显著成效

在经济复苏和防疫政策双重压力下，东南亚国家政府持续采取"软硬"两种手段与恐怖主义和极端主义威胁做斗争，标本兼治，取得了良好成效。"硬"的方面：一是印度尼西亚、菲律宾、马来西亚多国加大反恐立法和推

---

① V. Arianti, Ulta Levenia, "Jemaah Islamiyah on the Brink of Splintering?" https：//indonesiaatmelbourne. unimelb. edu. au/jemaah-islamiyah-on-the-brink-of-splintering/. （最后访问时间：2020年11月2日）

② Wahyudi Soeriaatmadja, "Indonesian Court Sentences Jemaah Islamiah Leader to 7 Years' Jail for Inciting Terrorism," https：//www. straitstimes. com/asia/se-asia/indonesian-court-sentences-jemaah-islamiah-leader-to-7-years-jail-for-inciting. （最后访问时间：2020年7月20日）

进力度，赋予军队和警察更大的权力应对恐怖主义威胁。二是多国持续开展反恐行动，重拳出击重创恐怖组织。缅甸和泰国军方针对国内极端与恐怖组织开展军事行动，维护国内稳定。三是菲律宾、马来西亚、印度尼西亚三国在边境海域开展反恐合作，管控跨境犯罪，阻断恐怖分子跨境流动作案。三国通过立法、执法、合作等多重手段，有效改善了东南亚地区安全形势。"软"的方面：一是积极稳妥地推进去极端化工作，应对恐怖主义意识形态；二是大力实施反极端化，应对激进化威胁；三是动员群众力量，塑造全民反恐格局。

## 一 重拳出击打击地区恐怖主义

一是完善立法，支撑反恐行动。反恐立法是执法的基本前提。2020 年，印度尼西亚、菲律宾、马来西亚政府不断完善反恐法律，赋予执法机构更大的权力应对恐怖主义威胁，但引发争议。2020 年 5 月，印度尼西亚政府提交了一份关于印度尼西亚军队参与国内反恐行动的总统条例草案，试图赋予印度尼西亚军队在国内反恐中新的角色和权力，在国内引发了极大争议。[①] 争议主要集中在两个方面：一是领导和协调应对恐怖主义威胁的主要机构——国家反恐局与国家情报局的反恐责任交叉和重叠，或将妨碍反恐的有效性；二是担心军方被赋予的权力过大，又无法建立公平的机制追究士兵在反恐行动中侵犯人权的责任，难以在反恐行动中保障人权。2020 年 7 月 3 日，菲律宾时任总统杜特尔特当天签署《2020 年反恐怖主义法》，用它取代原本的《人类安全法》，不仅将提议、煽动、密谋、参与、实施、资助、协助恐怖主义行为全部纳入违法范畴，而且授予菲律宾军方和政府领导人更多权力，加大打击恐怖主义的力度。[②] 但是，该法案中反恐委员会无须法院逮

---

① Anton Aliabbas, "Questioning the Military's Role in Counterterrorism," https：//www.thejakartapost. com/academia/2020/05/26/questioning-the-militarys-role-in-counterterrorism.html. （最后访问时间：2020 年 5 月 27 日）

② 《菲律宾总统签署新反恐法强化打击恐怖主义力度》，新华网，2020 年 7 月 10 日，http：// www.xinhuanet.com/world/2020-07103c-1126194566.htm. （最后访问时间：2020 年 8 月 10 日）

捕令即可逮捕嫌犯、允许菲律宾政府对可能从事恐怖主义活动者进行监听和录音等条款引发民众抗议，民众认为这将授予菲律宾政府"过度而不受限制的权力"，甚至举行示威游行要求废止该法案，法案推进和执行面临困境。马来西亚政府在反恐立法相对完善的情况下，于2020年10月宣布拨款18亿令吉推行《马来西亚网络安全战略2020~2024年》，并成立网络安全委员会，以应对疫情期间凸显的网络犯罪活动。该战略规划的5个支柱、12项策略、35项行动蓝图及113项活动中，打击恐怖主义利用互联网和社交媒体进行宣传、筹资和招募的内容是其中的优先事项。[①]

二是加强执法，打击恐怖势力。印度尼西亚政府从2002年巴厘岛爆炸案以来，持续与国内恐怖主义进行斗争，不仅加强了反恐立法，还组建了反恐精锐部队88特遣队，在打击恐怖组织、挫败恐怖袭击图谋方面成效显著。2020年，印度尼西亚警方在13个地区逮捕228名暴恐活动嫌疑人，挫败一系列恐怖袭击图谋，对维护国内安全意义重大。[②] 菲律宾政府高度重视陆地和海上的恐怖主义威胁，对恐怖分子盘踞的帕蒂库尔森林（Patikul）和棉兰老岛沼泽连续采取军事行动，有效遏制了南部频发的恐怖袭击。2020年7月，在与恐怖组织交火中，菲律宾军方击毙了"阿布沙耶夫"亲"伊斯兰国"分支头目哈扬·萨瓦贾恩，并在9月的反恐行动中突袭了该组织继任头目和40余名恐怖分子所使用的安全屋。[③] 菲律宾军方的反恐行动重创了"伊斯兰国"分支"伊斯兰国苏禄省"，摧毁了该组织的据点。2020年6月，菲律宾武装部队对棉兰老岛苏丹库达拉特省"邦萨摩洛伊斯兰自由战士"采取军事行动，逮捕该组织分支头目图加利·吉亚马尔·加尔马克

---

① "Malaysia Cyber Security Strategy," https：//asset. mkn. gov. my/wpcontent/uploads/2020/10/MalaysiaCyberSecurityStrategy2020-2024. pdf. （最后访问时间：2020年10月13日）

② Riza Chadijah, "Polri Tangkap 228 Terduga Teroris Sepanjang Tahun 2020," Benar News, https：//www. benarnews. org/indonesian/berita/penan gkapan－terduga－teroris－2020－12222020155150. html. （最后访问时间：2020年11月22日）

③ "OPE-P IN BRIEF," https：//www. dodig. mil/Reports/Lead－Inspector－General－Reports/Article/2410629/lead-inspector-general-for-operation-pacific-eagle-philippines-i-quarterly-repo/. （最后访问时间：2020年11月6日）

（Tugali Guiamal Galmak）等 13 名成员，① 大大削弱了恐怖组织在网络上的运作能力。缅甸政府尝试以政治解决方案应对国内问题，但效果有限，而且在加快遣返罗兴亚难民的进程方面进展甚微。2020 年 2 月，缅甸民族和解与和平中心尝试达成政府军与若开邦反政府武装的双边停火协议，但谈判因防疫政策而推迟，若开邦的安全形势并未好转。政府军继续在若开邦北部开展搜查行动，以清除反政府武装的残余势力并遏制其发展。一方面，泰国政府持续推进与反政府武装的谈判，原定于 2020 年 1 月 20 日与"北大年马来民族革命阵线"在马来西亚举行的谈判因疫情被搁置。另一方面，政府军在泰国南部持续开展军事行动，多兵种对"北大年马来民族革命阵线"据点发动攻势。

三是增进合作，管控跨境犯罪。菲律宾、马来西亚和印度尼西亚三国边境缺乏管控，跨国犯罪盛行。菲律宾南部、马来西亚东部沙巴州和印度尼西亚东部之间的三国边境地区长期被恐怖组织和犯罪集团所利用，跨境恐怖主义、走私、绑架等犯罪活动十分猖獗。沙巴海域是印度尼西亚"伊斯兰国"成员的重要中转站，印尼决定不遣返叙利亚国民后，这条路线最可能引起"圣战回流"人员的注意。2020 年 2 月，国际刑警组织牵头发起一项代号为"Maharlika Ⅲ"的行动②，由文莱、印度尼西亚、马来西亚和菲律宾的执法人员共同对恐怖分子过境路线中的战略要地开展执法打击和边境管控，通过近 1.3 万次身份查验干扰恐怖分子跨境流动，解救近百名人口贩卖受害者，逮捕 180 多名犯罪分子，其中包括 1 名"阿布沙耶夫"成员。3 月，菲律宾西棉兰老岛司令部主持印度尼西亚、马来西亚、菲律宾三边安全会议。③ 三

---

① Benar News, "Philippine Govt Forces Kill BIFF Militants in Southern Firefight," https：//www. benarnews. org/english/news/philippine/BIFF-militants-killed-06052020130218. htm. （最后访问时间：2020 年 6 月 5 日）

② "Hundreds Arrested in Crackdown on Terrorist Routes in Southeast Asia," Interpol, https：//www. interpol. int/en/News-andEvents/News/2020/Hundreds-arrested-incrackdown-on-terrorist-routes-in-Southeast-Asia. （最后访问时间：2020 年 4 月 22 日）

③ Teofilo Garcia, "Westmincom Hosts IndoMalPhi Trilateral Security Conference," Philippines News Agency, https：//www. pna. gov. ph/articles/1095688. （最后访问时间：2020 年 3 月 5 日）

国武装部队高级官员共同探讨了三国边境地区作战环境、绑架趋势以及威胁团体的作案手法，明确三国政府在应对边境地区绑架问题方面的举措和行动方针，从而进一步分析三国在确保共同边界安全方面的差距和挑战，为和平与可持续发展持续努力。

四是严厉打击，抑制恐怖融资。2020年，新加坡金融管理局宣布，计划从2021年1月1日起停止发行100美元纸币，旨在降低通常与大面额纸币相关的恐怖主义融资风险。2020年1月14日，36岁的新加坡人伊姆兰·卡西姆（Imran Kasim）在承认转移资金以支持"伊斯兰国"的活动后，被判入狱33个月。[①] 这是第一个被指控的新加坡人，也是第二个被定罪的人。2014年，伊姆兰向土耳其的一个名叫穆罕默德·阿尔赛义德·阿尔赫米丹的人提供了450美元，用于资助"伊斯兰国"的出版物。同时，伊姆兰两次尝试前往叙利亚，计划袭击"全球反'伊斯兰国'联盟"中的新加坡士兵，或将其扣为人质索要赎金，以增加"伊斯兰国"收入。

## 二　多管齐下，应对恐怖主义意识形态威胁

一是多措并举去极端化。印度尼西亚政府为了从根源上解决恐怖主义问题，由国家反恐局与指定的非政府组织牵头，在监狱建立和运行去极端化和康复计划，从思想上改造涉恐犯罪分子。这种"重塑"工作一方面利用成功改造的囚犯作为"顾问"，以身说法，去说服其他人；另一方面以假释、家人探访和出狱后提供经济支持等条件和奖励，引导涉恐罪犯自愿远离激进主义道路，回归社会。新冠疫情开始后，印度尼西亚监狱去极端化计划通过视频方式进行了几个月，但由于互联网基础设施缺乏而搁浅。非政府组织则通过网络研讨会等方式继续推进去极端化工作。印度尼西亚国家反恐局也推

---

① Louisa Tang, "'I Recognise Only Syariah Law': Singaporean Claims Trial after Admitting to Giving S＄450 to Isis," Todayonline, January 13, 2020, https://www.todayonline.com/singapore/i-recognise-only-syariah-law-singaporean-claims-trial-after-admitting-giving-s450-isis. （最后访问时间：2020年3月5日）

出电视频道和移动应用，努力对去极端化项目进行数字化改造。① 菲律宾政府在 2020 年第 25 号行政令中，将前暴力极端主义分子纳入"全面本土融合计划增强版"（Enhanced Comprehensive Local Integration Program，E-CLIP）中，为极端主义分子重回社会提供全面和积极的援助。②

二是主动反激进化。印度尼西亚政府对恐怖主义犯罪行为幸存者开展保护和支持。2020 年 1 月 8 日，印度尼西亚国家反恐机构组织了保护和支持恐怖主义犯罪幸存者活动，以医疗援助、心理康复、配合等形式解决幸存者的问题。2003 年起，新加坡宗教康复组织（Religious Rehabilitation Group，PRG）通过各种形式的咨询帮助自我激化的人和受"伊斯兰国""基地"等组织极端主义思想影响的人。2020 年新加坡青年受极右极端主义影响的情况出现后，极右极端主义也进一步被纳入宗教康复组织关注范畴。

### 三　动员群众力量，塑造全民反恐格局

一是以发展去极端。菲律宾政府为增强国内冲突地区民众抵御极端主义影响的能力，制定了"和平和有承受和复原力的社区"（PAMANA）和平与发展框架。菲律宾政府在棉兰老穆斯林自治区等多个菲律宾地区实施该框架。该框架的主要目标是改善生活和增加就业机会、加强地方政府部门实施地方和平与发展框架的能力、确保透明度和问责制、使社区能够更多地参与追求和平与发展。

二是塑造全民反恐格局。从 2016 年开始，新加坡政府在全国开展平安新加坡运动（SGSECURE），旨在鼓励、培训和动员全社会参与反恐怖斗争。政府无法发现每一个恐怖分子，因此，鼓励每个人对周边的人变得激进化保持警惕，及早报告，制止伤害。同时，新加坡政府对民众进行应急准备技能培

---

① Ulta Levenia, Alban Sciascia, "Does Indonesia's Deradicalization Program Work?" https://thediplomat. com/2020/06/does-indonesias-deradicalization-program-work/. （最后访问时间：2020 年 6 月 20 日）

② Priam Nepomuceno, "TFBL Releases Revised Handbook for Ex-rebels' Reintegration," https://www. pna. gov. ph/articles/1144343. （最后访问时间：2021 年 5 月 21 日）

训，并在 2019 年 11 月启动响应网络计划。熟悉或接受过应急准备技能培训的居民比例从 2017 年的 40%增加到 2019 年的 62%。近 9 万名响应者能够根据需要对紧急情况进行处置，并通过演习进行强化，进一步提高社会的突发事件应急处理能力。

## 四　妥善处理在叙利亚的国民遣返问题，评估风险隐患

2020 年 2 月初，印度尼西亚政府出于安全考虑，决定拒绝接受从叙利亚遣返的 689 名与"伊斯兰国"有关联的印度尼西亚国民。[1] 此举在一定程度上降低了涉恐嫌疑人回流作案的风险，有助于印度尼西亚国内维持稳定。但是，印度尼西亚政府同时表示，针对 10 岁以下的儿童则会根据其父母是否健在等情况进行个案判断。这些儿童有些是所谓的"极端主义分子"后代，也有些是父母被"伊斯兰国"杀害，本身被招募为小"圣战"者，长期受到极端主义环境的影响，甚至被"伊斯兰国"用于发动暴恐袭击。印度尼西亚政府的决策带来两大风险隐患：一是在叙利亚的印度尼西亚公民及家人通过非法渠道回流国内；二是儿童遣返工作将面临思想改造与社会融合多重挑战。但出狱后的就业、与家人和社会的重新融合、持续的宗教咨询等，可能帮助儿童重回正常成长轨道。马来西亚是少数承诺接纳从叙利亚遣返马来西亚"圣战"者的国家之一。马来西亚政府将允许公民在遵守法律法规并参与为期一个月的康复计划的情况下返回国内。2013 年以来，有超过 50 名马来西亚人前往叙利亚加入"伊斯兰国"被捕，被关押在叙利亚监狱，仅有 9 人想返回马来西亚。[2] 马来西亚随后积极接纳从叙利亚遣返的 11 名马来西亚公民。已有 8 名遣返的男性在法庭上受到指控和定罪，而对返回的妇女和儿童则实行了

---

[1]　The Jakarta Post，"BRESKING：Indonesia not Repatriating IS Fighters to Protect Nation from 'Terrorist Virus'，"https：//www.thejakartapost.com/news/2020/02/11/breaking-indonesia-not-repatriating-is-fighters-to-protect-nation-from-terrorist-virus.html.（最后访问时间：2020 年 2 月 20 日）

[2]　T. N. Alagesh，"Bringing Home Malaysians Held in Syria Could Be Tough，"New Straits Times，https：//www.nst.com.my/news/nation/2020/01/561088/bringing-home-malaysians-held-syria-could-be-tough.（最后访问时间：2020 年 1 月 30 日）

强制性康复计划。超过 50 名马来西亚人，包括自 2013 年以来加入"伊斯兰国"的男性、妇女和儿童，仍留在叙利亚，其中不乏久经沙场的"圣战"分子。①

## 五 政府反恐行动仍有改善空间

一是警惕恐怖组织对政府机构内部渗透。2020 年 10 月 20 日，菲律宾警方挫败一起恐怖袭击图谋，逮捕一名意图与"阿布沙耶夫"合谋爆炸袭击港口的菲律宾海岸警卫队学员。这表明"阿布沙耶夫"在菲律宾政府内部布建了情报收集网络，随时了解政府动向，提高组织的恢复能力，也为菲律宾反恐带来新的挑战。

二是应对去极端化项目加强审计和监督。印尼政府去极端化和康复计划从思想上改造恐怖犯罪分子的意图是好的，但思想改造"顾问"会被极端与恐怖组织视为"叛徒"，激化罪犯的愤怒，因此很少有人愿意做"顾问"。而以假释、家人探访和出狱后提供经济支持等条件和奖励，引导涉恐罪犯自愿远离激进主义道路的方式需要加强监督，已出现多起由于允诺的条件无法兑现，出狱的罪犯重回恐怖组织的案例。2019 年，"神权游击队"的头目鼓励被捕的组织成员在严格遵守去极端化计划的情况下从中受益，进一步印证这种方式的有效性需要进行严格的监督和审计。同时，印度尼西亚去极端化和康复计划并不是强制进行的，涉恐罪犯可以选择拒绝参与。② 2020 年 6 月 20 日，发生嫌疑人持刀袭击中爪哇省警察局局长事件，犯罪嫌疑人曾于 2016 年因为"神权游击队"采购武器和装备实施雅加达恐怖袭击而获刑。但是，他在狱中拒绝遵循国家反恐局设立的去极端化和康复计划，随后再次实施恐怖袭击，表明这一"重塑"工作仍

① "56 M'sians still Held in Syria for Alleged Terrorism," Malaysia Kini, https：//www. malaysiakini. com/news/508960.（最后访问时间：2020 年 1 月 30 日）

② Ulta Levenia, Alban Sciascia, "Does Indonesia's Deradicalization Program Work？" The Diplomat, https：//thediplomat. com/2020/06/does-indonesias-deradicalization-program-work/.（最后访问时间：2020 年 6 月 30 日）

有极大改善空间。

三是政府应提高独立应对恐怖主义威胁的能力。菲律宾南部的反恐行动有一部分是在美国支持下进行的。2017 年 9 月至今，美国印太司令部发起"太平洋之鹰-菲律宾"（Operation Pacific Eagle-Philippines）行动，以协助菲律宾政府应对"伊斯兰国东亚分支"造成的困境。2017～2019 年美国每年投资超过 1 亿美元，向菲律宾武装部队提供技术支持。[①] 在疫情造成的经济低迷之下，菲律宾政府需要加强自身反恐能力建设，并持续对南部地区开展反恐行动，将暴力极端主义威胁降至可以独立遏制的程度。

## 第四节　新冠疫情对东南亚恐怖主义与反恐态势的影响

2020 年，新冠疫情给全球治理和安全发展带来巨大挑战。各国政府承担疫情防控和经济复苏的艰巨任务，政治资源重新分配，这对恐怖主义活动与政府反恐行动都造成了一定影响。

### 一　新冠疫情对恐怖主义活动的影响

"伊斯兰国"和"基地"组织将疫情视作真主对"异教徒"的"惩罚"，密集进行极端意识形态宣传，煽动支持者发起新一轮暴恐袭击。但受到各国防疫政策的影响，恐怖分子的线下活动有所减少，恐怖袭击事件显著减少，线上宣传和招募却十分活跃。同时，新冠疫情催化政治暴力事件，进一步助长极右恐怖主义的蔓延，影响主要表现在几个方面。

一是新冠疫情成为恐怖主义宣传新"卖点"。"伊斯兰国"一方面散布疫情是对"异教徒"的"惩罚"，敦促全球的分支组织利用政府自顾不暇的

---

① Seth Robson, "Report：Multiyear Counterterror Operation Has Failed to Dislodge Extremists from Philippines," https：//www. stripes. com/theaters/asia_ pacific/report－multiyear－counterterror－operation－has－failed－to－dislodge－extremists－from－philippines－1.641543.（最后访问时间：2020 年 8 月 17 日）

契机，实施更多恐怖袭击；① 另一方面传播如何将新冠疫情武器化，服务于"圣战"。对此，东南亚"神权游击队"等组织内部对待疫情的态度并不一致。② 对于组织高层人员来说，避免传染新冠病毒、保持组织实力是优先事项。因此，他们一边制订应急计划，一边在招募过程中加强防疫。对于"圣战"者个人来说，部分"圣战"者响应"伊斯兰国"高层"利用政府疲于防疫的契机实施更多恐怖袭击"的号召，③ 趁各国安全机构资源相对分散进行恐怖袭击。

二是各国防疫政策在一定程度上限制了恐怖分子的线下行动。疫情期间，各国政府采取较为严格的防疫措施和旅行限制，城市中恐怖组织的线下活动和行动受到一定影响，武器、资金难以转移，恐怖组织更倾向于采取组织策划较为松散、工具较为易得的袭击方式。但是，恐怖组织的主要据点多位于政府治理能力较弱的落后地区，受防疫政策影响较弱，恐怖分子依然有能力开展跨境行动，但恐怖袭击造成的危害也相对较轻。2020 年 3 月 16日，菲律宾政府宣布吕宋岛全境实施隔离政策，但被"封锁"的地区都是棉兰老岛相对发达的地区，对于"伊斯兰国苏禄省"发动恐怖袭击并没有造成太大影响。

三是新冠疫情成为恐怖主义和极端主义的催化剂。一方面，严格的疫情防控措施为经济按下"暂停键"，对全球贸易、投资、生产、就业以及个人生计造成巨大影响，新冠疫情从一场健康危机发展成为经济危机。东南亚各国都面临经济下滑、复苏乏力的困境。贫困、治理不善和其他社会经济问题为恐怖分子在各国活动提供了宽松的环境。菲律宾马拉维的重建工作也因疫

---

① IPAC, "COVID-19 and ISIS in Indonesia," IPAC Short Briefing No. 1, April 2, 2020, http：//file. understandingconflict. org/file/2020/04/CO VID-19_ and_ ISIS_ fixed. pdf. （最后访问时间：2020 年 4 月 30 日）

② Ulta Levenia, Alban Sciascia, "How COVID-19 Is Reshaping Terror Threats in Indonesia," The Diplomat, https：//thediplomat. com/2020/05/how-covid-19-is-reshaping-terror-threats-in-indonesia/. （最后访问时间：2020 年 5 月 4 日）

③ IPAC, "COVID-19 and ISIS in Indonesia," IPAC Short Briefing No. 1, April 2, 2020, http：//file. understandingconflict. org/file/2020/04/CO VID-19_ and_ ISIS_ fixed. pdf. （最后访问时间：2020 年 4 月 30 日）

情防控措施而一再拖延，增大了弱势群体思想极端化的风险，很可能为"伊斯兰国"在当地发展网络、制造矛盾创造条件。① 另一方面，疫情防控措施带来网络使用率居高不下，恐怖组织借机在线上散布仇恨言论，煽动支持者在敌人最脆弱的时刻下手。在国际社会加大对 Facebook、Twitter、Telegram 等主流社交媒体涉恐内容的打击力度后，"伊斯兰国"等组织使用 Signal、Wire 等小众平台和文件共享服务拓展网络空间。2020 年 9 月，"伊斯兰国"分支组织通过社交媒体发布视频，教授如何制作炸弹。10 月 5 日，印度尼西亚通过《综合就业法》，导致首都及多地爆发骚乱，超过 200 万人参加游行示威。"伊斯兰国"支持者号召在游行期间发动恐怖袭击。② 11 月，"伊斯兰国"支持者建立包括三种语言的东亚宣传网站，增强网上极端意识形态渗透。③

## 二 新冠疫情对政府反恐行动的影响

新冠疫情被恐怖组织和武装团体视为发展契机，但对东南亚各国政府来说，在原本就有限的反恐资源中调拨力量用于实施严格的疫情防控政策，必然对反恐投入产生影响。

一是分散本应用于反恐的政府资源。以菲律宾为例，首都马尼拉及周边地区政府要求数百名菲律宾武装部队人员协助执行新冠疫情防控政策。2020 年 4 月，菲律宾就部署了 116 名特别行动队人员到首都地区设立检查站，还部署了 800 名预备役人员协助实施限制。因违反规定而被捕的人加重了监狱的负担。菲律宾的 7 所国家监狱和 926 所地方监狱在疫情之前就已经人满为患，容

---

① Jeoffrey Maitem, Richel V. Umel, "Philippine NGO: Delays in Rebuilding Marawi Fuel IS Recruitment," Benar News, February 18, 2020, https://www.benarnews.org/english/news/philippine/ philippines-militants-02182020151058. html. （最后访问时间：2020 年 2 月 19 日）

② SITE, "IS Supporters Call for Attacks During Indonesian Omnibus Bill Protests," https://ent.siteintelgroup.com/Jihadist-Threat-Southeast-Asia/is-supporters-call-for-attacks-during-indonesian-omnibus-bill-protests. html. （最后访问时间：2020 年 10 月 11 日）。

③ SITE, "IS Supporters Launch East Asia Website in Three Languages," https://ent.siteintelgroup.com/Jihadist-Threat-Southeast-Asia/is-launches-official-east-asia-website-in-three-languages. html. （最后访问时间：2020 年 11 月 20 日）

量已超过 450%。截至 2020 年 5 月，菲律宾监狱系统有 9000 例确诊的新冠病例和 637 例死亡病例。为此，菲律宾最高法院下令释放近 10000 名囚犯。①

二是新冠疫情影响跨境反恐军事协作。美国与菲律宾之间的军事协作只能以线上方式进行，美国为菲律宾的反恐行动远程提供专业知识、情报分析和信息搜集支持。疫情对美部队轮换、美菲军事合作成效都产生了负面影响。②

## 第五节　东南亚恐怖主义态势展望

2020 年，东南亚国家政府的反恐举措得力，防疫措施在一定程度上降低了恐怖主义威胁的程度，削弱了恐怖网络运作能力，安全形势有较大好转。但恐怖组织发展演变、"圣战回流"、"达瓦宣教"和自我激化的恐怖主义等多重因素仍给东南亚国家反恐带来挑战。

### 一　恐怖组织策略调整或造成暴力加剧

东南亚最大的恐怖主义威胁仍然来自有组织的恐怖团伙。东南亚地区的主要恐怖组织内部在 2020 年都出现了调整。"伊斯兰祈祷团"等组织可能采取更为激进的"当下圣战"政策。"阿布沙耶夫"分支之间的合流或将进一步增强这一恐怖组织的实力。"若开邦马赫迪旅"或将在庞大的罗兴亚人群体中催生更激进的暴力活动。

---

① 《美国国防部总监察长对美国国会的报告：太平洋之鹰行动-菲律宾（2020 年 4 月 1 日至 6 月 30 日）》，https：//media. defense. gov/2020/Aug/11/2002474708/-1/-1/1/LEAD%20INS PECTOR%20GENERAL%20FOR%20OPERATION%20PACIFIC%20EAGLE－PHILIPPINES%20APRIL%201,%202020%20-%20JUNE%2030,%202020. PDF. （最后访问时间：2020 年 8 月 20 日）

② 《美国国防部总监察长对美国国会的报告：太平洋之鹰行动-菲律宾（2020 年 4 月 1 日至 6 月 30 日）》，https：//media. defense. gov/2020/Aug/11/2002474708/-1/-1/1/LEAD%20INS PECTOR%20GENERAL%20FOR%20OPERATION%20PACIFIC%20EAGLE－PHILIPPINES%20APRIL%201,%202020%20-%20JUNE%2030,%202020. PDF. （最后访问时间：2020 年 8 月 20 日）

## 二　"圣战回流"带来潜在威胁

新冠疫情防控形势有所好转后，印度尼西亚、马来西亚等多国将启动在叙利亚的国民遣返进程，去极端化工作将与"伊斯兰国"意识形态发生直接较量。然而，去极端化工作成效仍然有待评估，面对久经沙场的"圣战"分子和在极端意识形态中耳濡目染的儿童，如何能够去除极端思想并帮助其重返社会将是对东南亚国家的一大考验。

## 三　"达瓦宣教"的危害不容忽视

以"马来群岛伊斯兰国辅士团"为代表的恐怖组织致力于在中长期内持续进行"圣战"准备，不断向其同情者进行"宣教"，并且在狱中"传教"。印度尼西亚"圣战"者曾扬言要效仿阿富汗贾拉拉巴德越狱事件，对印尼的监狱发动袭击，进而扩大组织势力，威胁不容小觑。同时，"宣教"行为不受国家恐怖主义法的管辖，"马来群岛伊斯兰国辅士团"暗中迅速充实组织力量，待其行动策略出现转变之时，危害将不容忽视。

## 四　自我激化的恐怖主义将持续带来威胁

新冠疫情不仅使民众产生心理恐慌，还给后续的国家发展、经济衰退困境带来更多的社会问题。自我激化者开展"独狼"式恐怖袭击的威胁将持续存在。

# 结　语

长期以来，东南亚地区一直是国际恐怖主义的中转站和藏身地，一些国家的恐怖主义十分活跃，形成本土与国际恐怖主义相结合的主要发展态势。特别是在印度尼西亚、菲律宾南部、泰国南部和马来西亚等地，恐怖主义活动受"基地"组织和"伊斯兰国"的影响十分严重，给这些国家的安全与稳定带来极大的冲击。此外，东南亚地区其他一些国家的恐怖主义威胁主要来自分裂主义组织，它成为这些国家一段时期内难以彻底解决的痼疾。

同样受到新冠疫情的冲击和影响，一方面，恐怖组织借疫情大肆进行极端主义宣传，试图招募更多人加入恐怖组织；另一方面，很多国家的防疫、抗疫措施不可避免地占用了一些反恐资源，这也使得恐怖主义有了更大的活动空间。因此，东南亚国家大多呈现既受新冠疫情的影响，经济衰退，又受恐怖主义威胁的局面。

我们可以看到的是，东南亚国家高度重视反恐，维护国家安全，并取得了相对显著的成效。未来，东南亚国家面临的反恐任务仍十分艰巨。一是清除产生恐怖主义的土壤是长期的难题。因此，经济发展仍是东南亚国家的重中之重。二是打击极端主义的道路仍然漫长。极端主义是恐怖主义的核心要素。反极端主义应被置于预防性反恐的首位，其中网络反极端主义是非常重要的一个方面。三是加强反恐的国际合作。东南亚地区在强化国家间反恐合作的同时，也要强化更大范围的国际反恐合作。

# 第六章　西亚地区恐怖主义 与反恐怖斗争态势*

西亚地区一直以丰富的石油资源、多样的宗教文化和动荡的政治局势为全世界所关注。西亚地区是世界最大的石油分布区，地区内多数国家为产油国，石油资源极为丰富。波斯湾沿岸石油总储量占全球石油总储量的一半以上，霍尔木兹海峡更被称为西方的"海上生命线""世界油阀""石油海峡"，是海湾地区石油输往世界各地的唯一海上通道。西亚地区还是伊斯兰教、基督教和犹太教的发源地，耶路撒冷被称为"三教圣地"。此外，西亚地区政治局势多年来持续动荡，地区大国、西方大国等在此角力，各势力之间矛盾、冲突不断。丰富的石油资源、重要的地缘战略位置、特殊的宗教地位和复杂动荡的政治社会局势，为恐怖主义提供了发展的温床，使该地区成为多个国际恐怖组织的发源地，也使得西亚地区的恐怖组织活跃、恐怖袭击频发。2020 年新冠疫情使西亚地区的政治、经济、社会遭受严重影响，进一步恶化了本就复杂严峻的恐怖主义态势。

## 第一节　西亚地区恐怖主义态势

西亚地区一直以来是全球恐怖主义的重灾区，近年来随着"伊斯兰国"被击溃，恐怖主义活动的猖獗势头受到遏制。2020 年 11 月，澳大利亚经济与和平研究所发布《2020 年恐怖主义指数报告》[1]。《2020 年恐怖主义指数

＊　作者：郭永良，中国人民警察大学副教授，研究方向：国际反恐。

[1]　Institute for Economics and Peace, "Global Terrorism Index 2020," https://www.visionofhumanity. org/wp-content/uploads/2020/11/GTI-2020-web-2.pdf. （最后访问时间：2021 年 4 月 4 日）

报告》显示，西亚地区的恐怖主义指数为 3.950，较之 2019 年同期降低了 0.349。但数据显示 2002 年到 2019 年，西亚地区因恐怖主义死亡的人数最多，超过 96000 人，占全球恐怖主义导致的死亡总人数的 40%；有记录的恐怖主义袭击次数也最多，有 37000 多次。西亚地区每次恐怖袭击的平均死亡人数排名全球第二位，每次袭击平均造成 2.6 人死亡（南亚地区每次袭击平均造成 2 人死亡，撒哈拉以南非洲地区每次袭击平均造成 4 人死亡）。但我们也可以看到，西亚地区在 2019～2021 年的恐怖主义导致的死亡人数大幅减少，自 2016 年以来减少了 87%，达到了 2003 年以来的最低水平；2019 年，西亚地区的恐怖主义导致的死亡人数仅占全球因恐怖主义死亡总人数的 13%。

在西亚地区，恐怖主义造成的死亡人数下降幅度最大的是伊拉克，2019 年，伊拉克死于恐怖主义的人数减少了 47%；叙利亚紧随其后，伊拉克死于恐怖主义的人数减少了 44%。出现这些改善的主要原因是"伊斯兰国"发动的恐怖袭击减少，从 2018 年到 2019 年，"伊斯兰国"在伊拉克发动的恐怖袭击减少了 49%；与之相反，"伊斯兰国"在叙利亚的恐怖袭击增加了 31%。恐怖主义导致的死亡人数的减少表明恐怖袭击的杀伤力有所下降。2019 年"伊斯兰国"在叙利亚发动的每次恐怖袭击平均造成 3.8 人死亡，而 2018 年这一数字为 15.1 人。"伊斯兰国"是西亚地区最具威胁性的恐怖组织，自 2014 年以来，共有 28000 多人因"伊斯兰国"发动的恐怖袭击死亡。但随着国际社会的联合打击，"伊斯兰国"逐渐被击溃。2019 年 3 月，国际联合部队与当地部队一起成功收复了"伊斯兰国"在叙利亚的剩余领土。2019 年 10 月，美国开展了一次军事行动，导致时任"伊斯兰国"头目阿布·巴克尔·巴格达迪死亡。"伊斯兰国"在正面战场被击溃，实力大不如前。但是，"伊斯兰国"残余势力恢复秘密战术——继续在网络中运作，由"攻城略地"转变为"游击战斗"，广泛存在于伊拉克和叙利亚的农村地区。[1]"伊斯兰国"利用全球新冠疫情之机，大肆扩大游击战。"伊斯兰国"

---

[1] Wilson Center, "U. S. Report: ISIS Resilient in Iraq, Syria," https://www. wilsoncenter. org/ article/us-report-isis-resilient-iraq-syria. （最后访问时间：2020 年 12 月 1 日）

主要在伊拉克西部和北部的逊尼派省份、叙利亚东部，以及叙伊600公里长边界沿线人迹罕至的沙漠地带活动。2020年初以来，"伊斯兰国"已制造超过430起袭击；4月的袭击数量是1月的2倍，4月11日仅在巴格达就同时发生5起炸弹爆炸袭击。①

我们可以看到，西亚地区因"伊斯兰国"的衰退，面临的恐怖主义形势有所好转。但西亚地区滋生恐怖主义的土壤仍在，恐怖主义态势依旧复杂严峻。

## 一 伊拉克

数据显示，2020年伊拉克的恐怖主义指数为8.682，位居全球恐怖主义指数第二。根据全球恐怖主义指数全区域四等分法的安全形势评价体系划分，伊拉克为全球受恐怖主义威胁的"高危国家"。2020年伊拉克的恐怖主义指数比2019年的恐怖主义指数下降了0.57，恐怖主义态势整体好转。具体来看，伊拉克与恐怖主义有关的死亡人数连续第3年减少。死于恐怖主义的人数从2018年的1054人减少到2019年的564人，减少了约46%。恐怖袭击数量也大幅减少，从2018年的1131起减少到2019年的495起。伊拉克境内的恐怖活动仍以"伊斯兰国"恐怖袭击为主，该组织发动的恐怖袭击导致的死亡人数占2019年所有恐怖袭击导致的死亡人数的66%。然而，"伊斯兰国"造成的死亡人数自2016年达到峰值以来，已大幅减少，"伊斯兰国"在2019年造成374人死亡，比该组织在2018年造成的死亡人数减少53%。

与"伊斯兰国"恐怖活动的减少的趋势相一致，该组织造成的平民死亡人数也有所减少，减少了69%。2014年，针对平民的每次袭击平均造成7.7人死亡，2019年针对平民的每次袭击平均造成1人死亡。近年来，"伊斯兰国"发动的袭击类型也发生了变化。复杂的多阶段袭击（例如汽车爆

---

① 《德媒："伊斯兰国"正趁疫情卷土重来》，新浪网，2020年5月14日，https://news.sina.cn/2020-05-14/detail-iirczymk1545917.d.html?cid=57929&oid=3774226953806496。（最后访问时间：2021年4月11日）。

炸和自杀式袭击）的数量显著减少，这些袭击需要发达的后勤网络。同期，基础设施袭击和武装袭击数量分别增加 225% 和 41%。"伊斯兰国"的武装袭击主要针对平民和安全部队。自 2016 年以来，大多数基础设施袭击是针对农场、小企业和平民住宅的燃烧弹袭击。

在伊拉克，"伊斯兰国"2019 年实施的 258 起袭击中，有 19 起袭击为自杀式爆炸。自杀式爆炸事件的减少可能归因于反恐措施的加强和"伊斯兰国"战斗人员的减少。[1] 尽管 2019 年死于恐怖主义的人数有所减少，但"伊斯兰国"仍然是一个巨大的威胁。在伊拉克，"伊斯兰国"继续在农村地区活动，并寻求在尼尼微省、基尔库克省、迪亚拉省、萨拉赫丁省和安巴尔省的民众中重新获取支持。同时，由于袭击策略发生变化，"伊斯兰国"带来的恐怖主义威胁压力丝毫不减。2020 年 5 月 16 日，"伊斯兰国"武装分子在伊拉克北部萨拉赫丁省发动袭击，造成 11 人死亡。11 月 29 日，伊拉克北部一座炼油厂当天遭火箭弹袭击引发大火，造成该炼油厂暂停运营，"伊斯兰国"宣称对袭击事件负责。2021 年 1 月 21 日，伊拉克首都巴格达航空广场附近的一个市场发生自杀式连环爆炸事件，事件导致至少 32 人死亡，另有 110 人受伤，"伊斯兰国"宣称对此负责。

此前伊拉克安全部队大部分成员已将注意力从"伊斯兰国"移开，忙于开展防疫工作，监督"防疫禁足令"的执行，且有大批警察和士兵因担心感染而不再执勤。另外，驻伊美军反恐部队因围绕驻军爆发的冲突，大大减少了基地和教官的数量以及空中侦察的次数，这种"双重真空"导致"伊斯兰国"死灰复燃，伊拉克的反恐局势难以出现根本性好转。[2]

## 二　叙利亚

2020 年叙利亚的恐怖主义指数为 7.778，是全球受恐怖主义威胁的"高

---

[1] International Crisis Group，"Averting an ISIS Resurgence in Iraq and Syria," https：//d2071andvip0wj. cloudfront. net/207-averting-an-isis-resurgence. pdf. （最后访问时间：2021 年 4 月 11 日）

[2] 《德媒："伊斯兰国"正趁疫情卷土重来》，新浪网，https：//news. sina. cn/2020-05-14/ detail-iirczymk1545917. d. html？cid=57929&oid=3774026806496。（最后访问时间：2021 年 4 月 11 日）

危国家"。2020 年叙利亚的恐怖主义指数比 2019 年的恐怖主义指数下降了
0.299。2019 年叙利亚死于恐怖主义的人数减少 44%，降至 517 人。尽管在
叙利亚恐怖主义造成的死亡人数有所下降，但与恐怖主义有关的事件在
2019 年增加了 36%，升至 211 起。

叙利亚的恐怖活动增加主要归因于叙利亚三个最具威胁的恐怖组织——
"伊斯兰国"、"库尔德工人党"和"沙姆解放组织"① 发动的袭击增加。
"库尔德工人党"和"沙姆解放组织"增加了对平民的袭击，而"伊斯兰
国"在 2019 年对警察、军队和民兵发动了更多袭击。"沙姆解放组织"巩
固了对叙利亚西北部阿勒颇省和伊德利卜省部分地区的控制，发动了更多的
针对平民的袭击。② 而随着"库尔德工人党"、叙利亚政府军和土耳其部队
在叙利亚东北部的冲突升级，"库尔德工人党"对平民的袭击数量在 2019
年增加了 1 倍多。③ 尽管 2018～2019 年，"伊斯兰国"发动的袭击增加了
31%，但同期该组织造成的死亡人数下降了 67%。"伊斯兰国"对平民发动
的袭击的杀伤力大幅下降，从 2018 年每次袭击平均导致 24 人死亡，减少至
2019 年每次袭击平均造成 3 人死亡。造成这一变化的原因是，"伊斯兰国"
针对平民的大规模自杀式爆炸袭击数量显著减少，袭击重点转向其他武装团
体和恐怖团体。

"伊斯兰国"的主要袭击目标为叙利亚民主力量（SDF），针对叙利亚
民主力量的袭击造成的死亡人数占 2019 年"伊斯兰国"造成的死亡人数的
大部分，有 145 人死亡。2019 年，叙利亚 14 个省中的 11 个省发生与恐怖袭
击有关的事件，凸显了恐怖主义在地理上的蔓延。大多数恐怖袭击发生在阿

---

① 叙利亚的"沙姆解放组织"来自"基地"组织在叙利亚的分支"努斯拉"（al-Nusra），后
来更名为"贾哈特·法特赫·沙姆"（Jabhat Fateh al-Sham），然后与其他四个反叛团体合
并，并于 2017 年 1 月更名为"沙姆解放组织"。

② Middle East Eye, "Radical Fighters Capture 20 Towns and Villages from Rebels in Western
Aleppo," https: //www. middleeasteye. net/fr/news/hts－take－complete－control－west－aleppo－
countryside-syrian-opposition-1030874890. （最后访问时间：2021 年 4 月 11 日）

③ Institute for Economics and Peace, "Global Terrorism Index 2020," https: //www. visionofhumanity.
org/wp-content/uploads/2020/11/GTI-2020-web-2. pdf. （最后访问时间：2021 年 4 月 4 日）

勒颇省，其次是拉卡省、代尔祖尔省和哈萨卡省。阿勒颇省因恐怖袭击死亡的人数的增幅最大。2019 年该省恐怖袭击造成的死亡人数为 201 人，相比之下 2018 年该省恐怖袭击造成的死亡人数为 53 人。

2019 年 3 月，美国和叙利亚民主力量宣布，收复了叙利亚东部"伊斯兰国"的最后一个领土据点。① 然而，即使在没有控制领土的情况下，"伊斯兰国"依然在叙利亚和伊拉克维持了一定程度的恐怖活动。② 叙利亚还面临着处理前"伊斯兰国"战斗人员和他们的家属的问题，这些平民被关押在库尔德武装控制的拘留中心和流离失所营地。目前约有 8000 名伊拉克和叙利亚"伊斯兰国"战斗人员被关押，包括妇女和儿童在内约有 2000 名外国战斗人员及其附属人员。

2020 年 7 月 6 日，联合国秘书长古特雷斯在联合国反恐周高级别会议上表示，"伊斯兰国"正试图在叙利亚和伊拉克境内卷土重来。联合国毒品和犯罪问题办公室执行主任加达·瓦利在会议上表示，"伊斯兰国"和"基地"组织已经在它们的网络宣传中，利用新冠疫情招募新成员和宣扬暴力。2020 年 8 月 25 日，联合国反恐事务负责人弗拉基米尔·沃龙科夫表示，在"伊斯兰国"被打败两年后，估计仍有 1 万多名该组织的恐怖分子在伊拉克和叙利亚活动，2020 年他们的袭击次数明显增加。2020 年 3 月 29 日，叙利亚东北部哈塞克省格韦兰监狱发生暴动，多名在押的"伊斯兰国"恐怖分子趁乱越狱，并向该省南部逃窜。2021 年 4 月 6 日，"伊斯兰国"武装分子对叙利亚中部哈马省政府军控制区发动袭击，与政府军发生冲突，造成人员伤亡；"伊斯兰国"还在冲突中绑架了当地 11 名平民，另有 40 多人在冲突中失踪。

正如联合国人权事务高级专员米歇尔·巴切莱特警告所说，叙利亚是一

① International Crisis Group，"Averting an ISIS Resurgence in Iraq and Syria," https：//d2071andvip0wj. cloudfront. net/207-averting-an-isis-resurgence. pdf. （最后访问时间：2021 年 4 月 11 日）

② Congressional Research Service，"Armed Conflict in Syria：Overview and U. S. Response," https：//fas. org/sgp/crs/mideast/RL33487. pdf. （最后访问时间：2021 年 4 月 11 日）

颗 "定时炸弹"，包括 "伊斯兰国" 在内的恐怖组织显然均将新冠疫情视为重新集结的机会。新冠疫情影响之下，"伊斯兰国" 以及其他恐怖组织趁机发展，有携疫重来之势。叙利亚内战已持续 10 多年不见和解，叙利亚国内的恐怖主义态势仍然严峻。

## 三　也门

《2020 年恐怖主义指数报告》显示，2020 年也门的恐怖主义指数为 7.581 分，位居全球恐怖主义指数第六，比 2019 年也门的恐怖主义指数增加了 0.017，也门也成为唯一一个在 2019 年恐怖主义指数增加的西亚国家。2019 年也门死于恐怖主义的人数上升至 555 人，比 2018 年死于恐怖主义的人数增加 31%。也门的恐怖袭击总数也增加了 67%，这主要是 "安萨尔安拉"[1]（Ansar Allah）的暴力活动增加所致。但尽管恐怖主义有所抬头，2019 年也门因恐怖袭击而死亡的人数比 2015 年的下降了 66%。

也门仍然深陷长期内战的泥潭。自 2015 年以来，内战已造成超过 10 万人死亡，其中 12% 是在有针对性的袭击中丧生的平民。[2] 2019 年，冲突造成约 23000 人死亡，比 2018 年冲突造成的死亡人数减少 25%，但仍是战争中死亡人数第二高的一年。[3] 冲突使 400 多万人流离失所，联合国称之为 "世界上最严重的人道主义悲剧"。[4]

在也门，2019 年 "安萨尔安拉" 连续第四年成为造成死亡人数最多的恐怖组织，占也门因恐怖袭击死亡人数的 75%。在连续三年下降之后，2019 年 "安萨尔安拉" 造成的死亡人数增加了 65%。该组织的袭击目标主

---

[1]　胡塞武装组织属于也门国内政治势力，未被列入恐怖组织名单，不属于恐怖组织范畴。经济与和平研究所在《2020 年恐怖主义指数报告》中用 "安萨尔安拉" 指代胡塞极端主义分子（Houthi extremists），"安萨尔安拉" 与胡塞武装组织并不等同。

[2]　ACLED, "Ten Conflicts to Worry About in 2020," https://acleddata.com/2020/01/23/ten-conflicts-to-worry-about-in-2020/.（最后访问时间：2021 年 4 月 11 日）

[3]　ACLED, "Ten Conflicts to Worry About in 2020," https://acleddata.com/2020/01/23/ten-conflicts-to-worry-about-in-2020/.（最后访问时间：2021 年 4 月 11 日）

[4]　United Nations Office for the Coordination of Humanitarian Affairs, "About OCHA Yemen," https://www.unocha.org/yemen/about-ocha-yemen.（最后访问时间：2021 年 4 月 11 日）

要是平民，平民占受害者总数的 62%；其次是军方，占受害者总数的 16%。2019 年，"安萨尔安拉"发动的恐怖袭击数量增加了 1 倍，爆炸是恐怖袭击的主要形式，占恐怖袭击总数的 53%；其次是劫持人质和武装袭击，分别占恐怖袭击总数的 20% 和 15%。2019 年，爆炸和武装袭击事件增加了 1 倍多，劫持人质事件增加了 19%。

"阿拉伯半岛基地组织"仍然与也门政府军和"安萨尔安拉"的武装力量存在激烈冲突，相互之间在意识形态上激烈对立。① "阿拉伯半岛基地组织"曾在该组织的"伊斯兰圣战"网站上发表录音讲话，对胡塞武装组织发动"圣战"："什叶派叛军（胡塞武装组织）对我们在萨达省代迈季地区的人民不断发动袭击，因此我们宣布发动'圣战'，在该地区消除什叶派叛军。"② 2019 年，"阿拉伯半岛基地组织"的恐怖活动造成 25 人死亡，低于 2018 年的 65 人。这些袭击大多发生在南部和中部的哈德拉莫特省和阿比亚南德省，主要针对其他恐怖组织或反政府武装。自 2015 年达到顶峰以来，也门的"基地"组织活动减少了 89%。虽然也门政府军和阿联酋支持的安全部队宣称击溃了"基地"组织，但该组织仍在也门保存了一定规模的势力范围。③ 2019 年，"伊斯兰国"在也门的分支活动继续减少。在也门的"伊斯兰国"5 个分支中，只有"伊斯兰国阿丹阿比扬省"仍然存在。

自 2015 年内战爆发以来，利用沙特支持的也门政府和伊朗支持的胡塞武装组织之间持续冲突造成的安全真空，恐怖组织迅速发展。以"伊斯兰国"为例，自 2015 年以来，"伊斯兰国"在也门的分支发动 77 起袭击，造成 600 多人死亡。2020 年 4 月 26 日，也门南方过渡委员会宣布自治，与总统哈迪领导的也门政府公开决裂，也门内部局势更加复杂。2020

---

① Uppsala Conflict Data Program, "AQAP," https：//www.ucdp.uu.se/actor/881.（最后访问时间：2021 年 4 月 11 日）

② 《也门基地组织宣布向什叶派胡塞武装发动圣战》，搜狐新闻，2011 年 12 月 13 日，http：//news.sohu.com/20111213/n328783957.shtml。（最后访问时间：2020 年 3 月 7 日）

③ U. S. Department of State Bureau of Counterterrorism, "Country Reports on Terrorism 2019," https：//www.state.gov/wp－content/uploads/2020/06/Country－Reports－on－Terrorism－2019－2.pdf.（最后访问时间：2021 年 4 月 11 日）

年 12 月，也门总统哈迪宣布与南方过渡委员会组建联合政府，初步结束了也门三个权力中心并行的局面，但哈迪政府与胡塞武装组织之间的矛盾冲突难见解决。由于也门内部政治斗争的不断反复，以及新冠疫情对政治、经济、社会造成的严重破坏，也门国内恐怖活动呈持续上升趋势，恐怖主义态势复杂严峻。

## 四　其他国家

2020 年西亚的巴林、黎巴嫩和科威特的恐怖主义指数的上升幅度最大。2019 年，巴林自 2009 年以来首次没有任何恐怖袭击记录。自 2002 年以来，巴林共发生 165 起恐怖袭击，其中 15% 的恐怖袭击造成死亡，只有 3 起恐怖袭击造成 1 人以上死亡，165 起恐怖袭击共造成 29 人死亡。黎巴嫩在 2019 年记录了 4 起恐怖袭击事件，低于 2014 年 132 起的恐怖袭击事件峰值。在这 4 起恐怖袭击中，有 2 起为"伊斯兰国"发动，其余两起为不明凶手所为。科威特在 2019 年和 2020 年没有发生恐怖袭击事件。

2020 年，西亚地区面临的恐怖主义威胁整体态势有一定程度的缓和。但随着新冠疫情导致各国政府将人力、物力和财力投入抗疫工作，反恐工作不可避免地受到一定影响。而恐怖组织则利用疫情宣传极端主义思想，趁疫情发动恐怖袭击扩大影响，利用网络平台招收成员。如此来看，西亚地区所面临的恐怖主义态势依旧严峻，西亚地区各国仍需加大反恐力量投入，遏制恐怖组织的卷土重来。

## 第二节　西亚地区恐怖主义变化的原因

西亚地区恐怖主义活动的发展变化既与本地区的形势变化相呼应，也与国际形势的大环境相一致。2020 年对全球产生重大影响因素之一就是新冠疫情。新冠疫情也对西亚国家产生了影响，进而影响了西亚地区恐怖主义的态势。此外，影响恐怖主义的传统因素——西亚地区内部矛盾及域外大国的插手干预都不同程度地发挥作用。

## 一　新冠疫情的影响

新冠疫情在全球范围的流行，给全球反恐行动提出新的挑战。随着各国政府将工作重心转向解决公共卫生危机，恐怖组织趁机再度活跃。如果一个国家的政府提供的公共服务本就薄弱，甚至是存在争议，恐怖组织就有机会成为替代服务提供者，通过提供基本服务或社会护理而得到当地居民的认可。[①] 新冠疫情还可能为恐怖组织提供招募人员的机会，为其宣传极端主义思想和开展招募工作提供便利。2020 年初，新冠疫情刚开始之际，"伊斯兰国"就在其运营的刊物 *Al-Naba* 上发布与新冠疫情有关的信息，宣称新冠疫情是对"异教徒"的"天罚"，呼吁人们"忏悔"，加入"伊斯兰国""避难"，躲避传染。"伊斯兰国"还对追随者发出指示，让追随者继续发动全球圣战，对所在国家的政府安全部队和警察发动攻击。"基地"组织也就这一流行病发表声明，呼吁西方的非穆斯林皈依伊斯兰教。[②]

新冠疫情在西亚地区肆虐，给各国政治、经济、社会造成很大压力。表 1 的数据显示，截至 2021 年 4 月 9 日，伊朗新冠疫情累计确诊人数达到 2006934 人，全球累计确诊人数排名第十五位；累计死亡人数为 63884 人，全球排名第十二位；新冠疫情死亡率为 3.18%。也门的新冠疫情死亡率为 19.56%，为全球最高。叙利亚的新冠疫情死亡率为 6.8%，全球排名第三位。截全 2021 年 4 月 9 日，西业地区累计确诊人数为 7418413 人，累计死亡人数为 124199 人，现有确诊人数为 714084 人。

---

① United Nations Counter-Terrorism Committee Executive Directorate, "The Impact of the COVID-19 Pandemic on Terrorism, Counter-terrorism and Countering Violent Extremism," https://www.un.org/sc/ctc/wp-content/uploads/2020/06/CTED-Paper%E2%80%93-The-impact-of-the-COVID-19-pandemic-on-counter-terrorism-and-countering-violent-extremism.pdf. （最后访问时间：2021 年 4 月 12 日）

② The Strategist, "Terrorism in the Era of Covid-19," https://www.aspistrategist.org.au/terrorism-in-the-era-of-covid-19/. （最后访问时间：2021 年 4 月 12 日）

**表 1　西亚国家新冠疫情数据统计**

| 国家 | 累计确诊（人） | 现有确诊（人） | 累计治愈（人） | 治愈率（%） | 累计死亡（人） | 死亡率（%） |
|---|---|---|---|---|---|---|
| 伊朗 | 2006934 | 258480 | 1684570 | 83.9 | 63884 | 3.18 |
| 伊拉克 | 903439 | 89506 | 799327 | 88.5 | 14606 | 1.62 |
| 以色列 | 835486 | 4459 | 824748 | 98.7 | 6279 | 0.75 |
| 约旦 | 655456 | 71120 | 576771 | 88.0 | 7565 | 1.15 |
| 黎巴嫩 | 489428 | 87618 | 395261 | 80.8 | 6549 | 1.34 |
| 阿联酋 | 478131 | 13576 | 463032 | 96.8 | 1523 | 0.32 |
| 沙特 | 395854 | 7468 | 381658 | 96.4 | 6728 | 1.70 |
| 格鲁吉亚 | 286406 | 6473 | 276084 | 96.4 | 3849 | 1.34 |
| 阿塞拜疆 | 279181 | 29489 | 245881 | 88.1 | 3811 | 1.37 |
| 巴勒斯坦 | 262017 | 31248 | 227988 | 87.0 | 2781 | 1.06 |
| 科威特 | 242848 | 14205 | 227260 | 93.6 | 1383 | 0.57 |
| 卡塔尔 | 187150 | 18827 | 168001 | 89.8 | 322 | 0.17 |
| 阿曼 | 168005 | 16289 | 149969 | 89.3 | 1747 | 1.04 |
| 巴林 | 153074 | 10615 | 141911 | 92.7 | 548 | 0.36 |
| 塞浦路斯 | 49988 | 47663 | 2057 | 4.1 | 268 | 0.54 |
| 叙利亚 | 19883 | 4865 | 13666 | 68.7 | 1352 | 6.80 |
| 也门 | 5133 | 2183 | 1946 | 37.9 | 1004 | 19.56 |
| 总计 | 7418413 | 714084 | 6580130 | 88.7 | 124199 | 1.67 |

注：数据统计截至 2021 年 4 月 9 日。

资料来源：全球新冠疫情大数据分析平台，https：//www.zq-ai.com/#/fe/xgfybigdata。

西亚地区本就严峻的恐怖主义态势在新冠疫情的影响下更加复杂。新冠疫情期间，西亚各国政府因公共卫生开支的增加，政府财政赤字加大，进而对反恐预算产生负面影响，[①] 在一定程度上阻碍了国内反恐行动。例如，新冠疫情已经影响到国际社会对"伊斯兰国"的国际打击行动。由于担心新

--------

① R. Pantucci, "Key Questions for Counter-Terrorism Post-COVID-19," https：//www.rsis.edu. sg/wp-content/uploads/2020/04/CTTA-April-2020.pdf.（最后访问时间：2021 年 4 月 12 日）

冠肺炎病毒的传播，国际联盟的一些成员已经宣布从伊拉克撤军，或计划从伊拉克撤军。① 此外，由于受新冠疫情的影响，遣返前"伊斯兰国"附属人员的计划也遭到了推迟，其中包括许多妇女和儿童，这些人仍然留在叙利亚的 Al-Hol 难民营。

## 二 国家内部政治势力之间的角力

除新冠疫情对恐怖主义态势的影响，西亚地区各国内部政治势力之间的对抗也是恐怖主义持续滋生的重要因素。各政治势力之间经常爆发武装冲突，在其势力范围交界处，形成了反恐力量的真空，导致恐怖主义滋生；政治势力之间的武装冲突也给普通民众带来了灾难，在一定程度上为恐怖组织的招募人员提供了便利。

2014 年 9 月，也门胡塞武装组织夺取首都萨那，后又占领也门南部地区。总统哈迪领导的也门中央政府及盟友南方分离主义势力与胡塞武装组织及盟友前总统萨利赫之间持续爆发武装冲突。2017 年，因也门前总统萨利赫被胡塞武装组织打死，萨利赫的支持者宣称要为其复仇，双方决裂。同年，南方分离主义势力领袖祖贝迪联合南部部落、地方军政领导等组建"南方过渡委员会"，意图实现自治。南方分离主义势力对哈迪领导的中央政府信心不足，双方矛盾分歧巨大。南方分离主义势力一直希望实现独立自治，但因沙特和阿联酋等国的插手，未能实现。2020 年 4 月 10 日，也门南部报告首例新冠病毒确诊病例，引发民众恐慌。4 月 14 日，亚丁地区爆发洪灾，造成至少 14 人死亡，基础设施受损严重。南方过渡委员会带头指责政府"抗疫不力"、腐败无能、管理不善，遂打着"自救"的旗号宣布自治。② 也门内战再次从两个阵营的对抗，演化为多方势力的竞争和冲突。2020 年 12 月，在沙特领导的多国联军斡旋下，也门政府与南方过渡委员会

---

① International Crisis Group, "Contending with ISIS in the Time of Coronavirus," https：//www. crisisgroup. org/global/contending-isis-time-coronavirus.（最后访问时间：2021 年 4 月 12 日）

② 《也门局势在疫情冲击下加速恶化》，新浪网，2020 年 8 月 6 日，https：//k. sina. com. cn/ article_3164957712_bca56c1002001c5jp. html。（最后访问时间：2021 年 4 月 12 日）

组建联合政府。至此，也门南部大部分地区实现了名义上的统一，也门冲突又恢复到胡塞武装组织与哈迪中央政府的两方对抗状态。也门国内冲突持续，和平未见曙光，而在这种动荡局势之下，"阿拉伯半岛基地组织"和"伊斯兰国"大肆扩张，宣传极端主义思想、扩大影响力。近年来，在国际社会的联合打击之下，"阿拉伯半岛基地组织"和"伊斯兰国"虽遭到重创，但是两者远未被彻底消灭，而是改变斗争策略，转为"游击"作战，以政府、安全部队等为目标，保持自身存在。

截至 2011 年，叙利亚冲突已持续 10 年，10 年间各方势力冲突不断，更有"伊斯兰国""基地"组织等恐怖组织趁乱生事。10 年内战让叙利亚政治、经济、社会全面衰退。据叙利亚人权观察站统计，截至 2020 年 12 月，叙利亚内战已累计造成近 39 万人死亡，失踪人口超过 20 万人，超过 210 万名平民受伤甚至落下终身残疾。另外，超过全国总人口半数（1100 万人）的叙利亚民众因战火而被迫流离失所，叙利亚国家人口减少约 360 万人（由 2011 年的 2112.4 万人下降至 2020 年约 1750 万人）。[1] 连绵的战火也摧毁了叙利亚的国家经济。2011 年叙利亚镑贬值，与美元的兑换汇率已接近 500∶1。截至 2019 年，叙利亚通货膨胀率已达到 13.1%，是战前的 3 倍。内战给叙利亚民众的生活造成了毁灭性打击，也给恐怖组织营造了发展的温床。"伊斯兰国""基地"组织等国际恐怖势力利用叙利亚国内乱局，宣传极端思想，招募作战人员；2020 年的新冠疫情让叙利亚国内局势雪上加霜，也让恐怖主义携疫重来。

西亚地区各国内部政治势力间的对抗不仅给当地民众生活带来灾难，还让西亚恐怖主义态势越发严峻。恐怖组织趁乱生事、死灰复燃，反恐怖斗争远未结束。

## 三　外部政治势力插手

西亚地区丰富的石油资源、重要的地缘战略位置，使得西亚地区成为国

---

[1]　《叙利亚冲突十年：战火何时能熄？》，澎湃新闻，2021 年 3 月 18 日，http：//m.thepaper.cn/rss_ newsDetail_ 11753825。（最后访问时间：2021 年 4 月 12 日）

际政治力量的角力场。从巴以冲突、海湾战争、伊拉克战争、利比亚战争到近年来的"阿拉伯之春"和叙利亚内战，外部政治势力通过颜色革命、代理人战争等方式介入干预西亚地区政治斗争。

2011年，西方国家滥用联合国关于设立禁飞区的授权，发动利比亚战争，直接介入利比亚国内不同政治势力之间的斗争，推翻了卡扎菲政权。卡扎菲政息人亡之后，利比亚深陷政治斗争之中，国家持续动荡。利比亚民族团结政府及其武装势力控制首都的黎波里等西部地区，利比亚东部武装"国民军"控制该国东部、南部、中部地区及部分西部地区城市，双方频繁爆发武装冲突。

叙利亚拥有重要的地理和地缘战略位置，域外大国自叙利亚内战爆发之始就积极介入。俄罗斯在叙利亚设有军事基地，是俄罗斯保持在中东西亚地区军事力量存在、实现地缘战略目标的关键。因此，2015年俄罗斯军事介入叙利亚内战，帮助阿萨德政府扭转局势。与之相对，以美国为代表的西方国家则向叙利亚反对派提供支持。2017年，特朗普政府宣布停止对叙利亚反对派的武装援助。但现任美国总统拜登在奥巴马政府时期就积极支持介入叙利亚事务，美国政府是否会恢复其在叙利亚的军事援助还有待观察。除叙利亚以外，以美国为首的西方国家还通过对沙特主导的多国联军提供经济、武器等方面的支持，间接干预也门冲突。

除域外势力的插手以外，西亚地区大国对西亚其他国家的干预也是引发西亚政局动荡的重要原因。利比亚战争时期，阿联酋和卡塔尔配合北约在利比亚境内开展军事行动，而随着卡扎菲政权被推翻，两国又分别支持不同的武装派别参与利比亚国内冲突。叙利亚内战爆发后，伊朗通过军事支持、国际声援等方式支持阿萨德政府，土耳其、沙特、阿联酋等国家则支持叙利亚反对派。也门内战爆发初期，哈迪政府被迫退守南方，与南方分离主义势力结盟，并得到沙特和阿联酋的支持。后来，南方分离主义势力意图自治，在沙特和阿联酋的联手施压之下，被迫与哈迪政府签订《利雅得协议》，约定权力共享。

域外大国的插手以及地区内大国的干预使得西亚地区的政治势力斗争逐

渐演变成大国之间的比拼，武装冲突不断且难见和解，西亚政局持续动荡，政治、经济、社会遭到严重破坏。在这种情况下，恐怖主义获得的发展空间不断扩大。虽然"伊斯兰国""基地"组织等国际恐怖势力遭到国际社会打击，但随着其斗争策略的变化，结合持续动荡的社会环境与不断蔓延的新冠疫情，恐怖主义态势难见好转。

## 第三节　西亚地区反恐怖斗争态势及发展趋势

作为国际恐怖主义策源地，西亚地区长期以来一直是国际反恐怖斗争的焦点。因此，联合国、地区国际合作组织都高度重视反恐合作，共同打击西亚地区的国际恐怖主义。中国作为世界负责任大国，也积极支持国际社会的反恐怖斗争。但是，由于导致恐怖主义发展蔓延的因素复杂，国际反恐道路仍艰巨漫长。

### 一　国际社会强化打击恐怖主义

联合国对西亚地区面临的恐怖主义态势持续保持高度关注，尤其是对于新冠疫情期间的恐怖主义携疫重来，多次召集线上与线下会议，呼吁各国保持高度警惕，共同打击恐怖主义。

2020年5月9日，联合国秘书长古特雷斯强调，新冠疫情已经引发了"仇恨的海啸"。他呼吁国际社会全力以赴地打击仇恨言论，并呼吁各国政治领导人全力以赴地增强社会凝聚力。

2020年8月25日，联合国负责反恐事务的官员弗拉基米尔·沃龙科夫表示，目前仍有超过1万名"伊斯兰国"分子活跃在伊拉克和叙利亚，他们发动的袭击次数大幅增加。他警告称，"伊斯兰国"已经重新集结，并试图利用新冠疫情来扩大影响力。2020年12月30日，为遏制"伊斯兰国"和"基地"组织趁疫情卷土重来，联合国安理会通过了将与"伊斯兰国"和"基地"组织有关的人员、团体、企业和机构列入制裁名单的决议。联合国呼吁，各国应积极应对疫情下的恐怖主义活动，维护世界稳定。

针对也门局势恶化的情况，2021年3月18日，联合国安理会发布媒体声明，呼吁各方按照2532号、2565号决议，实现全球范围的停火，以协助新冠疫苗分发。安理会在声明中呼吁各方团结起来，并与联合国特使共同努力，无条件地实现全也门停火，并寻找"也门人主导、也门人所有"的具有包容性的政治解决方案。

## 二 西亚地区各国加强内部反恐

面对西亚地区严峻的恐怖主义态势，地区各国积极开展反恐行动，打击恐怖主义势力、遏制恐怖主义的扩散，防止恐怖主义卷土重来。

2017年12月，伊拉克宣布取得打击"伊斯兰国"的"历史性胜利"，但随着"伊斯兰国"由"攻城略地"转向"游击战斗"，伊拉克境内"伊斯兰国"残余势力仍伺机发动袭击。新冠疫情期间，"伊斯兰国"趁疫情散布极端思想，招募战斗人员，意图扩大自身影响力。为遏制国内恐怖主义势力的发展，伊拉克政府反恐机构严密监视和长期跟踪"伊斯兰国"等恐怖组织，并抓住时机开展行动，取得了良好的反恐效果。2020年11月24日，伊拉克武装部队总司令发言人叶海亚·拉苏尔发表声明说："我们已成功逮捕了恐怖组织重要领导人——'伊斯兰国'武装行动总协调人，通过不断地跟踪和现场行动，伊拉克反恐机构在巴格达国际机场进行了一次独特行动，成功抓捕了'伊斯兰国'武装行动总协调人阿布·尼巴。"[①] 2021年1月28日，伊拉克总理卡迪米宣布，伊拉克安全部队已打死"伊斯兰国"二号头目阿布·亚西尔·艾萨维。2月20日，伊拉克安全人员和什叶派民兵武装"人民动员组织"在情报支持下，对一处"伊斯兰国"武装分子藏匿地点开展军事行动，打死6名"伊斯兰国"武装分子。2月24日，伊拉克总统萨利赫指出，当前整个中东地区仍面临恐怖主义威胁，打击"伊斯兰国"的任务尚未完成，反恐怖斗争还要继续下去。

---

① 《"IS"武装行动总协调人被伊拉克逮捕》，国际在线，2020年11月24日，https://news. cri. cn/20201124/bc75257f-4d37-86d2-629c-e24360a2d90b. html。（最后访问时间：2021年4月12日）

除此之外，西亚其他国家也纷纷加强反恐措施，打击恐怖主义。2020年1月，叙利亚政府军与俄罗斯航空兵在巴迪亚沙漠开展大规模反恐行动，从空中以及地面寻找、打击藏匿的武装分子。1月18日，土耳其国防部部长阿卡尔以及总参谋长雅萨尔·古勒抵达伊拉克首都巴格达，两国准备在打击"库尔德工人党"恐怖组织的斗争中充分合作与协调。2月4日，突尼斯总理希沙姆·迈希希强调，突尼斯打击恐怖分子的决心不会动摇。2月8日，埃及、约旦和伊拉克三国外长在开罗举行会议，表示同意共同努力打击恐怖主义，维护本地区的安全与稳定。11月11日，沙特吉达纪念一战结束仪式上发生爆炸袭击，造成数人受伤。吉达爆炸袭击发生后，沙特阿拉伯王储穆罕默德·本·萨勒曼发表讲话称："我们将继续以'铁腕'打击所有打算危害我们安全和稳定的人，并将继续打击所有极端主义思想和行为。"①11月23日，摩洛哥内政部发表公报说，摩洛哥中央司法调查局当天在该国南部城市阿加迪尔附近逮捕3名与"伊斯兰国"有关联人员。

### 三　中国积极支持西亚反恐怖斗争

针对西亚地区的恐怖主义态势与反恐怖斗争，中国始终坚持公平正义，捍卫多边主义，主张求同存异，积极开展外交斡旋，并提供人道主义援助。

在多边主义理念指引下，中国积极倡议并参与金砖国家轮流举办的五国中东问题特使会议，开展集体对话和磋商，商讨中东问题解决方案。②针对伊朗核问题、利比亚问题等，中国积极参加相关国际会议，始终坚持公平正义与多边主义，发挥一个负责任大国的国际作用。2020年1月20日，中央外事工作委员会办公室主任杨洁篪在出席利比亚问题柏林峰会后向媒体表示，中方一贯主张利比亚问题只有通过政治途径才能真正得到妥善解决，军事手段没有出路；国际社会应坚持合力打击恐怖势力不放松，防止极端恐怖

① 《外媒关注：沙特王储誓言铁腕反恐》，新浪网，2020年11月14日，https：//news.sina.com.cn/0/2020-11-14/doc-iiznezxs1833167.shtml。（最后访问时间：2021年4月12日）
② 孙德刚、吴思科：《新时代中国参与中东安全事务：理念主张与实践探索》，《国际问题研究》2020年第4期。

势力在利比亚坐大，帮助利比亚尽快摆脱冲突，恢复政治对话，实现持久和平。

作为安理会常任理事国和负责任的大国，中国积极推动西亚地区热点问题的政治解决，避免流血冲突。2021 年 3 月 29 日，中国政府叙利亚问题特使解晓岩表示，中方再次呼吁从政治、安全、人道、重建四方面综合施策，坚持政治解决大方向，将反恐进行到底，切实改善叙利亚人道主义状况，为叙利亚提供经济社会重建支持，推动叙利亚问题尽早解决。中国始终坚持，叙利亚的独立、主权和领土完整应当得到切实尊重和维护，叙利亚的前途命运应当由叙人民自主决定。

对于西亚地区面临的恐怖主义态势，中国也积极与相关国家开展合作并提供支持。2020 年 1 月 6 日，中国外交部部长助理陈晓东应约同英国首相国际事务顾问兼国家安全助理顾问夸里通电话，提议两国一道努力，推动西亚地区紧张局势尽快缓解。2021 年 3 月 12 日，中国外交部部长王毅应约同伊拉克外长侯赛因通电话。王毅表示，中国支持伊方坚决、彻底肃清"伊斯兰国"等极端恐怖势力。

此外，新冠疫情在西亚地区流行之后，中国向伊朗、伊拉克、苏丹、摩洛哥等多国派出医疗队，提供了多批抗疫物资，协助建立新冠病毒检测中心，并与各国分享抗疫经验，加强公共卫生合作。针对叙利亚国内的人道主义问题，中国通过多种渠道向叙利亚人民包括境外难民提供多批紧急人道主义援助，并通过援助抗疫物资、安排中叙卫生专家视频交流等形式，向叙利亚民众提供抗疫支持。①

# 结　语

西亚地区的地缘政治重要性、宗教复杂性和丰富能源决定了该地区一直

---

① 《中国政府叙利亚问题特使：政治解决是叙问题的唯一现实出路》，澎湃新闻，2021 年 3 月 29 日，https://www.thepaper.cn/newsDetail_ forward_ 11939651。（最后访问时间：2021 年 4 月 12 日）

是大国博弈的重要区域，也是世界的"火药桶"。正因如此，西亚地区也成为恐怖主义的主要策源地。西亚呈现的复杂形势既有地区内国家之间的矛盾、问题和冲突，更有域外大国的插手干预。特别是美国军事干预利比亚、武装介入叙利亚等一系列军事霸权行径，导致西亚一些国家深陷内战、动荡和冲突之中，民不聊生。而这些问题正是恐怖主义发展所需要的环境与土壤，"伊斯兰国"的兴起就是一个例证。

在战争与冲突给西亚一些国家民众带来十分深重痛苦的同时，新冠疫情恶化了西亚的整体环境。在此状态下，西亚成为世界上少有的几个恐怖袭击事件不减反增的地区之一。特别是"伊斯兰国"活动有了重新肆虐的势头。在伊拉克和叙利亚，受到国际社会严厉打击的"伊斯兰国"残余分子更加频繁地发动恐怖袭击，数量较 2019 年有了明显的增加。与此同时，"基地"组织分支"沙姆解放阵线"更是在叙利亚西北地区不断发展。西亚恐怖主义的活跃对世界其他地区的恐怖主义产生了强烈的示范效应。

西亚地区国家在国际社会的帮助下，仍在进行艰难的反恐怖斗争。但是，有些西方国家，特别是美国，依然将国际反恐作为维护自身霸权的"工具"来使用。一方面，美国对他国的各种干预行为成为制造恐怖主义的因素之一；另一方面，美国的军事反恐在很大程度上也成为营造恐怖主义滋生的土壤的因素。由此可见，受制于美国领导的"反恐联盟"的影响，西亚地区国家的反恐之路将更加艰巨漫长。

# 第七章  疫情冲击下的非洲安全
##       与反恐形势<sup>*</sup>

2020 年，新冠疫情是近年来国际关系中最为突出的全球公共卫生事件，对世界政治、经济和社会发展都具有深远影响。在疫情冲击之下，非洲多国经济严重下滑，贫困和失业人口激增，暴力犯罪、部族矛盾、分离主义等问题凸显。非洲部分国家和地区局势持续动荡，各股暴恐势力活动非但没有减少，反而乘机加速发展，成为地区安全的极大威胁和全球反恐怖斗争的关键战线。面对国际反恐合作涣散无力和外部军事介入不见成效的现状，非洲国家对"非洲问题非洲人自己解决"的意愿增强。

## 第一节  新冠疫情导致非洲安全形势恶化

截至 2021 年 3 月 12 日，非洲累计确诊新冠病例已达 4007530 例，累计死亡 107028 例。非洲检测试剂盒供应仍有较大缺口，实际感染数字可能被低估。尽管非洲还不是全球新冠疫情的"震中"，但疫情叠加非洲治理难题，导致非洲安全形势日趋严峻。在非洲公共医疗卫生系统整体脆弱的情况下，新冠疫情给非洲和平稳定带来了新的挑战。

### 一　新冠疫情考验非洲国家执政能力，加剧地区局势紧张

疫情严重挑战公共卫生安全，全面冲击国家经济运行，深刻影响社会生活运转，引发部分国家执政危机。2020 年 7 月，马里爆发近年来最严重的动乱，

---

\* 作者：陈立，浙江师范大学非洲研究院博士，研究方向：国际安全与反恐。

抗议者对国内经济困难、政府腐败和持续发生的武装冲突感到愤怒，冲击执政党总部和法院，并与安全部队发生流血冲突。随后，军人哗变，扣押总统凯塔，成立权力过渡机构"全国人民救赎委员会"。此后，在西非国家经济共同体（简称"西共体"）实施制裁和持续压力下，马里开启了18个月的政治过渡期。11月4日，埃塞俄比亚联邦政府与提格雷州政府爆发武装冲突，在双方互不妥协下，武装冲突愈发激烈，对周边邻国造成一定压力，并使得"复兴大坝"的建设问题更加复杂多变。埃及与苏丹联合军演，呼吁"要达成具有法律约束力的协议"。埃塞俄比亚武装冲突直接影响非洲安全形势，危及外国在埃塞俄比亚的利益，引起国际社会关注和外部势力介入。美国表态，如冲突双方对协调人调停解决冲突感兴趣，美国将立刻到场。俄罗斯与苏丹签署协议，租借红海东岸的战略要地苏丹港，建立俄罗斯在非洲的首个军事基地。该基地允许俄罗斯军舰，包括带有核动力的舰船，进入相邻水域，并赋予俄罗斯将任何武器、弹药、设备和材料运输到苏丹红海基地的权利，扩大了俄罗斯在非洲的影响力。域外地区大国（如土耳其）也表达了对埃塞俄比亚武装冲突的关注。疫情还使非洲国家选举争议增多，几内亚、科特迪瓦大选前后均发生了示威抗议和暴力冲突。

## 二　新冠疫情严重影响非洲经济，推高非洲失业率

全球新冠疫情导致需求疲软，非洲各国增长普遍受挫。据非洲开发银行报告，2020年整个非洲大陆经济面临25年来首次衰退，增长率约为－3.4%。国际货币基金组织评估，撒哈拉以南非洲经济萎缩3%，人均收入约减少5.3%，与2013年水平相当。[①] 高度依赖旅游业的国家以及能源、资源富集国承受的损失最大。据非盟估算，疫情导致非洲旅游业收入损失约500亿美元，200万个直接和间接就业岗位受到冲击。原油出口国平均衰退幅度或达－14.2%。[②] 此外，新冠疫情影响国际资本投资方的投资情绪以及对非

---

① 中国现代国际关系研究院：《国际战略与安全形势评估2020/2021》，时事出版社，2020，第256页。

② "Regional Economic Outlook：Sub-saharan Africa-A Difficult Road to Recovery," IMF, October 2020, p. 22. （最后访问时间：2021年3月8日）

洲经济前景的预期，导致投资方对非洲的直接投资减少。联合国贸易与发展会议组织《2020 年世界投资报告》评估，2020 年流向非洲的外国直接投资会下降 25%~40%，与此同时非洲抗击疫情的额外开支增加，非洲国家财政收支失衡加剧，债务风险增大。受经济衰退及疫情防控等影响，非洲失业人口骤增，经济社会不平等问题加剧。根据世界银行 2020 年 10 月的评估，疫情将导致撒哈拉以南非洲地区 4000 万人重返极端贫困。① 非洲开发银行认为，疫情可能使非洲绝对贫困人口数量从 2019 年的 4.25 亿人上升至 2020 年的 4.53 亿~4.62 亿人。疫情将导致非洲减贫变得更加困难。②

## 三 新冠疫情对农业生产造成破坏，加重非洲粮食危机

2020 年 7 月 14 日，联合国粮食及农业组织、世界粮食计划署和国际农业发展基金会、世界卫生组织及联合国儿童基金会联合发布《世界粮食安全和营养状况》报告，提出新冠疫情使全球 8000 万~1.3 亿人面临饥饿，加剧世界粮食系统的脆弱性及从生产、分配到消费领域的不公平现象，世界濒临 50 多年来最严重的粮食危机。③ 非洲是受影响最严重的地区，2019 年底以来持续的大面积干旱造成南部非洲近 4500 万人处于饥荒，刚果（金）、马拉维、莫桑比克、坦桑尼亚、赞比亚、津巴布韦 6 国陷入粮食危机。2020 年 6 月，国际救援组织发布报告称，沙漠蝗虫已完成第四轮孵化并开始侵害非洲之角及东非地区的粮食作物。此轮蝗灾规模是 2020 年初第一轮蝗灾的 8000 倍，至少 8 个东非国家的耕地受到影响，近 500 万人面临粮食危机。新冠疫情及非洲各国严格的管控措施已开始影响农业生产，疫情引发全球

---

① "World Bank's Response to COVID‑19（Coronavirus）in Africa," World Bank, October 15, 2020, https://worldbank.org/en/news/factsheet/2020/06/02/world‑banks‑response‑to‑covid‑19‑coronavirus‑in‑africa.（最后访问时间：2021 年 3 月 8 日）

② 张春：《非洲：危机与脆弱复原力的重建》，载自《危局与新局：复旦国际战略报告 2020》，第 85 页。

③ 《联合国报告：预计 2020 年底新增饥饿人数超过 1.3 亿人》，中国新闻网，2020 年 7 月 14 日，http://www.chinanews.com.cn/gj/2020/07‑14/9238033.shtml。（最后访问时间 2021 年 3 月 8 日）

"抢粮潮"。越南、泰国、印度、俄罗斯、哈萨克斯坦等农业大国相继暂停或禁止部分粮食出口，更使非洲的粮食安全问题雪上加霜。联合国世界粮食计划署担忧，非洲粮食危机可能转变为人道主义灾难。

### 四 新冠疫情放大了社会问题和矛盾，加剧社会动荡

新冠疫情使失业率上升、食品及防疫物资短缺、收入分配不均等社会问题集中凸显，激化了贫富差距、种族歧视等社会矛盾，导致社会排斥行为和抢劫、偷盗犯罪案件激增。埃塞俄比亚、乌干达、肯尼亚等国发生针对歧视外国公民的暴力行为。南非犯罪案件明显增多，全球数据库网站2021年犯罪指数调查显示，在全球犯罪率高、安全性低的国家中南非排第三，仅次于委内瑞拉和巴布亚新几内亚。[1] 为遏制新冠疫情传播，多国政府安全部门与卫生管理部门强力执行防控措施，引发民众抗议示威和对峙冲突。2020年4月24日，索马里首都摩加迪沙一名警察在执行夜间宵禁措施时，向平民开枪，造成至少2人死亡；25日大批民众走上街头抗议示威。新冠疫情还动摇了非洲部分国家的政府公信力。10月8日，尼日利亚发生反对警察暴力的示威游行，后发展为要求"扩大自由、增加就业、提高工资"的大规模反政府抗议。自11月底开始，肯尼亚一些地方医疗机构的医护人员举行罢工，抗议连续数月超负荷工作，争取更多待遇。随后，罢工很快蔓延至多个郡，肯尼亚政府不得不采取紧急防疫封锁令。美国战略与国际问题研究中心报告称，新冠疫情可能在非洲国家演变成政治危机。法国外交部分析预测与战略研究中心表示，疫情将使非洲部分国家的政权更加脆弱。

## 第二节 各类暴恐势力趁疫作乱，
## 非洲反恐形势更趋严峻

新冠疫情使非洲国家经济、社会、政治脆弱性全面暴露，安全形势更趋

---

[1] 《非洲政经简报》第36期，欧亚系统科学研究会网站，2021年1月27日，https://www.essra.org.cn/view-1000-1904.aspx。（最后访问时间2021年3月13日）

紧张、复杂，热点问题、地区冲突加剧。为抗击新冠疫情，非洲国家将有限的财政支出用于防疫措施和社会维稳，并重新部署安全力量，给了恐怖组织得以喘息并趁乱起势的机会。据南非安全研究所统计，从 2020 年 1 月至 8 月，非洲遭受了 1168 起恐怖袭击，比 2019 年同期的 982 起增加了 19%。①另据《2020 年全球恐怖主义指数报告》，全球死于恐怖主义活动的人数连续第 5 年下降，但死于恐怖主义活动的人数增加的 10 个国家中有 7 个位于撒哈拉以南非洲，包括布基纳法索、莫桑比克、刚果（金）、马里、尼日尔、喀麦隆和埃塞俄比亚。自 2018 年起，南亚和撒哈拉以南非洲的恐怖主义导致的死亡人数已超西亚和北非的，全球恐怖主义活动区域向南亚和撒哈拉以南非洲转移。②

## 一 各类暴恐组织借疫谋势，制造更多混乱

一是恐怖组织冲击社会治理制度，借疫情招募成员。疫情造成的经济与社会危机尤其是民生危机，加剧了民众的不满和恐慌，恐怖势力趁机大肆宣传，招募同情者和支持者。"博科圣地"攻击政府腐败无能，通过提供物资和支付工资等方式鼓动和引诱失业青年加入恐怖组织。索马里"青年党"设立专门部门开展慈善、救灾和人道主义援助，主动"承担"政府的社会职能，争取支持者，该组织还时常出入肯尼亚拉穆郡招募和训练新成员。"伊斯兰国"宣传防疫方法，并向控制区民众提供社会服务。欧盟外交与安全政策高级代表博雷利对此表示担忧，"经济低迷带来新的社会和政治不满情绪，将为恐怖主义提供滋生土壤"。二是恐怖组织将新冠疫情描述为"真主"对"异教徒"的"惩罚"，助长冲突。受此蛊惑，2020 年 1 月 5 日，索马里"青年党"袭击了肯尼亚拉穆郡一处肯尼亚和美国军队共用的军事

① "Counter Terrorism in Africa Must Adapt to New Realities," November 4, 2020, http：//issafrica. org/iss-today/ counter-terrorism-in-africa-must-adapt-to-new-realities? page = 1. （最后访问时间：2021 年 3 月 10 日）

② "Global Terrorism Index 2020," December, 2020, https：//www. visionofhumanity. org/wp-content/ uploads/ 2020/11/GTI-2020-web-1. pdf. （最后访问时间：2021 年 3 月 10 日）

基地，造成 3 名美国人死亡，并称新冠病毒是由"入侵这个国家的部队"传播的。2021 年初，在马里开展反恐行动的法国部队接连遭受路边炸弹袭击，袭击造成 5 人死亡、7 人受伤。布基纳法索雅各哈省等地还发生袭击教堂，惩罚"异教徒"的暴力行为。三是恐怖组织破坏政府防疫措施，抢夺物资。新冠疫情期间，马里、喀麦隆、尼日利亚等多国发生抗疫物资被抢劫事件。尼日利亚 36 个州近 1/3 的州报告称政府物资遭到抢劫，恐怖分子还袭击了尼日利亚政府军在乍得湖地区的军事基地，抢夺了一些装甲车和卡车。

## 二　"博科圣地"等传统恐怖势力活动猖獗，社会危害性极大

2020 年，"博科圣地"活跃在尼日利亚东北部的博尔诺州、阿达马瓦州和约贝州，针对平民和政府军频繁制造暴恐大案，并对周边乍得、尼日尔、喀麦隆等国构成安全威胁。3 月 25 日，"博科圣地"袭击了乍得博马省一处驻军据点，造成 98 名士兵死亡，引起多国震惊。11 月 28 日，该组织在尼日利亚博尔诺州的科索贝村报复性地杀害了 110 名当地农民，因为这些农民将一名"博科圣地"恐怖分子押送到了安全部门。此次恐怖袭击被联合国驻尼日利亚人道主义协调员称为"今年针对无辜平民最直接的暴力袭击事件"。"博科圣地"还蓄意攻击教育机构和宗教场所，12 月 12 日，在尼西北部卡齐纳州一所寄宿中学绑架了 839 名学生；2021 年 2 月 26 日，在扎姆法拉州塔拉塔马法拉一所公办女子中学绑架 200 多名女学生。国际刑事法院表示，经初步审查，有足够证据证实尼日利亚"博科圣地"犯下战争罪与反人类罪，首席检察官法图·本苏达已批准对此展开全面调查。联合国驻尼日利亚人道主义协调员爱德华·卡伦称，"博科圣地"10 年来在尼日利亚东北部的暴力活动已导致约 2.7 万名平民死亡，并使 710 万人需要人道主义救助，还造成当今世界最严重的人道主义危机之一。[①] 另据《2020 年全球恐怖

---

① 《联合国官员："博科圣地"10 年暴力活动致尼日利亚 2.7 万平民死亡》，新华网，2019 年 8 月 2 日，http：//www.xinhuanet.com/world/2019-08/02/c_ 1124827447.htm。（最后访问时间：2021 年 3 月 14 日）

主义指数报告》，阿富汗、伊拉克和尼日利亚是全球三个恐怖主义指数最高的国家，其中尼日利亚已连续六年排名第三。索马里"青年党"通过强化"社会治理"、袭击重要目标扩大影响。该组织在索马里南部下谢贝利州建立"秘密监狱"囚禁本地居民，并于 2020 年 12 月 18 日在索马里中部穆杜格州加勒卡尤市体育场制造一起自杀式恐怖袭击，造成包括 4 名高级军官、1 名加勒卡尤市前市长在内的 17 人死亡，另有 13 人受伤。索马里"青年党"宣称，此次袭击目标是计划在体育场发表讲话的索马里总理穆罕默德·罗布莱。2021 年 3 月 9 日，索马里"青年党"袭击首都摩加迪沙的亚丁·阿代国际机场，目标指向联合国和非洲联盟驻索马里特派团。

### 三 国际恐怖主义重心向撒哈拉以南非洲转移

美国国务院反恐办公室协调员内森·塞勒斯表示，"伊斯兰国"和"基地"组织均已从中东向撒哈拉以南的非洲转移。2019 年与"伊斯兰国"有关的袭击中有 41% 发生在撒哈拉以南非洲。① 目前，活跃在非洲的"伊斯兰国"分支机构主要是"伊斯兰国西非省"和"伊斯兰国中非省"。这些恐怖组织通过利诱和宗教矛盾招募人员，制造事端扩大影响，为"伊斯兰国"在非洲实施扩张。其中，"伊斯兰国西非省"集中活动于尼日利亚和尼日尔一带。2020 年 3~8 月，该组织在乍得湖地区发动数次恐怖袭击，造成 100余名尼日利亚和乍得士兵死亡。该组织还在尼日利亚谋杀人道主义工作者，并涉嫌在尼日尔屠杀法国援助人员。② "伊斯兰国中非省" 也在刚果（金）和莫桑比克北部地区活动。2020 年 11 月 9 日，该组织在莫桑比克北部德尔加多省一个村庄，将 50 多人聚集在村庄足球场进行屠杀。这起事件是2019~2021 年恐怖分子在该地区制造的最严重的袭击事件之一。马里及萨赫勒地区国家如乍得、尼日尔、布基纳法索和毛里塔尼亚一直在"基地"组

---

① "Global Terrorism Index 2020," December, 2020, https：//www. visionofhumanity. org/wp - content/ uploads/ 2020/11/GTI-2020-web-1. pdf.（最后访问时间：2021 年 3 月 10 日）

② 陈冠宇：《"伊斯兰国"向非洲渗透扩张》，《中国国防报》2020 年 8 月 31 日，第 04 版：国际。

织活动范围内，"伊斯兰国"的扩张加剧了两大国际恐怖组织间对地区控制权和资源的争夺，双方冲突不断。2020 年 12 月 15 日，"基地"组织分支"支持伊斯兰教和穆斯林"与"伊斯兰国西非省"在马里北部地区再次爆发争端，造成双方大量人员伤亡。

## 第三节　国际反恐形势趋于复杂，非洲自主维安意识增强

新冠疫情加剧了经济社会挑战，助长各种不确定、不稳定和暴力因素的恶性循环，带来全球恐怖主义的新一轮回潮。与此同时，国际反恐行动的困局难以突破。一方面，美国为应对大国挑战和打击本土极右恐怖分子，收缩国际反恐战线，转嫁反恐责任；另一方面，全球新冠疫情未得到有效控制，多数国家主要精力用于抗击疫情及其带来的经济、社会问题，减少了对反恐的投入。非洲局部地区恐怖活动呈上升之势，国际社会反恐合作未有较大进展，非洲国家不得不谋求加强自身反恐能力建设。

### 一　美国日益远离国际反恐前线，对非洲政策更加功利

美国调整对非洲的政策，政治上介入非洲内部冲突；经济上以"繁荣非洲"为名，推进与非洲国家的经贸谈判，加强对非洲多边金融机构的影响；在安全上，"甩包袱"，注重实利。一是美国加速撤军，重新部署在非洲的军事力量。2020 年 2 月 12 日，美国国防部宣布将在非洲部署援助部队，执行军事训练、顾问和协助任务，替换作战部队，为下一步减少驻军做好准备。12 月，美国重新部署在索马里的军事力量，将 700 名常驻美军一部分转移到肯尼亚拉穆郡美军与肯尼亚国防军共用基地，以及美国位于吉布提的军事基地，另一部分撤回美国。对此，美国非洲司令部行动主任乔尔·泰勒表示，美国保留必要时打击索马里"青年党"的手段和意愿，以保护索马里和美国的利益。美军称，部署在吉布提的无人机基地随时可对索马里"青年党"发动攻击。二是美国转嫁国际反恐责任，提升盟友担负反恐的能

力。美国前防长埃斯珀出席 2020 年北约防长会议时称，欧洲盟友应提供援助，认为欧洲盟友有进入非洲和发挥更大作用的空间，敦促欧洲国家弥补美国下一步军力部署调整带来的空缺，承担美军在西非萨赫勒承担的反恐任务，包括空中运输和为法国战机进行空中加油等。2020 年 11 月 20 日，美国陆军调整机构，合并欧洲和非洲两个军事行动司令部，将新机构总部设在德国，原美国陆军驻非洲部队被重新命名为"南欧特遣部队-非洲军团"。对此，美国陆军部长瑞安·麦卡锡表示，此举是为了提高欧洲和非洲相互关联战区的行动效率，进一步加强全球和地区战备能力。三是美国加强伙伴关系，谋取实际利益。2020 年 10 月，美国与摩洛哥签署为期 10 年的军事合作协议，旨在加强两国战略伙伴关系，巩固共同安全目标，特别是提高军事准备能力。目前，摩洛哥不仅是美国在非洲最主要的军火客户，还是美国一年一度"非洲狮"军演的主办者。

## 二 欧盟不断推动非洲反恐"本土化"，以减轻在非洲的负担

和平与安全一直是欧非合作的重点领域。2020 年 3 月 9 日，欧盟推出《对非洲全面战略》政策文件，提出绿色发展、数字转型、可持续增长、和平与治理、移民等领域的"五大伙伴关系"和"十大行动计划"，包括"通过战略性合作，强化欧盟维护非洲和平的举措，特别关注最为脆弱的地区"。新冠疫情导致欧洲经济衰退、财政拮据，并且军费预算遭遇自 2008 年国际金融危机以来又一次沉重打击。欧盟继续通过推动地区联合反恐，提高非洲反恐能力，以减轻在非洲的安全责任和财政负担。2020 年 1 月 14 日，法国邀请尼日尔、乍得、马里等 5 国召开萨赫勒五国集团首脑会议，共同规划反恐行动路线图，承诺向非洲萨赫勒地区增派 200 名法国士兵，加快萨赫勒五国自主反恐能力建设，同时呼吁美国不要减少在非洲的军事存在，共担责任。在 2021 年 2 月 15～16 日召开的萨赫勒五国集团首脑会议上，法国总统马克龙强调非洲国家是地区恐怖主义的首要受害者，法国将继续推动集体行动，"不会立即调整"在该地区的军事存在。为了加强在西非合作打击恐怖主义，欧洲 11 国与马里、尼日尔两国

新成立了"巴尔坎反恐军事行动框架内欧洲特种部队联盟",前提是马里和尼日尔要在其中发挥积极作用。

### 三　非洲提升反恐能力建设的主观意愿增强

面对疫情下更趋复杂、严峻的安全挑战,非洲国家越来越意识到单纯通过军事手段反恐并不能完全保障该地区的安全与稳定,恐怖主义是地区动荡的一种表现而非根源,非洲国家需要采取综合性治理手段来推动自主维安能力的建设。一是非洲国家应严厉打击非洲枪支泛滥。2020 年 12 月,非盟举行"消弭枪声:为非洲发展创造有利条件"主题特别峰会,作为非盟轮值主席的南非总统拉马福萨指出,枪支泛滥是导致非洲暴力犯罪、恐怖主义和极端主义猖獗的主要因素之一,敦促非洲各国领导人共同努力,采取实际行动兑现控制非洲枪支总量的承诺,严格有效治理非洲枪支泛滥问题。会议决定将原定于 2020 年到期的"非洲消弭枪声"计划延长 10 年,并制定了 2021~2030 年的实施路线图。二是非洲国家应加强反恐机构建设。非盟于 2002 年建立了非洲和平与安全架构,运用金融、政治、军事等多重手段,为非洲国家预防、管理和解决冲突,在维护非洲地区安全稳定上起到了重要作用。目前,非盟正考虑对该机制的"和平支持行动"进行重新定义,组建"特别反恐部队",加大对反恐的投入和支持力度。三是非洲国家应重视以发展解决安全问题。非盟委员会主席法基称,非洲恐怖主义猖獗的原因是国家在政治和经济治理方面存在缺陷,如果非洲国家无法处理好安全与发展之间的关系,和平与稳定就难以实现。非盟一方面积极推动非洲大陆自贸区启动,以促进贸易和投资发展,帮助非洲人民摆脱贫困,铲除非洲恐怖主义滋生的土壤;另一方面在国际上组织呼吁公平的全球化,改变非洲遭受的不平等的贸易、金融规则、补贴和其他政策的影响。2020 年 2 月 15~16 日,萨赫勒五国集团在乍得恩贾梅纳峰会上也达成相似共识:军事行动在展示其有效性的同时也表现出局限性,经济发展和更好的社会治理对恢复战乱地区的社会秩序起到重要作用。各国元首表示将进一步推进跨萨赫勒铁路项目建设,以促进五国经济交流,应对地区安全恶化问题。

# 结　语

非洲既是世界能源和资源最丰富的地区之一，也是世界最不发达的地区。西方国家殖民统治非洲时期，不断掠夺非洲的能源、资源和财富，奴役、剥削和压榨非洲民众；结束殖民统治后，西方国家仍通过各种方式与手段，干预非洲国家内部事务，继续掠夺和压榨非洲国家。因此，非洲众多国家长期处于动荡不安、经济发展停滞的状态，民众生活在水深火热之中。也正因如此，非洲饱受各类武装势力、极端组织和恐怖组织之害，安全局势长期处于恶化状态。

与世界其他地区一样，非洲同样受到新冠疫情的影响和冲击。非洲很多国家的医疗卫生条件仍十分落后，疫情带来的影响将更加持久。这种复杂的环境使非洲成为国际恐怖主义渗透的一个重要区域。"基地"组织分支在非洲出现，如"伊斯兰马格里布基地组织"和索马里"青年党"等。此外，"伊斯兰国"向非洲的发展，出现"伊斯兰国西非省"和"伊斯兰国中非省"等恐怖组织。这些恐怖组织已成为许多非洲国家安全的主要威胁，严重制约了这些国家的经济发展。特别是2020年，莫桑比克新出现的效忠"伊斯兰国"的恐怖组织显示，国际恐怖主义向非洲的渗透仍在增强。

每一个国家的反恐都需要投入大量的人力、物力和财力，而十分落后的非洲国家很难做到这一点。与此同时，西方国家对非洲的"反恐援助"往往带着一己私利，并不能真正起到帮助非洲国家反恐的作用。因此，非洲国家的反恐既需要这些国家自身"强身健体"，也需要国际社会的帮助。对于国际社会与非洲的反恐合作，联合国应发挥主导与协调作用；在强调打击恐怖主义的同时，非洲国家必须注重解决发展问题；与其他地区的国际反恐合作一样，非洲的国际反恐合作也必须反对反恐的"双重标准"和"工具主义"。

# 第三部分　热点追踪

## 第八章　国际重大恐怖案例分析<sup>*</sup>

### 第一节　伊拉克巴格达恐怖袭击事件

自 2003 年的第二次伊拉克战争以来，伊拉克就成为西亚地区恐怖袭击活动最为猖獗的国家之一。"伊斯兰国"在伊拉克和叙利亚的兴起，可以说与伊拉克战争直接相关。尽管在国际社会的合作打击下，"伊斯兰国"的猖獗势头受到极大遏制，"伊斯兰国"的残余势力仍是伊拉克安全面临的最主要的威胁。

#### 一　事件概要

2021 年 1 月 21 日，伊拉克首都巴格达市中心塔亚兰广场发生 2 起自杀式爆炸袭击事件，造成至少 32 人死亡、110 人受伤。这是巴格达 2019～2021 年遭遇的伤亡最惨重的袭击事件，"伊斯兰国"宣称对此负责。

#### 二　事件经过

2021 年 1 月 21 日，伊拉克首都巴格达市发生连环爆炸恐怖袭击后，伊

---

\* 作者：郭永良，中国人民警察大学副教授，研究方向：国际反恐。

朗、沙特阿拉伯、欧盟及联合国等都对这一事件表示强烈谴责。欧盟驻伊拉克代表团对巴格达自杀式爆炸袭击事件表示震惊，并对这一卑鄙的行为表示最强烈谴责。伊朗驻伊拉克大使馆强烈谴责这 2 起爆炸事件，对受害者家庭表示同情，希望伤者早日痊愈，同时重申伊朗对伊拉克政府和人民的支持。伊朗方面准备向伊拉克提供援助，希望伊拉克政府尽早将幕后黑手绳之以法。沙特阿拉伯外交部对此次自杀式爆炸袭击事件表示声讨与谴责，称无论恐怖组织的动机与借口是什么，沙特阿拉伯都反对采取任何形式的恐怖主义活动。沙特方面支持伊拉克打击威胁本国安全和稳定的行为。联合国驻伊拉克援助团称此次袭击事件为"卑鄙之举"，并表示这一行径不会影响伊拉克走向稳定与繁荣。

### 三 恐怖组织简介

"伊斯兰国"在 2003 年伊拉克战争爆发以后，以"基地"组织伊拉克分支自立，开始了它罪恶的恐怖主义之路，发起了无数次惨无人道的恐怖袭击。2014 年 8 月，"伊斯兰国"攻破摩苏尔后，数万人被俘，恐怖分子枪杀了 500 人、活埋了 100 人，另有数千名女性沦为性奴；9 月，"伊斯兰国"集结恐怖分子进攻科巴尼，导致 662 名平民无辜丧生；10 月，"伊斯兰国"恐怖分子在巴格达接连发起汽车爆炸袭击，致使约 50 人死亡和多达 100 多人受伤。2015 年 6 月，位于科威特城的一座清真寺大量什叶派教徒在进行周五祈祷时，发生一起自杀式爆炸袭击，造成了约 30 人死亡、超过 200 人受伤。10 月 31 日，一架满载 200 多名乘客和机组成员的俄罗斯客机坠毁在埃及西奈半岛哈桑纳地区，无人生还。"伊斯兰国"对此叫嚣"干掉了一架俄罗斯飞机"。

新冠疫情开始后，"伊斯兰国"在西亚和非洲等地活动激增，引发国际社会新一轮担忧和探讨。联合国报告显示，2020 年，"伊斯兰国"明显开始重建和"崛起"，且活动能力有所增强。

"伊斯兰国"在伊拉克、叙利亚"大本营"借疫生乱、伺机反扑。根据联合国相关报告，目前"伊斯兰国"不仅掌握着 1 亿美元的恐怖资金，还有 1 万多名成员在伊拉克和叙利亚化整为零转入地下。"伊斯兰国"将袭击矛头对准安全部队、政府目标、能源设施、军事车队等,不断发动"消耗战"与"游击战",阻碍伊叙两国政府进行有效的安全治理,企图削弱两国的实力。

2020 年以来,伊拉克和叙利亚两国政府忙于应对疫情危机,安全力量的部署相对减少,并且以美国为首的国际反恐联盟(美国、英国、法国、德国、澳大利亚、捷克、西班牙、葡萄牙等国)已全部或部分撤离伊拉克,这些给了"伊斯兰国"可乘之机。2020 年,"伊斯兰国"策动的袭击比 2019 年"伊斯兰国"策动的袭击大幅增加,谋求复苏迹象明显。

其中,"伊斯兰国"对伊拉克实施恐怖袭击 1422 起,集中在迪亚拉、基尔库克、安巴尔、萨拉赫丁等省;对叙利亚发动恐怖袭击 593 起,集中在代尔祖尔、拉卡、霍姆斯、哈塞克等省。美国布鲁金斯学会研究人员查尔斯·利斯特指出,"伊斯兰国"在基尔库克策动的袭击增加了 200%,在迪亚拉几乎每天都发动恐怖袭击。

不只是在伊拉克和叙利亚两国,"伊斯兰国"还在南亚、东南亚和非洲等地区浑水摸鱼、趁乱扩张。在南亚,"伊斯兰国"南亚分支"呼罗珊省"借美国与"阿塔"签署和平协议之际,在阿富汗袭击了喀布尔锡克教寺庙、妇产科诊所、喀布尔大学等设施,造成大量人员伤亡。尤其是 2020 年 8 月,"呼罗珊省"袭击贾拉拉巴德东部一所监狱,导致至少 29 人身亡、50 人受伤,数百名囚犯在逃。

在东南亚,曾宣布效忠"伊斯兰国"的菲律宾本土恐怖组织"阿布沙耶夫"武装、"穆特组织"以及菲律宾反政府武装"邦萨摩洛伊斯兰自由战士"等,2020 年与政府军或安全部队冲突不断,对地区和平稳定造成严重威胁。已宣布效忠"伊斯兰国"的印尼本土恐怖组织"神权游击队"将警察视为头号敌人加以攻击。

在非洲,"伊斯兰国"西非分支"伊斯兰国西非省"、中非分支"伊斯兰国中非省"和"博科圣地"等不断策动恐怖袭击,扩大势力范围。其中,"伊斯兰国西非省"已成为布基纳法索、马里和尼日尔三国边境地区最危险的恐怖组织。"伊斯兰国中非省"将触角伸至刚果（金）和莫桑比克。2020年8月，"伊斯兰国中非省"武装分子占领莫辛比瓦港口，升起"伊斯兰国"黑旗。

此外，"伊斯兰国"继续煽动欧美国家的支持者与同情者发动"独狼"式恐怖袭击。2020年下半年，法国、奥地利相继发生数起"独狼"式恐怖袭击事件。其中，法国中学教师塞缪尔·帕蒂因在课堂上展示引发争议的宗教漫画而被残忍斩首；在奥地利首都维也纳圣母大教堂附近，有4人被"伊斯兰国"支持者枪杀。来自美国联邦调查局（FBI）的消息称，"伊斯兰国"针对美国谋划中的袭击目标还包括"9·11"事件中的纪念馆、联邦大楼等公共设施。

2020年，"伊斯兰国"在新头目阿米尔·穆罕默德·阿卜杜勒·拉赫曼·毛利·萨勒比指挥下，正谋求卷土重来。

"伊斯兰国"谋求提升内生动力。在组织架构方面，"伊斯兰国"进一步重组调整，不断推动领导层指挥权下放和去中心化，赋予分支机构更大的自主权和灵活性（这些分支机构是半自治的，在财政上可以自给自足），以保障其具备继续实施攻击的能力。该组织还试图保持各层指挥官的连续性。2017~2019年，"伊斯兰国"约43名核心头目（包括前头目巴格达迪）、79名关键的中层头目及数百名战地和后勤负责人丧命。当一名高层头目被击毙或被俘时，其他人（通常是副手）会迅速接替他的位置。因此，针对高级头目的"斩首"行动虽在短期内能重创该组织的士气，但难以对组织领导层造成根本性的战略影响。

在战略战术方面，"伊斯兰国"不仅对政府和安全官员实施更多的政治暗杀，还攻击其曾占领土地上的工商业者，报复支持政府的当地居民。袭击农田和焚烧庄稼是"伊斯兰国"越来越常用的一种策略。2020年4~5月，伊拉克埃尔比勒省马赫穆尔就有数百英亩的农作物被毁。

疫情期间，"伊斯兰国"还通过网络与社交媒体加大宣传力度，反复宣扬疫情是"真主对西方的惩罚"，鼓动支持者在"敌人"实力被削弱和注意力分散之时，对"异教徒"发动袭击。

此外，"伊斯兰国"对一切外部因素加以利用。

　　一是"伊斯兰国"趁美国反恐战略收缩伺机作乱。特朗普在任总统期间，美国在国际上的反恐意愿持续降低。2019 年 10 月，美国宣布从叙利亚撤军，致使美盟友库尔德武装难以再将打击"伊斯兰国"作为首要任务。在伊拉克和阿富汗，美国进一步加快反恐战略收缩步伐，宣布将驻两国兵力同时缩减至各 2500 人，尤其是驻阿富汗美军规模为"9·11"事件以来最低点。美国兰德智库研究员克林·克拉克认为，特朗普撤军将为"伊斯兰国"复苏、扩张全球网络提供时间和空间。

　　二是西亚、北非和南亚局部地区的动荡局势无疑给"伊斯兰国"提供了重生土壤。联合国、世界银行、国际货币基金组织和美国中央情报局的报告均指出，自 2003 年美国入侵伊拉克和 2011 年中东地区发生动乱以来，滋生恐怖主义土壤的问题在伊拉克、叙利亚、阿富汗、利比亚、也门、索马里等国日益严重，也使这些地区成为"伊斯兰国"最有可能"借尸还魂"的地方。比如，利比亚长期的无政府状态和部落间的冲突为"伊斯兰国"利比亚分支的发展创造了机会。

　　三是"伊斯兰国"利用宗教矛盾与教派冲突制造混乱。近年来，"伊斯兰国"将西方国家在西亚、北非的行动描绘成一场"新十字军东征"，妄图借此在全球招募追随者。"伊斯兰国"还恶意挑动逊尼派与什叶派的相互敌对与仇视，意图制造更多冲突与对立，以谋求从中渔利。2021 年 1 月 23日，"伊斯兰国"武装分子在伊拉克萨拉赫丁省，袭击什叶派民兵武装"人民动员组织"的一处岗哨，造成死伤。

　　四是利用大国干涉政策迅猛发展。"伊斯兰国"并非凭空出现，而是借伊拉克战争、叙利亚内战之机落地生根与发展。对此，西方国家难脱干系。中东问题分析家格雷厄姆·富勒直言，"伊斯兰国"是美国一手制造出来的恶魔。在富勒看来，美国在中东地区推行的以毁灭性打击为主要目的的干预政策，以及发动对伊拉克的战争，是催生"伊斯兰国"的根本原因。①

---

　　① 参见范娟荣《警惕！"伊斯兰国"仍在扩展》，《环球》2021 年第 3 期。

## 第二节　莫桑比克帕尔马镇恐怖袭击事件

受国际恐怖主义扩散的影响，莫桑比克境内也出现与国际恐怖势力相关联的恐怖组织。特别是在莫桑比克北部地区，恐怖袭击活动呈现增加的态势。从莫桑比克发生的恐怖袭击事件看，针对外国人特别是西方人的意图明显。在莫桑比克的中国人也应对该国恐怖活动的猖獗保持高度警惕。

### 一　事件概要

2021年1月28日，莫桑比克国防部发言人萨兰加称，恐怖分子在北部德尔加杜角省帕尔马镇发动袭击，造成数十人丧生，其中包括多名外籍公民。国防部发言人称，1月24日，一伙恐怖分子潜入该地区，残酷杀害"数十名毫无防御能力的人"。1月29日，"伊斯兰国"宣称，该组织发动了针对帕尔马镇的袭击。

### 二　事件经过

2021年1月29日，据法新社报道，莫桑比克德尔加杜角省帕尔马镇近日接连发生恐怖袭击事件，安全形势急剧恶化。1月24日，与"伊斯兰国"联系密切的莫桑比克恐怖组织"圣训捍卫者"对帕尔马镇发动袭击。袭击事件中，近300名武装分子攻击当地商店、银行与军营，追杀政府官员，并袭击政府设施。冲突爆发后，帕尔马镇与外界的通信被切断。1月29日，《纽约时报》称，武装分子包围帕尔马镇的阿迈鲁拉·帕尔马宾馆，当时宾馆内有近200名平民与外国工人避难。英国《卫报》称，这些外国工人大都为南非、英国与法国公民。1月26日晚，被困民众分乘17辆车，试图逃离酒店，但遭遇伏击，最终只有7辆车抵达附近海滩，其他车辆及至少50人下落不明。一支由货船、拖船与渔船组成的船队，将突围成功的民众运往安全的地方。

1月27日，法新社称，武装分子夺取帕尔马镇的控制权，莫桑比克军队已经从该地区撤退，但战斗仍未结束。莫桑比克国防部发言人萨兰加则强调，莫桑比克政府军"正在追击敌人，并不断努力以尽快恢复安全与秩序"。另据当地人权观察组织透露，约有 3.5 万人逃离帕尔马镇，并于 1 月 28 日抵达附近城镇。

1 月 25 日，联合国秘书长副发言人法尔汉·哈克表示，联合国对德尔加杜角省的恐怖袭击事件表示关切，正试图与被困在莫桑比克袭击中的人道主义工作人员取得联系，确保他们能安全离开该地区，并待命以援助当地居民。1 月 28 日，中国驻莫桑比克大使馆提醒当地的中国公民，加强安全防范，如非必要停留应尽快撤离。1 月 28 日，南非《星期日时报》称，南非总统拉马福萨 27 日与安全部门官员召开紧急会议，但尚不得知政府是否会派出特遣部队前往帕尔马镇协助控制局势。法国道达尔公司宣布，在帕尔马镇投资数十亿美元的天然气项目的重启工作已被迫停止。1 月 29 日，英国《金融时报》称，莫桑比克发生的袭击威胁到非洲最大的投资项目。

### 三 恐怖组织介绍

#### （一）"圣训捍卫者"

"圣训捍卫者"（Ansar al-Sunna）也自称为"青年党"（al-Shabaab），但与索马里"青年党"并非同一组织。不过该组织的起源与索马里"青年党"有渊源。这一组织最初的成员是肯尼亚宗教极端主义思想家阿布·罗戈·穆罕默德（Aboud Rogo Mohammed）的追随者。阿布是一名肯尼亚穆斯林领袖，创立了肯尼亚极端组织"穆斯林青年中心"（Muslim Youth Center），该组织与索马里"青年党"关系密切。阿布思想激进，是肯尼亚乃至整个东非地区知名的宗教极端主义者。

2007 年，由于埃塞俄比亚军队出兵介入索马里冲突并击败"伊斯兰法院联盟"，阿布在演讲中将索马里战争视为最终的"圣战"。在此期间，他发表了许多"伊斯兰教令"，认为给肯尼亚政府工作是违反教律的行为。他还赞扬"基地"组织。阿布的许多演讲在网络和社交媒体上发布，并对包括肯尼亚、坦桑尼亚、卢旺达、乌干达和布隆迪等国在内的年轻人产生很大影响，因而阿布在这些国家拥有一定数量的支持者。他于 2009 年去了索马里，据称他参加了那里的军事训练营。

肯尼亚、埃塞俄比亚等国政府对阿布发起了一系列指控，联合国、美国、英国等也对他采取了一些制裁措施。2012 年 7 月，美国认为阿布"从事直接或间接威胁索马里的和平、安全或稳定的行为"，特别是为索马里"青年党"募捐和筹款，并被列入美国的制裁名单。联合国安理会也对阿布实施旅行禁令和资产冻结，称他向"索马里'青年党'提供财政、物资、后勤或技术支持"。英国财政部也宣布了同样的制裁措施。

2012 年 8 月，阿布在肯尼亚蒙巴萨街头被枪杀。阿布之死在肯尼亚引发骚乱。骚乱参与者主要是阿布的支持者，这些人认为是肯尼亚安全部门暗杀了阿布。骚乱参与者在蒙巴萨等地烧毁教堂，到处发动袭击，随后肯尼亚政府对骚乱进行了镇压。部分骚乱参与者遭到肯尼亚政府武力打击后，进入坦桑尼亚南部的基比提（Kibiti），然后趁坦桑尼亚与莫桑比克边境地区疏于管理的状况，再进入莫桑比克。2015 年，这些来自肯尼亚的暴力分子在莫桑比克德尔加杜角成立了名为"圣训捍卫者"的恐怖组织。

"圣训捍卫者"自 2017 年首次发动袭击事件以来，变得越来越暴力。目前，该组织已在德尔加杜角省建立了自己的据点，并招募莫桑比克当地人加入他们所声称的"圣战"。同时，该组织的袭击目标也从政府机构逐渐变成了平民，袭击也变得越来越残酷。莫桑比克政府不得不派出警察收复被极端主义分子占领的莫辛布瓦-达普拉亚镇（Mocímboada Praia）。

"圣训捍卫者"组织与莫桑比克北部的非法活动有关联。根据媒体报道，"圣训捍卫者"的资金主要来自非法走私、网络和人口贩卖。莫桑比克北部森林资源丰富，也有珍贵的红宝石资源，此外，该省油气资源也十分丰富。有报道称，"圣训捍卫者"每年至少从木材交易中获利 300 万美元，从红宝石交易中获利 3000 万美元。"圣训捍卫者"头目与肯尼亚、索马里、坦桑尼亚和非洲大湖区的原教旨主义者团体保持着宗教、军事和商业联系。

"圣训捍卫者"蛊惑激进的莫桑比克穆斯林青年出售他们的财产，前往索马里接受"培训"，并进行"圣战"。

（二）"伊斯兰国中非省"

"圣训捍卫者"组织在当地并没有一个核心，而是分为若干个小型组织活动。"圣训捍卫者"在意识形态上与索马里"青年党"有联系，但是近年来"圣训捍卫者"已经向"伊斯兰国"靠拢。"圣训捍卫者"组织效忠"伊斯兰国"后，使国际恐怖主义的活动范围向非洲南部大幅扩张，非洲面临的反恐形势日趋严峻。"伊斯兰国"已将"圣训捍卫者"视为自己的"分支"，并宣称在莫桑比克存在"伊斯兰国"分支。

2018年，非盟发表声明称，"伊斯兰国"武装分子已渗透到莫桑比克北部，但该说法遭到莫桑比克政府的否认。2019年6月，"伊斯兰国"声称"伊斯兰国中非省"袭击了莫桑比克莫辛布瓦-达普拉亚地区的莫桑比克国防军。2019年10月，"伊斯兰国"宣称，"伊斯兰国中非省"对莫桑比克安全部队和帮助莫桑比克开展"反恐战争"的俄罗斯瓦格纳集团的雇佣军进行了两次伏击。根据国际媒体的报道，"伊斯兰国"将宣誓效忠的"圣训捍卫者"和刚果（金）的"民主同盟军"（Allied Democratic Forces，ADF）以及索马里的"伊斯兰国"分支，统称为"伊斯兰国中非省"。

2020年6月，"伊斯兰国中非省"在刚果（金）贝尼附近袭击联合国刚果（金）稳定特派团的维和士兵。8月，"伊斯兰国中非省"宣布占领莫桑比克莫辛布瓦-达普拉亚及周边的一些岛屿，实际控制了沿海大片地区，并将此地确立为"首都"。2021年3月，"伊斯兰国中非省"的武装分子进攻了莫桑比克北部的帕尔马镇。

"伊斯兰国中非省"不同分支之间的袭击手法越来越相似，显示该组织的内部联系正在加强，各分支之间很可能有协调和技能转让活动。"伊斯兰国"对"伊斯兰国中非省"也很重视。例如在2020年9月，"伊斯兰国"就通过"伊斯兰国"网络与索马里及一些东非国家的同情者，呼吁为"伊斯兰国中非省"提供资金支持。

## 第三节　巴基斯坦俾路支省奎达市恐怖袭击事件

巴基斯坦国内多种恐怖组织、极端组织和反政府武装并存，经常以暴力袭击对巴基斯坦国家安全形成巨大威胁。特别是"巴塔"的恐怖活动，既威胁巴基斯坦的安全和稳定，也对中国在巴俾路支省的人员的人身安全和项目的财产安全构成越来越大的危害。

### 一　事件概要

当地时间 2021 年 4 月 21 日晚，巴基斯坦西南部俾路支省首府奎达市一家酒店发生爆炸袭击事件，造成 5 人死亡、至少 12 人受伤。当时，正率团访问当地的时任中国驻巴基斯坦大使农融一行住在该酒店。中国驻巴基斯坦大使馆表示，袭击发生时，中方代表团不在酒店内。中国驻巴大使馆在声明中对这起恐怖袭击表示强烈谴责，对不幸遇难人员表示哀悼，对伤者致以慰问。爆炸袭击发生后，"巴塔"宣称对此负责。

### 二　事件经过

据巴基斯坦《黎明报》报道，爆炸袭击发生在 4 月 21 日晚 10 时 30 分左右，地点在奎达市塞雷纳酒店的停车场。警方公布的录像片段显示，恐怖分了驾车从主干道驶入　个露天停车场后，旋即通过车载简易爆炸装置引爆炸药，停车场的车辆燃起大火，爆炸产生滚滚浓烟。警方和消防人员抵达现场后迅速展开救援与灭火行动，伤者被紧急送往附近医院接受救治，其中有 2 名伤者伤势较重。

塞雷纳酒店被认为是奎达市最安全的酒店，国际机构人员和各国外交官在访问当地期间通常选择入住该酒店。巴基斯坦内政部部长谢赫·拉希德·艾哈迈德对媒体透露，由中国大使农融率领的中方代表团 4 人就住在这家酒店。艾哈迈德告诉当地媒体："这是一场大爆炸，中国大使也住在这家酒店，但事发时他不在那里。爆炸发生时，中国大使正外出参加一场活动。"

他强调，此次事件是一次"恐怖主义行为"。

4月22日，"巴塔"声称对奎达市塞雷纳酒店爆炸袭击事件负责。该组织一名发言人称："这是一起自杀式袭击，我们的自杀袭击者在酒店使用汽车里的炸药实施了爆炸。"巴基斯坦内政部部长艾哈迈德在记者会上表示，自杀式爆炸袭击者使用了 60~70 公斤的炸药。

同日，中国驻巴基斯坦大使馆在声明中表示，袭击发生时，中方代表团不在酒店内。截至声明发布时，尚未收到中国公民在袭击中伤亡的报告。声明同时对这起恐怖袭击表示强烈谴责。中国外交部发言人汪文斌在记者会上也对这起恐怖袭击表示强烈谴责。他说，目前，巴基斯坦有关部门正全力对这起事件展开调查，相信巴方一定能查明真相，把凶手绳之以法，并确保中国在巴基斯坦的人员和机构安全。

同日，巴基斯坦《黎明报》报道称，巴基斯坦总理伊姆兰·汗谴责这一事件，称之为"懦弱的恐怖袭击"。他说："我为奎达市惨无人道的恐怖袭击中无辜生命的去世深感悲痛。我们的国家在打击恐怖主义方面做出了巨大牺牲，我们不会允许这一灾祸再次抬头。我们对一切内部和外部威胁保持警惕。"

4月24日，联合国安理会发表媒体声明，"以最强烈的措辞"谴责4月21日发生在巴基斯坦的恐怖袭击事件，并向死者家属和巴基斯坦政府致以最深切的同情和慰问。声明强调，必须将此类恐怖主义行径的实施者、组织者、资助者和支持者绳之以法。声明敦促所有国家按照国际法和安理会相关决议规定的义务，与巴基斯坦和其他有关方面积极合作。声明重申，任何恐怖主义行为，不论其动机为何，不论其在何地、何时和由何人所为，都是犯罪和无理的。任何形式的恐怖主义都是对国际和平与安全构成的最严重威胁之一，所有国家必须尽全力遏制恐怖主义活动给国际和平与安全带来的威胁。①

三　恐怖袭击特点分析

"巴塔"具有发动综合暴恐行动的能力。此次"巴塔"的暴恐行动再次

---

① 以上综合新华社、《环球时报》等媒体报道整理。

彰显了该组织独特的攻击能力。"巴塔"的任何一次恐怖袭击都要经过周密策划，形成"踩点"、策应、掩护、攻击、自杀式人弹、劫持人质等一连串组合动作。此次攻击的特点也与过去的恐怖袭击特点相似，攻击手段、选择时机都经过精心策划。种种迹象显示，"巴塔"在巴基斯坦社会的各个层面收买和安插了"线人"为其服务。

"巴塔"的残暴程度越来越接近"伊斯兰国"。"巴塔"的恐怖袭击手段愈加残忍，"巴塔"首领法兹鲁拉赫素以手段残忍闻名。同属于一个阵营的"阿塔"正在悄然与"巴塔"划清界限。虽然这两个"塔利班"之间还需要相互利用，"阿塔"在今后相当长的时间内，还需要"巴塔"的后勤保障和支持，但在理念和具体暴力行动问题上，"阿塔"与"巴塔"之间渐行渐远的趋势越来越清晰。

## 四 恐怖组织介绍

### （一）"巴基斯坦塔利班"的基本情况

"巴基斯坦塔利班"（也称"巴塔"）于 2007 年成立。当时，一些曾热衷于参加阿富汗"圣战"的巴基斯坦极端主义分子，对时任总统穆沙拉夫的亲美政策日益不满，于是在当年 12 月宣布成立"巴基斯坦塔利班"。虽然"巴塔"宣称把"阿塔"领导人奥马尔当作他们的精神领袖，但实际上该组织已经成为另一个独立的恐怖主义实体。

### （二）"巴塔"的形成与发展

"巴塔"的形成与发展不是一蹴而就的，而是受地区地缘政治博弈、巴基斯坦国内局势变化等多重因素的影响逐渐形成与发展的。其中，巴基斯坦政府与"巴塔"的互动、"巴塔"与其他地区恐怖组织的互动，以及"巴塔"组织内部各派别之间的互动，是"巴塔"发展过程中最重要的三对互动关系。

一般认为，从 2001 年美国发动阿富汗战争开始到 2007 年"红色清真寺事件"是"巴塔"成立的导火索。第一次斯瓦特战役后，"巴塔"处于萌芽阶段。"巴塔"的建立是巴基斯坦西北部"塔利班化"的最终结果，巴基斯坦当局反恐政策的调整也在其中起到了相当关键的作用。吉拉尼任巴基斯坦政府总理时期对"巴塔"的妥协非但未能成功分化该组织，反而使其获得机遇，逐渐发展壮大，使"巴塔"最终成为巴基斯坦境内规模最大、杀伤性最强的恐怖组织。

2009 年以来，"巴塔"极端化趋势进一步加强。"巴塔"吸纳了大量来自中东、北非地区的外籍恐怖分子。在吸收了来自这些地区的极端思想后，"巴塔"极端化和国际化趋势进一步加强，手段更加残忍，甚至引发了"阿塔"的不满，"阿塔"开始与其保持距离。

2014 年以来，在巴基斯坦反恐打击下，"巴塔"结构更加分散化。为了躲避政府追击，"巴塔"内部各分支加强同地区极端组织的联系，活动范围也开始扩大，由之前的联邦直辖部落区和开伯尔·普赫图赫瓦省传统活动范围向俾路支省境内扩大。①

（三）"巴塔"领导层的演变和分化

"巴塔"领导层的历史演变具有以下几个新特点：其一，首次由非马哈苏德家族控制。截至 2021 年，"巴塔"的首领为 2013 年 11 月上任的毛拉·法兹鲁拉赫。2007 年该组织成立后，前两个头目贝图拉·马哈苏德及哈基姆拉·马哈苏德分别于 2009 年 8 月和 2013 年 11 月被美军无人机炸死。在 2013 年"巴塔"领导层再度面临更新换代之时，盘踞在南瓦济里斯坦的马哈苏德部落，首次在竞争"巴塔"埃米尔（元首）的权力斗争中失利。"巴塔"的大权首次旁落到非马哈苏德部落人法兹鲁拉赫手中，法兹鲁拉赫是斯瓦特的普什图族人。

其二，法兹鲁拉赫在"巴塔"中的影响力有限。由于其不属于马哈苏德家族，他不属于"巴塔"领导核心的正统。加上法兹鲁拉赫本人在 2010 年后，长期在阿富汗境内活动，不具备在整个"巴塔"确立领导地位的必要条件。"巴塔"大部分自杀性恐怖袭击、绝大部分军火库、通信器材、后勤给养、指挥中枢与"基地"组织等国际恐怖组织的联系手段和方式，都

---

① 赵航：《巴基斯坦塔利班研究》，新疆大学，硕士学位论文，2019。

仍旧掌握在马哈苏德部落手中。

其三，"巴塔"领导层变更往往伴随着内部权力斗争。每次"巴塔"新头目上任，都会因意见不合而导致"巴塔"分裂。第一个继任者哈基姆拉·马哈苏德上任后，作为该组织领导层成员之一的法扎尔·萨义德·哈卡尼，因不赞同"巴塔"参与攻击巴基斯坦军队和平民，率领其部分亲信与"巴塔"分道扬镳，另立"伊斯兰塔利班"（Islami-Tehrik-eTaliban）。

（四）"巴塔"人员组成的新变化

一是越来越多的国际恐怖分子加入其中。目前在"巴塔"中，有来自中东的阿拉伯人和乌兹别克人，也有其他外籍恐怖分子。二是"巴塔"的人员成分愈来愈复杂。除了底层贫困无业人群和宗教学校学生，还有许多对巴基斯坦政府不满、出身贫寒、有极端宗教思想的大学生以及工程师和知识分子，还有地痞、流氓、走私犯、毒贩、小军阀等加入。三是"巴塔"的民族构成也发生重大变化。民族色彩淡化，极端色彩增加。近年来，在民族构成方面，"巴塔"除了有普什图人之外，也有旁遮普族人、俾路支族人。这说明"巴塔"已经不再是单一的普什图族恐怖组织，而逐渐演变为泛巴基斯坦的恐怖组织，其成员的民族属性不再重要，而对恐怖理念的认同、能参与"巴塔"发动的暴恐行动，以及愿意隶属于或者效忠于（指外国恐怖分子）"巴塔"，则成为被"巴塔"认可和信任的标志。

## 第四节　阿富汗喀布尔恐怖袭击事件

阿富汗国内安全形势受多种武装势力、极端与恐怖组织活动的影响，暴力与恐怖袭击事件频发。随着美国与"阿塔"达成撤军协议，并开始撤军，阿富汗安全局势并未好转。除"阿塔"加强武装攻势外，"伊斯兰国"在南亚的分支也更加活跃。

### 一　事件概要

2021 年 5 月 8 日，阿富汗首都喀布尔一所学校外发生汽车炸弹袭击事件。据路透社报道，5月9日，阿富汗官员表示，爆炸所造成的死亡人数已上升至58人。

## 二　事件经过

遭受袭击的赛义德·舒哈达高中位于阿富汗首都喀布尔西部的达斯特巴奇地区（Dasht-e-Barchi）街区，这里生活着许多哈扎里（Hazara）少数族裔，主要是什叶派穆斯林，该地区经常成为逊尼派激进分子的袭击目标。

央视新闻援引《黎明报》文章，赛义德·舒哈达高中一名老师称，一辆汽车炸弹最先爆炸，随后学校附近又发生2起爆炸。该学校为女子高中，爆炸发生时正是学生放学的时间，所以死伤者大多数是学生。另有当地媒体报道，此次爆炸事件或许是火箭弹袭击。据路透社报道，阿富汗总统加尼认为这是"阿塔"所为。

据美联社此前报道，"阿塔"发表声明谴责这起针对平民的袭击。5月8日，"阿塔"发言人穆贾希德在发给媒体的信息中称，只有"伊斯兰国"才会实行这种令人发指的罪行。迄今，此次恐怖袭击并无组织宣布负责。

在社交媒体推特上，美国驻阿富汗大使罗斯·威尔逊（Ross Wilson）谴责此起对喀布尔女子学校的恐怖袭击为"令人发指"，并称这种对学生的不可原谅的袭击，针对的是阿富汗的未来，不能被容忍。

5月8日，联合国新闻网消息称，联合国秘书长古特雷斯也通过发言人发表声明，对这起恐怖袭击事件表示强烈谴责。古特雷斯对遇难者的家属以及阿富汗政府和人民表示最深切的同情，并祝愿受伤者早日康复。古特雷斯指出，必须对这种令人发指的罪行的肇事者追究责任。古特雷斯强调，必须结束阿富汗境内的暴力，并实现和平地解决冲突。

5月9日，中国外交部发言人表示，中方一贯坚决反对任何形式的暴力极端主义，将继续坚定支持阿富汗政府和人民打击恐怖主义、维护国家安全与稳定，愿同国际社会一道，共同帮助阿富汗早日实现和平。近期美国突然宣布完全自阿富汗撤军，导致阿富汗多地接连发生爆炸袭击事件，安全形势日益严峻，严重威胁阿富汗和平、稳定与人民生命安全。中方呼吁外国在阿富汗军队切实考虑阿富汗和地区人民安全，以负责任的方式撤离，避免给阿富汗人民带来更多动荡和苦难。

5月10日，安理会轮值主席、中国常驻联合国代表张军发表主席新闻谈话，强烈谴责5月8日发生在阿富汗首都喀布尔的恐怖袭击事件。张军谈话指出，安理会成员严重关切阿富汗境内暴力事件持续频发，造成大量平民伤亡，特别是袭击学校及教育机构事件严重影响学生安全，强调必须努力遏制暴力、保护平民。安理会成员重申，任何形式的恐怖主义均对国际和平与安全构成最严重威胁，强调应将恐怖主义行为肇事者、组织者和资助者绳之以法，并敦促所有国家遵守国际法义务及安理会相关决议，与阿富汗政府就此开展合作。安理会成员强调任何恐怖主义行为，无论其动机如何、发生在何时何地、由谁实施，都是犯罪行为且不可原谅。安理会成员重申，各国应根据《联合国宪章》及国际法义务，采取一切措施打击恐怖主义对国际和平与安全造成的威胁。

路透社报道，自2021年4月美国宣布计划在当年的9月11日前撤离所有美军以来，喀布尔一直处于高度戒备状态。阿富汗官员说，在美国宣布此项计划后，"阿塔"在阿富汗全国范围内的袭击力度有所加大。

## 第五节　秘鲁袭击事件

秘鲁曾经是一些反政府武装（西方国家认定的恐怖组织）十分活跃的国家，暴力袭击严重威胁国家的和平与稳定。经过秘鲁严厉打击，这些反政府武装［如"光辉道路"（The Shining Path）和"图帕克·阿玛鲁革命斗争"等］逐渐消亡。但随着拉美国家政局动荡、经济恶化、社会混乱等问题的不断激化，一些反政府武装出现死灰复燃的苗头。

### 一　事件概要

2021年5月24日，秘鲁国防部发布公告称，5月23日晚，该国东南部阿普里马克、埃尼和曼塔罗河谷地区（首字母缩写简称为VRAEM地区，音译"瓦莱恩")发生恐怖袭击。同日,秘鲁国家警察总司令塞万提斯在接受当地媒体采访时称,此次袭击共有18人遇害,其中包括10名成年男性、6名成年女性及2名幼童。据秘鲁媒体报道,该袭击为反政府武装"光辉道路"所为。

## 二　事件经过

案发地所属的瓦莱恩地区横跨胡宁、万卡韦利卡、阿亚库乔、阿普里马克、库斯科5个大区,仍有"光辉道路"等反政府武装的残余势力。经过秘鲁政府的连年清剿,该组织目前尚有百余人。当地媒体报道称,反政府武装以贩毒为生,偶尔与当地军警发生冲突,并且绑架和袭击无辜平民。据秘鲁相关机构调查,1980年至2000年,秘鲁政府与"光辉道路"之间的交战造成约7万人死亡。人们在案发现场发现了作案者留下的传单,传单称作案者所进行的是一场"社会清理"行动,并号召民众不要参与2021年6月举行的秘鲁总统大选第二轮投票。5月24日,秘鲁总统萨加斯蒂通过社交媒体发文,向死伤者及其家属致以沉痛哀悼和诚挚慰问,对恐怖行为表示强烈愤慨和谴责。

## 三　袭击者介绍

"光辉道路"由阿亚库乔(Ayaguchu)省前大学教授阿维马埃尔·古兹曼(Abimael Guzmán)1964年创立。1980年,秘鲁军政府开始举行选举。但是,"光辉道路"拒绝参选,经常以暴力的游击方式袭击投票站。

"光辉道路"先后开展了下列重大袭击活动。1980年,捣毁阿亚库乔的一个投票站。1982年3月,该组织袭击阿亚库乔监狱,放走200多名犯人。1983年,它杀害包括23名儿童在内的69名卢卡纳马尔卡村村民。1986年,它先后爆炸袭击秘鲁经济和财政部、能源和矿业部、劳动部。1992年2月,一天之内该组织在利马制造36起爆炸事件。其中,在美国驻秘鲁使馆旁,该组织当场炸死了2名守卫使馆的警察。1992年6月,该组织将一辆装有600千克炸药的汽车引爆,炸毁利马的1家电视台,炸死、炸伤20余人。

1992 年 7 月，该组织在利马繁华的米拉弗雷斯商业区，引爆 2 辆装有 300 千克炸药的汽车，造成 21 人死亡、200 多人受伤、300 多座建筑受损。2001 年 12 月，该组织袭击美国驻秘鲁大使馆未遂。2003 年 6 月，它袭击位于安第斯山区的一处天然气管道工地，绑架了 60 名人质，其中包括 3 名警察和 7 名外国人。2003 年 7 月，该组织伏击一支由 30 名海军陆战队士兵组成的巡逻队，当场打死 7 人、打伤 10 人等。

"光辉道路"诞生于阿亚库乔的安第斯山脉，这是该国最贫穷的地区之一。阿亚库乔位于秘鲁南部高地，那里的贫困和教育水平在全国最低。"许多当地人逃离阿亚库乔接受教育，留下来的则饱受地主的压迫。他们对教育的渴望如此强烈。1960 年至 1980 年阿亚库乔的主要社会运动不是为了土地，而是为了捍卫自由教育权利。"①

"光辉道路"所使用的极端暴力手段（如汽车爆炸和暗杀）造成的恐惧和恐怖，以及政府对大规模暴力的无效反应，造成社会各阶层普遍的不安全状态。

---

① Carlos Ivan Degregori, *The Shining Path Of Peru*, ed. by Scott Palmer, New York：St. Martin Press, 1998, p.34.

# 附录
# 国际恐怖主义与反恐大事记（2020年）

## 2020年1月

**1月1日** 叙利亚北部拉卡省边境城镇泰勒艾卜耶德苏鲁克村发生一起汽车爆炸袭击，造成3名平民死亡，另有4人受伤。

**1月1日** 索马里政府军在南部下谢贝利州打死20名索马里"青年党"武装分子。2019年12月31日，政府军在下谢贝利州多地向索马里"青年党"武装分子发动进攻，收复多个村庄。

**1月1日** 巴基斯坦智库安全研究中心发布研究报告称，2019年因恐怖袭击死亡人数减少近30%，国内安全形势大幅改善。2018年共发生近400起恐怖袭击事件，造成739人死亡；2019年共发生370起恐怖袭击事件，造成518人死亡，2019年恐怖袭击造成的死亡人数比2018年的减少约29.9%。

**1月2日晚** 尼日利亚中部科吉州一村庄遭遇不明身份武装分子袭击。大批武装分子乘摩托车闯入塔瓦里村袭击村民，造成至少19人死亡。这是近年来该村庄首次遭遇武装袭击。

**1月3日** 利比亚首都的黎波里米提加国际机场附近遭20多枚火箭弹袭击，迫使机场关闭数小时。民族团结政府军方发表声明称，哈夫塔尔领导的"国民军"发射火箭弹，从2日晚持续到3日黎明，导致周边居民逃离。

**1月3日** 索马里政府军特种部队在下谢贝利州向索马里"青年党"武

装分子发动进攻，打死 30 名索马里"青年党"武装分子。

1 月 4 日　一辆运送学生的汽车在前往布基纳法索北部苏姆省托马市途中，触发路边炸弹，造成至少 14 名学生死亡，另有 4 人受伤。

1 月 4 日　伊拉克什叶派民兵武装"人民动员组织"医护人员组成的车队在位于首都巴格达以北的塔季镇遭到空袭，导致 2 人死亡、4 人受伤。美国主导打击"伊斯兰国"国际联盟否认发动此次空袭。

1 月 4 日　利比亚民族团结政府军方发表声明称，首都的黎波里一军事学院遭到空袭，空袭造成 28 名学生死亡、18 人受伤。声明称，支持利比亚"国民军"领导人哈夫塔尔的"外国空军"实施了空袭。

1 月 4 日晚　伊拉克首都巴格达市中心"绿区"等地和巴格达以北一个有美军驻扎的基地遭到炮弹袭击，未造成人员伤亡。

1 月 5 日　索马里"青年党"袭击位于肯尼亚拉穆郡的一座肯尼亚和美国军队共用的军事基地，武装分子引燃汽油，试图破坏军事基地的机场跑道。随后，肯尼亚军方与袭击者交火，4 名武装分子被打死。

1 月 6 日　马里武装部队的一个车队在塞古地区贝利村附近执行护送任务时，遭遇爆炸装置袭击，造成 5 名士兵死亡、4 人受伤，另有 4 辆汽车被毁。

1 月 6 日　利比亚东部政府"国民军"宣称占领中部海滨城市苏尔特，耗时"不到 3 小时"。苏尔特位于东部城市班加西与首都的黎波里之间，苏尔特主要武装力量"萨拉菲"大约 2 周前转投"国民军"。

1 月 6 日　随着伊拉克与美国矛盾升级、当地安全局势恶化，德军决定撤走在伊拉克派驻的大约 120 名军人中的 30 人。撤走德军士兵的命令是由打击"伊斯兰国"国际联盟下达。

1 月 7 日　乌兹别克斯坦内务部与国家安全局展开联合行动，逮捕一批宗教极端主义组织"圣战者运动"成员。乌兹别克斯坦内务部说，这些被捕者在叙利亚国际恐怖组织直接领导下行动，并煽动乌兹别克斯坦年轻人加入叙国际恐怖组织。

1 月 7 日　巴基斯坦安全部队车辆在俾路支省首府奎达市遭炸弹袭击，

造成 2 人死亡、18 人受伤。

1 月 8 日　加拿大首都渥太华市中心发生枪击事件，造成 1 人死亡、多人受伤，其中 3 人伤势严重。事发地点距加拿大议会不足 1 公里。

1 月 8 日夜间　伊拉克首都巴格达绿区发生 2 次爆炸。据伊拉克安全部门消息，2 枚火箭弹落在美国驻巴格达大使馆附近，未造成人员伤亡。

1 月 8 日　索马里首都摩加迪沙总统府的一个安全检查站遭遇自杀式汽车炸弹袭击，造成 5 人死亡、11 人受伤。事发时，一辆满载炸药的汽车试图通过检查站，在无法通过时引爆爆炸装置。索马里"青年党"宣称对此次自杀式汽车炸弹袭击负责。

1 月 9 日　尼日利亚中部高原州一个村庄遭不明身份武装分子袭击，造成 12 人死亡、1 人受伤。有目击者称，袭击者疑似牧民武装分子，他们进入村庄后，对村民随意开枪射击。

1 月 9 日　尼日尔与马里边界地区西纳戈达村的军营遭一伙武装分子袭击，造成 89 名尼日尔士兵死亡、77 名武装分子死亡。

1 月 10 日　叙利亚东部遭遇空袭，不明身份的飞机对阿卜卡迈勒地区的车辆和军火库发动袭击，造成伊拉克准军事部队哈西德沙比 8 名士兵丧生。

1 月 10 日　伦敦警察厅表示，英国剑桥郡 HMP Whitemoor 监狱，2 名穿假自杀式背心的囚犯砍伤 1 名狱警，另有 4 名监狱工作人员受伤。该事件被英国政府视为恐怖袭击。

1 月 10 日　巴基斯坦西南部俾路支省首府奎达的一座清真寺发生自杀式炸弹袭击，造成至少 14 人死亡、20 人受伤。"伊斯兰国"宣称对此次恐怖袭击负责。

1 月 11 日　北约驻阿富汗联军发表声明证实，一辆正在执行任务的美军车辆在阿富汗南部坎大哈省遭路边炸弹袭击，造成 2 名美军士兵丧生，另有 2 名美军士兵受伤。"阿塔"宣称对此次恐怖袭击负责。

1 月 12 日　叙利亚反政府武装向叙利亚北部阿勒颇省首府阿勒颇市多个居民区发射 20 多枚火箭弹，造成 3 名平民死亡，另有 3 人受伤。

**1 月 12 日晚**　伊拉克萨拉赫丁省有美军驻扎的拜莱德空军基地遭 8 枚"喀秋莎"火箭弹袭击，造成 4 名伊拉克空军人员受伤，其中有 2 名军官。

**1 月 13 日**　法国总统马克龙在法国西南城市波城举行的萨赫勒五国集团首脑会议上宣布，将向非洲萨赫勒地区增派 200 名法国士兵，加强"新月形沙丘"反恐行动。他同时呼吁美国不要减少在非洲的军事存在。布基纳法索、马里、毛里塔尼亚、尼日尔和乍得五国政府首脑应邀参加会议。

**1 月 13 日**　美国司法部部长巴尔说，2019 年底发生在佛罗里达州彭萨科拉海军航空站的枪击事件是"恐怖主义行为"，证据显示沙特阿拉伯籍枪手受极端主义思想驱使。2019 年 12 月 6 日，在彭萨科拉海军航空站接受飞行训练的沙特皇家空军少尉穆罕默德·阿尔沙姆拉尼开枪打死 3 名美国海军士兵，另造成 8 名美国人受伤。阿尔沙姆拉尼被当场击毙。

**1 月 14 日**　埃及议会批准总统塞西日前签署的总统令，全国范围的紧急状态将自 1 月 27 日起再次延长 3 个月。根据该总统令，在紧急状态下，埃及军方和警方应采取必要措施应对恐怖主义，维护国家安全。

**1 月 14 日**　伊拉克首都巴格达以北塔季军事基地遭 2 枚火箭弹袭击，袭击未造成人员伤亡。

**1 月 16 日**　叙利亚北部城市阿勒颇西部和西北部的反政府武装在交通高峰时段，向市内一处居民区发射多枚火箭弹，造成 6 名平民死亡，另有 15 人受伤。

**1 月 16 日**　墨西哥军方人员在塔毛利帕斯州米格尔·阿莱曼城一处公路例行巡逻时，遭埋伏在路边草丛中的武装分子袭击。巡逻部队随即反击，当场击毙 11 名武装分子，收缴 10 多件武器和 1 件爆炸装置。

**1 月 17 日晚**　布基纳法索安全部队一辆军车在苏姆省阿尔宾达市周边执行侦察任务时，遭遇路边炸弹袭击，造成至少 6 名士兵死亡、1 名士兵受伤。

**1 月 17 日晚**　索马里政府军在南部中谢贝利州打死 16 名索马里"青年党"武装分子，打伤 20 人。有 4 名政府军士兵在战斗中丧生。

**1 月 20 日晚**　苏丹首都喀土穆东部哈吉·优素福镇的尚格拉区域一场

婚礼上，有人在婚礼现场扔手榴弹并发生爆炸，造成 7 人死亡，包括儿童在内的约 70 人受伤。

**1 月 20 日** 布基纳法索北部桑马滕加省发生 2 起袭击事件，造成至少 36 人死亡。一伙不明身份武装分子先闯入一个村庄的市场，开枪打死 32 人并纵火焚毁市场。随后，这伙武装分子又在另一个村庄打死 4 人，另有 3 人受伤。

**1 月 21 日** 英国《卫报》报道，两名情报机构官员称，"伊斯兰国"新首领已被确认为萨尔比。萨尔比是"伊斯兰国"创建人之一，负责监督整个组织在世界各地的行动。萨尔比出生于一个伊拉克的土库曼人家庭，是"伊斯兰国"头目中为数不多的非阿拉伯人之一。

**1 月 22 日** 利比亚首都的黎波里米提加国际机场遭到火箭弹袭击，被迫关闭数小时。利比亚民族团结政府军方发表声明说，"国民军"当天向米提加国际机场发射 6 枚火箭弹。机场在关闭数小时后恢复航班起降。

**1 月 25 日** 布基纳法索北部苏姆省通戈马耶尔市一村庄发生恐怖袭击事件。一伙不明身份武装分子闯入该村庄，向市场上的人群开枪，造成至少 39 人死亡。

**1 月 26 日** 叙利亚阿勒颇省北部城市阿扎兹发生一起汽车炸弹袭击事件。一辆装有爆炸物的汽车在当地一家餐馆前被引爆，造成 8 人死亡、20 人受伤。

**1 月 26 日** 马里中部一处宪兵营地遭不明身份武装分子袭击，这次袭击造成至少 19 人死亡、5 人受伤，另有大量物资被抢走。

**1 月 29 日** 刚果（金）东部贝尼遭乌干达反政府武装"民主同盟军"袭击。贝尼州州长多纳特·基布瓦纳表示，袭击事件造成至少 49 名平民丧生。

**1 月 29 日** 阿尔及利亚反恐部队在阿尔及尔西郊抓获 1 名恐怖分子，并缴获一批爆炸器材。这名恐怖分子企图在阿尔及尔民众集会时，进行自杀式恐怖袭击。

**1 月 30 日** 刚果（金）东部北基伍省发生武装袭击事件。乌干达反政府武装"民主同盟军"袭击贝尼地区附近村庄，杀害 24 名村民。

# 2020年2月

**2月2日** 法国武装力量部部长弗洛朗丝·帕利宣布，法国将向非洲萨赫勒地区增派 600 名士兵，加大打击恐怖主义力度。增派部队抵达萨赫勒地区以后，法国部署在那里的士兵将达到 5100 人。

**2月2日** 英国首都伦敦南部发生一起与恐怖主义有关的袭击事件。在伦敦南部的斯特雷特姆区，一名男子持刀行凶，导致 2 人受伤，袭击者被警方击毙。

**2月2日** 埃及东部西奈半岛一处天然气管道遭不明身份武装分子袭击发生爆炸。至少 6 名蒙面武装分子在北西奈省阿里什市以西约 80 公里处引爆天然气管道。

**2月4日** 摩洛哥中央司法调查局当天捣毁一个与"伊斯兰国"有关联的团伙，抓获全部 6 名成员，这 6 名成员年龄在 18 岁到 56 岁，曾在卡萨布兰卡、穆罕默迪耶、艾济拉勒等地活动，计划在摩境内多个地点发动恐怖袭击。

**2月6日** 耶路撒冷发生针对以军士兵的袭击事件，一名袭击者驾车冲撞正在执行任务的以军士兵，造成 12 名以军士兵受伤。袭击者驾车逃离现场。以色列警方将事件定性为"恐怖袭击"。

**2月7日** 联合国安理会召开应对"伊斯兰国"威胁国际和平与安全问题情况通报会。中国常驻联合国副代表吴海涛在发言中表示，国际社会必须对全球恐怖主义的"回潮"保持警惕，树立人类命运共同体意识，加强务实合作，合力应对恐怖主义威胁。

**2月8日晚** 伊拉克首都巴格达东部和该市北部发生 2 起爆炸事件，造成 7 人受伤，部分建筑物受损。

**2月8日** "伊斯兰国"武装分子在伊拉克北部萨拉赫丁省袭击伊拉克军队基地，造成 1 名伊拉克士兵死亡，另有 2 名"伊斯兰国"武装分子在冲突中被打死。

**2月9日**　埃及军方挫败一起针对北西奈省一处安全检查站的恐怖袭击，打死10名恐怖分子。袭击造成埃及军方7人伤亡。

**2月9日晚**　尼日利亚博尔诺州奥诺镇遭"博科圣地"武装分子袭击，造成至少30人丧生。武装分子绑架数名妇女和儿童，烧毁18辆运输食物的车。

**2月10日**　尼日尔西部蒂拉贝里省阿约鲁镇一警察局遭不明身份的武装分子袭击，造成2名警察死亡、多名警察受伤。

**2月10日**　叙利亚首都大马士革马扎区发生一起汽车爆炸袭击事件，造成1人重伤。

**2月11日**　埃及安全部队突袭恐怖分子在阿里什市的一处藏匿点，打死17名恐怖分子，缴获一批自动枪械和爆炸装置。

**2月11日**　中国常驻维也纳联合国和其他国际组织代表王群出席在维也纳举行的欧洲地区反恐高级别会议，全面阐述中方在反恐问题上的重要立场。王群阐述了中方关于打击外国恐怖作战分子的四点主张：一是统一标准，保持高压严打态势；二是加强合作，采取针对性举措；三是综合施策，消除恐怖主义根源；四是多边引领，发挥联合国和安理会核心作用。

**2月11日**　阿富汗首都喀布尔西部发生一起自杀式袭击。一名自杀式袭击者在喀布尔第五警区引爆炸药，造成3名军方人员和2名平民死亡，另有包括5名平民在内的12人受伤。袭击者也当场死亡。

**2月11日**　尼日利亚中部卡杜纳州巴卡利镇遭遇袭击。一群不明身份的持枪歹徒进入巴卡利镇大肆行凶，导致21人死亡。

**2月12日**　伊拉克安全部队在伊拉克西部发起清剿"伊斯兰国"残余分子代号为"伊拉克英雄"的军事行动。安全部队成员和边防军队沿5条路线在伊拉克西部安巴尔省及其靠近邻国叙利亚和约旦的边境地区开展行动，伊拉克空军和美国主导的打击"伊斯兰国"国际联盟出动飞机对清剿行动予以支持。

**2月14日**　马里军队分别在马里中部莫普提区的蒙多罗镇和北部加奥区遇袭，袭击导致9名士兵死亡，另有7人受伤。

**2月14日** 一伙不明身份的武装分子对马里中部莫普提区的奥戈萨古村发动袭击，造成至少31人死亡、多人失踪。

**2月14日晚** 北约驻阿富汗联军在阿富汗东部楠格哈尔省苏尔赫罗德地区向2辆行驶中的汽车发射导弹，造成8名平民死亡，其中包括1名儿童。

**2月14日晚** 尼日利亚西北部卡齐纳州的两个村庄遭持枪歹徒袭击，至少30人死亡，遇难者大多是老人和儿童。

**2月15日** 也门北部焦夫省遭到恐怖袭击，造成至少31名平民死亡、12人受伤，死伤者大多为妇女和儿童。

**2月15日** 伊拉克反恐部队在东北部希姆林山区对"伊斯兰国"据点实施打击，共打死10名武装分子，缴获一批武器及爆炸装置。

**2月16日** 也门红海城市荷台达发生路边炸弹爆炸事件。一辆汽车在荷台达南部豪亥地区行驶时，触发路边炸弹，导致4名平民死亡。

**2月16日** 布基纳法索东北部塞巴市的一个村庄发生一起袭击事件。一伙不明身份的武装分子闯入该村并向村民开枪，造成至少24人死亡，另有18人受伤，多人被武装分子劫持。

**2月16日** 尼日尔西部蒂拉贝里省一警察局遭不明身份的武装分子袭击。一伙武装分子闯入蒂拉贝里省阿约鲁镇一个警察局，造成1名警察死亡。

**2月17日** 巴基斯坦西南部俾路支省首府奎达发生一起自杀式恐怖袭击。在奎达记者俱乐部旁负责警戒的一辆警车附近，一名自杀式恐怖袭击者引爆身上的爆炸物，导致8人死亡，另有19人受伤。

**2月18日** 叙利亚首都大马士革发生一起汽车爆炸袭击事件。一辆装有爆炸装置的汽车在驶过大马士革巴卜穆塞拉区一个公交站附近时被引爆，造成5名平民受伤，伤者中有1人伤势严重。

**2月18日** "伊斯兰国"武装分子袭击伊拉克北部基尔库克市西北方向的一个村庄，造成4名村民死亡，另有7人受伤。

**2月19日** 乌兹别克斯坦警方在塔什干逮捕21名涉嫌与一个在中东地区活动的极端组织有关人员，当时这些人正接受与策划恐怖活动有关的培训。

**2月19日** 也门国防部部长穆罕默德·阿里·马克德希的车队在中部马里卜省西部锡尔瓦赫地区行驶时遭遇暗杀袭击，造成防长之子哈姆扎·阿里·马克德希和另外5名官兵死亡，马克德希本人幸免于难。

**2月19日晚** 德国西部城市哈瑙发生枪击事件，造成11人死亡，另有至少5人受伤。多名枪手在哈瑙市中心一家水烟馆射杀3人，此后驾车前往约3公里外的另一家水烟馆并射杀另外5人。初步调查显示，枪手为一名43岁的德国公民，曾在网上发布与种族主义有关的内容。

**2月20日** 法国总统马克龙宣布旨在应对法国国内伊斯兰极端主义的措施，在儿童教育、清真寺资金来源和伊玛目培训等方面，赋予政府更多权力。

**2月21日** 德国联邦内政部说，将在全国增加警力部署，特别是在清真寺、火车站、机场和边境等"敏感地区"，以防范潜在的恐怖袭击。德国联邦总检察院说，此前发生在哈瑙的袭击明显是一起"种族主义恐怖袭击"，"德国正遭受极右翼思想、反犹主义和种族主义的严重威胁"。

**2月22日** 联合国阿富汗援助团发布报告称，2019年有1万多名阿富汗平民在暴力冲突中伤亡。报告称，2019年阿富汗冲突各方共造成3403名平民死亡、6989名平民受伤，其中大部分平民伤亡是由反政府武装造成的。这是阿富汗平民伤亡人数连续第六年超过1万人。自2009年联合国阿富汗援助团统计平民伤亡人数以来，到2019年为止，平民伤亡总数已超过10万人。

**2月22日** 美国和西非当地官员说，与"基地"组织和"伊斯兰国"相关团伙正在联手控制西非大片土地，从而引发关于地区威胁可能升级为全球危机的担忧。尽管"基地"组织和"伊斯兰国"在叙利亚和也门相互为敌，但在西非，受到部落关系而不是意识形态的影响，效忠情况往往更为多变。军方领导人称，这些隶属团伙拥有共同敌人——西方国家和当地政府。

**2月23日** 马里北部通布图地区的一个军事哨所遭遇袭击，造成3名士兵死亡，另有5人受伤。

**2月24日** 泰国南部宋卡府发生一起爆炸袭击事件，一辆汽车遭预置炸弹爆炸袭击，包括宋卡府沙波俞区副区长在内车上 5 人及附近 3 名民众受伤。警方判断，爆炸袭击是"南部分离主义"分子所为。

**2 月 24 日**　一辆汽车在德国黑森州小镇福尔克马森冲入狂欢节游行人群，造成包括儿童在内的约 30 人受伤，其中数人伤势严重。这名男性嫌疑人 29 岁，是福尔克马森镇居民。当地警方说，这名男子应该是"蓄意"犯案，这"可能是一起恐怖袭击"。

**2 月 25 日**　伊拉克反恐部队在打击"伊斯兰国"国际联盟的空中支援下，在北部萨拉赫丁省希尔卡特镇以南山区，对"伊斯兰国"残余分子发起清剿行动，打死包括数名头目在内的 39 名武装分子，摧毁两个"伊斯兰国"据点，缴获大量武器和文件。

**2 月 25 日**　吉尔吉斯斯坦交通运输、通信、建筑和建设议会委员会审议"电子治理"法律草案。该法律草案"建议对反恐、宣扬战争、煽动仇恨和散布隐私信息等部分做出修正"。

**2 月 26 日**　阿富汗首都喀布尔第六警区发生一起炸弹袭击事件。一辆载有炸药的摩托车在第六警区街头发生爆炸，造成 10 人受伤。

**2 月 26 日**　乌兹别克斯坦警方在塔什干市和塔什干州 24 个地点展开突击和搜查行动，抓捕 21 名涉嫌与在叙利亚活动的国际恐怖组织有关联的人员。报道称，这些人组织非法集会，宣扬在叙利亚的国际恐怖组织的意识形态，煽动民众资助并加入这些恐怖组织。

**2 月 29 日**　肯尼亚警方解救一名被绑架的中国公民，击毙包括一名肯尼亚警察在内的 4 名绑匪。该中国公民 2 月 27 日在内罗毕一家商店内遭绑架，绑匪随后向其家人索要赎金。在中国驻肯尼亚大使馆敦促下，警方成功解救人质。

# 2020年3月

**3 月 1 日晚**　伊拉克首都巴格达市中心"绿区"遭 2 枚火箭弹袭击，未造成人员伤亡。伊拉克安全部队在巴格达东部发现了一个火箭弹发射器。

**3月1日**　在阿富汗库纳尔省，"伊斯兰国"武装分子参加投降仪式。阿富汗库纳尔省省长称，有42名"伊斯兰国"武装分子投降。

**3月1日**　俄罗斯总统新闻秘书佩斯科夫对第一频道发表谈话表示，俄将在叙利亚继续开展反恐军事行动。

**3月1日**　尼日利亚中北部卡杜纳州多个村庄遭持枪歹徒袭击。约有100名持枪歹徒冲入这些村庄，开枪射杀约50名村民，并烧毁房屋和洗劫财物。

**3月1日晚**　马里军队在马里中部莫普提区蒙多罗镇附近遭遇恐怖分子袭击，6名士兵死亡、10人受伤，另有物资损失。

**3月2日**　菲律宾首都马尼拉地区一家商场发生一名持枪者劫持人质事件，造成1人受伤，约30名人质遭劫持。

**3月2日**　阿富汗东部霍斯特省发生一起炸弹袭击事件。一辆装有简易爆炸装置的摩托车在一个运动场上爆炸，造成正在运动场上踢足球的3名平民死亡、11名平民受伤。

**3月3日**　联合国秘书长西非问题特别代表钱巴斯指出，非洲萨赫勒地区枪支、走私、腐败等问题使地区矛盾冲突进一步激化。恐怖袭击、武装冲突导致萨赫勒地区人道主义危机更严重。萨赫勒地区现有2000万人面临持续饥荒和营养不良的严峻威胁。2020年，布基纳法索、马里和尼日尔将有近500万儿童需要人道主义援助。

**3月3日**　德国国防部发布报告说，2019年德国国防军加大对军中极端主义分子的打击力度，共开除49名有极端主义过失的现役军人。近年来，德国国防部积极清理军中纳粹残余元素，以防极右思想在部队中传播。

**3月6日**　3月5日在尼日利亚南部海域遭海盗袭击的中国籍货轮"黄海荣耀"号，在船员积极自救和中国驻尼总领馆以及尼日利亚海军努力营救下，已于6日在尼海军护航下平安到达拉各斯近海。

**3月6日**　阿富汗首都喀布尔西部纪念阿富汗伊斯兰统一党前领袖阿卜杜勒·阿里·马扎里的集会遭遇袭击。一伙身份不明的武装分子占据集会现场附近的3栋建筑物，并向集会人群开枪。此次袭击造成至少32人死亡，另有 29 人受伤。

**3 月 6 日**　突尼斯首都突尼斯市美国大使馆附近发生一起自杀式爆炸袭击。2 名袭击者驾驶摩托车在美国驻突大使馆附近一个检查站，实施自杀式爆炸袭击。爆炸造成至少 5 名突尼斯安全人员和多名平民受伤。

**3 月 6 日晚**　阿富汗西部赫拉特省发生一起一伙武装分子对本地区平民的袭击事件，造成 7 名平民死亡，其中包括妇女和儿童，另有 17 人受伤。

**3 月 7 日**　尼日尔东南部迪法省谢蒂马里镇一军营遭"博科圣地"袭击，造成至少 8 人死亡，其中包括 1 名军营指挥官，另有多名士兵受伤。

**3 月 8 日**　安全部队证实，一伙约有 20 名身份不明的武装分子乘摩托车，袭击喀麦隆西部大区城镇加利姆的一个警察站，造成至少 5 人死亡，另有 4 名警察受伤。武装分子还抢走警察和宪兵的部分武器弹药。

**3 月 8 日**　伊拉克安全部队在伊拉克北部执行清剿"伊斯兰国"行动时，跟随伊方行动、提供军事顾问支持的 2 名美军人员被打死。

**3 月 8 日**　布基纳法索亚滕加省发生武装袭击事件。一伙不明身份的武装分子袭击亚滕加省的两个村庄，造成至少 43 人死亡、6 人受伤。

**3 月 9 日**　苏丹首都喀土穆发生一起针对苏丹过渡政府总理哈姆杜克的暗杀事件。哈姆杜克车队在喀土穆北部遭遇爆炸袭击，哈姆杜克幸免于难，1 名交警在暗杀事件中受伤。

**3 月 10 日**　美国中央司令部司令肯尼思·麦肯齐说，美军为参与打击"伊斯兰国"的"阿塔"提供过"非常有限的支持"。

**3 月 10 日**　索马里"青年党"武装分子向南部下朱巴州迪夫镇一处政府军基地发动进攻。索马里政府军打死 6 名索马里"青年党"武装分子，政府军有 2 人在交火中丧生，1 人受伤。

**3 月 11 日**　联合国安理会举办"非洲和平与安全：打击非洲恐怖主义和极端主义"问题辩论会，与会成员一致通过一份主席声明，呼吁国际社会帮助非洲国家加强能力建设，采取全面综合方式打击恐怖分子，实现长治久安。

**3 月 11 日晚**　伊拉克首都巴格达以北的塔季军事基地遭 10 枚"喀秋

莎"火箭弹袭击，袭击造成 2 名美国人和 1 名英国人死亡、至少 12 人受伤。

**3 月 12 日**　尼日尔西部一军营遭袭击。一伙不明身份的武装分子驾车闯入与马里接壤的尼日尔蒂拉贝里省境内一个军营，与驻地尼军发生交火，造成至少 9 名尼军士兵死亡，武装分子还抢走部分尼军车辆。

**3 月 13 日**　叙利亚首都大马士革发生一起汽车爆炸袭击事件。一辆汽车在大马士革城南达哈迪勒区一处十字路口发生爆炸，造成 1 名平民死亡。

**3 月 14 日**　美国国防部发言人证实，3 名美军士兵在伊拉克塔季军事基地遭火箭弹袭击中受伤，其中 2 人伤势严重。美国主导的国际联盟部队说，至少有 25 枚火箭弹击中塔季基地。

**3 月 15 日**　俄罗斯与土耳其军队沿叙利亚西北部伊德利卜省 M4 公路进行首次联合巡逻，遭遇恐怖分子企图把妇女和儿童等平民当作"人盾"进行挑衅。为防止平民受到伤害，俄土联合协调中心决定缩短首次联合巡逻路线。

**3 月 15 日晚**　尼日尔迪法省一村庄的军事侦察站遭"博科圣地"袭击。尼日尔军队展开反击，击毙至少 50 名"博科圣地"武装分子，尼军方有 1 人受伤。

**3 月 16 日**　澳大利亚新南威尔士州警方逮捕 1 名涉嫌策划恐怖袭击的人员。警方表示，这名男子试图制造简易爆炸装置并购置枪支等武器装备。

**3 月 16 日**　埃及安全部队突袭北西奈省比尔阿卜德市一处恐怖分子藏匿的在建楼房，打死 6 名恐怖分子，并缴获一批自动枪械和爆炸装置。

**3 月 17 日**　泰国南部也拉府的泰国南边疆府治理行政中心前，发生 2 起汽车炸弹爆炸事件，造成包括行政中心工作人员、警察、军人和 5 名媒体记者在内的 25 人受伤。

**3 月 17 日**　伊拉克首都巴格达东南部的一处军事基地遭到 2 枚火箭弹袭击，未造成人员伤亡。该基地有打击"伊斯兰国"国际联盟部队驻扎。

**3 月 17 日晚**　伊拉克首都巴格达市中心"绿区"遭 3 枚"喀秋莎"火箭弹袭击，袭击未造成人员伤亡。

**3 月 18 日**　巴基斯坦安全部队在西北部北瓦济里斯坦展开反恐行动，

打死7名恐怖分子，缴获了大量武器弹药和简易爆炸物。4名安全部队人员在交火中丧生。

**3月19日** 马里军队在该国北部加奥区一个城镇附近遇袭，造成29名马里士兵死亡。

**3月20日** 阿富汗南部查布尔省一处军营发生"内鬼"袭击事件。6名警察在距查布尔省省会卡拉特市约10公里处的一处军营内发动袭击，袭击造成14名国民军士兵和10名警察死亡。

**3月20日** 索马里政府军在索南部港口城市基斯马尤的郊外发起一次进攻，打死27名索马里"青年党"武装分子，同时摧毁了2辆装满爆炸物的汽车。

**3月21日晚** 印度一支由特别行动小组和恰蒂斯加尔邦警方组成的队伍，与纳萨尔派反政府武装分子在中部恰蒂斯加尔邦的苏克马地区交火，造成17名安全人员死亡。

**3月23日** "博科圣地"在位于乍得西部边境地区的湖省发动袭击，打死92名乍得军人，另有47人受伤。

**3月25日** 阿富汗首都喀布尔和阿南部赫尔曼德省分别发生一起袭击事件，共造成33人死亡。一伙武装分子对喀布尔第一警区的一座锡克教寺庙发动袭击，导致25名平民在袭击中死亡、8名平民受伤。"伊斯兰国"宣布制造了这起袭击事件。同日，一辆汽车在赫尔曼德省穆萨卡拉地区触发一枚路边炸弹，车上8人全部死亡。

**3月26日** 伊拉克首都巴格达市中心"绿区"遭从巴格达市东部发射的2枚火箭弹袭击，袭击未造成人员伤亡。

**3月26日** 哈萨克斯坦国家安全部门在首都努尔-苏丹抓获1名正在准备从事恐怖活动的男子，从其住宅缴获自制爆炸物。据调查，此人是哈萨克人，已加入"伊斯兰国"。

**3月29日** 叙利亚东北部一所监狱发生暴动，多名在押的"伊斯兰国"成员越狱。该监狱由"叙利亚民主军"控制，关押着约3000名不同国籍的"伊斯兰国"恐怖分子。

**3月31日晚**　布基纳法索军方在布西北部遭到"伊斯兰国"武装分子袭击。在反击过程中，军方击毙15名武装分子，军方有1人丧生、多人轻伤。

# 2020年4月

**4月1日**　阿富汗南部赫尔曼德省一辆汽车在格里什克地区触发路边炸弹，袭击导致至少7人丧生，另有2人受伤。

**4月2日**　尼日尔政府军在尼西部蒂拉贝里地区执行反恐行动时，击毙63名极端组织武装分子，并缴获数十辆摩托车及武器。政府军方面有4名士兵在交火中死亡。

**4月3日**　索马里军方说，政府军近日在南部一次行动中打死10名索马里"青年党"武装分子，并夺取索马里"青年党"多个基地。政府军方面有2人在交火中丧生，另有2人受伤。

**4月4日夜**　刚果（金）东北部伊图里省一矿区发生持枪袭击，3名中国公民不幸遇害。刚果（金）伊图里省、南基伍省和北基伍省位于该国东北部，多个武装组织盘踞于此，安全局势长期不稳定。

**4月4日**　阿富汗国家安全局发表声明说，"伊斯兰国"分支机构"呼罗珊省"头目阿卜杜拉·奥拉克扎伊和另外19名武装分子已被逮捕。阿卜杜拉·奥拉克扎伊又名阿斯拉姆·法鲁齐，2019年4月成为"呼罗珊省"头目。

**4月5日**　印度政府军和极端组织成员在印控克什米尔首府斯利那加以南的古尔加姆地区和以西的库普瓦拉地区发生激烈交火，造成十余人死伤。

**4月5日晚**　"博科圣地"在喀麦隆极北大区靠近尼日利亚边境制造2起恐怖袭击，造成除袭击者外的9人死亡。2名"博科圣地"成员在极北大区一边境小镇实施自杀式爆炸袭击，导致7名平民死亡，另有15人受伤。与此同时，在极北大区另一边境村庄，有2名喀麦隆士兵遭"博科圣地"伏击身亡。

**4月6日** 驻叙利亚美军与库尔德武装"叙利亚民主军"在代尔祖尔省与哈塞克省交界的瓦西娅镇附近联合巡逻时，遭不明身份武装分子伏击，造成1名美军军官和2名"叙利亚民主军"成员身亡。

**4月6日** 马里军方位于马里北部加奥地区一处营地遭一伙不明身份的武装分子袭击，袭击造成25名士兵死亡、6人受伤。在交火中，军方打死10多名武装分子。

**4月9日** 乍得军方宣布，已清除在乍得境内活动的"博科圣地"势力。乍得军队在清剿行动中损失52名军人，打死约1000名"博科圣地"成员。

**4月11日** 布基纳法索安全部队在苏姆省吉博市附近执行侦察任务时，遭一伙不明身份的武装分子的伏击。随即双方展开交火，安全部队打死至少6名武装分子，有1名士兵丧生。

**4月13日** 伊拉克安全部队对"伊斯兰国"在伊北部基尔库克省一处藏匿点实施打击，打死23名"伊斯兰国"武装分子，伊拉克安全部队方面1人死亡、4人受伤。

**4月14日** 埃及警方在首都开罗阿米里亚社区与恐怖分子发生交火，导致1名警察死亡、3名警察受伤。

**4月15日** 德国警方摧毁一个恐怖主义团伙。该团伙由5名来自塔吉克斯坦的男青年组成，受命于"伊斯兰国"，企图在德国实施恐怖袭击，并且已经对一座驻德美军基地进行侦察。

**4月17日** 菲律宾政府军与约40名"阿布沙耶夫"武装在菲律宾南部苏禄省交火，冲突造成至少11名政府军士兵死亡、14名士兵受伤。

**4月17日** 土耳其安全部队在伊拉克北部打死18名"库尔德工人党"成员，缴获并摧毁多件手榴弹、雷管、迫击炮弹、火箭弹等装备。

**4月18日** 尼日利亚军队在东北部约贝州打死数十名"博科圣地"武装分子。当天晚些时候，军队在同一地区又与"博科圣地"武装分子遭遇，交火中打死10名武装分子。

**4月18日夜** 加拿大东海岸新斯科舍省发生枪击事件，造成至少16人死亡。51岁的男性枪手次日被警方击毙。

**4月19日**　尼日利亚警方说，一伙武装分子在西北部卡齐纳州几个村庄发动有组织的袭击，袭击造成47人死亡。

**4月20日**　巴基斯坦安全部队位于北瓦济里斯坦首府米兰沙阿以西约10公里的一处检查站遭恐怖分子袭击。交火中，巴安全部队打死5名恐怖分子，1名巴军士兵身亡，另有3名士兵受伤。

**4月20日**　香港警察总部收件处人员在处理寄来包裹时，发现一个以英文书写、收件人注明为警务处处长的可疑本地包裹。爆炸品处理科初步检查发现，可疑包裹为简易爆炸装置，能近距离炸伤打开包裹的人并伤及附近约1米内的人，属于近年来全球恐怖分子常用的装置。警务处处长收到土制炸弹案件已经是半个月内第5起涉及邮递方式的危险品案件。5起邮包炸弹的目标包括警队、社会福利署、传媒机构等。

**4月21日**　莫桑比克国防与安全部队证实，最北部省德尔加杜角省一村庄内52名年轻人被极端组织武装分子杀害。4月初，极端武装分子企图招募该村年轻人加入其组织，遭抵制后进行了屠杀。

**4月21日晚**　"恩瑟米"极端组织在刚果（金）西南部地区发动武装袭击，主要针对当地官员住所和非本地人，袭击造成14人死亡、8人受伤。

**4月22日**　俄罗斯联邦安全局公共事务联络中心通报称，秋明州一名年轻居民因筹谋在本地教学机构进行大规模屠杀而被捕。警方从这名嫌疑人家中收缴滑膛猎枪和弹药、2把猎刀、硝酸铵（爆炸物）、通信设备以及指导如何自制爆炸装置的网络文章。

**4月24日**　刚果（金）东部北基伍省维龙加国家公园发生一起武装袭击事件，造成17人死亡，其中包括12名公园巡护员。此外，1辆吉普车遭焚毁，车上4名乘客和1名司机丧生。

**4月24日**　刚果（金）警方说，警方日前在首都金沙萨逮捕活跃在该国西南部的一个极端组织的头目恩瑟米。逮捕过程中，恩瑟米及团伙与警方发生交火，8名武装分子被打死，另有35人受伤。

**4月25日**　尼日利亚军方发言人说，军方日前在西北部扎姆法拉州开展反恐行动，打死 89 名武装分子，解救 5 名人质，并缴获大量武器和弹药。

**4月25日** 胡塞武装向达利阿省西部地区的也门政府军驻地发动猛烈攻击，政府军打死 11 名武装分子，政府军方面有 5 人死亡。

**4月25日晚** 巴基斯坦安全部队在西北部北瓦济里斯坦地区展开反恐行动，打死 9 名恐怖分子，逮捕 1 名恐怖分子。2 名安全部队人员在交火中身亡，另有 5 人受伤。

**4月29日晚** 阿富汗东部加兹尼省安达尔地区一辆民用汽车触发一枚路边炸弹，爆炸造成包括 2 名妇女和 1 名儿童在内的 5 名平民死亡。

**4月29日** 中非共和国东北部城市恩代莱发生针对平民的暴力事件，事件造成包括 21 名平民在内的 25 人死亡，另有 51 人受伤。

**4月30日晚** 埃及北西奈省发生一起针对军方的简易爆炸装置袭击事件，袭击造成 10 名军人死伤。

**4月30日** 美国特工处说，接到古巴驻美国大使馆遭枪击的报告后，特工处人员赶到现场，并当场以携带未注册武器、蓄意杀人等指控逮捕一名枪击案嫌疑人。嫌疑人是一名 42 岁的男子，来自得克萨斯州。

**4月30日** 尼泊尔罗尔巴地区特里贝尼村发生一起炸弹爆炸事件，爆炸造成 4 名儿童死亡，其中 2 名来自同一家庭。

# 2020年5月

**5月2日** "伊斯兰国"武装分子在伊拉克北部萨拉赫丁省袭击"人民动员组织"的部落武装分子基地，造成 11 名部落武装分子死亡。

**5月2日** 阿富汗东部拉格曼省首府米特拉姆发生一起炸弹袭击事件。一辆载有简易爆炸装置的摩托车在拉格曼省监狱大楼附近道路被引爆，爆炸造成路过车辆上的 3 人死亡，另有 4 人受伤。

**5月2日** 印度安全部队与武装分子在印控克什米尔首府斯利那加以北约 70 公里的汉德瓦拉区发生交火，导致 4 名印安全部队人员、1 名警察和 2 名武装分子死亡。

**5月3日**　埃及安全部队对比尔阿卜德市一处恐怖分子藏匿地点发动突袭，打死18名恐怖分子，缴获13支自动步枪、3枚炸弹和2条有爆炸物的腰带。

**5月3日**　位于叙利亚东北部哈塞克省的一间关押"伊斯兰国"囚犯的监狱发生暴动。该监狱一直由叙库尔德武装所主导的"叙利亚民主军"所控制。

**5月3日**　委内瑞拉内务司法部长雷维罗尔宣布，委安全力量与一伙武装分子在海上交火，挫败了一起准军事入侵。交火中8名武装入侵雇佣军被打死，多人被活捉。

**5月3日晚**　一辆载有炸弹的汽车向阿富汗南部赫尔曼德省纳赫里萨拉季地区的一座军营靠近时，遭遇安全部队开火后，恐怖分子引爆车上的炸弹，爆炸造成5名安全部队士兵死亡。

**5月3日**　在尼日尔迪法省图穆尔村附近，一支尼日尔与尼日利亚联军部队拦截10辆"博科圣地"武装分子的车辆。双方随即交火，至少50名"博科圣地"武装分子被击毙。

**5月4日**　叙利亚南部德拉省穆宰里卜镇警局遭到恐怖袭击，袭击造成9名警察死亡。

**5月5日**　叙利亚北部阿勒颇省巴卜市曾发生一起汽车炸弹袭击事件，造成包括土耳其支持的反对派武装分子和平民在内的多人死伤。

**5月8日**　伊拉克人民动员组织发布声明称，已在"伊斯兰国"活动猖獗的迪亚拉、基尔库克和萨拉赫丁三个省份进行72小时的清剿行动，打死至少10名"伊斯兰国"成员，缴获并销毁大量弹药和爆炸物。

**5月8日**　在巴基斯坦与伊朗边境附近，巴基斯坦军方车辆遭遥控路边炸弹袭击，袭击导致5名边防士兵和1名军官死亡。

**5月9日**　缅甸国防军宣布，为应对新冠疫情，也为了缅甸的永久和平，缅甸从5月10日至8月31日实施停火。停火范围包括按照国际标准被缅甸认定为恐怖组织所在地区以外的缅甸全境。

**5月9日**　利比亚首都的黎波里米提加国际机场遭80余枚导弹袭击，导致2架客机严重损毁。民族团结政府军方指责东部武装"国民军"炮击机场。

**5月9日** 尼日尔西部蒂拉贝里省的3个村庄遭不明身份武装分子袭击，造成20名平民死亡、5名平民受伤。武装分子还抢劫了当地一家商店。

**5月10日** 联合国马里多层面综合稳定特派团（简称"马里稳定团"）发表公报说，马里东北部发生一起爆炸袭击事件，造成3名维和士兵死亡，另有4名士兵受伤。

**5月10日晚** 叙利亚北部阿勒颇省由土耳其支持的叙利亚反对派武装所控制的巴卜市中心一处交通环岛附近发生一起爆炸袭击，袭击造成1名平民死亡，另有约20人受伤。

**5月11日** 阿富汗首都喀布尔北部第17警区在90分钟内发生4起路边炸弹爆炸事件，袭击造成包括1名儿童在内的4名平民受伤。

**5月12日** 3名武装分子袭击阿富汗首都喀布尔西部一家医院，袭击造成包括2名儿童在内的24名平民丧生，另有15名平民受伤。阿富汗危机应急部队赶赴现场，击毙3名袭击者。交火造成危机应急部队方面1人死亡、2人受伤。

**5月12日** 阿富汗东部楠格哈尔省库兹库纳尔地区一场葬礼上发生自杀式炸弹袭击，袭击造成33人死亡，另有68人受伤。"伊斯兰国"声称对袭击负责。

**5月12日** 尼日尔国防部说，尼日尔与尼日利亚联军以及多国联军日前在尼日尔东南部迪法省的两次行动中，击毙至少75名"博科圣地"武装分子。

**5月13日** 阿富汗总统府发言人西迪克·西迪基说，由于阿富汗首都喀布尔和东部楠格哈尔省12日发生2起恐怖袭击，阿富汗安全部队将恢复对"阿塔"和"伊斯兰国"等采取军事行动。

**5月14日** 菲律宾军方证实，菲政府军日前与反政府武装"新人民军"在菲南部持续3天发生军事冲突，有15名"新人民军"武装分子被打死。

**5月15日** 埃及军方根据情报，对恐怖分子藏匿的北西奈省一农场发动突袭，打死1名恐怖分子，在追捕过程中又打死6名。

**5月16日** "伊斯兰国"武装分子向伊拉克萨拉赫丁省省会提克里特

市南部一个检查站开火，造成 2 名伊安全人员死亡，另有 3 人受伤。随后"伊斯兰国"武装分子逃离现场。

**5 月 16 日晚**　利比亚首都的黎波里一难民收容所遭炮击，导致 6 名平民死亡。利民族团结政府军发表声明，指责利比亚东部武装"国民军"实施了炮击。

**5 月 18 日晚**　尼日尔东南部迪法省一座军营遭"博科圣地"袭击，至少 12 名尼军士兵死亡，另有 10 名士兵受伤。

**5 月 19 日**　从伊拉克巴格达市东部发射的一枚"喀秋莎"火箭弹落在位于"绿区"的一间空房，未造成人员伤亡。

**5 月 19 日**　伊拉克安全部队和警方在该国迪亚拉省和萨拉赫丁省发起清剿"伊斯兰国"残余分子的行动，共打死 8 名武装分子。

**5 月 20 日**　伊拉克国家情报局发表声明宣布，"伊斯兰国"高级别头目阿卜杜勒-纳赛尔·卡达什被逮捕。

**5 月 22 日**　俄罗斯达吉斯坦共和国在哈萨维尤尔特地区在反恐行动中，消灭 6 名拟实施恐怖袭击的与"伊斯兰国"有联系的恐怖分子。

**5 月 23 日**　埃及安全部队在北西奈省的一次突袭行动中打死 21 名恐怖分子，缴获 17 挺机枪和多个爆炸装置。行动中有 2 名警察受伤。

**5 月 24 日**　索马里西南部巴伊州拜多阿市一处无家可归者收容中心附近，发生路边炸弹爆炸事件，袭击造成 5 人死亡、15 人受伤。

**5 月 24 日**　阿富汗北部塔哈尔省两个当地武装组织在该省发生冲突，冲突造成 10 人死亡、4 人受伤。

**5 月 26 日晚**　也门国防部位于中部马里卜省的一处办公地点遭一枚弹道导弹袭击，袭击造成至少 7 名士兵死亡，另有 10 人受伤。

**5 月 27 日**　土耳其军队在伊拉克北部哈夫塔宁地区和哈古尔克等地区展开越境军事行动，共打死 10 名库尔德武装分子。

**5 月 27 日**　刚果（金）地方官员证实，该国东北部地区本周以来遭乌干达反政府武装"民主同盟军"多次袭击事件，共导致 50 多人死亡。

**5 月 29 日**　缅甸若开邦一警察哨所遭到"若开军"的袭击，造成 10 名警员以及包括 1 名儿童在内的 3 名家属，共 13 人失踪。

**5 月 28 日** 乌兹别克斯坦警方在乌东部费尔干纳州一次突袭中，抓捕一批被取缔的极端组织"伊斯兰解放党"成员。这些人之前因宣扬宗教极端思想而被判刑，获释后继续向当地民众宣扬宗教极端思想。

**5 月 29 日** 伊拉克警方在该国迪亚拉省和基尔库克省发起清剿"伊斯兰国"残余分子的行动，共打死 3 名武装分子，逮捕 2 名武装分子。

**5 月 30 日** 布基纳法索政府发表声明说，一支商队在北部罗卢姆省遭一伙不明身份的武装分子袭击，至少 15 人死亡。

**5 月 30 日** 阿富汗一家私营电视台的一辆客车在喀布尔遭遇路边炸弹袭击，造成 2 人死亡、4 人受伤。

**5 月 31 日** 埃及安全部队在北西奈省的反恐行动中，打死 19 名恐怖分子，4 名安全部队人员在行动中身亡。

**5 月 31 日** 一辆载小型公共汽车途经索马里首都摩加迪沙郊区哈瓦阿卜迪地区时，触发爆炸物引发爆炸，造成至少 7 人死亡、多人受伤。

# 2020年6月

**6 月 2 日** 一名自杀式袭击者在阿富汗首都喀布尔使馆区附近的瓦济尔阿克巴汗清真寺内，引爆身上的炸弹，爆炸造成清真寺内 2 人死亡、2 人受伤。

**6 月 2 日** 阿富汗政府官员说，从 1 日夜间到 2 日白天，阿北部昆都士省和萨尔普勒省各发生一起路边炸弹袭击事件，袭击造成 10 名平民死亡、10 人受伤。

**6 月 2 日** 俄罗斯联邦侦查委员会发布消息称，侦查委员会成功防止一起在楚瓦什准备发动的恐怖袭击，并找到一个藏有自制炸弹的密室。

**6 月 3 日** 阿富汗南部坎大哈省发生一起路边炸弹袭击事件。一辆客车在坎大哈省阿吉斯坦地区触发一枚路边炸弹，爆炸造成车上 9 人死亡、5 人受伤。

**6月3日** 刚果（金）军方说，军方自1日在东北部伊图里省边境地区展开军事行动以来，打死至少18名武装分子，收复数个被武装分子占领的区域，并缴获一批武器。

**6月3日** 法国军队在马里北部的一次军事行动中，击毙"基地"组织北非分支"伊斯兰马格里布基地组织"头目阿卜杜勒-马利克·德鲁克德勒。

**6月4日** 美国主导的打击"伊斯兰国"国际联盟对位于伊拉克北部尼尼微省首府摩苏尔东南60公里附近山区的"伊斯兰国"藏身处，实施26次空袭，打死19名武装分子，摧毁46处"伊斯兰国"藏匿点。

**6月5日** 尼日利亚军方在北部卡杜纳州发起的军事行动中，打死至少70名武装分子。

**6月5日晚** 在叙利亚拉斯艾因市，一辆装有爆炸物的出租车在一家公立医院旁被引爆，造成2名儿童死亡，另有3名平民受伤。

**6月5日** 菲律宾政府军与"阿布沙耶夫"武装在菲律宾南部发生交火，造成包括4名政府军士兵在内的6人死亡，另有17名士兵受伤。

**6月6日** 叙利亚东北部哈塞克省拉斯艾因市以南地区遭汽车炸弹袭击，袭击造成8名平民死亡、7名平民不同程度地受伤。

**6月6日** 在叙利亚哈塞克省西北部，军方使用武装直升机对武装分子藏匿的森林发动袭击，打死至少70名武装分子，另打伤多名武装分子。

**6月6日** 墨西哥中部瓜纳华托州伊拉普阿托市发生一起武装分子袭击戒毒所事件，造成10人死亡。

**6月6日** 索马里政府军向南部巴科尔地区胡杜尔镇的索马里"青年党"武装分子据点发动攻势，打死包括1名头目在内的37名武装分子。

**6月7日** 塞内加尔军队在卡萨芒斯地区触雷，1名士兵身亡。

**6月11日** 科特迪瓦东北部萨瓦纳区锡科洛镇一军营遭不明身份武装分子袭击，造成至少10名士兵死亡、6名士兵受伤，另有1名武装分子被打死。

**6月12日晚** 巴基斯坦东部旁遮普省拉瓦尔品第市一市场发生爆炸事件，爆炸造成1人死亡、11人受伤。

**6月12日** 阿富汗首都喀布尔一座清真寺遭炸弹袭击，造成至少4人死亡、8人受伤。死者中包括该清真寺的宗教领袖。

**6月12日夜** 阿富汗西部古尔省和东部霍斯特省、卢格尔省间各发生一起袭击，袭击造成19人死亡。

**6月13日** 伊拉克首都巴格达以北塔季军事基地遭2枚火箭弹袭击，未造成人员伤亡。该军事基地驻扎着负责训练伊拉克部队的美军官兵。

**6月13日** "博科圣地"武装分子袭击尼日利亚东北部博尔诺州一处村庄。随后，军方在交火中打死20名武装分子。同日，"博科圣地"武装分子还袭击了博尔诺州另外两处村庄，袭击造成多名平民和士兵伤亡。

**6月13日晚** 一队维和士兵在马里北部加奥地区执行任务时，遭到一伙不明身份的武装分子袭击，2名维和士兵死亡。

**6月13日** 塞内加尔军方一辆军车在卡萨芒斯地区触雷，造成8名士兵轻伤。

**6月14日** 一支马里部队在塞古地区贾巴利镇遭到不明身份的武装分子伏击，造成至少24名士兵死亡，另有多名士兵失踪。马里安全部门人士认为，伏击事件可能是"支持伊斯兰与穆斯林"组织所为。

**6月14日晚** 土耳其对伊拉克北部多地"库尔德工人党"武装发动代号为"鹰爪行动"的空袭行动，对伊北部辛贾尔、甘迪勒、扎普等地区的库尔德武装造成重大打击，摧毁至少81个目标。

**6月15日** 一支塞内加尔部队在该国南部卡萨芒斯地区执行打击非法走私和武装团伙任务时，遭遇地雷爆炸，爆炸造成2名士兵死亡、2名士兵受伤。

**6月16日** 土耳其和俄罗斯军队在叙利亚北部伊德利卜进行第17次联合巡逻时，遭遇炸弹爆炸，未造成人员伤亡。

**6月16日** 俄罗斯联邦安全局局长博尔特尼科夫在国家反恐委员会视频会议上表示，过去三年，俄安全人员在伏尔加河沿岸地区阻止14起恐怖袭击图谋，破获国际恐怖组织分支48个，消灭恐怖分子7名，包括2名头目。自2017年以来，该地区未发生任何恐怖袭击事件。

**6月17日**　土耳其国防部发表声明说，土耳其突击部队已对伊拉克北部"库尔德工人党"武装发动代号为"虎爪行动"的军事行动。

**6月19日**　巴基斯坦南部信德省首府卡拉奇发生一起手榴弹袭击事件，造成1人死亡、10人受伤。同日，巴基斯坦安全部队一辆车在该省科德吉市遭到爆炸袭击，造成至少3人死亡、5人受伤。

**6月19日**　俄罗斯外长拉夫罗夫和塞尔维亚副总理兼内务部长斯特凡诺维奇签署一项打击恐怖主义的协议，促进塞尔维亚内政部和其他部门与俄罗斯情报机构之间迅速交换信息。

**6月20日**　阿尔及利亚政府军在西北部艾因迪夫拉省遭恐怖分子袭击，1名士兵丧生。

**6月21日**　英国警方发表声明说，6月20日晚在英格兰南部城镇雷丁市发生的持刀袭击事件为恐怖行为。持刀袭击事件造成3人死亡、3人重伤。

**6月22日**　伊拉克首都巴格达国际机场遭一枚"喀秋莎"火箭弹袭击，未造成人员伤亡。

**6月23日**　叙利亚东北部哈塞克省一辆装有爆炸物的汽车在一个商铺聚集区前被引爆，爆炸造成至少3名平民死亡、多人受伤。

**6月23日**　德国联邦内政部说，德国警方捣毁一个主要活跃在互联网上名为"北方雄鹰"的新纳粹团伙。警方在北莱茵-威斯特法伦州、萨克森州、勃兰登堡州和下萨克森州展开行动，搜查该团伙成员的住宅，收缴纳粹出版物、纪念品、笔记本电脑、手机等。截至2020年，德国联邦内政部已取缔20个新纳粹团伙，"北方雄鹰"是2020年取缔的第三个新纳粹团伙。

**6月23日**　阿富汗一辆载有6名平民的汽车在北部朱兹詹省马迪安地区触发一枚路边炸弹，车上乘客全部死亡，其中包括3名儿童和2名女性。

**6月24日**　美国务院宣布，把捉拿"伊斯兰国"最高头目阿米尔·穆罕默德·阿卜杜勒·拉赫曼·毛利·萨勒比的悬赏金额从500万美元涨至1000万美元。

**6月25日**　据尼日尔安全部门消息，在非洲萨赫勒地区活动的一个非政府组织日前在尼日尔西部蒂拉贝里省马卡隆迪镇遭不明身份的武装分子袭击，至少 10 名工作人员遭绑架。

**6 月 26 日**　伊拉克军反恐部队在打击"伊斯兰国"国际联盟空中支援下，对萨拉赫丁省北部山区发起为期 2 天的清剿行动，打死 24 名武装分子。

**6 月 27 日**　约 100 名不明身份的武装分子袭击位于卢旺达和布隆迪边境附近的卢边防部队阵地。卢旺达军队击退袭击者，击毙其中 4 人，抓获 3 人，有 3 名卢旺达士兵受轻伤。

**6 月 27 日晚**　阿尔及利亚政府军 2 名士兵在该国北部麦迪亚省执行清剿恐怖分子任务时，遭爆炸物袭击身亡。

**6 月 28 日**　阿富汗政府官员说，阿富汗安全部队近两日在多地展开行动，打死至少 64 名武装分子。

**6 月 28 日**　阿富汗南部赫尔曼德省和北部朱兹詹省分别发生路边炸弹爆炸袭击事件，共造成 9 名平民死亡、2 名平民受伤。

**6 月 29 日**　巴基斯坦警方证实，4 名武装分子袭击位于南部城市卡拉奇的巴基斯坦证券交易所，导致至少 5 人死亡、6 人受伤，4 名武装分子被击毙。"俾路支解放军"宣称对此负责。

**6 月 29 日**　土耳其国防部长阿卡尔说，土耳其军队在伊拉克北部的"虎爪行动"中打死 41 名"库尔德工人"党武装分子，并缴获大量武器弹药。

**6 月 30 日**　美国主导的打击"伊斯兰国"国际联盟空袭"伊斯兰国"武装在伊拉克北部的一个藏身地点，包括 1 名头目在内的 11 名武装分子被打死。

**6 月 30 日**　坦桑尼亚西北部希尼安加地区一炼金厂遭袭击，一伙不明身份的武装分子杀死炼金厂 4 名员工。

# 2020年7月

**7 月 1 日晚**　阿富汗北部巴尔赫省首府马扎里沙里夫市一家军事医院附近发生连环爆炸袭击，造成 1 名平民和 1 名安全部队士兵死亡，另有 8 人受伤。

**7月1日**　马里莫普提区邦卡斯几处村庄遭到武装袭击，造成至少32名村民死亡。

**7月2日**　一支马里部队在该国中部执行任务时遇一伙不明身份的武装分子袭击，造成7名士兵死亡，另有2人受伤、3人失踪。

**7月3日**　菲律宾总统杜特尔特签署《2020年反恐怖主义法》，强化打击恐怖主义力度。该法规定，除实施恐怖主义行为属违法之外，任何提议、煽动、密谋及参与恐怖主义计划、训练、准备和宣传工作，以及向恐怖分子提供物质支持或协助招募恐怖组织成员也属违法行为。

**7月3日**　刚果（金）军方在军事行动中打死伊图里省民兵武装7名成员。

**7月4日**　索马里西南部城镇拜多阿发生一起爆炸袭击，造成包括平民和安全人员在内的至少5人丧生，另有10人受伤。同日，索马里首都摩加迪沙税务局附近也发生一起爆炸，造成多人死伤。

**7月4日**　一支当地民兵武装在刚果（金）东北部伊图里省马泰特地区袭击两辆来自该省首府布尼亚的汽车，导致包括地方官员、警察、士兵和平民在内的11人死亡。

**7月5日**　伊拉克首都巴格达市中心"绿区"遭到火箭弹袭击，造成1名儿童受伤，一座民房受损。

**7月6日**　尼日利亚军方挫败一起"博科圣地"对博尔诺州一村庄的袭击，打死数名武装分子。

**7月7日**　摩洛哥中央司法调查局在北部城市纳祖尔逮捕4名与"伊斯兰国"有关联人员。这4人计划在摩洛哥一些重要场所发动恐怖袭击。

**7月7日**　俄罗斯联邦安全局在加里宁格勒州捣毁一个招募培训恐怖分子的组织，抓获4名国际恐怖组织成员，发现大量恐怖主义和极端主义宣传材料。

**7月7日**　尼日利亚军队在东北部博尔诺州与"博科圣地"武装分子发生交火，打死至少17名武装分子。有2名士兵在交火中死亡、4人受伤。

**7月8日**　乍得西部边境地区湖省发生一起简易爆炸装置爆炸事件，造成至少 8 名乍得士兵死亡，另有十几名士兵受伤。

**7 月 9 日** 突尼斯安全部门挫败一起针对突尼斯旅游景点和政府机构的恐怖袭击图谋，在首都突尼斯逮捕数名恐怖分子。

**7 月 11 日** 伊拉克"人民动员组织"在迪亚拉省省会巴古拜东北清剿"伊斯兰国"武装分子时，遭路边炸弹袭击，袭击造成 3 死 2 伤。"人民动员组织"在迪亚拉省清剿行动中，打死 1 名"伊斯兰国"武装分子。

**7 月 11 日** 一伙武装分子袭击南非约翰内斯堡西部一座教堂，绑架教堂内民众，造成至少 5 人死亡、6 人受伤。警方到达现场后救出包括妇女和儿童在内的多名人质，逮捕 40 人，并缴获 34 件武器。

**7 月 11 日** 索马里政府军清剿索马里"青年党"武装分子位于巴尔代尔镇的据点，打死 7 名武装分子、打伤 5 人。

**7 月 13 日** 索马里军方领导人奥达瓦·优素福·拉杰的车队在首都摩加迪沙经过军事医院附近时，遭到炸弹袭击。拉杰本人无恙，数名随行人员受伤。索马里"青年党"宣称负责。

**7 月 13 日** 俄罗斯联邦安全局在罗斯托夫州打掉一个"伊斯兰国"分支，该分支 6 名恐怖分子策划攻击警察，并对卫生和教育机构发动恐怖袭击。该分支头目开枪拒捕并引爆自制炸弹自杀，另外 5 人被捕。

**7 月 14 日** 土耳其和俄罗斯军队在叙利亚北部伊德利卜进行第 21 次联合巡逻时遭遇汽车炸弹袭击，未造成人员伤亡。

**7 月 14 日** 土耳其国防部部长阿卡尔说，土耳其军队在伊拉克北部实施的"虎爪行动"打死 62 名"库尔德工人党"武装分子，并缴获大量武器弹药。

**7 月 14 日** 阿富汗首都喀布尔郊外萨罗比地区发生一起路边炸弹袭击，袭击造成一辆中型客车上的 5 名平民死亡、11 人受伤。

**7 月 18 日晚** 在叙利亚首都大马士革奈赫尔艾沙区的一处售货亭附近，两个事先安置的爆炸装置被引爆，造成 1 人死亡、1 人重伤，周围车辆和设施受损。

**7 月 19 日** 伊拉克首都巴格达市中心"绿区"遭 3 枚"喀秋莎"火箭

弹袭击，未造成人员伤亡。

**7月21日** 巴基斯坦西南部俾路支省图尔伯德地区一市场发生爆炸，爆炸造成1人死亡、8人受伤。

**7月22日** 一支安全部队车队在阿富汗南部乌鲁兹甘省哈斯乌鲁兹甘地区触发一枚路边炸弹，爆炸造成安全部队7名士兵死亡。

**7月23日** 一名法国士兵乘坐的装甲车在马里遭遇路边炸弹袭击，随后他在与武装分子交火中丧生。

**7月23日** 巴基斯坦西北部开伯尔·普赫图赫瓦省巴勒吉纳尔地区一市场遭遥控炸弹袭击，袭击造成至少20人受伤。

**7月24日** 一辆载有5名平民的汽车在阿富汗北部巴格兰省首府普勒胡姆里，触发路边炸弹，爆炸造成4名平民死亡、1人受伤。

**7月25日** 约500名武装分子袭击位于苏丹西达尔富尔州首府朱奈纳附近的马斯特里村，袭击造成60多人死亡，另有约60人受伤。

**7月26日** 叙利亚东北部哈塞克省西北部拉斯艾因市一个菜市场发生一起汽车爆炸袭击事件，袭击造成8名平民死亡、多人受伤。

**7月27日** 伊拉克首都巴格达附近有美军驻扎的塔季军事基地遭3枚"喀秋莎"火箭弹袭击，无人员伤亡报告。

**7月27日** 联合国阿富汗援助团（简称"联阿援助团"）发布报告说，2020年上半年，共有1282名阿富汗平民在各类武装冲突中丧生，2176名平民受伤。

**7月27日** 俄罗斯联邦安全局协同内务部和侦查委员会挫败一起恐怖袭击图谋，打死1名嫌疑人，查获冲锋枪、子弹和手榴弹等。

**7月27日** 一伙武装分子对南苏丹东部琼莱州博尔郡一村庄发动袭击，袭击造成至少17人死亡、9人受伤，另有3名儿童被绑架。

**7月29日** 俄罗斯联邦安全局特工在圣彼得堡捣毁一个恐怖分子窝点，抓获5名来自中亚某国的恐怖分子，查获一批恐怖主义宣传材料等。

**7月30日** 阿富汗东部卢格尔省首府普勒阿拉姆市发生一起汽车炸弹袭击，袭击造成8名平民丧生、30人受伤。

**7月31日**　菲律宾政府军与"阿布沙耶夫"武装在菲律宾南部苏禄省交火，导致6名武装分子死亡，政府军方面有3人死亡、3人受伤。

**7月31日**　乍得西部边境地区湖省一村庄凌晨遭"博科圣地"袭击，袭击导致至少10名平民死亡。

# 2020年8月

**8月1日**　伊朗宣布抓获一个总部据信设在美国的"闪雷"恐怖组织头目，指认后者是制造2008年伊朗南部城市设拉子清真寺爆炸及其他未遂袭击事件的幕后主使。

**8月2日**　一伙恐怖分子在阿富汗东部楠格哈尔省一座监狱外引爆一辆载满炸药的汽车，并与看守发生交火。事件造成2名平民死亡、24人受伤。

**8月2日**　喀麦隆极北大区靠近尼日利亚边境发生一起恐怖袭击，造成至少18名平民死亡，另有11名平民受伤。当地军方人士认为这起恐怖袭击是"博科圣地"所为。

**8月2日**　马里中部塞古地区发生2起针对马里军方的袭击，袭击造成5名士兵死亡、5人受伤。

**8月3日**　一名自杀式袭击者试图闯入索马里首都摩加迪沙一家餐厅，在餐厅入口处被安全人员拦截后引爆炸弹，爆炸造成2人死亡、1人受伤。

**8月3日**　俄罗斯联邦安全局在全国12个地区展开大规模特别行动，打击黑市武器交易，逮捕涉案人员42人，没收179支枪和其他专用设备。

**8月3日**　据俄罗斯国家近卫军官网消息，自2020年初以来，俄罗斯国家近卫军已在北高加索地区消灭8名恐怖分子，逮捕28名恐怖分子及其帮凶。

**8月6日**　"伊斯兰国"武装分子袭击伊拉克东部迪亚拉省首府巴古拜市东北方向一处军事基地，袭击造成2名士兵死亡、4名士兵受伤。

**8月7日**　一伙不明身份的武装分子闯入布基纳法索东部古尔马省一处市场，向人群开枪后逃走，袭击造成至少20人死亡、数人受伤。

**8 月 7 日** 尼日利亚警方说，尼北部卡杜纳州部分村庄日前遭多名不明身份枪手袭击，袭击造成 21 名平民死亡、多人受伤。

**8 月 8 日** 一名恐怖分子驾驶载有炸药的车闯入索马里首都摩加迪沙一处政府军基地，实施自杀式袭击，造成至少 8 人死亡、14 人受伤。索马里"青年党"宣称对此负责。

**8 月 8 日晚** 一伙武装分子在阿富汗东部加兹尼省首府加兹尼市郊区一所警察局外，引爆一辆载满炸药的汽车，爆炸造成 7 名警察死亡、16 人受伤。

**8 月 9 日** 在尼日尔西南部蒂拉贝里省库雷地区，一辆法国非政府组织的汽车遭"伊斯兰国"武装分子袭击，袭击造成 8 人死亡，其中有 6 名法国游客。

**8 月 9 日** 菲律宾军方证实，菲政府军与反政府武装"新人民军"近两日在该国北部南伊罗戈省发生数次冲突，冲突已造成 6 人死亡、5 人受伤。

**8 月 10 日** 尼日利亚东南部贝努埃州一处村庄遭约 20 名不明身份的枪手袭击，袭击造成 13 名平民死亡、多人失踪。

**8 月 10 日** 巴基斯坦禁毒部队车辆在西南部俾路支省杰曼地区遭遇爆炸袭击，袭击导致至少 5 人死亡、15 人受伤。

**8 月 10 日** 关押在索马里首都摩加迪沙一所大型监狱的索马里"青年党"犯人与监狱安全人员发生交火，冲突造成 15 名犯人和 4 名狱警死亡。

**8 月 11 日** 南苏丹北部瓦拉卜州一地方政府官员说，政府军收缴非法枪支时，与持枪民众交火事件，造成至少 118 人死亡。

**8 月 12 日夜** 尼日利亚中部尼日尔州一村庄遭遇不明身份的枪手袭击，袭击造成至少 14 名村民死亡、5 人受伤。

**8 月 13 日** 一辆载有平民的汽车在阿富汗南部坎大哈省丹德地区行驶途中，触发一枚路边炸弹，造成车上 5 人死亡，死者来自同一家庭。

**8 月 13 日** 泰国南部北大年府和那拉提瓦府分别发生爆炸事件，爆炸导致 1 名士兵和 1 名安保人员死亡，另有 3 人受伤。

**8 月 14 日晚** 伊拉克首都巴格达国际机场遭 3 枚火箭弹袭击，未造成人员伤亡。

**8月14日** 索马里政府军在该国南部下谢贝利州向索马里"青年党"武装发动攻势，打死4名索马里"青年党"武装分子。

**8月16日** 索马里"青年党"武装分子袭击政府军设在索马里南部盖多州的一个基地，政府军将其击退，并打死4名武装分子。

**8月16日** 伊拉克首都巴格达市中心"绿区"遭火箭弹袭击，未造成人员伤亡。

**8月16日晚** 索马里首都摩加迪沙一海滨酒店遭5名索马里"青年党"武装分子袭击，袭击至少造成包括袭击者在内的16人死亡、28人受伤。

**8月17日** 尼日利亚军队在博尔诺州对"博科圣地"一处据点展开空袭行动，打死至少20名武装分子。

**8月18日** 阿富汗首都喀布尔遭火箭弹袭击，造成10人受伤。两辆分别位于第8警区和第17警区的轿车，共向市中心发射了14枚火箭弹。

**8月18日** 俄罗斯一名少将在距离叙利亚代尔祖尔省首府代尔祖尔市约15公里的At-Taim油田附近，被一枚简易爆炸装置炸死，另有2名士兵受伤。

**8月22日** 一队马里国家宪兵队在中部莫普提区遭爆炸装置袭击，袭击造成4人死亡、1人重伤。

**8月23日** 阿富汗东部加兹尼省和北部朱兹詹省各发生一起路边炸弹袭击事件，共造成10名平民死亡。

**8月24日** 菲律宾南部苏禄省霍洛市发生连环爆炸袭击，造成至少15人死亡、75人受伤。军方初步断定，"阿布沙耶夫"武装制造此次袭击事件。

**8月25日** 俄罗斯和叙利亚空军近一周在叙利亚中部展开大规模反恐行动，打死327名武装分子，摧毁134个掩体、17个观察点、7个物资仓库和5个地下武器库。

**8月25日** 索马里政府军在南部下谢贝利州向索马里"青年党"武装发动攻势，打死9名索马里"青年党"武装分子，包括2名头目。

**8 月 28 日**　埃及内政部发表声明说，"穆斯林兄弟会"（简称"穆兄会"）代理头目马哈茂德·伊扎特已在开罗东部一处公寓内被逮捕。

**8 月 28 日**　阿富汗南部坎大哈省发生一起路边炸弹爆炸袭击事件，导致包括 6 名儿童在内的 13 名平民丧生。

**8 月 29 日**　菲律宾南部哥打巴托省发生一起枪击事件，一伙身份不明的骑摩托车持枪人员突然向路边人群开枪，袭击造成至少 8 人死亡、1 人受伤。

**8 月 30 日**　埃及军方发表声明说，安全部队 7 月下旬以来在北西奈省展开反恐行动，打死 77 名恐怖分子，捣毁 327 处藏匿点和存放武器弹药的仓库。

**8 月 31 日**　苏丹过渡政府与反政府武装联盟"苏丹革命阵线"在南苏丹首都朱巴签署和平协议，结束各方长达 17 年的敌对状态。"苏丹革命阵线"由苏丹西部达尔富尔地区和南部南科尔多凡州、青尼罗河州的反政府武装组成。其中两支武装"苏丹解放运动"和"苏丹人民解放运动（北方局）"拒绝参与这项和平协议。

# 2020年9月

**9 月 1 日**　伊拉克北部基尔库克市南部一处安全检查站发生一起汽车炸弹袭击事件，袭击造成 1 名妇女死亡、3 名安全部队人员受伤。

**9 月 1 日**　"博科圣地"袭击喀麦隆北部靠近与尼日利亚交界的科洛法塔地区的一个村庄，民众逃离时遭自杀式爆炸袭击，造成至少 7 人丧生、14 人受伤。

**9 月 2 日**　尼日利亚尼日尔州一银行遭持枪劫匪袭击，造成 11 人死亡。

**9 月 3 日**　一队负责运送补给的马里士兵在库利科罗地区吉雷镇附近遭袭击，约 10 人死亡、多人受伤。

**9 月 4 日**　俄罗斯联邦安全局在俄罗斯多个地区挫败大规模杀戮图谋，逮捕 13 名计划在教学机构、强力部门大楼和人群密集场所实施犯罪的恐怖嫌疑人。

**9月5日** 法国士兵在马里东北部泰萨利特地区执行任务时，所乘装甲车遭遇爆炸装置袭击，造成2名士兵死亡、1名士兵受伤。

**9月5日** 也门南部舍卜沃省西部拜汉地区一辆载有平民的汽车前往农场途中触发路边炸弹，导致包括1名儿童在内的4人当场死亡，另有数人受伤。

**9月5日** 土耳其国防部表示，土耳其军队在伊拉克北部展开的"虎爪行动"已经结束，共打死320名"库尔德工人党"武装分子。

**9月6日** 喀麦隆北部靠近尼日利亚边境地区一处军事哨所遭"博科圣地"恐怖分子袭击，至少2名喀麦隆士兵被打死。

**9月6日** 3名恐怖分子驾驶一辆汽车在距突尼斯首都140公里的苏塞省冲撞突尼斯国民警卫队巡逻队，造成1名安全人员死亡，另有1人受伤。随后，3名恐怖分子在交火中被打死。

**9月7日** 索马里"青年党"武装分子驾驶一辆装有简易爆炸装置的汽车试图冲进基斯马尤附近一处军事检查站，被士兵击中后引爆爆炸装置。袭击造成检查站2名士兵死亡、3人受伤。

**9月8日** 一辆轿车在阿富汗西部法拉省首府法拉市郊外达拉巴德地区，触发一枚路边炸弹，车上2人死亡。

**9月9日** 第一副总统阿姆鲁拉·萨利赫车队在阿富汗首都喀布尔第4警区泰马尼地区遭爆炸袭击，袭击造成10名平民死亡、15人受伤，萨利赫受轻伤。

**9月9日** 一队执行巡逻任务的马里士兵在中部塞古地区遭遇恐怖袭击，3名士兵死亡、5名士兵失踪。

**9月10日** 摩洛哥中央司法调查局安全人员在丹吉尔、提夫莱特、泰马拉、斯希拉特等地同时开展行动，共抓捕5名受"伊斯兰国"极端思想影响的嫌疑人，并缴获炸药、电子设备、刀具、弹药等物资。

**9月11日** 一辆载有病人的救护车在马里南部约罗索省布拉镇附近遭遇简易爆炸装置袭击，袭击造成包括1名孕妇和1名两岁儿童在内的6名平民死亡。

**9月12日** 喀麦隆极北大区靠近尼日利亚边境地区发生一起"博科圣地"成员发动的自杀式袭击事件。袭击者靠近1名当地酋长并引爆炸弹，造成包括酋长在内的5名平民死亡。

**9月15日** 英国驻伊拉克大使馆的一车辆在巴格达市"绿区"以西的卡迪西亚区遭路边炸弹袭击，未造成人员伤亡。

**9月16日** 苏丹官员宣布，苏丹军警日前捣毁一个恐怖组织，抓获该组织41名成员，在该组织位于喀土穆尼罗河东岸地区多个窝点，缴获大量爆炸物。

**9月18日** 美国中央司令部表示，美军已向叙利亚东北部新部署步兵战车和雷达系统，以确保美国主导的打击"伊斯兰国"国际联盟的安全。

**9月18日** 乌兹别克斯坦执法人员在乌中部撒马尔罕州一次突袭中，抓捕15名已被取缔的"伊斯兰解放党"成员，并查获宣扬极端思想的相关材料。

**9月23日** 一队执行巡逻任务的马里士兵在中部莫普提地区遭遇袭击，造成3名士兵死亡、4人受伤，15名恐怖分子被马里士兵打死。

**9月23日** 埃及首都开罗托拉监狱发生一起越狱未遂事件，包括3名恐怖组织成员在内的4名被判处死刑的囚犯试图越狱，越狱事件造成4名囚犯和3名警察死亡。

**9月25日** 一伙武装分子试图袭击尼日利亚卡齐纳州一村庄时，与尼军方发生交火。尼军方打死21名武装分子，救出3名被绑架的村民。

**9月25日** 埃塞俄比亚西北部本尚古勒-古马兹州发生一起不明身份武装分子袭击事件，袭击造成至少20人死亡。

**9月25日** 尼日利亚"博科圣地"武装分子在东北部博尔诺州袭击尼日利亚地方政府车队，袭击造成8名警察和3名安全人员死亡，另有13人不同程度受伤。

**9月26日** 叙利亚东北部哈塞克省拉斯艾因市南入口附近发生一起汽车爆炸事件，导致包括2名儿童在内的7名平民死亡，另有11人不同程度受伤。

**9月28日** 埃及内政部发表声明说，埃及安全部队日前在盖勒尤卜省的一次反恐行动中打死2名"极度危险"的恐怖分子。

**9月28日** 伊拉克首都巴格达国际机场附近一处民宅遭两枚火箭弹袭击，袭击造成3名儿童、2名妇女死亡，另有2名儿童受伤。

**9月29日** 一辆载有17名平民的汽车在阿富汗中部代孔迪省库吉兰地区触发一枚路边炸弹，爆炸造成包括7名妇女和5名儿童在内的14名平民死亡，另有3名儿童受伤。

**9月30日晚** 阿富汗南部赫尔曼德省一个安全检查站遭汽车炸弹袭击，造成5名阿富汗安全部队士兵和4名平民死亡。

# 2020年10月

**10月2日** 法国总统马克龙在法兰西岛大区莱米罗市发表讲话，强调要警惕和打击宗教分裂主义，加强对宗教协会的监管，并表示要提出一项反分裂主义法案。

**10月3日** 阿富汗东部楠格哈尔省辛瓦尔地区情报机构办公楼外，发生一起汽车炸弹袭击事件，造成包括2名儿童在内的15人死亡、42人受伤，另有5名袭击者被击毙。

**10月3日** 苏丹过渡政府与反政府武装联盟"苏丹革命阵线"旗下多支武装领导人，在南苏丹首都朱巴签署最终和平协议，以结束长达17年的敌对状态。

**10月3日晚** 叙利亚北部阿勒颇省东北部巴卜市发生一起汽车爆炸袭击事件，袭击造成包括警察在内的3人死亡、多人受伤。

**10月4日** 巴基斯坦安全部队在西北部北瓦济里斯坦地区展开反恐行动，打死2名恐怖分子、逮捕1人。

**10月5日** 阿富汗东部拉格曼省省长的车队遭汽车炸弹袭击，造成6名平民和2名警卫死亡，另有26名平民和2名警卫受伤。

**10月5日** 摩洛哥中央司法调查局安全人员在丹吉尔多个地点同时开

展行动，共抓捕4名受"伊斯兰国"极端思想影响嫌疑人。

**10月6日**　一辆装有爆炸物的大型货车行驶至叙利亚阿勒颇省东北部巴卜市中心后被引爆，爆炸导致17名平民死亡，另有至少40人受伤。

**10月9日**　泰国南部北大年府发生一起枪击和一起爆炸袭击事件，导致1名警察死亡，另有1名警察和1名志愿巡逻人员受伤。

**10月10日**　索马里政府军在南部丁索尔镇攻打索马里"青年党"武装分子占领的基地，打死5名索马里"青年党"武装分子。

**10月10日**　菲律宾军方与地方执法部门在南部苏禄省挫败一起"阿布沙耶夫"武装的恐怖袭击图谋，并抓捕3名女性嫌疑人。这3人中的2人为该恐怖组织成员配偶，另外一人为2019年在霍洛市实施爆炸袭击者的女儿。

**10月12日**　俄罗斯下诺夫哥罗德州大奥尔雷镇的一个巴士站发生枪击事件，造成3人死亡、3人受伤。

**10月12日**　索马里政府军在南部下谢贝利州打死至少11名索马里"青年党"武装分子，其中包括该组织1名高级头目。索马里政府军释放被囚禁的居民。

**10月12日**　墨西哥北部萨卡特卡斯州警方在卡莱拉市例行巡逻时，遭不明身份武装分子袭击。交火中，警方打死14名武装分子，有3名警察受伤。

**10月12日**　马里军队在中部莫普提地区索库拉镇一座军营遭不明身份武装分子袭击，袭击造成9名士兵死亡、多人受伤。

**10月13日**　马里士兵在中部莫普提地区索库拉镇一座军营附近遭到袭击，袭击造成3名士兵死亡、10人受伤，另有多人失踪。

**10月13日**　埃及安全部队在北西奈省的一次反恐行动中打死2名恐怖分子，缴获一些枪械、爆炸物和对讲机等。

**10月13日**　俄罗斯车臣共和国执法人员在首府格罗兹尼市击毙4名恐怖分子，并缴获武器、通信设备以及弹药。有2名执法人员在行动中牺牲。

**10月14日**　阿富汗西部赫拉特省和东部拉格曼省各发生一起炸弹袭击事件，袭击共造成8名平民死亡、25人受伤。

10月14日　巴基斯坦西南部俾路支省首府奎达发生一起手榴弹袭击事件，袭击造成包括2名儿童在内的至少14人受伤。

10月15日　1名维和士兵在马里东北部基达尔省执行任务时遇袭身亡，另有1名维和士兵重伤。

10月15日　由安全人员护送的巴基斯坦石油天然气发展有限公司车队，行驶至西南部俾路支省奥尔马拉镇沿海公路时，遭遇大批恐怖分子袭击，袭击造成7名巴边防部队士兵和7名安保人员死亡。

10月15日　在巴基斯坦西北部北瓦济里斯坦地区勒兹默格镇附近，巴军车队遭简易爆炸装置袭击，造成6名军人死亡。"巴塔"宣称对此次袭击负责。

10月16日　法国首都巴黎西北郊发生一起持刀袭击事件，1名当地中学教师遭斩首，袭击者被警方打死。法国总统马克龙谴责这起"恐怖袭击"事件。

10月16日　喀麦隆极北大区靠近尼日利亚边境的一个村庄遭"博科圣地"成员袭击，袭击造成至少3名平民死亡，另有5人被绑架。

10月16日　"博科圣地"成员袭击喀麦隆极北大区的一个边境村庄，当地村民的财产被洗劫一空，所幸未造成人员伤亡。

10月17日　巴基斯坦安全部队一支巡逻队在西南部俾路支省遭恐怖分子袭击，袭击造成1名士兵死亡、3名士兵受伤。

10月18日　阿富汗西部古尔省首府菲罗兹山警察局办公楼外发生汽车炸弹爆炸，造成至少16人死亡、90人受伤。

10月20日　在阿富汗东部瓦尔达克省加勒雷兹地区的一条道路上，短时间内接连发生两起路边炸弹爆炸，爆炸造成5名平民死亡、9人受伤。

10月20日　法国国家反恐检察院证实，针对发生在巴黎的恐怖袭击案，当局已拘留16名涉案人员，包括5名中学生。法国政府承诺，将采取更加强有力的措施打击宗教极端主义。

10月20日　伊拉克安全部队在基尔库克省首府基尔库克市附近的村庄搜捕"伊斯兰国"残余分子时，发现一处乱葬坑，清理出50多具遗骸。这些遇难者在该地区被"伊斯兰国"占据期间遭杀害。

**10 月 20 日**　一辆巴士在巴基斯坦南部港口城市卡拉奇遭到爆炸袭击，至少有 6 人受伤。

**10 月 20 日**　尼日利亚西北部扎姆法拉州一个村庄遭武装分子袭击，袭击造成 20 名村民死亡。

**10 月 21 日**　巴基斯坦南部港口城市卡拉奇一栋四层建筑物发生爆炸，爆炸导致 3 人死亡、15 人受伤。

**10 月 22 日晚**　叙利亚宗教领袖、大马士革地区穆夫提谢赫穆罕默德·阿德南·阿菲乌尼在大马士革遭汽车爆炸袭击身亡。阿菲乌尼乘坐的汽车被事先安装爆炸装置。

**10 月 22 日**　巴基斯坦警方在该国南部信德省展开行动，打死 7 名武装匪徒，捣毁这伙武装匪徒的藏匿点，查获大量武器。

**10 月 23 日**　巴基斯坦反恐部门在俾路支省默斯东地区的一次行动中，打死 4 名恐怖分子。

**10 月 24 日**　阿富汗首都喀布尔一所私营教育中心遭自杀式炸弹袭击。一名自杀式袭击者在教育中心外被保安拦截时，引爆身上炸弹，袭击造成包括袭击者在内的 11 人死亡，另有 20 人受伤。

**10 月 24 日**　阿富汗东部加兹尼省发生 2 起路边炸弹爆炸事件，一辆客车在首府加兹尼市郊的劳扎山口地区触发路边炸弹，造成车上 9 名平民死亡。随后，一辆赶赴爆炸现场的警方车辆也触发路边炸弹，2 名警察受伤。

**10 月 24 日**　喀麦隆西南大区梅梅省一所学校遭英语区分离主义武装分子袭击，袭击造成至少 6 名学生死亡，另有数名学生重伤。

**10 月 24 日**　阿富汗安全部队在东部加兹尼省开展的军事行动中，击毙"基地"组织二号人物阿布·穆赫辛·马斯里。

**10 月 25 日**　巴基斯坦西南部俾路支省首府奎达赫扎尔根吉地区一市场内，发生爆炸袭击事件，袭击造成 3 人死亡、7 人受伤。

**10 月 25 日**　尼日利亚军方发表声明说，尼军队近日在东北部博尔诺州对"博科圣地"展开行动，打死至少 16 名恐怖分子。

**10 月 26 日**　伊拉克北部库尔德自治区在首府埃尔比勒，挫败针对外国外交官的袭击图谋。库尔德自治区当局称，与"库尔德工人党"有关联的袭击者企图杀害在埃尔比勒的外国外交官。

**10 月 26 日**　位于叙利亚西北部伊德利卜省、属于土耳其支持的反对派武装"沙姆军团"的一座训练营遭空袭，空袭造成 70 多人死亡、大约 100 人受伤。

**10 月 27 日**　巴基斯坦西北部城市白沙瓦的一所宗教学校发生一起爆炸袭击事件，袭击造成至少 7 名学生死亡、120 多人受伤。

**10 月 29 日**　在法国东南部城市尼斯圣母大教堂附近，发生一起持刀伤人事件，导致至少 3 人死亡、数人受伤。袭击者已被警察逮捕，法国国家反恐检察院已接手调查此案。

**10 月 19 日**　莫桑比克警察总司令拉斐尔称，莫桑比克国防与安全部队在该国北部德尔加杜角省的反恐行动中，打死与"伊斯兰国"有关联的 108 名恐怖分子。

**10 月 30 日**　俄罗斯鞑靼斯坦共和国的 16 岁少年试图用燃烧瓶纵火焚烧库克莫尔市警察局，被拘捕时，该少年持刀攻击警察局一名工作人员至少 3 次，另一名警察不得不实施射击，少年伤重不治。该事件以恐怖袭击未遂立案。

**10 月 30 日**　俄罗斯外交部副部长奥列格·瑟罗莫洛托夫在接受俄罗斯卫星通讯社采访时表示，恐怖组织正试图利用新冠疫情来加强其影响力。

**10 月 30 日**　俄罗斯国家安全会议秘书帕特鲁舍夫表示，安全和执法部门 2020 年共在俄中央联邦区挫败 5 起恐怖袭击图谋，其中 3 起针对人员密集场所。

**10 月 31 日**　加拿大魁北克市发生持刀袭击事件，袭击造成 2 人死亡、5 人受伤，嫌疑人被逮捕。

**10 月 31 日**　法国东南部城市里昂发生一起枪击事件。一名神职人员在关闭教堂大门时遭到一名男子开枪袭击，教堂神职人员中弹受伤。

# 2020年11月

**11月1日**　阿富汗北部昆都士省省长官邸遭迫击炮弹袭击，袭击造成5名官邸警卫受伤。

**11月1日**　埃塞俄比亚中南部奥罗米亚州发生主要针对居住在奥罗米亚州的阿姆哈拉族人的袭击事件，造成至少32人死亡，遇难者包括妇女和儿童。埃塞俄比亚政府指责"奥罗莫解放军"实施此次袭击。

**11月2日**　一伙武装分子在阿富汗首都喀布尔西部的喀布尔大学东门引爆炸弹并进入校园，随后阿富汗安全部队与武装分子交火，造成包括3名袭击者在内的22人死亡，另有22人受伤。

**11月2日晚**　奥地利首都维也纳发生枪击事件，造成包括1名警察在内的至少7人死亡、多人受伤。奥地利内政部部长内哈默表示，这明显是一起恐怖袭击事件。

**11月3日**　菲律宾政府军在南部苏禄省附近海域阻击一艘"阿布沙耶夫"武装的快艇，艇上7名武装分子被击毙。

**11月3日**　英国内政部宣布，将英国恐怖主义威胁等级从第二等级"高"上调至第二等级"严重"。第二等级意味着英国当前发生恐怖袭击的可能性极高。

**11月3日**　索马里政府军在下谢贝利州萨卜拉莱镇的行动中，打死索马里"青年党"负责朱巴地区的头目穆阿德·德雷，他的10名随行人员也被击毙。

**11月3日**　埃塞俄比亚中南部奥罗米亚州修建一座桥梁的建筑工人遭"奥罗莫解放军"武装分子袭击，袭击造成4名工人死亡，另有3人受伤。

**11月6日**　索马里政府军向索马里"青年党"位于中部地区的一处据点发动攻势，打死14名索马里"青年党"武装分子、打伤15人，并收缴一批武器弹药。

**11月8日**　阿富汗南部坎大哈省迈万德地区的警察局附近遭汽车炸弹

袭击，袭击造成 13 名平民和警察以及 1 名袭击者死亡，另有 49 人受伤。

**11 月 9 日** 4 名"伊斯兰国"武装分子袭击位于伊拉克巴格达西南部拉德瓦尼亚区的一个逊尼派民兵武装哨所，造成 4 人死亡、3 人受伤。

**11 月 9 日** 俄罗斯沃罗涅日州一个军用机场遭遇恐怖袭击，一名执勤人员持斧子袭击一名军官并致其死亡，随后枪杀了 2 名士兵，另有 1 名士兵受伤。

**11 月 10 日** 俄罗斯国家反恐委员会发表声明称，自 2020 年初以来，北高加索地区共预防 15 起恐怖主义犯罪活动，无恐怖袭击发生；北高加索地区已消灭 35 名武装分子，拘留 53 名武装分子，摧毁 23 个国际恐怖组织分支，发现并摧毁 130 多个武器藏匿处。

**11 月 10 日** 法国总统马克龙、德国总理默克尔等人举行视频会晤，提出应当改革申根区边界政策、打击网络涉恐内容、加强对宗教极端主义分子的监控等，以应对欧洲面临的恐怖主义威胁。

**11 月 10 日** 据埃塞俄比亚官方媒体法纳广播公司报道，政府军在该国北部提格雷州的军事行动中已打死 550 名"提格雷人民解放阵线"武装分子，逮捕 29 人，缴获大量军事装备，并占领提格雷州包括机场在内的一些重要据点。

**11 月 11 日** 多国驻沙特外交人员在沙特阿拉伯海滨城市吉达一座公墓参加纪念活动时，发生袭击事件，1 名希腊驻吉达领事馆人员和 1 名沙特籍保安受轻伤。

**11 月 13 日** 欧盟召开成员国内政部长会议，协调各国打击宗教极端主义。

**11 月 14 日** 阿富汗副总统阿姆鲁拉·萨利赫说，喀布尔大学恐怖袭击事件的主谋阿迪勒与"哈卡尼网络"武装组织有关联，已被安全人员抓获。

**11 月 14 日晚** 一辆客车在埃塞俄比亚西北部本尚古勒-古马兹州，遭到不明身份武装分子袭击，至少 34 人死亡。此外，武装分子还在本尚古勒-古马兹州其他地区发动袭击。

**11 月 17 日** 索马里首都摩加迪沙一家餐厅遭自杀式爆炸袭击，造成包括 1 名袭击者在内的至少 6 人死亡。袭击目标是餐厅中的索马里安全官员。

**11 月 18 日** 俄联邦安全会议秘书尼古拉·帕特鲁舍夫称，独联体国家强力人员 2020 年一共清除 22 个国际恐怖组织的分支。这些分支招募人员进行训练，然后加入国外武装分子队伍。

**11 月 19 日** 也门红海城市荷台达发生地雷爆炸事件，造成 3 名平民死亡。

**11 月 20 日** 伊拉克军方说，伊拉克反恐部队日前在北部基尔库克省清剿"伊斯兰国"武装分子，共打死 16 名武装分子。

**11 月 21 日** 伊拉克北部萨拉赫丁省警方和逊尼派民兵在拜伊吉市北部拆除一枚路边炸弹时，遭到一伙"伊斯兰国"武装分子袭击。双方交火导致 7 名伊拉克安全人员身亡，另有 2 名警察受伤。

**11 月 21 日** 阿富汗首都喀布尔发生多起简易爆炸装置和火箭弹袭击，袭击造成 9 人死亡、34 人受伤。"伊斯兰国"宣称对此次袭击负责。

**11 月 23 日** 摩洛哥中央司法调查局在南部城市阿加迪尔附近，逮捕 3 名与"伊斯兰国"有关联人员。

**11 月 24 日** 阿富汗中部巴米扬省首府巴米扬市一处人员密集的市场发生连环爆炸，造成 14 人死亡、45 人受伤。

**11 月 24 日** 俄罗斯内务部公布的统计数据显示，自 2020 年 1 月以来全国恐怖主义犯罪数量增长超过 33%；极端主义犯罪率增长近 40 个百分点。

**11 月 25 日** 俄罗斯联邦安全局执法人员在弗拉基米尔州挫败一起"伊斯兰国"在莫斯科地区实施恐怖行动的图谋，逮捕 1 名涉案嫌疑人，查获一个自制爆炸装置。

**11 月 28 日** 尼日利亚东北部博尔诺州一村庄村民在农田干活时，遭"博科圣地"武装分子袭击，袭击造成 40 名多村民遇害、多人失踪。

**11 月 29 日** 阿富汗东部加兹尼省和南部查布尔省分别发生一起汽车炸弹袭击事件，共造成 32 人死亡、44 人受伤。

**11 月 30 日** 索马里"青年党"武装分子向索马里穆杜格州巴卡德温镇一处政府军基地发动攻势。交火中，政府军打死 51 名武装分子、抓获 6 人。政府军有 15 名士兵丧生。

# 2020年12月

**12月8日** 埃及军方发表声明说，埃及安全部队日前在北西奈省的两次反恐行动中打死至少40名恐怖分子，摧毁6辆四驱车、5条地道，缴获159套爆炸装置、32辆摩托车、3支自动枪械和一些无线通信设备。

**12月8日** 俄罗斯国家反恐委员会发表声明说，2020年以来，俄方人员共打死49名恐怖分子，其中包括8名恐怖组织头目；逮捕36名恐怖组织头目、162名恐怖分子以及591名从犯；缴获约600件枪械和134个自制爆炸装置，摧毁50个非法的武器生产改造车间；破获55个参与国际恐怖组织活动的秘密团伙，阻止149名参与极端主义与恐怖主义活动的外国公民入境。

**12月11日晚** 尼日利亚西北部卡齐纳州一所寄宿中学遭不明身份武装分子袭击，有333名学生失踪。

**12月13日** 巴基斯坦旁遮普省拉瓦尔品第市的一个市场发生爆炸，造成至少15人受伤。爆炸是由安装在一辆运菜车上的简易爆炸物引发。

**12月13日** 阿富汗国民议会议员穆罕默德·陶菲克·瓦赫达特所属的一辆汽车在首都喀布尔第15警区遭遇炸弹袭击，袭击造成2人死亡、2人受伤，瓦赫达特不在车上。

**12月13日** 一辆载有4名平民的轿车在阿富汗东部楠格哈尔省胡吉亚尼地区触发一枚路边炸弹，车上4人当场死亡。

**12月13日** "博科圣地"袭击位于尼日尔东南部迪法省的一座村庄，造成至少28名平民死亡，其中10人遭枪击身亡、14人被烧死。

**12月15日** 阿富汗喀布尔省副省长马赫布布拉·穆希比乘坐的车行驶在喀布尔第9警区时，附着在车上的一枚简易爆炸装置发生爆炸，造成穆希比及其助手当场死亡、2名保镖受伤。

**12月15日** 一伙武装分子在阿富汗首都喀布尔东部第12警区，对当地警察发动袭击，造成1名警察死亡、2名警察受伤。

**12 月 18 日**　索马里中部穆杜格州加勒卡尤市发生一起自杀式袭击，造成至少 5 人死亡、13 人受伤。索马里"青年党"宣称对此次袭击负责，并称袭击目标是索马里总理罗布莱。

**12 月 18 日**　一辆满载炸药的三轮车在阿富汗东部加兹尼省吉兰地区一栋民宅内发生爆炸，造成 15 人死亡、20 人受伤。

**12 月 19 日**　伊拉克反恐部队发表声明说，2020 年以来，反恐部队共打死 206 名"伊斯兰国"武装分子，另抓获 292 名武装分子。

**12 月 20 日**　阿富汗首都喀布尔第 5 警区发生一起爆炸袭击，造成 8 名平民死亡，还造成包括妇女和儿童在内的 15 人受伤。

**12 月 20 日晚**　伊拉克首都巴格达市中心"绿区"遭数枚火箭弹袭击，火箭弹击中"绿区"内部分建筑和车辆，未造成人员伤亡。

**12 月 22 日**　一辆轿车在阿富汗首都喀布尔西部第 7 警区遭遇炸弹袭击，袭击造成 5 人死亡、2 人受伤。

**12 月 23 日**　一辆警车在阿富汗首都喀布尔第 12 警区触发一枚简易爆炸装置，爆炸造成 1 名警察死亡，另有 2 人受伤，其中包括 1 名警察。

**12 月 23 日**　联合国中非共和国多层面综合稳定团（简称"中非稳定团"）表示，维和部队已重新控制 12 月 22 日被武装组织占领的中非共和国中部城市班巴里，武装分子已被迫撤至班巴里郊区树林里，逃难的市民渐渐返回城内。

**12 月 26 日**　巴基斯坦西南部俾路支省本杰古尔地区两队学生足球比赛结束，观众离场时，安装在一辆摩托车上的简易爆炸装置被引爆，爆炸造成 2 人死亡、8 人受伤。

**12 月 26 日**　阿富汗首都喀布尔第 3、第 6、第 8 警区和位于喀布尔东郊的代赫萨卜兹地区共发生 4 起爆炸袭击，袭击造成包括 2 名警察在内的 4 人死亡，另有 4 人受伤。

**12 月 27 日**　巴基斯坦西南部俾路支省一个安全检查站遭武装分子袭击，造成 7 名安全部队人员死亡。

**12 月 28 日**　一支法国军队在马里中部洪博里地区执行军事任务时，乘坐的装甲车遭到爆炸装置袭击，袭击造成 3 名士兵死亡。

**12 月 28 日** 2 名恐怖分子在俄罗斯车臣共和国首府格罗兹尼持刀袭击正在执勤的警察，造成 1 名警察死亡、1 名警察受伤，2 名袭击者被当场打死。

**12 月 30 日** 也门亚丁国际机场发生 3 起爆炸袭击，造成 20 人死亡，另有至少 65 人受伤。死伤者大多是在机场等待登机的平民。

**图书在版编目（CIP）数据**

全球恐怖活动与反恐怖斗争研究报告：2020~2022.
No.2，2020~2021 / 郭北宁，李绍先，李伟主编 . --北
京：社会科学文献出版社，2023.11
　　ISBN 978-7-5228-2234-1

　　Ⅰ.①全…　Ⅱ.①郭… ②李… ③李… 　Ⅲ.①恐怖主
义-研究报告-世界-2020-2021②反恐怖活动-研究报
告-世界-2020-2021　Ⅳ.①D588②D815.5

　　中国国家版本馆 CIP 数据核字（2023）第 214489 号

**全球恐怖活动与反恐怖斗争研究报告 No.2（2020~2021）**

主　　编／郭北宁　李绍先　李　伟

出 版 人／冀祥德
组稿编辑／祝得彬
责任编辑／吕　剑
责任印制／王京美

出　　版／社会科学文献出版社·当代世界出版分社（010）59367004
　　　　　地址：北京市北三环中路甲 29 号院华龙大厦　邮编：100029
　　　　　网址：www.ssap.com.cn
发　　行／社会科学文献出版社（010）59367028
印　　装／三河市龙林印务有限公司

规　　格／开　本：787mm×1092mm　1/16
　　　　　印　张：14.5　字　数：218 千字
版　　次／2023 年 11 月第 1 版　2023 年 11 月第 1 次印刷
书　　号／ISBN 978-7-5228-2234-1
定　　价／168.00 元（全 2 册）

读者服务电话：4008918866